KATASTROPHEN
die die Welt erschütterten

KATASTROPHEN

die die Welt erschütterten

Dramatische Ereignisse · Faszinierende Bilder · Packende Berichte

Verlag Das Beste Stuttgart · Zürich · Wien

AUTOREN UND MITARBEITER

Dr. Gerald Deckart, Gesine Froese, Antonia Meiners,
Dr. Anton Notz, Susanne Straub, Christa Sturm,
Dr. Ingrid Wegner, Annelie Werner

ÜBERSETZUNGEN AUS DEM ENGLISCHEN

Angelika Feilhauer, Cornelia Fink, Ingrid Frieling,
Ingrid Hyland, Hans A. Werner

Redaktion
Joachim Wahnschaffe (Projektleitung), Simone Berger, Jens Firsching,
Stefan Mailänder, Ute Rückert-Daschakowsky

Schlußredaktion
Marianne Schulze

Korrektur
Siglinde Huber

Grafik
Cornelia Hammer

Bildresearch
Christina Horut

Produktion
Hans-Peter Ullmann

Bücher und Neue Medien
Redaktionsdirektor: Ludwig R. Harms

Das Beste Sachbücher
Chefredakteur: Peter Holzwarth
Stellv. Chefredakteurin: Mina Langheinrich

Produktgrafik
Art Director: Werner Kustermann
Art Editor: Rudi K. F. Schmidt

Produktion
Produktionsdirektor: Joachim Forster
Leitung Produktion Bücher: Alfred Wohlfart

Printed in Italy
ISBN 3 87070 394 6

INHALT

Vorwort

Planet des Lebens *Hinter der unwirtlichen Oberfläche des Mondes steigt, in blauweiße Wolken gehüllt, die Erde auf – ein unruhiger, aber dennoch belebter Planet.*

Der 2. Februar 1990 hatte an der Küste der Bretagne vielversprechend begonnen: Der blaue Himmel über dem Atlantik, angenehme Temperaturen und ein lauer Wind verhießen einen herrlichen Tag. Nur wenige Stunden später tobte ein Orkan von England über den Kanal nach Osten. Er erreichte zeitweise Geschwindigkeiten von mehr als 170 Kilometern pro Stunde, warf Bäume um, deckte Dächer ab, zerfetzte Stromleitungen und trieb haushohe Brecher auf die Küsten zu. 120 Tote waren zu beklagen, der Sachschaden ging in die Milliarden.

Dieser und weitere Stürme, die im Frühjahr 1990 über Europa wüteten, machten deutlich, wie hilflos der Mensch trotz aller technischen Fortschritte gegenüber den Gewalten der Natur ist. Denn unsere Erde ist ein höchst unruhiger Planet, und die Kräfte, die auf ihr wirken, können oft verheerend sein. Darum kommt es schon seit undenkbaren Zeiten immer wieder zu gewaltigen Naturkatastrophen – zu Orkanen, Wirbelstürmen und Überschwemmungen, zu Erdbeben, Vulkanausbrüchen und Bergstürzen.

Katastrophen, die die Welt erschütterten schildert in packenden Berichten und faszinierenden Bildern diese großen Naturereignisse. Der Bogen spannt sich von der vorgeschichtlichen Zeit bis in die Gegenwart und geht den Ursachen und Folgen dieser Katastrophen auf den Grund.

Im Gegensatz zu unseren Vorfahren wissen wir heute sehr viel über die Entstehung von Naturkatastrophen. Doch dieses Wissen schützt den Menschen nur bedingt vor dem manchmal grausamen Wirken der Natur. Noch immer verlieren jedes Jahr weltweit mindestens 20 000 Menschen bei Naturkatastrophen ihr Leben. Hinzu kommen die oft unübersehbaren Zerstörungen. Alles, was der Mensch sich geschaffen hat, was er zum Leben braucht, kann die Natur ihm mit einem Handstreich nehmen.

Dennoch: Die Natur ist nicht der Feind des Menschen. Sie selbst sorgt oft dafür, daß das Leben, das sie vernichtet hat, wieder ersteht. So wachsen aus der Asche verbrannter Wälder neue Bäume, die kräftiger sind als ihre Vorgänger, und das Ackerland entlang der Flüsse wird ertragreicher durch den fruchtbaren Schlamm, den Überschwemmungen ablagern.

Aber auch der Mensch hat es heute in der Hand, die Auswirkungen von Naturkatastrophen nach Kräften zu begrenzen. Er kann denen helfen, die durch Trockenheit und Mißernten zu verhungern drohen; er hat die Mittel, in Gebieten, die durch Erdbeben bedroht sind, seine Häuser so zu bauen, daß sie den Erschütterungen weitgehend standhalten; er kann dank der Fortschritte in Wissenschaft und Technik oftmals rechtzeitig vor einer drohenden Gefahr warnen; und er kann zumindest seinen Teil dazu beitragen, daß die Zahl und das Ausmaß der Naturkatastrophen das Unvermeidliche nicht übersteigt, indem er sorgsam mit der Natur umgeht.

Ort der Zuflucht *Überlebende des großen Brands, der 1871 Chicago heimsuchte, sind an den Stadtrand geflüchtet (S. 127). Obwohl das Feuer unvorstellbare Zerstörungen anrichtete, waren die Menschen optimistisch, daß ihre Stadt bald wieder in neuem Glanz erstrahlen würde.*

SCHRECKEN DER VERGANGENHEIT

Vom Erdboden verschwunden

Warum starben die Dinosaurier aus?

Im Zeitalter der Reptilien beherrschten die Dinosaurier die Erde. Vor etwa 200 Millionen Jahren, in der Trias, dem ersten Abschnitt des Erdmittelalters, hatten sie sich aus einfachen krokodilähnlichen Kriechtieren entwickelt und erlebten in der folgenden Epoche, im Jura, ihre Blütezeit.

Stammesgeschichtlich gehörten die Dinosaurier zwar zu den Reptilien, doch sie waren im eigentlichen Sinn des Wortes keine Kriechtiere. Viele der im Lauf der Jahrmillionen entstandenen Arten – vor allem die fleischfressenden – gingen aufrecht auf zwei Beinen. Vergleichbar mit den Säugetieren heute, bevölkerten die Dinosaurier in allen nur erdenklichen Formen und Größen die Erde und paßten sich den vielfältigen Möglichkeiten, die die Natur ihnen bot, optimal an.

Die schwersten und größten unter ihnen waren die pflanzenfressenden Arten. Der Brachiosaurus – ein Ungeheuer von 26 Meter Länge – wog bis zu 75 Tonnen und war das größte Lebewesen, das je existierte. Er hatte einen kleinen echsenartigen Kopf und einen kolossalen Rumpf. Auf vier mächtigen säulenartigen Beinen stapfte er schwerfällig durch die Wälder und fraß täglich bis zu einer Tonne Grünzeug.

Entgegen der landläufigen Meinung waren nicht alle Dinosaurier behäbige Kolosse. Einige Arten liefen elegant auf Zehenspitzen, wobei ihre langen, schlanken Beine denen großer Laufvögel ähnelten. Auch gab es zierliche Geschöpfe wie den Compsognathus, den kleinsten Fleischfresser, der aufrecht und flink wie ein Wiesel durch das Unterholz eilte. Er brachte es lediglich auf die Größe eines Huhns.

Der blutrünstigste Räuber unter den Dinosauriern war der fleischfressende Tyrannosaurus. Mit seinem mächtigen Kopf und den langen dolchartigen Zähnen sah er aus wie ein furchterregender Drache aus der Fabelwelt. Von der Nasenspitze bis zum Schwanzende maß dieses Ungeheuer stolze 15 Meter, und es erreichte eine Höhe von sechs Metern. Seine Vordergliedmaßen waren stark verkürzt und wirkten ungelenk, doch mit ihren zangenartigen Krallen dienten sie ihm dazu, seine Beute zu fangen und zu zerreißen.

Vor 65 Millionen Jahren verschwanden die Dinosaurier plötzlich von der Erde

Gegen Ende des Erdmittelalters, in der Kreidezeit, fand die Herrschaft der Dinosaurier über die Erde ein jähes Ende. Belegt wird dies durch die Tatsache, daß man in den Schichten des Kreidegesteins, das

Das Zeitalter der Reptilien *Rudolph Zallingers berühmtes Wandgemälde illustriert die Tier- und Pflanzenwelt aus 300 Millionen Jahren Erdgeschichte. Dieser Bildausschnitt umfaßt den Zeitraum von der Entstehung der Dinosaurier*

sich in dieser Epoche ausbildete, auf zahlreiche versteinerte Überreste (Fossilien) der Dinosaurier stößt, in jüngeren Gesteinsschichten jedoch keine Spur mehr von ihnen findet. Für die Paläontologen – die Wissenschaftler, die sich mit den Lebewesen früherer Erdperioden befassen – ist es eine der rätselhaftesten Fragen, wodurch dieses Massensterben am Ende des Erdmittelalters ausgelöst wurde.

Einer der Mitbegründer der Paläontologie, der französische Baron Georges Cuvier, entwickelte Ende des 18. Jahrhunderts seine „Katastrophentheorie". Danach hat es seit der Entstehung der Erde immer wieder schwere Naturkatastrophen gegeben, durch die wiederholt Tierarten ausgelöscht wurden. Cuviers Ausführungen stießen bei seinen Zeitgenossen auf großen Widerstand, zumal sie sich nicht mit den christlichen Glaubensgrundsätzen vereinbaren ließen, wonach der allmächtige und allwissende Gott die Welt in Harmonie mit den Lebewesen geschaffen hatte und den Untergang seiner Geschöpfe niemals zulassen würde. Funde von riesenhaften Knochen und andere Fossilien, die Zeugnis von unbekannten Lebewesen ablegten, verwarf man als Launen der Natur oder als Machwerke des Teufels.

Cuvier, der sich durch seine Arbeit mit Fossilien in Fachkreisen bereits einen Namen gemacht hatte, ließ sich nicht beirren. Als man mehrere Kinnknochen fand, deren Herkunft ungeklärt war, identifizierte er sie als Überreste einer frühen, inzwischen ausgestorbenen See-Echsenart. Bei einem weiteren aus dem Meer geborgenen Fossil stellte er fest, daß es von einem fliegenden Reptil stammte. Der Durchbruch gelang aber erst 1822, als man im englischen Sussex zahlreiche Zähne und Knochen eines Dinosauriers entdeckte, aus denen sich ein vollständiges Skelett rekonstruieren ließ. Nun wurde Cuviers Theorie von den ausgestorbenen Lebewesen aus grauer Vorzeit endlich allgemein anerkannt, und seither bieten die Wissenschaftler stets aufs neue Theorien an, um das plötzliche Verschwinden der Dinosaurier, der „schrecklichen Echsen", wie der Begriff wörtlich übersetzt heißt, zu erklären.

Waren die Dinosaurier zu dumm, um in einer sich wandelnden Welt zu überleben?

Skelettfunde ergaben, daß die Dinosaurier in der Regel extrem kleine Gehirne hatten. Daraus zogen viele Wissenschaftler den Schluß, daß die Urreptilien dumm und langsam und dadurch der Konkurrenz der intelligenteren und beweglicheren Säugetiere nicht gewachsen waren, so daß diese sie schließlich von der Erde verdrängt hätten. Dagegen sprach jedoch, daß die Dinosaurier trotz ihres kleinen Gehirns über eine außerordentlich lange Zeit ihren Lebensraum behaupten konnten und zudem eine der artenreichsten Tiergruppen waren, die jemals existierten. Außerdem ergaben Messungen ihrer Gehirnhöhlen, daß sie nicht weniger intelligent waren als Reptilienarten, die überlebten.

Auch eine andere Erklärung stand eine Zeitlang hoch im Kurs: Da Dinosaurierjunge aus Eiern schlüpften, überlegten sich einige Wissenschaftler, ob möglicherweise mit den Gelegen etwas schiefgegangen war. Entweder hatten andere Tiere Appetit auf die Dinosauriereier bekommen und sie in so gro-

über ihre Blütezeit bis zu ihrem Untergang vor rund 65 Millionen Jahren. Am Ende der Kreidezeit, als die Dinosaurier ausstarben, wurden die Farne und Nadelbäume von blühenden Pflanzen und Laubwäldern abgelöst.

ßen Mengen verzehrt, daß die Dinosaurier mit dem Eierlegen nicht mehr nachkamen, oder aber die Weibchen hatten bedingt durch Umweltstreß – diesen Begriff wendet man auch in der Tierwelt an – extrem dünnschalige Eier gelegt, die den Embryos zuwenig Calcium für einen gesunden Knochenbau lieferten. Umweltbedingter Streß kann durch Faktoren wie Klimaveränderung oder Überbevölkerung hervorgerufen werden. Auch bei heutigen Vogelarten stellt man fest, daß die Weibchen, wenn sie Streßfaktoren ausgesetzt sind, bestimmte Hormone im Überschuß produzieren und dünnschalige Eier legen. Wieso sollte bei den Dinosauriern also nicht eine ähnliche Erscheinung aufgetreten sein?

Einen weiteren Grund für das Aussterben der Dinosaurier suchte man in ihrer Nahrung. Im Jura, der Blütezeit der Dinosaurier, bestand die Vegetation auf der Erde vorwiegend aus nichtblühenden nacktsamigen Pflanzen wie Farnen und Nadelbäumen, die bei dem warmen Klima üppig wucherten und den nimmersatten Pflanzenfressern Nahrung in Hülle und Fülle boten. Während der Kreidezeit entwickelte sich dann eine neue Pflanzengruppe, die sogenannten Bedecktsamer (Angiospermen). Dazu gehören viele der blühenden Bäume und Büsche, Getreidegräser und Blumen. Möglicherweise entwickelten die Dinosaurier einen ebenso herzhaften Appetit auf diese neuen Pflanzenarten wie zuvor auf die Farne und Nadelbäume, so daß sie sich daran buchstäblich zu Tode fraßen.

Denn zum einen nimmt man an, daß die neue Nahrung in großen Mengen für die Dinosaurier unverdaulich war, zum andern vermutet man, daß die bedecktsamigen Pflanzen bei den Dinosauriern zu

VERSTEINERTE ZEUGEN DER VERGANGENHEIT

Die größten Funde werden oft zufällig gemacht. So erging es 1822 der Engländerin Mary Mantell, als sie auf einem Spaziergang in Geröllsteinen eigenartig geformte Zähne, Überreste eines Dinosauriers, entdeckte. Gut 50 Jahre später stießen belgische Bergwerksarbeiter in 300 Meter Tiefe auf eine große Zahl von Skeletten, die, wie sich bald herausstellte, von derselben Dinosaurierart stammten wie die gefundenen Zähne.

Heutzutage suchen Paläontologen ganz gezielt nach versteinerten Überresten, um die Lebewesen früherer Erdzeitalter zu erforschen. Versteinerungen von Dinosauriern kommen ebenso wie andere Fossilien in Sedimentgestein vor, das im Wasser entsteht, wenn sich Sand, Kies, Steine und auch Pflanzen und Tiere in verschiedenen Schichten ablagern. Durch ihr Eigengewicht werden die Ablagerungen oder Sedimente zusammengepreßt und erhärten über die Jahrmillionen zu Stein. Dabei verwesen die Weichteile der Organismen, doch Knochen und andere harte Substanzen bleiben erhalten.

Das Sedimentgestein am Meeresboden birgt einen besonders reichen Fossilienschatz. Da viele Dinosaurier aber Landtiere waren, findet man ihre Überreste in Gestein, das aus Flußbetten stammt. Im amerikanischen Bundesstaat Utah wurden zahlreiche Dinosaurierskelette in einer Felswand entdeckt, die einst eine Sandbank in einem Fluß war.

Beim Herauslösen der meist sehr porösen Fossilien ist äußerste Vorsicht geboten. An der Fundstelle notieren die Wissenschaftler zunächst die genauen Maße der Fossilien und entfernen dann vorsichtig das sie umgebende Gestein. Vor dem Transport werden die Fossilien mit schützenden Substanzen wie Schellack oder Gips überzogen. Es dauert oft mehrere Jahre, bis ein Skelett vollständig rekonstruiert ist. Die mühevolle Arbeit ist mit einem komplizierten Puzzle vergleichbar, bei dem obendrein viele der Puzzleteile fehlen.

Mächtige Dinosaurierknochen sind in dieser Felswand des Dinosaur National Monument in Utah eingeschlossen.

einer langsamen Vergiftung geführt haben könnten, da sie Alkaloide enthalten. Alkaloide sind Stickstoffverbindungen, wie z. B. Strychnin und Morphin, die in blütentragenden Pflanzen vorkommen und in großen Mengen giftig sind. Die meisten Säugetiere sind insofern gegen Alkaloide gefeit, als diese einen galligen Geschmack haben und Säugetiere alles Bittere meiden. Außerdem ist bei Säugetieren die Leber so hoch entwickelt, daß sie in der Lage ist, schwächere Gifte zu neutralisieren. Es wäre nun also denkbar, daß entweder der Geschmackssinn oder die Leber der Dinosaurier so niedrig entwickelt war, daß sie sich mit Alkaloiden vergifteten.

Zeitgenossen *Das heute in Amerika vorkommende Opossum existierte in ähnlicher Form schon zur Zeit der Dinosaurier. Man nennt es „lebendes Fossil". Auch die versteinerten Ginkgoblätter (oben) aus der Kreidezeit unterscheiden sich kaum von denen des heutigen Ginkgobaums (oben rechts).*

War eine weltweite Klimaveränderung für den Untergang der Dinosaurier verantwortlich?

Als das Mittelalter der Erdgeschichte, das Mesozoikum, zu Ende ging, veränderte sich das Klima auf der Erde. In Nordamerika und Europa hoben sich die Landmassen, große Inlandseen verschwanden. Sumpfige Landschaften mit üppiger Vegetation, in denen einige der größten pflanzenfressenden Dinosaurier lebten, verwandelten sich allmählich in trokkene Gebiete, in denen hauptsächlich Laubbäume und Gräser wuchsen. Das Klima wurde kühler und trockener, und die Temperaturen schwankten im Wechsel der Jahreszeiten. Ohne Zweifel waren von der weltweiten Abkühlung viele Dinosaurierarten betroffen, und zwar um so stärker, je weiter sie vom Äquator entfernt lebten.

Doch ob dieser Klimawechsel die Ursache für das Dinosauriersterben war, ist fraglich. Denn er vollzog sich in einem Zeitraum von mehreren Millionen Jahren und dauerte Tausende von Generationen. Die Dinosaurier hätten also Zeit genug gehabt, sich den veränderten Bedingungen anzupassen oder in Gebiete abzuwandern, in denen sie ihre gewohnte Umwelt auch weiterhin vorfanden. Doch selbst in Zonen, in denen auch nach dem Klimawandel tropische Temperaturen herrschten, haben keine Dinosaurier das Ende des Erdmittelalters überlebt.

Im Gegensatz zu den Verfechtern der These von den sinkenden Temperaturen behaupten andere Wissenschaftler, daß die Dinosaurier drastisch angestiegenen Temperaturen zum Opfer gefallen seien. Sie vermuten, daß gegen Ende des Erdmittelalters Hunderte von Vulkanen gleichzeitig tätig waren, wodurch die Erdatmosphäre mit dem Verbrennungsprodukt Kohlendioxid angereichert wurde. Die Folge davon war, daß die Wärmestrahlen der Sonne nicht mehr entweichen konnten und die Temperatur auf der Erde stieg – eine Erscheinung, die man als Treibhauseffekt bezeichnet. Nach Meinung der Biologen hätte ein drastischer Temperaturanstieg katastrophale Folgen für die Fortpflanzung gehabt; bei den männlichen Dinosauriern wäre die Samenbildung gehemmt, bei den weiblichen Tieren die Körpertemperatur erhöht worden, was zur Unfruchtbarkeit geführt hätte.

Andere Stimmen wiederum meinen, daß nicht der Treibhauseffekt die tödliche Ursache war, sondern daß die Vulkane durch ihre Tätigkeit so viel Chlorgas freisetzten, daß vorübergehend die Ozonschicht der oberen Atmosphäre zerstört wurde. Da die Ozonschicht die Erde vor übermäßiger ultravioletter Strahlung schützt, wäre die Strahlung nun in gefährlicher Stärke auf die Erde gelangt. Dabei hätten schuppenhäutige Tiere wie die Dinosaurier größere Strahlenmengen abbekommen als beispielsweise Säugetiere mit Fellkleid, gefiederte Vögel oder auch auf dem Meeresboden lebende Tiere. Die Dinosaurier wären somit einer natürlichen Auslese zum Opfer gefallen.

Alle diese Theorien versuchten, das Dinosauriersterben mit Vorgängen auf der Erde zu erklären, doch keine war plausibel und schlüssig genug, um unter den Wissenschaftlern allgemein anerkannt zu werden. Daher richteten die Forscher ihr Augenmerk immer mehr auf die Möglichkeit, daß außerirdische Vorgänge im Spiel gewesen sein könnten.

Löste eine außerirdische Katastrophe das Dinosauriersterben aus?

Bei vielen der neueren Theorien spielen Sterne eine entscheidende Rolle. Alte Sterne, die ihren Vorrat an Fusionsbrennstoff aufgebraucht haben, bäumen sich vor ihrem Tod noch einmal auf: Sie explodieren und setzen eine enorme Menge kosmischer Strahlung frei. In unserer Galaxie findet eine solche Explosion, Supernova genannt, alle 50–100 Jahre statt, gewöhnlich jedoch so weit entfernt, daß sie auf der Erde keinen Schaden anrichtet. Doch alle 50 Millionen Jahre explodiert ein Stern so nah, daß unser Planet eine Strahlendosis erhält, die 17 000mal stärker ist als der normale Wert der Atmosphäre. Eine derartige Strahlendosis hätte die Dinosaurier entweder sofort getötet, oder die Tiere wären an den Folgeschäden zugrunde gegangen.

In den letzten Jahren gewinnt eine andere Theorie immer mehr an Bedeutung. 1979 sprach der amerikanische Geologe Walter Alvarez die Vermutung aus, daß die Erde im Lauf ihrer Geschichte möglicherweise mit einem Asteroiden oder Kometen zusammengestoßen sei. In Norditalien hatte Alvarez in Sedimentgestein aus der Kreidezeit und dem Tertiär eine rötlichgraue Lehmschicht gefunden, die ihn auf diese Spur gebracht hatte. Er nahm Gesteinsproben und ließ diese von seinem Vater, dem Nobelpreisträger für Physik Luis Alvarez, auf ihre chemische Zusammensetzung hin prüfen. Die chemischen Analysen ergaben, daß der Lehm ungewöhnlich hohe Mengen des Schwermetalls Iridium enthielt, das in Meteoriten und anderen Körpern aus dem Weltall vorkommt. Ungewöhnlich war auch, daß in dem Lehm keinerlei fossile Überreste zu finden waren, die Kalksteinschichten direkt darunter und darüber jedoch eine große Zahl von Versteinerungen enthielten.

Das Iridium, so überlegten Vater und Sohn Alvarez, mußte aus dem Weltraum stammen. Die plausibelste Erklärung war, daß es durch einen Asteroiden auf die Erde gelangt war. Asteroiden sind kleine Planeten, die in großer Zahl in einem Gürtel zwischen Jupiter und Mars die Sonne umkreisen. Bei einer Fluggeschwindigkeit von 72 000 Kilometern pro Stunde hätte ein verirrter Asteroid bei einem Durchmesser von nur zehn Kilometern ei-

__Tod aus dem All__ Der Zusammenstoß eines Asteroiden mit der Erde wird von einigen Wissenschaftlern für das Aussterben der Dinosaurier verantwortlich gemacht (oben). So könnte ein Tyrannosaurus, eines der mächtigsten, gefährlichsten Geschöpfe damals, den gewaltigen Aufprall erlebt haben (rechts). Bei dem Einschlag wäre eine dicke Wolke aus Dampf und Staub entstanden, die die Sonnenstrahlen von der Erde abgeschirmt hätte.

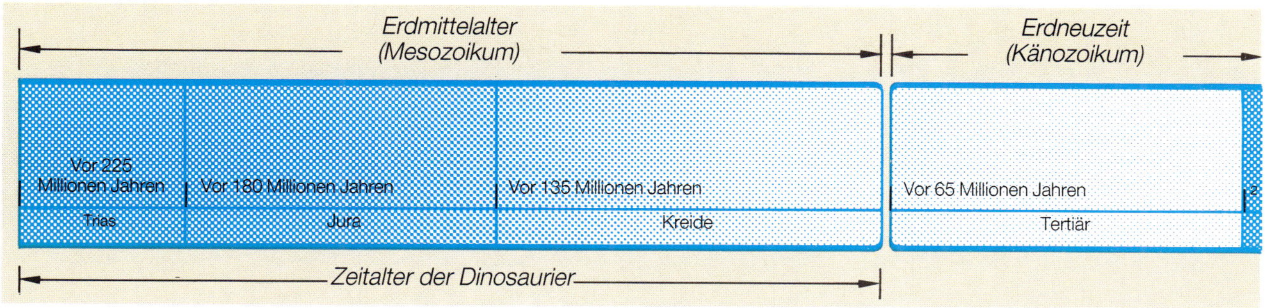

Wechselnde Herrscher über die Erde *Im Erdmittelalter lebten Reptilien, Vögel und einige Säugetierarten auf der Erde. Nach dem Aussterben der Dinosaurier und anderer Reptilien entwickelten sich im Tertiär die Säugetiere zu den vorherrschenden Lebewesen. Der Mensch trat erst vor 2 Millionen Jahren in Erscheinung.*

nen riesigen Krater in die Erdoberfläche geschlagen; darauf gab es allerdings bis vor kurzem keinerlei Hinweise. Erst im Juni 1987 entdeckte man vor der Atlantikküste Kanadas einen unterseeischen Krater, der einen Durchmesser von 45 Kilometern hat und darüber hinaus große Iridiumablagerungen aufweist. Alvarez' Theorie wurde in diesem Punkt also bestätigt – der Aufprall eines Himmelskörpers auf der Erde hatte unter Umständen tatsächlich stattgefunden.

Beflügelt durch diesen Erfolg, stellten Luis und Walter Alvarez weitergehende Vermutungen an: Als Folge des mächtigen Zusammenpralls mit einem Asteroiden wurde die Erde von einer Wolke aus Trümmerstaub umgeben. Die lebenspendenden Sonnenstrahlen konnten nicht mehr durch die Atmosphäre dringen, und die Erde war für einige Monate in Dunkelheit gehüllt. Dadurch gingen die Temperaturen drastisch zurück. Viele Tier- und Pflanzenarten erfroren, und das Wachstum der übrigen Pflanzen wurde unterbrochen. Die pflanzenfressenden Lebewesen, die noch die Kälte überlebt hatten, starben bald an Nahrungsmangel. Mit dem Tod der Pflanzenfresser war auch den fleischfressenden Dinosauriern langfristig die Nahrungsquelle abgeschnitten.

Parallel zu den Forschungen von Vater und Sohn Alvarez gab es auch andere Untersuchungen, die ebenfalls zu dem Schluß kamen, daß im Lauf der Erdgeschichte außerirdische Vorgänge das Aussterben von Tierarten verursacht hatten. Paläontologen fanden heraus, daß während der letzten 250 Millionen Jahre mit bemerkenswerter Regelmäßigkeit etwa alle 26 Millionen Jahre ein Massensterben stattgefunden hat. Der nächste Schritt war nun herauszufinden, welche kosmischen Erscheinungen dafür verantwortlich sein konnten, eine Frage, die Astronomen und Astrophysiker beantworten mußten.

1984 traten zwei Forscherteams mit nahezu identischen Theorien an die Öffentlichkeit. Im Mittelpunkt beider Theorien stand ein geheimnisvoller Schwesterstern der Sonne, Nemesis oder Todesstern genannt. Dieser Schwesterstern, so behaupten die Anhänger dieser Theorie, hat vielleicht ein Zehntel der Masse der Sonne und bewegt sich auf einer Umlaufbahn, die er alle 26 Millionen Jahre einmal zurücklegt. Während dieser langen Reise trifft der Todesstern am äußersten Rand des Sonnensystems auf eine Wolke interstellarer Trümmer. Dabei kommt es zu einer Schwerkraftstörung, die einen spektakulären Schauer von etwa 1 Milliarde Kometen im Weltraum auslöst, wobei es statistisch gesehen wahrscheinlich ist, daß zwischen 10 und 200 dieser Kometen auch auf der Erde einschlagen.

Diese Theorie regte weitere Untersuchungen an. Man verglich die Formationsdaten der 13 kleinen Kometenkrater der Erde mit der 26 Millionen Jahre dauernden Umlaufbahn des Todessterns sowie mit den Massensterben, die in Abständen von 26 Millionen Jahren aufgetreten waren. Die Rechnung ging auf: Jeder der durch Kometen verursachten Krater war zu einer Zeit entstanden, als auch eines der Massensterben stattgefunden hatte.

1987 wurde ein schlagkräftiger Beweis für Alvarez' Theorie gefunden. Bei der Untersuchung von 65 Millionen Jahre altem Sedimentgestein, das aus Gegenden rund um den Erdball stammte, hatten amerikanische Geologen festgestellt, daß ein einziger verheerender Schlag stattgefunden haben müsse. Die winzig kleinen Quarzteilchen in allen Gesteinsproben wiesen Risse in ihrer Struktur auf, die nur von einem immensen Einschlag auf der Erde herrühren konnten. Für den Einschlag eines kosmischen Geschosses sprach auch, daß diese Quarzteilchen in Sedimentgesteinen vorkamen, die eine außergewöhnlich große Menge an Iridium enthielten.

Ob nun die Theorie einer Kometenkollision eines Tages allgemein anerkannt oder ob sie von einer neuen Theorie abgelöst wird, kann man heute noch nicht sagen. Doch eines scheint sicher zu sein: Wenn die letzten Fragen des Sauriersterbens beantwortet sind, dann werden die Antworten von einer Tragweite sein, die weit über den Horizont der Dinosaurierforschung hinausgeht – und neue Fragen werden sich stellen über die Zukunft der Menschheit.

Ein Meer verdampft zur Wüste

Das größte Binnenmeer der Erde trocknet aus

Es scheint unvorstellbar, daß das Mittelmeer einst austrocknete und daß dort, wo heute mehrere tausend Meter hoch Wasser den Grund bedeckt, eine rauhe, glühendheiße Wüste lag. Wie konnte das geschehen?

Vor rund 6 Millionen Jahren bestand – ähnlich wie heute – nur eine schmale Verbindung zwischen dem Atlantik und dem Mittelmeerbecken. Als sich dieser Engpaß schloß, reichte das Wasser der Flüsse, die in das Mittelmeer mündeten, nicht mehr aus, die Verdunstung auszugleichen. Der Meeresspiegel sank unaufhaltsam, die meisten Lebewesen verendeten, und was einst ein blaues Meer voller Leben gewesen war, verwandelte sich in eine Salzlache, in der sich nur noch wenige robuste Tier- und Pflanzenarten halten konnten.

Ausgelöst wurde diese Entwicklung durch Kräfte, die im Erdinnern wirken. Die Erdkruste ist in verschiedene Platten unterteilt, die sich gegeneinander bewegen. So schob sich schon seit Jahrmillionen die nordafrikanische Kontinentalplatte nach Norden und übte Druck auf die angrenzende eurasische Platte aus. Dieser Druck war stark genug, die Alpen und andere Gebirge aufzufalten. Und die gleichen Kräfte hoben auch den Boden der Meeresstraße zwischen Spanien und Nordafrika an und trennten so das Mittelmeer vom Zustrom der atlantischen Wassermassen ab.

Als das Mittelmeer verschwand, blieb eine heiße Wüstenlandschaft zurück

In nur wenigen tausend Jahren trocknete das Mittelmeer aus. An den tiefsten Stellen sammelten sich zunächst noch einige Salzseen, doch auch sie verdampften, und zurück blieben mächtige Salzlager. Der Boden des Mittelmeerbeckens lag frei unter einer glühendheißen Sonne. Salzverkrustete Wasserlöcher waren von hohen Dünen umgeben, einstige Inseln und ehemals unter dem Wasser verborgene Vulkane erhoben sich nun als Berge über eine ausgetrocknete Landschaft. Vormals in Küstennähe ruhig dahinfließende Flüsse verwandelten sich in reißende Ströme, als sie nun Tausende von Metern tief in das ausgetrocknete Meeresbecken hinabstürzten. Durch

Das Meer als Wüste *Die Zeichnung links gibt einen Eindruck vom Zustand des Mittelmeers vor rund 6 Millionen Jahren. Salzseen haben sich an den tiefsten Stellen des einstigen Meeresbeckens gesammelt. Der Nil, die Rhône und andere Flüsse haben tiefe Schluchten ausgewaschen. Ähnlich wie damals im Mittelmeer sieht es heute in der äthiopischen Danakilsenke aus (oben), einem ausgetrockneten Arm des Roten Meers.*

die stärkere Strömung wuschen Nil, Rhône und andere große Wasserläufe ihre alten Flußbetten zu tiefen Schluchten aus, und auf dem bloßgelegten Grund des Mittelmeers formten die Ströme neue Täler, in denen sie Kies und Geröll ablagerten. Die Flußufer gehörten vermutlich zu den wenigen grünen Oasen in dieser Wüste, die ursprünglich ein tiefes Meer war.

Durch das ausgetrocknete Meeresbecken wanderten sogar Tiere von Afrika nach Europa. Zahlreiche Fossilienfunde beweisen das. Kleine dreizehige Vorfahren des heutigen Pferdes, die ursprünglich in Afrika beheimatet waren, gelangten bis nach Spanien, und urtümliche Flußpferde zogen bis zur Insel Zypern.

Die Entstehung einer Wüste an der Stelle des Mittelmeers wirkte sich auch nachhaltig auf das Klima in Afrika und Europa aus. Es wurde allgemein trokkener und wärmer. In Mitteleuropa wichen die Wälder weiten Savannen, und im Norden der Schweiz wuchsen – wie Wissenschaftler beweisen konnten – Palmen. Doch ganz gleich wie trocken das Mittelmeerbecken auch immer gewesen sein mag, heute ist es mit über 4 Millionen Kubikkilometer Wasser gefüllt. Wie also kehrte das Meer zurück, und wie fand man unter all den Wassermassen Beweise dafür, daß es einmal ausgetrocknet war?

Die ersten Hinweise darauf, daß im Mittelmeer einst einschneidende Veränderungen stattgefunden haben müssen, lieferten im Jahr 1833 Fossilienfunde. Sie enthüllten, daß vor rund 6 Millionen Jahren alles Leben im Mittelmeer zugrunde gegangen war und daß sich erst 1 Million Jahre später neue Pflanzen und Lebewesen hier ansiedelten. Ebenfalls schon im 19. Jahrhundert stieß man durch Zufall bei Valence in Südfrankreich unter der Rhône auf eine Schlucht, die sich über 300 Kilometer von Lyon bis zum Flußdelta erstreckte und die mit etwa 5 Millionen Jahre alten Meeresablagerungen angefüllt war. Damals fanden die Wissenschaftler noch keine Erklärung für diese Entdeckungen.

Einen weiteren Schritt vorwärts kam man, als 1961 eine Expedition mit dem Forschungsschiff *Chain* aufbrach, um den Boden des Mittelmeers zu erkunden. Das Schiff war mit einem hochempfindlichen Echolot ausgestattet, mit dem man nicht nur die Oberfläche des Meeresbodens untersuchen konnte, sondern dessen Schallwellen auch in tiefere Schichten vordrangen und ein Bild ihres Aufbaus lieferten. In gewisser Weise konnte man mit diesem Gerät also in den Boden des Mittelmeers hineinsehen. Und was man dabei fand, waren riesige säulenförmige Gebilde, die zum Teil Hunderte von Metern hoch waren und einen Durchmesser von mehreren Kilometern hatten. Wie Finger ragten sie bis knapp unter die Oberfläche des Meeresbodens empor.

Als Wissenschaftler die Bilder, die mit Hilfe des Echolots entstanden waren, untersuchten, stellten sie fest, daß diese eigenartigen Gebilde wie Salzdome aussahen. Salzdome findet man z. B. häufig vor den Küsten des Golfs von Mexiko; sie entstehen überall dort, wo Küstenlagunen oder seichte Meere verdampfen. Dabei bleiben Salzlager zurück, über denen sich im Lauf der Zeit weitere Ablagerungen an-

Die Straße von Gibraltar *Sie ist die Ader, durch die das Atlantikwasser in das Mittelmeer strömt und die es so vor dem Austrocknen bewahrt (oben). Diese schmale Verbindung schloß sich vor gut 6 Millionen Jahren, und das Mittelmeerbecken wurde zur Wüste. Als sich 1 Million Jahre später die Schleuse wieder öffnete, stürzte der Atlantik wie ein gigantischer Wasserfall (links) in das ausgetrocknete Becken hinein und füllte es erneut auf.*

sammeln und verhärten. Dieses sogenannte Sedimentgestein übt durch sein Gewicht einen starken Druck auf das darunterliegende Salz aus. Dadurch wird es verformbar und steigt an Rissen im Gestein über ihm nach oben. Doch wenn Salzdome aus Salzablagerungen in seichtem Wasser entstehen, was hatten sie dann unter den tiefsten Stellen des Mittelmeerbeckens verloren? Und wenn es sich tatsächlich um Salzdome handelte, wie kam all das Salz überhaupt in den Meeresboden?

Die Geschichte des Mittelmeers wurde noch rätselhafter, als man Ende der 60er Jahre bei erneuten Bodenuntersuchungen eine harte Gesteinsschicht entdeckte, die sich über 100 Meter tief unter der Oberfläche des Mittelmeerbodens befand. Die Experten waren verwirrt, denn Meeresbodensedimente bestehen normalerweise aus weichem Schlamm. Eine Schicht, die hart genug war, um aus der Tiefe des Meeresbodens die Signale eines Echolots zu reflektieren, konnte sich zunächst keiner erklären.

Des Rätsels Lösung fand man schließlich im Sommer 1970, als eine Gruppe von Wissenschaftlern mit dem Forschungsschiff *Glomar Challenger* zwei Monate lang den Boden des Mittelmeers erkundete. Die *Glomar Challenger* war in der Lage, selbst bei Wassertiefen von 6000 Metern Bohrungen in den Meeresboden niederzubringen und dort aus einigen hundert Meter Tiefe Gesteinsproben zu entnehmen. Als man Ende August etwa 160 Kilometer südöstlich von Barcelona in den Meeresgrund bohrte, stieß man auf die erste Überraschung, nämlich auf Kies, den man normalerweise nicht so weit draußen im Meer findet. Als die Wissenschaftler die Proben genauer untersuchten, stellten sie fest, daß der Kies von der spanischen Küste stammte. Er konnte nur mitten ins Meer gelangt sein, wenn er dort von einem Fluß abgelagert worden war. Dies wiederum bedeutete, daß die Flüsse einst viel weiter als heute in das Mittelmeerbecken geströmt waren.

Bei einer weiteren Bohrung förderte man auch Proben jener mysteriösen, unter dem Meeresboden liegenden harten Gesteinsschicht zutage. Die Analyse ergab, daß sie aus Anhydrit, also Calciumsulfat, besteht. Weil Stoffe wie Anhydrit dann zurückbleiben, wenn Salzwasser verdunstet, spricht man auch von Evaporaten. Dies war nun ein wahrhaft erstaunlicher Fund, denn Anhydrit kann sich nur bei Temperaturen von über 35 °C und bei extremer Salzkonzentration bilden, unter Bedingungen also, die nicht gegeben sind, wenn Tausende von Metern Wasser den Meeresboden bedecken. Das Mittelmeer mußte also offensichtlich einmal flacher und deshalb heißer gewesen sein.

Sechs Wochen bohrten die Forscher an verschiedenen Stellen im Mittelmeerbecken. Ihre erste Einschätzung bestätigte sich: Die geheimnisvolle harte Schicht setzte sich durchweg aus Evaporaten zusammen, die rund 6 Millionen Jahre alt waren.

Salzfunde beweisen, daß das Mittelmeer einst eine Wüste war

Auf der Rückreise der *Glomar Challenger* im Oktober stieß man bei einer Bohrung etwa 130 Kilometer westlich von Sardinien auf Steinsalz. Dies war der endgültige Beweis dafür, daß das Mittelmeer einst zur Wüste ausgetrocknet war. Da Steinsalz leicht löslich ist und sich daher als einer der letzten Bestandteile des Salzwassers absetzt, hatten die Wissenschaftler des Bohrschiffs ganz gezielt an den tiefsten Stellen des Meeresgrunds danach gesucht, denn dort mußten sich die letzten Pfützen eines austrocknenden Mittelmeers gesammelt haben. Der Erfolg gab ihnen recht. In über 3000 Meter Tiefe fand sich das gesuchte Salz, und zwar als eine Schicht, die mehrere tausend Meter dick ist. Für die Wissenschaftler gab es nur eine Schlußfolgerung aus den Funden: Durch Hebungsvorgänge der Erdkruste war das Mittelmeer einst vom Atlantik abgeschnitten worden und nach und nach verdampft.

Nun ließen sich die Teile des Puzzles schnell zusammensetzen. Das Austrocknen des Mittelmeers war der Grund für all die merkwürdigen Entdeckungen, die man sich bisher nicht hatte erklären können. Das Verschwinden aller einst im Meer lebenden Tiere und Pflanzen sowie die tiefen Schluchten, die man unter der Rhône und in den 60er Jahren auch unter dem Nil entdeckte und die, als das Mittelmeerbecken sich erneut füllte, mit Meeressedimenten aufgeschüttet worden waren. Die Salzdome wie auch die harte, aus Evaporaten gebildete Gesteinsschicht entstanden, als das Meer verdunstete. Vor allem die Tatsache, daß die Evaporate zwischen Schichten von Tiefseeablagerungen eingeschlossen waren, ließ keinen Zweifel daran, daß das Mittelmeer auch vor jener Trockenperiode kein flacher See, sondern ein tiefes Meer war.

Die Datierung der Gesteinsproben aus den verschiedenen Schichten des Meeresbodens und das Alter der Meeressedimente in den Schluchten unter Nil und Rhône weisen darauf hin, daß sich die Schwelle bei Gibraltar vor etwa 5 Millionen Jahren wieder senkte und sich die Schleuse zum Mittelmeer erneut öffnete. Als gewaltiger Katarakt, der fünfmal höher war als die Niagarafälle, stürzte das Wasser des Atlantiks in das ausgetrocknete Meeresbecken. Jährlich müssen mindestens 40 000 Kubikkilometer Wasser das Mittelmeer aufgefüllt haben. Dennoch dauerte es vermutlich gut ein Jahrhundert, ehe der Wasserspiegel des Mittelmeers etwa seinen heutigen Stand erreichte.

Die afrikanische Kontinentalplatte setzt ihre Bewegung nach Norden in die eurasische Platte hinein immer noch fort, und das Mittelmeer verliert durch Verdunstung weiterhin mehr Wasser, als es durch Flüsse und Niederschläge erhält. Sollte sich die Straße von Gibraltar also wieder einmal schließen und das Mittelmeer vom Atlantik abgeschnitten sein, dann würde es nur etwa 1000 Jahre dauern, bis das Meer zwischen Europa und Afrika ebenso vollständig verschwunden wäre wie schon einmal vor nahezu 6 Millionen Jahren.

Ein schwimmender Bohrturm *Das Forschungsschiff* Glomar Challenger *verfügt über ein 6,5 Kilometer langes Bohrgestänge, mit dem es dem Meeresboden Gesteinsproben entnehmen kann. Auf diese Weise wurde das Geheimnis des Mittelmeers gelüftet.*

Die Erde vereist

Lang andauernde Kaltzeiten machen Menschen, Tieren und Pflanzen das Leben schwer

An einem Sommertag vor 15 000 Jahren streifte irgendwo zwischen Kassel und Ulm eine kleine Gruppe fellbekleideter Menschen durch die karge Tundra. Die Fellkleidung hatten sie bitter nötig, denn es war kalt. Die Durchschnittstemperatur im Sommer betrug bestenfalls 10 °C. Weite Gebiete Europas, Nordamerikas und anderer Erdteile waren unter großen Eismassen begraben. Kurz: es war ein Sommertag während der letzten großen Eiszeit.

Diese Kälteperiode begann vor rund 70 000 Jahren und war die jüngste Epoche des sogenannten Eiszeitalters oder Pleistozäns. So bezeichnen Geologen jenen Abschnitt der Erdgeschichte, der vor etwa 1 Million Jahren begann und vor rund 10 000 Jahren endete. In dieser Zeit wechselten im Rhythmus von einigen zigtausend Jahren ausgesprochene Kaltzeiten (Glaziale) mit Warmzeiten (Interglaziale) ab. Während der Kaltzeiten betrug die Durchschnittstemperatur in Mitteleuropa zwischen –14 und –22 °C im Januar und 5–10 °C im Juli; in den Warmzeiten dagegen herrschten ähnliche Temperaturen wie heute.

Eiszeitkünstler *Das Leben der Eiszeitjäger war hart. Gerade deshalb beeindruckt das fast spielerische Talent, mit dem vor über 15 000 Jahren dieses Rentier (links) auf die Wand einer Höhle bei Lascaux in Frankreich gemalt wurde. Der liebevoll gearbeitete Pferdekopf (unten) wurde in ein kleines Stück Knochen eingeritzt.*

Weite Gebiete der Erde lagen unter einem dicken Eismantel begraben

Der drastische Temperaturrückgang während der Kaltzeiten veränderte das Gesicht der Erde. Allein während der letzten Eiszeit des Pleistozäns war ein Gebiet von rund 55 Millionen Quadratkilometern vergletschert – heute bedeckt das Eis lediglich eine Fläche von 15 Millionen Quadratkilometern.

In Europa ging die Vereisung hauptsächlich von Skandinavien aus. Als es auf der Erde immer kälter wurde, schmolz das Eis auf den dortigen Gebirgen auch im Sommer nicht mehr. Der Niederschlag fiel ausschließlich in Form von Schnee, der sich höher und höher auftürmte und verfestigte. Mit der Zeit füllten die Gletscher die Täler aus, wuchsen über sie hinaus und bildeten schließlich eine geschlossene Eisdecke, das sogenannte Inlandeis.

Doch dieser Eispanzer lag nicht einfach starr da. Durch den Druck des eigenen Gewichts schob sich die Eisdecke langsam, aber stetig sowohl nach Nordwesten als auch nach Südosten über das Becken der heutigen Ostsee hinweg nach Rußland, Polen und in das norddeutsche Flachland hinein.

Ein weiteres, allerdings kleineres Vereisungsgebiet in Europa waren die Alpen. Auch hier wuchsen die Gletscher und erstreckten sich weit ins Vorland hinein, nämlich bis zur Donau und der Gegend um Augsburg. Selbst die Mittelgebirge trugen kleinere Eiskappen.

Die wandernden Eismassen formten die Landschaft, die unter ihnen lag, um. Die Gletscher schürften den Boden und die Ränder der Täler ab und schliffen Felsen, die ihnen im Weg standen, rund. Die wohl eindrucksvollsten Zeugen dieser formenden Gewalt sind die Fjorde, die tiefeingeschnittenen Täler an der norwegischen Küste. Das abgetragene Gestein schoben die Eismassen so lange vor sich her,

Eislandschaft *So wie der Columbiagletscher in Alaska schob sich einst das Eis während der Kaltzeiten über weite Teile der Welt.*

bis sie an einen Punkt kamen, wo es trotz Eiszeit noch warm genug war, um die Gletscher teilweise schmelzen zu lassen und dadurch zum Stillstand zu bringen. An solchen Stellen blieben riesige bogenförmige Schuttwälle, sogenannte Endmoränen, liegen. Im Sommer, aber erst recht in den langen Warmzeiten, die die Eiszeiten immer wieder unterbrachen, sammelte sich zwischen diesen Moränen und den zurückweichenden Gletschern das Schmelzwasser. Auf diese Weise entstanden Seenlandschaften wie bei Plön in Holstein oder in Mecklenburg. Als die Gletscher abschmolzen, hinterließen sie aber auch den im Eis eingeschlossenen Gesteinsschutt, der z. B. bei Hamburg eine 190 Meter hohe Schicht bildete. Andere Überreste sind die in Norddeutschland weitverstreuten Felsblöcke oder Findlinge – auch sie hatte das Eis hierhertransportiert.

Mehr als die Landschaft litt das Leben unter dem gnadenlosen Eis

Die mehrmals wiederkehrenden Kaltzeiten führten dazu, daß die Vegetationszonen der Erde immer wieder um Hunderte von Kilometern in Richtung Äquator verschoben wurden. Zwischen dem Inlandeis im Norden und den Alpengletschern im Süden erstreckte sich während der Eiszeiten in Mitteleuropa eine rauhe, fast baumlose Tundra, in der allenfalls einige verkrüppelte Weiden und Zwergbirken wuchsen. Geschlossene dichte Wälder gab es nur noch in Südeuropa. Gleichzeitig aber verwandelte sich durch die Klimaveränderung die Sahara in eine wasserreiche, blühende Landschaft.

In der dem Pleistozän vorausgehenden Epoche der Erdgeschichte herrschten fast überall auf der Erde tropische Temperaturen, und es hatte sich im Lauf der Jahrmillionen eine Vielzahl von Säugetierarten entwickelt. Mit dem Beginn des Eiszeitalters starben viele dieser wärmeliebenden Arten aus. Andere wanderten in äquatornahe Gebiete ab, und einem Teil gelang es, sich an die veränderten klimatischen Bedingungen anzupassen. So entwickelte sich aus dem Urelefanten das dichtbehaarte riesige Mammut mit mächtigen, gebogenen Stoßzähnen. Ein Zeitgenosse des Mammuts war auch das Wollnashorn, das durch einen dicken Pelz vor Kälte geschützt war. Ferner streiften durch Europa Auerochsen, riesige Höhlenbären, Wisente und Riesenhirsche, aber auch Rentiere, Eisfüchse und Wildpferde.

Auffallend ist, daß viele Tierarten des Eiszeitalters sehr groß waren. Dies hatte einerseits den Vorteil, daß sie weniger kälteempfindlich waren – große Tiere haben im Verhältnis zu ihrem Körpervolumen eine vergleichsweise kleine Oberfläche, kühlen also nicht so schnell aus –, andererseits aber muß es für diese Riesen nicht einfach gewesen sein, genügend Nahrung zu finden. Besser als den Landtieren erging es den Meeressäugern. Während der Kaltzeiten sank die Temperatur in den Ozeanen nur um durchschnittlich 4 °C ab, weil die riesigen Wassermassen die Wärme aus den davor- und dazwischenliegenden Warmzeiten sehr lange speichern konnten. Pflanzliches und tierisches Meeresplankton konnte sich also weiterhin vermehren, so daß die Meeressäuger genügend Nahrung fanden und auch nicht so starken Temperaturschwankungen in ihrer Umwelt ausgesetzt waren wie die Tiere an Land.

Trotz Kälte, Eis und Schnee: Auch der Mensch fand sein Auskommen

So unwirtlich das Leben während des Eiszeitalters in Europa auch gewesen sein mag – der Mensch paßte sich ebenfalls und zum Teil recht erfolgreich an die klimatischen Schwankungen und die dadurch ausgelösten unterschiedlichen Lebensbedingungen an.

Die Wiege der Menschheit stand vermutlich in Afrika, denn von hier stammen die ältesten Zeugnisse von menschenartigen Wesen, sogenannten Hominiden, die vor mehr als 3 Millionen Jahren lebten. Sie entwickelten sich im Lauf der Zeit weiter zum *Homo erectus*, zum aufrecht gehenden Menschen, dem eigentlichen Stammvater des Jetztmenschen. Er besiedelte vor rund 1 Million Jahren auch Europa.

Überlebenskünstler *Nicht immer konnten die Menschen während der Eiszeit in Höhlen vor der Kälte Zuflucht finden. Deshalb erfanden sie immer bessere Techniken, sich zu schützen. Diese Rekonstruktion zeigt ein eiszeitliches Zelt aus Mammutknochen und Tierhäuten.*

Über ihn und sein Leben weiß man nur wenig, doch sein Nachfolger, der Neandertaler *(Homo sapiens neanderthalensis)*, hinterließ zahlreiche Zeugnisse, die aus der Zeit von 100 000–35 000 v. Chr. stammen, aus jener Epoche also, in der die letzte große Kaltzeit über unsere Breiten hereinbrach.

Die Neandertaler waren schwergebaute, untersetzte, bis 1,6 Meter große Menschen mit starkknochigen Armen und Beinen; Nasen- und Kieferpartie sprangen weit vor, und über mächtigen Augenbrauenwülsten neigte sich die Stirn nach hinten. Sie kannten bereits das Feuer, das ihnen in ihren Höhlen Licht und Wärme spendete, und sie waren ausgezeichnete Jäger. Mit ihren vielseitigen Steinwerkzeugen zerlegten sie riesige Mammuts, zerschnitten sie die Felle der erbeuteten Tiere, teilten sie Knochen und zerkleinerten sie Holz.

Vor etwa 40 000–35 000 Jahren trat dann neben dem Neandertaler ein neuer Menschentyp auf den Plan: der *Homo sapiens sapiens*, auch Cromagnonmensch genannt – nach dem Ort Cro-Magnon in Südwestfrankreich, wo man erstmals auf die Gebeine dieses direkten Vorfahren des modernen Menschen stieß. Auch er stammte vom *Homo erectus* ab und erwies sich letztlich als die erfolgreichere Spezies. Denn genau zu der Zeit, als der Cromagnonmensch in Europa erscheint, stirbt der Neandertaler aus. Die Gründe dafür sind bis heute ungeklärt.

Die Spuren, die das Eiszeitalter hinterließ, wurden erst in neuerer Zeit entdeckt

Das Eiszeitalter endete nicht plötzlich, sondern klang ganz allmählich aus. Vor etwa 10 000 Jahren begannen die großen Eisplatten und Gletscher auf jene Reste zurückzuschmelzen, die sich heute in den Polargebieten, auf Grönland, Island und in den Hochgebirgen finden.

Bis ins 19. Jahrhundert hinein wäre kein Mensch auf die Idee gekommen, daß einst weite Teile Europas unter einer dicken Eisdecke begraben lagen. Doch dann entdeckten Geologen in Schottland und in Norddeutschland erstmals jene typischen Spuren, die zurückweichende Gletscher hinterlassen. Nachdem man einmal die These ins Auge gefaßt hatte, daß in früheren Zeiten Eiszungen bis in Regionen vorgedrungen sein könnten, wo man sie bislang nicht vermutete, stieß man auf immer mehr Hinweise, die diese These untermauerten.

DAS GEHEIMNISVOLLE MAMMUT

Mammuts ähnelten sehr stark den heutigen Elefanten, allerdings hatten sie ein dichtes, zottiges Fell. Man weiß das deshalb so genau, weil man Überreste dieser Tiere in Nordamerika und Sibirien gefunden hat. Dort haben ewiges Eis und Schnee die Tiere seit rund 10 000 Jahren konserviert, so daß ihre Körper kaum verwest sind.

In anderen Gebieten der Erde findet man von den Mammuts meist nur Knochen und Zähne. Die ungewöhnlichen Formen dieser Fossilien konnte man sich in früheren Zeiten nicht erklären. Kein Wunder, daß sie immer wieder Anlaß zu Sagen und Legenden gaben.

Die Schädel von Mammuts besitzen z. B. ein kreisrundes Loch in der Mitte. Es ist die Nasenhöhle der Tiere, doch kann man sie leicht auch für eine einzige große Augenhöhle halten. Die Entdeckung eines solchen Schädels könnte die griechischen Seefahrer der Antike veranlaßt haben, darin die Reste eines einäugigen Ungeheuers zu sehen, eines Wesens, das dem Zyklopen Polyphem in Homers *Odyssee* entspricht.

Im alten China glaubte man, die Fossilien der Mammuts seien die Reste von Tieren der Unterwelt. Und in Europa hielt man während der Renaissance die Stoßzähne der Mammuts für Einhornelfenbein, das im Ruf stand, magische Kräfte zu besitzen. Andere Überlieferungen erzählten von Riesen, die vor ewigen Zeiten lebten. Auch den heiligen Christophorus hielt man für einen solchen Giganten, und überall in Europa verehrte man Mammutknochen als seine Überreste.

Selbst als im 17. Jahrhundert fast vollständig erhaltene Mammuts entdeckt wurden, ignorierte man die Bedeutung dieser Funde weitgehend. So leicht waren die Menschen von ihrem Glauben an die geheimnisvollen Fabelwesen nicht abzubringen.

Diese lebensgroße Nachbildung eines Mammuts ist über 4,5 Meter hoch.

Ergreifend wirkt dieser Fund eines Mammutbabys aus Sibirien.

Zunächst ging man noch davon aus, daß es lediglich eine Eiszeit gegeben habe. Doch nach und nach stellte sich heraus, daß es nicht nur eine, sondern mehrere Kaltzeiten gegeben haben muß, die immer wieder durch wärmere Epochen unterbrochen worden waren. Vor allem die wissenschaftlichen Methoden und Techniken des 20. Jahrhunderts ermöglichten es schließlich, die Klimaschwankungen des Eiszeitalters genauer zu untersuchen. Im Eis der Antarktis und Grönlands, in den Meeressedimenten, in Mooren und in den Ablagerungen von Seen stieß man auf Pollen von wärme- und kälteliebenden Pflanzen, die abwechselnd in verschiedenen Schichten eingeschlossen waren. Aus der Datierung der einzelnen Schichten und ihrer Abfolge konnte man nun ziemlich genau den Verlauf des Eiszeitalters rekonstruieren.

Was jedoch noch weiterhin im dunkeln liegt, sind die Ursachen, die zu diesen einschneidenden Klimaschwankungen auf der Erde führten. Einige Wissenschaftler behaupten, Veränderungen in der Erdumlaufbahn seien die Ursache gewesen. Dadurch hätte sich der Abstand der Erde von der Sonne vergrößert, so daß die Wärmeeinstrahlung verringert worden sei. Andere dagegen machen Strahlungsschwankungen der Sonne für die Kältewellen verantwortlich.

Was immer auch der Grund war – die Wissenschaftler können nicht ausschließen, daß irgendwann ein neues Eiszeitalter auf der Erde anbricht. Doch wie die Vergangenheit beweist, ist der Mensch sehr anpassungsfähig. Konnten unsere Vorfahren mit ihren einfachen Hilfsmitteln vor Urzeiten diese langen Kälteperioden überstehen, so wird auch der moderne Mensch mit seinen sehr viel weiter entwikkelten Möglichkeiten dieser Herausforderung trotzen können.

Die Sintflut

Gottes Strafgericht über die sündige Welt

Als Gott im Zorn über die Verderbtheit der Menschen die Sintflut sandte, ließ er seine Schöpfung untergehen, doch dieser Untergang der Welt bedeutete zugleich auch einen Neubeginn der Menschheitsgeschichte.

Folgt man dem Bericht im 1. Buch Mose, so war die Sintflut keine Naturkatastrophe, sondern ein göttliches Strafgericht. Doch die Erzählung handelt nicht nur von menschlicher Verderbtheit und göttlichem Zorn, sondern auch von der Frömmigkeit eines Menschen namens Noah und Gottes unendlicher Gerechtigkeit und Gnade.

Nach biblischer Zeitrechnung fand die vernichtende Katastrophe 1656 Jahre nach der Schöpfung des ersten Menschen statt. Zwischen Adam und Noah, der von Gott auserwählt worden war, Stammvater des neuen Menschengeschlechts zu werden, lagen nur zehn Generationen, denn die biblischen Urväter zeugten ihre ältesten Söhne erst im Alter von 65–182 Jahren und lebten oft mehr als 900 Jahre lang. Am ältesten wurde Methusalem, Noahs Großvater, der 969 Jahre alt war, als er in der Sintflut umkam. Noah selbst war erst im Alter von 500 Jahren Vater seiner drei Söhne Sem, Ham und Japhet geworden, und er war nochmals 100 Jahre älter, als die Sintflut alles Leben auf der Erde zerstörte.

Die Sünde des Menschen besiegelt den Untergang der Welt

Die Erde, die Gott einst geschaffen und für gut befunden hatte, war im Lauf dieser zehn Generationen zu einem Ort des Lasters, der Sünden und der Gewalt verkommen. „Der Herr sah, wie weit es mit den Menschen gekommen war: Sie kümmerten sich nicht um das, was recht ist; ihr Denken und Handeln war durch und durch böse." Gott bereute seine Schöpfung, und er beschloß, eine große Flut zu schicken, die alles vernichten sollte. „Der Herr sagte: ‚Ich will

Das Strafgericht Gottes *1834 malte der Engländer John Martin die Sintflut: „Und das Gewässer nahm überhand und wuchs so sehr auf Erden, daß alle hohen Berge unter dem ganzen Himmel bedeckt waren."*

die Menschen wieder ausrotten – und nicht nur die Menschen, sondern auch alle Tiere, die auf dem Land und in der Luft leben. Es wäre besser gewesen, wenn ich sie gar nicht erst geschaffen hätte.'"

Der einzige Mensch, der Gnade vor Gottes Augen fand, war Noah. Er war ein frommer Mann und lebte ohne Tadel. Darum wollte Gott ihn und seine Familie vor dem bevorstehenden Strafgericht bewahren und ihn zum Stammvater der Menschen machen, die nach der Sintflut wieder auf der Erde leben sollten.

Aus diesem Grund befahl Gott Noah, eine Art Schiff aus Holz zu bauen, das 150 Meter lang, 25 Meter breit und 15 Meter hoch sein und drei Decks haben sollte, die in verschiedene Räume unterteilt sein sollten. Innen und außen sollte er das Holz mit Pech bestreichen, um das Gefährt wasserdicht zu machen. Das hebräische Wort *tevah* wird gemeinhin mit Arche gleichgesetzt, obwohl es wörtlich übersetzt Kiste oder Kasten heißt.

Nachdem die Arche fertiggestellt war, gingen Noah und seine Frau sowie seine drei Söhne mit ihren Frauen an Bord. Außerdem brachte Noah von allen Tieren auch jeweils wenigstens ein Männchen und ein Weibchen im Innern der Arche unter, damit sie nach der Sintflut die Erde bevölkern könnten.

Dann begann Gottes großes Strafgericht: „Es öffneten sich die Schleusen des Himmels, und die Quellen der Tiefe brachen aus der Erde hervor." Die Beschreibung der Sintflut in diesem Wortlaut knüpft an die Schöpfungsgeschichte im 1. Kapitel des 1. Buchs Mose an: Damals teilte Gott die Wasser, um Himmel und Erde voneinander zu trennen. Jetzt ließ er die irdischen Wasser mit den himmlischen zu einer alles verschlingenden Flut anschwellen.

40 Tage und 40 Nächte regnete es in Strömen, bis das Wasser mehr als fünf Meter über den höchsten Gipfeln stand. Außer den Fischen ertranken alle Lebewesen auf der Erde, „die Landtiere, die Vögel und auch die Menschen". Nachdem es endlich zu regnen aufgehört hatte, stand das Wasser noch 150 Tage lang auf der Erde. Da ließ Gott Wind über die Erde wehen, damit das Wasser sich allmählich verlaufen konnte. Die Arche landete auf einem Gipfel des Araratgebirges, doch harrten Noah und die Seinen in ihrem schützenden Hort aus. Um festzustellen, wie weit das Wasser schon gesunken war, sandte Noah zuerst einen Raben und danach eine Taube aus.

Der Rabe „flog so lange hin und her, bis alles Wasser auf der Erde versickert war". Die Taube hingegen „fand keine Stelle, wo sie sich niederlassen konnte", und kehrte zur Arche zurück. Sieben Tage später ließ Noah die Taube noch einmal ausfliegen, und diesmal brachte sie ein frisches Blatt von einem Ölbaum mit. Als er die Taube ein drittes Mal ausschickte, kam sie nicht wieder.

Am ersten Tag seines 600. Lebensjahrs öffnete Noah das Dach der Arche und sah, daß die Erde wieder trocken war. Bald darauf befahl Gott Noah, mit seiner Familie und allen Tieren die Arche zu verlassen. Noah dankte dem Herrn für die Rettung und brachte ihm Tieropfer dar. Daraufhin schloß Gott einen neuen Bund mit Noah, seinen Nachkommen und allen Lebewesen: „Ich will die Erde nicht noch einmal ausrotten, nur weil die Menschen so schlecht sind. Ihr Denken und Tun ist nun einmal böse von Jugend auf." Der Herr segnete Noah und seine Söhne und wiederholte den Auftrag, den er Adam einst gegeben hatte: Noah, seine Familie und die Tiere der Arche sollten sich vermehren und für alle Zeiten die Erde bevölkern.

Gab es tatsächlich eine alles vernichtende Sintflut?

Die Erzählung von Noah und der Sintflut gehört zu den beliebtesten und bekanntesten Geschichten des Alten Testaments. Sie beschäftigte jedoch nicht nur die Theologen, sondern regte auch die Archäologen zu Nachforschungen an. Die Frage, der sie nachgin-

Vorbereitung zur Rettung *Das Elfenbeinrelief aus dem 9. Jahrhundert zeigt Noah, wie er den Bau der Arche leitet. Gott hatte Noah befohlen, die Arche aus Tannenholz zu bauen und sie mit Pech zu versiegeln.*

SINTFLUT IM ZWEISTROMLAND

Viele Bibelforscher nehmen an, daß die Sintflutgeschichte der Bibel auf zwei verschiedene hebräische Quellen zurückgeht, die im 5. Jahrhundert v. Chr. miteinander verbunden wurden. Älter noch als diese Quellen sind jedoch die Flutgeschichten aus dem Zweistromland, die viele Ähnlichkeiten mit der biblischen Geschichte aufweisen. Eine dieser Flutgeschichten erzählt das *Gilgamesch-Epos*, das aus der Zeit um 2000 v. Chr. stammt.

Das Gilgamesch-Epos *auf einer Tontafel aus dem 7. Jahrhundert v. Chr.*

Der sumerische König Gilgamesch, der nach Unsterblichkeit strebte, suchte Utnapischtim, das babylonische Pendant zu Noah, auf. Utnapischtim hatte die von den Göttern gesandte Flut überlebt und war von diesen mit dem ewigen Leben belohnt worden. Nachdem der Rat der Götter beschlossen hatte, die Menschheit in einer Überschwemmung zu vernichten, warnte der Gott Ea Utnapischtim und befahl ihm, ein Schiff zu bauen und „Samen von allem Lebenden" hineinzuführen.

Als Utnapischtim, seine Familie und ausgewählte Tierarten sicher an Bord waren, begann das Unwetter. Es wütete sechs Tage lang, dann „war die gesamte Menschheit wieder zu Erde geworden". Sieben Tage nachdem das Schiff auf einem Berggipfel gelandet war, sandte auch Utnapischtim Vögel aus, um festzustellen, ob sich das Wasser schon verlaufen hatte. Und wie Noah dankte er mit einem Opfer den Göttern, die sich nun um ihn versammelten und beratschlagten, ob es denn weise sei, die Menschheit wegen ihrer Sünden zu vernichten. Schließlich schenkten sie Utnapischtim und seiner Frau das ewige Leben.

Die Parallelen zwischen den Geschichten von Utnapischtim und Noah ließen viele Gelehrte zu der Überzeugung kommen, daß die biblische Erzählung von mesopotamischen Quellen abgeleitet worden war. In einem Punkt unterscheidet sich die hebräische Fassung jedoch ganz wesentlich: Hier herrscht ein gerechter Gott, der die Menschen zwar für ihre Sünden bestraft, dann aber dennoch gnädig ist und einen ewigen Bund mit ihnen schließt. Dieser Gott hat nichts gemeinsam mit den zänkisch dargestellten Göttern in Utnapischtims Welt, die willkürlich schalten und walten.

gen, war, ob denn tatsächlich eine so riesige Überschwemmung jemals stattgefunden hatte. Früher hielt man die Funde von versteinerten Muscheln auf Berggipfeln für den sicheren Beweis dafür. Heute stimmen die Wissenschaftler jedoch überein, daß die Verschiebung der Kontinente und andere geologische Erscheinungen plausiblere Erklärungen für diese Fossilienfunde abgeben.

Doch welche Spuren hätte eine sintflutartige Katastrophe hinterlassen können? Schon relativ kleine Überschwemmungen führen dazu, daß sich beachtliche Mengen von Schlamm und Schwemmsand ablagern. Nach einer Sintflut, wie die Bibel sie beschreibt, müßte sich überall auf der Erde eine sehr dicke Schwemmschicht finden. Die Suche danach blieb zunächst allerdings ohne Erfolg.

Selbst in Israel, wo eine Vielzahl von Ausgrabungen die biblischen Berichte bestätigte, fand man keinerlei Hinweise auf eine gewaltige Überschwemmung. Doch dann entdeckte man in Mesopotamien, dem Land zwischen Euphrat und Tigris, Anzeichen dafür, daß hier einst eine verheerende Überflutung stattgefunden hatte. Als der britische Archäologe Leonard Woolley 1929 in Ur ein sumerisches Gräberfeld untersuchte, stieß er auf eine fast drei Meter dicke Schlammschicht, unter der sich die Überreste einer früheren Kultur befanden. Untersuchungen er-

Spuren einer Sintflut *1929 fanden der Archäologe Leonard Woolley und sein Team in einer Grabkammer Hinweise auf eine große Flutkatastrophe.*

Auf der Spitze des Bergs *Nach der christlichen Überlieferung landete die Arche Noahs auf dem Berg Ararat.*

gaben, daß diese Schicht von einer Überflutung in der Mitte des 4. Jahrtausends v. Chr. stammte.

Leonard Woolley dachte beim Anblick der Schlammschicht spontan an die biblische Erzählung von der Sintflut. Für seine Vermutung sprach, daß die Überschwemmung in Ur so gewaltig gewesen sein mußte, daß die zuvor bestehende Kultur gänzlich ausgelöscht wurde. Ausgrabungen an anderen, weiter entfernten Orten jedoch zeigten, daß diese Überschwemmung nur auf die Gegend um Ur begrenzt geblieben war.

Dennoch war Ur nicht der einzige Ort, der von einer Flutkatastrophe heimgesucht worden war. Auch in anderen Gegenden Mesopotamiens stieß man auf Hinweise, daß es im Zweistromland immer wieder zu größeren Überschwemmungen gekommen war, allerdings nicht zur selben Zeit wie in Ur. Man nimmt daher an, daß diese verschiedenen Flutkatastrophen Anlaß für die alten überlieferten mesopotamischen Hochwassergeschichten waren und diese wiederum Pate für die später niedergeschriebene biblische Erzählung von der Sintflut standen.

Die vergebliche Suche nach der Arche Noahs

Obwohl es keine Beweise gibt, daß die Sintflut in einer von der Bibel beschriebenen Form stattgefunden hat, übte der in der Türkei gelegene Berg Ararat, den man gemeinhin für den Ort hält, wo die Arche gestrandet ist, eine große Anziehungskraft auf Menschen aus, die hofften, hier Überreste der Arche Noahs zu finden. Immer wieder fanden Expeditionen statt, die das Gelände genau untersuchten. Als der französische Forscher Fernand Navarra 1955 in einer Gletscherspalte Bruchstücke eines Holzbalkens entdeckte, glaubte er, die langgesuchten Überreste der Arche Noahs gefunden zu haben. Wissenschaftliche Untersuchungen jedoch ergaben, daß das Holz nicht älter als 1200 Jahre war. Der Balken stammte vermutlich von einer der Arche ähnelnden Holzkonstruktion, die im Mittelalter von Mönchen, die am Fuß des Berges lebten, auf dem Gipfel errichtet worden war.

Wenn man bislang auch keine eindeutigen Beweise dafür gefunden hat, daß eine alles vernichtende Sintflut die Erde heimgesucht hat, so ist doch auffallend, daß es in fast allen Kulturen Überlieferungen von einer urzeitlichen Flutkatastrophe gibt, die nur einen auserwählten Menschen und seine Familie verschonte. Viele Forscher erklären dieses Phänomen damit, daß in dem Sintflutthema die Urangst der Menschen vor der zerstörerischen Kraft der Natur ihren Ausdruck findet.

Was die biblische Erzählung jedoch von den meisten anderen Versionen unterscheidet, ist zum einen, daß das Böse im Menschen das Strafgericht Gottes herausfordert, und zum anderen die Offenbarung der Gnade und Gerechtigkeit Gottes. Allmächtig richtet er seinen Zorn gegen die sündigen Menschen, doch zugleich ist eine göttliche Sorge um den Fortbestand und das Gedeihen des Lebens auf der Erde unverkennbar. Die größte aller Katastrophen endet mit neuer Hoffnung für die Menschen.

Einst ein blühender Landstrich

Die Entwicklung der Sahara zur Wüste

Die größte Wüste der Erde – eine feindliche Welt mit kahlen Bergen und trockenen Plateaus, mit Kiesebenen und endlosen Sandmeeren – erstreckt sich nahezu 6000 Kilometer weit über Nordafrika, vom Atlantik bis zum Roten Meer. Es ist ein Land gewaltiger Kontraste und extremer Daseinsbedingungen, wo das Leben bestenfalls schwierig ist. Und doch war die Sahara, deren Name „wüste Ebene" bedeutet, vor etwa 10 000 Jahren ein fruchtbarer Landstrich. Mächtige Flüsse strömten von den bewaldeten Bergen hinab in blühende Ebenen, wo sich Flußpferde an grünen Ufern wälzten. In dem weiten Grasland jagten Leoparden Strauße und Gazellen; die üppige Vegetation ernährte Elefanten, Nashörner und Giraffen. Auch der Mensch fand hier genug zum Leben. Zunächst machte er Jagd auf Wild, später lebte er von der Zucht riesiger Viehherden. Zeugnisse vom Leben der Jäger und Hirten in der Sahara finden sich auf Fels- und Höhlenwänden; über Tausende von Jahren malten die Menschen überall in der Region Bilder auf den Fels oder ritzten sie darin ein. Die schönsten und besterhaltenen findet man in Südalgerien in den phantastischen Felsformationen des Tassiliplateaus, des entlegenen und zerklüfteten Herzens der Wüste.

Doch wie verwandelte sich dieses grüne Land in eines der trockensten und unwirtlichsten Gebiete der Erde? Die Felskünstler des Tassiliplateaus illustrierten auch das jüngste Kapitel einer langen Geschichte, nämlich das katastrophale Austrocknen der Sahara.

Wasserreichtum und üppige Vegetation schufen paradiesische Zustände

Die heutige Sahara ist das Ergebnis jahrmillionenlanger geologischer und klimatischer Veränderungen. Urzeitliche Gletscher, die vor etwa 350 Millionen Jahren Teile der Sahara mit Eis überzogen, haben auf den Felsen des Tassiliplateaus ihre Spuren hinterlassen. Nachdem vor 300 Millionen Jahren das Eis geschmolzen war, bedeckte ein riesiges Meer die Sahara. Als dieses Meer nach und nach zurückwich, entstand eine üppige tropische Landschaft, durch die Dinosaurier streiften. In der frühen Kreidezeit, vor rund 100 Millionen Jahren, stieg das Wasser wiederum an und bedeckte das Land, das sich zum Ende dieses Erdzeitalters erneut in eine Sumpf- und Seenlandschaft verwandelte. Danach sollte nie wieder ein so großer Teil Nordafrikas von Wasser bedeckt sein.

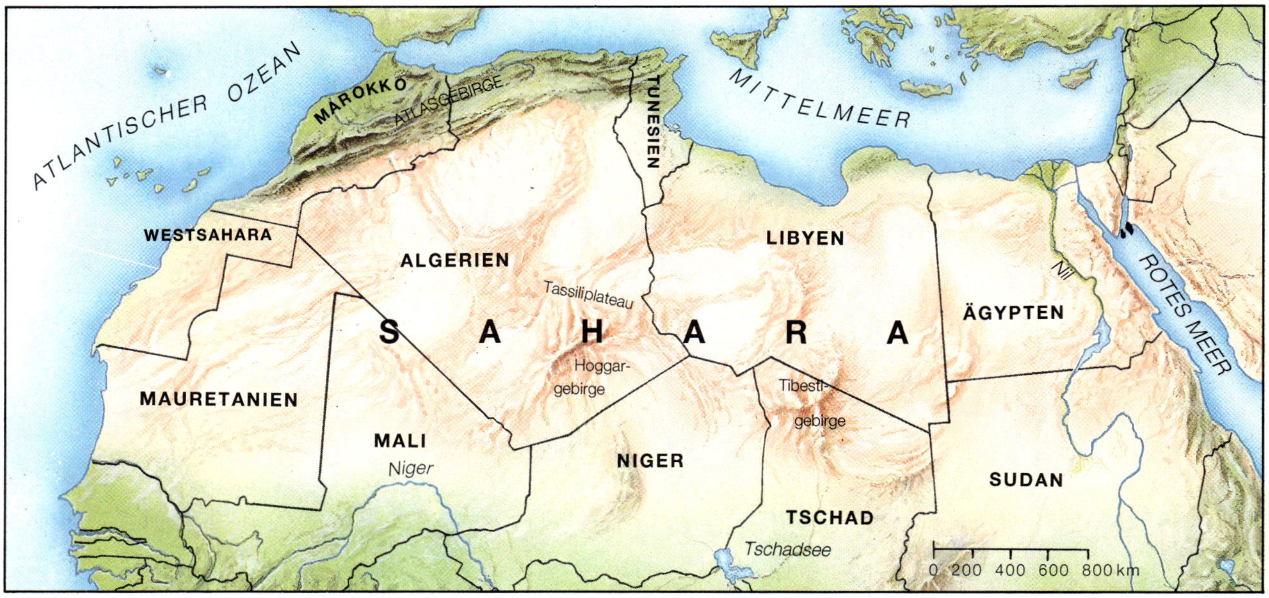

Wüstenanrainer *Über insgesamt elf Staaten erstreckt sich die Sahara, die fast so groß wie Europa ist.*

Geschichte an einer Höhlenwand *Zwei vorzeitliche Jäger des Tassiliplateaus jagen Wild, das im damals grünen Herzen der Sahara häufig war.*

Alltag vor rund 5500 Jahren *Diese Felsmalerei schildert das Leben der Hirtenvölker: Ihr Vieh kehrt von der Weide zurück (rechts); Kälber sind neben ovalen Hütten angebunden (links), vor denen sich Menschen unterhalten und Kinder spielen.*

Vor 1–2 Millionen Jahren schließlich führten starke Klimaschwankungen abwechselnd zu Kalt- und Warmzeiten. Während die Temperaturwechsel in Europa und anderen Erdregionen zu vier Eiszeiten und dazwischenliegenden Warmzeiten führten und die Gletscher vor- und zurückwandern ließen, wechselten in der Sahara trockene, wüstenhafte Phasen mit kühleren Feuchtzeiten, in denen große Flüsse und Seen einen für Mensch und Tier fruchtbaren Lebensraum schufen.

Radaraufnahmen der Raumfähre *Columbia* aus dem Jahr 1981 machten über Südägypten und dem Nordsudan unterirdische Spuren von Flüssen sichtbar, die vor über 200 000 Jahren Täler von der Breite des Nilbetts ausgewaschen hatten. Das Radar der *Columbia* fand zudem die verschütteten Überreste steinzeitlicher Lagerplätze. Fossilienfunde aus Libyen zeigen ferner, daß die Wüste während einer ihrer Feuchtphasen die Heimat des Riesenmastodons *Stegotetrabeledon syrticus* gewesen war, eines Urelefanten, der größer als seine heutigen Verwandten und mit vier riesigen, fast drei Meter langen Stoßzähnen bewehrt war. Die Pflanzenwelt in diesem heute sonnendurchglühten Gebiet muß in der Tat üppig gewesen sein, wenn sie die Bedürfnisse eines so gewaltigen Pflanzenfressers decken konnte.

Im Lauf ihrer Entwicklung war die Sahara schon größer, aber auch bedeutend kleiner als heute. Vor etwa 15 000 Jahren bildeten sich Sanddünen, und die Wüste wuchs 500 Kilometer nach Süden über ihre heutige Grenze hinaus. Andererseits ist es kaum mehr als 7000 Jahre her, daß der Tschadsee etwa das Zehnfache seiner heutigen Fläche bedeckte und rund 650 Kilometer nördlicher als heute in ein Gebiet hineinreichte, das jetzt Wüste ist.

Das Beispiel der Sahara zeigt, daß das Erdklima schon immer starken Schwankungen unterlag, deren Gründe man noch kaum kennt. Die derzeitige Verteilung der Klimazonen auf der Erde begünstigt allerdings die Ausdehnung der Wüste, denn die Sahara liegt im Bereich der trockenen und warmen Passatwinde, die Wolkenbildung und Niederschläge fast immer verhindern.

Bei der Entstehung der typischen Wüstenlandschaften spielte das Entwässerungssystem der frühzeitlichen Sahara eine wichtige Rolle. Statt ins Meer flossen die Saharagewässer von den Bergen herab in die geschlossenen Becken der Niederungen. Während der feuchten Perioden formten diese mächtigen Flüsse das Gesicht der Berge, wuschen sie aus und lagerten das abgetragene Geröll in den Becken ab, die dadurch im Lauf der Zeit zu Kiesebenen angefüllt wurden. Eine solche Geröllwüste nennt man im Westen der Sahara Reg, im Osten dagegen Serir. Während der Trockenphasen trug der Wind den leichteren Sand aus der Wüstenmitte an deren Ränder, wo er zu Sandmeeren, den Ergs, angehäuft wurde.

Die jüngste wasserreiche Phase der Sahara begann vor rund 12 000 Jahren. Die ältesten Felsmalereien des Tassiliplateaus aus dem 6. Jahrtausend v. Chr. zeigen Jäger einer negroiden Rasse, die Tierhäute und Masken tragen und ihre Beute mit Keulen, Lanzen und Bumerangs jagen, und eine Landschaft voller Wild, die den heutigen Savannen Ostafrikas gleicht. Doch die Bildwerke sind zugleich auch eine Chronik des Untergangs, denn sie dokumentieren das unabwendbare Austrocknen des Gebiets. Schon 4000 v. Chr. konnte die Sahara die Elefantenherden und andere Großtiere nicht mehr ernähren. Diese Tierarten starben aus oder zogen nach Süden in

Eine Welt von rauher Schönheit: die Wüste

Denkt man an eine Wüste, hat man sofort das Bild von weiten Dünenfeldern vor Augen. Doch diese heißen „Sandmeere" machen nur einen kleinen Teil der Wüstenlandschaften aus. Man findet die verschiedensten Landformen, und auch die klimatischen Bedingungen können höchst unterschiedlich sein, denn es gibt neben den Hitzewüsten auch Kältewüsten. Doch alle haben sie ein Merkmal gemeinsam: den Mangel an Feuchtigkeit. Eine Wüste ist also ein Gebiet, in dem Regenfälle so gering oder so unregelmäßig sind, daß sich keine geschlossene Pflanzendecke bilden kann. Heiße und kalte Wüstenzonen bedecken etwa zu einem Drittel die Landfläche der Erde. Und jährlich kommen rund 70 000 Quadratkilometer hinzu.

Was macht eine Wüste so trocken? Die großen, subtropischen Wüsten der Welt – die Sahara und die Kalahari in Afrika sowie die Große Australische Wüste – liegen in Zonen ständigen Lufthochdrucks. Unter solchen Bedingungen ist die Luft so trocken und warm, daß es fast nie regnet. Wüsten anderer Breitengrade, wie die Gobi in Mittelasien und die Mojavewüste im Westen der USA, sind trocken, weil sie durch hohe Bergketten vom Meer getrennt sind. Die feuchte Luft regnet sich daran ab, bevor sie die Wüste erreicht. In den Kältewüsten der Arktis und Antarktis kann die kalte Luft nur wenig Feuchtigkeit speichern. Die Pflanzen vertrocknen zudem, weil sie das gefrierende Wasser nicht nutzen können.

Während es in kalten Wüsten selten wärmer als 10 °C wird, können in den Hitzewüsten brennendheiße Tage in bitterkalte Frostnächte übergehen, da die intensive Tageshitze nach Sonnenuntergang über dem wolkenlosen Himmel schnell zurück ins All gestrahlt wird.

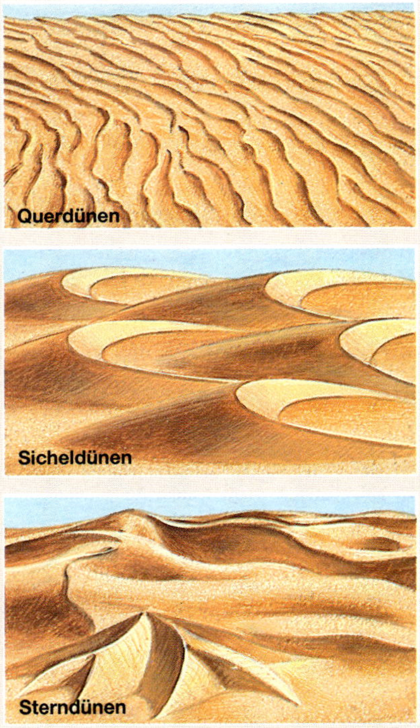

Der Wind formt die verschiedensten Dünen.

Aber selbst in den trockensten Wüsten fällt manchmal Regen, und dann meist wolkenbruchartig. So können sich reißende Bäche bilden, die auf dem kahlen Boden eine enorme bodenabtragende Kraft besitzen. Durch die kombinierte Kraft von Wind und Wasser wurden die charakteristischen Wüstenlandschaften geformt, deren Namen meist aus der Sahara stammen:

- Bolson: ein flaches, abflußloses Bekken, das von Bergzügen umrahmt ist. In seinem Zentrum können sich zeitweise seichte Seen sammeln, die nach ihrer Verdunstung eine Playa, eine Salztonebene, zurücklassen;
- Düne: wall- oder wellenförmige Sandzusammenwehung, die vom Wind ständig verändert wird;
- Erg: eine von Dünen bedeckte Sandwüste;
- Hammada: eine Steinwüste, die von kantigem Gesteinsschutt bedeckt ist;
- Pediment: eine sanft abfallende, schuttübersäte Gebirgsfußfläche, die die Wüstenberge umsäumt;
- Reg/Serir: eine Wüstenfläche aus glattem Kies und Geröll;
- Schwemmfächer: wenn ein Fluß von den Bergen in eine Ebene eintritt, fließt er langsamer und lagert seine Geröllfracht nach Größe sortiert fächerförmig ab;
- Wadi: ein normalerweise trockenes Flußbett, das nach Regenfällen vorübergehend zum Wasserlauf wird.

Trotz der extremen Bedingungen sind nur wenige Wüstenregionen ohne jedes Leben. Ungefähr vier Prozent der Weltbevölkerung leben in Wüsten. Und selbst am wenig einladenden Tassiliplateau halten sich einige anspruchslose Tier- und Pflanzenarten.

fruchtbarere Weidegebiete. Mit ihnen mußten die Jäger und Sammler weichen. Statt dessen wanderten aus dem Osten Nomaden mit ihren großen, aber recht anspruchslosen Schaf- und Ziegenherden ein. Auch sie verewigten ihren Alltag auf den Felswänden des Tassiliplateaus. Obwohl die Vegetation nicht mehr ganz so üppig war, beschreiben die Bilder aus der Zeit zwischen 4000 und 2500 v. Chr. noch immer ein goldenes Zeitalter für die Menschen in der Sahara. Die Felsmalereien zeigen Viehherden, die auf Weideplätze geführt werden, und mit Pfeil und Bogen bewaffnete Männer, die kleineres Wild jagen. Die Größe der dargestellten Herden und die Bilder geselligen Beisammenseins lassen darauf schließen, daß es friedvolle Zeiten waren und die Menschen in einem gewissen Wohlstand lebten.

Neben den Felsmalereien gibt es aber auch noch heute greifbare Beweise für den früheren Reichtum der Sahara. In manchen abgelegenen Tälern des Tassiliplateaus klammern sich nämlich immer noch einige Zypressen und Olivenbäume ans Leben, von denen manche möglicherweise 3000 bis 4000 Jahre alt sind. Verwachsen, knorrig und nicht mehr in der Lage, sich fortzupflanzen, haben sie mit den seltenen, mageren Regenfällen bis heute überlebt. Gemeinsam mit den Riesenmammutbäumen Kaliforniens zählen diese Überbleibsel einer grünen Sahara zu den ältesten lebenden Pflanzen der Erde.

Das Wasser als Bildhauer *Der Sandstein des Tassiliplateaus wurde von den Wassermassen, die hier einst abflossen, zu bizarren Türmen geformt.*

Kriegerische Reiterstämme können die wachsende Wüste nicht ausfüllen

Ab etwa 2500 v. Chr. verfiel die Kultur der Hirten mehr und mehr, weil die Sahara zunehmend austrocknete. Es fiel immer weniger Regen; Flüsse und Wasserstellen trockneten aus, und mit der Vegetation schrumpften die Viehherden. Die Hirtenstämme jagten nun aus Not und nicht mehr zum Vergnügen, wie es einst Brauch gewesen war. Schließlich verschwand das Hirtenvolk ganz. Es zog vermutlich südwärts auf der Suche nach Wasser und neuem Weideland für seine Herden. Das Vieh war die Grundlage der Kultur des goldenen Zeitalters in der Sahara gewesen. Es war aber auch eine Ursache für das rasche Wachstum der Wüste, denn die intensive Abweidung schwächte die vorhandene Vegetation noch zusätzlich. Ab etwa 1000 v. Chr. wurden in der Felskunst keine Tierherden mehr dargestellt.

Krieger auf Pferden und mit Streitwagen fielen aus dem Norden ein und lösten die Hirten als vorherrschende Bevölkerungsgruppe der immer trockener werdenden Sahara ab. Die letzten Felsmalereien des Tassiliplateaus zeigen nun auch wilde Schlachten statt stiller Hirtenszenen. Im Vergleich zur Kunst der vorangegangenen Epoche wirken diese jüngsten Darstellungen steif, farblos und karg wie die Wüste selbst.

Zu Beginn des christlichen Zeitalters konnte man in der Sahara keine Pferde mehr verwenden. Sie wurden durch Kamele ersetzt, und dies ist ein sicheres Zeichen dafür, daß die Wüste nun endgültig gesiegt hatte. Außerhalb der Oasen wurde das Leben für den Menschen in der Sahara praktisch unmöglich. Nur ein paar wenige Nomadenstämme wandern noch von Wasserstelle zu Wasserstelle durch die Einöde einer Landschaft, die einst ein reicher Lebensraum von der Größe fast ganz Europas gewesen war.

Thera: Insel der Zerstörung

Ein gewaltiger Vulkanausbruch erschüttert die Mittelmeerwelt

Die weite Bucht ist an drei Seiten von hohen Felswänden umgeben, deren Gesteinsschichten schwarz, grau und rostrot gezackt sind. Kleine Dörfer mit blendendweißen Häusern liegen gefährlich nahe am Rand der halbmondförmigen Klippen. Rauchfahnen steigen von zwei kleineren Inseln auf, die schwarzbraunen Geröllhaufen ähneln und sich kraß von dem tiefblauen Wasser abheben.

Die wild zerklüfteten Klippen und das riesige kreisförmige Wasserbecken mit den rauchenden Inseln in der Mitte, Überreste eines mächtigen Vulkans, sind Zeugnisse einer der größten Naturkatastrophen seit Menschengedenken. Heute nennt man diese Gruppe von fünf Inseln Santorin – ein Name, der ihr im Mittelalter zu Ehren der heiligen Irene von den Venezianern verliehen wurde. Santorin gehört zur Inselkette der Kykladen, die sich südöstlich des griechischen Festlands in die Ägäis erstreckt. Die Inseln wirken in der warmen Sonne idyllisch und friedlich, und doch tobten hier einst tödliche Gewalten, die Zerstörungen in unvorstellbarem Maß anrichteten.

Vor 3500 Jahren war Santorin noch eine einzige kreisrunde Insel mit einem Durchmesser von etwa 16 Kilometern. In ihrer Mitte erhob sich ein 1500 Meter hoher gleichförmiger Bergkegel. Ursprünglich hieß das Eiland Kalliste, die Schönste, und erst nachdem der sagenhafte thebanische Königssohn Theras, der zeitweise auch über Sparta geherrscht hatte, König der Insel geworden war, erhielt sie den Namen Thera.

Später fiel die Insel an die Minoer, deren Heimat das 100 Kilometer entfernte Kreta war, das zu den bedeutendsten Seemächten der Antike gehörte. Mehr als 1000 Jahre lang beherrschten die Minoer, ein dynamisches, handeltreibendes Volk, den gesamten östlichen Mittelmeerraum und drangen in alle Teile der damals bekannten Welt vor. Während andere Hochkulturen dieser Zeit, die Ägypter und die Bewohner Mesopotamiens, nur einfache Flußboote kannten, verfügten die Minoer bereits über seetüchtige Schiffe, wie auf Santorin ausgegrabene Fresken beweisen. Diese Schiffe waren so schnell, daß die minoischen Seefahrer in eineinhalb bis zwei Tagen alle Küsten des östlichen Mittelmeers erreichen konnten, um dort Getreide, Töpferwaren und

Trügerische Idylle *Die Schönheit Santorins oder Theras, wie die Griechen die Insel nannten, täuscht darüber hinweg, welch zerstörerische Gewalten hier einst wirkten. Jenseits der Bucht liegen die Inseln Nea Kameni, Apronisi, Palaia Kameni und Therasia.*

Marmor gegen Kupfer und Zinn einzutauschen, die Grundstoffe für die Bronzeherstellung. Doch auch nach Westen drang dieses Volk vor. Kykladische Töpferwaren aus dem 18. Jahrhundert v. Chr., die man in Marseille und auf der Insel Menorca gefunden hat, sind Belege für die Reichweite der minoischen Flotte.

Die Minoer hinterließen eine Schrift, Linear A genannt, die bis heute noch nicht vollständig entziffert werden konnte. Doch auch ihre Kunst und Architektur, die man in Akrotíri, der wichtigsten Ausgrabungsstätte auf Thera, fand, zeugen von einem hohen Lebensstandard einer wohlhabenden Oberschicht. Ihre Häuser waren mit kunstvollen Wandmalereien geschmückt, unter denen vor allem die Tierdarstellungen ein bemerkenswertes Gespür für Linienführung und Bewegung verraten. Die dort abgebildete Damenmode zeigt Stil und Eleganz. Ebenso lassen die Ausgrabungen die damals bereits recht hohe Entwicklung technischer Fertigkeiten erkennen. Die zwei- bis vierstöckigen Häuser waren fachmännisch geplant und solide gebaut, und unter den Straßen Akrotíris verlief ein gut instand gehaltenes Kanalisationssystem. Obwohl Thera nur eine kleine Insel war, herrschten hier Wohlstand und Reichtum, so daß neben einer stattlichen Zahl von Steinmetzen, Zimmerleuten und anderen Handwerkern auch begabte Künstler Brot und Arbeit fanden.

Doch dann wurde die Insel Thera durch einen einzigen Schlag der Natur ausradiert, und mit ihr erlosch auch jede unmittelbare Erinnerung an diese frühe Hochkultur. In keiner überlieferten Quelle finden sich direkte Hinweise auf die Katastrophe. Deshalb mußten die Historiker regelrechte Detektivarbeit leisten und Archäologen, Geologen, Ozeanographen, Meteorologen und Vulkanologen zu Rate ziehen, um den Hergang der Ereignisse zu rekonstruieren. Vereinzelte Andeutungen in der antiken Literatur und der griechischen Mythologie tragen dazu bei, die Schleier der Vergangenheit ein wenig zu lüften.

Die ersten Anzeichen für kommendes Unheil waren einige leichte Erdbeben

Sommerliche Hitze brütete über Thera, die Erntezeit war noch Wochen entfernt, und die großen Tongefäße, in denen man Weizen, Gerste, Trockenobst und andere Lebensmittel lagerte, waren fast leer. Doch kein einziges der Schiffe, die die lebenswichtigen Waren auf die Insel bringen sollten, war bisher am Horizont aufgetaucht. Plötzlich begann die Erde zu beben, und damit kündigte sich eine noch viel größere Bedrohung an.

Zusammenkünfte, vielleicht sogar hitzige Debatten zwischen denen, die auf eine Evakuierung der Bevölkerung drängten, und jenen, die keinen Grund zur Beunruhigung sahen – all das mag es gegeben haben. Fest steht jedenfalls, daß man zumindest Vorkehrungen traf. Häuser, die man in Akrotíri entdeckt hat, enthielten weder Gold oder Silber noch andere wertvolle Gegenstände, was darauf schließen läßt, daß die Inselbewohner diese Dinge bei ihrer Flucht noch mitnehmen konnten. In einigen Kellerräumen fand man lediglich Gebrauchsgegenstände und Lebensmittelvorräte, die dort vor dem Unglück in Sicherheit gebracht worden waren.

Den kleineren Erschütterungen folgte ein schweres Erdbeben. Häuser stürzten ein, Mauern bekamen Risse und fielen in sich zusammen, ein Treppenhaus wurde durch einen Erdstoß wie von einer riesigen Faust zerschmettert. Obwohl niemand mit einem Vulkanausbruch rechnete, überzeugte dieses starke Beben auch die hartnäckigsten unter den Ausharrenden davon, daß es höchste Zeit war, die Insel zu verlassen. Die Evakuierung ging allem Anschein nach wohlgeordnet und diszipliniert vonstatten. Einige der Inselbewohner mögen zum etwa 200 Kilometer entfernten griechischen Festland geflohen sein, die meisten aber werden wohl Kreta als Zufluchtsort gewählt haben.

Doch der Vulkan hielt immer noch still, und diese Ruhe vor dem Sturm dauerte möglicherweise Monate. Einige der Einwohner kehrten wieder zurück und machten sich daran, die Trümmer wegzuräumen und die Stadt neu aufzubauen. Beweise dafür sind noch heute in Akrotíri zu sehen: ein freigeräumter Weg, an dessen Seiten der Schutt in gleichmäßigen Abständen aufgetürmt worden war; ein Fensterrahmen, den man zu einer Tür erweitert hatte; ein provisorischer Herd vor einer eingestürzten Mauer. An einer Stelle war sogar eine Badewanne auf das Dach eines Hauses gehievt worden, wahrscheinlich um Regenwasser aufzufangen.

Dieser Wiederaufbau fand ein jähes Ende, als die blühende Insel buchstäblich explodierte. Wie lange der Vulkanausbruch dauerte – ob zwei Tage oder zwei Jahre –, ist unklar. Lediglich die Reihenfolge der Ereignisse läßt sich an den Ascheschichten eines riesigen Steinbruchs ablesen, der südlich der Stadt Thera liegt. Die Eruption schleuderte zuerst einen Schauer Bimsstein hervor, der die Insel wie eine dünne Schneeschicht bedeckte; dann folgten größere Brocken und schließlich der charakteristische rosafarbene Bimsstein, für den Thera berühmt ist. Am Ende explodierte der ganze Vulkan, wobei zuerst die Bergkuppe auseinanderbarst und dann überhitzte Gase und eine Ladung Vulkangestein mit unvorstellbarer Geschwindigkeit herausgeschleudert wurden.

Eine Säule aus Rauch und Asche verdunkelte den Himmel

Eine riesige Wolke aus Vulkanasche wurde mehr als 30 Kilometer hoch geschleudert, und der ohrenbetäubende Explosionsdonner war von Zentralafrika bis nach Skandinavien und vom Persischen Golf bis an den Felsen von Gibraltar zu hören. Der aufgewirbelte Staub machte noch in weiter Entfernung den Tag zur Nacht, bevor er über weiten Teilen des Mit-

Warum ein Vulkan explodiert

Auf der Erde gibt es heute mehr als 500 aktive Vulkane. Der Ursprung ihrer gewaltigen Kräfte liegt im Erdinnern, wo Gestein und Minerale aufgrund der hohen Temperaturen zu Magma verschmelzen. Diese Gesteinsschmelze sammelt sich in einer Tiefe von 2–50 Kilometern oft über Tausende von Jahren in sogenannten Magmakammern an. Durch Druck- und Temperaturveränderungen werden im Magma gebundene Gase freigesetzt, die durch Vulkanschlote oder Spalten an die Erdoberfläche vordringen und das Magma mit nach oben reißen. Diese Vorgänge treten vor allem in tektonischen Schwächezonen auf. Eine dieser Zonen verläuft in westöstlicher Richtung quer durch das Mittelmeer, dort, wo die afrikanische und die verschiedenen Schollen der eurasischen Platte aufeinandertreffen und sich seit prähistorischer Zeit gegeneinander verschieben. Eines der Gebiete, in denen die dadurch erzeugte Spannung am größten ist, befindet sich in der südlichen Ägäis.

Der durch die Gase verstärkte Druck entlädt sich in den meisten Fällen durch Erdbeben, Dampf, Lavaflüsse, Bimsstein- und Ascheauswürfe. Doch wenn das Hauptventil eines Vulkans durch verhärtetes Magma verstopft ist, entwickelt sich darunter eine riesige Zeitbombe, die dann irgendwann einmal den ganzen Vulkankegel in die Luft sprengt – wie in Thera vor 3500 Jahren.

Theras Zerstörung begann mit einer gewaltigen Explosion, die die Bergspitze wegsprengte und mit einer ungeheuren Geschwindigkeit Lava, Bimsstein und Asche in die Luft schleuderte.

Eine spätere Eruption aus Magma und Gas bildete eine dichte Wolke, die aufgrund ihres Gewichts in sich zusammenfiel und dann als glühendheiße Lawine über den Bergflanken und im Krater niederging.

Als ein großer Teil des Bergs verschwunden war, ergoß sich Wasser in den gähnenden Krater und brachte das brodelnde Magma zum Explodieren. Dabei wurde die heutige Bucht aus der Insel herausgesprengt.

telmeerraums auf die Erde niederging. Der Druck im Erdinnern sprengte den symmetrischen Vulkankegel Theras an mehreren Stellen auf, so daß sich die darunterliegende riesige Magmakammer bis zum Meer öffnete. Meerwasser ergoß sich in den glühenden Abgrund und löste weitere gigantische Explosionen aus, die fast die Hälfte der Insel wegsprengten. Durch die Wucht dieser Detonationen entstanden gewaltige Flutwellen, die wenig später über die Nordküste Kretas hereinbrachen.

Der Vulkanausbruch zerstörte nicht nur Thera, sondern markiert auch das Ende der minoischen Hochkultur. Um so erstaunlicher ist es, daß dieses Ereignis in den überlieferten Quellen kaum Spuren hinterlassen hat und nur an einer einzigen, höchst unerwarteten Stelle auftaucht: in den Schriften des griechischen Philosophen Platon.

Um das Jahr 350 v. Chr. schrieb Platon die Geschichte eines versunkenen Inselreichs namens Atlantis nieder. Er berief sich dabei auf die Berichte des attischen Dichters und Politikers Solon, der um 600 v. Chr. Ägypten besucht und dort von Atlantis gehört hatte. Ein ägyptischer Priester hatte ihm von der „großen und wunderbaren Königsmacht" erzählt, „der nicht nur die ganze Insel, sondern noch viele andere Inseln untertan waren." Es sei ein kriegerisches Volk gewesen, das 9000 Jahre vor seiner Zeit jenseits der Straße von Gibraltar gelebt habe, bis „eine Zeit gewaltiger Erdbeben und Überschwemmungen hereinbrach; es kamen ein Tag und eine Nacht voll entsetzlicher Schrecken, und das ganze Heer der Krieger wurde von der Erde verschlungen, und die Insel Atlantis versank im Meer."

Aus der Sicht der modernen Wissenschaft ist es äußerst unwahrscheinlich, daß eine so riesige Landmasse, wie Platon sie beschreibt, irgendwo im Atlantik versinken konnte. Und doch fasziniert die Sage von Atlantis die Menschen bis heute, vielleicht weil darin viele Legenden von einer verlorenen paradiesischen Welt verschmolzen sind, vom biblischen Garten Eden über Homers elysische Gefilde bis zu den sagenhaften Reichen der keltischen und germanischen Mythologie.

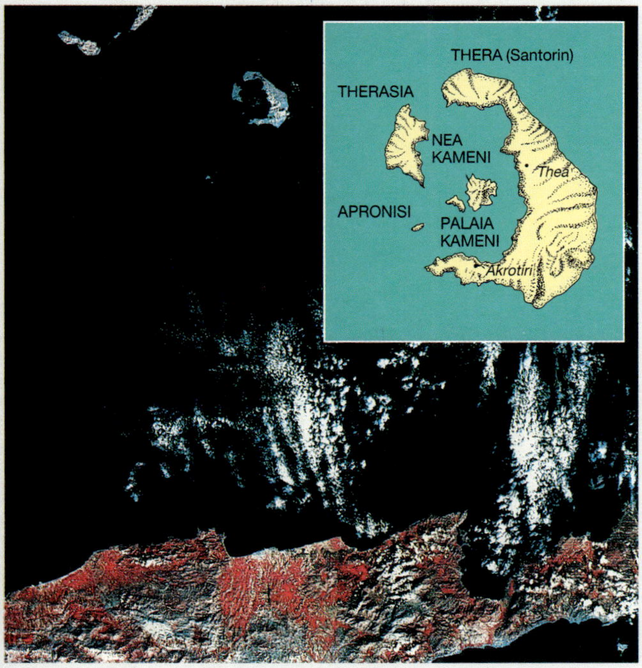

Auf diesem Satellitenfoto sind Kreta (unten) und die Inselgruppe Santorin deutlich zu erkennen. Die Form der Inselgruppe (siehe kleine Abbildung) läßt keinen Zweifel darüber aufkommen, daß es sich um die Überreste einer viel größeren Insel handelt, die von den gleichen vulkanischen Kräften zerstört wurde, durch die sie einst entstand.

Im Mythos spiegelt sich die unfaßbare Katastrophe wider

Ungeachtet des sagenhaften Charakters, den Platons Erzählung hat, haben Gelehrte immer wieder versucht, das Verschwinden von Atlantis mit einem historischen Ereignis in Verbindung zu bringen. Einige vertreten die Meinung, daß ein Übersetzungsfehler zu einer völlig falschen Datierung der Katastrophe geführt habe und daß die Zerstörung von Atlantis nicht in das 10., sondern in das 2. Jahrtausend v. Chr. gehört – in die Zeit, als der Vulkan auf Thera ausbrach und die minoische Kultur zugrunde ging. Sie weisen darauf hin, daß zahlreiche landschaftliche Merkmale in Platons Beschreibung von Atlantis genau mit bestimmten Orten auf Kreta und Thera übereinstimmen.

Neben Platons Bericht sind die wenigen anderen Hinweise auf den ungeheuren Vulkanausbruch nur vage und verlocken gerade deshalb zu den unterschiedlichsten Interpretationen. Vor allem die griechische Mythologie bietet viele Anhaltspunkte.

Die Argonautensage erzählt, wie Jason und seine Gefährten, nachdem sie das Goldene Vlies erobert hatten, auf der Heimfahrt mit ihrem Schiff *Argo* die Küste Kretas ansteuerten. Doch dort konnten sie zunächst nicht anlegen, weil Talos, der „bronzene Wächter, sie mit Steinen bombardierte, wie er es mit Fremden immer tat". Jasons Frau Medea behexte den Riesen, der daraufhin stolperte. Dabei verletzte Talos seinen Knöchel an einem Felsen, so daß sein göttlicher Lebenssaft auslief wie „geschmolzenes Blei", und er starb. Deutet man

Schätze des Meeres *Dieser junge Fischer hat einen üppigen Fang gemacht, den er nun vermutlich einer der Gottheiten Theras opfern will.*

Ruhmreiche Seemacht *Die in Akrotíri gefundenen Fresken erzählen von der*

„Knöchel" als kleinen Vulkanschlot und „Lebenssaft" als geschmolzene Lava, so wird Talos zu einem feuerspeienden Berg, der vulkanische Bomben auf die müden und unglücklichen Seefahrer schleuderte.

In einer anderen Legende erfährt man von der Geburt des Gottes Apollon auf der Insel Delos, die etwa 120 Kilometer nördlich von Thera liegt. Einer Überlieferung zufolge war die Insel wie ein Stern vom Himmel gefallen und trieb frei in der Ägäis umher. Erst nach Apollons Geburt erhielt sie einen festen Platz und den Namen Delos. Der Ursprung dieser und anderer antiker Legenden von schwimmenden Inseln könnte darin liegen, daß Seeleute Massen treibenden Bimssteins sahen, den Thera ausgestoßen hatte. Denn selbst nach wesentlich kleineren Vulkanausbrüchen in jüngster Zeit im pazifischen Raum trieben auf dem Meer Bimssteinhügel, die über 40 Kilometer lang und damit sehr viel größer waren als die kleine Insel Delos.

In Homers Odyssee begegnet der Leser den klugen und wagemutigen Phäaken, die aufgrund ihrer seefahrerischen Fähigkeiten Waren und Personen in Windeseile an ferne Ziele befördern konnten. Sie zogen den Zorn des Meeresgottes Poseidon auf sich, als sie Odysseus auf seinem Heimweg nach Ithaka halfen. Als Strafe drohte der Gott, ihr Schiff in Stein zu verwandeln und „ihre Stadt unter einem großen Berg zu begraben". Könnten sich in dieser Geschichte nicht tatsächliche Ereignisse aus einer Zeit widerspiegeln, als der Vulkan auf Thera explodierte, den minoischen Stützpunkt unter sich begrub und zugleich auch die mächtige Handelsflotte des kretischen Volks lahmlegte, was möglicherweise dazu beitrug, der gesamten minoischen Kultur den Todesstoß zu versetzen?

Hesiod, ein griechischer Dichter aus dem 8. Jahrhundert v. Chr., bediente sich eindeutig vulkanischer Bilder, um den Kampf zwischen Zeus und dem Riesenungeheuer Typhon zu beschreiben: „Und die Glut der beiden erfaßte das purpurrote Meer, hier Blitz und Donner des Zeus, dort das Feuer des Ungeheuers. Von der Hitze feuriger Sturmwinde und flammender Blitze kochten Erde, Firmament und Meer, und lange Wellen, die sich kreisförmig ausbreiteten, schwappten siedend über die Ufer." Hesiod stützte sich auf jahrhundertealte Überlieferungen, die offensichtlich auch über die Auswirkungen eines Vulkanausbruchs berichteten.

Trotz solcher Parallelen konnten sich die Historiker bislang noch auf keine gemeinsame Theorie über das Schicksal der minoischen Hochkultur einigen. Eine ihrer Thesen besagt, das minoische Reich sei nicht durch eine Naturkatastrophe zerstört worden, sondern erst später durch Invasion und Eroberung zugrunde gegangen. In der Tat hat das minoische Reich auf Kreta noch einige Jahrzehnte überlebt, doch war es durch die Folgen des Vulkanausbruchs in seinem Lebensnerv getroffen worden und so geschwächt, daß es sich gegen Angriffe vom griechischen Festland nicht mehr zur Wehr setzen konnte.

Die Minoer waren aber nicht die einzigen, die die Katastrophe auf Thera zu spüren bekamen, denn die Mittelmeerwinde trieben die riesige Wolke aus glühender Asche in Richtung Südosten. Einige Wissenschaftler stellten die provokative These auf, daß man nach der Richtigstellung einiger schwerwiegender Datierungsfehler sogar im Alten Testament eine anschauliche Darstellung der weitreichenden Fol-

minoischen Kulturepoche, als eine vortreffliche Flotte die Häfen Theras sicherte und der Insel Wohlstand und Reichtum brachte.

gen dieses Vulkanausbruchs finden könne. „Während der Wanderung ging der Herr tagsüber in einer Wolkensäule vor ihnen her, um ihnen den Weg zu zeigen, und nachts in einer Feuersäule, um ihnen zu leuchten." So beschreibt das 2. Buch Mose die Flucht der Israeliten aus ägyptischer Gefangenschaft. Handelte es sich hierbei möglicherweise um die hoch in den Himmel ragende Aschensäule über Thera, die trotz der Erdkrümmung und einer Entfernung von 800 Kilometern Tag und Nacht vom Nildelta aus deutlich zu sehen gewesen wäre? Und sorgte vielleicht dieselbe Aschenwolke im Land der Pharaonen für eine der sieben Plagen Ägyptens, nämlich drei Tage tiefster Dunkelheit?

Standen biblische Ereignisse tatsächlich in einem Zusammenhang mit dem Vulkanausbruch auf Thera?

Die Theorie von einem Zusammenhang zwischen dem Vulkanausbruch auf Thera und biblischen Ereignissen ist zwar ungeheuer faszinierend, doch sie führte auch zu heftigen Kontroversen. Bis vor kurzem war aufgrund archäologischer Funde das Jahr 1525 v. Chr. als Datum für den Ausbruch noch allgemein anerkannt, und das liegt nur zwei Jahrhunderte vor dem Auszug aus Ägypten. Die zeitliche Lücke erklärten Verfechter dieser Theorie mit fehlerhaften Datierungen der Pharaonendynastien. Mittlerweile können Geologen mit Hilfe neuer Techniken prähistorische Ereignisse zeitlich sehr viel genauer datieren, und sie stellten Mitte der 80er Jahre fest, daß die Katastrophe auf Thera schon im 17. Jahrhundert v. Chr. stattgefunden hat. Dadurch wird eine Verbindung zwischen Thera und dem Auszug aus Ägypten, so verlockend sie auch sein mag, nahezu unmöglich.

Heute erinnern Palaia Kameni und Nea Kameni, die beiden schwarzbraunen Felserhebungen in der Mitte der Bucht von Santorin, ständig daran, daß der Vulkan noch nicht erloschen ist. Der griechische Geograph Strabon beschrieb 197 v. Chr. die Geburt von Palaia Kameni so: „In der Mitte zwischen Thera und Therasia schlugen vier Tage lang Flammen aus dem Meer hoch, die das Wasser zum Sieden brachten. Allmählich tauchte eine Insel auf, die immer größer wurde, so als sei sie aus glühendheißem Eisen geschmiedet worden." Im Jahr 1707 brachte ein ähnliches Ereignis die Insel Nea Kameni hervor, deren Größe durch einen weiteren Vulkanausbruch 1866 verdreifacht wurde.

„Wie Besucher der Kameni-Inseln bezeugen können", schrieb ein Reporter vor kurzem, „braucht man nur ein wenig an der Erdoberfläche zu kratzen, um Temperaturen zu spüren, die nicht von der Sonnenbestrahlung herrühren." Der griechische Geologe A.G. Galanopoulos berichtet von „Aschenkratern zwischen verstreutem Bimsstein und rötlich-schwarzen Felsbrocken, die mit fluoreszierendem Schwefel bedeckt sind. An der höchsten Stelle brodelt der jüngste Krater noch und stößt giftige Dämpfe aus. Es scheint, als hätten sich alle Schlackenberge und Geröllhalden der Erde zu einem alptraumhaften Szenarium zusammengefunden. Diese wüste Insel ist nur die Folge relativ schwacher Vulkantätigkeit während der letzten 200 Jahre. Die scheinbar ruhige Bucht ist ein riesiges Loch, das vor 3500 Jahren in die Erdoberfläche gesprengt wurde, als die antike Insel vom Meer verschluckt wurde, und die sonnigen Klippen sind die zerklüfteten Seitenwände des Kraters."

Was wird noch kommen? Wird sich der grausame Vulkan wieder regen und erneut Zerstörung über die Inselgruppe bringen? Werden sich die Spannungen im Erdinnern in dieser idyllischen Landschaft noch einmal auf so katastrophale Weise Luft verschaffen? Niemand weiß es, denn im Moment birgt Thera dieses Geheimnis gut.

Athen in der Falle

Vor den Mauern der Stadt steht der Feind, hinter den Mauern tobt die Seuche

Unter der Führung des Feldherrn und Politikers Perikles erlebte Athen im 5. Jahrhundert v. Chr. eine außergewöhnliche Blütezeit. Perikles förderte nachhaltig Kunst und Kultur und machte die Stadt zum geistigen und kulturellen Mittelpunkt Griechenlands. Die Errungenschaften des Perikleischen Zeitalters – die architektonischen Meisterwerke der Akropolis und die Skulpturen des Phidias, die Dramen des Sophokles und des Euripides sowie die philosophischen Schriften des Sokrates – prägen auch heute noch, fast 2500 Jahre später, unser Bild von der griechischen Antike, und die attische Demokratie gilt als Urform aller nachfolgenden Demokratien der Geschichte.

Doch dann ließ sich Athen im Jahr 431 v. Chr. auf einen Bruderkrieg mit Sparta ein, der sich über ein Vierteljahrhundert hinziehen sollte. Dieser sogenannte Peloponnesische Krieg untergrub die demokratische Verfassung der Stadt und zerstörte den Attischen Seebund, die von Athen geführte Vereinigung der griechischen Insel- und Küstenstädte des Ägäischen Meers. Statt dessen stieg Sparta mit seinen peloponnesischen Verbündeten zur neuen Hegemonialmacht auf.

Anlaß des Kriegs war die bereits seit längerem bestehende Konkurrenz zwischen Athen und Sparta um die Vormachtstellung in Griechenland. Den Athenern war klar, daß sie dem Landheer der Spartaner unterlegen waren, doch auf See waren sie nahezu unbesiegbar. Deshalb schlug Perikles auch vor, Kämpfe zu Land zu vermeiden und Attika dem Feind preiszugeben. Nachdem es schon Jahrzehnte vorher immer wieder zu Spannungen mit Sparta gekommen war, hatte er die „Langen Mauern" bauen lassen, einen fast sieben Kilometer langen und 180 Meter breiten Verteidigungskorridor, der Athen mit der Hafenstadt Piräus verband. Während der Feldzüge der Spartaner in Attika sollte die Landbevölkerung hinter diese Festungsmauern evakuiert werden und die attische Flotte die Küsten des schutzlosen Peloponnes in Schutt und Asche legen, um die Verbündeten Spartas zu zermürben.

Im ersten Kriegsjahr verlief alles wie geplant. Es gab lediglich vereinzelte Gefechte, und nur wenige Opfer waren zu beklagen. Als im Frühjahr 430 v. Chr. der nächste gegnerische Kriegszug bevorstand, suchten die Bauern aus dem Umland erneut Zuflucht in Athen. Viele zogen zu Verwandten, so daß bald fast jedes Haus überfüllt war. Diejenigen, die keinen Unterschlupf fanden, bauten Hütten unter freiem Himmel. Das peloponnesische Heer, geführt vom spartanischen König Archidamos, fiel wie erwartet in Attika ein und verwüstete das Gebiet rund um Athen. Alles, was die dort ansässige Bevölkerung nach der Invasion des Vorjahres wieder aufgebaut hatte, wurde zerstört, und der Rauch brennender Häuser und Felder war von der belagerten Stadt aus gut zu sehen.

Während Sparta und seine Bündnispartner weit entfernt von ihrer Heimat Attika plünderten, rüstete sich Perikles für einen Feldzug gegen Epidauros und andere mit Sparta verbündete Städte an der peloponnesischen Küste. Doch zu dem Zeitpunkt, als Perikles in See stach, begann in Attika eine Seuche zu

Sparta und Athen *Die beiden Stadtstaaten stritten im Peloponnesischen Krieg um die Vorherrschaft in Griechenland. Oben der große attische Politiker und Feldherr Perikles, der in Erwartung des Kriegs Athen und Piräus zu einer unbezwingbaren Festung hatte ausbauen lassen. Und in der Tat waren es nicht die Angriffe feindlicher Schiffe auf Piräus (rechts), die die Athener schreckten, sondern die Seuche, die von hier auf die Stadt übersprang.*

wüten, die, vermutlich aus Äthiopien kommend, über Ägypten, Libyen und Persien bis nach Griechenland vorgedrungen war. Die ersten Krankheitsfälle traten in Piräus auf, doch bald schon hatte die Seuche auch Athen erreicht und breitete sich in der übervölkerten Stadt in Windeseile aus.

Brennender Durst und glühende Hitze quälten die Kranken

In einer Darstellung, die jahrhundertelang als Musterbeispiel medizinischer Berichterstattung galt, schilderte Thukydides mit erschütternder Genauigkeit den Verlauf der Krankheit, die er selbst durchlitten und überlebt hatte: „Bei völlig gesunden Menschen stellte sich plötzlich brennende Hitze im Kopf ein, ihre Augen wurden rot und entzündeten sich. Gaumen und Zunge wurden blutrot, der Atem widerlich und übelriechend. Dazu kamen Niesen und Heiserkeit, und schon bald setzte sich die Krankheit mit einem starken Husten in der Brust fest. Als nächstes wurde der Magen befallen, verbunden mit großen Schmerzen und Erbrechen der Galle. Meist kam es dabei zu leerem Würgen und heftigen Krämpfen ... Äußerlich fühlte sich der Körper nicht sehr heiß an, die Haut war nicht blaß, sondern gerötet und blutunterlaufen und überall mit kleinen Pusteln und Geschwüren bedeckt. Inwendig aber war die Hitze so groß, daß die Kranken es selbst in der leichtesten Leinenkleidung nicht aushalten konnten, sondern sich alles vom Leibe rissen und am liebsten in kaltes Wasser gesprungen wären."

Am schlimmsten aber war wohl der brennende Durst. Doch die Kranken konnten noch soviel trinken, es beendete ihre Qualen nicht. Thukydides berichtet weiter, daß die meisten Kranken am siebten oder achten Tag der Fiebertod ereilte. Wer dem Fieber länger standhielt, starb schließlich an Entkräftung, die durch „Geschwüre und starken Durchfall" verursacht wurde. Nur wenige überlebten die Krankheit. Sie waren dann zwar immun dagegen, blieben aber oft für immer gezeichnet, denn die Seuche „befiel die Genitalien, die Finger und Zehen, und viele, die mit dem Leben davonkamen, konnten diese Körperteile nicht mehr gebrauchen". Manche wurden blind, andere verloren das Gedächtnis und „erkannten nicht einmal ihre Angehörigen mehr".

Diese Vase aus dem 5. Jahrhundert v. Chr. zeigt einen Arzt, der einen Patienten zur Ader läßt.

DIE GRIECHISCHE HEILKUNST

Hippokrates, der Vater der Medizin, war ein Zeitgenosse des Perikles und der wohl bekannteste Arzt im klassischen Griechenland. Hippokrates und seine Anhänger lehnten die gängige Auffassung ab, daß Krankheiten Strafen Gottes seien, sondern betrachteten sie als natürlich auftretende Fehlfunktionen des Körpers. Die Hippokratiker verstanden Gesundheit und Krankheit als Gleichgewicht bzw. Ungleichgewicht der Körpersäfte Blut, Schleim, gelbe und schwarze Galle. Es war Aufgabe des Arztes, durch sorgfältige Beobachtung der Symptome die Krankheit zu diagnostizieren und ihren Verlauf vorauszusehen. Durch die Behandlung mit Heilkräutern, einer geeigneten Diät, körperlicher Betätigung oder Bettruhe sollten die Symptome gelindert und die körpereigenen Abwehrkräfte gestärkt werden.

Im Perikleischen Zeitalter war aber auch der alte Kult der Tempelheilungen noch weit verbreitet. Ein Patient verbrachte eine oder mehrere Nächte im Tempel des Asklepios, in der Hoffnung, der Gott der Heilkunde werde ihm im Traum erscheinen und ihn heilen.

Griechische Ärzte konnten zwar viele Krankheiten erkennen und behandeln sowie eine ganze Reihe operativer Eingriffe vornehmen, doch sie wußten nur wenig von der Übertragung von Krankheiten. Seuchen schrieben sie dem Miasma, giftigen Ausdünstungen des Bodens oder giftiger Luft, zu und standen deshalb auch solchen Epidemien wie jener, die ab 430 v. Chr. fünf Jahre lang in Athen wütete, machtlos gegenüber.

Es gab keine wirksame Behandlungsmethode, um die Opfer zu retten, denn „was dem einen nützte, schadete dem andern. Menschen von allgemein guter gesundheitlicher Konstitution konnten der Krankheit ebensowenig entgegensetzen wie die Schwächeren. Die Seuche raffte alle gleichermaßen dahin, selbst die, die mit größter Sorgfalt behandelt wurden." Ärzte und andere mutige Freiwillige, die versuchten, für die Kranken zu sorgen, steckten sich an und starben „wie die Fliegen", berichtet Thukydides. Weil aber viele aus Furcht vor einer Infektion jeden Kontakt mit den Kranken vermieden, gingen dort, „wo es an Pflege fehlte", ganze Familien zugrunde.

Die Bürger Athens saßen in einer tödlichen Falle: Vor den Mauern der Stadt stand ein feindliches Heer, in der Stadt wütete die Seuche. Besonders hart traf es die Bauern, die aus dem Umland in die Stadt geströmt waren. „Für sie gab es keine Häuser, und da sie während der heißen Jahreszeit in schlecht belüfteten Hütten leben mußten, trat unter ihnen ein grauenhaftes Sterben ein." Die Leichen der Verstorbenen lagen in den Straßen übereinander, und halbtote Geschöpfe wälzten sich durstig zu den Brunnen. Selbst aasfressende Vögel und Hunde wurden infiziert und mieden bald die Leichen der Seuchenopfer.

Als Perikles von seinem Überfall auf die peloponnesischen Küstenstädte zurückkehrte, fand er Athen im Würgegriff der Seuche. Die Spartaner hatten sich bereits aus Attika zurückgezogen. Es hieß, sie seien von der Krankheit vertrieben worden, doch Thukydides weist ausdrücklich darauf hin, daß die Invasion in diesem Jahr länger als im Jahr zuvor gedauert habe.

Auf der Suche nach den Schuldigen wandte man sich gegen die Götter und gegen Perikles

Aus Angst vor Ansteckung verzichteten die Spartaner im Jahr 429 v. Chr. auf einen neuerlichen Feldzug. Erst im folgenden Sommer fielen sie wieder in Attika ein, da es schien, als habe die Seuche nachgelassen. Diese Atempause währte jedoch nicht lange: Im Winter 427 v. Chr. schlug die Krankheit in Athen erneut zu und grassierte noch über ein Jahr in der Stadt.

Wie viele Menschen der Seuche zum Opfer fielen, weiß man nicht. Thukydides zufolge raffte sie 4400 der schätzungsweise 13 000 Hopliten (schwerbewaffnete Fußsoldaten) und 300 der 1000 Reiter in der Athener Armee dahin. Überträgt man diese Sterberate von 30 Prozent auf die geschätzte Gesamtbevölkerung Attikas, so dürften von ungefähr 300 000 Menschen etwa 90 000 der Krankheit erlegen sein.

Was Art und Ursache der Epidemie angeht, „so muß ich es andern Ärzten oder Laien überlassen, diese zu bestimmen", schrieb Thukydides. „Ich selbst kann lediglich beschreiben, wie die Krankheit auftrat, und ihre Symptome darlegen, damit man sie mit Hilfe dieses Wissens wiedererkennen kann, falls sie je wieder ausbricht." Trotz der detaillierten Beschreibung des Historikers konnte die moderne Wissenschaft bis heute nicht feststellen, worum es sich bei der Athener Seuche nun tatsächlich handelte. Lange Zeit vermutete man hinter der Krankheit die Beulenpest, dann wieder die Pocken, Scharlach, Masern, Fleckfieber oder Typhus, doch gegen jede dieser Annahmen lassen sich berechtigte Einwände erheben. Möglicherweise brachen zwei oder mehrere noch heute auftretende Krankheiten gleichzeitig aus und verstärkten sich gegenseitig so, daß sie zu einer tödlichen Epidemie wurden. Es ist aber auch vorstellbar, daß es die von Thukydides beschriebene Seuche heute gar nicht mehr gibt oder daß sie sich, wie die Masern, zu einer weniger gefährlichen Kinderkrankheit entwickelt hat.

Thukydides schilderte nicht nur die medizinischen Merkmale der Seuche, sondern auch ihre sozialen Auswirkungen auf die attische Gesellschaft. Zuerst wurde gemunkelt, die Spartaner hätten die Brunnen in Piräus vergiftet. Aber nachdem die Zahl der Toten in Athen ständig stieg, obwohl dessen Wasserquellen außer Reichweite des Feindes lagen, verwarf man diese Theorie wieder. Da menschliches Zutun als Ursache für die Epidemie nun nicht mehr in Frage kam, wurden die Götter dafür verantwortlich gemacht. Man erinnerte sich an einen alten Spruch des Orakels, wonach ein Krieg gegen Sparta mit dem Ausbruch einer Seuche zusammenfallen würde. Es war auch bekannt, daß die Spartaner vor Beginn des Kriegs das Orakel des Apollon in Delphi befragt hatten und daß ihnen dort göttlicher Beistand zugesagt worden war; den Athenern lieferte das auch eine Erklärung dafür, daß die Bevölkerung des Peloponnes weitgehend von der Epidemie verschont blieb.

Doch die Schuld den Göttern zuzuschreiben änderte nichts daran, daß man kein Mittel hatte, das Wüten der Seuche einzudämmen. Die Zahl der Toten stieg von Tag zu Tag, unter den Lebenden wuchs die Verzweiflung, und die Menschen kümmerten sich – so Thukydides – „nicht mehr länger um Religion und Gesetze". Die Toten wurden nicht mehr, wie es sich gehörte, bestattet, sondern man warf die Leichen eine über die andere auf Scheiterhaufen. Den Tod ständig vor Augen, kümmerten sich die Lebenden nicht mehr länger um Gesetz und Ordnung und flüchteten sich in Vergnügungssucht und Maßlosigkeit.

Die Seuche demoralisierte die Einwohner Athens in jeder Hinsicht. So konnte es nicht ausbleiben, daß sie sich auch gegen Perikles wandten und gegen seinen Willen den Spartanern ein Friedensangebot machten. In einer beschwörenden Rede im Sommer 430 v. Chr. gelang es Perikles zwar noch einmal, die attischen Bürger für seine Politik zu gewinnen, aber bald schon richtete sich die öffentliche Meinung erneut gegen ihn und gab ihm die Schuld an der verzweifelten Lage der Stadt. Man enthob ihn seiner politischen Ämter, mußte aber rasch erkennen, daß es in Athen keine diesem Staatsmann vergleichbare Führungspersönlichkeit gab, die fähig gewesen wäre, die schwierige Situation des Gemeinwesens zu meistern. Bereits im Frühjahr 429 v. Chr. setzte man Perikles als politischen und militärischen Führer wieder ein. Kurze Zeit später raffte die Seuche auch ihn dahin.

Sein Tod markierte das Ende eines goldenen Zeitalters und den Untergang der attischen Demokratie, deren Schicksal durch die Niederlage gegen Sparta im Jahr 404 v. Chr. endgültig besiegelt wurde.

Antikes Vorbild *Thema dieses Stichs aus dem 17. Jahrhundert ist die biblische Erzählung von der dreitägigen Pestilenz in Israel unter König David. Doch die Einzelheiten, wie der tote Hund im Vordergrund und die durstigen Opfer der Seuche am Wasserfall im Hintergrund, scheinen dem Bericht des Thukydides über die Seuche in Athen entnommen.*

Der Brand von Rom

Die Hauptstadt des Römischen Reichs wird ein Opfer der Flammen

Es war allgemein bekannt, daß dem despotischen römischen Kaiser Nero seine Hauptstadt nicht gefiel. Die engen Straßen, die überfüllten Elendsviertel und das unregelmäßige Straßenbild Roms waren ihm ein Dorn im Auge. Er träumte davon, die Stadt nach seinen eigenen Plänen neu zu gestalten. Seine Träume sollten im Jahr 64 in Erfüllung gehen, denn in der Nacht zum 19. Juli brach am Fuß des Palatin, in der Nähe des Circus Maximus, wo die berühmten Gladiatorenkämpfe und Wagenrennen stattfanden, ein Feuer aus. Vom Wind weitergetragen, griffen die Flammen sofort auf die Arena über. Von dort breitete sich das Feuer rasch in den verwinkelten Straßen der alten Stadt aus.

„In wilder Wut rasten die zerstörerischen Flammen zunächst durch die ebenen Quartiere, dann tobten sie durch die höhergelegenen Straßenzüge, um erneut auf tieferliegende Quartiere überzugreifen. Der Brand breitete sich so schnell aus, daß alle Versuche, ihn zu stoppen, zum Scheitern verurteilt waren", schrieb der angesehene römische Historiker Tacitus, der in seinen *Annalen* ein eindringliches Bild des Infernos überliefert. „Entsetzte, schreiende Frauen, hilflose Alte und Kinder, Leute, die auf ihre eigene Sicherheit bedacht waren, und andere, die selbstlos Schwächere mitschleppten oder auf sie warteten, Flüchtende und Zögernde, sie alle trugen zu der allgemeinen Verwirrung bei. Die Flammen züngelten von allen Seiten nach den Menschen, und selbst wer in abgelegenere Stadtviertel flüchtete,

Flucht vor den Flammen *Der Große Brand von Rom brach in der Nacht zum 19. Juli des Jahres 64 in der Nähe des Circus Maximus aus. Auf diesem Gemälde aus dem 18. Jahrhundert (links) steht der Circus im Hintergrund schon in hellen Flammen. Von Panik erfaßte Bürger suchen Zuflucht am Ufer des Tiber.*

Brot und Spiele *Zur Unterhaltung des Volkes wurden im Circus Maximus (unten) Gladiatorenkämpfe und Wagenrennen abgehalten. Die Arena wurde von Nero nach dem Brand wieder aufgebaut und soll in späterer Zeit 300 000 Zuschauern Platz geboten haben.*

fand sich auch dorthin bald vom Feuer verfolgt. Schließlich, ohne zu wissen, wohin sie fliehen sollten, strömten die Menschen auf die Landstraßen oder legten sich in die Felder. Einige, die all ihre Habe verloren und nicht einmal mehr das Nötigste zum Leben hatten, und andere, die ihre geliebten Angehörigen nicht hatten retten können, suchten den Tod in den Flammen, obwohl sie noch hätten fliehen können." Doch auch finstere Gestalten, die die ohnehin machtlose Feuerwehr am Löschen hinderten und an verschiedenen Stellen neue Brände legten, machten die Stadt unsicher. Ob es Plünderer waren oder ob sie, wie man munkelte, auf Befehl des Kaisers handelten, ist ungewiß.

Nero, der sich 50 Kilometer von Rom entfernt in seiner Villa in Antium aufhielt, eilte zurück in die Stadt und kam gerade noch rechtzeitig, um seinen neuen Palast, die Domus Transitoria, in Flammen aufgehen zu sehen. Er begann sofort, die Bekämpfung des Feuers zu organisieren, und leitete Hilfsmaßnahmen für die betroffene Bevölkerung ein. Neben öffentlichen Gebäuden wurden auch die privaten Gärten des Kaisers geöffnet, um die Obdachlosen aufzunehmen. Aus benachbarten Städten ließ Nero Nahrungsmittel herbeischaffen und weit unter Preis verteilen. Rom brannte sechs Tage lang. Erst nachdem man eine Reihe von Gebäuden niedergerissen hatte, erstickte das Feuer allmählich. Doch kaum war der erste Feuersturm eingedämmt, brach nördlich des Kapitols ein neuer Brand aus. Da dieser Teil Roms nicht so dicht bevölkert war, forderte das zweite Feuer zwar weniger Menschenleben als das erste, zerstörte aber viele Tempel und öffentliche Gebäude.

Gut zwei Drittel der Hauptstadt des Römischen Reichs gingen in den Flammen unter

Nach neun Tagen war der Brand von Rom schließlich gelöscht. Tausende von Bürgern hatten ihr Leben verloren, Hunderttausende waren obdachlos geworden. Von den 14 Stadtbezirken blieben nur vier unbeschädigt. „Drei waren dem Erdboden gleichgemacht", berichtet Tacitus, „in den anderen sieben standen nur noch ein paar verkohlte und übel zugerichtete Ruinen." Dem Feuersturm waren unzählige Meisterwerke griechischer Kunst und Roms älteste Heiligtümer zum Opfer gefallen: der Palast des Numa Pompilius, des sagenhaften zweiten Königs von Rom, der Vestatempel mit den Statuen der römischen Schutzgötter und der Tempel des Jupiter Stator, von dem man sagte, Romulus, einer der beiden Gründer Roms, habe ihn selbst gebaut. Seit der Plünderung Roms durch die Gallier 450 Jahre zuvor hatte die Stadt kein solches Unglück mehr erlebt.

Der Wiederaufbau Roms war ein enormes und kostspieliges Unterfangen, das Nero aber mit viel Energie in Angriff nahm. Ein zentraler Bauplan wurde erstellt und eine Reihe neuer Baugesetze erlassen. Die Stadt sollte von breiten, rechtwinklig angeordneten Straßen durchzogen werden und viele offene Plätze haben, damit sich in Zukunft ein Feuer nicht mehr so rasch ausbreiten könnte. Eine Begrenzung der Gebäudehöhe, die von Kaiser Augustus eingeführt, doch bis dahin weitgehend unbeachtet geblieben war, wurde nun rigoros durchgesetzt. Neue Gebäude sollten frei stehend und bis zu einer bestimmten Höhe aus feuerfestem Stein gebaut werden. Und um in den Mietshäusern die drangvolle Enge zu verringern, die dort bislang geherrscht hatte, mußte jedes Haus einen Innenhof und eine auf die Straße führende Säulenhalle haben. Schließlich schloß man auch die ganze Stadt an die Wasserversorgung an.

Einige Römer bemängelten zwar das Fehlen schattiger Plätze und bedauerten den Verlust der alten Heiligtümer, doch trotz aller Kritik ließ sich nicht leugnen, daß eine glanzvolle neue Metropole aus der Asche des alten Rom erstand. Mit der ihm eigenen Extravaganz ließ Nero in der Stadt unzählige

Triumphbogen aufstellen, im Feuer verlorengegangene Bauten wie den Vestatempel und den Circus Maximus noch größer wieder aufbauen und dort, wo heute der Petersdom steht, eine riesige neue Arena errichten. Doch das ehrgeizigste seiner Bauprojekte war eine neue kaiserliche Residenz anstelle der niedergebrannten Domus Transitoria. Wegen der Fülle an Gold, Elfenbein und Edelsteinen, die man beim Bau dieses neuen Palasts verwendete, wurde er Domus Aurea, Goldenes Haus, genannt.

Das Goldene Haus war aber mehr als nur ein Palast, es war eine ganze Stadt im Herzen Roms, mit einer über 1000 Meter langen Säulenhalle, vielen kleinen Pavillons, die durch Galerien und Terrassen miteinander verbunden waren, Tempeln, Bädern, Gärten, Wäldern, Grotten, Feldern, Brunnen und einem riesigen künstlichen See, an dessen Stelle später das Kolosseum erbaut wurde. Der Komplex bedeckte eine größere Fläche als der heutige Vatikan, und im Eingangshof erhob sich eine 35 Meter hohe bronzene Götterstatue mit den Zügen Neros – ein Denkmal des kaiserlichen Größenwahns.

So sehr sich Nero auch bemühte, den Opfern der Feuersbrunst zu helfen und die Stadt wieder aufzubauen, er konnte damit nicht die hartnäckigen Gerüchte zum Verstummen bringen, er selbst sei für

DIE FEUERWEHR IM ALTEN ROM

Im republikanischen Rom hatte man die Feuerbekämpfung zunächst 600 Sklaven übertragen, die den Beamten der Stadt unterstellt waren und deshalb als *familia publica*, als Dienerschaft des Gemeinwesens, galten. Mit einer Ausrüstung, die im wesentlichen nur aus Wassereimern bestand, waren die einzelnen Löschtrupps in der Nähe der Stadtmauern stationiert. Im Notfall wurde die *familia publica* von privat bezahlten Löschmannschaften unterstützt.

Im Jahr 6 ersetzte Kaiser Augustus dieses höchst unzulängliche System durch das Korps der *vigiles*, die erste Berufsfeuerwehr der Welt. Die *vigiles* waren in sieben Einheiten (Kohorten) unterteilt, von denen jede für zwei der 14 römischen Verwaltungsbezirke verantwortlich war. Die rund 1000 Männer jeder Kohorte wurden nach den Aufgaben benannt, die sie bei der Feuerbekämpfung innehatten. Die *aquarii* oder Wasserträger benutzten aus Pflanzenstengeln geflochtene und mit Teer abgedichtete Eimer, um in langen Reihen das Wasser von der Quelle zum Brandherd zu befördern. Die *siphonarii* betätigten die Feuerspritzen, *siphones* genannt, und verwendeten auch schon eine doppelzylindrische Handpumpe. Die *uncinarii* waren Hakenmänner, die brennende Dächer und Mauern mit Hilfe hakenbesetzter Lanzen einrissen. Äxte, Leitern, Besen, Korbmatten sowie essiggetränkte Decken und Schwämme als eine Art chemische Feuerlöscher ergänzten die Ausrüstung der römischen Feuerwehrleute.

Die *vigiles* hatten ferner die Aufgabe, nachts die Straßen zu bewachen, entlaufene Sklaven wieder einzufangen, Straßenraub, Diebstähle und Einbrüche zu verhindern, die Aufsicht in öffentlichen Bädern zu führen und die Einhaltung der Feuerverhütungsbestimmungen zu überprüfen.

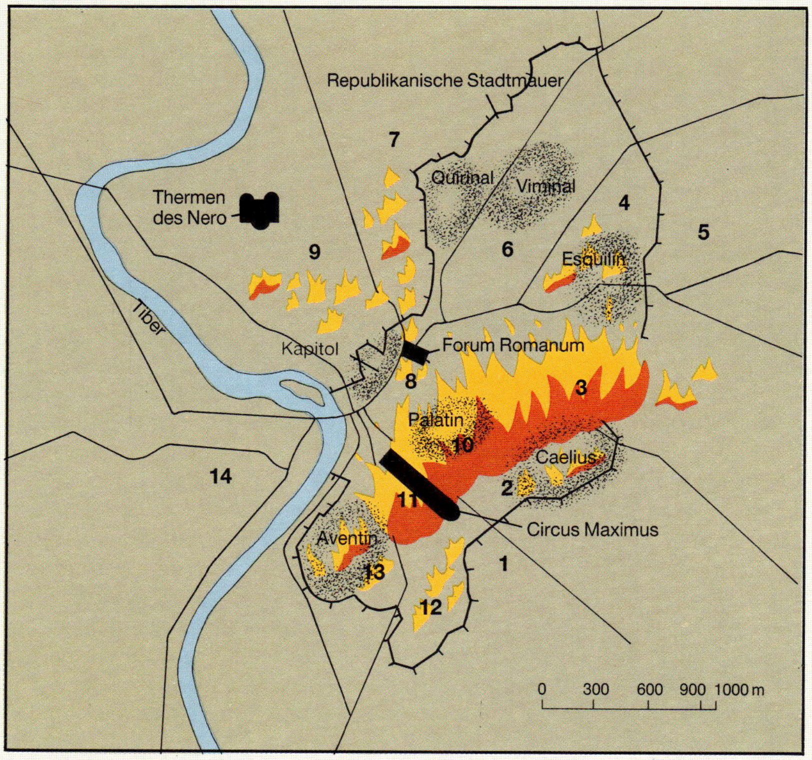

Dieser Stadtplan zeigt die sieben legendären Hügel Roms und die 14 Verwaltungsbezirke der Stadt. Das Feuer des Jahres 64 zerstörte drei Bezirke vollständig und beschädigte sieben weitere schwer. Es brach im 11. Bezirk aus, der zusammen mit den Bezirken 10 und 3 dem Erdboden gleichgemacht wurde. Der zweite Brand begann nördlich des Kapitols. Nur die Bezirke 1, 5, 6 und 14 blieben unversehrt.

Brandstifter? *Obwohl Nero schnell und tatkräftig versuchte, den Opfern des Feuers zu helfen, und eine herrliche neue Metropole auf den Ruinen der alten errichten ließ, wollten in Rom die Gerüchte nicht verstummen, der Kaiser selbst habe die Stadt in Brand stecken lassen.*

das Feuer verantwortlich. Glaubt man dem Historiker Sueton, der allerdings gerne irgendwelchen Klatsch kolportierte, so war Nero nicht nur der Brandstifter, sondern hatte obendrein beim Anblick seiner im Flammenmeer versinkenden Stadt einen Turm auf dem Esquilin erklommen, ein Theaterkostüm angelegt und den Untergang Trojas besungen. Tacitus wiederum ließ die Vorstellung auf einer privaten Bühne stattfinden, während Nero in späteren Versionen der Geschichte auf einer Leier den Brand von Rom begleitete. Diese Behauptungen sind zwar durch nichts bewiesen, doch sie zeigen, daß man diesem Kaiser alles zutraute.

Die Christen mußten als Sündenböcke für den Brand herhalten

Um den Verdacht von sich abzulenken, versuchte Nero zunächst, das Unglück göttlichem Zorn zuzuschreiben. Damit die Götter besänftigt würden, ordnete er Bittgebete, Prozessionen und Sühneopfer an. Doch als dies nicht zur Beruhigung der römischen Bevölkerung beitrug, machte Nero die christliche Gemeinde Roms zum Sündenbock. Zwar fanden unter späteren Kaisern weitaus mehr Christen den Tod als im Jahr 64, doch mit der Verfolgungswelle unter Nero begann das 200jährige Martyrium für die Anhänger Jesu. Tacitus berichtet, daß dabei „eine große Zahl von Christen verurteilt wurde – weniger wegen Brandstiftung, als vielmehr wegen ihrer Außenseiterrolle ... Mit Häuten wilder Tiere bekleidet, wurden sie von Hunden zerrissen oder gekreuzigt." Der Historiker behauptet sogar, daß Nero in seinen Gärten die Christen zur nächtlichen Beleuchtung als lebende Fackeln verbrennen ließ. Christlicher Überlieferung zufolge wurde auch der Apostel Petrus Opfer dieser Hinrichtungswelle. Er soll in Neros neuer Arena mit dem Kopf nach unten gekreuzigt worden sein.

Doch Neros Maßnahmen verfehlten ihr Ziel: Die Römer empfanden Mitleid mit den gequälten Christen, die ihrer Meinung nach „nicht im Interesse Roms, sondern der Mordlust eines einzelnen geopfert wurden". Zusätzlich genährt wurde der wachsende Widerstand gegen den Kaiser durch die gewaltigen Kosten, die der Wiederaufbau Roms verursachte, durch die Verderbtheit Neros sowie durch die immer länger werdende Liste von Mordopfern – darunter seine Mutter Agrippina, seine beiden Ehefrauen Octavia und Poppäa sowie sein früherer Lehrer, der Philosoph Seneca. Im Juni 68 erklärte der Senat den Kaiser zum Staatsfeind und verurteilte ihn dazu, mit Ruten zu Tode gepeitscht zu werden. Verlassen von seiner Palastwache, von Höflingen und Freunden, zog es Nero vor, sich von einem ehemaligen Sklaven einen Dolch in die Brust stoßen zu lassen.

Nach seinem Tod ließen seine Nachfolger große Teile des Goldenen Hauses abreißen. Heute sind davon nur noch wenige, unter den Ruinen späterer Gebäude verschüttete Räume vorhanden. Die Riesenstatue verschwand ebenfalls spurlos. Neros Wunschtraum, als großer Künstler und Bauherr in die Geschichte einzugehen, erfüllte sich nicht. Es ist vielmehr das Bild des größenwahnsinnigen Mörders und Brandstifters, das die Erinnerung an ihn prägte.

Der Vesuv – ein Pulverfaß

Inferno am Golf von Neapel

Gaius Plinius Secundus, besser bekannt unter dem Namen Plinius der Ältere, hatte den letzten Tag seines Lebens mit einer ihm lieb gewordenen Gewohnheit begonnen: Nach einem ausgiebigen Sonnenbad hatte er sich im kühlen Wasser erfrischt und danach zu Mittag gegessen. Gerade wollte er sich zurückziehen, um sich seinen Studien zuzuwenden, als ihn seine Schwester auf eine riesige, seltsam aussehende Wolke aufmerksam machte, die im Osten am Himmel aufgetaucht war und immer größer und dunkler zu werden schien.

Man schrieb den 24. August des Jahres 79. Plinius, ein Historiker und Naturwissenschaftler von höchstem Rang, war als Marineoffizier viel herumgekommen und stand als kaiserlicher Beamter an der Spitze der Verwaltung des Römischen Reichs. Erst einige Wochen zuvor hatte er auf Befehl des Kaisers Titus das Kommando der römischen Flotte übernommen, die in Misenum am Golf von Neapel stationiert war. Die Gunst des Kaisers kam zur rechten Zeit: Plinius war 56 Jahre alt, übergewichtig und litt schon längere Zeit an Atembeschwerden. Misenum schien für ihn der geeignete Platz, um sich zu erholen, denn es war trotz seiner strategischen Bedeutung ein recht friedlicher Ort. Wer ein scharfes Auge besaß, konnte von dort über den Golf von Neapel hinweg die etwa 20 Kilometer entfernten Sommervillen wohlhabender Römer in Herculaneum und weiter im Südosten die Stadt Pompeji ausmachen.

Die für einen sonnigen Sommertag ungewöhnliche schwarze Wolke weckte sofort das Interesse des Gelehrten. Plinius ließ sich seine Sandalen bringen

und erklomm einen nahe gelegenen Hügel, um sie genauer beobachten zu können. Was er sah, beschrieb später sein Neffe, Plinius der Jüngere, in einem Brief an einen Freund: „Eine Wolke erhob sich, und man konnte aus der Ferne nicht sagen, von welchem Berg sie ausging, doch später erfuhr man, daß es der Vesuv gewesen war. Ihre Gestalt erinnerte am ehesten an eine Pinie, denn sie stieg wie ein riesiger Baumstamm in die Höhe und verzweigte sich dann."

Die meisten Bewohner der Region Kampanien ahnten damals nicht einmal, daß der Vesuv ein nur schlafender Vulkan sein und eines Tages erwachen könnte. Seit undenklichen Zeiten blickte er friedlich über eine idyllische Landschaft. An seinen fruchtbaren Hängen gediehen Oliven- und Obstbäume, die Getreideernten waren üppig, und die Trauben aus den Weinbergen am Vesuv waren für ihre Größe und ihren Wohlgeschmack berühmt. Das angenehme Klima und die atemberaubend schöne Landschaft Kampaniens zogen viele wohlhabende Stadtbewohner an, und wer in Rom Rang und Namen hatte, besaß am Golf von Neapel eine pompöse Villa oder ein Landhaus.

Von Kriegen war Kampanien lange Zeit verschont geblieben. Nur im Jahr 73 v. Chr. sorgte eine Schar aufständischer Sklaven unter Führung des thrakischen Gladiators Spartakus für Unruhe in den Städten am Vesuv. Rom schickte Truppen, die den Sklavenaufstand niederwerfen sollten. Spartakus und seine Anhänger flüchteten die Hänge des Vulkans hinauf. Die römischen Truppen glaubten schon, die wilde Schar in der Falle zu haben, und besetzten alle Aufgänge zum Berg, um die Aufständischen auszuhungern. Doch Spartakus und seine Männer seilten sich an zusammengedrehten Weinreben über steil abfallende Felsen ab, überfielen die völlig überraschten römischen Posten und entkamen. Dieser Erfolg verschaffte Spartakus enormen Zulauf, und der Aufstand der Sklaven wurde zu einer Massenbewegung, die Süditalien fast zwei Jahre lang in Atem hielt, bevor es gelang, die Erhebung blutig niederzuschlagen.

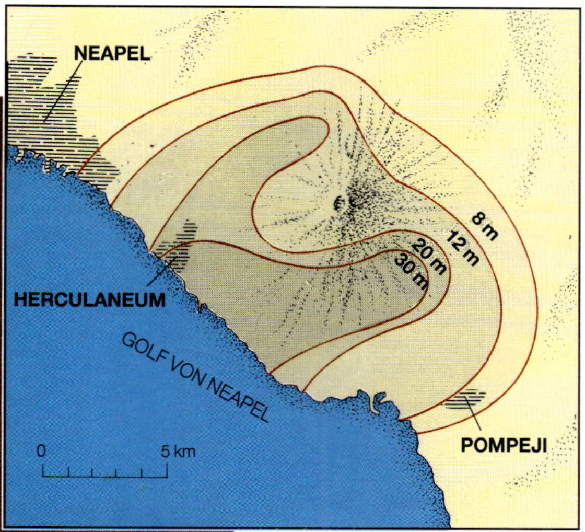

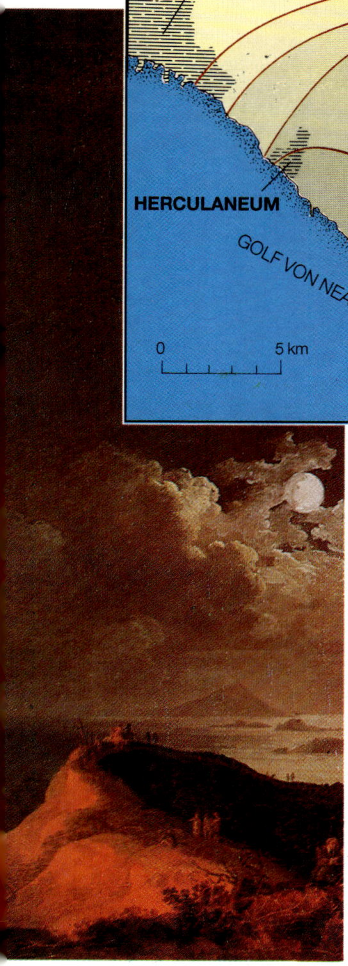

Faszinierende Funde
Die Entdeckung von Pompeji und Herculaneum Anfang des 18. Jahrhunderts regte die Phantasie der Menschen in ganz Europa an. Dieses Gemälde des französischen Malers Pierre-Jacques Volaire vermittelt einen Eindruck von der elementaren Kraft des Vesuv. Die Landkarte oben zeigt den Golf von Neapel und die Höhe der vulkanischen Ablagerungen, unter denen die beiden Städte begraben wurden.

Es gab warnende Anzeichen für den kommenden Vesuvausbruch, doch kaum jemand hatte sie beachtet

Etwa 30 Kilometer vom Vesuv entfernt liegen die rauchenden Höhlen und vulkanischen Dampfgeysire der Phlegräischen Felder, die man seit Urzeiten für das Tor zum Hades hielt. Im nahe gelegenen Baiae sprudeln heiße Mineralquellen aus unbekannten Tiefen. Und neben anderen frühen Chronisten hatte der griechische Geograph Strabon schon im 1. Jahrhundert v. Chr. auf die vulkanische Form des 2000 Meter hohen Bergs hingewiesen und über dessen Ursprung spekuliert. Doch niemand brachte diese Beobachtungen in einen Zusammenhang und zog daraus irgendwelche Schlüsse.

Auch als am 5. Februar 62 ein schweres Erdbeben Herculaneum und Pompeji erschütterte, löste dies keine nachhaltige Unruhe aus. Vielmehr begann man sofort damit, die stark beschädigten Städte wieder instand zu setzen. Die Arbeiten gingen aber nur recht langsam voran, vielleicht weil der Wiederaufbau Roms nach dem verheerenden Brand im Jahr 64 als dringlicher angesehen wurde. So waren viele Gebäude noch nicht vollendet, als die Städte im Jahr 79 endgültig zerstört wurden.

Das Wissen der modernen Seismologie und Vulkanologie stand damals noch nicht zur Verfügung, und so konnte wohl auch niemand ahnen, daß die Menschen rund um den Vesuv auf einem Pulverfaß lebten. Denn die Region liegt in einem Bereich, in dem zwei Erdplatten, die afrikanische und die eurasische, aufeinanderstoßen. Durch den dabei entstehenden enormen Druck schmilzt Gestein im oberen Erdmantel zu glühendem Magma, dem wiederum

Lebendige Antike *Das Getty Museum in Kalifornien ist eine exakte Nachbildung der Villa der Papyri in Herculaneum.*

Gase entweichen, die den Druck im Erdinnern noch verstärken. Um die Mittagszeit des 24. August 79 war dieser Druck übermächtig geworden: Die seit langem in der Magmakammer des Vulkans angestauten Gase sprengten sich ein Ventil in die Erdoberfläche. Mit lautem Krachen wurde der Vesuv wie eine Nußschale gespalten und eine Wolke aus rotglühendem Gestein, Schlacke und Asche Tausende von Metern in die Luft geschleudert.

Als Plinius von Misenum aus das Schauspiel beobachtete, erkannte er sofort, daß er Zeuge eines großen Naturereignisses wurde, das eine nähere wissenschaftliche Untersuchung verdiente. Er fragte noch seinen Neffen, ob dieser ihn begleiten wolle. „Ich antwortete, daß ich lieber an meinen Studien arbeiten würde, denn er selbst hatte mir etwas Arbeit aufgetragen", schrieb Plinius der Jüngere später. Kurz bevor Plinius der Ältere das Haus verließ, erhielt er eine Nachricht von Rectina, der Ehefrau eines Freundes. Sie bat ihn eindringlich, sie aus ihrer Villa zu retten, die am Fuß des Berges lag und nur mit dem Schiff zu erreichen war. „Daraufhin änderte er seine Pläne", schrieb sein Neffe, und organisierte ein großangelegtes Rettungsunternehmen.

Plinius der Ältere ließ einen beträchtlichen Teil der Flotte auslaufen und steuerte direkt auf die Gefahrenzone zu, wo es schon Lavabrocken und Asche regnete. Doch davon sollte Plinius der Jüngere erst später erfahren. Er verbrachte den Rest des Tages zu Hause in Misenum mit seinen Studien, aß zu Abend und versuchte anschließend vergeblich, Schlaf zu finden. „Seit einigen Tagen spürten wir Erdstöße, über die wir uns keine weiteren Gedanken machten, da man in Kampanien daran gewöhnt ist. Doch in dieser Nacht waren sie so heftig, daß es schien, als ob die Welt sich nicht nur bewege, sondern auf dem Kopf stehe." Kurz nach Mitternacht beschlossen Plinius der Jüngere und seine Mutter, Misenum vorsichtshalber zu verlassen, und zogen mit vielen anderen in nördlicher Richtung die Küste entlang. Die Erdstöße wurden immer heftiger, und das Donnern und Knallen nahm zu, als sich plötzlich das Meer – wie von den Beben weggedrängt – vom Ufer zurückzog. Über dem Vesuv hing drohend eine schreckliche schwarze Wolke, die von feurigen Flammenbüscheln durchzuckt wurde. „Bald danach senkte sich die Wolke auf die Erde und bedeckte das Meer. Sie hatte bereits Capri eingehüllt und das Kap Misenum unseren Blicken entzogen", schrieb der junge Mann. Und dann wurde es plötzlich ganz dunkel um sie herum, „wie in einem geschlossenen Raum, wenn das Licht erloschen ist."

Plinius der Ältere wurde das prominenteste Opfer des Vesuvausbruchs

Plinius der Ältere war, wie sein Neffe später aus Berichten von Überlebenden erfuhr, im Lauf des Nachmittags in Schwierigkeiten geraten. „Als sich die Schiffe der Küste näherten, fiel die Asche immer dichter und heißer herab. Es folgte ein Hagel aus Bimsstein und schwarz verkohlten, vom Feuer geborstenen Steinbrocken. Dann kamen die Schiffe plötzlich in seichtes Wasser, aber der Zugang zum Strand war durch Felsbrocken versperrt, die vom Berg heruntergerollt waren. Der Steuermann riet zur Umkehr, doch mein Onkel zögerte." Schließlich mußte auch Plinius einsehen, daß es unmöglich war, hier an Land zu gehen, und er befahl, nach Stabiae, einem Küstenort im Süden des Golfs von Neapel, zu fahren.

Inzwischen machte sich überall Panik breit. Um ein beruhigendes Beispiel zu geben, suchte Plinius in Stabiae das Haus seines Freundes Pomponianus auf, nahm seelenruhig ein Bad und setzte sich dann in bester Laune zu einem Abendessen nieder. Als die Nacht hereinbrach und Plinius zu Bett ging, fiel immer noch Asche vom Himmel, und gewaltige Feuerwände loderten über dem Vesuv. Mitten in der Nacht weckte Pomponianus den Freund, denn „die Wände des Hauses wurden jetzt von heftigen Erdstößen erschüttert, und es schien, als würden sie durch das Hin- und Herschwanken aus ihren Fundamenten gerissen." Man beriet, was man tun solle – im Haus bleiben, das jeden Moment einstürzen konnte, oder hinausgehen, wo man Gefahr lief, von herabfallenden Lavabrocken getroffen und von dem heißen Bimsstein- und Aschenregen verbrannt zu werden. Schließlich entschieden sie sich für das letztere, stülpten sich als Schutz gegen den Steinschlag Kissen über den Kopf und verschnürten sie mit Tüchern.

Doch draußen schien der Weltuntergang bevorzustehen, denn obwohl es inzwischen Tag geworden war, herrschte immer noch schwärzeste Dunkelheit. Die wilde See warf die im Hafen ankernden Schiffe wie Spielbälle hin und her. Blitze zerteilten den Himmel, Feuer flammte über dem Berg auf, und durchdringender

Römischer Luxus *Rund um den Golf von Neapel standen die pompösen Villen wohlhabender Bürger.*

Die Gärten des Bacchus *Auf dieser Wandmalerei aus Pompeji bewacht der Gott des Weins die Reben, die an den fruchtbaren Hängen des Vesuv wachsen.*

Schwefelgestank erfüllte die Luft. Inmitten dieses Infernos hauchte Plinius der Ältere sein Leben aus. Er hatte mehrmals nach Wasser verlangt und war dann, unfähig zu atmen, plötzlich zusammengebrochen. „Ich nehme an", schrieb sein Neffe, „daß ihm der dichte Rauch den Atem nahm und ihm die Kehle zudrückte, die bei ihm ohnehin eng, schwach und oft entzündet war."

Der Vesuv begrub Pompeji und Herculaneum unter Asche und Lava

Zu dem Zeitpunkt, als Plinius den Älteren der Tod ereilte, lagen Pompeji und Herculaneum schon metertief unter Asche und Lava begraben. Bereits bei der ersten Explosion des Vulkans waren gewaltige Massen von Asche und Bimsstein in die Luft geschleudert worden. Der Wind trieb die Wolke in südöstliche Richtung, und schon bald regnete es auf Pompeji Asche und Gesteinsbrocken, die teilweise einen Durchmesser von 20 Zentimetern hatten. Der Großteil der Bevölkerung floh aus der Stadt, die anderen hofften zunächst, daß das Schlimmste bereits überstanden sei. Doch der Vesuv gab keine Ruhe. In den frühen Morgenstunden des 25. August senkte sich eine tödliche Aschenwolke über die Stadt und erstickte alles Leben unter sich. Sie überraschte die Menschen in ihren Häusern, in den Tavernen, beim Zusammenpacken ihrer Besitztümer, im Tempel oder auf dem Marktplatz. Diejenigen, die sich – zu spät – doch noch zur Flucht entschlossen hatten, brachen mitten auf der Straße zusammen; andere, die in Kellerräumen Schutz gesucht hatten, fanden dort den Tod. Für 2000 der insgesamt 20 000 Einwohner der Stadt gab es kein Entrinnen mehr.

Der Aschenwolke folgte ein heißer Platzregen, und die Feuchtigkeit vermischte sich mit der Asche zu einer Masse, die die Körper der Toten dicht umschloß. Für die Geschichtswissenschaft sollte das später von großem Nutzen sein, denn als diese Masse trocknete, bildete sie eine feste Schale um jede Leiche, und nachdem die Körper verwest waren, blieb nur noch diese Form übrig. Während der 60er Jahre des 19. Jahrhunderts kam Giuseppe Fiorelli, der erste Ausgrabungsleiter in Pompeji, auf die Idee, Gips in diese Hohlräume zu gießen. Auf diese Weise erhielt er von jedem Opfer einen Abguß, der so detailliert war, daß sogar noch die Falten der Gewänder und in einigen Fällen sogar der Gesichtsausdruck zu erkennen waren.

Amedeo Maiuri, der von 1927 bis 1961 Direktor für Altertümer in Kampanien war, rekonstruierte mit erschütternder Genauigkeit die letzten Augenblicke von 13 Pompejanern, die auf ihrer Flucht von der tödlichen Aschenwolke eingeholt worden waren. Aus ihrer Kleidung, ihren Besitztümern und dem Fundort schloß er, daß es sich um Mitglieder zweier Bauernfamilien und einer Kaufmannsfamilie gehandelt haben muß, die alle nicht weit vom Nuceriator

Die Opfer der Katastrophe *Die Asche, die Mensch und Tier in Pompeji zum Ersticken brachte, konservierte zugleich die Formen ihrer toten Körper. Die Archäologen gossen die Formen später mit Gips aus und erhielten auf diese Weise Plastiken (links), die noch die Gesichtszüge der Unglücklichen erkennen lassen. Im Haus eines wohlhabenden Pompejaners hatte man vergessen, den Wachhund loszubinden, der offensichtlich qualvoll erstickte (unten).*

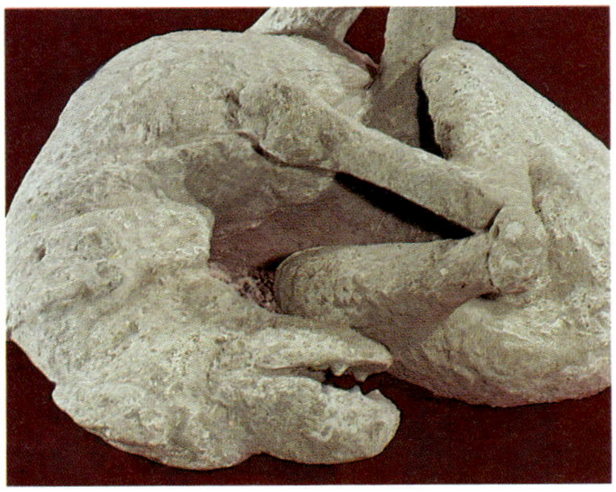

Ein wunderbar erhaltenes Museum
Friedlich scheint die Morgensonne auf die Straßen Pompejis. Im Hintergrund erhebt sich, nur knapp zehn Kilometer entfernt, der Vesuv, der die antike Stadt einst zerstörte. Doch in gewisser Weise ist Pompeji wiedererstanden – als riesiges Freilichtmuseum, das Einblick in das Leben einer römischen Landstadt gibt.

im Südwesten der Stadt gewohnt hatten. Eine der Bauernfamilien führte die Gruppe an. „Zuerst kam ein Diener, der eine hastig mit Lebensmitteln gefüllte Tasche über den Schultern trug", berichtete Maiuri. „Wir fanden ihn dort, wo er zu Boden gestürzt war, neben der Mauer eines Gemüsegartens, in dem, den Furchen nach zu urteilen, Kohl angebaut wurde. Der Mann kauerte am Boden, was nicht so sehr am Gewicht des Sacks lag als vielmehr an der undurchdringlichen Dunkelheit und dem heftigen, von den Eruptionen verursachten Wind, durch den er sich vorwärtskämpfte. Als nächstes folgten Hand in Hand die beiden kleinen Söhne des Bauern, die vielleicht vier oder fünf Jahre alt waren ... Schließlich kamen die Eltern der Kinder, wobei der Bauer seine Ehefrau stützte. Sie waren mit dem Gesicht nach unten zu Boden gefallen, so als wollten sie ihre Erstickungsqualen verbergen. Die beiden Jungen hingegen waren mit einem friedvollen, zum Himmel gewandten Gesicht gestorben, als hätten sie sich nach ein paar Tränen dem Schlaf hingegeben." Nacheinander nahmen die gegossenen Figuren bis hin zur Kleidung, der Haartracht und der Todesangst im Gesicht Gestalt an. Am ergreifendsten von allen wirkte auf Maiuri der Kaufmann: „Er lag nicht auf der Erde, sondern saß noch immer aufrecht und hatte seinen rechten Arm gegen einen Erdhügel gestemmt. Sein Rücken war gebeugt von der Anstrengung aufzustehen und den schwarzen Dämon an seiner Kehle abzuwehren, um seiner Familie zu Hilfe kommen zu können. In dieser gebeugten Haltung schien er uns nicht kalt und starr wie ein Gipsabdruck, sondern aus Fleisch und Blut wie ein lebender Mensch zu sein."

Wie ein Leichentuch hatten sich die lockeren Auswurfmaterialien des Vulkans über Pompeji gesenkt. „Aber diese Schicht aus Stein und Asche, die der Stadt das Leben nahm, bewahrte sie auch der Nachwelt, schöner, als es selbst der beste Konservator hätte tun können", stellte Maiuri fest. „Wir graben hier also keine Ruine aus, sondern ein wunderbar erhaltenes Museum."

Herculaneum hatte der Vesuv nicht erstickt, sondern verbrannt. Obwohl die Stadt kaum acht Kilometer vom Gipfel des Vulkans entfernt lag, hatte sie von den Bimsstein- und Aschenschauern des ersten Tages nicht allzuviel abbekommen. Der Wind hatte die Wolke so weit von Herculaneum ferngehalten, daß nur etwa 20 Zentimeter auf die kleine Stadt gefallen waren, während Pompeji unter sechs bis acht Meter Bimsstein und rauchender Asche begraben worden war.

Doch zu der Zeit, als Plinius der Jüngere und seine Mutter sich zur Flucht entschlossen und sein Onkel in Stabiae aus dem Schlaf gerüttelt wurde, schlug der Vesuv in Herculaneum zu. Nachdem der Vulkan über zwölf Stunden lang Flammen, Gas und glühendheißes Geröll ausgespien hatte, sackte die riesige Wolke, die die Aufmerksamkeit Plinius' des Älteren auf sich gezogen hatte, in sich zusammen und wälzte sich über die Berghänge hinab.

Innerhalb weniger Sekunden fegte durch Herculaneum ein Feuersturm, dessen glühendheiße Luft alles versengte, was ihr in den Weg kam. Gleich danach folgte eine verderbenbringende, kochende Lawine, eine brodelnde, mehrere hundert Grad heiße Masse aus Lava, Asche, kondensiertem Dampf und Steinen. Sie riß riesige Säulen aus ihren Fundamenten und warf sie wie Streichhölzer umher, pulverisierte Steinmauern und zerdrückte ganze Häuser.

Lange Zeit waren die Archäologen davon ausgegangen, daß die meisten der knapp 5000 Einwohner von Herculaneum noch rechtzeitig hatten fliehen können. Doch jüngste Entdeckungen lassen auf einen anderen, viel entsetzlicheren Ablauf des Geschehens schließen. Eine größere Menschenmenge – vermutlich einige hundert Leute – hatte unter den riesigen Gewölben eines Gebäudes am Hafen von Herculaneum Zuflucht gesucht. Doch selbst dieses solide Gebäude, das zum Wasser hin offen war, bot keinen Schutz. Denn während sich die dampfende Lawine hinter den bedauernswerten Geschöpfen durch die Stadt wälzte, mußten sie unter den Bogen zusammengekauert in namenlosem Schrecken mit ansehen, wie das Meer vor ihnen zurückrollte und dann in riesigen Wellen wieder auf sie zuraste. Die Gewölbe wurden zu einer Falle, aus der es kein Entrinnen gab.

Die Schlammlawinen konservierten das römische Leben bis ins Detail

Ausgrabungen der frühen 80er Jahre brachten jedoch nicht nur die sterblichen Überreste der in den Gewölben Eingeschlossenen zutage. Die grauenvollen Ereignisse jener Nacht vor gut 1900 Jahren lassen sich auch an anderen Stellen der Stadt ablesen. Eine Frau hatte der Sturm offensichtlich von einer Terrasse 20 Meter oberhalb des Hafens herabgefegt, einen Soldaten – sein Schwert lag noch neben ihm –

HERCULANEUM GIBT SEINE GESCHICHTE PREIS

Seit im Jahr 1709 ein Bauer, der einen Brunnen vertiefen wollte, mit seinem Spaten in Herculaneum auf ein antikes Theater stieß, sind die Ausgrabungen rund um den Vesuv nie unterbrochen worden. Im Gegensatz zu Pompeji, dessen Bimsstein- und Aschendecke leicht abgetragen werden konnte, lag Herculaneum unter 18 Meter zementähnlichen Lavagesteins begraben, das mühsam weggebohrt und abgemeißelt werden mußte.

Da man in mehr als 200 Jahren bei Ausgrabungen in Herculaneum nur zehn Skelette gefunden hatte, schloß man daraus, daß die meisten Einwohner nicht, wie in Pompeji, von der Katastrophe überrascht wurden, sondern sogar noch Zeit genug hatten, ihre Habseligkeiten zusammenzupacken und zu fliehen. Erst im Februar 1980 machten städtische Bauarbeiter eine Zufallsentdeckung, die alle bisherigen Annahmen über das Schicksal der Menschen in Herculaneum widerlegte: Sie stießen auf das Skelett einer Römerin, die noch immer juwelenbesetzte Goldringe an den Fingern trug. Weitere Nachforschungen förderten immer mehr Skelette zutage, so daß bald Archäologen Interesse zeigten und die Ausgrabungen übernahmen. Inzwischen hat man Hunderte von Toten entdeckt, und zwar hauptsächlich im Umkreis des ehemaligen Hafens sowie in einem Gebäude, dessen Gewölbe einst als Bootskammern dienten. Es waren in Herculaneum also wesentlich weniger Menschen der Katastrophe entkommen, als man geglaubt hatte.

Intensive Untersuchungen der Skelette durch Anthropologen und andere Wissenschaftler lieferten wertvolle Hinweise auf den Gesundheitszustand, den Beruf und die gesellschaftliche Stellung der Todesopfer. Eine junge Frau, die man inmitten einer zusammengekauerten Gruppe fand, war mit einem Kind in den Armen gestorben. Man nahm zuerst an, sie sei die Mutter des Kindes gewesen, doch aus genaueren Untersuchungen ihres Knochengerüsts schloß ein Wissenschaftler, daß sie noch keine Kinder geboren hatte, in einer armen Familie aufgewachsen und möglicherweise das Kindermädchen des gutgenährten, teuergekleideten Kindes gewesen war. Sie hatte noch versucht, es zu schützen, als die glühende Lawine über sie hereinbrach. Die meisten der Toten hatten erstaunlicherweise auch gesunde Zähne. Das deutet darauf hin, daß ihre Nahrung zuckerarm war. Offenbar aß man also trotz des opulenten römischen Lebensstils nicht viel Süßes.

Diese wohlhabende Bürgerin Herculaneums war von dem Feuersturm zu Boden geworfen und von der glühendheißen Lawine aus Asche, Lava und Dampf überrollt worden. Noch immer blitzen juwelenbesetzte Ringe an ihrer Hand.

mit dem Gesicht nach unten auf den Boden gedrückt und einen Fischer mit seinem Boot durch die Luft gewirbelt. Eine wohlhabende Frau, an deren Fingern noch juwelenbesetzte Ringe steckten, lag unter einem der großen Torbogen. In ihrer Nähe hatten sich in einer Ecke sieben Erwachsene, vier Kinder und ein Baby verzweifelt zusammengekauert. Sie alle hatte der zähe, glühende Schlamm, der dem Feuersturm folgte, eingeschlossen und konserviert.

Wenn man Pompeji als „wunderbar erhaltenes Museum" bezeichnen kann, so erweist sich Herculaneum als versteinerter Augenblick der Geschichte. Überall stößt man auf die unveränderten Spuren des Alltags, über den die Katastrophe jäh hereingebrochen war: In einem Backofen liegen noch Brotlaibe; eine Mahlzeit aus Obst, Eiern, einer Schale Walnüsse, Gemüse und Kuchen wartet auf einem Tisch darauf, verzehrt zu werden. Hier steht eine halb ausgepackte Kiste mit teuren Glaswaren, dort ein teilweise fertiggestelltes Holzschränkchen mit den Werkzeugen des Schreiners. In einem Bett hatte man einen kranken Jungen zurückgelassen. Sein Essen, ein Hühnchen, liegt noch unberührt auf einem Teller. Es ist, als wären die Uhren in Herculaneum stehengeblieben.

Die Stadt wurde von sechs glühenden Lavaströmen überrollt, und erst als endlich wieder die Sonne durch die Finsternis brach, lag Herculaneum unter einer 18 Meter dicken Schicht vulkanischer Schlacke begraben. Ebenso wie Pompeji war die Stadt spurlos verschwunden, so daß ihre Existenz im Lauf der Zeit in Vergessenheit geriet, bis die beiden Orte im 18. Jahrhundert wieder entdeckt wurden.

Nach jener schrecklichen Katastrophe im Jahr 79 brach der Vesuv noch 70mal aus. Seit 1944 verhält sich der Vulkan zwar ruhig, und nicht einmal die kleinste Rauchfahne erhebt sich über seinem Krater in den klaren Himmel. Doch der Schein trügt, denn jederzeit kann sich tief im Berginnern wieder so viel Druck anstauen, daß der Vulkan explodiert.

Vermutlich werden die Ausgrabungen in Herculaneum, was Größe und Zugänglichkeit angeht, mit jenen in Pompeji niemals mithalten können, denn viele Gebäude liegen direkt unter der heutigen Stadt Ercolano und können deshalb nicht freigelegt werden. Vor den Toren Herculaneums entdeckte man Mitte des 18. Jahrhunderts in der sogenannten Villa der Papyri eine umfangreiche Skulpturensammlung und eine Bibliothek mit rund 1800 Schriftrollen, von denen einige inzwischen entziffert werden konnten. Doch giftige Dämpfe, die aus der Tiefe aufstiegen, verhinderten eine vollständige Freilegung des Landhauses, das vermutlich dem Schwiegervater Cäsars gehört hatte. Nun hoffen die Archäologen, daß eine fachmännische Ausgrabung noch weitere Schätze zutage fördern könnte, darunter vielleicht sogar seit langem verschollene Werke der klassischen griechischen Literatur.

Die Funde der frühen 80er Jahre warfen erneut viele Fragen über das tatsächliche Schicksal der Bewohner von Herculaneum auf. Doch sie ließen auch keinen Zweifel daran, daß weitere Ausgrabungen noch manches Geheimnis lüften könnten, das seit mehr als 1900 Jahren unter den Erdmassen schlummert.

Ein monströser Block aus Lavagestein verschließt wie ein festsitzender Pfropf die Tür eines der öffentlichen Bäder in Herculaneum. Der gewaltige Feuersturm, der über die Stadt hereingebrochen war, hatte hier ein schweres Marmorbecken durch den Raum geschleudert und Glassplitter eines zerbrochenen Fensters in den Stein hineingepreßt.

Flutwellen über Alexandria

Riesige Wasserwogen brechen über die Stadt herein

Am Morgen des 21. Juli 365 wurde der Osten des Römischen Reichs von einem schweren Erdbeben erschüttert. Doch wie bei vielen Beben, deren Zentrum unter dem Meeresboden liegt, waren es nicht die Erdstöße selbst, die die meisten Menschenleben forderten und den größten Sachschaden anrichteten, sondern die riesigen Flutwellen, die durch die Erschütterungen verursacht wurden. Der heilige Hieronymus, einer der lateinischen Kirchenlehrer, berichtet, die dem Beben nachfolgenden Wogen seien so gewaltig gewesen, daß „es schien, als drohe Gott mit einer zweiten Sintflut oder als wolle alles zum ursprünglichen Chaos zurückkehren". Am schlimmsten betroffen waren die Küsten von Sizilien, Dalmatien, Griechenland und Ägypten. Die Einwohner der griechischen Küstenstadt Epidauros eilten in ihrer Angst vor der herannahenden Welle hilfesuchend zum heiligen Hilarius, der zu jener Zeit unter ihnen weilte. Der fromme Mann führte die Stadtbewohner zum Strand, malte dreimal das Zeichen des Kreuzes in den Sand und breitete beschwörend seine Arme aus. Wie durch ein Wunder zog sich die Woge zurück, und Epidauros blieb verschont.

Die Bewohner von Alexandria hatten nicht soviel Glück. Ihre prachtvolle Stadt traf die ganze Wucht der aufgetürmten Wasserfluten. Seit die ägyptische Hafenstadt im Jahr 332 v. Chr. von Alexander dem Großen gegründet worden war, hatte sich Alexandria zu einem wirtschaftlichen und politischen Zentrum in der griechisch-römischen Welt entwickelt. Das weite Hafenbecken, die weltberühmte Bibliothek und der Leuchtturm, der als eines der Sieben Weltwunder gilt, machten die Stadt zu einer der glanzvollsten Metropolen am Mittelmeer. Das Museion, eine der bedeutendsten Gelehrtenschulen der Antike, zog die größten Denker der Zeit an. Im 3. Jahrhundert v. Chr. schrieb hier Euklid seine Abhandlungen über die Geometrie, und Eratosthenes berechnete den Umfang der Erde. In dieser Stadt hatte auch Kleopatra mit ihren Verführungskünsten Julius Cäsar umgarnt und schließlich 30 v. Chr. Selbstmord begangen, bevor ihr Königreich von den Römern erobert wurde. Unter römischer Herrschaft verlor Alexandria zwar seine politische Bedeutung, wurde aber zu einem wichtigen Zentrum der Christenheit, da hier die Gelehrten saßen, die über die verschiedenen Glaubensfragen disputierten.

Doch im Jahr 365 brach das Unheil über die Stadt herein. Die Menschen von Alexandria wurden von „furchtbaren Schrecken heimgesucht, die uns weder aus Legenden noch aus wahren Schilderungen früherer Zeit bekannt waren", berichtete der zeitgenös-

Kleopatras Hauptstadt *Königliche Paläste säumten den Großen Hafen des antiken Alexandria. Hier war auch Julius Cäsar der legendären ägyptischen Königin begegnet.*

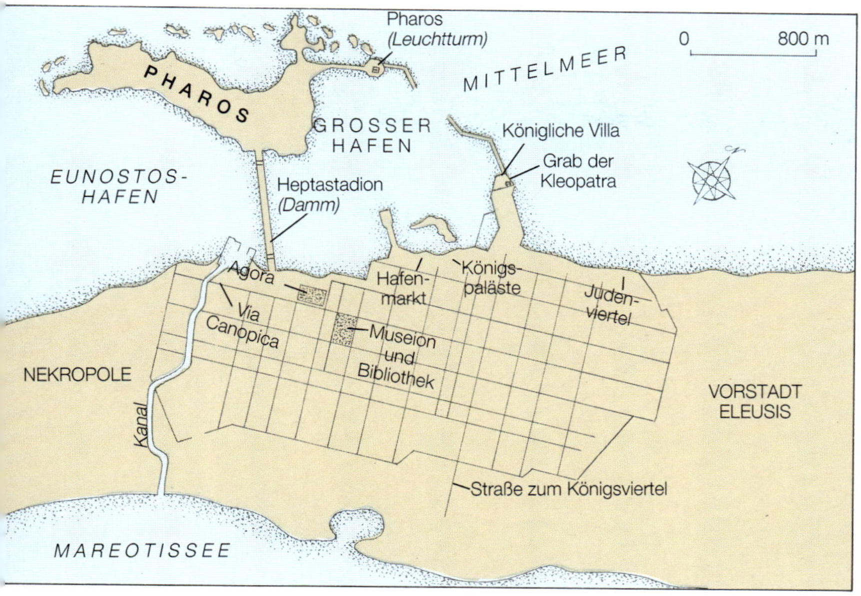

Ein Weltwunder der Baukunst *Der berühmte Leuchtturm (rechts) zeigte den Schiffen die Einfahrt in den Großen Hafen von Alexandria (oben). Trotz seiner ungeschützten Lage überstand er im Jahr 365 das Erdbeben und die Flutwelle.*

sische Geschichtsschreiber Ammianus Marcellinus. „Kurz nach Tagesanbruch jagten sich wild zuckende Blitze, und die Erdmassen zitterten und erbebten." Als das Beben nachließ, zog sich das Wasser des Mittelmeers drohend von der Küste zurück, „so daß man in dem plötzlich gähnenden Abgrund vielerlei Meerestiere im Schlamm stecken sah. Hohe Berge und tiefe Täler, die die Natur seit ihren Anfängen unter gewaltigen Wassermassen verborgen hatte, wurden zum erstenmal von Sonnenstrahlen erhellt." Viele

Menschen glaubten nun, das Schlimmste sei vorüber, und wagten sich in das seichte Wasser, um mit bloßen Händen gestrandete Fische zu fangen. Doch dann kehrte das Wasser zurück und stürzte in einer riesigen Flutwelle auf die Stadt nieder. „Plötzlich brachen brausende Meereswogen, wie über den erzwungenen Rückzug erbost, mit aller Macht über die Inseln und das vorspringende Festland herein und machten zahllose Gebäude dem Erdboden gleich ... Die riesigen Wassermassen kehrten gerade dann zurück, als man es am wenigsten erwartete, und sie ertränkten Tausende von Menschen", schreibt Ammianus.

Durch die enorme Wucht der Wassermassen wurden sogar große Schiffe an Land geworfen. Einige hob die Flut auf Hausdächer hinauf, andere wurden mehrere Kilometer weit landeinwärts getragen. Als sich die tosenden Meeresfluten später wieder beruhigt hatten, „fand man viele zerstörte Schiffe, und die Leichen der Schiffbrüchigen lagen gestrandet auf dem Rücken oder trieben mit dem Gesicht nach unten umher." Vermutlich kamen durch das Erdbeben und die nachfolgende Flutwelle in Alexandria ungefähr 50 000 Menschen ums Leben. Die meisten Gebäude der Stadt und sogar der Leuchtturm hatten jedoch den Wassermassen standgehalten.

Im ganzen Römischen Reich löste die Katastrophe Angst und Schrecken aus, denn man sah solch außergewöhnliche Ereignisse als göttliche Strafe für die Sünden der Menschen an und betrachtete diese Flutwelle als Vorbotin für noch größeres Unheil. Der Jurist und Historiker Sozomenos berichtet, daß die Bewohner von Alexandria noch im 5. Jahrhundert dieser Überschwemmung gedachten und an jedem Jahrestag die ganze Stadt beleuchteten, Dankgebete zu Gott sprachen und „in großem Glanz und Frömmigkeit" das Überleben ihrer Stadt feierten.

Der Niedergang einer Stadt

Ein Erdbeben zerstört das antike Antiochia

Die antike Stadt Antiochia, das heute im Süden der Türkei gelegene Antakya, wurde in den ersten Jahrhunderten unserer Zeitrechnung „schöne Krone des Orients" genannt, denn sie konnte es an Glanz und Pracht durchaus mit Rom und Alexandria aufnehmen. Die Stadt lag an dem Fluß Orontes, etwa 30 Kilometer von der Mittelmeerküste entfernt, und kontrollierte die wichtigsten Handelsverbindungen zwischen Europa und dem Orient. Ursprünglich war Antiochia die Hauptstadt des Seleukidenreichs und wurde nach der Eroberung durch die Römer Zentrum der Provinz Syrien. Unter den oströmischen Kaisern entwickelte sich die Stadt dann zu einem der wichtigsten Handelszentren im Byzantinischen Reich und stellte im 6. Jahrhundert ihr Prestige und ihre Macht durch prachtvolle Bauten zur Schau. Es gab eindrucksvolle Marmorkolonnaden, breite gepflasterte Straßen, reich ausgeschmückte öffentliche Bäder, mehrere Theater und ein Amphitheater, Marktplätze und zahlreiche Kirchen. Die Stadt war von einer mächtigen Befestigungsmauer umgeben, und ihre Straßen wurden nachts sogar von Öllaternen erleuchtet.

Die christliche Gemeinde in Antiochia war eine der ältesten. Hier hatte man für die Anhänger von Jesus Christus zum erstenmal die Bezeichnung Christen gebraucht, und von hier aus unternahm der Apostel Paulus seine zahlreichen Missionsreisen. Kein Wunder, daß am Vorabend des Himmelfahrtstags, am 29. Mai 526, noch regeres Treiben als gewöhnlich in der Stadt herrschte, denn Tausende von Gläubigen waren gekommen, um in diesem Zentrum der Christenheit das Kirchenfest zu feiern.

Doch als an diesem Abend die Dämmerung hereinbrach, erschütterten schwere Erdstöße die Stadt. Die Katastrophe kam so überraschend, daß die Menschen keine Möglichkeit hatten, sich rechtzeitig in Sicherheit zu bringen. Ganze Häuser brachen innerhalb weniger Augenblicke in sich zusammen, und das Donnern einstürzender Mauern vermischte sich mit den Schreckens- und Schmerzensschreien der Opfer. Der Zeitpunkt des Erdbebens hätte nicht ungünstiger sein können. Nicht nur, daß die Stadt mit Besuchern überfüllt war, die meisten Menschen hielten sich auch gerade in den Häusern auf, da es die Zeit des Abendessens war. So forderten die herabfallenden Trümmer besonders viele Opfer.

Nach den ersten schweren Erschüt-

Fröhliche Zecher *Dieses Mosaik aus Antiochia stammt aus dem 3. Jahrhundert und zeigt ein Wetttrinken zwischen Herakles und Dionysos, dem Gott des Weins. Eine anmutige Tänzerin unterhält sie dabei.*

Ein prachtvolles Panorama *Vor dem „Haus des Wetttrinkens" bietet sich ein herrlicher Blick auf die Berge um Antiochia.*

terungen senkte sich eine gespenstische Stille über die zerstörte Stadt. Die Überlebenden kauerten wie gelähmt vor Angst dort, wo sie sich schutzsuchend verkrochen hatten. Doch diese Ruhe war nur von kurzer Dauer. Eine Reihe von Nachbeben vergrößerte die Zerstörung noch. Und dann brach, wie um die Verwüstung in der Stadt zu vervollständigen, ein Feuer aus. Augenzeugen berichteten, der Feuersturm sei so gewaltig gewesen, daß es schien, „als fiele Feuer statt Regen vom Himmel."

Viele der Unglücklichen, die unter herabgestürzten Trümmern eingeklemmt waren, verbrannten oder erstickten, anderen versperrten die Flammen den Fluchtweg. „Die Luft war von Funken erfüllt, die wie Blitze brannten", schrieb Johannes Malalas, ein zeitgenössischer Chronist, der in Antiochia geboren war und als Augenzeuge eine Schilderung der Katastrophe hinterließ. „Mit Ausnahme der Erde auf den Feldern verzehrten die Flammen alles in der Stadt, so als hätte Gott den Befehl erteilt, alles Lebende zu verbrennen." Beinahe jedes Bauwerk, das dem Erdbeben standgehalten hatte, wurde vom Feuer zerstört. „Nicht eine einzige Wohnung oder Behausung entging den Flammen", berichtete Malalas. „Keine heilige Kirche, kein Kloster oder irgendein anderer geheiligter Ort blieb unversehrt." Das Schicksal des schönsten Gotteshauses von Antiochia war besonders schockierend. Die Große Kirche mit ihrer goldenen Kuppel war von Kaiser Konstantin dem Großen 200 Jahre zuvor erbaut worden. „Nachdem alles andere Gottes Zorn zum Opfer gefallen war", schrieb Malalas, „blieb die Große Kirche nach dem göttlichen Strafgericht noch fünf Tage lang stehen. Doch dann fing auch sie plötzlich Feuer und brannte bis auf die Grundmauern nieder."

Nach dem Erdbeben suchten Plünderer die Stadt heim und vergrößerten das Elend noch zusätzlich

Die Zahl der Opfer überstieg jedes vorstellbare Maß: Zwischen 250 000 und 300 000 Menschen waren ums Leben gekommen. Doch dem Erdbeben und dem Feuer folgte noch eine weitere Plage. Als die Überlebenden noch ganz benommen die zerstörte Stadt verlassen wollten, wurden sie von Plündererbanden überfallen, die ihnen alle Wertsachen abnahmen und jeden töteten, der sich widersetzte. Die dreisteren Diebe wagten sich auf der Suche nach Schätzen sogar in die Stadt hinein, plünderten die Ruinen und durchsuchten die Leichen nach Perlen, Gold und Edelsteinen. Besonders rücksichtslos verhielt sich ein kaiserlicher Beamter namens Thomas, der mit seinen Sklaven außerhalb der Stadttore den Flüchtenden auflauerte, sie ausraubte und so innerhalb von vier Tagen ein Vermögen anhäufte. Doch plötzlich brach er zusammen und starb, obwohl er bis dahin bei bester Gesundheit gewesen war.

Der Tod des Thomas erschien wie eine göttliche Vergeltung für seine Untaten. Und noch weitere Beweise göttlicher Gnade fanden die Menschen inmitten der allgemeinen Verzweiflung: „Schwangere Frauen, die unter den Ruinen verschüttet gewesen waren, wurden nach 20 oder sogar 30 Tagen unbeschadet geborgen", berichtete Malalas. „Viele hatten unter den Trümmern auch ihre Kinder zur Welt gebracht und kamen nach einigen Tagen lebend mit den unverletzten Neugeborenen heraus... Es geschahen noch viele weitere wunderbare Dinge, die man mit Worten nicht beschreiben kann und deren Geheimnis nur der unsterbliche Gott kennt." Das größte und ermutigendste Wunder aber soll sich drei Tage nach dem Erdbeben ereignet haben: Am Himmel sei das Zeichen des Kreuzes erschienen, vor dem die Menschen auf die Knie gefallen seien, geweint und gebetet hätten.

Die Nachricht von der Katastrophe hatte im ganzen Mittelmeerraum Entsetzen ausgelöst. „Der Glanz dieser Stadt, ihr angenehmes Klima und die Schönheit ihrer Kirchen ließen Fremde, die sie vor und nach dem Erdbeben sahen, ausrufen: ‚Wie sehr ist dieser friedvolle Hafen der Welt, dieser sichere Zufluchtsort vernichtet worden!'" erinnerte sich Johan-

DER MÄRTYRER VON ANTIOCHIA

Das große Erdbeben im Jahr 526 war nicht das einzige in der langen Geschichte der Stadt. Schon im Dezember des Jahres 115, als gerade der römische Kaiser Trajan in der Stadt weilte, kam es in Antiochia zu einer heftigen Erschütterung, die die Stadt teilweise zerstörte. Trajan und der spätere Kaiser Hadrian, der zu dieser Zeit noch Provinzstatthalter von Syrien war, kamen beide knapp mit dem Leben davon, doch viele andere Menschen starben oder wurden verletzt.

Wie so oft betrachtete man dieses Unglück als Strafe für ein Vergehen gegen die Götter, und in einer Zeit, in der das Christentum zunehmend in Konflikt mit der römischen Religion geriet, war es nur zu leicht, der christlichen Gemeinde der Stadt die Schuld am Zorn der Götter zu geben. Viele Christen wurden vom Pöbel gelyncht, und Bischof Ignatius von Antiochia wurde in Ketten nach Rom gebracht. Auf dem Weg dorthin schrieb er mehrere Briefe an seine Glaubensgenossen in Kleinasien und sprach ihnen Mut zu. Sein unerschütterlicher Glaube verließ ihn auch im Angesicht des Todes nicht, als er im Kolosseum von wilden Tieren zerrissen wurde. Von der Kirche wird er seither als Heiliger verehrt, weil er gleichmütig und tapfer sein Martyrium ertrug.

Der heilige Ignatius von Antiochia war einer der meistverehrten Märtyrer des frühen Christentums. Dieses Gemälde aus dem 10. Jahrhundert zeigt, wie er in der Arena von wilden Tieren zerfleischt wurde.

nes Malalas. Für die Zeitgenossen war die Zerstörung der Stadt unbegreiflich. Zwar waren die Bewohner dieser Region an leichte geologische Störungen wie das tiefe Grollen unter der Erdoberfläche, Steinschlag und schwache Beben gewöhnt, denn solche Ereignisse waren in den letzten Jahren schon häufiger aufgetreten. Doch ein Erdbeben solchen Ausmaßes war für sie kein bloßes Naturereignis mehr, sondern eine Botschaft Gottes, und verunsichert fragten sich die Menschen, was diese Botschaft zu bedeuten hätte. Dennoch versuchten die Einwohner von Antiochia zunächst tapfer, ihr gewohntes Leben wiederaufzunehmen.

Die Katastrophe von 526 bedeutete für die mächtige Stadt den Anfang vom Ende

Das reiche und mächtige Antiochia konnte sich in jeder Hinsicht mit den anderen großen Metropolen der römischen Antike, mit Rom und Konstantinopel, mit Jerusalem und Alexandria messen. Daher überraschte es niemanden, daß sogar der byzantinische Kaiser Justin vom Schicksal Antiochias tief betroffen war. „An Pfingsten betrat der Kaiser die Kirche ohne seine Krone“, berichtete Malalas. „Er weinte und trug nur einen Purpurmantel als Zeichen der Trauer.“

Die kaiserliche Familie wollte die Stadt als wirtschaftlichen und religiösen Mittelpunkt des Reichs erhalten und startete ein Hilfsprogramm, um Antiochia zu retten. Soldaten wurden entsandt, um nach Überlebenden zu suchen und beim Wiederaufbau zu helfen. Als Justin seinen Neffen Justinian ein Jahr nach dem Erdbeben zum Mitregenten ernannte, spendeten Justinian und seine Frau Theodora hohe Geldbeträge und ließen in Antiochia Kirchen, Bäder und ein Hospiz bauen.

Doch alle Bemühungen der byzantinischen Herrscherfamilie blieben fruchtlos – Antiochia war dem Untergang geweiht. Unzählige Nachbeben ließen immer wieder den Boden erzittern, und zum erstenmal seit Jahrhunderten zogen die Menschen aus Antiochia fort. Der Bevölkerungsrückgang führte auch zum wirtschaftlichen Niedergang. Weil es weniger Menschen und weniger Vermögen gab, ging der Handel zurück, und dies wiederum verstärkte die Neigung der Menschen, die Stadt zu verlassen und sich anderswo ein neues Leben aufzubauen.

Im November 528 wurde Antiochia von einem weiteren schweren Erdbeben heimgesucht, das etwa 5000 Menschenleben forderte. Die Zahl der Opfer wäre zweifellos noch höher gewesen, wenn nicht so viele Menschen der Stadt bereits den Rücken gekehrt hätten. Die neuen Gebäude, die in den vorangegangenen Monaten mit großer Zuversicht und Optimismus wieder aufgebaut worden waren, fielen ebenso wie bei dem ersten großen Beben wie Kartenhäuser in sich zusammen.

Nach diesem zweiten verheerenden Erdbeben hielt die Menschen nichts mehr in Antiochia. Scharenweise flüchteten sie aus der unsicheren Stadt. Einige Einwohner wurden zwar durch den Traum eines frommen Christen zum Bleiben ermutigt, der ihnen auftrug, die Worte „Christus ist mit uns – stehe fest“ über ihre Türen zu schreiben. Doch bei den meisten war die Angst stärker als ihr Gottvertrauen.

Justinian, der nach dem Tod seines Onkels nun alleiniger Kaiser war, versuchte noch einmal, durch eine großzügige Geldzuwendung den Wiederaufbau Antiochias anzukurbeln, und ging sogar so weit, der Stadt für drei Jahre die Steuern zu erlassen.

Auch in der Folgezeit kam die Erde bei Antiochia nicht zur Ruhe. Zwar erreichten die Erdstöße nicht mehr die Stärke der Beben von 526 und 528, doch hatten diese beiden Katastrophen nicht nur die Mauern der Stadt bis in ihre Grundfesten erschüttert. Als „Antiochia die Große durch Gottes Zorn einstürzte“, wie Malalas es ausdrückte, brach auch das Selbstvertrauen der Einwohner zusammen. Die Folgen waren noch Jahre später zu spüren, als die Grenzen des Byzantinischen Reichs von Feinden bedroht wurden. Nun wurde Antiochias Niedergang endgültig besiegelt. Im Jahr 540 eroberten und plünderten persische Truppen die Stadt, und nur zwei Jahre später wurden die letzten Einwohner von einer Seuche heimgesucht, die in Justinians gesamtem Reich wütete. Damit war von der einst so mächtigen und glanzvollen Metropole kaum mehr etwas übriggeblieben. Noch einmal versuchte Kaiser Justinian, die Stadt neu zu beleben, doch nachdem man eine alte Weissagung entdeckt hatte, die besagte: „Und du, unglückliche Stadt, sollst nicht Antiochia heißen“, benannte man sie in Theopolis, Stadt Gottes, um.

Antike Kostbarkeit
Der Kelch aus Silber und Gold und mit kostbaren Verzierungen wurde Anfang des 20. Jahrhunderts in Antiochia ausgegraben. Man glaubte zunächst, es handle sich hierbei um den Heiligen Gral, den Weinbecher, aus dem Jesus und die Apostel beim letzten Abendmahl tranken. Doch heute steht fest, daß er aus dem 6. Jahrhundert stammt.

Pestepidemie in Konstantinopel

Jeder zweite Einwohner stirbt an der Seuche

Die griechische Stadt Byzanz, das heutige Istanbul, war im Jahr 330 von Konstantin dem Großen zur neuen Hauptstadt des Römischen Reichs erhoben und in Konstantinopel umbenannt worden. Von da an liefen in der prächtigen Stadt am Bosporus alle Fäden des Römischen und später, nach der Trennung von Westrom, des Byzantinischen Reichs zusammen. Doch Reichtum, Macht und Glanz schützten die Stadt nicht vor einer der schrecklichsten Seuchen, der Pest. Im Frühjahr 542, im 15. Regierungsjahr des Kaisers Justinian, zog sie in Konstantinopel ein und wütete dort vier Monate lang. Bis zum Spätsommer waren der Pest so viele Bürger zum Opfer gefallen, daß das Leben in der Metropole fast völlig zum Stillstand kam. Auf dem Höhepunkt ihres Wütens raffte die Epidemie täglich über 10 000 Menschen dahin. Selbst der 59jährige Kaiser blieb von der Pest nicht verschont, doch wurde seine Erkrankung vor der ohnehin schon verängstigten Bevölkerung geheimgehalten.

Die Seuche war ein Jahr zuvor in der ägyptischen Hafenstadt Pelusium ausgebrochen und hatte dann auf Alexandria und den Rest des Landes übergegriffen. Von dort hatte sie sich weiter über Palästina und Syrien bis nach Konstantinopel ausgebreitet. „Es war eine so entsetzliche Katastrophe, daß sie beinahe die gesamte menschliche Art ausgelöscht hätte", berichtet der byzantinische Geschichtsschreiber Prokop. Das meiste, was man heute über die verheerende Pestepidemie in Konstantinopel weiß, ist durch ihn überliefert. Er stammte aus Caesarea in Palästina und hatte als Berater des byzantinischen Generals Belisarius an mehreren Feldzügen im Mittelmeerraum teilgenommen. Er befand sich gerade in der Hauptstadt, als die Seuche dort ausbrach, und konnte daher als Augenzeuge über den Verlauf der Krankheit und ihre Auswirkungen auf die Bevölkerung berichten.

Die ersten Symptome schienen bei vielen Opfern ähnlich zu sein. „Sie bekamen plötzlich Fieber. Manche, wenn sie gerade aus dem Schlaf erwachten, andere, während sie umherliefen oder irgendwelchen Beschäftigungen nachgingen. Es war völlig egal, was sie gerade taten." Es war nur ein leichtes Fieber, so daß „kein einziger von denen, die sich angesteckt hatten, glaubte, daran sterben zu müssen." Doch schon nach kurzer Zeit bildeten sich bei den Infizierten Schwellungen in der Leistengegend oder in den Achselhöhlen, in manchen Fällen aber auch an den Oberschenkeln oder hinter den Ohren. Ab diesem Stadium begann die Krankheit dann unterschiedlich zu verlaufen. „Einige fielen in ein tiefes Koma, während andere wiederum ein heftiges Delirium durchlitten. Jene, die das Koma gefangenhielt, vergaßen alle Menschen, die sie kannten, und schienen ununterbrochen zu schlafen. Diejenigen jedoch, die vom Delirium ergriffen wurden, litten unter Schlaflosigkeit und wurden Opfer von Wahnvorstellungen. Sie glaubten, sie würden von Menschen verfolgt, die sie vernichten wollten, gerieten in große Erregung und rannten laut schreiend in wilder Flucht davon."

Die Kaiserstadt Konstantinopel *Diese Buchmalerei aus dem 15. Jahrhundert zeigt die Hauptstadt des Byzantinischen Reichs. Die Hagia Sophia, die Kirche mit dem riesigen Kuppeldach, die Kaiser Justinian erbauen ließ, beherrscht das Bild der Stadt.*

Am schlimmsten aber traf es jene Unglücklichen, die bis zu ihrem Ende bei vollem Bewußtsein und Verstand blieben, während die Schwellungen an ihrem Körper wuchsen und ihnen unvorstellbare Schmerzen bereiteten. Bei einigen Kranken brachen die Pestbeulen auf, so daß der Eiter abfließen konnte, was manchmal zur Heilung führte. In anderen Fällen verschwanden die Schwellungen, doch die Leidenden schienen sich dann innerlich zu vergiften.

Einige Überlebende wurden wieder völlig gesund, andere aber lispelten oder stotterten ihr Leben lang.

Wie Prokop berichtet, waren jene, die die Kranken freiwillig pflegten, schon bald vollkommen erschöpft. „Denn wenn die Patienten aus ihren Betten fielen und sich auf dem Boden wälzten, brachten sie sie immer wieder ins Bett zurück, und wenn die Kranken versuchten, Hals über Kopf aus dem Haus zu laufen, mußten sie sie mit Gewalt daran hindern." Als die Seuche immer mehr Opfer forderte, konnte man die Leichen schließlich nicht mehr schnell genug beseitigen. „Als es soweit gekommen war, daß alle vorhandenen Grabstätten voll von Toten waren, wurden überall in der Stadt Gruben ausgehoben, und jeder legte, so gut er es konnte, die Leichen hinein und ging wieder davon. Doch später, als man gar nicht mehr so viele Gruben ausheben konnte, wie Menschen starben, kletterte man auf die Befestigungstürme in Sycae (einer Vorstadt jenseits des Meeresarms, den man Goldenes Horn nennt), riß die Dächer ab und warf die Toten wahllos hinein. So füllte man praktisch alle Türme mit Leichen."

Trotz dieser chaotischen Zustände verfiel die Stadt nicht in Anarchie. Im Gegenteil, ihre Einwohner bewiesen ein erstaunliches Maß an Gemeinsinn, denn immer wieder fanden sich Freiwilligengruppen, die halfen, die verwesenden Leichen aus den Straßen und Häusern zu entfernen. Der Kaiser stiftete Nahrung und Geld für die Bedürftigen, und bei den Gottesdiensten in den vielen Kirchen der Stadt beteten die Überlebenden inbrünstiger als je zuvor. Als Justinian selbst auf dem Krankenlager mit dem Tod rang, übernahm seine Frau Theodora die Führung der Staatsgeschäfte.

Ende August klang die Seuche langsam ab. 300 000 Menschen waren ihr zum Opfer gefallen – das war mehr als die Hälfte der Bevölkerung Konstantinopels. Im Winter traten keine weiteren Krankheitsfälle auf, vermutlich auch deshalb, weil sich ein großer Teil der Bevölkerung aufs Land zurückzog. Doch die todbringende Seuche war keineswegs endgültig besiegt. Als sie im 14. Jahrhundert wieder zuschlug, tat sie dies mit solcher Gewalt, daß man ihr einen neuen Namen gab: der Schwarze Tod.

JUSTINIAN UND THEODORA

Als Justinian nach dem Tod seines Onkels Justin im Jahr 527 den Thron in Konstantinopel bestieg, war er entschlossen, das römische Weltreich in seiner ursprünglichen Ausdehnung wiederherzustellen. Trotz seiner bäuerlichen Herkunft war Justinian durch seine Begabung, seine Willenskraft und mit der Hilfe seines Onkels in die höchsten Ränge des Byzantinischen Reichs aufgestiegen. In seiner Frau Theodora fand er eine Verbündete für seine ehrgeizigen Pläne.

Der Historiker Prokop, der der Kaiserin Theodora anscheinend nicht gerade wohlgesonnen war, schildert in seinen *Anekdota* ihren angeblich lockeren Lebenswandel vor der Heirat mit Justinian. Aus Angst vor Repressalien veröffentlichte er sein Werk aber nicht, so daß es erst lange nach seinem Tod bekannt wurde. Vieles daran erscheint jedoch unglaubwürdig, denn Prokop berief sich vor allem auf den gehässigen Gesellschaftsklatsch am byzantinischen Hof, der ohnehin für seine hinterhältigen Intrigen berüchtigt war. Gerade eine Frau wie Theodora sah sich dort Neid und Verleumdung ausgesetzt, denn sie war aus dem niederen Volk zur Kaiserin aufgestiegen. Nach dem frühen Tod ihres Vaters war sie als junges Mädchen gezwungen gewesen, sich als Schauspielerin – damals ein wenig ehrbarer Beruf – ihren Lebensunterhalt zu verdienen. Doch, ungeachtet ihrer Vergangenheit war Justinian von der energischen, intelligenten und äußerst schönen Frau völlig hingerissen und setzte sich über alle sozialen Schranken hinweg. Es gelang ihm sogar, seinen Onkel zu überreden, ein Gesetz abzuschaffen, das die Eheschließung eines Adligen mit einer Schauspielerin bis dahin verboten hatte.

Aus dieser ungewöhnlichen Verbindung wurde eine harmonische und dauerhafte Ehe. Theodora wurde offiziell zur Mitregentin ernannt, ihr Name erscheint sogar auf Staatsdokumenten. Auf ihren Einfluß hin wurden Gesetze geschaffen, die die Rechte der Frauen schützten; sie ließ Kirchen und Klöster erbauen und gründete wohltätige Einrichtungen für Arme, Kranke und ehemalige Prostituierte. Als Theodora 548 starb, schien Justinian mit ihr auch seinen Ehrgeiz und Elan verloren zu haben. Bis zu seinem Tod im Jahr 565 schwand sein Einfluß im Reich zusehends, und aus dem einst starken und zupackenden Herrscher wurde ein schwacher, zögernder alter Mann.

Kaiser Justinian

Kaiserin Theodora

Hungersnot in Ägypten

Das lebenspendende Nilhochwasser bleibt aus

Schon im 5. Jahrhundert v. Chr. bezeichnete der griechische Geschichtsschreiber Herodot Ägypten als ein Geschenk des Nil, denn ohne den Fluß wäre das Land bis zur Mittelmeerküste eine glühendheiße Wüste. Da das Leben in diesem Landstrich davon abhing, ob das Flußwasser im Sommer ausreichend anstieg, waren die Ägypter auf Gedeih und Verderb der Gnade des Nil ausgeliefert und warteten alle Jahre mit besorgter Spannung auf das Hochwasser. Normalerweise begann der Nil Ende Juni zu steigen und schwoll während des ganzen Sommers weiter an, bis die Flut Mitte September ihren Höhepunkt erreichte. Wenn das Wasser dann ab Mitte Oktober wieder fiel, blieb auf den Feldern eine dicke Schicht nährstoffreichen Schlamms zurück, der den Fellachen, den ägyptischen Bauern, den lebenswichtigen Dünger für ihre Felder lieferte.

Der Fluß mußte mindestens 16 Ellen, also knapp neun Meter, ansteigen, wenn eine gute Ernte erzielt werden sollte. (Eine Elle entsprach der Länge des Unterarms zwischen dem Ellbogen und der Spitze des Mittelfingers und umfaßte etwa 55 Zentimeter.) Diese Fluthöhe bezeichnete man als Sultanswasser, denn nur wenn der Fluß sie erreichte, mußten die Bauern Steuern für ihr Land bezahlen. Stieg das Wasser bis zu 18 Ellen an, konnte genug Nahrung für zwei Jahre erwirtschaftet werden. Überschritt der Fluß jedoch die Marke von 20 Ellen, dann waren weite Landstriche zu lange überflutet, so daß dort nichts mehr angebaut werden konnte. Blieb die Flut andererseits unter 16 Ellen, so fiel die Ernte in diesem Jahr weitgehend aus.

Im Jahr 1204 schrieb der Arzt und Gelehrte Abd al-Latif, daß es seit 622, dem Beginn der islamischen Zeitrechnung, nur 20mal vorgekommen sei, daß der Nil „nicht über 14 Ellen und einige Fingerbreit" anstieg, und nur etwa sechsmal sei er „bei 13 Ellen und einigen Fingerbreit" stehengeblieben. Doch im Jahr 1200 erreichte der Nil nicht einmal eine Höhe von 13 Ellen. Die Folge war eine der schlimmsten Hungerkatastrophen, die das Land am Nil je erlebte.

Abd al-Latif berichtet in seiner Chronik der Geschichte Ägyptens, daß im Sommer 1200 der Wasserpegel des Nil bis Ende Juni zwar normal hoch war, daß es aber bereits seit zwei Monaten Anzeichen dafür gab, daß sich etwas Ungewöhnliches anbahnte: „Man bemerkte, daß sich das Flußwasser grün verfärbte", schrieb Abd al-Latif. „Diese Färbung wurde mit der Zeit immer intensiver, und das Wasser begann übel und verdorben zu riechen." Selbst wenn es abgekocht wurde, war es ungenießbar. Abd al-Latif untersuchte das Flußwasser und stellte fest, daß es jede Menge pflanzliche Stoffe enthielt, ein Zeichen dafür, daß der Sauerstoffgehalt extrem niedrig war. Als Ursache dieser Erscheinung vermutete Abd al-Latif zu Recht, daß es an den Quellen des Nil zuwenig geregnet hatte.

Im Verlauf des Sommers verlor das Wasser zwar seine eigenartige Farbe, doch zugleich wurde immer deutlicher, daß der Nil nicht in ausreichendem Maß ansteigen würde. Am 9. September erreichte die Flut ihren Höchststand: spärliche 12 Ellen und 21 Finger. Und gleich darauf fiel das Wasser wieder.

Was dies bedeutete, war den Menschen klar: Das kommende Jahr würde ein Jahr des Hungers und der Not werden. Rasch stiegen die Lebensmittelpreise in unerschwingliche Höhen an. Viele Menschen verließen die ausgetrockneten Felder und zogen in die

Ein Geschenk des Nil *Jahrtausendelang war Ägypten vom jährlichen Nilhochwasser abhängig, das die Felder überschwemmte (rechts). In Assuan wurde schon in der Pharaonenzeit mit Pegelstandsmessern die Höhe der Nilüberschwemmung gemessen (oben).*

größeren Städte in der Hoffnung, dort eher Arbeit und Brot zu finden. Wer die Möglichkeit hatte, verließ Ägypten ganz, um in anderen Regionen Nordafrikas oder im Nahen Osten Zuflucht zu suchen. Die meisten Menschen aber kamen nach Kairo, wo bald die Not am größten und die Zustände am schlimmsten waren.

Die Not machte die Menschen zu Kannibalen

Abd al-Latifs Bericht über die entsetzliche Hungersnot, die ab dem Frühjahr 1201 in Kairo wütete, zeugt von den schrecklichen Leiden der Menschen. „Die Luft war verpestet, Seuchen und ansteckende Krankheiten begannen sich auszubreiten, und die Armen wurden durch die Hungersnot dazu getrieben, sich von Aas, Leichen, Hunden und den Exkrementen von Tieren zu ernähren." Doch bald steigerte sich diese Barbarei zum grausamen Kannibalismus. „Es kam nicht selten vor, daß man Menschen dabei überraschte, wie sie kleine Kinder brieten oder kochten ... Ich selbst sah ein gebratenes kleines Kind, das man in einem Korb zum Gouverneur trug. Gleichzeitig führte man ihm einen Mann und eine Frau vor, die angeblich die Eltern des Kindes waren. Der Gouverneur verurteilte sie dazu, lebendig verbrannt zu werden."

Doch trotz solch drakonischer Strafen breitete sich der Kannibalismus in Kairo und auch sonst im Land weiter aus. Am Anfang, so stellte Abd al-Latif fest, „waren der Schrecken und das Entsetzen über derart grauenerregende Mahlzeiten so groß, daß diese Verbrechen überall zum Gesprächsthema wurden ... Doch im Lauf der Zeit gewöhnten sich die Leute daran und fanden allmählich sogar Geschmack an dieser abscheulichen Nahrung." Man stieß auf Vorratskammern, die mit sauber abgenagten Menschenknochen angefüllt waren, und auf Kessel, in denen die Köpfe kleiner Kinder schwammen. Viele Eltern verkauften ihre Töchter als Sklavinnen und hofften, auf diese Weise zumindest das Leben ihrer Kinder zu retten.

Die allgemeine Not war unbeschreiblich und der Hungertod für die meisten Menschen unausweichlich: „Unter den Straßen, durch die ich ging, gab es keine einzige, in der nicht Fuß oder Auge auf eine

Leiche oder auf einen Menschen in qualvollem Todeskampf stießen. Täglich trug man aus Kairo zwischen 100 und 500 Leichen hinaus", schrieb Abd al-Latif.

Mit der Zeit wurde es still in den Städten. Ein Reisender konnte durch die Straßen einer großen Stadt ziehen, ohne auch nur einer einzigen Menschenseele zu begegnen, nur Berge von Leichen waren durch die offenen Türen der Häuser zu sehen. Die Handelsstraße nach Damaskus, die durch Kairo führte, „war zu einem Bankettsaal für Vögel und wilde Tiere geworden, die sich am Fleisch der Toten gütlich taten."

Im April 1201 wurde der Nil abermals grün und faulig – ein böses Omen für das verzweifelte Volk. Zwei Monate später war das Wasser wieder klar und begann zaghaft anzusteigen. Anfang September hatte der Nil die Höhe von 15 Ellen und 16 Fingern erreicht. Auch wenn diese Flut noch unter dem sogenannten Sultanswasser lag, wäre sie doch ausreichend gewesen, um die Hungersnot zu beenden. Doch dann fiel das Wasser viel zu früh und viel zu schnell, und erneut konnten weite Flächen nicht genutzt werden. Aber auch die ausreichend überfluteten Felder blieben brachliegen, weil die Bauern nicht genügend Saatgut hatten.

Nachdem das Nilhochwasser nun schon zum zweiten Mal viel zu gering ausgefallen war, drohte dem entvölkerten und erschöpften Land ein weiteres Hungerjahr, und es gab keine Hoffnung auf Besserung. „Diesmal gingen weniger der Armen zugrunde", schrieb Abd al-Latif, doch nur deshalb, weil ihr Anteil an der Bevölkerung sowieso schon „auf eine kleine Zahl zusammengeschrumpft war." Der Kannibalismus nahm ab, aber nicht etwa, weil die Abscheu der Menschen vor solchen Praktiken doch noch gesiegt hätte, sondern vielmehr weil es an potentiellen Opfern fehlte.

Das Ausmaß der Entvölkerung Ägyptens machte Abd al-Latif am Beispiel der Binsenmattenmacher in einer Nachbarstadt von Kairo deutlich: Ihre Zahl war in den zwei Hungerjahren von 900 auf 15 zurückge-

ABD AL-LATIF: ARZT UND CHRONIST

Das Wissen über die ägyptische Hungersnot der Jahre 1200 bis 1202 stammt zum größten Teil von einem der vielseitigsten Gelehrten der mittelalterlichen arabischen Welt. Abd al-Latif Ibn-Jusuf al-Baghdadi wurde im Jahr 1162 in Bagdad geboren. Nach seiner Ausbildung, in der er sich ein umfassendes Wissen insbesondere in der Medizin angeeignet hatte, begab er sich im Alter von 28 Jahren auf eine Reise, die ihn nach Syrien, Ägypten und Persien führte. Er studierte und lehrte in Damaskus und in Kairo an der Al-Ashar-Universität, die damals die bedeutendste Hochschule der islamischen Welt war.

In Kairo wurde Abd al-Latif Zeuge der verheerenden Hungersnot und schrieb alles, was er sah und hörte, mit peinlicher Genauigkeit nieder. Als er erfuhr, daß die Leichen von mehreren tausend Opfern der Hungersnot an einem Ort namens Al Maks lagen, begab sich der wißbegierige Arzt dorthin und untersuchte die Skelette, obwohl er damit ein islamisches Gesetz übertrat, das anatomische Studien an Menschen verbot. Dabei entdeckte er unter anderem, daß der Unterkieferknochen aus einem einzigen und nicht aus zwei Knochen besteht, und widerlegte damit den griechischen Arzt Galen, dessen Schriften aus dem 2. Jahrhundert bis ins Mittelalter als medizinische Bibel galten.

In den Jahren nach der Hungersnot ging Abd al-Latif wieder auf Reisen und verfaßte bis zu seinem Tod im Jahr 1231 eine große Zahl von Schriften über Geschichte, Philosophie, Theologie, Gesetzeskunde, Sprach- und Naturwissenschaften. Abd al-Latifs Abhandlung über den menschlichen Körper blieb jahrhundertelang das arabische Standardlehrbuch für die anatomische Medizin. Von seiner *Geschichte Ägyptens* sind nur noch die Schilderungen über seine eigene Zeit erhalten. Abd al-Latif starb im Alter von 69 Jahren in seiner Heimatstadt Bagdad, noch bevor er zu einer geplanten Pilgerreise nach Mekka aufbrechen konnte.

Ein Arzt unterweist seinen Gehilfen in der Herstellung einer Salbe. Das Bild stammt aus einer im 13. Jahrhundert entstandenen arabischen Abschrift einer antiken Abhandlung über die Verwendung von Drogen und Heilkräutern.

Flucht vor dem Hunger
Während der großen Hungerkatastrophe von 1200 bis 1202 flohen viele Ägypter aus ihrem Land. Auch heute, in einer Welt des Überflusses, zwingt die Not im dürren Wüstengürtel Nordafrikas noch immer viele Menschen, ihre Heimat auf der Suche nach Nahrung zu verlassen.

gangen, und „das gleiche Zahlenverhältnis mußte man auch auf andere Berufe übertragen." Schließlich sanken sogar die Weizenpreise, denn obwohl Getreide nach wie vor äußerst knapp war, gab es nur noch wenige Käufer, so daß der Marktwert des Weizens sank.

Dem Hunger folgten Seuchen und Erdbeben, die noch mehr Opfer forderten

Zwischen Juli 1200 und April 1202 wurden in Ägypten offiziell über 100 000 Tote registriert. Doch das „war weniger als nichts im Vergleich zu der ungeheuren Zahl derer, die der Tod wirklich hinweggerafft hatte oder die in all den Städten und Landbezirken verspeist worden waren", schrieb Abd al-Latif.

Wie so oft nach einer Hungersnot brach Anfang 1202, gerade als die Felder bestellt werden sollten, in einigen Landesteilen Ägyptens eine Seuche aus. Sie griff mit einer solchen Schnelligkeit um sich, daß die Bauern an ihren Pflügen tot umfielen. In Alexandria soll ein Imam, der Vorbeter in der Moschee, an einem einzigen Tag für 700 Menschen die Sterbegebete gesprochen haben.

Am frühen Morgen des 20. Mai 1202 traf das verzweifelte Land ein letzter Schicksalsschlag. Ägypten wurde von einer Reihe heftiger Erdstöße heimgesucht, die bis nach Syrien zu spüren waren. Die Erschütterungen rissen Gebäude aus den Fundamenten, Türen aus den Angeln und brachen Dächer und Balken auseinander. Die Hafenstädte wurden überschwemmt und viele Schiffe an den Strand geschleudert. Noch einmal erhöhte sich die Zahl der Toten beträchtlich.

Das Erdbeben markierte zugleich aber auch das Ende dieser Zeit der schweren Prüfungen für Ägypten. Während des zweiten Hungerwinters hatte der Nil so wenig Wasser geführt, daß man ihn an manchen Stellen durchwaten konnte. Im Februar war der Fluß erneut grün geworden, so daß die Menschen schon das Schlimmste befürchteten. Zur Zeit des Erdbebens hatte der Fluß seinen niedrigsten Wasserstand erreicht, und nachdem er von Mitte Juni bis Mitte Juli nur vier Finger hoch angestiegen war, griff allgemeine Verzweiflung um sich. „Man glaubte, daß etwas ganz Außergewöhnliches an der Quelle des Nil geschehen war."

Doch Ende Juli begann der Fluß endlich wieder anzuschwellen und erreichte sehr schnell eine ermutigende Höhe von drei Ellen, verharrte aber noch einmal zwei schreckliche Tage bei diesem Pegelstand. Und dann kamen „die Wasser wieder in großer Menge", schrieb Abd al-Latif. Am 4. September 1202 erreichte der Nil einen Wasserstand von knapp 16 Ellen und ging dann zwei Tage später langsam wieder zurück. Nach zwei Jahren Hunger und Tod hatten das Bangen und Zagen der Menschen ein Ende – zumindest für einige Zeit. Denn Ägyptens Abhängigkeit vom jährlichen Nilhochwasser endete erst in unserem Jahrhundert mit dem Bau des Assuanstaudamms.

Dürre im Indianerland

Die Erbauer der Pueblos verlassen ihre Heimat

Manche Katastrophen brechen blitzartig und aus heiterem Himmel über die Welt herein, andere dagegen entwickeln sich schleichend und zerstören langsam, aber ebenso unaufhaltsam die Lebensgrundlagen der Menschen. Ein solches schleichendes Unheil vernichtete auch die Kultur der Anasazi, der altamerikanischen Vorfahren der heutigen Pueblo-Indianer im Südwesten der Vereinigten Staaten. Gegen Ende des 13. Jahrhunderts verwandelte eine lange Dürreperiode das ohnehin schon regenarme Land der Anasazi in eine Wüste. Die Quellen versiegten, der Grundwasserspiegel sank, und die Feldfrüchte welkten in der Sommerhitze dahin. Regenmangel und Bodenerosion schmälerten die Ernteerträge, und als Folge davon kam es vermutlich zu gesellschaftlichen Auseinandersetzungen um die knappen Nahrungsmittelvorräte. Als dann eine Hungersnot drohte, begannen die Anasazi ihre riesigen Siedlungen, die sogenannten Pueblos, zu verlassen, um sich andernorts bessere Lebensbedingungen zu suchen.

Mais als Lebensgrundlage *Schon 1500 v. Chr. wurde auf dem Coloradoplateau Mais angebaut. Wie wichtig er für die Anasazi war, zeigt die Felsmalerei, die vor Jahrhunderten in den Stein geritzt wurde (rechts). Noch heute kultivieren die Hopi-Indianer in der Wüste Arizonas Mais (oben).*

Das Kernland der Anasazi war das Coloradoplateau, das sich vom südöstlichen Utah über den Südwesten von Colorado bis nach Arizona und New Mexico hinein erstreckt. Charakteristische Merkmale dieser Landschaft sind steil abfallende Felsplateaus und weite Tafelebenen, die von bizarren Sandsteinkämmen und engen Schluchten zerschnitten sind, deren eindrucksvollste und bekannteste wohl der Grand Canyon ist. An manchen Stellen sprießen graugrünes Gestrüpp und Wüstengräser aus dem kargen Boden. Doch es gibt auch bewaldete Gebiete, in denen Lärchen und Kiefern wachsen, und am Boden der Canyons nähren vereinzelte Wasserläufe Oasen aus Pappeln und Weiden. Das Klima hier ist unbarmherzig: Im Winter fegen eisige Winde über die Hochebenen, im Sommer dagegen ist es trocken, staubig und heiß. Nur hin und wieder bringen Regenschauer eine kurzfristige Abkühlung, und ein Gewitter verwandelt die ausgetrockneten Flußläufe in wilde, reißende Sturzbäche.

Bereits Jahrtausende vor den Anasazi lebten Menschen in diesem unwirtlichen Gebiet

Schon vor 12 000 Jahren durchstreiften Jäger und Sammler auf der Suche nach Nahrung die Region. In den ersten nachchristlichen Jahrhunderten bevölkerten immer mehr Menschen die Gegend, und allmählich bildeten sich drei Gruppen mit unterschiedlicher Kultur heraus: die Hohokam, die in den Wüstenniederungen des heutigen Arizona lebten, die Mogollo, die sich in den Bergen und Tälern südlich des Coloradoplateaus niederließen, und schließlich die Anasazi, die sich auf dem Plateau selbst angesiedelt hatten und dort in behelfsmäßigen Hütten oder in Höhlen am Fuß der Felswände lebten.

Die frühen Anasazi beherrschten die Kunst des Korbflechtens, ernährten sich von der Jagd und von wildwachsenden Früchten und Getreide und bauten

Auf dem Dorfplatz einer Pueblosiedlung bitten die Hopi-Indianer mit ihrem Schlangentanz um Regen.

DIE RITEN DER INDIANISCHEN REGENMACHER

Rituelle Tänze, um Regen hervorzurufen, der die Pflanzen auf den Feldern gedeihen ließ, waren in den Augen der Anasazi ebenso notwendig wie Aussaat und Ernte, um ausreichend Nahrung für ihr Volk erwirtschaften zu können. Die Nachfahren der Anasazi, die Pueblo-Indianer im Südwesten der USA, praktizieren diese Fruchtbarkeitsbräuche auch heute noch.

Bereits Monate vor dem eigentlichen Fest versammeln sich die Männer der Pueblos in den Kivas, um die aufwendigen Kostüme und die phantastischen Holzmasken für die Zeremonien anzufertigen. Die Tänzer verkörpern dabei die Kachinas, jene Ahnengeister, die in grauer Vorzeit unter den Menschen gelebt und sie den Ackerbau gelehrt hatten. Die Hopi glauben, daß die Kachinas bei den Festen zu den Menschen zurückkehren und in die Körper der Tänzer schlüpfen. Diese Geister sind für das Wohl der Dorfgemeinschaft verantwortlich und sollen unter anderem auch für Regen sorgen. Deshalb sind die Kostüme der Tänzer mit Wassersymbolen übersät: Röcke und Umhänge tragen Wolken und Blitze, und die Masken sind mit Regentropfen bespritzt. Außerdem tragen die Tänzer unzählige Anhänger aus Stein und Türkis in der Form von Fröschen und anderen Wassertieren. Manche halten blitzförmige Gebetsstäbe in den Händen, andere immergrüne Zweige als Symbol für die waldreichen, fruchtbaren Berge.

Bei den Hopi-Indianern spielt neben dem uralten Kachina-Kult auch der Schlangentanz eine große Rolle. Er findet während eines neuntägigen Fests Ende August statt, wenn für eine gute Ernte im Herbst ausreichende Regenfälle besonders vonnöten sind. Auf dem Höhepunkt der Zeremonie tanzen die Männer mit lebenden Schlangen in den Händen und um den Hals über den Dorfplatz. Am Ende des Tanzes werden die Schlangen in der Wüste freigelassen, damit sie die Bitten der Hopi um Regen an die Geister der Unterwelt überbringen können.

zunächst in nur ganz geringem Maß zusätzliche Nahrungsmittel an. Doch gegen Ende des 5. Jahrhunderts veränderte sich das Leben der Anasazi grundlegend: Sie erlernten die Kunst des Töpferns und ersetzten ihre Stein- und Holzspeere durch Pfeil und Bogen, die als Waffen wesentlich leistungsfähiger waren. Auch in der Landwirtschaft machten sie Fortschritte, und Mais, Kürbisse und Bohnen aus eigenem Anbau bildeten nun einen wichtigen Teil ihrer Nahrung.

Hand in Hand mit dieser Entwicklung ging, daß die Behausungen der Anasazi den Charakter des Provisorischen verloren. Sie bauten jetzt kleine Hütten, die bis zu einem Meter in den Boden versenkt waren und deren Wände aus Steinplatten bestanden, die ebenso wie der Fußboden mit Lehm geglättet wurden. Das Holzdach ruhte auf Pfeilern und wurde von außen mit Erde bedeckt. Diese Grubenhäuser blieben im Sommer kühl, während der kalten Jahreszeit aber warm und boten Schutz vor den winterlichen Stürmen. Überirdisch errichtet waren nur die Lagerhäuser, die zunächst aus Zweigen und Schlamm, später aus Stein gebaut wurden.

Indianische Geisterstadt *Pueblo Bonito, eine der bedeutendsten Siedlungen der Anasazi, liegt heute verfallen und verlassen unter der Sonne New Mexicos. Am Rand des Pueblos lagen die aus Sandstein und Holz gebauten rechtwinkligen Wohnhäuser. In der Mitte befanden sich die Kivas, große kreisrunde Kammern, die für religiöse Zeremonien und Stammeszusammenkünfte genutzt wurden.*

Erst um 850 gingen die Anasazi dazu über, statt halb unter der Erde über der Erde zu wohnen. Lagerhäuser wurden in Wohnhäuser umgewandelt, Nebenräume angefügt, in die Verwandte und ihre Familien einziehen konnten, und nach und nach entstanden die ersten Pueblos, Wohnanlagen mit über- und nebeneinander errichteten rechteckigen Räumen, in denen eine Vielzahl von Menschen Platz fand. Genau wie die alten Grubenhäuser betrat man die Wohnräume der Pueblos über Leitern durch Öffnungen im Dach. Aber auch die Grubenhäuser gab es weiterhin, und zwar in Form der sogenannten Kivas, halbunterirdischen Zeremonialkammern, in denen religiöse Riten und Stammeszusammenkünfte abgehalten wurden.

Doch die vielleicht wichtigste Errungenschaft der Anasazi war, daß sie lernten, möglichst gleichbleibend die Wasserversorgung zu sichern. Zunächst waren es die Stammesältesten und Medizinmänner gewesen, die mit Hilfe ritueller Tänze und anderer Zeremonien gezielt für Regen sorgen sollten. Im 11. Jahrhundert entwickelte man jedoch verläßlichere Methoden, um einem Wassermangel vorzubeugen. Die Anasazi bauten kleine Staudämme, um zu verhindern, daß das knappe Regenwasser zu schnell abfloß. In manchen Canyons versorgte ein Kanalsystem entlang der Talsohle genau abgeteilte Gartenparzellen mit Wasser. Auf diese Weise erzielten die Bauern bessere Ernten, und die Bevölkerung lebte in einem gewissen Wohlstand.

Die Blütezeit der Anasazikultur begann. Die ehemals kleinen Pueblos wichen großen, verschachtelten Gebäuden. Die Felssiedlungen von Mesa Verde in Colorado, Canyon de Chelly in Arizona und vor allem die vielstufigen Pueblos von Chaco Canyon in New Mexico sind auch heute noch stumme Zeugen für die architektonischen Fähigkeiten der Anasazi. Auf einer Länge von 15 Kilometern stehen im Chaco Canyon nicht weniger als 16 Großsiedlungen, deren größte Pueblo Bonito war. Die D-förmig angelegten Häuser erhoben sich terrassenartig bis zu vier Stockwerken hoch. Die Fenster blickten alle auf einen großen zentralen Platz. Pueblo Bonito bestand aus über 800 Räumen und beherbergte einst mehr als 1000 Menschen. Der Komplex umfaßte außerdem etwa 30 Kivas, von denen zwei einen Durchmesser von 20 Metern hatten. Ein gut ausgebautes Straßensystem verband Pueblo Bonito mit anderen Siedlungen im Chaco Canyon und im weiteren Umkreis.

Obwohl der Bau derartiger Wohnanlagen, die Versorgung einer so großen Bevölkerung mit Nahrungsmitteln sowie der Ausbau und die Erhaltung des Bewässerungssystems eine gut durchorganisierte Gemeinschaft erforderten, waren die Anasazi anscheinend ein Volk ohne abgegrenzte Gesellschaftsschichten. Es gab keine Könige oder Adligen und keine unterdrückten Bauern.

Der wachsende Wohlstand der Anasazi barg aber bereits den Keim des Niedergangs. Eine Ursache für das Aufblühen der Anasazikultur war eine um 900 beginnende längere Periode mit regelmäßigen Niederschlägen. Das beständige Wetter bedeutete gute Ernteerträge, von denen auch noch Überschüsse eingelagert werden konnten. Die Bevölkerung wuchs, und um sie ausreichend ernähren zu können, begannen die Anasazi auch schlechteres Ackerland zu bebauen. Bald schon waren sie von diesen zusätzlichen Erträgen abhängig. Mit der wachsenden Zahl von Menschen stieg auch der Bedarf an Feuer- und Bauholz, den die Anasazi dadurch deckten, daß sie die Wälder der umliegenden Berge großflächig abholzten. Unwissentlich trugen sie auf diese Weise selbst dazu bei, ihre Lebensgrundlagen zu gefährden, denn mit der Abholzung störten sie das empfindliche Gleichgewicht der Natur. Weil der Baumbestand zurückging, konnte der Boden weniger Feuchtigkeit speichern, was unweigerlich zu einer Verschlechterung des Wasserhaushalts in diesem Gebiet führte.

Nach 1150 begannen die Niederschlagsmengen immer häufiger zu schwanken, so daß sich Jahre des Wasserüberflusses mit Jahren der Trockenheit abwechselten. Fiel die Ernte auf den weniger fruchtbaren Feldern aus, schrumpften die Getreidevorräte bedrohlich zusammen. Im Jahr 1276 blieben die Regenfälle dann plötzlich ganz aus.

Fast zwei Jahrzehnte lang herrschte im Gebiet der Anasazi extreme Trockenheit. Obwohl nun auch im Hochland weniger Schnee fiel, rauschten im Frühjahr die Schmelzwasser die weitgehend abgeholzten Berghänge hinab und verursachten flutartige Überschwemmungen. Weil aber nur wenig Feuchtigkeit in den Boden sickerte, trocknete er in den heißen Sommermonaten völlig aus, und die Quellen versiegten allmählich.

Als die Felder austrockneten, war die Lebensgrundlage der Anasazi zerstört, und ihre Kultur ging unter

Als die Reserven des Landes aufgebraucht waren und den Anasazi eine Hungersnot drohte, begann sich die Gesellschaft aufzulösen. Die Familien, die die schlechteren Felder bewirtschaftet hatten, verließen vermutlich als erste die Pueblos. Vielleicht kam es auch zum Streit um das fruchtbarere Ackerland oder um die Aufteilung der immer geringer werdenden Ernteerträge.

Doch die Anasazi hatten in der Vergangenheit schon öfter Zeiten der Dürre und des Mangels überstanden. Warum verließen sie diesmal das Land ihrer Väter? Auf diese Frage gibt es keine eindeutige Antwort. Man vermutet, daß die Abwanderungsbewegung durch das Zusammentreffen verschiedener Faktoren ausgelöst worden ist: unsichere Regenfälle, nur noch geringes Holzangebot, Erschöpfung der Böden, Überbevölkerung und – als Folge davon – Auflösung der gemeinschaftlichen Bindungen.

Die Anasazi, die ihr altes Siedlungsgebiet verlassen hatten, wanderten in den Süden von Arizona und New Mexico. Ein größerer Teil des Stammes ließ sich schließlich am Little Colorado River und am nördlichen Rio Grande nieder. Zu Beginn des 14. Jahrhunderts waren die Pueblos des Coloradoplateaus ausgestorben, nur Heuschrecken und Klapperschlangen hausten hier noch. Die Navajo und Hopi-Indianer, die das Gebiet später besiedelten, mieden die alten Pueblos aus Angst vor den Geistern der Anasazi, die dort angeblich spuken sollen.

Baumringe enthüllen oft jahrhundertealte Geheimnisse.

Bäume als Zeitmesser der Vergangenheit

Die Dendrochronologie, die Datierung anhand der Jahresringe von Bäumen, lieferte viele Hinweise auf die Frühgeschichte des nordamerikanischen Südwestens. Diese Methode basiert auf der Tatsache, daß Bäume in Gebieten mit unterschiedlichen Jahreszeiten jedes Jahr eine neue Holzschicht um ihren Stamm legen. Die Anzahl und die Beschaffenheit der Ringe verraten das Alter eines Baums und seine Wachstumsbedingungen.

Da Bäume, die in der gleichen Gegend wachsen, nahezu identische Jahresringe aufweisen, können für dieses Gebiet weit in die Vergangenheit zurückreichende Baumringkalender erstellt werden. Dafür werden die Innenringe frisch geschlagener Bäume mit den Außenringen älterer Bäume verglichen. Durch das Aneinanderreihen der Jahresringe von Bäumen, deren Lebenszeit sich überschnitten hat, wird ein Muster erstellt, mit dessen Hilfe man das Alter eines Holzbalkens genau feststellen kann. Auf diese Weise hat man herausgefunden, daß der Bau von Pueblo Bonito um das Jahr 919 begann und daß die Siedlung 1067 fertiggestellt wurde. Eine Folge von schmalen Baumringen in den Jahren 1276–1299 enthüllte, daß in dieser Zeit eine große Dürre herrschte.

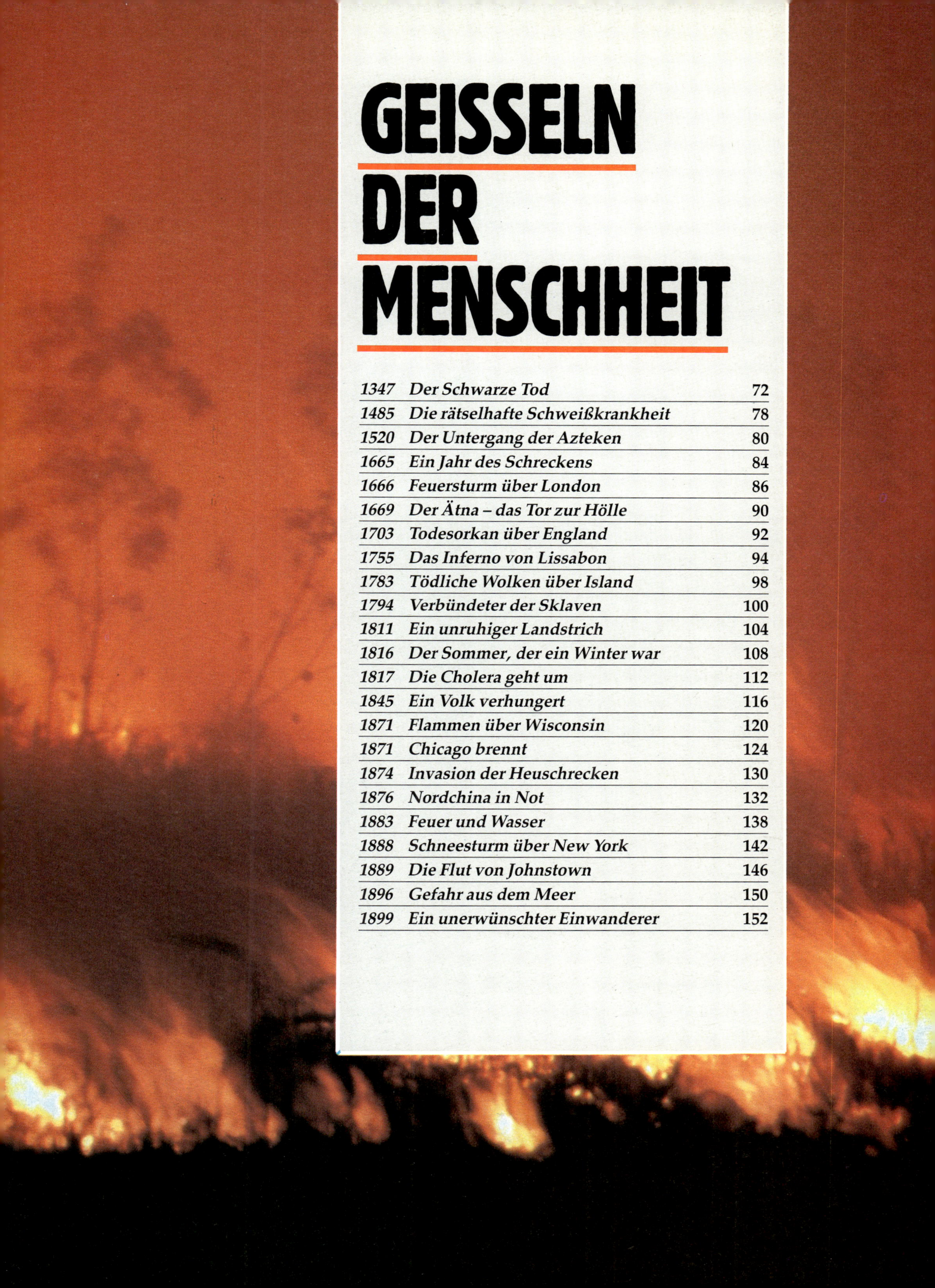

GEISSELN DER MENSCHHEIT

Der Schwarze Tod

Europa im Würgegriff der Pest

Im Oktober des Jahres 1347 nahm ein Dutzend Handelsgaleeren der Genueser Kaufmannsflotte Kurs auf die sizilianische Hafenstadt Messina. Sie kamen von Osten, vermutlich vom Schwarzen Meer, und hatten Gewürze und Seide geladen. Doch sie hatten auch, ohne es zu wissen, noch eine andere Fracht an Bord: die Pest. Die Seeleute, so schrieb ein Chronist, waren bereits durch die „Krankheit bis auf die Knochen heruntergekommen." Wenige Tage nachdem die Schiffe in Messina angelegt hatten, erkrankten die ersten Einwohner der Stadt und starben. Entsetzt schickte man die Pestschiffe zurück aufs Meer. Doch es war schon zu spät. Die Krankheit fraß sich durch Messina: ein plötzliches schlimmes Fieber, einige Tage lang große Schmerzen und schließlich der Tod. Viele flohen aufs Land und verbreiteten so die Pest weiter, die bald ganz Sizilien erfaßt hatte.

Handelsschiffe waren es auch, die im Januar 1348 die Pest nach Venedig und Genua, zwei der größten Städte Europas, brachten. Einem Bericht zufolge kamen die genuesischen Schiffe von einem befestigten

Handelsplatz am Schwarzen Meer, der von Tataren belagert worden war. Zunächst war die Pestkrankheit unter den tatarischen Truppen ausgebrochen und hatte diese so stark dezimiert, daß sie gezwungen waren, die Belagerung abzubrechen. Doch bevor sie abzogen, hatten die Tataren noch einige Pestleichen über die Festungsmauern katapultiert, so daß auch die Belagerten von der Krankheit befallen wurden, die sich mit rasender Geschwindigkeit ausbreitete. Wer konnte, versuchte sich auf die Schiffe zu retten, die in Richtung Mittelmeer ausliefen.

Als die Unglücklichen jedoch in Genua festmachten, wurden sie mit brennenden Pfeilen wieder davongejagt, weil niemand mit ihnen in Berührung kommen wollte. Doch der Schwarze Tod, wie man die Pest nannte, war bereits an Land gegangen. Als die Schiffe sich westwärts entlang der Mittelmeerküste durchschlugen, trugen sie die Seuche weiter in die Hafenstädte Frankreichs und Spaniens. In Italien hatte die Pest inzwischen auch Pisa erreicht, sprang von dort über auf Florenz und zog gleichsam von Stadt zu Stadt weiter nach Norditalien und schließlich über die Alpen nach Mitteleuropa.

Giovanni Boccaccio war Augenzeuge, wie die Seuche in Florenz wütete. Er beschrieb die Situation in seiner berühmten Novellensammlung, dem *Decamerone*. Dort heißt es: „Die Krankheit begann mit Schwellungen in der Leistengegend oder unter den Achseln. Die Schwellungen wuchsen bis zur Größe eines kleinen Apfels oder eines Eis an, einmal mehr, einmal weniger, und wurden vom Volk Pestbeulen genannt. In kurzer Zeit breiteten sich diese Beulen von den genannten Stellen über den ganzen Körper aus. Bald jedoch veränderten sich die Symptome, und schwarze oder purpurrote Flecken erschienen auf den Armen oder Oberschenkeln oder an anderen Stellen des Körpers. Manchmal waren es nur wenige große, in anderen Fällen viele kleine. Wie anfänglich die Pestbeulen waren auch diese Flecken ein sicheres Zeichen des Todes." Meist starben die Menschen innerhalb von drei Tagen nach den ersten Anzeichen.

Auch die Panik in der Stadt schilderte Boccaccio: „Die Herzen der Männer und Frauen waren von solchem Entsetzen über die Katastrophe erfaßt, daß der Bruder den Bruder verließ, der Onkel den Neffen, die Schwester den Bruder und sehr häufig auch die Frau ihren Mann. Noch schlimmer und beinahe unglaublich ist jedoch, daß Väter und Mütter es ablehnten, ihre Kinder zu pflegen, so als wären es nicht ihre eigenen." Die Folgen der Seuche waren unübersehbar: „Die Stadt war mit Leichen übersät. Die Überlebenden, denen mehr daran gelegen war, die verwesenden Körper loszuwerden, als sie menschenwürdig zu beerdigen, behandelten die Toten alle gleich. Mit der Hilfe von Trägern, wenn sie welche bekommen konnten, schleppten sie die Leichen aus den Häusern gerade bis vor die Türen, wo man jeden Morgen die unzähligen Toten liegen sehen konnte."

Die Friedhöfe waren auch anderswo bald von der Flut der Toten überfüllt. Ein Bürger von Siena beschrieb die alptraumhaften Folgen: „Es ließ sich keiner finden, der bereit war, die Toten für Geld oder aus Freundschaft zu begraben, und an vielen Stellen Sienas wurden tiefe Gruben ausgehoben, in die man die vielen Leichen übereinanderwarf. Manche waren nur von einer so dünnen Erdschicht bedeckt, daß die Hunde sie hervorzogen und verschlangen." Allein in Florenz wütete die Seuche vier Monate lang und forderte nach groben Schätzungen rund 65 000 Opfer. Die Menschen starben so schnell, daß man in vielen Orten und Städten die Toten und manchmal auch die Sterbenden einfach übereinanderstapelte. Und wer immer es für einen entsprechenden Lohn wagte, brachte sie mit Karren weg.

Der Tod reitet durchs Land *Auf diesem Gemälde eines unbekannten Künstlers galoppiert der Tod triumphierend durch eine hilflose Bevölkerung. Hier wie in zahllosen anderen Bildern, die das Elend der Pest drastisch darstellen, erscheint die Seuche als grausig grinsendes Skelett, das unter den Menschen wütet und sie in Massen dahinrafft.*

Rasend schnell breitete sich die Krankheit aus und raffte die Menschen dahin

Die von Boccaccio beschriebenen Schwellungen der Lymphdrüsen in den Leisten und Achselhöhlen der Opfer waren Merkmale der sogenannten Beulen- oder Bubonenpest. Für die meisten Pestbefallenen im 14. Jahrhundert bedeuteten sie das Todesurteil, denn die Beulen entwickelten sich zu Geschwüren und vergifteten das Blut. Erst 1894 entdeckten – unabhängig voneinander – der Japaner Shibasaburo Kitasato und der Schweizer Arzt Alexandre John Emile Yersin den Erreger der Seuche, den Bazillus *Yersinia pestis,* der einige wildlebende Nagetiere befällt und durch Flöhe übertragen wird. Eine noch schlimmere Form, die Lungenpest, tritt auf, wenn die Beulenpest in eine schwere Lungenentzündung übergeht. Fast immer von tödlicher Wirkung, wird die Lungenpest durch Atemtröpfchen in der Luft direkt von einer Person auf die andere übertragen. Diese Art der Ansteckung ließ die Krankheit schon nach ein bis zwei Tagen ausbrechen und war daher der Hauptgrund für die schnelle Ausbreitung der Seuche. So unmittelbar wirkte diese unsichtbare Bedrohung, daß man glaubte, der bloße Anblick einer an der Pest sterbenden Person sei tödlich. Die dritte Variante der Seuche war eine starke Blutvergiftung ohne sichtbare Beulen, die ebenfalls innerhalb kürzester Zeit zum Tod führte.

Ein Ursprungsgebiet des Schwarzen Todes lag in Zentralasien. Dort, in der Nähe des Issyk-Kul-Sees, war der Bazillus *Yersinia pestis* unter einer mongolischen Murmeltierart verbreitet. Niemand weiß, ob Überschwemmungen, Übervölkerung oder ein anderer Grund diesen Träger des Pesterregers dazu veranlaßte, seine entlegene Heimat zu verlassen. Doch wie dem auch sei, Flöhe saugten das Blut der kranken Murmeltiere und infizierten dann die Hausratte. Diese wiederum folgte dem Menschen und brachte den Bazillus zu den Zentren der Zivilisation. Starben die Ratten an der Pest, war der Rattenfloh gezwungen, den Wirt zu wechseln. Er sprang auf den Menschen über und übertrug so die Seuche auf ihn. Durch direkte Ansteckung und auch durch den damals noch weitverbreiteten Menschenfloh entwikkelte sich die Krankheit dann schnell zur Epidemie.

Einmal entfesselt, wütete die Seuche überall dort, wohin der Mensch sie trug. Auf dem Seeweg kam sie von Asien nach Südeuropa und zog weiter entlang der Handelsstraßen über den ganzen Kontinent. Ratten und ihre Flöhe, die sich vor allem in Getreidelieferungen verbargen, brachten *Yersinia pestis* von einer Stadt in die andere, von einem Dorf ins nächste. Infizierte Flöhe konnten in Woll- oder Stoffladungen wochenlang auch ohne ihre Wirtstiere überleben und befielen dann die Ratten in den belieferten Läden oder Lagerräumen. Moskau z. B. erreichte die Seuche nicht von der Krim aus, sondern erst später über die Handelsverbindungen zu den nordeuropäischen Ländern. Über Konstantinopel breitete sich die Pest in den Nahen Osten aus, und von Sizilien sprang sie nach Nordafrika über. Ein in der Nordsee treibendes Schiff, dessen gesamte Mannschaft tot war, brachte die Seuche angeblich nach Norwegen.

Da die Menschen die Ursache der Pest nicht kannten, flüchteten sie in Aberglaube und religiöses Eifertum

Die Hausratte, *Rattus rattus*, lebte schon immer in der Nähe des Menschen und war vor allem im mittelalterlichen Europa weit verbreitet. Sie brachte den Pesterreger in die Siedlungen, denn in den Holz- und Lehmgebäuden fand sie ideale Lebensbedingungen vor, und plünderte überall die Nahrungsvorräte von Mensch und Vieh. Da der Pesterreger vor den Menschen normalerweise die Ratten in großer Zahl dahinraffte, hätte dies vor allem in den Städten auffallen müssen. Doch die zeitgenössischen Berichte erwähnen weder die Existenz der Ratten noch ihren massenhaften Tod, vermutlich, weil man den Zusammenhang zwischen dieser Tatsache und der Seuche noch nicht kannte.

Die Pest, die Europa von Süden nach Norden verzehrte, verschonte unerklärlicherweise einige kleine

Qualvolle Buße *Eine Prozession von Geißlern, deren blutige Rituale überall im pestgeplagten Europa bekannt waren, zeigt diese französische Buchmalerei aus dem 15. Jahrhundert.*

Gebiete – eines im heutigen Belgien, ein weiteres im Südwesten Frankreichs und ein drittes in Böhmen. Als in Mailand die ersten Fälle bekannt wurden, ordnete man an, die betroffenen Häuser zuzumauern und sowohl Kranke als auch Gesunde darin dem Tod zu überlassen. Diese drakonische Maßnahme kam einer Art Quarantäne gleich, deren brutale Durchsetzung Mailand weitgehend vor der Pest bewahrte.

Im März 1348 hatte die Seuche Avignon erreicht, wo seit 1309 der Papst seinen Sitz hatte. Dort wütete die Pest mehrere Monate lang und tötete schätzungsweise 50 000 Menschen. Da man zeitweise nicht wußte, wohin mit den vielen Leichen, weihte der Papst das Wasser der Rhône, damit man die Toten einfach in den Fluß werfen konnte. Wenige Monate später suchte die Pest Paris heim und machte diese pulsierende Stadt zu einem düsteren, geplünderten Leichenhaus, bewohnt nur noch von denen, die zu schwach zur Flucht waren oder die sich in ihr Schicksal ergaben.

Auf dem Land, wo im Mittelalter die meisten Menschen lebten, erfuhr das Volk von der Seuche zunächst durch Erzählungen von Reisenden. Später sprach vielleicht der Pfarrer von der Kanzel davon; dann zog die Krankheit ins Nachbardorf ein und griff von dort auch auf das eigene Dorf, das eigene Haus über. Als die Heimsuchung vorüber war, standen viele Häuser leer, Vieh blieb unversorgt, Feldfrüchte verrotteten auf dem Acker.

Wo auch immer die Seuche zuschlug, sahen die Menschen deutlich, was vorging, verstanden es aber nicht. Wer die Mittel hatte, floh zumeist aus den engen Städten aufs Land. Die Ärzte konnten den Pestkranken kaum helfen. Für die üblichen Unpäßlichkeiten hatten sie zwar brauchbare Behandlungsmethoden, doch bei wirklich schweren Erkrankungen waren sie machtlos, denn noch steckte die Wissenschaft der Medizin in den Kinderschuhen. Guy de Chauliac, Arzt am päpstlichen Hof, schrieb, daß besonders diese Seuche „eine Schande für die Ärzte sei, die nicht die geringste Hilfe leisten konnten, um so mehr als sie aus Angst vor Ansteckung oft zögerten, die Kranken zu besuchen." Der Gerechtigkeit halber muß man jedoch sagen, daß ihre Angst durchaus begründet war: Heilkundige, die von der Seuche befallene Patienten besuchten, starben meist auch bald. Ohne fundierte Kenntnisse verlegten sich die Ärzte auf abergläubische Praktiken. Sie rieten dazu, in Abgeschiedenheit zu leben, vorzugsweise vom Wind geschützt, insbesondere vom Südwind, und in weiter Entfernung von Küsten und Sumpfgebieten, wo oft giftige Dünste entstünden. Die verunsicherten Menschen glaubten, daß starke Düfte gegen die vergiftete Luft helfen könnten, und verbrannten aromatische Hölzer und Pulver auf dem heimischen Herd. Oft trug man auch Bernsteinstückchen oder Wachsgebräue, die man Duftäpfel nannte, bei sich. Man glaubte, daß faulige Gerüche besonders wirksam seien, die Pest abzuwehren, und daher suchten manche Menschen täglich öffentliche Latrinen auf, um den Gestank anzunehmen. Einige zogen es vor, möglichst nichts zu tun, weil Aktivität angeblich das Einatmen giftiger Luft begünstigte.

Dagegen muten die Maßnahmen des päpstlichen Arztes fast modern an. Guy de Chauliac beobachtete die Krankheit sehr genau und konnte daher bereits Lungen- und Beulenpest unterscheiden. Er erkannte, daß die Lungenpest die gefährlichere Variante der beiden war. Und obwohl auch er die genaue Ursache der Krankheit nicht kannte, verordnete er seinem hohen Patienten Papst Klemens VI. ein wirksames Mittel, sich vor der Pest zu schützen. Er riet ihm, allein in seinem Palast zwischen zwei lodernden Feuern zu sitzen und zu warten, bis das Sterben vorüber war. So hatte der Papst keinen Kontakt zu Kranken, und die infizierten Ratten samt Flöhen wurden durch das Feuer vermutlich vertrieben. Von 450 Mitgliedern des päpstlichen Hofs starben während der Pest nur 94, eine beneidenswert niedrige Sterberate, verglichen mit jener der Gesamtbevölkerung.

So gering das Wissen über die Seuche war, so unangefochten war in der Christenheit die Auffassung, daß Gott die Pest als Strafe für die unzähligen Sünden der Menschen gesandt habe. In diesem Sinn schrieb William Edendon, Bischof von Winchester, im Oktober 1348, genau ein Jahr nachdem die Seuche erstmals in Europa aufgetreten war, einen Brief an seine Geistlichen: „Man muß sehr befürchten, daß die Sinnesfreuden der Menschen inzwischen noch schlimmer geworden sind, und die Vielzahl der Sünden hat den göttlichen Zorn nun ganz zu Recht hervorgerufen. Darum müssen wir eine derartige Strafe erleiden."

Doch die Krankheit unterschied nicht zwischen Frommen und Sündern. Jene Priester, die den Kranken beistanden, waren höchstwahrscheinlich die ersten, die angesteckt wurden. Denn anhand der engli-

Religiöser Wahn *Die Angst vor der Pest entlud sich, indem man vielerorts die Juden zum Sündenbock stempelte und sie verbrannte (links). Auch durch Totentänze, bei denen die Menschen in gläubige Ekstase fielen, versuchte man, die Seuche einzudämmen.*

schen Kirchenannalen wird deutlich, daß gleichzeitig mit der Ausbreitung der Seuche auch die Zahl der freigewordenen Stellen für Geistliche stieg. Und wenn die Pest gar eine geschlossene Klostergemeinschaft befiel, konnte es leicht geschehen, daß es keinen einzigen Überlebenden gab.

In Deutschland trieb der um sich greifende Schrecken die Menschen in die Arme einer Bewegung, die sich Brüder des Kreuzes nannte. Diese auch als Flagellanten oder Geißler bekanntgewordenen Gemeinschaften versuchten, Gottes Zorn durch Gebete und Bußhandlungen, insbesondere durch Selbstgeißelung, zu besänftigen.

Die Kasteiung als Bußübung wurde vermutlich erstmals in Europa im 11. Jahrhundert in einigen italienischen Klöstern praktiziert. Zwei Jahrhunderte später versammelten sich, wiederum in Italien, fromme Männer, um sich zu geißeln, nachdem eine Reihe von Katastrophen ihre Region heimgesucht hatte. Dann, im 14. Jahrhundert, brachte der Schwarze Tod diese Bewegung zu neuer Blüte.

Die Flagellanten waren zu Beginn ihres schnellen Aufschwungs in Deutschland eine streng disziplinierte Gemeinschaft. Jeder, der ihr beitreten wollte, mußte all seine Sünden bekennen, versprechen, sich an 33 Tagen dreimal täglich zu geißeln – einen Tag für jedes Jahr, das Christus auf Erden war. Und jedes neue Mitglied mußte genügend Geld bereitstellen, um während dieser Zeit für seine Nahrung aufzukommen. Ferner hatte der Neuling sich bereit zu erklären, dem Meister der Gruppe gehorsam zu sein, während der festgelegten 33 Tage die Kleider nicht zu wechseln, nicht zu baden, sich nicht zu rasieren, nicht in einem Bett zu schlafen und keinen Kontakt zum anderen Geschlecht zu haben.

Die Brüder des Kreuzes zogen von Stadt zu Stadt, normalerweise in Gruppen zu einigen Hundert, doch manchmal waren es auch mehr als 1000 Menschen. Sie trugen einfache, mit roten Kreuzen gezeichnete Gewänder und Kapuzen, unter denen sie ihre Gesichter verbargen, und gingen in Zweierreihen hinter ihrem Meister und zwei Anführern her, die goldene und purpurfarbene Fahnen trugen. Wenn sie in eine Stadt oder ein Dorf kamen, hielten die Männer auf freiem Platz einen Gottesdienst ab, bei dem sie einen Kreis bildeten und sich so mit entblößtem Oberkörper hinlegten, daß der Meister zwischen ihnen umhergehen und diejenigen peitschen konnte, die durch ihre Körperhaltung bestimmte Sünden symbolisierten. Am Ende des Gottesdienstes standen die Flagellanten auf und schlugen sich gegenseitig mit Geißeln aus metallbesetzten Lederriemen. Während sie auf diese schmerzliche Weise ihre Buße zur Schau stellten, sangen die Brüder und gerieten dabei in Ekstase. Um sie herum versammelten sich die Zuschauer, die heulend und stöhnend in den Chor miteinstimmten.

Bis Mitte des Jahres 1349 hatte sich die Bruderschaft in ganz Deutschland, Ungarn, Polen und den Niederlanden ausgebreitet. Die allgemeine Bedrohung durch die Pest ließ viele Menschen bei den Flagellanten Heil suchen. Doch die Bewegung, die zunächst auch von der Kirche akzeptiert worden war, geriet zunehmend außer Kontrolle. Denn die Meister beanspruchten für sich das Recht, die Beichte abzunehmen, und behaupteten, sie hätten die Macht, böse Geister auszutreiben, ja sogar Tote aufzuerwecken. Schließlich sah sich der Papst gezwungen, die Flagellantenbewegung zu verbieten.

Judenpogrome waren eine grausame Folge der Pest

Unter anderem warf der Papst den Brüdern des Kreuzes vor, „das Blut von Juden vergossen“ zu haben. Die Flagellanten hatten in der Tat in ihrem religiösen Eifer Juden ermordet, doch waren sie nicht die einzigen. Als sich die Pest in Europa ausbreitete, suchten die Menschen überall nach Sündenböcken. Einige machten die Leprakranken für die Seuche verantwortlich, andere beschuldigten irgendwelche Ausländer, doch fast überall hielt man in erster Linie die Juden für diejenigen, die das Elend der Pest über die Christen gebracht hatten.

Im Frühjahr 1348 kam es in Südfrankreich zu ersten Massakern an Juden. Dann heizte ein weithin bekannt gewordener Prozeß in der Schweiz die Hysterie und den Haß zusätzlich an: In Chillon hatte man Juden angeklagt, die Brunnen vergiftet zu haben, und durch Folter elf Geständnisse erzwungen, durch die jedes Mitglied der jüdischen Gemeinde belastet wurde. Die Geständnisse veröffentlichte man auch an anderen Orten, und so zog die Verfolgung immer weitere Kreise. Überall in Europa flackerte nun Gewalt auf und mußten die Juden um ihr Leben fürchten. In Basel sperrte man Juden in Holzhäuser und verbrannte sie. In Speyer lud man nach einem Pogrom die Leichen in riesige Weinfässer, die man in den Rhein rollte. In Straßburg wurden im Februar 1348 an einem einzigen Tag 2000 Juden umgebracht. Bis März schien die Mordwelle zum Stillstand

Pestmaske *Auch Gewürze im Schnabel schützten nicht.*

VERGEBLICHER KAMPF GEGEN DIE PEST

Für die Ärzte des 14. Jahrhunderts war die Pest ein düsteres Geheimnis. Während andere Wissenschaften bescheidene Fortschritte für sich in Anspruch nehmen konnten, war die Medizin seit fast 1000 Jahren kaum einen Schritt weitergekommen. Die Gesundheit des einzelnen, so glaubte man noch immer, würde durch die Körperflüssigkeiten bestimmt, die wiederum astrologischen Kräften unterliegen sollten. Der Gedanke, daß eine Krankheit durch winzige Organismen wie Bakterien verursacht werden könnte und daß Ratten und Flöhe sie übertrugen, war damals unvorstellbar.

Die mittelalterlichen Ärzte verfügten zwar über Mittel und Möglichkeiten, den Menschen bei harmloseren Gebrechen wie Beinbrüchen oder kleinen Wunden zu helfen, doch wenn sie mit einer Krankheit wie der Pest konfrontiert wurden, mußte ihre Kunst versagen. So experimentierten sie hilflos mit verschiedenen Behandlungsmethoden. Am bekanntesten war der Aderlaß, der gewöhnlich jedem Patienten verordnet wurde, ganz gleich, was ihm fehlte. Durch das Bluten sollte überschüssige Körperflüssigkeit abgelassen und so das gesunde Gleichgewicht wiederhergestellt werden. Doch meist schwächten die Aderlässe die Kranken nur zusätzlich und verringerten ihre Chancen auf Heilung. Wohlhabenden Patienten verordnete man Tränke aus pulverisiertem Gold und Edelsteinen, und die Beulen der Pestopfer öffnete man häufig mit heißen Eisen. Diese Methoden waren ebenso wirkungslos wie grausam. Es gab allerdings eine wichtige Gesundheitsmaßnahme, die in den Jahren der Pest erstmals praktiziert wurde und die sich oft als erfolgreich erwies: die Absonderung der Kranken von der gesunden Bevölkerung einer Stadt – die Quarantäne.

Ein mittelalterlicher Arzt öffnet eine Beule am Hals eines Pestopfers.

gekommen zu sein. Doch dann tauchten im Juli in Frankfurt die Flagellanten auf und zogen direkt ins jüdische Viertel, wo sie ein Blutbad anrichteten. In Brüssel genügte die bloße Nachricht, daß die Brüder des Kreuzes in Kürze ankommen würden, um ein Massaker auszulösen. Kaum eine jüdische Gemeinde in Westeuropa überstand die Pestzeit unbeschadet. Erst als die Seuche in Europa abflaute, ließ auch die Judenverfolgung nach.

„Unglückliches, schreckliches, zerstörerisches Jahr", beginnt eine Inschrift, die 1350 in die Wand einer kleinen englischen Kirche eingeritzt wurde. Es ist eine bittere Zusammenfassung der Seuchenzeit, die 1351 vorerst endete und grob geschätzt ein Drittel der Bevölkerung Europas dahinraffte. Die Überlebenden versuchten, wieder so etwas wie Normalität in ihr Leben zu bringen, wenngleich der Tod noch immer wie ein bedrohlicher Schatten über allem zu schweben schien. Der italienische Dichter Petrarca drückte es so aus: „Eine große und entsetzliche Einsamkeit lag wie ein Leichentuch über Europa. O, glückliche Nachwelt, die einen solch abgrundtiefen Schmerz nicht erfahren und unser Zeugnis wie eine Fabel ansehen wird." Doch diese Vision von der Nachwelt stellte sich als zu optimistisch heraus. Zehn Jahre später brach die Seuche erneut aus, und auch in den folgenden Jahrhunderten blieben die Menschen von der Pest nicht verschont. Zum letzten Mal schlug die Seuche in Europa 1720 in Marseille zu.

Der Schwarze Tod hatte Europa entstellt und führte zu weitreichenden Folgen. Millionen von Menschen waren dahingerafft worden, und manche Gegenden, in denen die Pest besonders stark gewütet hatte, waren nahezu entvölkert. Überall fehlten jetzt Arbeitskräfte, sei es in der Landwirtschaft, sei es im Handwerk. Weniger Menschen bedeutete aber auch weniger Absatzmöglichkeiten für Waren aller Art, so daß der Handel deutlich zurückging. Es dauerte lange, bis sich Europa von dieser Katastrophe wieder erholte, die obendrein jederzeit erneut eintreten konnte. Erst als man endlich die Ursache der Seuche erkannt hatte, konnte man einer neuerlichen Ausbreitung der Krankheit vorbeugen. Man versuchte vor allem, die Rattenplage weitgehend einzudämmen, indem man die hygienischen Verhältnisse verbesserte und rattensichere Speicher baute. In unseren Tagen endlich fand man auch Medikamente, die den Pestbazillus vernichten und erkrankte Menschen retten können.

Die rätselhafte Schweißkrankheit

Ein unbekanntes tödliches Fieber bedroht England

Im Jahr des Herrn 1485, kurz nach dem siebten Tag des August, trat eine Krankheit unter den Menschen auf, die den Rest des Monats und den ganzen September andauerte, und deren plötzliche Schwere und ungewöhnliche Grausamkeit die Pest noch übertraf."

So begann Dr. John Caius sein 1552 erschienenes Buch über ein rätselhaftes Fieber, das man als Schweißkrankheit bezeichnete. Ein Jahr zuvor, im April 1551, war Caius, einer der angesehensten Ärzte Englands, Zeuge eines Ausbruchs dieser Krankheit in Mittelengland geworden. Von da aus hatte sich das meist tödliche Fieber bis zur Kanalküste und zur schottischen Grenze hin ausgebreitet.

Caius konnte in der Medizingeschichte keinen Musterfall für die seltsame Schweißkrankheit finden. Offenbar war sie im August 1485 erstmals unter den Truppen Heinrich Tudors ausgebrochen, der in der Schlacht von Bosworth über Richard III. gesiegt und damit den Bürgerkrieg in England beendet hatte. Infizierte Soldaten schleppten anschließend die Krankheit nach London ein. Drei Wochen lang wütete die merkwürdige Seuche in allen Bevölkerungsschichten der Stadt. Selbst die Krönung Heinrich Tudors zum König mußte verschoben werden.

Irgendwann im Spätherbst des Jahres 1485 verschwand die Schweißkrankheit auf ebenso rätselhafte Weise, wie sie aufgetaucht war. Manche behaupteten, ein heftiger Sturm sei über den Süden Englands gefegt und habe die Seuche aufs Meer hinausgetragen.

Doch gut 20 Jahre später, im Sommer 1508, brach die Krankheit erneut aus. Sie breitete sich rasend schnell aus und veranlaßte König Heinrich VII. dazu,

Die Schlacht von Bosworth *Erstmals trat die Schweißkrankheit unter den Soldaten Heinrich Tudors auf.*

von Ort zu Ort zu ziehen, in der Hoffnung, dem Schweißfieber immer einen Schritt voraus zu sein. Dann, als ob sie einem geheimen Plan folgte, ließ die Epidemie wieder überraschend nach und war im Herbst 1508 abermals verschwunden.

Acht Sommer, ohne eine Spur von der Seuche, kamen und gingen. Dann, im Jahr 1517, schlug die Krankheit härter zu als je zuvor. Das Schweißfieber tötete über 400 Studenten in Oxford und kostete in London so viele Menschenleben, daß der berühmte Staatsmann Sir Thomas More in einem Brief bemerkte: „Ich versichere Ihnen, im Kriege ist es weniger gefährlich als in dieser Stadt."

Ein Merkmal der Krankheit war, daß sie völlig unvermittelt auftrat. Die ersten Symptome waren plötzlicher Schüttelfrost und heftiges Zittern, gefolgt von Kopf- und Rückenschmerzen. Bald darauf plagten Durst, Appetitlosigkeit, Kurzatmigkeit und außerordentlich hohes Fieber das Opfer. Der Anfall erreichte seinen Höhepunkt gewöhnlich schon nach einigen Stunden. Nur wenige überwanden ihn und wurden rasch wieder gesund, in den meisten Fällen endete er tödlich.

Das sonderbarste Merkmal dieser Seuche war, daß sie offensichtlich bevorzugt in England wütete. Obwohl andere Epidemien den Kanal immer wieder in beide Richtungen überquerten, beschränkte sich die Schweißkrankheit fast ausschließlich auf die Insel. Nur während eines weiteren schweren Ausbruchs 1528 trat sie auch auf dem Kontinent auf, wo sie im folgenden Jahr Deutschland erreichte und sich von dort über Mittel- und Nordeuropa ausbreitete. Während dieser vierten Krankheitswelle befiel die Schweißkrankheit auch Anne Boleyn, die neue Geliebte und künftige Gemahlin König Heinrichs VIII. Sie gehörte zu den wenigen Opfern, die sich von den fiebrigen Anfällen wieder erholten.

Über die genaue Ursache der Schweißkrankheit wurde mehr spekuliert, als man wußte. Caius vermutete, daß „üble Dünste und Ausschwitzungen, welche die Sonne aus dem Boden zog", ein möglicher Grund seien. Auch astrologische Einflüsse wollte er nicht ausschließen. Weiterhin nahm er an, daß die Schweißkrankheit die Engländer vielleicht deshalb bevorzugt befiel, weil sie zuviel Fleisch aßen und allzu viele geistige Getränke zu sich nahmen. Und zu guter Letzt fiel dem Arzt auf, daß wohlhabende Männer mittleren Alters, die im Überfluß lebten, besonders gefährdet waren.

Tatsächlich schienen die Armen gegenüber der Krankheit widerstandsfähiger zu sein als ihre wohlhabenderen Landsleute. Dies mag daran gelegen haben, daß die in schmutzigen und elenden Verhältnissen lebenden Menschen eine gewisse Immunität gegen mögliche Erreger erlangt hatten. Andererseits konnten sie auch nur selten die Hilfe von Ärzten in Anspruch nehmen, deren Heilmethoden oft gefährlicher als die Krankheit selbst waren. So bestand eine häufig angewandte Behandlungsweise darin, daß

Zwei Überlebende
Kardinal Thomas Wolsey (rechts) und die junge Anne Boleyn überstanden die ersten Fieberschübe der Schweißkrankheit und überlebten die Seuchenwelle von 1528.

einige Wächter einen Patienten am Schlafen hinderten, weil die Mediziner damals glaubten, daß die Opfer nur im Zustand tiefen Schlafs oder eines Komas starben. „Gib starke Düfte oder scharfen Essig in seine Nase", schlug ein medizinisches Handbuch vor, „und sprich ohne Unterlaß mit ihm."

In London trat das Fieber 1551 zum letzten Mal auf. Seitdem versucht die Wissenschaft Erklärungen auf jene Fragen zu geben, die im Zusammenhang mit dieser Krankheit bis heute offen sind. Wo lag der Ursprung der Massenerkrankung, und wodurch wurde sie ausgelöst? Warum trat sie in solch unregelmäßigen Abständen immer wieder auf? Aus welchem Grund wählte sie fast ausschließlich englische Opfer und wesentlich öfter Männer als Frauen? Und weshalb war sie nach 1551 verschwunden?

Die beschriebenen Symptome lassen auf Krankheiten wie Grippe, Typhus oder Hirnhautentzündung schließen. Die größte Ähnlichkeit hat die Seuche jedoch mit den Schüben des sogenannten Rückschlagfiebers. Diese Infektionskrankheit wird durch Bakterien ausgelöst, die in Zecken oder Läusen leben und über sie auf den Menschen übertragen werden. Vielleicht hatte ein ähnlicher Erreger, der nur in England ideale Lebensbedingungen vorfand, die rätselhafte Schweißkrankheit ausgelöst. Mag sein, daß er oder sein Wirtstier sich in Zyklen vermehrte und so nur alle 10 oder 20 Jahre zuschlug.

Doch letztlich bleiben solche Theorien im Reich der Spekulation. Auch nach über 400 Jahren ist diese mysteriöse Krankheit ein weißer Fleck in der traurigen Seuchenchronik der Menschheit.

Der Untergang der Azteken

Die Pocken verhelfen den Spaniern zum Sieg

Es ist schwer vorstellbar, daß das mächtige Reich der Azteken in Mexiko in nicht einmal drei Jahren von den Spaniern zerstört wurde. Doch es waren nicht allein die Eisenwaffen, Rüstungen, Kanonen und Pferde, die den Spaniern zu ihrem raschen Sieg verhalfen, sie hatten vielmehr einen schrecklichen Verbündeten: die Pocken.

Die Geschichte der Eroberung des Aztekenreichs begann damit, daß Diego de Velázquez, der spanische Gouverneur von Kuba, Hernán Cortés beauftragte, die mexikanische Küste genauer zu erforschen. Es war im Frühjahr 1519, als Cortés mit mehr als 500 Mann, mit Geschützen und Pferden an der Mündung des Río Tabasco an Land ging.

In gewisser Weise erwarteten die Azteken die Spanier bereits, denn schon 1517 waren spanische Schiffe auf Yucatán gelandet, und ihre Besatzungen hatten sich mit den dort ansässigen Maya einige kleinere Gefechte geliefert. Die Nachricht, daß „bärtige weiße Männer" auf „geflügelten Türmen" – so bezeichneten die Eingeborenen die Segelschiffe – über das Meer gekommen und in Yucatán eingefallen waren, breitete sich unter den Indianervölkern aus und erreichte auch Tenochtitlán, die Hauptstadt des Aztekenreichs. Als Moctezuma II., der Herrscher der Azteken, davon hörte, glaubte er, daß durch diese Ereignisse die Rückkehr des federgeschmückten Schlangengotts Quetzalcoatl angekündigt würde.

Nach den Glaubensvorstellungen der Azteken war Quetzalcoatl vor langer Zeit in Gestalt eines bärtigen hellhäutigen Königs und Propheten auf der Erde erschienen. Der Gott des Nachthimmels hatte ihn dann nach Osten vertrieben, doch hatte Quetzalcoatl geschworen, daß er eines Tages wiederkehren und seinen Thron zurückfordern werde. Der Gedanke, daß der weiße Mann, der jetzt am Río Tabasco gelandet war, dieser Gott sein könnte, ließ Moctezuma nicht mehr los und ermöglichte es den Spaniern, zunächst ohne kriegerische Gewalt, nämlich als Gäste des Herrschers, in Tenochtitlán einzuziehen.

Cortés hatte bei seinem Unternehmen von Anfang an das Glück auf seiner Seite. Allerdings gehörte er

Moctezuma heißt Cortés willkommen
Die schicksalhafte Begegnung zwischen dem Aztekenherrscher und dem spanischen Eroberer war der Anfang vom Ende des Aztekenreichs. Die Spanier brachten eine Krankheit mit, die schlimmer war als ihre Waffen: die Pocken.

auch zu jenen Männern, die es verstanden, eine günstige Gelegenheit zu ihrem Vorteil zu nutzen. Die Entscheidung, Mexiko als eine weitere Kolonie für das spanische Reich zu erobern, fällte er eigenmächtig. Bereits die Gründung des Stützpunkts Villa Rica de la Vera Cruz, das heutige Veracruz, ging weit über den Auftrag hinaus, den Diego de Velázquez ihm gegeben hatte. Um seinen Leuten deutlich zu machen, daß sie auf Gedeih und Verderb sein Vorhaben unterstützen mußten, ließ er nach der Landung in Mexiko die Schiffe zerstören und schnitt ihnen damit den Rückweg ab.

Am 16. August 1519 brach Cortés mit 350 Soldaten von Villa Rica aus nach Tenochtitlán auf. In seinem Gefolge befand sich auch Malinche oder Doña Marina, wie die Spanier sie nannten, eine von ihrem Volk verstoßene Aztekin, die Cortés nach einem der ersten erfolgreichen Scharmützel mit den einheimischen Bewohnern der Küste als Friedensgeschenk erhalten hatte. Sie diente dem Eroberer nun als Dolmetscherin, Beraterin und Geliebte und half ihm, Bündnisse mit den Feinden der Azteken zu schließen. Der wichtigste Verbündete, den Cortés mit ihrer Hilfe gewann, waren die Tlaxcalteken, ein wildes, freiheitsliebendes Volk, das schon lange eine Gelegenheit suchte, aus dem aztekischen Machtverband auszubrechen. Die Tlaxcalteken hatten sich im September 1519 den Spaniern zunächst entgegengestellt, boten ihnen aber dann – durch Waffengewalt überzeugt – ihre Hilfe an.

Moctezuma verfolgte von Tenochtitlán aus sehr genau den Vormarsch der Spanier und schickte immer wieder Botschafter, die Gold und Edelsteine mitbrachten und Cortés bitten sollten, der Hauptstadt fernzubleiben. Doch die Schätze weckten erst recht die Begehrlichkeit der Spanier.

Als sie sich Tenochtitlán näherten, schwankte Moctezuma zunächst, wie er sich verhalten sollte. Sein Volk teilte nicht seinen Glauben, daß hier möglicherweise der Schlangengott Quetzalcoatl wiederkehre, sondern sah in den Spaniern eher das, was sie tatsächlich waren: feindliche Eroberer. Dennoch beschloß Moctezuma, sie friedlich zu empfangen.

Das Treffen zwischen dem Aztekenherrscher und Cortés fand am 8. November 1519 auf einem der Dämme statt, die das auf einer Insel im Texcocosee gelegene Tenochtitlán mit dem Festland verbanden. Tausende von Moctezumas Untertanen sahen zu, wie ihr Herrscher den spanischen Befehlshaber als den lange erwarteten Gott begrüßte, der gekommen war, um erneut über das Land zu herrschen. Moctezuma brachte die Fremden in dem schätzebeladenen Palast seines Vaters unter und führte sie selbst durch die Stadt. Besonders beeindruckt waren die Spanier von den geschäftigen und von Menschen wimmelnden Märkten Tenochtitláns. Doch als sie die Tempel sahen, von deren Mauern das Blut der Menschenopfer tropfte, machte sich Entsetzen unter ihnen breit.

Trotz des glanzvollen Empfangs, den Moctezuma den Spaniern bereitet hatte, blieb Cortés mißtrauisch. Er spürte wohl allzu deutlich die Feindseligkeit der Bevölkerung, die seinen und den tlaxcaltekischen Streitkräften zahlenmäßig weit überlegen war. Die offenkundige Gier der Spanier nach Gold und ihre unverhohlene Abscheu vor den blutigen Ritualen der Azteken schürten den Haß der Indianer auf die Fremden noch zusätzlich und überzeugten schließlich auch Moctezuma davon, daß ihm hier kein Gott gegenüberstand.

Cortés erkannte, in welch brenzliger Lage er sich befand, und nahm Moctezuma als Geisel in der Hoffnung, dadurch die Azteken zur Unterwerfung zu zwingen. Doch er verschlimmerte die Situation nur, denn das geringe Vertrauen, das die Indianer trotz allem noch ihrem Herrscher entgegengebracht hatten, wurde nun völlig untergraben.

Gleichzeitig drohte Cortés auch noch von anderer Seite Gefahr. In Villa Rica de la Vera Cruz landete am 23. April 1520 unter dem Kommando von Pánfilo de Narváez eine spanische Flotte mit über 1400 Mann. Sie war von dem kubanischen Gouverneur ausgeschickt worden, um der wachsenden Macht des Eroberers Einhalt zu gebieten. Cortés überließ einem gewissen Pedro de Alvarado den Befehl über Tenochtitlán und eilte zurück an die Küste. Es gelang ihm nicht nur, Narváez zu überrumpeln, sondern sogar dessen Soldaten auf sich einzuschwören und für einen Feldzug gegen die Azteken zu begeistern.

Cortés ahnte nicht, welche vernichtende Waffe er gegen die Indianer mit sich führte

Die Narváez-Expedition lieferte Cortés unfreiwillig nicht nur die dringend benötigte Verstärkung, sondern brachte auch eine gefährliche Viruskrankheit mit: die Pocken. Die Krankheit äußert sich in starken Schmerzen, hohem Fieber und einem typischen, häufig entstellenden Hautausschlag. Sie ist überaus ansteckend und endet meist tödlich, vor allem für Menschen, die nie zuvor mit dem Virus in Kontakt

Tenochtitlán *Die Hauptstadt der Azteken lag auf einer Insel im Texcocosee. Dieser Plan aus dem 16. Jahrhundert, der vermutlich auf Skizzen von Cortés beruht, zeigt die Stadt vor ihrer Zerstörung.*

gekommen sind und deshalb keine Immunität entwickeln konnten.

In der Neuen Welt war die Krankheit völlig unbekannt, bis die Spanier sie in die Karibik einschleppten. Eine erste Pockenepidemie brach 1507 unter den Indianern der Insel Hispaniola aus, eine zweite folgte 1518. Bis Mai 1519 hatte die Krankheit ein Drittel der Inselindianer getötet und war nach Puerto Rico und Kuba übergesprungen, wo sie gerade wütete, als Narváez nach Mexiko aufbrach. Mindestens einer seiner Männer hatte die Pocken, als er in Villa Rica eintraf, und trug sie nun als Mitglied der verstärkten Truppe Cortés' nach Tenochtitlán.

In der aztekischen Hauptstadt hatte Alvarado in der Zwischenzeit unter Hunderten von unbewaffneten aztekischen Edelleuten, die sich zu religiösen Feierlichkeiten versammelt hatten, ein sinnloses Massaker angerichtet. Als sich die Nachricht dieser Greueltat in der Stadt verbreitete, erhob sich die Bevölkerung mit Waffengewalt gegen die Spanier und belagerte sie in ihrem zur Festung ausgebauten Palast. Moctezuma gelang es noch einmal, für kurze Zeit die Lage zu entspannen. Als Cortés nach Tenochtitlán zurückkam, herrschte eine bedrohliche Ruhe in der Stadt. Schon am folgenden Tag griffen die Azteken, geführt von Cuitláhuac, dem energischeren Bruder Moctezumas, die Spanier erneut an. Als Moctezuma das Dach des belagerten Palasts erklomm und versuchte, noch einmal Frieden zu stiften, antwortete das Volk mit Steinen und Pfeilen und verletzte ihn schwer. Drei Tage später starb der Aztekenherrscher.

Cortés mußte erkennen, daß er und seine Leute den Angriffen nicht mehr lange widerstehen konnten. Ihre einzige Chance lag in der Flucht, doch hatte Cuitláhuac alle Brücken in den Verbindungsdämmen zum Festland entfernen lassen und dadurch den Spaniern den Rückweg abgeschnitten. Aber Not macht erfinderisch, und so bauten die Spanier eine tragbare Holzbrücke, die ihnen dazu dienen sollte, die Lücken in den Dämmen zu schließen. Die Flucht gelang bis über die erste Lücke. Bereits dort hatte sich die tragbare Brücke jedoch so festgeklemmt, daß die Spanier sie nicht mehr entfernen konnten. Nun saßen sie in der Falle, denn von allen Seiten kamen die Azteken in ihren Kanus über den See heran und griffen die Spanier an. Die Toten füllten allmählich die zweite Dammlücke, so daß die Überlebenden sich bis zur nächsten durchkämpfen konnten, wo sich das grausige Schauspiel wiederholte.

Schließlich gelang es den Spaniern doch noch, das rettende Ufer zu erreichen und sich bis in das sichere Gebiet der Tlaxcalteken durchzuschlagen. Man schätzt, daß Cortés in dieser Nacht zum 1. Juli 1520 bis zu einem Drittel seiner Leute verloren hat. Außerdem büßten die Spanier ihre gesamte Artillerie, fast alle Pferde und den größten Teil der Schätze ein, die sie in Tenochtitlán geraubt hatten.

Ein grausamer Verbündeter der Spanier zwang die Azteken in die Knie

Nach dieser blutigen Nacht hofften die Azteken wohl, die Spanier für immer in die Flucht geschlagen zu haben. Doch Cortés hatte, ohne es zu wissen,

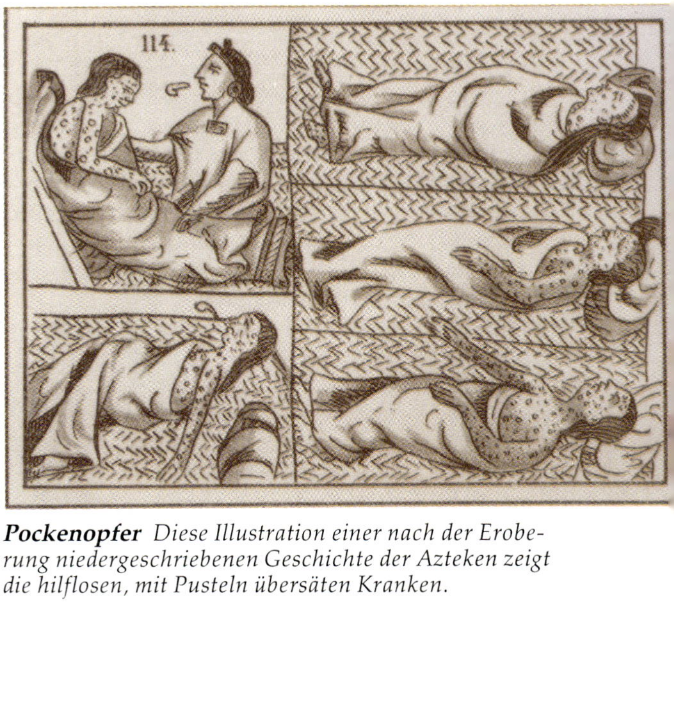

Pockenopfer *Diese Illustration einer nach der Eroberung niedergeschriebenen Geschichte der Azteken zeigt die hilflosen, mit Pusteln übersäten Kranken.*

DIE AUSROTTUNG DER POCKEN: EIN TRIUMPH DER MODERNEN MEDIZIN

Versuche, sich gegen die Pocken zu impfen, sind vermutlich so alt wie die Krankheit selbst. Im Nahen Osten bestand beispielsweise die *Variolation*, wie man diese Praxis nannte, darin, Pockeneiter durch eine kleine Wunde in den Blutkreislauf zu führen. Wenn alles gutging, entwickelte der Patient eine leichte Form der Pockenkrankheit, erholte sich schnell und war ein Leben lang dagegen immun. Jedoch geschah es immer wieder, daß die Krankheit durch den Impfversuch erst ausbrach und dadurch eine Epidemie entfacht wurde.

Anfang des 18. Jahrhunderts hatte die Frau des britischen Gesandten in der Türkei, Lady Mary Montagu, dieses Verfahren in Konstantinopel kennengelernt und führte es nun in ihrer Heimat ein.

So wurde während einer Pockenepidemie im Jahr 1757 auch ein achtjähriger Waisenjunge namens Edward Jenner zur örtlichen Apotheke gebracht, um die *Variolation* zu erhalten. Die vorbereitenden Blutabnahmen und Fastenkuren vergaß Jenner sein Leben lang nicht. Als 1778 wieder die Pocken umgingen, fiel Jenner, der zwischenzeitlich ein angesehener Arzt geworden war, auf, daß an den harmlosen Kuhpokken erkrankte Melkerinnen offenbar gegen echte Pocken immun waren. Nach jahrelanger Forschungsarbeit testete Jenner seine Theorie. 1796 impfte er einen kleinen Jungen mit Kuhpockeneiter. Als derselbe Junge dann Wochen später mit Pockeneiter infiziert wurde, blieb er gesund.

Jenners Impfstoff wurde als *Vakzine*, abgeleitet von dem lateinischen Wort *vacca* für Kuh, bald überall bekannt und angewandt. Heute nennt man alle Impfstoffe mit lebenden oder abgetöteten Erregern Vakzine. Im Jahr 1977, knapp 200 Jahre nachdem Jenner erstmals erfolgreich und ungefährlich gegen die Pocken geimpft hatte, berichtete die Weltgesundheitsorganisation WHO vom letzten bekannten Pockenopfer. Eine Impfkampagne, die die WHO 1967 begann, hatte dazu geführt, eine der letzten großen Seuchen auszulöschen.

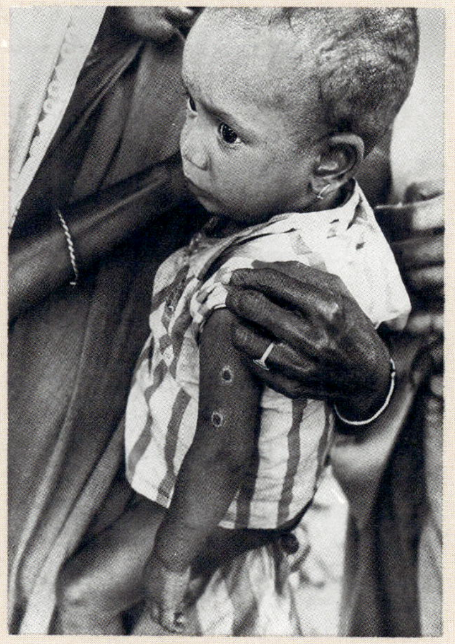

Ein Kind in Bangladesch trägt die Narben einer Pockenimpfung am Arm, ein Zeichen, daß es gegen die Krankheit geschützt ist. Vor ihrer Ausrottung hatten die Pocken besonders oft Kinder getötet oder erblinden lassen.

einen wirkungsvollen Verbündeten in der Stadt zurückgelassen.

Unter den toten Spaniern war mindestens ein Pokkenkranker, und als die Azteken die Leichen des Feindes plünderten, kamen sie erstmals mit dem tödlichen Virus in Kontakt. Innerhalb von zwei Wochen brach die Krankheit unter den Indianern aus und fegte wie ein Steppenbrand durch das Volk. Sie übersäte ihre Opfer mit blutigen Pusteln und rief ein Fieber hervor, das auch den Stärksten zu völliger Hilflosigkeit verdammte. Die Krankheit blieb nicht auf Tenochtitlán beschränkt. Ein Zeitzeuge berichtet, daß „sich die Pockenkrankheit unter den Indianern im ganzen Land zu einer so schweren Epidemie entwickelte, daß in den meisten Provinzen mehr als die Hälfte der Bevölkerung starb."

In ganz Mexiko wütete die Krankheit, nur die Eroberer, die sie mitgebracht hatten, blieben weitgehend verschont, vermutlich, weil die meisten von ihnen bereits im Kindesalter eine Pockeninfektion überlebt hatten und nun dagegen immun waren.

Während die Azteken durch die Krankheit immer schwächer wurden, ließ Cortés aus Villa Rica Nachschub und Verstärkung kommen und rüstete sich für einen weiteren Feldzug. Am 28. Dezember 1520, knapp sechs Monate nach seiner Flucht, brach er mit etwa 600 Spaniern und rund 10 000 Tlaxcalteken erneut nach Tenochtitlán auf. Unterwegs schlossen sich weitere Indianerstämme den Spaniern an. Aus Erfahrung klug geworden, hatte Cortés diesmal tragbare Boote mitgenommen, mit denen er den Texcocosee überqueren konnte.

Im April 1521 begannen die Eroberer, Tenochtitlán zu belagern. Cuitláhuac war in der Zwischenzeit an den Pocken gestorben, doch sein Nachfolger Cuauhtémoc war nicht weniger entschlossen, sich gegen die Spanier zur Wehr zu setzen. Über drei Monate lang hielten die Azteken der Belagerung stand. Erst am 13. August 1521 fiel die ausgehungerte, von Krankheit geschwächte Stadt in die Hände der Spanier, die sofort darangingen, Tenochtitlán dem Erdboden gleichzumachen. Seines Zentrums beraubt, fiel das große Reich der Azteken in der Folgezeit rasch auseinander.

Wie viele Indianer in Mexiko bei dieser großen Pockenepidemie starben, läßt sich nicht genau sagen; die Schätzungen schwanken zwischen 2 und 15 Millionen. Nur wenige Monate nach dem Fall Tenochtitláns trugen die Spanier die Pocken südwärts ins Land der Maya. Und zwischen 1525 und 1527 erreichte die Krankheit auch Peru, wo sie, ebenso wie sie es für Cortés bei den Azteken getan hatte, nun Francisco Pizarro half, das Reich der Inka zu erobern.

Ein Jahr des Schreckens

1665 sucht die Pest London heim

Niemand war sonderlich beunruhigt, als es Ende des Jahres 1664 in einem Londoner Vorort ein Pestopfer gab. Auch ein zweiter Fall, im Februar 1665 bekanntgeworden, löste keine Unruhe aus, denn solch ein vereinzeltes Aufflackern der Pest war man in London gewohnt. Seit der Schwarze Tod im 14. Jahrhundert eingeschleppt worden war, verging kaum ein Jahr, ohne daß eine mehr oder weniger große Zahl von Menschen dieser Krankheit erlag.

LONDON'S Dreadful Visitation:
Or, A COLLECTION of All the
Bills of Mortality
For this Present Year:
Beginning the 27th of December 1664. and ending the 19th. of December following:
As also, The GENERAL or whole years BILL:
According to the Report made to the KING's Most Excellent Majesty,
By the Company of Parish Clerks of London. &c.
LONDON:
Printed and are to be sold by E. Cotes living in Aldersgate-street, Printer to the said Company 1665.

Bilanz des Schreckens *Die Sterbelisten des Pestjahrs 1665 füllten ein ganzes Buch.*

London war im 17. Jahrhundert besonders anfällig für Epidemien. Während einer wirtschaftlichen Blütezeit war die Bevölkerung der Stadt stark angewachsen und zählte 1665 schätzungsweise 500 000 Menschen. Trotz des allgemeinen Wohlstands gab es sowohl in London selbst als auch in den umliegenden Gemeinden viele rattenverseuchte Elendsviertel ohne fließendes Wasser und ohne die einfachsten sanitären Einrichtungen. Unter solchen Bedingungen hatten Seuchenerreger ein leichtes Spiel.

In den ersten Monaten des Jahres 1665 verzögerte ein ungewöhnlich kalter Winter die Ausbreitung der Pest für eine Weile. Doch als es wärmer wurde, begann die Zahl der Opfer zu steigen. Wöchentliche Sterbelisten, die in London seit dem Pestjahr 1603 systematisch erstellt wurden, geben, trotz ihrer Ungenauigkeit, eine Vorstellung davon, wie die Epidemie fortschritt.

Von April bis Anfang Mai stieg die Zahl der Pesttoten von Woche zu Woche und erreichte in dem ungewöhnlich heißen Sommer dieses Jahres ihren Höhepunkt. Die Wärme begünstigte die Vermehrung des Pestflohs und der Ratten, die beide zur Ausbreitung der Krankheit beitrugen, was damals jedoch niemand ahnte.

Samuel Pepys, ein bekannter Schriftsteller der damaligen Zeit, dessen Tagebücher einen anschaulichen Bericht über das Pestjahr 1665 enthalten, notierte unter dem 7. Juni: „Unwillkürlich fielen mir in der Drury Lane zwei oder drei Häuser ins Auge, die ein rotes Kreuz auf den Türen trugen. Darüber konnte man die Worte lesen: ‚Herr, habe Erbarmen mit uns!' Dies war ein sehr trauriger Anblick für mich, der ich dies, soweit ich mich erinnere, zum erstenmal überhaupt sah."

Das rote Kreuz und die fromme flehende Bitte, die Pepys so erschütterten, waren Quarantänezeichen. Schon Anfang Mai hatte das Königliche Gericht der Stadt und ihren Nachbargemeinden befohlen, Häuser, deren Bewohner infiziert waren, abzuriegeln. Bald darauf setzte der Bürgermeister die Seuchenordnung aus dem Jahr 1646 wieder in Kraft. Das bedeutete, daß jeder Haushalt, bei dem der Verdacht bestand, daß eines seiner Mitglieder an der Pest gestorben sei, von einem „Nachforscher" besucht wurde. Dies waren normalerweise mittellose alte Frauen, die einen geringen Lohn dafür erhielten, die Pestopfer unter den Todesfällen herauszufinden. Wenn ein Verstorbener die gefürchteten harten Schwellungen oder rötlichen Flecken aufwies, wurde das Haus gekennzeichnet und verschlossen. Die Bewohner überließ man der Seuche, die meist alle dahinraffte.

Noch schlimmer aber traf es jene, die man in eines der fünf sogenannten Pesthäuser am Rand Londons einlieferte, wo die Seuchenopfer isoliert wurden. Eingeschlossen mit Dutzenden Kranker und Sterbender, bestand für die Patienten wenig Hoffnung zu überleben. So war es nicht verwunderlich, daß die Zahl der offiziell registrierten Pestfälle weit unter der tatsächlichen Zahl lag, da die Opfer und ihre Familien versuchten, ihr Unglück geheimzuhalten.

Die Rolle, die Flöhe und Ratten bei der Übertragung des Pesterregers spielen, erkannte man erst im 19. Jahrhundert. So konnten die Einwohner Londons gut 200 Jahre zuvor nur wenig gegen die Seuche unternehmen, und häufig trug das, was sie taten, noch zur Ausbreitung der Pest bei. Beispielsweise schlachteten die Bewohner Londons Hunde und Katzen, weil man glaubte, sie seien Überträger der Pest; diese Maßnahme jedoch ermöglichte es den Ratten, den wahren Übeltätern, erst recht, sich weiter zu vermehren.

Die Entvölkerung Londons setzte sich in atemberaubendem Tempo fort. Wer es sich leisten konnte, suchte auf dem Land Zuflucht. In der Stadt blieben nur die Armen zurück.

Bis Ende Juli fanden jede Woche rund 2000 Menschen den Tod. Nachts rumpelten ununterbrochen Karren durch die Straßen, deren Fahrer Glocken schwangen und riefen: „Bringt eure Toten heraus!“ Die Leichen wurden außerhalb der Stadtmauern in Massengräber geworfen und eilig mit einer dünnen Erdschicht bedeckt. Von diesen Pestgruben und den längst überfüllten Friedhöfen ging bald schon ein durchdringender Gestank aus, der sich über die ganze Stadt legte.

In der zweiten Septemberwoche wütete die Seuche am allerschlimmsten: 7165 Menschen starben allein in diesen sieben Tagen. Das öffentliche Leben kam fast völlig zum Erliegen. Ganze Straßenzüge waren abgesperrt und die Häuser mit roten Kreuzen gekennzeichnet. Es herrschte eine gespenstische Ruhe in der Stadt, und auf einstmals belebten Plätzen begann das Gras zu wachsen.

Mit dem Ende des heißen Sommers klang auch die Pest endlich ab. Zwar waren Ende November immer noch über 600 Tote in der Woche zu beklagen, doch für die leidgeprüfte Bevölkerung war dies ein erstes Zeichen der Hoffnung.

Und tatsächlich – am Jahresende gab es kaum mehr Pestkranke; die Überlebenden konnten aufatmen, denn die Heimsuchung war zu Ende. Die Sterbelisten verzeichneten für das Jahr 1665 insgesamt 68 596 Tote; der größte Teil von ihnen starb durch die Pest. Zählt man noch die verheimlichten Fälle hinzu, so dürften wohl mehr als 100 000 Menschen der Seuche erlegen sein.

Noch Generationen später hielt man die Pesthäuser aus Angst vor einer Rückkehr der Seuche bereit, doch in London – wie auch in anderen Gebieten Englands – trat der Schwarze Tod nie mehr als große Epidemie auf.

Der Volksglaube schrieb dies dem großen Brand des Jahres 1666 zu, der London von der Pest gereinigt haben soll. Diese Geschichte hat sicher einen wahren Kern, denn in dem Feuer verbrannte auch die Mehrzahl der Ratten. Wissenschaftler aber weisen darauf hin, daß sich in der Folgezeit vor allem die hygienischen Bedingungen allmählich verbesserten. Man säuberte die Straßen vom Müll, baute Abwasserkanäle und dämmte dadurch die Ratten- und Ungezieferplage ein. Auf diese Weise wurde die Pest immer mehr zurückgedrängt.

„Herr, habe Erbarmen!“ *Wie die Quarantäneinschrift an den Häusern der Pestopfer lautete auch der Titel dieses Holzschnitts aus dem Jahr 1665. Eine Mutter mit rötlichen Pestflecken liegt sterbend bei ihren Kindern (links). Fliehende Londoner werden von bewaffneten Dorfbewohnern aufgehalten, da sie befürchteten, ebenfalls angesteckt zu werden (rechts).*

Feuersturm über London

Ein Brand in einer Backstube wird Englands Metropole zum Verhängnis

König Karl II. selbst hatte die Londoner vor der Gefahr gewarnt. Im April 1665 hatte er an den Bürgermeister der Stadt einen Brief geschrieben, in dem er auf das hohe Brandrisiko in dem noch aus dem Mittelalter stammenden Zentrum der Metropole hinwies. In den engen, schmutzigen Gassen des Londoner Stadtkerns standen die Fachwerkhäuser viel zu dicht beieinander. Bauvorschriften, die bereits seit dem 12. Jahrhundert Brandmauern aus Stein gefordert hatten, waren in den meisten Fällen mißachtet worden. Der König drängte in seinem Brief darauf, diese Richtlinien strenger zu überwachen, und gab den Stadtvätern die Erlaubnis, Zuwiderhandelnde mit Gefängnis zu bestrafen. Doch alle Hinweise wurden in den Wind geschlagen. Fast anderthalb Jahre später, am 2. September 1666, einem Sonntag, kam es dann zur Katastrophe. Der Sommer war heiß und trocken gewesen, und London war ausgedörrt wie Zunder, den ein einzelner Funke zum Lodern bringen konnte.

Das Unglück begann in einer der engsten Gassen der Stadt, in der Pudding Lane, die hinab zur Themse führte, wo ganz in der Nähe die London Bridge stand. In dieser Straße lag das Haus des königlichen Bäckers Thomas Farynor. Dort, in Farynors Backstube, brach nachts zwischen 1 und 2 Uhr der Brand aus. Farynor beteuerte später, er habe das Feuer in seinem Backofen am Samstagabend ordnungsgemäß abgedeckt; daher sei es völlig unmöglich, daß die schwelende Glut irgend etwas in dem Raum entzündet haben konnte. Er vermutete vielmehr, daß der Brand absichtlich gelegt worden sei. Doch wie es auch gewesen sein mag – in der Tat konnte die Brandursache nie genau geklärt werden –, kurze Zeit später stand das ganze Gebäude in Flammen. Farynor und die meisten anderen Haus-

London brennt *Die Menschen flüchteten an das Ufer der Themse, wie dieses zeitgenössische Gemälde zeigt. Auf der London Bridge brennen die Häuser, und die Flammen greifen bereits auf die alte St.-Pauls-Kathedrale über.*

Samuel Pepys *Der Schriftsteller, der schon während der Pest im Jahr 1665 der Stadtregierung half, ein Mindestmaß an Ordnung aufrechtzuerhalten, war auch während des Feuers von 1666 unermüdlich im Einsatz. Seine Aufzeichnungen liefern anschauliche Berichte über beide Katastrophen.*

bewohner konnten sich über ein Fenster im oberen Stockwerk auf das Dach des Nachbarhauses retten. Nur Farynors Dienstmagd, die vor Angst wie gelähmt war, weigerte sich zu fliehen. Sie blieb zurück und starb in den Flammen.

Anfänglich breitete sich der Brand nur langsam aus. Man erzählte, Farynors Haus habe bereits eine Stunde gebrannt, ehe die Flammen auf das Nachbarhaus übergriffen. Insofern unterschied sich das Feuer scheinbar kaum von den immer wieder auftretenden kleineren Bränden in der Stadt, die meistens rasch gelöscht werden konnten. Der Bürgermeister, Sir Thomas Bludworth, der um 3 Uhr am Unglücksort erschien, gab sich dementsprechend ungehalten darüber, daß man ihn um diese nächtliche Stunde aus dem Schlaf gerissen hatte. Die Gefahr unterschätzend, hielt er den Brand für eine lokal begrenzte Angelegenheit und ging gelangweilt wieder zu Bett.

Etwa um die gleiche Zeit wurde der Schriftsteller Samuel Pepys, einer der angesehensten Bürger Londons, von seiner Magd Jane mit der Nachricht geweckt, daß es in der Innenstadt brenne. Pepys sah aus dem Fenster, legte sich jedoch gleich wieder zum Schlafen, weil er der Meinung war, daß das Feuer weit genug weg sei.

Die Zuversicht des Bürgermeisters und Pepys' wäre vielleicht gerechtfertigt gewesen, wenn Farynors Haus nicht so nahe an der Thames Street gelegen hätte, in deren Lagerhäusern sich lauter leicht brennbare Waren befanden. Denn nachdem sich der Brand bis hierher vorgefressen hatte, geriet er außer Kontrolle.

Die Londoner Feuerwehr, lediglich mit Ledereimern und Handpumpen ausgestattet, konnte wenig tun, um dem sich ausweitenden Inferno Herr zu werden. Um 8 Uhr stand bereits die an der unteren Thames Street gelegene Kirche St. Magnus lichterloh in Flammen, und nachdem sie abgebrannt war, gab es nichts mehr, was das Feuer hindern konnte, auf die London Bridge überzugreifen. Diese Brücke war nicht nur eines der ältesten Wahrzeichen der Stadt und ein wichtiger Verkehrsweg, sondern durch die Häuser, die auf ihr standen, gleichzeitig ein beliebtes Wohn- und Einkaufszentrum. Als das Feuer die London Bridge erreicht hatte, fielen ihm nicht nur die Häuser, sondern auch die hölzernen Wasserräder zum Opfer. Da die Wasserversorgung der Stadt zum größten Teil von diesen Schöpfrädern abhing, ging den Feuerwehrleuten gleich zu Beginn des Stadtbrands eine wichtige Wasserquelle verloren.

Als Pepys am Morgen erwachte, war er überrascht, was aus dem unscheinbaren nächtlichen Feuer geworden war. Um sich ein genaueres Bild von der Lage zu verschaffen, begab er sich zur Themse und mietete dort ein Boot, das ihn stromaufwärts bis hinter das Feuer bringen sollte. Vom Fluß aus wurde Pepys Zeuge der schrecklichen Szenen, die sich abspielten, als die am Ufer gelegenen Häuser ein Raub der Flammen wurden. „Jeder bemühte sich, seine Habe in Sicherheit zu bringen", berichtete er, „und warf sie einfach ins Wasser."

Um die Stadt vor der Feuersbrunst zu retten, griff der König selbst in die Löschversuche ein

Offensichtlich war den Menschen mehr daran gelegen, ihren Besitz zu retten, als die Flammen zu löschen. Als Pepys das sah und zusätzlich kräftige Windböen begannen, den Brand noch mehr anzufachen, beschloß er, den König zu alarmieren. Im Palast in Whitehall angekommen, beschwor er Karl eindringlich, ganze Häuserzeilen abreißen zu lassen, denn nur so könne verhindert werden, daß sich das

Feuer weiter ausbreite. Der König war einverstanden und schickte Pepys mit einem entsprechenden Befehl zurück in die Stadt.

In der Zwischenzeit war der Bürgermeister der Anordnung Karls bereits zuvorgekommen und hatte die Stadtwehr angewiesen, Feuerschneisen zu schlagen. Aber die Hausbesitzer widersetzten sich dem Ansinnen der mit Feuerhaken und Äxten ausgerüsteten Trupps, und wenn sie in letzter Minute doch noch in den Abriß ihres Eigentums einwilligten, war es oftmals schon zu spät, um den Flammen Einhalt zu gebieten. Als Pepys den Bürgermeister erreichte und den Befehl des Königs überbrachte, antwortete Sir Thomas: „Mein Gott, was kann ich tun? Ich bin verloren, denn die Leute gehorchen mir nicht. Und wo immer es mir gelungen ist, ein Haus einzureißen, hat uns das Feuer schon überholt und ist bereits einen Schritt weiter."

Am Nachmittag waren nach dem Bericht Pepys' die Straßen „voller Menschen, die ihre Habe mit Pferd und Wagen von einem verbrannten Haus zum anderen zu retten versuchten und sich dabei nicht scheuten, einander über den Haufen zu fahren." Unzählige Boote und Transportkähne bahnten sich mühsam ihren Weg durch das Treibgut, das inzwischen auf der Themse schwamm. Kutscher und Bootsleute schlugen mit unverschämten Preisen aus dem Unglück Profit.

Der König, begleitet von seinem Bruder, dem späteren König Jakob II., fuhr auf einer Barke von Whitehall aus flußabwärts, um sich einen unmittelbaren Eindruck von der Situation zu verschaffen. Die beiden Männer waren entsetzt, als sie das Ausmaß des Brands erkannten und die Gewalt des Feuers am eigenen Leib verspürten. Was sie und andere, die sich auf dem Wasser aufhielten, erlebten, gab später Pepys mit folgenden Worten wieder: „Wer auf der Themse sein Gesicht in den Wind hielt, wurde von einem Funkenregen fast verbrannt." Als am Sonntagabend die Nacht über London hereinbrach, spannte sich ein Flammenbogen von einer Seite der London Bridge zur anderen, und stadteinwärts fraß sich das Feuer unaufhaltsam voran.

Tags darauf drehte unvermittelt der Wind und trieb die Flammen auf die wohlhabenderen Wohngegenden zu. Erst jetzt wurde den Londonern vermutlich so richtig klar, wie ernst die Bedrohung durch das Feuer geworden war. Der Bürgermeister stand der sich ständig verschlimmernden Lage hilflos gegenüber, so daß der König ihn kurzerhand seines Amtes enthob und die Organisation der Brandbekämpfung seinem Bruder Jakob übertrug. Den

Das neue London *Aus der Asche des großen Brandes wiedererstanden, wurde die Stadt im 18. Jahrhundert von dem italienischen Künstler Canaletto gemalt. 55 neue Kirchen entwarf der große englische Architekt Sir Christopher Wren. Durch ihre Größe und Pracht beherrscht Wrens Meisterwerk, die neue St.-Pauls-Kathedrale, das Bild.*

Mahnende Erinnerung *Das Denkmal, das dieser Druck aus dem 17. Jahrhundert (rechts) zeigt, wurde 1677 errichtet. Ganz in der Nähe brach einst das Feuer aus. Das Sockelrelief der Säule (oben) stellt König Karl im Römergewand dar, der London zu Hilfe eilt.*

ganzen Montag über arbeitete Jakob Seite an Seite mit den Männern der verschiedenen Löschposten, während der König von Brandherd zu Brandherd hetzte. Aber es war schon zu spät. Um Mitternacht hatten sich die Flammen über eine Fläche ausgebreitet, die viermal so groß wie am Tag zuvor war, und setzten ihren Weg unaufhaltsam fort.

Auch am Dienstagmorgen fraß sich das Feuer fast ungehindert weiter durch die Stadt. Der König und sein Bruder ritten unermüdlich von Löschposten zu Löschposten und halfen eigenhändig bei den verzweifelten Versuchen, die Flammen zu stoppen. Doch allen Anstrengungen zum Trotz verbrannten am Dienstag mehr Gebäude als an den beiden vorangegangenen Tagen zusammen.

Um wenigstens einen Rest von London zu retten, versuchte man, Brandschneisen zu schlagen

Bereits am Sonntag hatte man überlegt, ob sich die Brandschneisen nicht schneller schlagen ließen, wenn man die Häuser einfach wegsprengte. Zunächst schien dieses Unterfangen zu gefährlich, aber unter dem Eindruck der grenzenlosen Zerstörung, die das Feuer anrichtete, entschloß man sich, den Plan nun doch in die Tat umzusetzen. Man begann mit dem Unternehmen in der unteren Tower Street. So konnte hier verhindert werden, daß sich der Brand ostwärts ausbreitete. Der Tower und das Admiralitätsgebäude waren gerettet.

Anderswo indes griff der Brand zunächst noch ungehindert weiter um sich, und am späten Dienstagabend fing die größte Kirche Englands, die alte St.-Pauls-Kathedrale, Feuer. Niemand hatte geglaubt, daß die Flammen diesem riesigen Gebäude mit seinen Steinmauern und dem Bleidach etwas anhaben könnten. Aber man hatte nicht mit dem Wind gerechnet, der glühende Asche auf einige Holzbretter wehte, die zum Abdichten eines Lochs auf dem Dach lagen. Das trockene Holz fing schnell Feuer, entzündete den Dachstuhl, und bald schlugen hohe Flammen aus der Kirche. Die Hitze war so groß, daß die Steine zerplatzten und das Blei des Dachs in einem feurigen Regen auf den Boden tropfte.

Das Feuer in London erlosch erst, als der Wind in der Nacht abflaute, und bis auf einige kleinere Brandherde war der Spuk am Mittwoch endlich vorüber. 80 Prozent der Stadt lagen in Schutt und Asche. Insgesamt 13 200 Gebäude Londons, darunter 89 Kirchen und 44 Gildehäuser, waren dem Feuer zum Opfer gefallen, und zwischen 100 000 und 200 000 Menschen waren obdachlos geworden.

Da sich London noch nicht von der Pestepidemie des Vorjahrs erholt hatte, traf das Feuer die Stadt doppelt hart. Es hieß zwar, daß lediglich sechs Menschen in den Flammen ums Leben gekommen seien, doch nach dem Brand rafften Hunger und Krankheit erneut viele der geschwächten Einwohner dahin.

Erschwerend kam hinzu, daß England sich im Krieg mit Frankreich und den Niederlanden befand. Es ist daher nicht verwunderlich, daß wilde Gerüchte über französische oder niederländische Brandstifter zu brutalen Übergriffen auf Ausländer führten. Ein offensichtlich verrückter Franzose, der behauptete, das Feuer gelegt zu haben, wurde ohne viel Federlesens verurteilt und gehenkt, obwohl seine Geschichte voller Widersprüche steckte.

Doch die Katastrophe hatte auch ihr Gutes. Da die meisten alten Häuser der Innenstadt zerstört worden waren, hatte man freie Hand, London neu zu gestalten. Diesmal verwendete man statt Holz Steine als Baumaterial und hielt sich streng an die Vorschriften. Und während noch die Ruinen schwelten, entstand aus den Trümmern ein London, das schöner, sauberer, sicherer und moderner denn je war.

Ein zukunftweisendes Vermächtnis des Feuers war auch die Fire Company, die Nicholas Barbon im Jahr 1667 gründete. Die erste Feuerversicherung Englands schützte die Menschen nicht nur vor den finanziellen Folgen eines Brandes, sondern unterhielt auch eine eigene Feuerwehr, die die bei ihr versicherten Häuser bewachte.

Feuer und Asche *Nur Teile des Schlosses ließ die Lavawalze des Ätna 1669 von der Stadt Catania übrig.*

Der Ätna – das Tor zur Hölle

Ein glühender Lavastrom begräbt die sizilianische Hafenstadt Catania

Der Ätna ist mit 3325 Meter Höhe und einem Durchmesser von 40 Kilometern am Fuß der mächtigste Berg Siziliens. Sanft steigen die grünbewachsenen Hänge des von den Sizilianern Mongibello genannten Kegels bis auf etwa 2900 Meter Höhe an, wo sie in ein leicht gewelltes Plateau übergehen. Über dieser Hochfläche erhebt sich der eigentliche Gipfel, der die meiste Zeit des Jahres mit Schnee bedeckt ist.

Die majestätische Ruhe, die diese Landschaft ausstrahlt, trügt. Denn der Ätna ist einer der aktivsten Vulkane der Welt. In historischer Zeit ist er bis zu 20mal in jedem Jahrhundert ausgebrochen. Seine Lavamassen entwichen dabei weniger dem Hauptkrater, als vielmehr kleineren Nebenkratern, von denen es rund 270 gibt. Kein Wunder, daß der Ätna seit der Antike als das Tor zur Hölle gilt.

Läge der Vulkan irgendwo in der Wildnis oder auf einer unwirtlichen, öden Insel, wäre er vermutlich nichts weiter als eine geologische Besonderheit. Aber die Fruchtbarkeit des Bodens und das milde Klima Siziliens sind ideale Voraussetzungen für eine ertragreiche Landwirtschaft, und so kommt es, daß sich Getreidefelder, Weingärten und Olivenhaine über die Hänge des Vulkans erstrecken. Doch für die Menschen, die hier am Fuß des Bergs leben, ist der Ätna eine ständige Bedrohung.

Die früheste Beschreibung eines Ätnaausbruchs stammt von dem griechischen Schriftsteller Pindar, der im 5. Jahrhundert v. Chr. lebte. Seit dieser Zeit ist der Vulkan – abgesehen von zahlreichen kleineren Eruptionen, die weitgehend folgenlos blieben – rund 150mal mit verheerender Gewalt ausgebrochen. Er vernichtete in weitem Umkreis Dörfer und Felder und kostete immer wieder Menschenleben. Eine der heftigsten Eruptionen, gefolgt von einem verheerenden Erdbeben, fand im Jahr 1169 statt. In ihrer Angst strömten die Menschen in Catania, einer Hafenstadt östlich des Vulkans, in die Kathedrale, um die Hilfe Gottes zu erflehen. Das Gebäude wurde zu einer tödlichen Falle, als es bei einem neuerlichen Erdstoß über den Betenden zusammenstürzte. Insgesamt kamen damals in der Stadt 15 000 Menschen ums Leben.

Der gewaltigste Ausbruch des Ätna indes ereignete sich 500 Jahre später, im Jahr 1669. Bereits im Winter hatte er mehrmals Gas und Gesteinsbrocken ausgespien, dabei zunächst aber keinen Schaden angerichtet. Im Frühjahr jedoch wurde das Verhalten des Vulkans immer bedrohlicher und ließ das Schlimmste befürchten. Am 8. März notierte der damalige Bischof von Catania: „Die Sonne war eigentümlich blaß, als sie unterging. In der Nacht erschütterte ein schreckliches Erdbeben die Stadt und die Umgebung. Die starken Stöße, die in unregelmäßigen Abständen erfolgten, und das fürchterliche Grollen, das vom Mongibello herüberkam, versetzten die Einwohner in Angst und Schrecken."

Diese Nacht war aber erst der Anfang. Auf das Erdbeben folgten drei Tage später mehrere gewaltige Eruptionen. Riesige Felsbrocken, von denen manche bis zu 150 Kilogramm wogen, wurden in die Luft geschleudert. Eine dichte Wolke aus Asche und Dampf legte sich im Umkreis von zehn Kilometern über das Land. Nordwestlich von Catania riß auf einer Länge von 15 Kilometern eine zwei Meter breite Spalte auf, aus der ein feuriger Lavastrom quoll, der sich auf die Stadt zubewegte.

Die verängstigten Menschen baten ihre Heiligen um Hilfe. „Als sich der Feuerstrom näherte", schrieb der Bischof, „kamen überall in der Stadt die Gläubigen zusammen, um an Prozessionen teilzunehmen. Mit sich führten sie die Reliquien ihrer Schutzpatrone." Besonders inbrünstig flehten die Menschen zur heiligen Agatha, einer berühmten, um das Jahr 250 in Catania gestorbenen Märtyrerin. Der Legende zufolge soll die Stadt ein Jahr nach ihrem Tod bei einem Ausbruch des Ätna verschont worden sein, als man dem Glutstrom ihren Schleier entgegentrug. Man hoffte, daß die Heilige die Stadt erneut vor dem drohenden Inferno retten würde.

Doch nicht alle Bürger Catanias wollten sich auf ein Wunder verlassen. Ein gewisser Diego Pappalardo trat zusammen mit 50 anderen dem herannahenden Lavastrom entgegen. Zum Schutz gegen die Hitze hatten sich die Männer in nasse Kuhhäute gehüllt. Mit eisernen Haken rissen sie ein Loch in die Kruste, die sich am Rand des Glutstroms gebildet hatte. Ein großer Teil der Lava floß durch diese Öffnung seitlich ab, und der Hauptstrom, der sich auf Catania zubewegte, verlor an Kraft.

Bedauerlicherweise strömte der abgeleitete Seitenarm in Richtung der Ortschaft Paternò. 500 Männer von dort zogen daraufhin gegen Pappalardo und seine Leute und vertrieben die kleine Schar. Schnell schloß sich die Bresche wieder, und erneut war Catania bedroht.

Unaufhaltsam näherte sich der Lavastrom der Stadtmauer, staute sich noch für kurze Zeit davor und schwappte dann über die Krone des Bollwerks. Wenig später breitete sich die glühende Masse in den Straßen der Stadt aus und begrub Catania unter sich.

Lord Winchilsea, ein englischer Diplomat, der von Malta nach Catania gesegelt war, um den Vulkanausbruch mit eigenen Augen zu sehen, schrieb an seinen König, Karl I.: „Niemand vermag das Unglück zu beschreiben, und niemand vermag zu löschen, was hier brennt."

Mindestens 20 000 Menschen kamen bei diesem Ausbruch des Ätna ums Leben. Manche Berichte sprechen sogar von 100 000 Toten. Etwa 1 Milliarde Kubikmeter Lava waren nach Catania geflossen. Die Stadt wurde zum größten Teil zerstört. Nur ein Teil des Schlosses blieb verschont. Die Überlebenden bauten Catania nach einem neuen Grundriß wieder auf. Doch noch heute erinnern die versteinerten Überreste des Lavastroms die Menschen immer wieder daran, daß sie in der Nähe eines unberechenbaren Vulkans leben.

Glutstrom *Glühende Lava fließt die vernarbten Hänge des Ätna hinab und erreicht dabei die beachtliche Geschwindigkeit von fast fünf Metern pro Sekunde. Dieses Foto wurde im Jahr 1971 während eines der jüngeren Ausbrüche des noch immer tätigen Vulkans aufgenommen. Der Begriff Vulkan leitet sich übrigens von dem römischen Feuergott* Vulcanus *her, der im Ätna gehaust haben soll.*

Todesorkan über England

Ein Jahrhundertsturm hinterläßt eine Spur der Verwüstung

Im November des Jahres 1703 fegten ungewöhnlich heftige Stürme, begleitet von ergiebigen Regenschauern, über England und Wales hinweg. Selten war der Winter so ungestüm über die unwettererprobten Bewohner der Britischen Inseln hereingebrochen. Doch nach zwei Wochen, am 25. November, beruhigte sich das Wetter. Die Menschen an Land freuten sich darauf, wieder einmal in Ruhe schlafen zu können, ohne vom Heulen des Windes und dem Klappern der Dächer gestört zu werden. Die Seeleute auf den zahlreichen Schiffen, die in den Häfen und auf Reede Schutz vor dem Sturm gesucht hatten, begannen mit den Vorbereitungen zum Ankerlichten. Lange genug hatten sie auf diesen Moment gewartet.

Unter denen, die endlich in See stechen wollten, war auch Henry Winstanley, der Erbauer des berühmten Eddystone-Leuchtturms. Das fünf Jahre alte Gebäude stand auf den Eddystone Rocks, einer Felsengruppe rund 20 Kilometer südwestlich von Plymouth im Ärmelkanal. Viele, darunter auch sein Architekt, hielten den Leuchtturm für unzerstörbar.

Am Morgen des 26. November verließ Winstanleys Schiff Plymouth. Mit ihm an Bord war eine Gruppe von Handwerkern, die unter seiner Aufsicht Wartungsarbeiten an dem Leuchtturm durchführen sollten. Kurz nach Mittag erreichte das Schiff die Eddystone Rocks, und die Männer begannen mit ihrer Arbeit.

Bis in den späten Abend hinein blieb der Himmel klar. Doch das schöne Wetter sollte sich nur als die Ruhe vor einem der verheerendsten Orkane herausstellen, die je über Großbritannien hinwegtobten. Denn kurz vor Mitternacht setzte ein Unwetter ein,

Unwetter ohne Gnade *Der „Große Sturm" von 1703 zerstörte Hunderte von Schiffen, die vor der britischen Küste ankerten (links), und forderte das Leben von insgesamt 8000 Seeleuten. Auch der Leuchtturm auf den Eddystone Rocks (oben), der schwersten Orkanen trotzen sollte, wurde ein Opfer der Naturgewalten.*

das als „Großer Sturm" in die Geschichte des Landes einging. Das Besondere an diesem Orkan war, daß er keinen Regen mit sich brachte. Es handelte sich um einen reinen Windsturm, doch von einer Stärke, wie man es in England und Wales bis dahin noch nicht erlebt hatte. Das Heulen, das ihn begleitete, war ohrenbetäubend, und niemand, der es hörte, konnte es je vergessen.

Aus Südwesten kommend, erreichte der Orkan um 2 Uhr morgens seine größte Stärke. Er wehte nun mit Geschwindigkeiten von 160 Kilometern pro Stunde und mehr. Zuerst bekam die Grafschaft Cornwall im Westen Englands seine Kraft zu spüren. Im Severn ließ das Unwetter die Flut um fast 2,5 Meter über die Hochwassermarke steigen. Kilometerweit wurde das Land überschwemmt. In den Lagerhäusern im Hafen von Bristol fielen Waren im Wert von über 150 000 Pfund dem Wasser zum Opfer.

Doch auch der Wind selbst richtete große Verwüstungen an. Über 1800 Gebäude wurden im südlichen England in Mitleidenschaft gezogen. Dachziegel und die Trümmer zerstörter Schornsteine pfiffen durch die Luft und verwandelten sich in Geschosse, die beim Aufprall bis zu 20 Zentimeter tiefe Löcher in den Boden schlugen. Die Menschen wagten es nicht, ins Freie zu gehen, obwohl sie fürchten mußten, daß ihnen ihre Häuser über dem Kopf zusammenbrachen. Große Bauwerke traf es besonders schlimm. Hunderte von Windmühlen und einige Kirchtürme stürzten in sich zusammen. An die 100 Gotteshäuser verloren ihre bleigedeckten Dächer. Zehntausende von Bäumen wurden entwurzelt. Der Sturm war so stark, daß er Vögel aus der Luft riß und an Gebäuden zerschmetterte.

Besonders verheerend wütete der Orkan in London. Als der Wind gegen Morgen nachließ, sah es in der größten Stadt Großbritanniens wie nach einem Bombenangriff aus. Schutzlos waren die Menschen den Unbilden des Winterwetters preisgegeben, denn auch hier hatte der Sturm eine Vielzahl von Dächern abgedeckt. Die zertrümmerten Ziegel türmten sich zu großen Haufen in den Straßen. Daniel Defoe, der Autor des Buchs *Robinson Crusoe*, erzählt in seinem Bericht über den „Großen Sturm", daß so viele Dachziegel verlorengingen, daß der Preis für 1000 Stück nach dem Orkan von 21 Shilling auf 6 Pfund schnellte. Der Sachschaden belief sich allein in der Hauptstadt auf etwa 1 Million Pfund, vom Umland ganz zu schweigen. Was die Zahl der Opfer angeht, so waren mindestens 123 Tote zu beklagen.

Einen wesentlich höheren Tribut forderte der Sturm in den Flußmündungen und auf den Ankerplätzen vor der Küste. Im Hochwasser der Themse schwammen inmitten großer Mengen Treibguts unzählige Boote und Schiffe, die der Sturm losgerissen und schwer beschädigt hatte. Nicht besser war es den auf Reede liegenden Schiffen ergangen. Nachdem ihre Ankerketten gebrochen waren, hatte der Wind sie mit anderen Fahrzeugen zusammenstoßen oder am Ufer stranden lassen. Anderen Schiffen war es gelungen, sich vor dem Sturm her auf die offene See zu retten. Eine Woche nach dem Orkan sah man verstreut über die ganze Nordsee mehr oder weniger zerstörte britische Handels- und Kriegsschiffe treiben. Einige hatte es sogar bis nach Norwegen verschlagen. Doch viele Schiffe waren auch gesunken. Im Chaos dieser einen Nacht verlor allein die britische Marine 15 Kriegsschiffe und 1500 Seeleute. Die Handelsflotte traf es noch schwerer. Ihr nahm der Sturm einige hundert Fahrzeuge und 6500 Mann Besatzung.

Unter den Opfern des Orkans waren auch Henry Winstanley, seine Arbeiter – und sein unzerstörbares Meisterstück. Am Abend des 26. November hatte der Leuchtturm seinen gelben Lichtstrahl noch bis kurz vor Mitternacht weit ins Dunkel gesandt. Dann schlug der Orkan zu. Am nächsten Morgen glänzten dort, wo sich am Tag zuvor ein mächtiges Bauwerk aus dem Meer erhoben hatte, nur noch nackte Felsen in der Brandung. Winstanley hatte einmal den Wunsch geäußert, „während des schlimmsten Sturms, den man sich vorstellen kann", im Innern seiner Schöpfung zu sein. Dieser Wunsch war ihm auf tragische Weise erfüllt worden.

Das Inferno von Lissabon

Erdstöße, Feuer und Flutwellen wüten zugleich in der Stadt

Der 1. November des Jahres 1755 dämmerte klar und freundlich über Lissabon herauf. Wie Rom auf sieben Hügeln erbaut, bildete die Stadt durch ihre günstige Lage am Tejo einen idealen Handelsplatz. Mit 150 000 Einwohnern war sie der stolze und wohlhabende Mittelpunkt des portugiesischen Reichs mit seinen zahlreichen Kolonien und einer der wichtigsten Häfen Europas.

An diesem sonnigen Herbstmorgen riefen Kirchenglocken überall in der Stadt die Gläubigen zur Messe, denn es war Allerheiligen. Während Tausende von Menschen in die Gotteshäuser strömten oder in ihren Häusern zum Gebet niederknieten, sandte ein gewaltiges Seebeben irgendwo draußen im Atlantik jene verheerenden Erdbebenwellen aus, die der Stadt zum Verhängnis werden sollten.

Erste Anzeichen, daß etwas Schlimmes bevorstand, gab es gegen 10 Uhr. Ein „seltsames, grollendes Geräusch" sei zu hören gewesen, las man später im Bericht eines Augenzeugen der Katastrophe. Wenig später ließ der erste Erdstoß die Gebäude der Stadt erzittern. In der alten Kathedrale schwangen die riesigen Kronleuchter heftig hin und her, und die Kirchenglocken läuteten wie von Geisterhand bewegt. In Panik flüchteten die Gläubigen auf den Platz vor der Kathedrale und beteten um Rettung. Doch schon kurz darauf erreichte eine zweite Bebenwelle die Stadt und zerstörte die ersten Häuser. Auch große Teile der Kathedrale stürzten auf den Kirchenvorplatz und begruben die fliehenden Menschen unter sich. Ähnlich furchtbare Szenen spielten sich in ganz Lissabon ab. Vor allem im unteren Teil der Stadt, in der Nähe des Hafens, fielen Kirchen und Klöster, Geschäfte und Lagerhallen, Paläste und einfache Wohnhäuser wie Kartenhäuser in sich zusammen.

Ein britischer Kaufmann namens Braddock, der zu Besuch in der Stadt weilte und der das Erdbeben überlebte, schrieb später einen ausführlichen Bericht über das Unglück. Darin erzählte er, wie das zweite Beben sein Haus „mit solcher Wucht erschütterte, daß die oberen Stockwerke sofort einstürzten." Braddock fuhr fort: „Der erste Stock, in dem mein Zimmer lag, blieb glücklicherweise weitgehend unbeschädigt. Dennoch hatte ich Schwierigkeiten, mich auf den Füßen zu halten. Ich glaubte, meine letzte Stunde sei gekommen, als die Wände auf höchst furchterregende Weise schwankten und sich an manchen Stellen große Löcher in ihnen auftaten. Währenddessen verdüsterte sich der Himmel vor meinem Fenster so sehr, daß ich kaum noch etwas erkennen konnte."

Ursache der Düsternis war der Staub, der von über 17 000 zerstörten Häusern aufstieg und für kurze Zeit die Morgensonne verdunkelte. Eine Viertelstunde nach dem zweiten Beben erschütterte ein weiterer Erdstoß die Stadt. Der Boden unter Lissabon hob und senkte sich wie eine Welle im Sturm. Nach diesem dritten schweren Erdstoß lag fast die ganze Stadt

Tsunami *Dieser zeitgenössische Stich zeigt, wie riesige Flutwellen, ausgelöst durch ein Beben vor der Küste, über die Ufer Lissabons branden. Tausende von Menschen, die den Erdstößen und dem Feuer in der Stadt entkommen waren, fanden den Tod.*

in Trümmern. Doch die Menschen fanden keine Ruhe, denn schwächere Nachbeben versetzten sie immer wieder in Angst und Schrecken.

Viele, die das Erdbeben überlebt hatten, waren durch die einstürzenden Häuser schwer verletzt worden. „Arm und Reich traf es gleichermaßen", berichtete Braddock. „Handwerker und Priester, Herren und Damen der feinen Gesellschaft – sie alle lagen mit gebrochenen Armen und Beinen oder gar mit zerschmettertem Rückgrat da. Anderen hatten riesige Trümmerstücke den Brustkorb eingedrückt, und wieder andere waren fast vollständig unter dem Schutt begraben."

Kaum hatte sich der Staub über den Trümmern gelegt, flackerten auch schon die ersten Brände auf. Ausgelöst durch umgekippte Kirchenkerzen und unbeaufsichtigte Herdfeuer, breiteten sie sich mit rasender Geschwindigkeit überall aus. Kräftige Nordostwinde fachten das Feuer zusätzlich an. Fünf Tage lang wüteten die Flammen und zerstörten dabei vieles von dem, was das Erdbeben verschont hatte. Die Menschen versuchten, ihre Habe zu retten, indem sie sie auf den Terreiro do Paço, den großen Platz der Stadt am Fluß, brachten. Doch auch hier vernichtete das Feuer den zu großen Haufen aufgestapelten Besitz. Anderswo gingen Lager voller Seide und Gewürze sowie wertvolle Archive in Flammen auf. Daß die Erdstöße und das Feuer ausgerechnet die Bordelle verschonten, wurde von vielen frommen Menschen als bittere Ironie empfunden.

Erdbeben und Feuer bedeuteten noch nicht das Ende der Katastrophe

Wie viele andere Überlebende kämpfte sich auch Braddock über Trümmer und Leichen bis an den Tejo vor. Dort glaubten sich die Menschen sicher.

Doch das Unglück nahm kein Ende. Inmitten der verzweifelten Menge stehend, hörte Braddock plötzlich den entsetzten Schrei: „Das Meer kommt! Wir sind alle verloren!" Nachdem das Wasser des Tejo

Die Rettung *Ein kleines Mädchen wird lebend aus den Trümmern eines zusammengestürzten Hauses befreit. Aus Dankbarkeit stiftete sein Vater dieses Gemälde.*

zunächst gefallen war, schwoll es jetzt zu einer unvorstellbar hohen Welle an und brach über die Stadt herein.

Die Riesenwoge war ein Tsunami. Dieser Ausdruck kommt aus dem Japanischen und bedeutet „lange Welle". Tsunamis werden durch untermeerische Beben ausgelöst. In den Weiten des Ozeans sind sie sehr flach, steilen sich jedoch in seichten Küstengewässern bis zu Höhen von 30 Metern auf.

Insgesamt drei Tsunamis rasten auf Lissabon zu und donnerten im Abstand von wenigen Minuten über den unteren Teil der Stadt hinweg. Gnadenlos riß das Wasser seine schreienden Opfer ins Verderben. Diejenigen, die mit dem Leben davonkamen, glaubten nun endgültig, der Weltuntergang stehe bevor. Doch dann beruhigte sich das Meer wieder, und auch die Nachbeben wurden langsam schwächer, bis sie schließlich ganz aufhörten.

Die Bilanz des Unglücks war schrecklich: Rund 30 000 Einwohner Lissabons starben unter den Trümmern oder kamen durch Feuer oder Wasser ums Leben. Der gesamte Südwesten Portugals, ebenso wie viele Städte in Nordafrika, wurde schwer verwüstet. Auch im übrigen Portugal, in Spanien und sogar in Südfrankreich waren die Erdstöße zu spüren. Selbst in weiter entfernten Ländern wie den Niederlanden und Deutschland schwangen in den Kirchen die Kronleuchter, und die Glocken läuteten. In ganz Europa schwankten an diesem Tag in Brunnen, Seen, Flüssen und Kanälen die Wasserstände auf und ab.

Die Brände in Lissabon waren noch nicht gelöscht, da begannen schon Plünderer auf der Suche nach Beute durch die Ruinen zu streifen. Entflohene Häftlinge und Galeerensträflinge fledderten schamlos die Leichen und raubten den Überlebenden, die ziellos über die Straßen und Plätze irrten, ihre letzte Habe. Viele Menschen verließen die Stadt, so daß die Straßen ins Hinterland voll von Flüchtlingen waren.

Hilflos und wie gelähmt stand die Regierung der unvorstellbaren Zerstörung und dem allgemeinen Chaos gegenüber – bis sich der Außen- und Kriegsminister entschloß, die Zügel in die Hand zu nehmen. Der 56jährige Sebastião José de Carvalho e Mello, der spätere Marquês von Pombal, suchte kurz entschlossen König Joseph Emanuel I. auf, der – noch jung an Jahren – von der Situation überfordert war, seinem Minister aber uneingeschränkt vertraute und ihm daher ohne Zögern den Oberbefehl über Lissabon gab.

Es war die Stunde eines Mannes, der sich entschlossen hatte, die Ordnung wiederherzustellen

Um ständig vor Ort sein zu können, verbrachte der Minister die nächsten Tage in seiner Kutsche und leitete von dieser mobilen Kommandozentrale aus den Wiederaufbau der zerstörten Stadt. Da er weder Diebe fliehen noch Arbeitskräfte aus der Stadt abwandern lassen wollte, postierte er als erstes Soldaten an allen Toren Lissabons. Er organisierte Feuerwehrtrupps und Abrißbrigaden, und er holte die Zustimmung der Kirche ein, die Toten im Meer bestatten zu dürfen, um die Seuchengefahr zu bannen. Unter seiner Anleitung wurden Notunterkünfte für die Obdachlosen gebaut und öffentliche Küchen eingerichtet. Hausbesitzer, deren Eigentum verschont geblieben war, durften weder die Mieten erhöhen noch Mieter auf die Straße setzen. Schiffe, die den Hafen von Lissabon anliefen, mußten ihre Ladung zu Preisen wie vor dem Erdbeben verkaufen. Um Diebe und Wucherer abzuschrecken, ließ de Carvalho mehrere Galgen errichten, und bald schon hingen dort die Leichen von 34 Plünderern – für alle weithin sichtbar.

Das tatkräftige Wirken des Ministers hatte Erfolg.

Die Menschen erwachten aus ihrer Schreckstarre und begannen, die Stadt wieder aufzubauen. Man schaffte Bauholz heran und errichtete in aller Eile Öfen, in denen Ziegel und Kalk gebrannt wurden. Um den Überlebenswillen des Volkes zu stärken, bat de Carvalho die Kirche, die in dem Unglück ein Strafgericht Gottes sah, endlich damit aufzuhören, ständig von den Sünden Portugals und vom Zorn des Allmächtigen zu predigen. Der scharfsinnige Minister erkannte auch, daß man wilden Gerüchten, die die Menschen verunsicherten, nur mit genauen Nachrichten entgegenwirken konnte. Die *Gazeta de Lisboa*, eine einflußreiche Wochenzeitung, durfte daher keine einzige Ausgabe ausfallen lassen. Weil Im- und Export für die Stadt lebenswichtig waren, schickte der Minister Abgesandte zu sämtlichen Handelspartnern des Königreichs, um deutlich zu machen, daß Lissabon trotz des Bebens zu Geschäften bereit und in der Lage sei. Und schon wenige Monate nach dem Unglück hatte der Minister auf dem Reißbrett eine völlig neue Stadt entworfen. Die Cidade Baixa, Lissabons Unterstadt, die man besonders schön wieder aufbaute, wurde im Jahr 1988 allerdings durch einen großen Brand erneut vernichtet.

Für die damalige Zeit erholte sich Lissabon recht schnell von dem Beben und seinen Folgen. Doch das Unglück von Allerheiligen wirkte sich nachhaltig auf das Denken und die religiösen Überzeugungen der Menschen aus. Die Gläubigen verstanden nicht, warum Gott Verbrecher und Unschuldige völlig unterschiedslos in den Tod schickte, warum er Kirchen zerstörte, Bordelle aber verschonte. So erschütterte das Erdbeben nicht nur die Häuser bis in die Grundfesten, sondern vielfach auch das Vertrauen in die Gerechtigkeit Gottes.

Doch auch manche der vorherrschenden Theorien der Aufklärung erschien angesichts der Ereignisse in Lissabon auf einmal fragwürdig. Alle, die – wie z. B. der große Philosoph Leibniz in Deutschland – an ein harmonisches Universum glaubten, worin alles, was geschieht, dem Menschen zum Besten diene, hatten nun große Schwierigkeiten, diesen Glauben aufrechtzuerhalten. Mit beißender Ironie greift Voltaire in seinem 1759 erschienenen Roman *Candide oder Der Optimismus* diesen Widerspruch zwischen der Vorstellung von der „besten aller möglichen Welten" und der grausamen Wirklichkeit der Katastrophe von Lissabon auf. Nachdem der Romanheld, Candide, das Erdbeben überlebt hat, sagt er – blutüberströmt und am ganzen Leib zitternd – zu sich: „Wenn dies die beste aller denkbaren Welten ist, wie sind dann wohl die andern?"

Den Überlebenden des Erdbebens müssen die Debatten, die ihr Leid unter den Aufklärungsphilosophen auslöste, allerdings recht unwichtig erschienen sein. Denn für die Menschen von Lissabon bestand die wichtigste Aufgabe darin, zu einem normalen Leben zurückzufinden – und zu beten, daß das schreckliche Grollen eines Bebens in ihrem Land niemals wieder zu hören sein möge.

AN DER SCHWELLE ZUR MODERNEN ERDBEBENFORSCHUNG

Das Erdbeben von Lissabon im Jahr 1755 war das erste, das man genau untersuchte. Minister de Carvalho e Mello, der für den Wiederaufbau der Stadt verantwortlich war, ließ an jede Gemeinde in Portugal einen Fragebogen verschicken. Darin bat er um Auskunft über Zeitpunkt und Dauer der Erdstöße und der Nachbeben, über die Höhe der Meereswellen und die Zahl der Todesopfer. Diese Fragebogen werden noch heute im Nationalarchiv Portugals aufbewahrt. Sie enthalten eine Fülle von interessanten Einzelheiten über das Beben und seine Folgen.

De Carvalhos Anliegen war es, die vorherrschende Meinung zu widerlegen, die in dem Erdbeben ein Gottesurteil sah. Wie die Gelehrten der Aufklärung hielt auch er das Unglück für naturgegeben. Auf der Suche nach Antworten entwickelten diese Forscher allerdings oft seltsame Theorien. So glaubte z. B. der Niederländer J. F. Dryfhout, die Erde sei von Sprengstoffadern durchzogen, die immer wieder explodieren würden.

Der Wahrheit sehr nahe kam dagegen der Brite John Michell. Nach der Katastrophe von Lissabon beschrieb er 1760 Erdbeben als Wellen, die von „sich verschiebenden Felsmassen unter der Erdoberfläche" ausgelöst würden – eine Definition, die moderne Vorstellungen bereits vorwegnimmt.

Dieser italienische Seismometer von 1751 arbeitete mit einem Pendelgewicht, das die Erschütterungen bei Beben anzeigte.

Tödliche Wolken über Island

Vulkanische Gase vergiften Menschen und Tiere

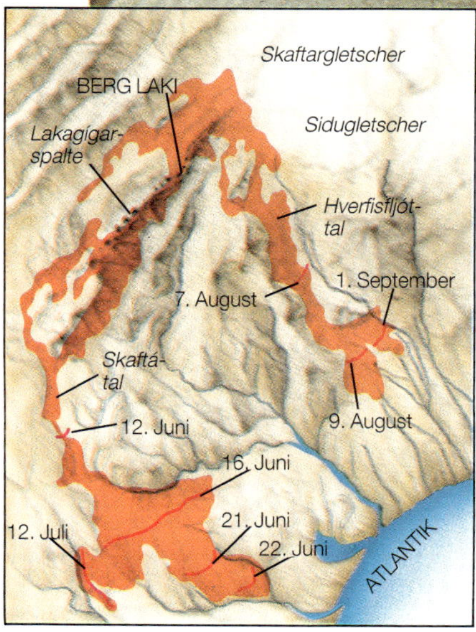

Eine Kette aus Kratern *Oben sieht man Krater der nordöstlichen Lakagígar-Spalte auf den Berg Laki zulaufen. Beim Ausbruch von 1783 wurde in diesem Gebiet eine Rekordmenge an Lava gefördert. Die Karte links zeigt die Lavabewegungen des Jahres 1783.*

Island ist eine aus Feuer und Eis geborene Insel. Gewaltige Gletscher bedecken das Land, und Hunderte von Kratern zeugen von großer vulkanischer Aktivität. Wo Island aus dem Atlantik ragt, driften die eurasische und die amerikanische Platte auseinander. Ständig steigt hier aus der Tiefe glühendes Magma empor. Insgesamt 30 aktive Vulkane gibt es auf der Insel, und durchschnittlich alle fünf Jahre erwacht einer von ihnen grollend zum Leben. So kommt es, daß die Isländer seit Urzeiten daran gewöhnt sind, daß die Erde zittert. Daher schenkten sie auch jenem leichten Beben im Süden des Landes, das im Juni 1783 das bis heute schlimmste Unglück auf der Insel ankündigte, keine größere Beachtung.

Die Erdstöße erschütterten Island ungefähr eine Woche lang. Aber es blieb nicht bei diesen kleineren Erschütterungen. Begleitet von heftigen Explosionen, brach am Morgen des 8. Juni die Lakagígarspalte auf. Diese Spalte ist ein nahezu 25 Kilometer langer Riß in der Erdkruste und wird durch den Berg Laki in zwei etwa gleich lange Abschnitte unterteilt.

Die Eruptionen, die zunächst nur südwestlich des Bergs erfolgten, schleuderten riesige Lavafontänen in die Luft. Aschenwolken verdunkelten den Himmel. Das ganze Land überzog sich mit einer Schicht aus schmutzigem Staub.

Nach drei Tagen hörten die Explosionen allmählich auf. Statt dessen strömte während der nächsten sechs Wochen aus der Spalte ununterbrochen Magma. Pro Sekunde entwichen über 5000 Kubikmeter des glühenden Breis – das ist mehr als das Doppelte der Wassermenge, die der Rhein an seiner Mündung ins Meer einleitet.

Im tiefen Bett des Skaftá floß der siedende Strom Richtung Südwesten. Die große Hitze, die die Lava ausstrahlte, ließ das Wasser des Flusses verdampfen. Wo die glühende Masse über die Ufer trat, zerstörte sie Weideland und Bauernhöfe. Am 17. Juli stürzte der Glutbrei über den Rand des Stapafossfalls und kam fünf Tage später unweit der Küste zum Stillstand. 20 Kilometer breit war das Delta des Lavastroms, der bald zu einer festen Decke erstarrte.

Doch der Süden Islands kam nicht zur Ruhe. Neun Tage später erwachte der nordöstlich des Laki gelegene Abschnitt der Lakagígarspalte zum Leben, und schon bald bewegte sich im Flußtal des Hverfisfljót ein zweiter Lavastrom auf die Küste zu. Bis zum September trat aus dem Riß Magma aus, und erst im Februar 1784 schloß sich die Erdkruste wieder.

Der glühende Gesteinsbrei hatte zwei Kirchen und 14 Bauernhöfe vollständig verschlungen und weitere

Geschmolzenes Gestein *Ein breiter Strom glühender Lava ergießt sich hier unweit von Krafla. Immer wieder reißt auf Island die Erde auf, weil in diesem Teil der Welt zwei Platten der Erdkruste auseinanderdriften.*

30 Gehöfte stark in Mitleidenschaft gezogen. Doch es war weniger die langsam fließende Lava, von der die Gefahr ausging. Islands Tragödie rührte von den Aschen- und Gaswolken her, die mit dem Magma aus der Erde traten. Während Asche nur in den ersten Tagen der Eruption in die Luft geschleudert wurde, hielt der Gasausstoß acht Monate lang an. Dabei entströmten der Spalte nicht nur Kohlendioxide, sondern auch hochgiftige, ätzende Schwefeldioxide und Fluoride. Bald hing über ganz Island ein bläulicher Dunst, der sich bis zum Herbst nicht auflöste. Ende Juni hatte sich die Giftwolke über ganz Europa verteilt, und wenig später trieb sie auch über den Norden Afrikas und das westliche Asien hinweg.

Islands Gas- und Aschennebel verdarben die Ernte in Schottland, ruinierten Kupfertöpfe in England, legten eine feine Staubschicht über ganz Italien und führten bei vielen Menschen zu gesundheitlichen Beschwerden. Zudem war der Winter 1783/84 in Europa ungewöhnlich kalt. Benjamin Franklin, der zu dieser Zeit Gesandter der Vereinigten Staaten in Frankreich war, schloß ganz richtig, daß die klirrende Kälte auf den feinen Dunst am Himmel zurückzuführen sei, der verhinderte, daß die warmen Sonnenstrahlen ungestört zur Erde gelangten.

Während die Gas- und Aschenwolke das Leben in Europa zumindest beeinträchtigte, waren die Auswirkungen auf Island selbst katastrophal. Auf der Insel welkten die Pflanzen und starben. Weil das giftige Gas die Weiden verseucht hatte, erkrankte auch das Vieh und verendete kläglich. Damit war der ohnehin schwachen Volkswirtschaft Islands die Hauptstütze genommen.

Jón Steingrímsson, ein ortsansässiger Pfarrer, hielt die Krankheiten, die die Tiere und auch die Menschen befielen, mit erschütternder Genauigkeit fest. „Die Pferde magerten vollkommen ab", schrieb er, „und bei manchen verdarb das ganze Rückenfell. Die Haare an Mähne und Schweif lockerten sich. Mit einem scharfen Ruck konnte man die Tiere ihres Schmucks berauben."

Ähnliche Symptome stellte man bei Rindern und Schafen fest. Aber auch viele Menschen erkrankten. Die Haare fielen ihnen aus, ihr Zahnfleisch schwoll an, und Geschwüre überzogen ihre Körper.

Etwa drei Viertel der Pferde und Schafe sowie die Hälfte der Rinder gingen zugrunde. Fische, die ein weiteres wichtiges Nahrungsmittel der Isländer sind, gab es ebenfalls nicht mehr. Sie hatten die verseuchten Küstengewässer verlassen, und es dauerte fast ein Jahr, bis sie zurückkehrten. Die Folge war eine furchtbare Hungersnot auf der Insel. Sie forderte innerhalb von drei Jahren über 10 000 Menschenleben – gut ein Fünftel der damaligen Bevölkerung Islands.

Andere Eruptionen dürften mit einem lauteren Krachen erfolgt sein und größeren unmittelbaren Schaden angerichtet haben. Doch für Island vergingen Jahrzehnte der Not, bis sich das Leben auf der Vulkaninsel von diesem Unglück wieder erholte. Deshalb sind die Lava- und Gasausbrüche von 1783 und die anschließende Hungersnot eines der dunkelsten Kapitel in der Geschichte des Landes.

Verbündeter der Sklaven

Das Gelbfieber schlägt die Kolonialstreitkräfte

Heute gehört Haiti zu den ärmsten Nationen der Erde. Doch vor 200 Jahren war dieses kleine Land im Westen der Karibikinsel Hispaniola das Juwel unter den französischen Kolonien. Die Plantagen von Saint-Domingue – so nannte man Haiti damals – wurden ausschließlich von Sklaven bewirtschaftet und brachten reiche Erträge an Zucker, Kaffee, Kakao, Indigo und Baumwolle. Für die Kolonialmacht Frankreich war Saint-Domingue eine ergiebige Pfründe, auf die andere europäische Staaten neidvoll schielten. Kein Wunder also, daß im letzten Jahrzehnt des 18. Jahrhunderts die Kolonie immer wieder zum Zankapfel zwischen Frankreich, Großbritannien und Spanien wurde, die sich abwechselnd auf der Insel kriegerisch gegenüberstanden. Gleichzeitig kämpften auch die schwarzen Sklaven um ihre Freiheit. Nach fast 15 Jahren blutiger Kämpfe lag die einst blühende Kolonie in Schutt und Asche, doch hatten die Schwarzen ihr Ziel erreicht: Unter dem Namen Haiti entstand ein neuer, unabhängiger Staat. Daß Schwarze und Mulatten die Europäer und ihre Truppen so erfolgreich vertreiben konnten, verdankten sie nicht zuletzt der Hilfe einer Stechmücke und eines geheimnisvollen gefährlichen Virus.

Das Gelbfieber war damals in der Karibik nicht unbekannt. Die Krankheit, die ihren Namen der Gelbsucht verdankt, die den Infizierten meist befällt, kam vermutlich aus Westafrika und erreichte um die Mitte des 17. Jahrhunderts an Bord der Sklavenschiffe die Westindischen Inseln. Seit dieser Zeit trat die Krankheit im karibischen Raum immer wieder auf, wobei auffallend war, daß ihr bevorzugt Seeleute und frisch angekommene Siedler zum Opfer fielen.

Noch war das Gelbfieber unerforscht, und man wußte nicht, warum nur manche Menschen daran erkrankten

Lange Zeit glaubte man, daß das Gelbfieber durch Ansteckung übertragen werde. Darum hielt man die Patienten unter Quarantäne, desinfizierte alles, womit sie in Berührung gekommen waren, und verbrannte, wenn sie an der Infektion starben, ihren Leichnam. Doch alle diese Maßnahmen halfen nicht, die Ausbreitung der Krankheit einzudämmen. Erst Ende des 19. Jahrhunderts entdeckte man, daß das Gelbfiebervirus durch eine bestimmte Stechmückenart, die *Aedes aegypti*, übertragen wird; diese lebt in dichtbesiedelten Gebieten und legt ihre Eier vorzugsweise in Wasserbehälter wie Fässer und Zisternen ab. In den Wassertanks an Bord der Sklavenschiffe gelangte die *Aedes aegypti* dann wohl auch von Westafrika in die Karibik.

Das Gelbfieber endete für die Erkrankten damals meist tödlich; wer es jedoch einmal überstanden hatte, war für alle Zeiten dagegen immun. Die Mehrzahl der Schwarzen, die als Sklaven in die Neue Welt verschleppt wurden, hatte wohl irgendwann in ihrem Leben schon eine leichte Form der Infektion durchlitten und war folglich vor der Krankheit geschützt. Ebenso wurden die Einwohner der Westindischen Inseln mit der Zeit gegen das Virus immun, so daß Ende des 18. Jahrhunderts die Krankheit relativ selten geworden war. Doch die Gefahr, die von der *Aedes aegypti* und dem Virus ausging, war keineswegs gebannt. Denn sobald eine größere Zahl von Menschen, die gegen den Erreger nicht immun waren, das Land betrat, konnte es erneut zu einer Gelbfieberepidemie kommen. Und so geschah es auch, als im September 1793 britische Truppen auf Saint-Domingue landeten.

Bereits ab 1789, als die Nachricht von der Französischen Revolution die Kolonie erreichte, war es immer wieder zu Unruhen gekommen, die sich gegen die bestehenden Machtverhältnisse in Saint-Domingue wandten. Die Gesellschaft gliederte sich damals streng hierarchisch nach Rassen und Klassen: An der Spitze standen die wohlhabenden weißen Plantagenbesitzer, die auch politisch alle Fäden in der Hand hielten. Ihnen folgten die weniger betuchten Weißen – z. B. Handwerker, Ladenbesitzer oder Kleinbauern –, die immer noch mehr Einfluß hatten als der dritte Stand in Saint-Domingue, die Mulatten, die zum größten Teil Verbindungen zwischen weißen Herren und ihren Sklavinnen entstammten. Von Rechts wegen waren sie freie, französische Bürger, und viele von ihnen hatten es auch zu Wohlstand und Ansehen in der Kolonie gebracht, doch versuchten die Weißen seit der Mitte des 18. Jahrhunderts, ihnen Schritt für Schritt ihre Rechte und Privilegien zu nehmen. Ganz unten auf der sozialen Leiter stand etwa eine halbe Million schwarzer Sklaven, auf deren Arbeit das ganze koloniale Gesellschaftssystem beruhte, die jedoch oft einer menschenunwürdigen Behandlung ausgesetzt waren.

Unter diesen Verhältnissen schwelten Rassen- und Klassenhaß, und die Ideale der Französischen Revolution von Freiheit, Gleichheit und Brüderlichkeit fielen auf einen höchst fruchtbaren Boden. Vor allem

Blinder Passagier
Vermutlich verbargen sich Eier der Stechmücke in Wassertonnen an Bord der Sklavenschiffe, so daß mit den versklavten Schwarzen auch das Gelbfieber auf den Westindischen Inseln eintraf (unten). Seit Ende des 16. Jahrhunderts gab es auf Hispaniola Sklaven, die auf den Plantagen – links bei der Zuckerrohrverarbeitung – harte Arbeit verrichten mußten. Sie blieben meist vom Gelbfieber verschont.

die Mulatten schrieben sie auf ihr Panier und forderten mit wachsendem Selbstbewußtsein ihre Rechte als französische Staatsbürger zurück. Während auf der einen Seite die Spannungen zwischen Weißen und Mulatten immer größer wurden, formierten sich auf der anderen Seite ganz unerwartet die schwarzen Sklaven. Im August 1791 brach ein Sklavenaufstand aus, der an Grausamkeit den Schrecken der Revolution in Frankreich in nichts nachstand. Die französische Regierung schickte eine Abordnung nach Saint-Domingue, die mit den aufständischen Schwarzen und Mulatten verhandeln und die Ordnung wiederherstellen sollte. Doch der Einfluß des Mutterlandes und der herrschenden weißen Klasse war im Schwinden begriffen, und die Auseinandersetzungen gingen weiter.

Das Gelbfieber entpuppte sich als die schlagkräftigste Waffe im Kampf gegen die Weißen

Einer der führenden Köpfe des schwarzen Aufstands war der ehemalige Sklave François Dominique Toussaint Louverture. 1793 kämpfte er mit Hilfe der im Osten Hispaniolas stehenden spanischen Truppen erfolgreich gegen die Reste der französischen Kolonialstreitkräfte. Schließlich blieb der französischen Abordnung nichts anderes mehr übrig, als die Sklaverei in der Kolonie offiziell abzuschaffen. Doch nun landeten britische Truppen in Saint-Domingue und stellten sich gegen die Schwarzen. Die Motive für das Eingreifen der Briten sind nicht ganz klar: Möglicherweise befürchteten sie, daß der Funke der Freiheitsbestrebungen der Schwarzen auf ihre eigenen Kolonien in der Karibik überspringen könnte, so daß es ratsam war, diese Bestrebungen gleich im Keim zu ersticken. Oder aber sie sahen nun den geeigneten Zeitpunkt für

EIN HEER VON ÄRZTEN ERKLÄRT DEM GELBFIEBERVIRUS DEN KRIEG

Über zwei Jahrhunderte lang tobte das Gelbfieber in der Neuen Welt, bevor man herausfand, wie das Virus, das die Krankheit auslöst, übertragen wird. Schon 1881 hatte der kubanische Arzt Carlos Juan Finlay vermutet, daß die Stechmücke *Aedes aegypti* für die Verbreitung des Gelbfiebererregers verantwortlich sein könnte. Doch erst knapp 20 Jahre später wurde seine Theorie bestätigt.

Als 1898 während des Spanisch-Amerikanischen Kriegs zahlreiche amerikanische Soldaten dem Gelbfieber zum Opfer fielen, berief die amerikanische Armee eine Kommission ein, die die Krankheit eingehend untersuchen sollte. Im Juni 1900 trat unter Vorsitz von Walter Reed eine Gruppe von Ärzten und Offizieren in der Nähe von Havanna zusammen, um Finlays Theorie zu überprüfen. Einige Unerschrockene unter ihnen sowie weitere Freiwillige setzten sich den Stichen der Mücke aus. Und prompt bewahrheitete sich, daß es tatsächlich die *Aedes aegypti* ist, die das Gelbfiebervirus auf den Menschen überträgt: Mehrere der Testpersonen wurden infiziert, einige von ihnen erholten sich wieder, andere jedoch starben am Gelbfieber.

Nun galt es, Gegenmaßnahmen zu entwickeln. Man versuchte, die Stechmücke auszurotten, indem man ihre feuchten Brutgebiete trokkenlegte und in den Städten Behälter mit stehendem Wasser wie Zisternen weitgehend beseitigte. Nach einer großangelegten Kampagne unter der Leitung von Oberst Gorgas war Havanna knapp ein Jahr später nahezu gelbfieberfrei.

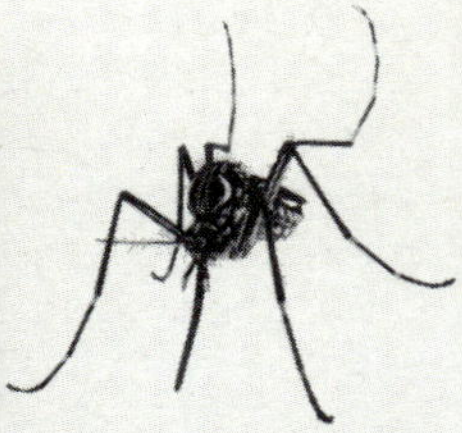

Die Stechmücke Aedes aegypti

Die amerikanische Untersuchungskommission konnte endlich das Rätsel um das Gelbfieber lösen. Hier setzt ein Freiwilliger seinen Arm den Mückenstichen aus.

gekommen, um Frankreich diese lukrative Kolonie streitig zu machen.

Nach der Landung der Briten wechselte Toussaint Louverture die Fronten und verbündete sich mit den französischen Soldaten, die nun Seite an Seite mit den Aufständischen den Kampf gegen die britischen Eindringlinge aufnahmen. Bald zeigte sich, daß die britischen Soldaten ihren Gegnern haushoch überlegen waren. Sie eroberten nacheinander alle wichtigen Stützpunkte entlang der Küste und zogen dann weiter landeinwärts. Im Juni 1794 besetzten sie die Hauptstadt Port-au-Prince, und Toussaint Louverture und seine Leute mußten sich in die Berge zurückziehen.

Doch als die Briten den Sieg schon zum Greifen nah wähnten, schlug das Gelbfieber zu. Erste Anzeichen der Krankheit waren, daß die Infizierten unter bleierner Müdigkeit, rasenden Kopfschmerzen und Schwindelgefühlen litten und hohes Fieber hatten. Weitere Symptome waren Anfälle von Übelkeit und Erbrechen.

Wenn das Virus dann die Leber befiel, schwoll diese an, und Haut und Augäpfel des Kranken verfärbten sich gelb. Im fortgeschrittenen Stadium kam es zu starken Blutungen im Körper – insbesondere im Magen- und Darmbereich –, und in vielen Fällen spuckten die Betroffenen auch Blut. Nach gut einer Woche starben die meisten Patienten unter entsetzlichen Qualen.

Die ratlosen Ärzte taten ihr möglichstes, um die Infektion in den Griff zu bekommen. Sie ließen die Kranken zur Ader, behandelten sie mit Kaltwassergüssen und verabreichten hohe Dosen von Quecksilber, Arsen und anderen Mitteln. Doch ihre Bemühungen blieben erfolglos. Scharenweise gingen die Soldaten elendig am Gelbfieber zugrunde, und bis zur Mitte des Jahres 1795 waren die Verluste der Briten so hoch, daß das Mutterland Nachschub schicken mußte, um die stark dezimierten Truppen wieder aufzustocken. Doch kaum verließen die Soldaten die Schiffe, erkrankten viele von ihnen ebenfalls an der heimtückischen Krankheit und starben.

Während des Sommers 1796 verlor das britische Heer im Durchschnitt 600 Mann pro Monat. Auch im nächsten Jahr forderte das Gelbfieber noch zahlreiche Menschenleben, aber die Zahlen gingen langsam zurück. Dennoch waren die britischen Truppen so stark geschwächt worden, daß sie 1798 endgültig kapitulieren und sich zurückziehen mußten. Von den über 20 000 Soldaten, die Großbritannien während des fünfjährigen Feldzugs nach Saint-Domingue geschickt hatte, waren über 12 000 der mörderischen Seuche zum Opfer gefallen.

Nach dem Rückzug der Briten unternahm Toussaint Louverture große Anstrengungen, der kriegsgeschädigten Wirtschaft von Saint-Domingue wieder auf die Beine zu helfen. Er schickte seine schwarzen Soldaten auf die Plantagen zurück, die sie nun als freie Bürger mit Gewinnanteilen an den Erträgen bestellen sollten. Er ermutigte auch die weißen Bauern, die vor den Kriegswirren geflüchtet waren, nach Saint-Domingue zurückzukommen, und versprach ihnen Schutz. Innerhalb kürzester Zeit kehrte wieder ein gewisser Wohlstand ein, und Toussaint Louverture, der 1787 von Frankreich als Oberbefehlshaber der Kolonie eingesetzt worden war und inzwischen auch den ehemals spanischen Teil Hispaniolas erobert hatte, erklärte 1801 die Unabhängigkeit der ganzen Insel.

Zunächst konnte Toussaint Louverture seine Position festigen, und die Verhältnisse begannen sich langsam zu stabilisieren, bis Napoleon beschloß, die schwarze Herrschaft zu zerschlagen und die gesamten Westindischen Inseln, inklusive Hispaniola, seinem angestrebten Weltreich einzuverleiben.

Im Januar 1802 landeten unter dem Kommando von Napoleons Schwager Charles Leclerc französische Soldaten auf Saint-Domingue. Zunächst wurden den schwarzen Truppen durch die französische Übermacht schwere Verluste zugefügt, und viele ihrer Offiziere kapitulierten. Bald fiel auch Toussaint Louverture den Franzosen in die Hände. Er wurde nach Frankreich verschleppt und starb dort in Festungshaft im Jahr 1803 an Hunger und Kälte. Doch auch diesmal griff das Gelbfieber in die Auseinandersetzungen ein und brachte eine jähe Wende: In noch größerer Zahl als ein paar Jahre zuvor bei den Briten raffte die heimtückische Krankheit die französischen Soldaten dahin. Im Juni sandte der Heerführer Leclerc einen verzweifelten Hilferuf nach Frankreich, in dem er die aussichtslose Lage der Franzosen angesichts der furchtbaren Seuche beschrieb.

Als im November des Jahres 1803 Leclerc selbst dem Gelbfieber zum Opfer fiel, versetzte dies der Kampfmoral der französischen Truppen den Todesstoß. Napoleon nahm daraufhin Abstand von seinen Plänen, Saint-Domingue erneut zu unterwerfen, und zog seine Soldaten von der Insel ab. Doch die Verluste an Menschenleben, die dieser Feldzug die französische Armee gekostet hatte, waren enorm: Von den insgesamt 33 000 Mann kehrten nur 9000 nach Frankreich zurück, und von ihnen lagen 7000 bereits im Sterben.

Saint-Domingue war nun frei, und am 1. Januar 1804 erklärte es als freier Staat Haiti seine Unabhängigkeit. Ihren Sieg verdankten die Haitianer ihrem entschlossenen Freiheitskampf, nicht zuletzt aber auch einer mörderischen biologischen Waffe – dem Gelbfieber.

Der Kampf um die Freiheit *Der treueste Verbündete der Schwarzen auf Hispaniola war das Gelbfieber. Dieser Druck aus dem 19. Jahrhundert zeigt ein blutiges Gefecht zwischen schwarzen Freiheitskämpfern und französischen Truppen.*

Ein unruhiger Landstrich

Fast zwei Monate lang erschüttern heftige Beben die Gegend um New Madrid

Besuchen Sie New Madrid, solange es New Madrid noch gibt – dieser Slogan ziert die T-Shirts, die James Craven, Politiker und Geschäftsmann im amerikanischen Bundesstaat Missouri, mit großem Erfolg verkauft. Hintergrund des launig-makabren Slogans ist die Tatsache, daß die Stadt, die dort, wo Kentucky, Tennessee und Missouri aneinandergrenzen, an einer breiten Schleife des Mississippi liegt, durch Erdbeben gefährdet ist wie kaum ein anderer Ort im Ostteil der USA.

Im Winter 1811/12 ließ eine Reihe von heftigen Erschütterungen New Madrid in Schutt und Asche sinken. Und obwohl sich eine ähnliche Katastrophe jederzeit wiederholen kann, leben heute rund um New Madrid mehrere tausend Menschen. Sie sitzen gewissermaßen auf einem Pulverfaß: Daß es explodieren wird, ist gewiß, die Frage ist nur, wann das geschieht.

Während die Bewohner von New Madrid heute wissen, welche Gefahren ihnen aus dem Innern der Erde drohen, trafen die Erdstöße 1811/12 die Menschen weitgehend unvorbereitet. Es begann mit einem heftigen Beben in der Nacht zum 16. Dezember 1811, dem ein zweites gleicher Stärke am 23. Januar 1812 folgte. Den letzten vernichtenden Schlag erlitt

Folge des Erdbebens *Als bei den Erdstößen das Land absackte, entstand in Tennessee der Reelfootsee.*

die Stadt dann am 7. Februar, als eine Erschütterung, die die beiden vorhergehenden an Heftigkeit noch übertraf, New Madrid dem Erdboden gleichmachte. Aber auch in der Zwischenzeit kam die Erde nicht zur Ruhe. Fast 2000 kleinere Erdstöße ließen die Stadt und ihre Umgebung erzittern. Erst im März 1812 schien sich die Erde unter New Madrid – vorläufig – ausgetobt zu haben.

Meterhoch hob und senkte sich der Boden, als ob ein Ungeheuer unter der Erdoberfläche wütete

Als in der Nacht zum 16. Dezember 1811 das erste Beben über New Madrid hereinbrach, lagen die Stadt und die beiden Nachbargemeinden Big Prairie und Little Prairie in tiefem Schlaf. Auf dem Mississippi herrschte flußaufwärts und -abwärts nächtliche Stille. Die Schiffe und Boote, die auf dem Weg von St. Louis nach New Orleans und zurück waren, hatten an den Ufern des mächtigen Stroms angelegt und waren sicher vertäut. Auch der schottische Naturforscher John Bradbury hatte am Abend zuvor sein Boot an einer kleinen Flußinsel, etwa 160 Kilometer südlich von New Madrid, festgemacht. Er war auf der Rückreise von einer Exkursion ins Missourigebiet, wo er Pflanzen gesammelt hatte, und erlebte nun hautnah das Beben, das die Region erschütterte. Ihm verdankt die Nachwelt einen packenden Augenzeugenbericht.

Etwa um 2 Uhr morgens riß ein dröhnendes Donnern John Bradbury jäh aus dem Schlaf. In das bedrohliche Grollen mischten sich das aufgeregte Schnattern der Gänse und das angstvolle Schreien der Vögel. Die Natur schien außer Rand und Band geraten zu sein. Hunderte von Wasservögeln flatterten wild auf die Boote zu, um dort Schutz zu finden. Die kleineren Vögel an Land ließen sich sogar – was ganz und gar gegen ihre Natur war – auf den Köpfen und Schultern der ebenso verstörten Menschen nieder. Überall herrschten Angst und Entsetzen.

Grelle Blitze durchzuckten den nächtlichen Himmel, die Luft erfüllte ein stechender Gestank von Schwefel, der den Menschen beinahe den Atem nahm. An manchen Stellen öffnete sich der Erdboden, wobei riesige Baumstämme von der Wurzel bis zur Krone gespalten wurden, als ob ein unterirdischer Holzfäller seine Axt aus dem Erdinnern nach oben geschwungen hätte. Fontänen von Wasser, Schlamm und Sand schossen aus den Erdspalten empor, und schwere Felsbrocken wurden mehrere Meter hoch in die Luft geschleudert. Mit ohrenbetäubendem Getöse brachen riesige Teile des Mississippiufers ab und stürzten ins Wasser, wo sie mächtige Wellen verursachten.

Am bedrohlichsten aber wirkte die bebende und zitternde Erde selbst. John Bradbury berichtete, daß

THE GREAT EARTHQUAKE AT NEW MADRID

"Then the houses crumbled, the trees waved together, the ground sunk; while ever and anon vivid flashes of lightning, gleaming through the troubled clouds of night, rendered the darkness doubly horrible"

Entfesselte Natur *Der Stich von 1851 zeigt, welche Auswirkungen das Erdbeben in New Madrid hatte.*

sich der Boden hob und senkte, als ob ein riesiges Ungeheuer direkt unter der Oberfläche tobte. Ganze Gebiete wurden dadurch aufgeworfen, andere stürzten in die Tiefe, als hätten sich plötzlich Falltüren unter ihnen geöffnet, und büßten etliche Meter an Höhe über dem Meeresspiegel ein.

Als sich der Boden unter einem Fluß oder einem See hob, ergoß sich das Wasser in das Umland – es war, als ob man eine Wasserschüssel schräg stellte. In anderen Gebieten wiederum, wo der Boden plötzlich absackte, traten Flüsse und Seen über die Ufer und füllten die neuentstandenen Mulden auf, so daß sich stellenweise neue Seen bildeten.

Ein eindrucksvolles Beispiel dafür ist der Reelfootsee, der damals im Bundesstaat Tennessee entstand. Durch das Erdbeben hatte sich sumpfiger Untergrund beträchtlich gesenkt, so daß er tiefer lag als der nahe liegende Reelfoot Creek, dessen Wasser sich nun in das Becken ergoß und es auffüllte. Noch heute erinnern bizarr aus dem Wasser ragende Zypressenstümpfe an die gewaltsame Entstehung des etwa 30 Kilometer langen und acht Kilometer breiten Sees.

Die Bewohner von New Madrid kamen bei diesem Beben noch einmal mit dem Schrecken davon und hatten nur geringe Schäden zu beklagen. Hingegen waren die beiden südlichen Nachbargemeinden Big Prairie und Little Prairie völlig zerstört worden, obwohl sich das Epizentrum, das senkrecht über dem Erdbebenherd liegende Gebiet, etwa 100 Kilometer weit entfernt im nordöstlichen Teil von Arkansas befand. Daß das Beben auch in einer solchen Distanz noch derartige Verheerungen anrichten konnte, zeugt von seiner enormen Wucht.

Als der Morgen des 16. Dezember 1811 dämmerte, atmeten die Menschen in New Madrid auf und glaubten, das Schlimmste überstanden zu haben. Sie ahnten nicht, daß sie am 23. Januar des kommenden Jahres ein weiteres Beben gleicher Stärke erleben sollten. Auch diesmal kamen sie glimpflich davon. Doch dann schlug am 7. Februar 1812 ein drittes Erdbeben zu, das an Gewalt alles Vorherige übertraf.

Die Erdstöße waren so gewaltig, daß noch in 1200 Kilometer Entfernung die Scheiben klirrten

Das dritte große Beben des Winters 1811/12 war so stark, daß in New Madrid kaum ein Stein auf dem anderen blieb. Durch die gewaltige Erschütterung wurde das Flußbett des Mississippi so stark verschoben, daß sich zwei tosende Wasserfälle oberhalb und unterhalb der Stadt bildeten. An einer dritten Stelle war ein mächtiger Damm aufgeworfen worden, der den normalerweise nach Süden fließenden Strom für kurze Zeit in die entgegengesetzte Richtung umlenkte. Nach ein paar Stunden jedoch hatte das Wasser diesen Wall aus Geröll und Morast wieder abgetragen, und der Fluß konnte seinen gewohnten Lauf zum Golf von Mexiko nehmen. Die Sturzbäche von Sand und Schlamm, die sich während des Bebens über die Landschaft ergossen hatten, versiegten auch bald, und nach und nach wurden ihre Überreste durch den Regen weggewaschen.

Was blieb, war die Erinnerung an jene Zeit der Angst und des Schreckens. Glücklicherweise war die Zahl der Opfer nicht allzuhoch, denn New Madrid hatte Anfang des 19. Jahrhunderts lediglich 1000 Einwohner, und auch Big Prairie und Little Prairie waren nur sehr kleine Siedlungen. Die Verluste hielten sich vielleicht auch deshalb in Grenzen, weil die Menschen in Hütten aus Holz wohnten, die elastischer als Steinbauten sind und daher den Erschütterungen länger standhalten. Als sie schließlich unter der Gewalt der Erdstöße zusammenbrachen, hatten sich viele der Bewohner bereits ins Freie geflüchtet und entgingen so der Gefahr, durch herabfallende Trümmer erschlagen zu werden. Die meisten Menschen kamen vermutlich in den reißenden Fluten des Mississippi ums Leben, doch genaue Zahlen wurden nie bekannt.

Auch in weiter Entfernung von New Madrid waren die Erdbebenwellen noch zu spüren. In Washington, D.C., etwa 1200 Kilometer nordöstlich von New Madrid, klirrten Fensterscheiben und wackelten Kronleuchter. In Charleston im Bundesstaat South Carolina ließen die von den Erschütterungen aufgeschreckten Stadtväter die Kirchenglocken läuten; die Folge war, daß die Menschen in Panik auf die Straßen rannten und glaubten, ein Feuer sei ausgebrochen.

Das Beben vom 7. Februar 1812 war eines der heftigsten, die jemals Nordamerika erschütterten. Die Wissenschaftler stellten später bei einer genaueren Untersuchung der Ursachen und Auswirkungen fest, daß die Erdstöße in einem Umkreis von knapp 4 Millionen Quadratkilometern – fast die Hälfte der Landfläche der Vereinigten Staaten – den Boden erzittern ließen.

Doch was löste die verheerenden Erschütterungen aus? Die Antwort liegt etwa 5–20 Kilometer unter der Erdoberfläche. Hier entdeckten die Seismologen, die Erdbebenforscher, eine Schwächezone im Gestein, eine Verwerfung, die sich etwa 240 Kilometer lang vom Nordosten des Bundesstaats Arkansas bis nördlich von Cairo in Illinois erstreckt. Eine Verwerfung entsteht überall dort, wo sich zwei Gesteinsschollen gegeneinan-

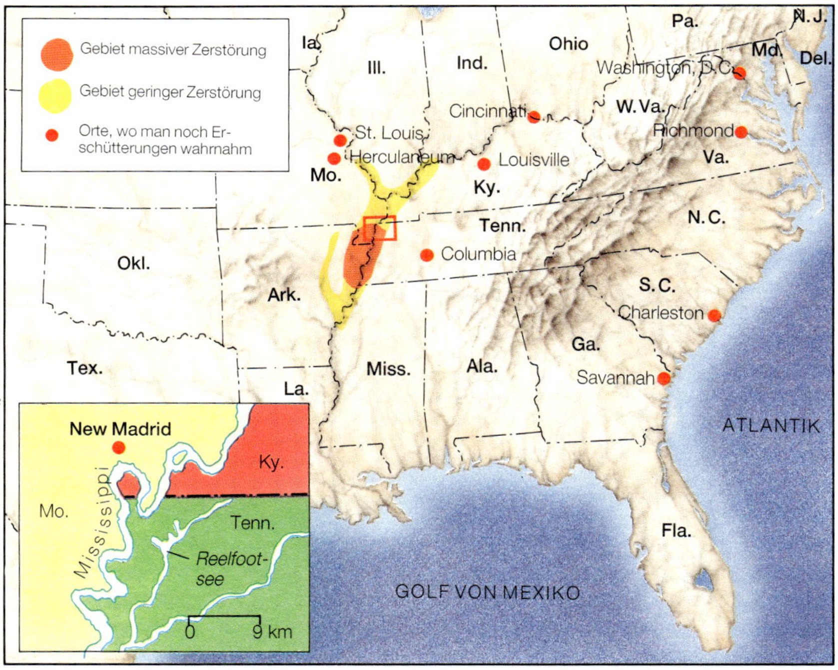

Das Ausmaß der Zerstörung *Die farbigen Felder markieren die Gebiete, die von dem Erdbeben im Winter 1811/12 in Mitleidenschaft gezogen wurden.*

BÄRENJAGD IM ERDBEBENGEBIET

Der Winter 1825/26 war eine überaus erfolgreiche Saison für den Pelztierjäger Davy Crockett, dessen abenteuerlichen Lebensweg der bekannte Buffalo Bill 1888 niederschrieb. In nur sieben Monaten soll Crockett die stolze Zahl von sage und schreibe 105 Bären erlegt haben. Doch die Art und Weise, wie er einen dieser Bären überwältigte, ließ den Trapper zu einer fast legendären Gestalt werden.

Anfang Januar 1826 durchstreifte Crockett im Nordwesten von Tennessee die Gegend zwischen dem Obion River und dem Reelfootsee. Der Weg des Jägers durch die Wälder war beschwerlich, und er kam nur langsam voran, weil im Erdboden noch immer breite Spalten klafften, die bei dem großen Beben 1812 entstanden waren. Nach Einbruch der Dunkelheit stieß Crockett auf einen Bären, den seine Hunde auf einen Baum trieben. Crockett schoß auf das Tier, traf es jedoch nicht tödlich. Der Bär fiel zwar zur Erde, verschwand aber dann blitzschnell im Dickicht, verfolgt von Crocketts Hunden, die ihn laut kläffend durchs Unterholz jagten. Zum Verhängnis wurde dem Bären eine der zahlreichen Erdspalten, in die er mehr als einen Meter tief fiel. Er saß in einer Falle, die das Erdbeben geschaffen hatte. Crockett, der bei der wilden Verfolgungsjagd sein Gewehr verloren hatte, machte nun seinem Ruf als waghalsiger Trapper alle Ehre: Nur mit einem Messer und einem Beil bewaffnet, stieg er in die Spalte hinab und nahm den Zweikampf mit dem wild um sich beißenden Bären auf, dem er schließlich den Todesstoß versetzte. Kein Wunder, daß diese Heldentat bald an allen Lagerfeuern der Trapper die Runde machte und Crockett in der Folgezeit der Ruf vorauseilte, der wagemutigste aller Pelztierjäger zu sein.

Nur mit einem Beil und einem Messer bewaffnet, wagte Davy Crockett den Kampf gegen den in einer Erdspalte gefangenen Bären. Die Abbildung stammt aus der Biographie, die Buffalo Bill 1888 über den sagenumwobenen Pelztierjäger schrieb.

der verschieben. Dadurch bauen sich an den Rändern der Schollen ständig Spannungen auf, die sich in größeren oder kleineren Beben entladen.

Entlang der Verwerfung von Arkansas nach Illinois werden die Spannungen noch zusätzlich verstärkt durch den Druck, den die pazifische Platte im Westen auf die nordamerikanische Platte ausübt. Je länger sich die Spannungen aufbauen können, um so gewaltsamer suchen sie sich eines Tages einen Weg ins Freie und lösen dann wie 1811/12 sehr heftige Erschütterungen aus.

Düstere Prognosen für die Zukunft: Die Erde um New Madrid bleibt unruhig

Grundsätzlich also bleibt die Gegend rund um New Madrid durch Erdbeben gefährdet. Neuere Untersuchungen lassen die Wissenschaftler zu dem Schluß kommen, daß sich Erschütterungen vom Ausmaß des Bebens am 7. Februar 1812 nur etwa alle 500–1800 Jahre wiederholen, daß aber schwächere Beben, die dennoch stark genug sind, größere Schäden anzurichten, durchschnittlich alle 75–100 Jahre auftreten können.

Da das letzte Erdbeben in der Region bereits rund 100 Jahre zurückliegt, gehen Experten davon aus, daß schon in naher Zukunft, vermutlich noch vor dem Jahr 2000, mit einer heftigen Erschütterung zu rechnen ist, die – soweit man dies im voraus berechnen kann – die Stärke von 6,5 auf der Richter-Skala erreichen wird.

Doch obwohl sich die Wissenschaftler weitgehend einig sind, daß ein größeres Erdbeben im Bereich der Verwerfung zu erwarten ist, vermag niemand genau zu sagen, wann dieses Ereignis eintreten wird. Die Bewohner von New Madrid reagieren trotz der Erfahrungen in der Vergangenheit weitgehend gelassen auf die düsteren Prognosen. Zwar wurde die Stadt vor nicht allzulanger Zeit vorübergehend evakuiert, weil man glaubte, das erwartete Erdbeben stehe unmittelbar bevor, doch – noch – war es nur ein blinder Alarm. Das Leben in New Madrid geht weiterhin seinen gewohnten Gang. Das einzige Anzeichen dafür, daß die Menschen wissen, auf welch unsicherem Boden sie sich bewegen, ist der tiefschwarze Humor, der sich in Parolen wie „Besuchen Sie New Madrid, solange es New Madrid noch gibt" niederschlägt.

Frost und Schnee *Kälteeinbrüche im Sommer 1816 zerstörten die Maisernte eines ganzen Jahres.*

Der Sommer, der ein Winter war

Dramatische Kältewellen führen zu verheerenden Mißernten

Als Hiram Harwood am Morgen des 6. Juni 1816 die Augen öffnete, spürte er, daß etwas nicht stimmte. Die Luft war eisig und roch nach Schnee. Harwood hätte schwören können, es wäre Februar. Am Abend schrieb er in sein Tagebuch: „Um 8 Uhr morgens begann es zu schneien, und erst gegen 2 Uhr nachmittags hörte es wieder auf." Auch am 7. Juni wurde es, wie seinen Aufzeichnungen zu entnehmen ist, nicht wärmer; im Gegenteil: „Der Boden war hart gefroren. An den Bäumen hingen nur noch schwarze Blätter, und in dem Waschtrog vor dem Haus hatte sich über Nacht eine Eisschicht auf dem Wasser gebildet." Im April war es durchaus schon vorgekommen, daß die Temperaturen in Bennington im Bundesstaat Vermont, wo Harwood einen kleinen Bauernhof bewirtschaftete, noch manchmal unter 0 °C sanken, aber im Juni?

Auch während der nächsten Tage blieb es kalt und fiel Schnee. Von dem Kälteeinbruch war aber nicht nur der Bundesstaat Vermont betroffen, sondern der gesamte Nordosten der Vereinigten Staaten lag zum größten Teil unter einer dichten Schneedecke.

Die lähmende Kälte hielt fünf Tage lang an, dann schien das Schlimmste vorüber zu sein. Da der Mais, Hauptanbaufrucht in den Neuenglandstaaten, weitgehend erfroren war, pflügten die Bauern ihn unter. Mit anderen Pflanzen, die der Kälte nicht standgehalten hatten, z.B. Bohnen, Gurken und Kürbissen, verfuhren sie ebenso. Dann machten sie sich daran, ihre Felder erneut zu bestellen. Sie konnten bald schon neuen Mut schöpfen, denn die Saat ging gut auf. Besonders der Weizen und der Roggen schienen prächtig zu gedeihen. Doch Anfang Juli sank die Temperatur erneut unter 0 °C.

Es war abzusehen, daß es in vielen Gemeinden im Nordosten der Vereinigten Staaten in diesem Jahr nur eine sehr dürftige Ernte geben würde. Doch selbst die Hoffnung auf bescheidene Erträge wurde durch wiederholte Kälteeinbrüche im August und September noch zerstört. Im Winter 1816/17 schnellten dann die Getreidepreise in die Höhe. Der Mais wurde doppelt so teuer, der Preis für Weizen stieg um das Sechsfache und der für Hafer sogar um das Achtfache.

Ein Zeitgenosse schrieb zu der Lage in den Neuenglandstaaten: „Unter den Menschen herrschte im Winter und im nächsten Frühjahr große Not. Vielen Bauern blieb nur noch das Allernötigste. Die ärmeren Leute konnten sich angesichts der horrenden Preise den Mais als Futtermittel für die Rinder nicht mehr leisten. Wegen des Mangels an Heu und Mais verkauften die Bauern im Herbst das Vieh zu extrem niedrigen Preisen, andernfalls mußten sie später hilflos zusehen, wie es verhungerte." Da auch die Menschen nichts mehr zu essen hatten, machten sie Jagd auf Waschbären und Waldmurmeltiere und gruben nach wilden Zwiebeln und anderen eßbaren Wurzeln.

Angesichts dieses Elends hielt es viele Menschen nicht mehr länger im Nordosten der Vereinigten Staaten. Zusehends wuchs die Zahl der Bauern, die ihre Höfe verließen, um in Ohio und Indiana Zuflucht zu suchen. „Im Oktober 1816 wurden an manchen Tagen zwischen 40 und 50 Wagen gezählt", berichtete ein Augenzeuge aus einer Kleinstadt. Die Menschen kamen aus fast allen Staaten nördlich und östlich des Flusses Potomac.

Während sich die Situation in den Vereinigten Staaten nach einem Jahr besserte, hielt die Not in Europa an

So ernst die Lage in den USA zunächst auch war, es ging doch schon sehr bald wieder aufwärts. Die Ernte im Jahr 1817 war in den Neuenglandstaaten so gut, daß die Menschen erneut Zuversicht schöpfen konnten. In Europa dagegen, das 1816 ebenfalls unter den ungewöhnlichen Kältewellen zu leiden hatte, waren die Folgen ungleich schwerer.

In Frankreich hatten starke Regenfälle und kühle Temperaturen im ganzen Land für magere Ernteerträge gesorgt. Und das wenige, was man geerntet hatte, war von dürftiger Qualität. Wegen der Nahrungsmittelknappheit stiegen die Preise so sehr, daß nur noch die Reichen in der Lage waren, sie zu bezahlen. Die ärmeren Leute dagegen mußten hungern. Die Not und die Unzufriedenheit der Bevölkerung lösten Aufstände in Poitiers, Toulouse und anderen Städten aus. In manchen Orten im Loiretal trieb der Hunger Hunderte von Bürgern so weit, daß sie über Getreidekarren herfielen, die zu den Märkten gebracht werden sollten.

Anderswo waren die Ernten kaum besser. Ein Reisender berichtete damals aus Pommern und Schlesien, den Kornkammern im Osten Deutschlands: „Der größte Teil der Felder, auf denen Wintergetreide ausgesät worden war, mußte umgepflügt werden. Und von dem Weizen, der noch steht, wird kaum mehr als ein Drittel reif werden."

Auch in den bäuerlichen Regionen im Osten Englands hatte ein ungewöhnlich kalter Frühling den Weizenpreis in die Höhe getrieben, während gleichzeitig die Löhne in der Landwirtschaft niedrig blieben. Die sozialen Spannungen wuchsen von Tag zu Tag. Im Mai zogen Aufständische, die mit Knüppeln und Eisenstangen bewaffnet waren, plündernd durch mehrere Städte. Sie führten Plakate mit sich mit der Aufschrift: „Brot oder Blut".

Nach den Sommerfrösten breitete sich die Unzufriedenheit über ganz Großbritannien aus. In Dundee in Schottland rotteten sich die Notleidenden zusammen, überfielen fast 100 Lebensmittelgeschäfte und raubten das Haus des örtlichen Getreidehändlers aus, bevor sie es in Brand steckten.

Auch aus Irland wurden damals Schreckensmeldungen laut: „Eine Hungersnot in diesem unglücklichen Land ist unausweichlich, denn das schlechte Wetter hat alles, was auf den Feldern wuchs, zerstört, so daß es nichts mehr zu ernten gibt." In der Tat wurde Irland in der Folgezeit von einer schweren Hungersnot heimgesucht. Verschlimmert wurde das Elend noch, als gleichzeitig eine Typhusepidemie ausbrach, der innerhalb von zwei Jahren schätzungsweise 50 000 Menschen zum Opfer fielen.

In der Schweiz war die Not noch größer. Den Schweizer Bauern bot sich erst gar nicht die Möglichkeit, die Katastrophe durch eine erneute Aussaat zu verhindern, da der Nachschub an Saatgut ausging. Jugendliche lungerten in den Armenvierteln der Städte herum und jagten streunende Katzen, um sie zu schlachten und zu essen. In den Landesteilen, in denen man noch Getreide hatte, weigerte man sich, es an Notstandsgebiete abzugeben. Um das ärgste Elend zu lindern, kauften große Getreidehandelsfirmen russisches Getreide, das in italienischen Häfen erhältlich war. Sie brachten es allerdings nicht bis in die Heimat, da es ihnen beim Transport über die Alpen von hungrigen Banditen gestohlen wurde.

Die Kälteeinbrüche des Jahres 1816 und ihre katastrophalen Auswirkungen stellten für Europa nur ein Kapitel in einer langen Geschichte von Krisen und Aufruhr dar. In den Jahren zuvor hatten die Französische Revolution, die napoleonischen und die sich anschließenden Befreiungskriege weite Teile des Kontinents erschüttert und die gesamte Wirt-

Ehrenmal *Dieser Grabstein in New Hampshire erinnert an einen Bauern, der anderen half, die Hungersnot zu überleben.*

Goldenes Leuchten *Infolge des Tambora-Ausbruchs kam es zu imposanten Sonnenuntergängen, die möglicherweise den britischen Maler William Turner zu seinem Bild* Der Untergang Karthagos *inspirierten.*

schaft in Mitleidenschaft gezogen. Armut und Not waren weit verbreitet und wurden durch den Hungerwinter 1816/17 noch verschärft. Die Folge war, daß auch in Europa viele Menschen ihre Heimat verließen und vor allem nach Amerika auswanderten, in der Hoffnung, dort eine bessere Zukunft zu haben.

In Europa und in den Vereinigten Staaten beschäftigte eine Frage die Menschen: Warum?

Die Auswirkungen jener ungewöhnlichen Kältewellen des Jahres 1816 waren offensichtlich, die Ursachen hingegen schienen unerklärlich. Welche Laune der Natur hatte diese winterlichen Temperaturen zu einer Zeit verursacht, in der es eigentlich Hochsommer hätte sein sollen?

Viele Amerikaner sahen in der extremen Wetterlage eine Strafe Gottes für das lasterhafte Leben der Menschen. Von Maine bis Georgia strömten sie deshalb in Scharen in die Kirchen. Andere wiederum waren der Ansicht, es sei nur deshalb so kalt geworden, weil die Sonne aus unerklärlichen Gründen schwächer scheine. In einer Zeitung jener Tage stand: „Die Sonnenstrahlen haben nicht ihre normale Kraft. Man gewinnt den Eindruck, daß sowohl das Licht als auch die Hitze nur noch abgeschwächt zu uns vordringen." Ein deutscher Wissenschaftler stellte anhand von Logbüchern fest, daß es mehr Eisberge als sonst in den arktischen Gewässern gegeben hatte, und erklärte, daß sich dadurch das Wasser und damit auch die Luft abgekühlt hätten.

Einige behaupteten, Benjamin Franklin sei schuld an den Kälteeinbrüchen. Seine Versuche mit der Elektrizität und mit Blitzableitern, die er Jahrzehnte zuvor durchgeführt hatte, waren noch immer ein strittiges Thema. Seine Kritiker waren der Meinung, daß die Kontinente ihre Wärme hauptsächlich von elektrischen Strömen unter der Erdkruste bezögen. Franklins Blitzableiter hätten diesen Energiefluß gestört und dadurch die ungewöhnlichen sommerlichen Kältewellen verursacht.

Aber gerade Benjamin Franklin hatte bereits Jahre zuvor auf die Ursachen hingewiesen, die eine solche Wetterkatastrophe auslösen können. 1784 hatte er Vulkanausbrüche auf Island in Zusammenhang mit dem sehr kühlen Sommer und dem bitterkalten Winter im vorangegangenen Jahr gebracht. Er mutmaßte, daß bei den Eruptionen Staub und Rauch in große Höhen gewirbelt worden waren, die einen geheimnisvollen trockenen Nebel bildeten. Dieser schirmte nach Franklins Meinung die Sonnenstrahlen von der Erde ab, so daß die Temperaturen fielen.

In der Tat war das ungewöhnliche Wetter 1816 durch einen Vulkanausbruch verursacht worden, der weit entfernt auf der Insel Sumbawa östlich von Java stattfand. Im April des Jahres 1815 brach der ursprünglich 4300 Meter hohe Vulkan Tambora mit so ungeheurer Gewalt aus, daß er rund 1500 Meter seiner Spitze wegsprengte. Mehr als 10 000 Menschen starben sofort, und in den folgenden Monaten forderten Hunger und Krankheiten noch einmal rund 82 000 Menschenleben.

Die gewaltige Explosion hörte man noch in 2500 Kilometer Entfernung, und die Aschenwolke, die bei dem Ausbruch in die Luft geschleudert worden war, verwandelte in einem Umkreis von etwa 600 Kilometern den Tag zur Nacht. Zum Teil sank die Asche rasch auf die Erde nieder und bedeckte ein Gebiet von mehr als 560 000 Quadratkilometern. Eine große Menge vulkanischen Staubs war jedoch bis zu 40 Kilometer hoch in die Atmosphäre katapultiert worden und umkreiste nun den Erdball. Dieser Staub wirkte wie ein Filter, der einen Teil des Sonnenlichts ins All zurückstrahlte, während er die Hitze aus der unteren Schicht der Atmosphäre entweichen ließ.

Doch von all dem wußte 1816 niemand etwas, denn Europa und Nordamerika waren durch wochenlange Seereisen von dem Gebiet getrennt, in dem dieser gewaltige Vulkanausbruch stattgefunden hatte. Erst im Jahr 1920 stellte der Meteorologe William J. Humphreys in einer Studie, die sich als Meilenstein in der Forschung erweisen sollte, einen Zusammenhang zwischen dem Ausbruch des Tambora und den weltweiten Witterungsstörungen des Jahres 1816 her. Humphreys wies ferner darauf hin, daß der Tambora-Katastrophe zwei weitere große Vulkanausbrüche vorangegangen waren: der des Soufrière auf der Karibikinsel St. Vincent im Jahr 1812 und der des Mount Mayon auf der philippinischen Insel Luzon zwei Jahre später.

Durch Humphreys' Theorie wurde es auch möglich, eine Reihe von auffälligen meteorologischen Erscheinungen der Jahre 1816/17 nachträglich zu erklären: So waren die farbenprächtigen Sonnenuntergänge damals dadurch bedingt, daß die in der Atmosphäre schwebende Asche vom Ausbruch des Tambora zu einer stärkeren Brechung des Sonnenlichts führte. Die Asche war es auch, die dem Schnee mancherorts eine rote, blaue oder braune Farbe verlieh, was die Menschen in großes Erstaunen versetzte. Die feinen Staub- und Aschenpartikel waren inzwischen so weit abgesunken, daß sie mit den Niederschlägen auf die Erde gelangten. Der oft beobachtete Dunst oder trockene Nebel war ebenfalls nichts anderes als der in der Atmosphäre schwebende Vulkanstaub.

Der Tambora-Ausbruch und der dadurch ausgelöste Temperaturrückgang machen deutlich, welche unvorhersehbaren und weitreichenden Auswirkungen eine einzige Naturkatastrophe haben kann. Schon 1920 überlegte William J. Humphreys, was passieren könnte, wenn mehrere Naturgewalten gleichzeitig ihre Kraft entfesseln würden, und kam zu dem Schluß: wenn größere Mengen vulkanischer Asche in geringen Zeitabständen hoch in die Atmosphäre aufsteigen würden, könnten die Temperaturen auf der Erde so weit absinken, daß „die Erde mit einer dicken Schneedecke überzogen würde. Dadurch könnte unter extremen Bedingungen sogar eine Eiszeit eingeleitet werden."

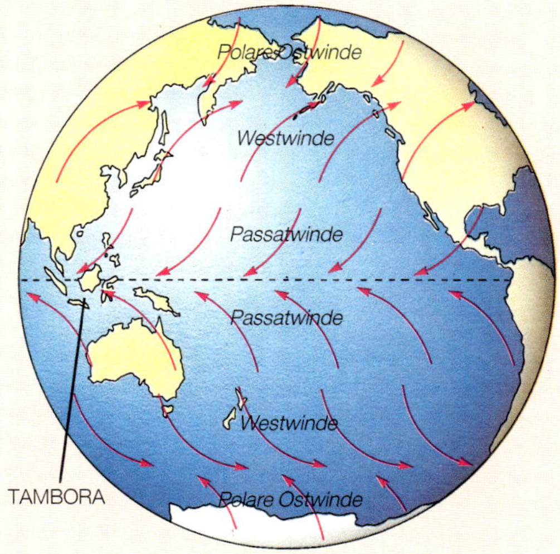

Dieses schematische Diagramm zeigt die vorherrschenden Windströmungen auf der Erde. Die drei Windsysteme der beiden Halbkugeln entsprechen sich spiegelbildlich.

Die Luftströme der Erde

Zu Beginn des 19. Jahrhunderts hätten es die Menschen noch nicht für möglich gehalten, daß das Wetter in Europa und Nordamerika von Ereignissen bestimmt werden kann, die auf einer kleinen Insel in Äquatornähe geschehen. Heute weiß man besser darüber Bescheid, wie bestimmte Ereignisse das Wetter auf der Erde beeinflussen können.

In der untersten Schicht der Atmosphäre, der Troposphäre, sind in jeder Hemisphäre drei breite Zonen von Windströmungen zu unterscheiden, die die Wetterbedingungen auf der Erde bestimmen: die polaren Ostwinde, die Westwinde und die Passatwinde. Bei Vulkanausbrüchen werden Asche und Staub normalerweise nur so hoch geschleudert, daß sie bald mit Regen und Schnee wieder auf die Erde zurückfallen. Doch der gewaltige Ausbruch des Tambora schleuderte eine enorme Menge an Asche über die Troposphäre hinaus bis in die darüberliegende Stratosphäre, wo der Jetstream den feinen Staub erfaßte und um den Globus wehte. Dadurch verbreitete sich die Asche vom Äquator bis in höhere Breitengrade.

Innerhalb von einem Jahr verschleierte sie den Himmel über Nordamerika und Europa. Dort waren die Auswirkungen auf die Temperaturen besonders stark, da das Sonnenlicht in diesen Breiten in einem flacheren Winkel auf die Atmosphäre trifft und somit einen längeren Weg durch den Staubschleier zurücklegen mußte. Dadurch sanken die Durchschnittstemperaturen 1816 in diesen Breiten um einige Grad unter das übliche Niveau.

Flammen gegen die Krankheit *Die Bürger von Marseille versuchen die Luft mit lodernden Feuern zu desinfizieren.*

Die Cholera geht um

Die Seuche fordert Millionen von Toten

Man schrieb das Jahr 1831. Es war Frühherbst. In dem geschäftigen Hafen von Sunderland an der Nordostküste Großbritanniens waren seit dem Frühjahr Gerüchte von einer todbringenden Krankheit im Umlauf, die von Indien nach Europa eingeschleppt worden sein sollte. Im April hatte sich die britische Regierung bereits genötigt gesehen, über alle aus Rußland kommenden Schiffe eine zweiwöchige Quarantäne zu verhängen. Im Juni wurde diese Maßnahme auch auf deutsche Schiffe ausgedehnt. In den Wirtshäusern am Hafen munkelte man, die Cholera, wie man die neue, furchterregende Krankheit nannte, habe bereits Sunderland erreicht. Wer daran erkrankte, bekam heftigen Durchfall und litt an unerträglichem Durst; die Haut verfärbte sich blau, der Körper wurde kalt – und dann trat innerhalb kürzester Zeit der Tod ein. Wer, so hieß es, bei Sonnenaufgang noch gesund aufwache, der könne bei Sonnenuntergang bereits an Cholera gestorben sein.

William Sproat, ein Hafenarbeiter aus Yorkshire, tat dieses Gerede anfänglich mit einem geringschätzigen Achselzucken ab. Mit seinen 60 Jahren war er ein Ausbund an Gesundheit und Tatkraft. Er war zeit seines Lebens noch nicht krank gewesen, brauchte nicht zu hungern und lebte gut. Doch seit einer Woche litt er an Magenbeschwerden und gelegentlichem Durchfall. Am Mittwoch, es war der 19. Oktober, fühlte sich Sproat so krank, daß er erstmals nicht zur Arbeit erschien. Am Donnerstag ging es ihm noch schlechter. Am Freitag schien dann eine leichte Besserung einzutreten.

Am Samstagnachmittag jedoch wurde er wieder von heftigen Krämpfen heimgesucht, begleitet von Schüttelfrost und Durchfall. Man rief einen Arzt herbei, der bei seiner Ankunft nur noch feststellen konnte, daß es mit Sproat zu Ende ging: Der Puls war kaum noch spürbar, die Gliedmaßen waren kalt, die Haut ausgetrocknet, die Augen eingesunken und die Züge eingefallen. Der Kranke konnte nur noch flüstern und litt an heftigem Erbrechen und Durchfall, an Wadenkrämpfen und völliger Erschöpfung.

Zwei weitere Ärzte, die man hinzuzog, bestätigten, daß es sich um Cholera handelte. Monatelang hatte man in Sunderland versucht, sich darüber hinwegzutäuschen, daß die gefürchtete asiatische Krankheit in Großbritannien Fuß gefaßt hatte. Selbst als mehrere unverkennbare Fälle gemeldet worden waren, hatte man die Nachrichten verschwiegen. Nun aber gab es keinen Zweifel mehr. William Sproat starb am folgenden Mittwoch im Koma. Innerhalb von 24 Stunden erkrankten sein Sohn und seine Enkelin ebenfalls an Cholera.

Die asiatische Krankheit: seit mehr als 2000 Jahren bekannt

Die Cholera gab es schon lange, bevor sie die Menschen in Europa heimsuchte. Aus verschiedenen Quellen geht hervor, daß sie bereits im 4. Jahrhundert v. Chr. in Tibet und auf dem indischen Subkontinent auftrat. Ein Tempel aus dieser Zeit, der im Westen Indiens entdeckt wurde, trug den Berichten zufolge eine Inschrift, die in gespenstischer Weise an den Todeskampf William Sproats erinnert: „Blaue Lippen, ein abgezehrtes Gesicht, hohle Augen, ein eingefallener Magen, geschrumpfte, runzlige Gliedmaßen wie durch Feuereinwirkung, das sind die Anzeichen der großen Krankheit, die durch einen Fluch der Priester über uns hereinbricht und die Tapferen hinwegrafft."

Bis zum Jahr 1817 blieb die Cholera eine auf Asien beschränkte Krankheit. Doch dann breitete sich diese entsetzliche Seuche innerhalb weniger Jahre über China, Japan und die arabische Halbinsel aus, drang nach Persien und Syrien vor und erreichte das Kaspische Meer, wo sie, unmittelbar an der Schwelle zu Europa, der Kälte des eisigen Winters von 1823/24 erlag.

Mitte 1829 schlug die Cholera erneut zu. Über die großen Handelsstraßen und Wallfahrtswege gelangte sie in das dichtbevölkerte Europa. Die Mediziner standen vor einem Rätsel: Wie breitete sich die Cholera aus? War sie ansteckend? Auf welche Weise wurde der Krankheitserreger übertragen? Menschen, die offenbar keinerlei Beziehung zu einem Choleraopfer hatten, erkrankten plötzlich auf geheimnisvolle Weise an den verräterischen Symptomen, während Personen, die sich ständig mit den Kranken und den Toten befaßten, oftmals verschont blieben.

Im Herbst 1830 erreichte die Seuche Moskau, im darauffolgenden Sommer gab es Meldungen von Cholerafällen in Petersburg, Berlin, Hamburg und den Niederlanden.

Britische Politiker, Ärzte, Wissenschaftler und die gesamte Öffentlichkeit beobachteten die Entwicklung mit wachsender Angst: „In tiefer Sorge", sagte König Wilhelm IV. am 21. Juni 1831 bei der Eröffnungssitzung des Parlaments in London, „muß ich Sie über das unaufhaltsame Fortschreiten einer schrecklichen Krankheit in den östlichen Gebieten Europas informieren. Es sollten Vorkehrungen gegen das Übergreifen einer so gefährlichen Erkrankung auf unser Land getroffen werden." Doch zu diesem Zeitpunkt war es bereits zu spät, wie der Tod William Sproats kurz darauf bewies.

Abgesehen von den Symptomen und dem tödlichen Verlauf der Krankheit wußte man wenig über die Cholera. „Wir kennen wahrhaftig keine andere Krankheit, welche die völlige Machtlosigkeit der Heilkunst so klar zeigt wie die Cholera", formulierte ein Arzt die Ohnmacht der Mediziner. Manche empfahlen die Einnahme großer Dosen von Kalomel, einer Quecksilberverbindung, die man gewöhnlich als Abführmittel verwendete, von Rizinusöl und anderen Mitteln, mit denen man glaubte, den Magen-Darm-Trakt zu reinigen. Andere schlugen Ammoniak, Arsen, Phosphor, Rhabarber, Opium und sogar Hammelbrühe vor. Wieder andere sprachen sich für Elektroschockbehandlungen aus oder wollten verschiedene Körperteile mit rotglühendem Eisen behandeln.

Die Cholera setzte inzwischen ihren todbringenden Weg fort. Im März 1832 breitete sie sich allmäh-

Von Kopf bis Fuß *Den Wienern empfahl man, sich mit kräutergefüllten Beuteln, einem Korb mit Heilgetränken, gewaltigen Überschuhen und anderen nutzlosen Dingen gegen die Cholera zu schützen.*

Todesbrunnen *Der Titel dieser Karikatur von 1866 ist kaum eine Übertreibung angesichts der Ansteckungsgefahren, die im 19. Jahrhundert von öffentlichen Trinkwasserpumpen ausgingen.*

lich über Großbritannien aus. Auch Frankreich blieb nicht von der Seuche verschont. Der deutsche Dichter Heinrich Heine, der jenes Frühjahr in Paris verbrachte, wußte Schauriges zu berichten: „Am 29. März, dem Tag, als der Einzug der Cholera in Paris bekanntgegeben wurde, machte sich das Volk über die Cholerafurcht und die Krankheit selbst lustig. In jener Nacht drängten sich mehr Besucher auf den Bällen als gewöhnlich: Hysterisches Gelächter übertönte die laute Musik. Plötzlich fühlte der Übermütigste der Harlekine, wie seine Beine kalt wurden, und nahm seine Maske ab; zum Erstaunen aller Anwesenden enthüllte er ein Gesicht, das blauviolett angelaufen war. Das Gelächter verstummte, und überfüllte Kutschen brachten die Zecher vom Ball geradewegs ins Hôtel-Dieu, das städtische Krankenhaus, wo sie, noch mit ihren Karnevalskostümen verkleidet, bald starben."

Die Cholera machte auch vor der Neuen Welt nicht halt. Mit den zahlreichen Auswandererschiffen erreichte die Seuche Mitte des 19. Jahrhunderts Kanada und die USA. Erste Todesfälle gab es in Quebec und Montreal. Als in New York eine irische Einwandererfamilie an Cholera starb, brach unter den Einwohnern der Stadt Panik aus. Läden wurden geschlossen, die Leichenwagen waren im Dauereinsatz, viele Tote ließ man einfach in der Gosse liegen. Es kam zu Plünderungen. Die Bürger, welche die Möglichkeit hatten, die Stadt zu verlassen, suchten Zuflucht auf dem Land. Diejenigen, die nach Rhode Island übersetzten, wurden dort von der Bevölkerung mit Gewehrsalven empfangen. Man war entschlossen, die tödliche Seuche mit Gewalt von sich fernzuhalten. Die örtliche Miliz in Ypsilanti, Michigan, beispielsweise eröffnete das Feuer auf eine Postkutsche, die aus Detroit kam, wo die Cholera grassierte. Fast zwei Jahre lang blieb die Seuche ein Fluch im Leben Amerikas.

In den Jahren 1848/49 wurde Großbritannien erneut von der Cholera heimgesucht; annähernd 130 000 Menschen fielen ihr zum Opfer. In jener Zeit veröffentlichte der Anästhesist Dr. John Snow seine Theorie über die Übertragung der Seuche. Er bestritt, daß man sich an der Cholera über die Atemwege infizieren könne. Der Krankheitserreger vermehre sich vielmehr im Darm des Erkrankten und werde mit dem Stuhl ausgeschieden. Gelange nun der Erreger bei unzureichenden hygienischen Verhältnissen ins Trinkwasser, könne es zu einer Masseninfektion kommen.

Für Snow bestand ein direkter Zusammenhang zwischen der Seuche und den primitiven Lebensverhältnissen der Menschen in den großen Ballungszentren. So versanken die finsteren und engen Gassen der Londoner Slums im Unrat. Über die Straßen ergoß sich eine ekelerregende Mischung aus Abwasser, Fäkalien und verdorbenen Nahrungsresten; Industrieabfälle und Kadaver von Schlachttieren gelangten auf direktem Weg in die Themse. Die sanitären Bedingungen waren primitiv und spotteten jeder Beschreibung.

Im August 1854 gab es wieder Fälle von Cholera in London, und Snow konnte darangehen, seine Theorie zu beweisen. An der Ecke der Broad Street zur Cambridge Street stand eine Wasserpumpe, die Hunderte von Menschen in den umliegenden Gassen mit Trinkwasser versorgte. Snow nahm Wasserproben und entdeckte kleine, weiße, reiskornähnliche Gebilde, die er für die heftigen Durchfälle bei der Cholera verantwortlich machte. Er besorgte sich eine Liste der Choleratodesfälle, die in den letzten Wochen in der unmittelbaren Umgebung aufgetreten waren, und stellte fest, daß fast alle Opfer ganz in der Nähe der Wasserpumpe gewohnt hatten.

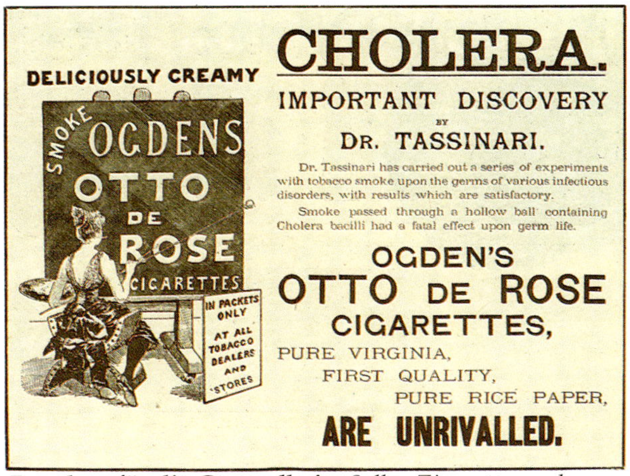

Rauchen für die Gesundheit *Selbst Zigaretten galten als probates Mittel, um die Cholera zu bekämpfen.*

Zwei weitere Beobachtungen bekräftigten Snows Ansicht. Die Arbeiter der nahe gelegenen Brauerei blieben von der Cholera verschont, weil sie entweder Freibier oder nur Wasser aus der hauseigenen Quelle tranken. Die Fabrik am Ende der Straße hatte jedoch 18 Choleratote zu beklagen. Die Beschäftigten tranken Wasser aus der Pumpe, das in zwei Wannen im Hof für sie bereitstand. Snow überredete die städtischen Beamten, die Wasserpumpe in der Broad Street stillzulegen – und prompt nahm die Zahl der Choleratoten in dieser Gegend rapide ab.

Auf der Suche nach dem berühmten „Kommabazillus"

Doch noch war die asiatische Seuche nicht besiegt. Immer wieder forderten Choleraepidemien Hunderttausende von Toten. In den Jahren 1883–1896 suchte die Cholera mehrmals Mitteleuropa heim. So starben 1892 bei einer Epidemie in Hamburg innerhalb von nur sechs Wochen über 8000 Menschen an der gefährlichen Krankheit.

Im Jahr 1883 wurde der deutsche Bakteriologe Robert Koch von der Reichsregierung in Berlin mit der Leitung einer Expedition nach Ägypten und Indien beauftragt, um die Ursache der Cholera zu erforschen und geeignete Schutzmaßnahmen dagegen zu finden. Koch gelang es, den Choleraerreger zu isolieren, den er wegen seiner gebogenen Form ‚Kommabazillus' nannte. Es war ein weiterer, persönlicher Triumph für den 40jährigen Mediziner, der sich schon zuvor durch die Entdeckung des Milzbrand- und Tuberkelbazillus ausgezeichnet hatte.

„Cholera", so schrieb Koch, „entsteht nicht spontan aus dem Nichts. Es handelt sich um eine Krankheit, die nur solche Menschen befällt, die den Kommabazillus schlucken. Dieser Bazillus kann nicht durch den Atem übertragen werden." Damit bestätigte er die Ansichten John Snows und löste gleichzeitig das Rätsel, warum Menschen, die Choleraopfer pflegten, oft selbst gesund blieben. Man erkannte auch, daß die weitverbreitete Anwendung von Abführmitteln die denkbar ungeeignetste Behandlungsmethode war. Es stellte sich heraus, daß die klassischen Symptome – blaue Lippen, trockene Haut und heftige Muskelkrämpfe – eine Folge der starken Flüssigkeitsverluste sind, die bei der Choleraerkrankung auftreten.

Die Krankheit ist auch heute noch nicht ausgerottet und befällt wahrscheinlich weit mehr Menschen als je zuvor, doch tritt sie nur dort auf, wo noch immer eine hohe Bevölkerungsdichte, unzureichende Ernährung sowie schlechte Unterbringungs- und Hygieneverhältnisse herrschen. Diese Bedingungen finden sich vor allem in Südasien, dem Ursprungsgebiet der Cholera, und in Zentralafrika. Die Cholera muß für die Betroffenen jedoch nicht mehr unbedingt tödlich enden wie früher, denn die Medizin hat wirkungsvolle Behandlungsmethoden mit Antibiotika und Bluttransfusionen entwickelt. Obgleich in den betroffenen Regionen in großem Umfang geimpft wird, wirkt der Impfstoff allerdings nur in 50 Prozent aller Fälle und bleibt auch nur 18 Monate lang wirksam.

Der dritte Gegner *Florence Nightingale gewann weltweite Anerkennung für ihren Berufsstand, als sie 1854 zusammen mit anderen Krankenschwestern Großbritannien verließ, um britische Truppenangehörige im Krimkrieg zu pflegen. Gewehre und Artillerie waren in diesem Kampf allerdings weniger tödliche Waffen als die Cholera, die Zehntausende von Soldaten auf beiden Seiten hinwegraffte.*

Ein Volk verhungert

Die Kartoffelkrankheit löst in Irland eine Tragödie aus

Der warme Wind, der vom Atlantischen Ozean weht, macht Irland zur Grünen Insel. Die Grafschaft Donegal liegt fast ebensoweit nördlich auf der Erdkugel wie Moskau; selbst die südlichsten Grafschaften reichen nur bis zu einem Breitengrad, der noch Hunderte von Kilometern nördlich von Quebec verläuft. Und doch ist das Land von samtigem Grün überzogen – ein Geschenk des Golfstroms, der einen Hauch tropischer Wärme aus der fernen Karibik herüberbringt. Strenge Kälte kennen die Iren nicht. Ein Torffeuer reicht meistens zum Heizen eines Bauernhauses auf dem Land aus.

Dieser milde Wind jedoch trug im Sommer 1845 mit zu der Katastrophe bei, die dem Land Leid und Elend in unvorstellbarem Ausmaß brachte. Hungersnot, Krankheit und Tod folgten einander über Jahre und fügten der irischen Bevölkerung schwere Verluste zu. Die Katastrophe kam nicht plötzlich und überraschend; es war eher ein schleichender Prozeß, dessen Folgen um so fataler waren, als er mit Bedingungen zusammentraf, die seine Auswirkungen noch verstärkten. Als das Unglück 1849 endlich vorüber war, waren von den etwa 8 Millionen Einwohnern Irlands fast 1 Million gestorben. Ebenso viele Menschen hatten ihre todbringende Heimat verlassen und waren nach Übersee – nach Kanada, den USA oder Australien – ausgewandert.

Es war eine Ironie des Schicksals, daß der Pilz *Phytophthora infestans*, der die Krautfäule der Kartoffelpflanze verursacht, aus Amerika stammte und wahrscheinlich in einem feuchten Schiffsladeraum den Atlantik überquert hatte. Das erste Anzeichen dieser zerstörerischen Blattkrankheit konnte man im August 1845 auf der Insel Wight im Ärmelkanal beobachten, als auf den Feldern große Mengen von Kartoffeln verfaulten. Doch weder diese Tatsache noch spätere Nachrichten von Kartoffelernten, die in den Niederlanden, Frankreich und anderen Gebieten Großbritanniens verrotteten, machten die britische Regierung auf das volle Ausmaß der Gefahr aufmerksam. Der Kartoffelanbau war im Lauf der Zeit immer wieder von verschiedenen Krankheiten und Schädlingen beeinträchtigt worden, dennoch war es den Menschen stets gelungen, die schlechten Zeiten durchzustehen.

Unmenschliche Herren *Der gefürchtete Anblick des Vertreters eines Großgrundbesitzers bedeutete für Tausende von irischen Bauern in den von der Krautfäule heimgesuchten Gebieten Vertreibung und allzuoft den Tod durch Verhungern, Krankheit oder Erfrieren. Ohne viel Aufhebens wurde die Hütte eines unliebsamen Pächters sofort niedergerissen.*

Doch nie zuvor waren die Iren so sehr auf diese Nutzpflanze angewiesen wie damals. Kartoffeln waren im 19. Jahrhundert ihr Hauptnahrungsmittel. Dazu kam die bittere Armut. Grund und Boden waren im Lauf der Zeit immer wieder aufgeteilt worden, so daß ein irischer Pachtbauer kaum einen halben Hektar Land bewirtschaftete. Annähernd die Hälfte der Landbevölkerung lebte in fensterlosen Lehmhütten, und die allgegenwärtige Kartoffel war das einzige, was die kinderreichen Familien vor dem Verhungern rettete. Nahrhafte, schnellwachsende Kartoffeln wurden auf jedem Fleckchen Erde angebaut, auf Abhängen oder am Rand der Moore. Die größeren Felder dagegen waren dem leichtverkäuflichen Weizen und Hafer vorbehalten, mit deren bescheidenem Verkaufserlös die Bauern ihre horrende Pacht an die britischen Grundherren zahlen mußten. Der Verpächter war im wahrsten Sinn des Wortes Herr über Leben und Tod. Er konnte die rechtlosen Pächter nach Belieben vertreiben. Dies bedeutete für viele irische Bauern dann Hunger und Entbehrung. Nach Beginn der Hungersnot lief eine solche Vertreibung, wie es ein Unterhausabgeordneter treffend formulierte, „auf eine Verurteilung zum Tod durch langsame Folter" hinaus.

Im Verlauf des Monats August häuften sich die Berichte über die bedrohliche Krankheit auf den Kartoffeläckern. Im September 1845 schließlich brachte der Herausgeber der britischen Zeitschrift *Gardeners' Chronicle and Horticultural Gazette* die besorgniserregende Meldung: „In letzter Minute erreichte uns eine alarmierende Nachricht. Es gibt eindeutige Anzeichen, daß in Irland die Krautfäule aufgetreten ist. Die Kartoffelernten im Gebiet von Dublin verfaulen ganz plötzlich."

Eine weißliche Färbung der Blattränder ist der erste Hinweis auf den Pilzbefall der Kartoffelpflanze. Unter dem Mikroskop zeigt sich, daß dieser weiße Befall aus einem dichten Netz von Fäden und zahllosen birnenförmigen Sporenkapseln besteht. Bei feuchter Luft und milden Temperaturen vermehren sich die Sporen rasch und werden vom Wind über die Felder verteilt. Unter ungünstigen Bedingungen können ganze Kartoffeläcker innerhalb kürzester Zeit von der Krautfäule befallen sein.

„Erwachsene erfrieren auf den Feldern, und Kinder schreien vor Hunger"

Es kam vor, daß die Bauern morgens auf die Felder gingen und statt grüner, gesunder Kartoffelpflanzen vom Vortag nur noch braune, schleimige Blätter und Stengel vorfanden. Und es trat ein, was viele befürchtet hatten: Auch die Kartoffelknollen, die man noch geerntet hatte und die zunächst gesund aussahen, wurden von dem Pilz befallen, so daß man sie nicht mehr als Saatgut verwenden konnte.

So bescherte das Jahr 1845 den Iren eine Mißernte und Hungersnot. Doch im folgenden Jahr kam es noch schlimmer. Im August 1846 notierte Priester Matthew in sein Tagebuch: „Am 27. letzten Monats war ich auf dem Weg von Cork nach Dublin und sah, wie die Kartoffelpflanze üppig blühte und eine reiche Ernte versprach. Bei meiner Rückkehr am 3. August erblickte ich voller Sorge eine ausgedehnte, öde Fläche mit verfaulendem Pflanzenwuchs. An manchen Orten saßen die armseligen Menschen auf den Zäunen ihrer verfallenden Gärten, rangen die Hände

Tödlicher Pilz *Ein verräterischer weißer Fleck auf den Blättern einer Kartoffelpflanze war das erste untrügliche Anzeichen des* Phytophthora infestans, *des Pilzes, der die mörderische Krautfäule in Irland auslöste. Sie zerstörte innerhalb von Tagen gesunde Pflanzen, ließ ungenießbare Kartoffeln zurück und erfüllte die Luft mit ekelerregendem Gestank.*

und klagten bitter über die Verheerung, die sie ohne jede Nahrung zurückgelassen hatte."

Der Winter 1846/47 war ungewöhnlich streng. Ein Friedensrichter berichtete aus Cork: „Die alarmierenden Zukunftsaussichten könnten kaum schlimmer sein. Die Leute müssen sterben, wenn nicht sofort etwas getan wird." Unter dem Eindruck des Elends wandte er sich direkt an den Herzog von Wellington, den Helden von Waterloo, und beschrieb, wie er sich soeben bemüht habe, Brot in dem nahe gelegenen Weiler Skibbereen auszuteilen: „In einer elenden Hütte fand ich Haufen von Lumpen, aus denen ein leises Stöhnen drang. Ich sah fiebernde Kinder, eine Frau und etwas, was einmal ein Mann gewesen war."

Draußen umringte ihn eine hungerleidende Menschenmenge: „Meine Kleider wurden mir fast vom Leib gerissen, ich bemühte mich, dem scheußlichen Gedränge zu entfliehen, als mein Halstuch von hinten erfaßt wurde. Eine Frau mit einem neugeborenen Kind im Arm griff nach mir, die Lenden mit den Resten eines schmutzigen Sacks verhüllt, die einzige Kleidung für sie und ihr Kind. Am gleichen Tag sah man, wie eine Mutter, die selbst fieberte, die unbekleidete Leiche ihres Kindes, eines etwa zwölfjährigen Mädchens, aus dem Haus zog und, halb mit Steinen zugedeckt, liegen ließ."

Kein Mitleid für die Hungernden *Ungerührt unterhalten sich Premierminister Robert Peel und Oppositionsführer Lord John Russell über das unsägliche Elend in Irland. Die Karikatur stammt aus Großbritannien und entstand im Jahr 1846.*

Das unsägliche Elend dieser Menschen entsetzte die Beamten der Armenunterstützung. Sie taten alles, was sie konnten, auch wenn es nur wenig war. Ein ortsansässiger Beamter der Armenbehörde schrieb im Dezember 1846 in einem Bericht an seine Vorgesetzten: „Obgleich mich vieles ungerührt läßt, bekenne ich, daß ich angesichts des Ausmaßes und der Stärke des Leidens, das ich erlebte, außer Fassung geriet, des Leidens vor allem bei Kleinkindern und Frauen, die sich wie eine Schar verhungernder Krähen auf den Rübenfeldern sammeln, die rohen Rüben verschlingen, meist halb nackt in Schnee und Eisregen vor Kälte zittern und Verzweiflungsrufe ausstoßen, während ihre Kinder vor Hunger schreien."

Premierminister Peel stürzte über die Hilfe für Irland

Die britische Regierung reagierte mit einer Reihe von Unterstützungsmaßnahmen, doch ihre Bemühungen waren schlecht organisiert und litten unter politischen Hemmnissen. Eines der größten Hindernisse waren die seit langem von Großbritannien auferlegten Getreidegesetze, die den Import von Getreide verhinderten, welches den Hunger in Irland hätte mildern können. Die *corn laws* belegten nämlich Getreideimporte aus dem Ausland mit derart hohen Schutzzöllen, daß die einheimischen landwirtschaftlichen Produkte konkurrenzlos waren und den Grundherren satte Gewinne einbrachten. In Irland jedoch trugen sie zur Verschärfung der Hungersnot bei.

Premierminister Robert Peel, der sich leidenschaftlich für die Abschaffung der Getreidegesetze einsetzte, erreichte 1846 die Aufhebung der einfuhrbeschränkenden Bestimmungen, was ihn jedoch kurz darauf sein Amt kostete. In der Praxis allerdings änderte sich wenig, da die Iren kein Geld hatten, um Nahrungsmittel zu kaufen. So verschifften die Großgrundbesitzer auch während der Hungersnot weiterhin lieber ihr Getreide und ihr Vieh von Irland nach Großbritannien. Die Verhungernden ernährten also die Wohlhabenden. Ein irischer Schriftsteller empfand es als blanken Hohn, „wenn mit jeder Flut ungeheure Herden von Rindern, Schafen und Schweinen aus jedem unserer 13 Seehäfen nach England ausliefen, und die Großgrundbesitzer erhielten ihren Pachtzins, den sie in England verpraßten".

Erschwerend kam hinzu, daß viele führende britische Politiker von der Vorstellung geleitet wurden, zuviel Hilfe verwöhne die Iren, mache sie faul und abhängig. Peels Regierung leitete zwar eine Reihe von Maßnahmen zur Arbeitsbeschaffung ein – z.B. den Bau von Straßen und Häfen –, doch sie bezahlte den Arbeitern weniger, als diese für den Unterhalt einer Familie brauchten. Und das Armengesetz von

DIE IREN IN AMERIKA

In der Mitte des 19. Jahrhunderts erlebte Amerika die erste große Einwanderungswelle aus Europa. 1,6 Millionen Menschen strömten allein in den 40er Jahren ins Land. Davon waren fast die Hälfte irische Bauern, die vor dem Hunger in ihrer Heimat flohen. Bis 1855 wanderten insgesamt fast 2 Millionen Iren in die USA ein. Die meisten ließen sich in den Städten des Nordostens, vornehmlich in Boston, Philadelphia und New York, nieder; letztere galt als die „größte irische Stadt der Welt".

Trotz der begeisterten Berichte, die viele über die USA gehört hatten, war das Leben dort alles andere als ein Honigschlecken. Geregelte Arbeit war kaum zu finden, und man wohnte in heruntergekommenen Mietshäusern. Die meisten Iren hatten keine Ausbildung und konnten oft kaum lesen und schreiben. Noch dazu wurden sie als katholische Minderheit diskriminiert. So konnte man in zahlreichen Stellenangeboten lesen: „Iren nicht erwünscht."

Doch Jahrhunderte unter britischer Herrschaft hatten die Fähigkeit der Iren zum Überleben unter widrigen Umständen geschult. Die Männer stellten die billigen Arbeitskräfte im Kanal- und Eisenbahnbau. Die Frauen arbeiteten als Hausmädchen oder Näherinnen; die Kinder übernahmen alle Gelegenheitsarbeiten, die sie finden konnten. Gemeinsam gelang es ihnen, ihren Lebensunterhalt zu bestreiten; manchmal konnten sie sogar noch etwas Geld nach Hause schicken, um Verwandten die Überfahrt zu ermöglichen und Daheimgebliebene zu unterstützen.

Die Iren beteiligten sich rege am politischen Leben und organisierten sich mit wachsendem Erfolg in Parteien und Gewerkschaften. In den 80er Jahren des 19. Jahrhunderts hatten sowohl New York als auch Boston Bürgermeister, die in Irland geboren waren. Damit war für Amerikaner irischer Herkunft der Weg in Spitzenpositionen der Verwaltung frei. Diese wiederum stellten Landsleute als Beamte ein – Polizisten, Feuerwehrleute, Lehrer –, so daß das irische Element bis heute einen beträchtlichen Einfluß auf das amerikanische Leben hat.

Am St. Patrick's Day, dem irischen Nationalfeiertag, findet in New York jedes Jahr eine Galaparade statt. Die Ansicht zeigt den Umzug aus dem Jahr 1874.

1847 verweigerte jedem Iren eine staatliche Unterstützung, der ein Feld von mehr als 1000 Quadratmetern gepachtet hatte, selbst wenn sein armseliger Akker nur verfaulte Kartoffeln hervorbrachte.

Manche Menschen in Großbritannien meinten sogar, die Hungersnot sei vielleicht nicht einmal so schlecht für Irland. „Sie leben auf einer schrecklichen Insel und ihre Geschichte ist kaum der Rede wert", schrieb der Dichter Alfred Lord Tennyson über die Iren. „Könnte nicht jemand diese entsetzliche Insel mit Dynamit in die Luft sprengen und sie stückweise weit fortschaffen?" In den Augen der Briten glich Irland einer Kolonie, deren Bevölkerung von einer Besatzungsarmee kontrolliert und beherrscht wurde. Vertrieb man Hunderttausende von irischen Pächtern und machte ihre Hütten dem Erdboden gleich, um Weiden für die gewinnbringende Schafzucht zu schaffen, so löste dies keinen empörten Aufschrei in der Öffentlichkeit aus.

Im Jahr 1848 schlug die Krautfäule wieder zu und brachte neues Elend über Irland. Zur Hungersnot kamen nun auch noch Seuchen. Verheerende Ausbrüche von Typhus, Cholera und Skorbut ließen die Zahl der Opfer weiter ansteigen. Lord John Russell, der neue Premierminister, machte dafür die Iren selbst verantwortlich, weil sie nach wie vor so sehr von der Kartoffel abhingen. „Wie kann man einem solchen Volk helfen", klagte er voller Entrüstung. Als ob die Iren jemals eine Wahl gehabt hätten!

1849 hörte die Krautfäule auf, und die Hungersnot nahm ein Ende. Mochte sich auch nach außen hin nicht viel verändert haben – Irland war weiterhin ein armes, unterdrücktes Land –, so blieb doch unter den Überlebenden eine tiefe Bitterkeit über die britische Politik zurück, die den Tod von 1 Million Menschen zugelassen hatte, eine Bitterkeit, die sich bis in die Gegenwart gehalten und das Verhältnis beider Nationen zueinander geprägt hat.

Flammen über Wisconsin

Ein Waldbrand vernichtet die Holzfällerstadt Peshtigo

Eine der schrecklichsten Katastrophen Amerikas ist der Öffentlichkeit weitgehend verborgen geblieben: der Waldbrand von Peshtigo in Wisconsin. Zur gleichen Zeit zerstörte nämlich ein anderes Großfeuer die nur 350 Kilometer weit entfernte Stadt Chicago fast vollständig – ein Ereignis, das die Schlagzeilen beherrschte und den Brand von Peshtigo in den Hintergrund treten ließ.

Peshtigo war eine typische Holzfällerstadt inmitten von Kiefernwäldern. Sie erstreckte sich an beiden Ufern des kleinen Peshtigo River, der knapp zehn Kilometer weiter im Südosten in die Green Bay des Michigansees mündet. Die Stadt war noch jung und erst dabei, einen raschen Aufschwung zu nehmen. Man hatte die Siedlung innerhalb kurzer Zeit um das Sägewerk und die Holzfabrik der Peshtigo Company aufgebaut, einer florierenden Firma unter der Leitung von William Butler Ogden.

Was der aufstrebenden Stadt noch fehlte, um ihr eine Zukunft in Wohlstand zu garantieren, war eine Eisenbahnverbindung. Es erwies sich als Vorteil, daß Ogden auch Mitglied der Chicago- und Nordwest-Eisenbahngesellschaft war, die gerade im Sommer 1871 daranging, ihre Strecke von Fort Howard entlang der Green Bay nach Norden durch Peshtigo zu den beiden Holzfällerstädten Marinette und Menominee auszubauen. So würde auch Peshtigo bald seine Eisenbahnstation haben. Der ganze Stolz der neuen Industriestadt war jedoch der *Marinette and Peshtigo Eagle*, den Luther B. Noyes im Juni 1871, drei Monate vor der Katastrophe, gründete. Zwar wurde die Wochenzeitung im nahe gelegenen Marinette gedruckt, doch sie brachte Nachrichten aus beiden Städten.

In Peshtigo herrschte in jenem Sommer ein lebhaftes Treiben: In den Straßen tummelten sich neu angekommene Siedler, Holzfäller, Sägewerkarbeiter und Handlungsreisende. Das ungeheure Waldgebiet, in dem vorwiegend Kiefern und Fichten wuchsen, begann am Stadtrand und dehnte sich nach Westen und Norden bis in Gegenden aus, die außer ein paar Holzfällern niemand kannte. In der näheren Umgebung von Peshtigo gab es einige Lichtungen, wo sich Siedler niedergelassen hatten. Wegen der schönen alten Zuckerahornbäume hieß dieses Gebiet allgemein Zuckerbusch.

Den größten Teil der Nachrichten in Noyes' Zeitung machten die Berichte über die Arbeit der Bautrupps der Eisenbahngesellschaft aus, doch der *Eagle* brachte auch regelmäßig Meldungen über das Wetter. Und mehr als einmal stellte Noyes fest, daß „die Wälder entsetzlich trocken" seien, und er begrüßte freudig einen „kräftigen Regenguß" am 8. Juli, den ersten Regen seit mehr als zwei Monaten. Danach gab es eine Hitzeperiode, August und September blieben ohne jeden Niederschlag. Am 9. September kam Mulligans Holzfällerbrigade, 32 Mann stark und mit Äxten ausgerüstet, auf dem Weg nach Norden durch den Ort. Sie sollten die Bäume für die Eisenbahntrasse zwischen Peshtigo und Marinette abholzen. Eine Woche später berichtete die Zeitung über schwere Waldbrände nordöstlich von Peshtigo. Mulligans Brigade arbeitete trotzdem weiterhin in diesem Gebiet. Am 30. September hieß es dann im *Eagle*: „Am vergangenen Sonntag wurden alle verfügbaren Arbeitskräfte zur Bekämpfung der Waldbrände nahe der Holzfabrik von Peshtigo eingesetzt."

Kleine Brände, ausbleibender Regen und ungünstiger Wind: Die Katastrophe kündigte sich an

Der Oktober kam, und Regen war immer noch nicht zu erwarten. Obwohl es in den Morgenstunden schon recht frisch war, blieb es tagsüber heiß und drückend. Dem Herausgeber Noyes gefiel die Entwicklung nicht. Am 7. Oktober berichtete er, daß „in den Wäldern in der Umgebung von Marinette noch immer versteckte Brände schwelen, die bei ungünstigen Windverhältnissen auf Peshtigo übergreifen können. Wenn es nicht bald regnet, weiß Gott allein, wie bald eine Feuersbrunst über diese Stadt hereinbrechen mag."

Als Peshtigo am 8. Oktober erwachte, stand eine kupferfarbene Sonne am Himmel, und der Ort wurde von einer brütenden Herbsthitze ausgedörrt, wie sie seit Menschengedenken nicht vorgekommen war. Die Luft war totenstill. Auch die großen Scharen der Krähen, Tauben und kleineren Vögel gaben keinen Laut von sich. Um die Mittagszeit verschwand die Sonne im Dunst. Ein seltsames, gelbliches Dämmerlicht, das aus einer unsichtbaren Quelle zu stammen schien, strahlte gespenstisch von den sägemehlbestreuten Straßen und bretternen Fußsteigen zurück.

Die Stadtbewohner besuchten, wie gewohnt, den Sonntagsgottesdienst und setzten sich dann zu ihrem ausgiebigen Mittagsmahl nieder. In der

Flammenhölle *Das gewaltige Feuer am 8. Oktober 1871 vernichtete rund 62 000 Hektar Wald in Wisconsin.*

Gemeinschaftsunterkunft der Peshtigo Company wurde den unverheirateten Beschäftigten ebenfalls ein gutes Essen vorgesetzt. Der Nachmittag zog sich hin, heiß, bleiern und rauchig, daß einem die Augen tränten. Gegen Abend blies ein leichter Windhauch schwarze und weiße Ascheteilchen durch die Stadt; sie schwebten durch die offenen Fenster und waren sogar in den Speisen zu finden.

Der Holzfäller John Cameron war soeben von einem Ausflug flußaufwärts in die Stadt zurückgekehrt. Nun saß er auf den Stufen der Gemeinschaftsunterkunft der Peshtigo Company, während die Nacht sich über die Siedlung senkte. Über den Baumwipfeln im Südwesten konnte er eine düstere Rotfärbung erkennen. Der Rauch verdichtete sich allmählich. Gegen 21 Uhr kam es ihm vor, als höre er ein seltsames Geräusch in der Nacht, ein leises Stöhnen, gedämpft und weit fort, wie von einem Wasserfall in der Ferne. Er wußte sofort, daß es kein Wasser war. Bald darauf schwoll das dumpfe Grollen zu einem Brüllen an. John Cameron hatte in seinem Leben schon das Brausen starker Stürme gehört, doch nichts war mit diesem Geräusch vergleichbar, das nun aus den fernen Wäldern hervordrang. Im Ort frischte der Wind auf und raschelte in den wenigen Bäumen am Flußufer. Dann schlief er wieder ein,

Letzte Rettung *Die von Panik ergriffenen Einwohner von Peshtigo flohen vor den tödlichen Flammen in den Fluß.*

und eine schwermütige Stille legte sich über das Land, nur das mächtige Dröhnen weit im Südwesten dauerte an. War es überhaupt weit entfernt? Cameron versuchte, sich darüber klarzuwerden, als ein wirbelnder Feuerball aus dem Nichts unmittelbar auf die mit Sägemehl bedeckte Straße neben der Unterkunft herunterfiel. Ein weiterer Feuerball folgte. Cameron sprang auf und schrie: „Feuer!" Gleichsam als Antwort auf seinen Schrei regneten Feuerschauer auf die Häuser herab.

Im Nu standen die Bürgersteige aus grob behauenem Kiefernholz in hellen Flammen. Männer und Frauen drängten sich aufgeregt vor den Blockhütten und in den Höfen. Der obere Teil eines Hauses bewegte sich unter dem plötzlichen Ansturm der Flammen ruckartig nach oben und wurde vom Wind fortgerissen. Scharen von Haustieren liefen aufgeregt durch die Straßen, hielten inne, schauten angsterfüllt um sich und hetzten dann weiter. Ein Hirsch, großäugig und zitternd, schoß aus dem Wald hervor, verharrte stocksteif inmitten der Dorfhunde, die winselten und schnüffelten, aber keine Anstalten machten, das wilde Tier anzugreifen.

Der Fluß rettete Hunderten von Menschen das Leben

Wie zahlreiche Bewohner Peshtigos flüchtete auch Cameron vor den Flammen zum Fluß hinunter. Auf der Brücke trafen sie auf andere, die in panischer Angst vom Westufer herüberströmten, wo ebenfalls das Feuer wütete. Die Brücke begann zu brennen. Menschen wurden von der Menge überrannt, andere fielen ins Wasser und ertranken. Das Sägewerk am Ostufer nahe der Brücke schien in einem Flammenmeer zu explodieren. Die Stämme, die im Teich der Sägemühle schwammen, begannen zu qualmen, bevor sie in Flammen aufgingen. Noch 40 Jahre später klang Camerons Stimme ganz belegt, wenn er davon sprach, wie er die hübsche Helga Rockstad sah, die den lichterloh brennenden Fußweg entlanglief, und erleben mußte, wie ihr langes schönes Haar Feuer fing und ihre Flucht ein jähes Ende fand. Als Cameron am anderen Morgen die Stelle absuchte, fand er „zwei Strumpfhalterschnallen aus Nickel und grauweiße Aschehäufchen".

Im Westteil der Stadt hatte Pater Pernin, der katholische Priester, die nahende Gefahr gespürt. Bei Anbruch der Nacht begann er, eine Grube in seinem Hof auszuheben, in die er seine Koffer, Bücher und wertvolles Kirchengerät legte und mit Erde bedeckte. Aus Südwesten raste unterdessen ein Feuersturm heran, der den ganzen Horizont erhellte. Der Priester ließ sein Pferd laufen. In aller Eile nahm er das Tabernakel an sich, lief in den Hof, stellte es in den Wagen, nahm die Deichsel und machte sich auf den Weg zum Fluß. Der Feuersturm raste über Pernin hinweg, schleuderte ihn zu Boden und stürzte den Wagen um. So rasch er konnte, erhob er sich wieder und rannte zum Fluß.

Als Pater Pernin bis zum Hals im Wasser stand, sah er, wie die Feuerzungen sich über den Fluß fraßen und das Haar der um ihr Leben schwimmenden Männer und Frauen erfaßten. Manche tauchten voller Verzweiflung unter und ertranken qualvoll, manche kamen wieder nach oben, um Luft zu holen, und verbrannten. Und immer mehr Menschen und Tiere stürzten die Uferböschung hinab, um im Wasser Schutz vor dem Feuersturm zu suchen.

Die kleine neunjährige Amelia Slaughter, ihre Mutter und ihre Schwester hielten sich an einem der qualmenden Baumstämme fest, die den Fluß hinabtrieben, und beobachteten das flammende Inferno. Sie waren ziemlich nahe an der Holzfabrik, als eine mächtige Windbö das Gebäude ergriff. Der Bau explodierte und spie eine mächtige Feuersäule aus, in dem Tausende von lodernden Fässern, Kübeln, hölzernen Griffen und Wäscheklammern wie kleine Meteore durch die Nacht sausten. Die Flüchtlinge im Fluß konnten nur mit Mühe diesen gefährlichen Geschossen ausweichen, die zischend ins Wasser einschlugen. In jener Nacht rettete der Fluß Hunderten von Menschen das Leben; nur 20 ertranken in seinen Fluten.

Auf seinem Weg nach Peshtigo hatte das Feuer auch im Zuckerbusch, der südwestlich der Stadt gelegenen Gegend, furchtbar gewütet. Am nächsten Tag fand man um die Scheune der Familie Hill die Leichen von 13 Menschen und die Kadaver von 43 Tieren. Die fünfköpfige Familie des Joseph Diedrick war ebenso unter den Opfern wie das Ehepaar Towsley und seine drei Kinder. Der Mann hatte in seiner Panik seiner Frau und den Kindern die Kehle durchgeschnitten, ehe er sich selbst umbrachte. William Curtis, ein alleinlebender Siedler, wollte ebenfalls nicht bei lebendigem Leib verbrennen. Man fand ihn in seinem Brunnen, die Kette des Schöpfeimers fest um den Hals geschlungen.

Von Peshtigo aus bewegte sich der Waldbrand nach Nordosten, geradewegs auf die beiden Städte Marinette und Menominee zu. Die Einwohner dort hoben Gräben aus, schleppten Wasser herbei und gossen es über die Dächer ihrer Holzhäuser. Die meisten Frauen und Kinder fuhren mit Dampfern sicherheitshalber auf den Michigansee hinaus, wo sie bis zum nächsten Tag blieben. Die Einwohner sahen sich bereits als Opfer des Flammenmeeres, doch die ausgedehnten sandigen Hügelketten südlich von Marinette hielten das Feuer auf und lenkten es an der Stadt vorbei. Menominee erlitt ebenfalls nur geringen Schaden.

Als der Morgen dämmerte, hingen dunkle Rauchschwaden über dem verbrannten Land. Ein beißender Geruch erfüllte die Luft. Die Sonne war nicht zu sehen. Die Green Bay lag in einem solch trüben Licht, daß man zwei Männer in Menominee am Pier postierte, die durch Heben und Senken schwerer Planken den in den Rauch fahrenden Dampfern, die Hilfsgüter von Escabana brachten, Signale geben mußten. Die Überlebenden des Feuersturms erfaßten das Ausmaß der Katastrophe erst, als sie die Wüste aus verkohlten Bäumen und die ausgeglühten Trümmer sahen, die am Tag zuvor noch schmucke Häuser voller Leben gewesen waren.

Am späten Abend des 9. Oktober begann es zu regnen, genau 26 Stunden zu spät. Am 14. Oktober gab der *Eagle* eine Extraausgabe über den verheerenden Brand heraus. Es war nur ein einziges Blatt mit einem Trauerrand. Der Herausgeber Noyes entschuldigte sich für den geringen Umfang der Zeitung; die regelmäßige Papierlieferung aus Chicago sei wegen des dortigen Großbrandes ausgeblieben. Aus dem gleichen Grund sollte es noch Wochen dauern, bis das Chicagoer Nachrichtenmagazin *Harper's Weekly* von den schrecklichen Ereignissen in den entlegenen Wäldern von Wisconsin berichten konnte.

Die Wut eines Feuersturms

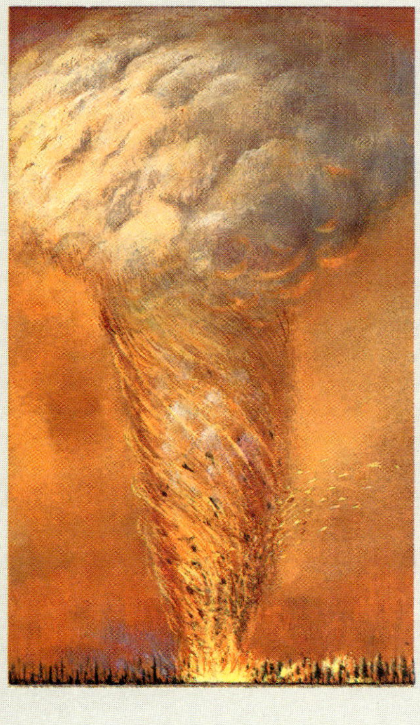

Die gigantische Feuersäule saugt sauerstoffreiche Luft an, deren Sog die Wirkung des Feuers noch verstärkt.

Feuerwehrleute bezeichnen den kritischen Moment, in dem ein Waldbrand plötzlich und oft unerwartet an Umfang und Stärke zunimmt und sich in ein brodelndes Flammenmeer verwandelt, als Explosion. Nicht einmal Fachleute können vorhersagen, wann sich ein Brand zu einem solchen Feuersturm entwickelt. Ist er erst einmal in vollem Gang, facht er sich selbst an. Die aufsteigende Wärme bildet eine riesige Säule, die mehr als sieben Kilometer hoch werden kann; sie neigt sich ein wenig nach vorn und geht dem eigentlichen Flächenbrand voraus. Die Feuersäule saugt am Boden unverbrauchte, sauerstoffreiche Luft an, die sich mit den brennenden Materialien verbindet und nach oben wirbelt. Manchmal steigen in einer Säule auch große Blasen unverbrannter Gase auf, die dann wie Feuerwerkskörper explodieren.

Innerhalb eines Feuersturms können die Wirbelwinde, die einen Durchmesser von bis zu 150 Metern erreichen, ganze Bäume erfassen und wie Strohhalme herumwirbeln. Diese brennenden Holzstämme sind es, die das Feuer immer wieder schüren, wenn die Wirbelwinde sie über weite Strecken vor die sich weiterfressende Feuerwand schleudern. Überall, wo brennendes Holz auf den Boden fällt, flackern neue kleine Feuer auf, Brandherde, die sich ausdehnen, mit dem Hauptbrand vereinigen und dessen Vormarsch beschleunigen.

Angesichts eines Feuersturms sind Feuerwehrleute machtlos. Seine rasche Ausbreitung, die Intensität der Hitze und der glühende Ascheregen machen eine wirkungsvolle Brandbekämpfung unmöglich. Ein Feuersturm findet erst dann sein Ende, wenn Regen einsetzt, der todbringende Wind endlich abflaut oder das Feuer alles Brennbare aufgezehrt hat. Erst dann kommt die Feuerwehr zum Einsatz.

Feuerfront *Tausende von Menschen flüchten in Panik vor dem Flammenmeer über den Fluß ans rettende Ufer.*

Chicago brennt

Eine Stadt versinkt in Schutt und Asche

Es war am frühen Sonntagabend des 8. Oktober 1871. Aus der Scheune hinter dem Fachwerkhaus des Ehepaars O'Leary in der DeKoven Street 137 im Westen Chicagos schlugen vereinzelt Flammen. Der Nachbar Dennis Kogan bemerkte um 20.45 Uhr als erster das Feuer. William Lee, der ebenfalls in der Straße wohnte, rannte zum nächsten Feuermelder, der sich drei Häuserblocks weiter entfernt bei Golls Drugstore befand. Doch aus unerfindlichen Gründen kam die Meldung in der Hauptfeuerwache nicht an. Erst um 21.20 Uhr wurde Alarm ausgelöst.

Dieser harmlose Scheunenbrand ging in die Annalen der Stadt Chicago ein. Aus dem Feuer wurde eine Feuersbrunst, die insgesamt 18 000 Gebäude vernichtete, mehrere hundert Menschen das Leben kostete und rund 100 000 Bürger obdachlos machte.

Über die Brandursache gingen die Meinungen auseinander. Wie es später vor Gericht hieß, soll O'Learys Kuh beim Melken unruhig geworden sein und eine brennende Kerosinlampe umgestoßen haben, worauf die Scheune in Flammen aufging. In ihrer vereidigten Zeugenaussage beharrte Mrs. O'Leary jedoch darauf, daß sie, ihr Mann und die fünf Kinder bei Ausbruch des Feuers bereits im Bett lagen und fest schliefen.

Bei dieser Version der Geschichte blieb allerdings die Rolle des Denis „Holzbein" Sullivan unberücksichtigt, eines einbeinigen Bierkutschers, der Kostgänger im Haus der O'Learys war. Einige Historiker, die sich näher mit der Brandkatastrophe beschäftigt haben, glauben, Sullivan, dessen Trinkerei Mrs. O'Leary mißbilligte, habe sich an jenem Abend heimlich in die Scheune geschlichen, um sich ein paar Schlückchen zu genehmigen. Beim Anzünden seiner Pfeife habe er dann unabsichtlich die Scheune in Brand gesetzt. Vor Gericht behauptete Sullivan

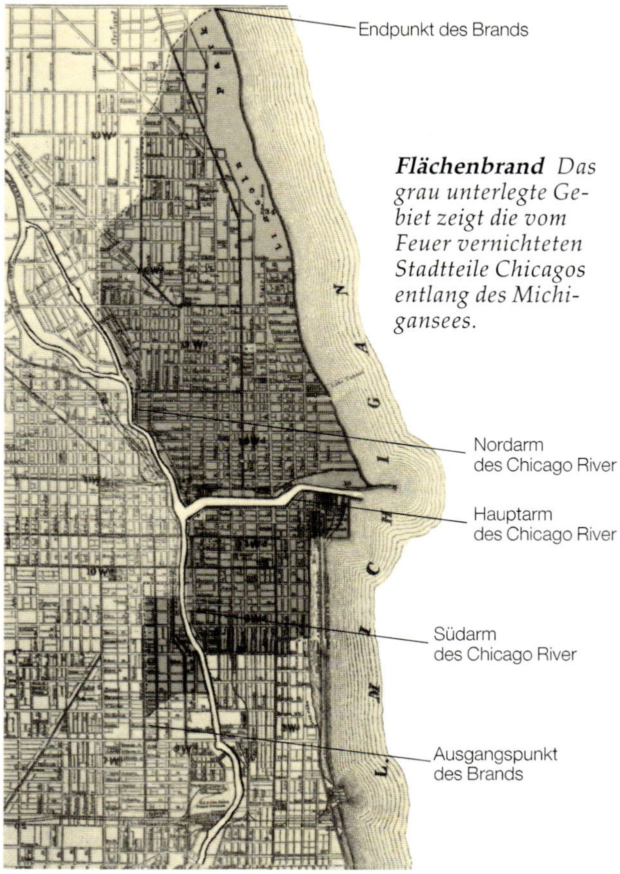

Flächenbrand *Das grau unterlegte Gebiet zeigt die vom Feuer vernichteten Stadtteile Chicagos entlang des Michigansees.*

jedoch, er sei beim Ausbruch des Feuers nicht in der Scheune gewesen. Als er die Flammen gesehen habe, sei er vielmehr über den Hof gehumpelt, habe laut „Feuer! Feuer!" gerufen und versucht, die Pferde und Kühe im Stall zu befreien. In dem Durcheinander habe er sein Holzbein verloren, das in einer Spalte im Scheunenboden steckengeblieben sei. Nur mit Mühe habe er den Flammen entkommen können.

Doch gleichgültig, was wirklich in jener Oktobernacht in O'Learys Scheune geschah, das Feuer breitete sich in Windeseile über die Stadt aus. Die morschen Holzhäuser hatten Chicago, wie es der Historiker Robert Cromie formulierte, „in einen riesigen, potentiellen Scheiterhaufen verwandelt, der geradezu darauf wartete, angezündet zu werden".

Vor dem großen Feuer waren über 80 Kilometer der Straßen in Chicago mit Kiefernholz gepflastert, darüber hinaus gab es hölzerne Gehwege von über 1000 Kilometer Länge. Selbst die Durchgangsstraßen in den vor kurzem eröffneten Schlachthöfen waren mit Holzbohlen ausgelegt, um die Hufe der Rinder, Schafe und Schweine zu schonen. Die Brücken, die den Fluß überspannten, waren aus Holz gebaut, ebenso wie die zahlreichen Schiffe, die im Hafen vor Anker lagen. Schätzungsweise 65 Prozent der 60 000 Gebäude der Stadt waren reine Holzhäuser. In den ärmeren Wohngebieten standen billig gebaute Blockhütten neben Farbenschuppen, Möbelfabriken und anderen Industrieanlagen, voll mit brennbarem Material. In den Scheunen lagerten Heu, Öl und Brennholz zum Feuermachen. Die ohnehin unzulänglichen Brandschutz- und Bauvorschriften wurden seit Jahren mißachtet.

Obgleich die Stadt mit einigen schönen Ziegel- und Steinbauten aufwarten konnte, waren viele der solide aussehenden Gebäude in Wirklichkeit Bruchbuden, die sich hinter prächtigen Fassaden verbargen. Noch am 1. September, fünf Wochen vor dem großen Feuer, beklagte die angesehene *Chicago Tribune* in einem Artikel die „feuergefährdeten Bauwerke, die sich kilometerweit hinziehen, gefällig aussehen, stabil wirken, aber nichts als Schein sind und aus morschen Schindeln bestehen".

Hinzu kam eine anhaltende Trockenperiode, die im Sommer 1871 den gesamten Mittleren Westen heimgesucht hatte. Zwischen dem 3. Juli und dem 8. Oktober, der Brandnacht, betrug die Niederschlagsmenge in Chicago nur 50 Millimeter; die kurzen Regenschauer brachten der ausgedörrten Stadt kaum eine nennenswerte Entlastung.

So überraschte es nicht, daß unter diesen widrigen Umständen im Verlauf des Herbstes in Chicago immer wieder vereinzelt Feuer ausbrachen. Es war keine Seltenheit, wenn die Glocke im Turm der Hauptfeuerwache im Cook-Bezirk bis zu siebenmal am Tag Feueralarm läutete.

Am Samstag, eine Nacht vor der großen Katastrophe, brach zwischen 22 und 23 Uhr in der Sägemühle in der Canal Street ein Großfeuer aus, das einen Schaden in Höhe von 750 000 Dollar verursachte. Der 21stündige Kampf gegen die Flammen, an dem alle 29 Feuerwehren der Stadt beteiligt waren, setzte vier Löschmannschaften außer Gefecht, verletzte zahlreiche Feuerwehrleute und brachte alle Beteiligten an den Rand der Erschöpfung.

Eine Stunde nachdem der Löschzug Nr. 6 von der Brandstelle in der Canal Street zurückgekehrt war, wurde er in die DeKoven Street 137 gerufen, um das Feuer bei den O'Learys zu löschen. Wahrscheinlich wäre es gar nicht erst zu der nun folgenden Katastrophe gekommen, wenn die bedauernswerten Feuerwehrleute nicht so übermüdet gewesen wären.

Organisatorische Pannen und menschliches Versagen erschwerten die Brandbekämpfung

Als um 21.24 Uhr die Löschmannschaft endlich am Unglücksort eintraf, brannte O'Learys Scheune bereits lichterloh. Von einem leichten Wind angefacht, hatten die Flammen nach Norden auf die Schuppen in der unmittelbaren Umgebung übergegriffen. Der inzwischen ebenfalls eingetroffene Löschzug Nr. 5 konnte zu allem Unglück nicht eingesetzt werden, da

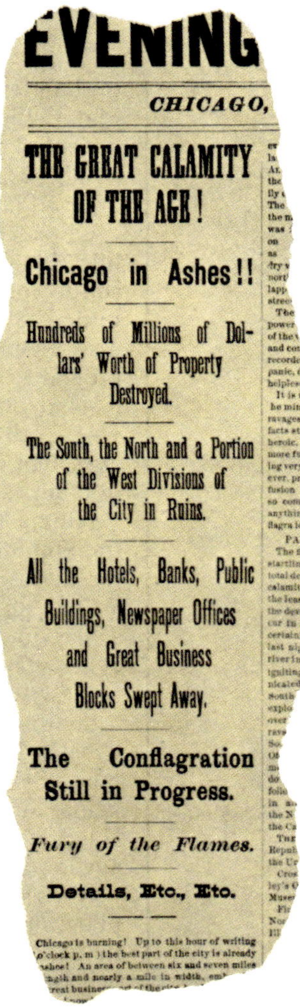
EVENING

CHICAGO,

THE GREAT CALAMITY OF THE AGE!

Chicago in Ashes!!

Hundreds of Millions of Dollars' Worth of Property Destroyed.

The South, the North and a Portion of the West Divisions of the City in Ruins.

All the Hotels, Banks, Public Buildings, Newspaper Offices and Great Business Blocks Swept Away.

The Conflagration Still in Progress.

Fury of the Flames.

Details, Etc., Etc.

Chicago is burning! Up to this hour of writing o'clock p. m.) the best part of the city is already ashes! An area of between six and seven miles ... and nearly a mile in width, ...

Katastrophenmeldungen
Die Schlagzeilen des Chicagoer Evening Journal *spiegeln die dramatischen Ereignisse in der Brandnacht wider.*

die Löschgeräte defekt und daher zur Brandbekämpfung nicht zu gebrauchen waren. Zwar waren noch andere Feuerwehren auf dem Weg zur DeKoven Street, doch gingen wertvolle Minuten verloren.

Alle Hoffnungen auf ein rasches Eindämmen des Feuers zerschlugen sich, als gegen 22 Uhr der Wind lodernde Holzscheite und Funken fünf Blocks weiter auf die St.-Pauls-Kirche trieb, deren Kirchturm sofort in Flammen aufging. Binnen kurzem loderte eine benachbarte Möbellackiererei wie eine brennende Fackel am Nachthimmel. Trotz des mutigen Einsatzes der Löschmannschaften gelang es nicht, die Feuersbrunst einzudämmen; ungehindert breitete sich das Flammenmeer nach Norden aus.

Auch auf der Kuppel der Hauptfeuerwache hatten brennende Trümmer kleine Brände entzündet, die zunächst noch gelöscht werden konnten. Schließlich entwickelte sich aber eine so große Hitze in dem Bau, daß die Glasscheiben der Fenster schmolzen und das Mauerwerk allmählich bröckelte. Knapp vier Stunden später war die Wachmannschaft gezwungen, das Gebäude zu räumen, und kurz darauf stürzte die riesige Glocke der Hauptfeuerwache krachend in das Erdgeschoß hinab.

Der auffrischende Südwestwind, verstärkt durch die ungeheure Hitzeentwicklung, schleuderte brennende Trümmerstücke bis zu drei Kilometer weit durch die Luft in den Michigansee. Die Hoffnung der Einwohner, die Feuersbrunst könne am Südarm des Flusses aufgehalten werden, erwies sich als trügerisch. Um 23.30 Uhr griffen die Flammen auf das andere Ufer über und zerstörten den Fuhrpark einer Omnibusgesellschaft. Bald darauf erreichte die Feuerwalze die Innenstadt von Chicago und zerstörte das gesamte Geschäftsviertel. Einige der prächtigsten Gebäude fielen den Flammen zum Opfer oder wurden zu steinernen Gerippen, die noch Tage danach so heiß waren, daß man sie nicht betreten konnte. Das unvollendete Grand Pacific Hotel, die Post, das Zollamt, das gerade eben renovierte Crosby Opernhaus, dessen Wiedereröffnung man für den 9. Oktober mit einem Galakonzert geplant hatte, das Textilgeschäft Field & Lieter und das angeblich feuersichere Gebäude der *Chicago Tribune* wurden alle dem Erdboden gleichgemacht.

Wie die *Chicago Post* am 17. Oktober berichtete, bot die Innenstadt auf dem Höhepunkt der Feuersbrunst ein Bild des Chaos: „Überall Staub, Rauch, Flammen, Hitze, das Donnern der einstürzenden Mauern, prasselndes Feuer, zischendes Wasser, keuchende Pumpen, Rufe, schmetternde Trompetensignale, Wind, Tumult und Durcheinander." Thomas Byrne, ein Mannschaftsmitglied des Spritzenwagens Nr. 2, erinnerte sich später voller Grauen, daß „man nur Feuer über sich sah. Keine Wolken, keine Sterne, nichts als Feuer."

Erfolge konnten die Feuerwehrleute in dieser Nacht nur vereinzelt verbuchen. Mit einer riesigen Dampfpumpe hielt man ein großes Sägewerk und die angrenzenden Holzlagerplätze stundenlang unter Wasser, so daß die Flammen nicht auf die Fabrik übergreifen konnten und die Ausbreitung des Brands nach Westen vermieden wurde. Im Süden der Stadt gelang es, das Feuer aufzuhalten, indem man zahlreiche Holzhäuser einfach sprengte und damit dem Feuer keine neue Nahrung mehr gab.

Die eleganten Wohngebiete im Norden Chicagos blieben ebenfalls nicht verschont. In den frühen Morgenstunden des Montags fingen Gebäude nördlich des Chicago River Feuer, und bald darauf war die Luft hier ebenso wie südlich des Flusses von Funkenflug und fliegenden Trümmern erfüllt. Richter Lambert Tree, ein angesehener Chicagoer Jurist und Bewohner des nördlichen Stadtbezirks, erinnerte sich später, daß vom Dach seines Hauses ein „lichterloh brennender Gegenstand, so groß wie ein normales Kopfkissen, herabstürzte".

Während sich das Feuer durch den Nordteil der Stadt fraß, entzündete ein brennendes Trümmerstück das Dach des städtischen Wasserwerks, dessen Pumpen hinter dem Schutz dicker Steinmauern die ganze Nacht hindurch bisher reibungslos gearbeitet hatten. Trotz der soliden Mauern standen die Fußböden und Holzgegenstände im Gebäudeinnern bald in hellen Flammen, und um 3 Uhr morgens gaben die Pumpen endgültig ihren Geist auf.

Damit war Chicagos Wasserversorgung zum größten Teil zusammengebrochen. Obgleich Feuerwehren sogar von Milwaukee und Cincinnati zu Hilfe kamen, konnten sie ohne Wasser nichts ausrichten. Ohnmächtig mußten die Löschmannschaften mit ansehen, wie die Stadt im Flammenmeer unterging.

Tausende von Flüchtlingen ergossen sich in die engen Straßen und verstopften die Zufahrtswege. Es hatte den Anschein, als ob alle 300 000 Einwohner von

Augenzeugenberichte *Die Illustrierte* Every Sunday *in St. Louis sandte ihre beiden Korrespondenten, den Zeichner Alfred R. Waud und den Journalisten Ralph Keeler, nach Chicago, um über das fürchterliche Unglück zu berichten.*

Bilder des Grauens *Noch in der Nacht ihrer Ankunft zeichnete Waud eine erste Skizze von Flüchtlingen, die zusammengekauert außerhalb der Stadt in der Prärie hocken und verängstigt auf das Flammenmeer am Horizont starren (oben). Am folgenden Tag wurden Waud und Keeler bei ihrem Gang durch die Ruinen von einem patrouillierenden Soldaten angehalten (oben rechts). Nach dem Brand suchten viele obdachlose Menschen in ihrer Verzweiflung Zuflucht in einer Kirche, die vom Feuer verschont geblieben war (rechts).*

Chicago auf den Beinen waren und um ihr Leben rannten. Manche versuchten über die wenigen Brükken nach Westen zu fliehen, die von scheuenden Pferden, überladenen Fahrzeugen und Flüchtlingen, die ihr Hab und Gut mit sich schleppten, verstopft waren. Andere schlugen sich nach Osten zum Ufer des Michigansees durch. Die Hitze und der beißende Rauch waren in dieser furchtbaren Nacht zeitweilig derart unerträglich, daß viele der am Strand versammelten Menschen in ihrer Verzweiflung in den See hinauswateten, bis sie bis zum Hals im Wasser standen. Manche tauchten auch unter, wenn brennende Holzstücke zwischen ihnen niederfielen.

In ihrer Panik und Verwirrung wollten die Menschen oft die absonderlichsten Dinge retten: Staubwedel, einen Kaminsims, ein Ofenrohr, leere Vogelkäfige, selbst einen holzgeschnitzten Indianer. Man sah sogar einen Einwohner, der bei seiner Flucht einen Hahn auf der Schulter trug. Die Dienerschaft der Reichen war damit beschäftigt, Silbergegenstände und andere Wertobjekte zu vergraben, darunter auch – man höre und staune – einen Konzertflügel.

Plünderer nutzten das heillose Durcheinander in der Stadt und raubten Geschäfte und Privathäuser aus. Um Recht und Ordnung zu bewahren, rief Chicagos Bürgermeister Roswell B. Mason die Truppen der Armee zu Hilfe. Pinkertons Schutzpolizei stellte ebenfalls eine Sondereinheit ab, die in den niedergebrannten Bezirken patrouillieren und Plünderern unmißverständlich das Handwerk legen sollte. Jeder, der beim Stehlen erwischt werde, solle getötet werden, so lautete Allan Pinkertons Anweisung an seine Leute: „Sie können keine Gnade erwarten, sondern nur den Tod." Trotz dieses rigorosen Durchgreifens nahm die Zahl der Verbrechen in Chicago nach dem großen Feuer für mehrere Wochen stark zu.

Am Montag setzten die Flammen ihre Zerstörung den ganzen Tag lang ungehindert fort. Um die Mittagszeit züngelten sie am Südrand des Lincoln Parks. Um 17 Uhr fing die Chicago-Avenue-Brücke, ein wichtiger Fluchtweg nach Westen, Feuer. Kurz darauf war sie nur noch ein glühendes Skelett verbogener Metallteile. Als schließlich um 23 Uhr der Wind nachließ und vereinzelt Regenschauer niedergingen, erlosch allmählich das Feuer nach über 24stündigem Wüten. Das Herz der einst so stolzen Metropole war kaum mehr als ein Häufchen Schutt und Asche.

Eine Welle der Hilfsbereitschaft erfaßte die zerstörte Stadt

Die Feuersbrunst forderte etwa 300 Menschenleben, doch blieben möglicherweise viele Leichen unter dem Schutt begraben und wurden nie gefunden. Die Flammen vernichteten ein Gebiet von 860 Hektar und richteten einen Sachschaden von fast 200 Millionen Dollar an. Aber diese Zahlen geben nicht einmal andeutungsweise das Ausmaß der Zerstörung wieder. In den Flammen war auch das gesamte geschäftliche, kulturelle und gesellschaftliche Leben der Stadt untergegangen. Die Sonderausgabe des *Evening Journal* am Montag zählte die Verluste der Stadt auf: „Alle großen Hotels, alle öffentlichen Gebäude, alle Banken, alle Zeitungsverlagshäuser, alle Vergnügungsstätten, fast alle großen Geschäftsgebäude, fast alle Eisenbahndepots, das Wasserwerk, das Gaswerk, mehrere Kirchen und Tausende von privaten Wohnhäusern und Geschäften fielen den Flammen zum Opfer. Das stolze, edle, prächtige Chicago von gestern ist heute nur noch ein Schatten seiner selbst." Auf derselben Zeitungsseite jedoch kündigte eine Handelskammer optimistisch an, daß sich ihre Direktoren am nächsten Tag in der Canal Street versammeln wollten, um der schwerbetroffenen Stadt mit geeigneten Hilfsmaßnahmen wieder auf die Beine zu helfen.

Und in der Tat begann Chicago sich in bemerkenswert kurzer Zeit von der Brandkatastrophe zu erholen. Die Western Union nahm am Dienstagmorgen ihren Telegrafendienst wieder auf. Am Donnerstag erschienen bereits alle großen Zeitungen der Stadt. Innerhalb einer Woche funktionierte die Hauptwasserversorgung wieder, und vom Westteil der Stadt wurde Gas durch provisorische Leitungen in die vom Brand zerstörten Bezirke geleitet. Banken und Geschäfte errichteten ihre Hauptsitze in Zelten und Schuppen und waren rasch wieder funktionsfähig. Das Schild, das William Kerfoot an seinem provisorischen Maklerbüro angebracht hatte, war bezeichnend für den Geist, der in dieser Krisenzeit in der Stadt herrschte: „Es ist alles verloren, außer der Frau, den Kindern und dem Willen zur Arbeit."

Zwar nutzten ein paar Geschäftsleute die Lage aus und verlangten horrende Preise, doch gab es auch zahlreiche Berichte über die Großzügigkeit und die Hilfsbereitschaft der Chicagoer Bürger. Ein Metzger im Westteil der Stadt verschenkte Fleisch an Menschen, die sich eine solche Ausgabe nicht leisten konnten. Der Besitzer eines Neubaus im Süden senkte die Mieten um zehn Prozent, sogar für jene Mieter, die bereits den Mietvertrag unterzeichnet hatten. Solomon A. Smith, Präsident einer Geschäftsbank, konnte zwar das Bargeld und die Wertpapiere, nicht aber die Geschäftsunterlagen seiner Bank vor dem Feuer retten. Dennoch zahlte Smith seinen Sparern ihre Geldeinlagen auf ihr Wort hin in voller Höhe aus. Das Feuer von Chicago ließ sogar eine neue Kreditform entstehen. Aus Dankbarkeit, daß sein Möbelgeschäft von der Katastrophe ver-

schont geblieben war, entwickelte John Smyth ein besonderes Ratenzahlungssystem, um seinen in Bedrängnis geratenen Kunden bei der Neueinrichtung ihrer Wohnungen zu helfen. Smyths Version der Ratenzahlung war ein Musterbeispiel für Menschenfreundlichkeit, denn er berechnete seinen Kunden keinen Cent Zinsen.

Präsident Grant sandte 1000 Dollar aus seinem Privatvermögen zum Wiederaufbau der Stadt

Vier Tage nach dem Feuer übertrug Bürgermeister Mason der Chicago Relief and Aid Society, einer 1850 gegründeten gemeinnützigen Organisation, die gewaltige Aufgabe, sich um all jene Menschen in Chicago zu kümmern, die durch den Brand obdachlos geworden waren. Als die Gesellschaft am 30. April 1874 ihre Aufgabe beendete, hatte sie die Verteilung von fast 5 Millionen Dollar unter den Opfern des Feuers überwacht. Darüber hinaus hatte sie mehr als 20 000 Menschen Arbeitsplätze besorgt, sich um die medizinische Betreuung von 90 000 Patienten gekümmert und 54 000 Menschen gegen Pocken impfen lassen. Eine der herausragendsten Leistungen der Gesellschaft aber war die Errichtung von 5000 Häusern für die Unterbringung von insgesamt 25 000 Menschen. Die Kosten für den Bau und die Einrichtung der Häuser betrugen jeweils nur 125 Dollar. Die völlig Mittellosen durften umsonst in den Wohnungen leben.

Das große Feuer von Chicago löste auch eine bis dahin beispiellose Welle der nationalen und internationalen Hilfsbereitschaft aus. Von allen Seiten kam Unterstützung: Der amerikanische Präsident Ulysses S. Grant schickte 1000 Dollar aus seinem Privatvermögen; die Zeitungsjungen von Cincinnati spendeten den Lohn von zwei Tagen; aus Armeebeständen wurden 10 000 Decken bereitgestellt; sogar die Häftlinge und Wärter des Charlestowngefängnisses in Boston sammelten genau 617,32 Dollar. Lebensmittelsendungen wurden per Eisenbahn aus den benachbarten Staaten Iowa und Missouri sowie dem übrigen Illinois herbeigeschafft. Die großen Handelsrivalen Chicagos ließen ihr Konkurrenzdenken beiseite und leisteten beträchtliche Beiträge zum Wiederaufbau der Stadt: New York schickte fast 1 Million Dollar, Boston über 400 000 Dollar und Philadelphia über 300 000 Dollar. Eine großzügige Hilfe kam auch aus Großbritannien, das eine Summe von 435 000 Dollar überwies und 12 000 Bücher zur Auffüllung der städtischen Bibliotheken stiftete. Einige der Bände waren von den Spendern handsigniert, unter anderem auch von Königin Viktoria.

Sechs Wochen nach dem Brand begann man, 212 Ziegel- und Steingebäude im Süden Chicagos zu errichten. Innerhalb eines Jahres entstanden Neubauten im Wert von etwa 40 Millionen Dollar in den niedergebrannten Bezirken, die meisten davon waren größer, schöner und wesentlich solider gebaut als die ursprünglichen Häuser. Im Jahr 1880 erinnerte nichts mehr an den großen Brand. Das neue Chicago präsentierte sich der amerikanischen Nation voller Stolz, prächtiger und großzügiger als je zuvor.

Ort der Zerstörung *Die Feuersbrunst verwandelte Chicago in eine Trümmerwüste. Links sieht man die Mauern der Kirche St. Paul. Im Hintergrund kann man die Ruinen der Post, der Hauptfeuerwache und der Handelskammer erkennen.*

Invasion der Heuschrecken

Milliarden von gefräßigen Insekten verheeren den Mittleren Westen

Der 1. August 1874 war ein Tag, der den Einwohnern von Kansas unvergeßlich in Erinnerung blieb: „Die Luft war schwül, und die Sonne lag hinter einem dunstigen Schleier verborgen. Gegen Abend erfüllten Heuschreckenschwärme den Himmel. Dann stürzten sie auf die Erde, und wir kamen uns vor wie in einem gewaltigen Schneesturm mit riesenhaften Flocken, die durch die Luft wirbelten."

Mit diesen Worten schilderte Mary Lyon, Farmersfrau aus Kansas, die Invasion der Heuschrecken, der größten in der Geschichte der Vereinigten Staaten. In jenen Monaten des Jahres 1874 und auch in den darauffolgenden drei Sommern fielen Unmassen von Heuschrecken über den Mittleren Westen her und fraßen das Gebiet zwischen den Rocky Mountains und dem Mississippi kahl.

Nach mehreren Jahren der Trockenheit und schlechter Ernten hatten die Farmer 1874 auf eine glückliche Wende gehofft. Doch ihre Erwartungen wurden durch diesen plötzlichen Überfall aus der Luft zerschlagen. Milliarden von Heuschrecken brachen in einem gigantischen Schwarm, der zeitweilig bis zu 450 Kilometer lang war, über das Land herein. Die Insekten, die vom Wind aus ihren Brutgebieten östlich der Rocky Mountains herbeigetragen wurden, brachten Vernichtung und Ruin, wo immer sie sich niederließen.

Von weitem hätte man die dunklen Heuschreckenwolken fälschlich für einen heranziehenden Sandsturm halten können. Von nahem jedoch war kein Irrtum möglich. „Als sie landeten", erinnerte sich ein Augenzeuge, „hörte sich ihr harter Aufprall auf dem Boden fast wie Hagel an." Soweit das Auge reichte, bildeten sie auf dem Boden einen mehrere Zentimeter dicken lebendigen, atmenden Teppich. Die beunruhigenden Freßgeräusche von Milliarden winziger, schwer arbeitender Insektenkiefer waren in der ganzen Umgebung deutlich vernehmbar.

Als erstes vernichteten die Heuschrecken den Mais, dann fielen sie über Obst, Gemüse und die anderen Getreidesorten her. Eine besondere Vorliebe schienen sie für Zwiebeln zu haben. Sobald sie die angebauten Feldfrüchte aufgezehrt hatten, stürzten sich die gefräßigen Insekten auf das Laub und die Rinde der Bäume, selbst vor dem Unkraut machten sie nicht halt. Sie fraßen sogar Holzgriffe, Zaunlatten, Lederzaumzeug, Vorhänge, Moskitonetze und zerbissen die Kleider, die die Leute auf dem Leib trugen.

Überall wimmelte es von Heuschrecken, im Haar, unter dem Hemd und in den Jacken. Die Männer mußten ihre Hosen unten zubinden, damit die Insekten nicht an ihren Beinen hochkrabbelten. Das Ungeziefer drang in die Häuser der Farmer ein und fraß dort alles leer. „Und als wir

Gefräßige Heuschrecken *Vergeblich bemühten sich die Farmer, die Insekten mit Rauch zu vertreiben, indem sie feuchtes Gras auf den Feldern verbrannten.*

GEFRÄSSIGE SCHWÄRME

Schon in vorgeschichtlicher Zeit wurden menschliche Siedlungen von Heuschreckenschwärmen heimgesucht. Eine der frühesten Darstellungen des Ungeziefers, eine ägyptische Grabmalerei aus dem 15. Jahrhundert v. Chr., zeigt eine Heuschrecke auf einer Papyrusblüte. Angefangen mit der ägyptischen Plage, die im 2. Buch Mose (Exodus) beschrieben ist, werden Heuschrekken allein 30mal in der Bibel erwähnt. Auch den Azteken waren die gefräßigen Insekten bereits lange vor Ankunft der Europäer bekannt.

Der bisher größte Schwarm Heuschrecken ließ sich im Jahr 1784 in Südafrika nieder. Damals bedeckten über 300 Milliarden Insekten schätzungsweise 3000 Quadratkilometer Land. Ihrer Freßgier fielen dabei täglich rund 600 000 Tonnen Pflanzen zum Opfer. Glücklicherweise trieb der Wind den Schwarm auf das offene Meer hinaus. Allerdings wurden die toten Insekten mit der Flut wieder an Land gespült. Sie türmten sich am Strand auf einer Länge von 80 Kilometern über einen Meter hoch auf.

Die Felsengebirgsschrecke, *Melanoplus spretus*, die den Mittleren Westen vor mehr als 100 Jahren verwüstete, ist heute womöglich ausgestorben, denn seit Anfang dieses Jahrhunderts hat man kein lebendiges Exemplar mehr gesehen. Doch andere Heuschreckenarten vernichten noch immer in regelmäßigen Abständen in Afrika und Asien die Ernten und zerstören die Lebensgrundlage der Menschen. Zum Glück kann man heute Heuschrekkenschwärme mit Hilfe von modernen Insektenvertilgungsmitteln wirkungsvoll bekämpfen.

Ungeachtet der Gefahren, die von den Insekten drohen, läuft ein äthiopisches Kind durch einen Heuschreckenschwarm.

endlich zu Bett gingen", erinnerte sich Mary Lyon mit Schaudern, „mußten wir die Heuschrecken aus dem Bettzeug schütteln."

Hühner und Truthähne pickten die Heuschrecken bis zum Überdruß auf; das Geflügel und auch Schweine, die sich von den Insekten ernährten, nahmen deren Geschmack an und wurden völlig ungenießbar.

Die Ausscheidungen der Heuschrecken färbten die Flüsse und Seen dunkelbraun; die Kadaver verunreinigten die Brunnen. Die Schwärme behinderten sogar den Zugverkehr. Berge von Insekten, die von Zügen zermalmt wurden, machten die Gleise glitschig, so daß die Räder nicht mehr greifen konnten. Trupps von Eisenbahnern mußten die Schienen mit Sand bestreuen, um die Züge wieder in Gang zu setzen.

Bezeichnend für die Heuschrecken war, daß sie an einem Ort so lange blieben, bis er völlig kahlgefressen war. Das dauerte gewöhnlich nur zwei oder drei Tage, doch manchmal blieb der riesige Schwarm auch bis zu einer Woche an einer Stelle und wartete auf geeigneten Wind, der ihn zu neuen Weiden und Obstgärten tragen sollte. Zurück ließen sie verwüstete Felder und zerstörte Häuser. Am schlimmsten jedoch war, daß die Heuschrecken ihre Eier in der Erde ablegten, so daß im nächsten Frühjahr eine neue Ungeziefergeneration heranwuchs, die ebenfalls alles verzehrte.

Die Farmer versuchten der entsetzlichen Plage mit allen nur erdenklichen Mitteln Herr zu werden. Sie schlugen mit Stöcken nach dem Ungeziefer, deckten das Gemüse im Garten mit Decken ab, gossen Salzlösungen auf das Getreide, zündeten qualmende Feuer an und ließen ihre Kühe und Schweine frei, um die unerwünschten Eindringlinge zu zertreten. Doch alle Bemühungen der Siedler, die Heuschrekkenschwärme zu dezimieren oder die Schäden zu begrenzen, waren vergebens.

Die vier Jahre dauernde Heuschreckenplage vernichtete Ernteerträge im Wert von mehr als 200 Millionen Dollar. Tausende von verzweifelten Farmern standen vor dem Ruin. Einige betrachteten die Plage als Strafe Gottes, für andere bedeutete sie ein göttliches Zeichen, in den Osten zurückzukehren. Viele taten dies auch. Doch die überwiegende Mehrheit der Siedler, die dieses Land urbar gemacht hatten und es als ihre neue Heimat betrachteten, blieb auf ihren Farmen und wartete auf Hilfe.

Die Meldung von der Katastrophe hatte sich schnell in den Vereinigten Staaten herumgesprochen. Eine Welle der Hilfsbereitschaft erfaßte die Nation. Aus dem Osten trafen große Mengen an Lebensmitteln, Kleidung und Bargeld für die heimgesuchten Farmer ein. Die Streitkräfte übernahmen die Verteilung der Hilfsgüter und retteten vielen Menschen im Mittleren Westen dadurch das Leben.

1877 zeichnete sich das Ende der Heuschreckenplage ab. Die Farmer bemerkten, daß der Kahlfraß der Insekten nachließ. Im Jahr darauf fand man nur noch wenige der Schädlinge auf den Feldern. Aus unerklärlichen Gründen dauerte es jedoch noch bis zum Ende des 19. Jahrhunderts, bis die riesigen Heuschreckenschwärme aus Nordamerika verschwanden und keinerlei Schäden mehr anrichteten.

Ackerbau in Shanxi *Der Boden ist mager, die Ernte gering. 1876–1879 verhungerten hier Millionen von Menschen.*

Nordchina in Not

Anhaltende Trockenheit und Mißernten bringen Hunger und Elend über die Menschen

Hunger ist in China keine unbekannte Plage. Immer wieder berichten chinesische Chroniken von Hungersnöten, die meist durch langanhaltende Trockenzeiten hervorgerufen werden und oft unzählige Todesopfer fordern. Aber keine Hungersnot in neuerer Zeit hatte so grauenhafte Folgen wie jene, die 1876 begann und drei Jahre lang in Nordchina wütete.

Auch im besten Fall sind in Nordchina die Niederschläge nur spärlich und unregelmäßig. Dürreperioden treten daher häufig auf, und aus diesem Grund verfügten die Chinesen jahrhundertelang über ein gut ausgebautes Netz von Speichern, in denen Getreideüberschüsse gelagert wurden, um schlechte Zeiten überbrücken zu können. Doch im Lauf des 19. Jahrhunderts war die Vorratswirtschaft mehr und mehr vernachlässigt worden. Die Speicher zerfielen, und eine korrupte Verwaltung unternahm nichts, um das bewährte Vorratssystem vor dem Verfall zu bewahren. Auch die Verkehrswege waren in einem erbärmlichen Zustand, so daß der Transport von Getreide in das Landesinnere außerordentlich mühsam war. Mit einer Bevölkerung, die die 100-Millionen-Grenze überschritten hatte, einer Landwirtschaft, die unfähig war, mehr zu produzieren, und ohne ausreichende Vorratshaltung, auf die man im Notfall hätte zurückgreifen können, steuerte Nordchina in den 70er Jahren unaufhaltsam auf eine Katastrophe zu.

Ab 1873 nahm das Unheil seinen Lauf. Drei Jahre lang fiel in den nordchinesischen Provinzen Shandong, Hebei, Henan, Shanxi und Shaanxi kaum oder gar kein Regen. Im Winter 1875/76 befahl der kaiserliche Hof in Beijing, in den Tempeln besondere Gebete zu sprechen: Man machte sich Sorgen wegen der Dürre. Der achtjährige Kaiser Kuang-hsü selbst flehte die Götter um Regen für sein Volk an.

Als im Frühjahr 1876 der Regen immer noch auf sich warten ließ, nahm der Friedensrichter der Stadt Weifang in der Provinz Shandong Zuflucht zu traditionellen Bräuchen, um die Trockenheit zu beenden: Er verbot der Bevölkerung, Fleisch zu essen. Er selbst ließ sich als Zeichen seiner Bußfertigkeit von seinen Bediensteten an Hals, Handgelenken und Füßen in Ketten legen. So gefesselt zog er durch die Stadt zum Haupttempel, um dort um Regen zu beten. Der Prozession folgten Scharen von Gläubigen, bedeckt mit Kränzen aus Weidenlaub und Zweigen, den traditionellen Mitteln gegen die Trockenheit.

Doch die inbrünstigen Gebete halfen nicht. Kein Regentropfen fiel vom Himmel, und die Erde dörrte immer weiter aus. Monatelang wehten trockene Winde über die Ebene von Hebei und Shandong und begruben die kümmerlichen Weizenhalme, die das verkrustete Erdreich durchbrechen konnten, unter Bergen von Staub. Nach drei Jahren der Dürre, der Mißernten und der steigenden Getreidepreise nahm im Herbst 1876 in Shandong die Hungersnot katastrophale Ausmaße an.

Unter jenen, die im Frühjahr in Weifang um Regen gebetet hatten, befand sich auch der baptistische Missionar Timothy Richard aus Wales. Er war vor sechs Jahren nach Nordchina gekommen. Der Missionar war vom Elend der Bevölkerung zwar tief betroffen, sah aber in der Trockenheit zugleich auch eine Chance für seine Arbeit. Er reiste durch den ganzen Distrikt Weifang und klebte überall Anschläge mit der Botschaft an: „Wenn das Volk Regen haben will, muß es den toten Götzenbildern abschwören und sich dem lebendigen Gott zuwenden.“

Der Missionar hatte Erfolg, doch die Lage der Bevölkerung wurde täglich hoffnungsloser. In seiner Autobiographie beschreibt Richard, wie er in einem Dorf auf eine Gruppe kleiner Jungen traf, die nur von Disteln und Blättern lebten. Immer öfter hörte man in der Folgezeit von Kindern, die verkauft und von Frauen, die in die Prostitution getrieben wurden. Hungrige Dorfbewohner raubten, plünderten und mordeten. Die Regierung reagierte mit harten Strafen auf jede Form der Gesetzesabweichung – mit Enthauptungen oder mit dem gefürchteten „Sorgenkäfig“, in dem man Verbrecher dem Hungertod überließ –, konnte aber dennoch Recht und Ordnung nicht aufrechterhalten.

Als 1876 das letzte Getreide verbraucht war, begannen die Menschen, „Ulmenrinde, Rübenblätter und Grassamen zu essen“, schrieb Richard an die Missionsgesellschaft in London. „Wenn auch das nicht mehr möglich ist, reißen sie ihre Häuser nieder, verkaufen das Holz und essen fast überall das verfaulte Kauliangschilf (Sorghumstengel), mit dem die Dächer gedeckt sind. Tausende leben davon, und Tausende sterben, weil sie nicht einmal das haben.“ Und da die Hungernden bald auch keine Häuser mehr hatten, zogen sie in große unterirdische Höhlen, die bis zu 240 Menschen fassen konnten. Viele starben in dieser drangvollen Enge schon nach wenigen Wochen, doch die Lücken füllten sich auch rasch wieder.

Zu Tausenden zogen die Hungernden auf der Suche nach Nahrung durch das Land

Wer konnte, floh entweder nach Norden in die Mandschurei oder in den Süden nach Jiangsu, wo es noch Nahrung gab. Vor allem die Armen und Schwachen blieben verzweifelt zurück. In den kleineren Dörfern des Distrikts Weifang raffte der Hunger bis zu 90 Prozent der Bevölkerung dahin; aber auch in größeren Dörfern starb mehr als die Hälfte der Einwohner. In Shandong türmten sich die Leichen, so daß man sie schließlich in riesigen Gemeinschaftsgräbern, den sogenannten Zehntausendmannlöchern, bestatten mußte. Bis zum Ende der Hungersnot zählte man allein in der Provinz Shandong 500 000 Tote.

Bereits im Juni 1876 leitete der Hof in Beijing Hilfsmaßnahmen für die Provinzen Hebei, Shandong und Henan ein. In Hebei verteilte man Getreide aus den Speichern der Regierung, und überfällige Steuern wurden zunächst gestundet. Später verzichtete man ganz darauf, die Grundsteuern in den betroffenen Provinzen einzutreiben. Statt dessen erhob man in den von der Katastrophe verschonten Provinzen Sondersteuern, um die Hungernden finanziell unterstützen zu können. Die Regierung rief auch alle Wohlhabenden auf, einen Beitrag zur Linderung des Hungers zu leisten, und in der Tat trafen Geldspenden aus ganz China ein.

Neben der finanziellen Unterstüt-

Hunger *Dieses Bild eines Hungeropfers stammt aus dem 16. Jahrhundert. Immer wieder suchte Hunger die Menschen heim.*

zung verlangte die Regierung von den anderen Provinzen auch, daß sie Getreide abgaben. Doch der miserable Zustand der Straßen machte es meist unmöglich, das Getreide dorthin zu bringen, wo es am nötigsten gebraucht wurde. Im Hafen von Yanhai in Shandong lagerten riesige Mengen Weizen, „doch das ist für Menschen in 350 Kilometer Entfernung keine Hilfe", schrieb der *North-China Herald* am 22. Juli 1876. Ein ausgebautes Eisenbahnnetz gab es nicht, und auch der jahrhundertealte Große Kanal, der einzige Zugang der Provinz Shandong zu den Reisfeldern im unteren Tal des Changjiang, war durch die Trockenheit und durch jahrelange Vernachlässigung nahezu unpassierbar geworden.

Timothy Richard, der mitten im Hungergebiet in Weifang das Elend hautnah erlebte, erkannte schon bald, daß die Maßnahmen der Regierung nicht ausreichten. „Ich fühlte, daß ich den Ort nicht verlassen durfte, um mich selbst zu retten", schrieb er. „Ich konnte auch kein Geld für mich behalten, während die Armen, zu denen Gott mich gesandt hatte, verhungerten." So begann Richard, zunächst seine eigenen Ersparnisse zu verteilen.

Der Missionar konnte zwar das fehlende Getreide nicht herbeizaubern, doch mit Geld hatten die am ärgsten betroffenen Armen zumindest eine Möglichkeit, die wenigen Nahrungsmittel, die es noch gab, zu kaufen. Darum beschloß Richard, in Zusammenarbeit mit der Regierung Spendenfonds einzurichten, um in den dringendsten Fällen helfen und Geld möglichst sinnvoll verteilen zu können.

Aus der ganzen Welt kamen Spenden für die Hungernden in China

Zunächst wandte sich Richard an die in China lebenden Ausländer. Um sie auf die Hungersnot in Shandong aufmerksam zu machen, schrieb er Berichte über die verzweifelte Lage in der Provinz und ließ sie in der Auslandspresse von Shanghai veröffentlichen. Das Echo auf seine Artikel war enorm: Anfang März 1877 wurde in Shanghai ein Hilfsfonds zur Linderung der Hungersnot in Shandong gegründet, der Geldspenden von allen ausländischen Einwohnern der Stadt erbat. Ähnliche Organisationen entstanden an vielen anderen Orten Chinas. Ein knappes Jahr später richtete der Hilfsfonds zur Linderung des Hungers in China einen dringenden Appell an die Bevölkerung Großbritanniens und der Vereinigten

HUNGERSNOT IN INDIEN

Fast zur gleichen Zeit wie in China brach über das unter britischer Herrschaft stehende Indien eine Hungerkatastrophe herein. Und hier wie dort war die Hungersnot die unmittelbare Folge einer Dürreperiode.

Indien ist auf die jährlichen Monsunregen angewiesen, um ausreichend Nahrung ernten zu können. Bleibt der Monsunregen aus, droht dem Land eine Dürre, die zu Mißernten, Hunger und Elend führt.

Zwei Jahre hintereinander, 1875 und 1876, warteten die Menschen in Südindien vergeblich auf den lebenspendenden Monsunregen. Millionen Hektar Land vertrockneten, die Preise für Nahrungsmittel stiegen in schwindelnde Höhen, und vor allem die ärmeren Bevölkerungsschichten hungerten. Dennoch zögerte die britische Regierung, ihre Freihandelspolitik aufzugeben: Der Handel mit Nahrungsmitteln wurde nicht beeinflußt, die Lebensmittelpreise nicht gesenkt. Diese starre Haltung der Verantwortlichen verurteilte Millionen Menschen zu Hunger und Tod.

Ein Augenzeuge berichtete über das schreckliche Elend in Südindien: „Ein Herr, der durch ein Tal im Bezirk Wynaad fuhr, zählte 29 Leichen auf dem Weg. Ein Kaffeepflanzer, der in einer Hütte Zuflucht suchte, fand dort sechs verwesende Leichen. Täglich sieht man in den Straßen von Madras Mütter, die ihre Kinder zum Kauf feilbieten."

Im Herbst 1877 hatte sich die Hungersnot bis in den Norden Indiens ausgebreitet. Als die Krise Ende 1878 endlich vorüber war, hatten Hunger und Krankheit mindestens 5 Millionen Menschen dahingerafft. Doch man hatte aus der Katastrophe gelernt: Man entwickelte den *India Famine Code*, ein System, das helfen sollte, einen drohenden Hungernotstand rechtzeitig zu erkennen und Maßnahmen zu treffen, um die Menschen vor dem Ärgsten zu bewahren.

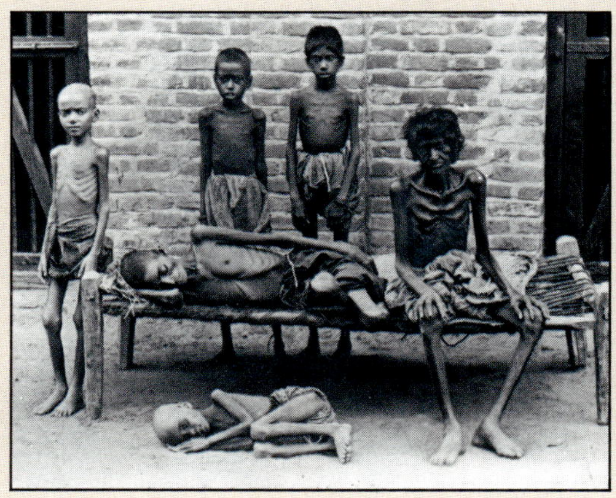

Nur noch wandelnde Skelette zeigt dieses Foto einer indischen Familie. Sie war das Opfer einer Hungersnot, die 1866/67 in den Staaten Bengalen und Orissa wütete und rund 1,5 Millionen Menschenleben forderte.

Staaten – mit Erfolg, denn bald schon flossen Spenden nicht nur aus diesen beiden Staaten, sondern ebenso aus ganz Europa und aus den ausländischen Gemeinden in Ostasien nach China. Zum erstenmal hatte eine Hungersnot in China die Menschen in aller Welt veranlaßt zu helfen.

Richard half bis 1877 in Shandong, wo immer er konnte. Inzwischen hatte die Hungersnot aber auch auf Hebei, Henan, Shanxi und Shaanxi übergegriffen. In der Hoffnung, daß in Shandong das Schlimmste überstanden war, zog Richard Ende November 1877 weiter nach Shanxi in das nächste Katastrophengebiet.

Auch hier war die Trockenheit der Auslöser der Hungersnot. Das gebirgige Land mit seinem unfruchtbaren Boden litt noch stärker unter der Dürre als die Nachbarprovinzen. Nachdem es jahrelang schon zuwenig geregnet hatte, wuchs 1877 kaum mehr Getreide auf den ausgetrockneten Feldern, und die wenigen Halme, die aus dem Boden ragten, fielen obendrein den Heuschrecken zum Opfer. Verschlimmert wurde die Situation noch dadurch, daß Güter nach Shanxi nur mit Karren, Tieren und menschlicher Muskelkraft transportiert werden konnten. Da man mit fortschreitender Not jedoch die Lasttiere größtenteils geschlachtet und aufgegessen hatte und zu allem Übel die Straßen oft unpassierbar oder in der Hand von Banditen waren, konnte man kaum Getreide nach Shanxi bringen, um den hungernden Menschen zu helfen. Folglich war das Elend hier noch größer und starben noch mehr Menschen als in Shandong.

Ende Januar 1878 reiste Richard durch Shanxi, um sich einen Überblick über das Ausmaß der Katastrophe zu verschaffen. Ein Diener begleitete ihn, weil „das Alleinreisen nicht sicher war; denn viele der Hungernden waren zu Kannibalen geworden". Das Reisetagebuch des Missionars vermittelt ein erschreckendes Bild der Tragödie. Am 30. Januar kam er „an zwei Männern vorbei, die offenbar gerade gestorben waren. Einer war gut gekleidet, aber dennoch verhungert." Und weiter berichtete er: „Vor uns ging ein etwa 40 Jahre alter Mann mit unsicherem Gang wie ein Betrunkener. Ein Windstoß ließ ihn stürzen, und er stand nicht wieder auf." Als der Missionar sich einem Stadttor näherte, sah er auf der einen Seite „einen Haufen nackter toter Männer, die

Selbstmord als Folge des Hungers *So lautet der Titel der Zeichnung links. Hungernde Chinesen hängen sich in ihrer Verzweiflung auf oder stürzen sich in den Fluß.*

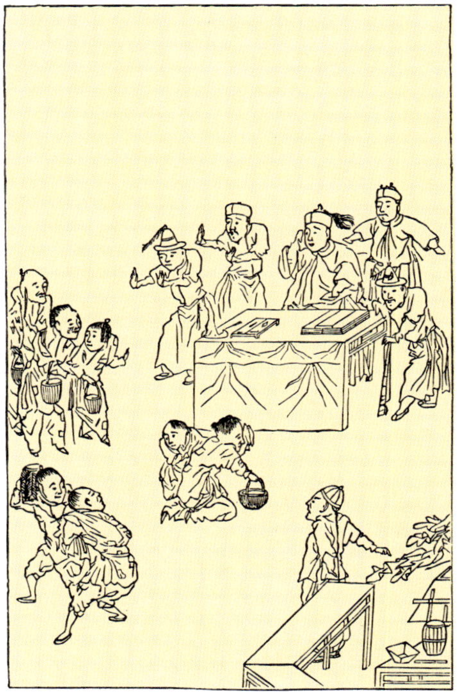

Verteilung der Spenden *Regierungsbeamte (rechts) verteilen Hilfsgüter an die Bedürftigen, doch „das Gebiet ist groß, und es gibt viele Menschen." Diese Szenen aus den Hungerjahren 1876–1879 stammen aus einem chinesischen Buch, das auch in Großbritannien veröffentlicht wurde, um die Sammlung von Spenden zu unterstützen.*

Die Speisung der Fünftausend *Nach dem Vorbild der Bibel organisierte Timothy Richard die Verteilung der Hilfsgüter. Wie hier bei einer öffentlichen Speisung zu Beginn des 20. Jahrhunderts ließ der Missionar die Menschen niedersitzen, um Unruhen zu vermeiden.*

wie die Schweine im Schlachthaus übereinandergestapelt waren. Auf der anderen Seite lagen Frauenleichen. Die Kleidung hatte man gestohlen, um sie gegen Nahrungsmittel zu tauschen." In einem Dorf hörte er, „wie man in einem Gasthaus erzählte, daß Eltern ihre Kinder untereinander tauschten, weil sie ihre eigenen nicht verzehren konnten".

Nach zwei Wochen kehrte Richard zu seinem Stützpunkt in Taiyuan zurück. Er war dankbar für „eine Erholung von den gräßlichen Dingen, die wir auf unserer Reise tagtäglich zu Gesicht bekamen".

Der Winter 1877/78 war in Shanxi bitter kalt. Da sich niemand mehr in die Kohlengruben wagte, aus Angst, dort von Hungernden überfallen zu werden und nicht nur sein Maultier oder seinen Esel, sondern möglicherweise auch selbst das Leben zu verlieren, wurde die Kohle knapp und stiegen die Preise dafür drastisch an. In ihrer Not rissen die Menschen ihre Häuser ab und verbrannten das Holz, um sich an dem Feuer zu wärmen. Und als die letzten Nahrungsmittelreserven aufgebraucht waren, aßen sie Wurzeln, Zweige, Baumrinde, schließlich Sägemehl und Schlamm und eine Art Kuchen, der aus Steinmehl und Getreide oder Grassamen bestand und oft eine tödliche Wirkung hatte. Um das Maß der Leiden vollzumachen, brach in Shanxi auch noch eine Typhusepidemie aus. Wie zuvor in Shandong versuchte jeder, dem es irgend möglich war, die Provinz zu verlassen. Wer jedoch zurückbleiben mußte, kämpfte einen fast aussichtslosen Kampf gegen Hunger, Krankheit und Tod.

Das Elend rief anarchische Zustände hervor: Diebstahl und Gewalt wurden alltäglich. Aus Verzweiflung töteten manche Eltern ihre hungernden Kinder,

DER KUMMER CHINAS: DER GELBE FLUSS

Kaum zehn Jahre nach einer der größten Hungersnöte in Nordchina wurde das Gebiet erneut von einer Katastrophe heimgesucht: Am 28. September 1887 trat der Huang He, der Gelbe Fluß, über die Ufer und brachte den Provinzen Henan und Shandong Tod und Verderben.

Im Verlauf der Geschichte hat der Gelbe Fluß immer wieder weite Gebiete überschwemmt und Millionen Tote und Obdachlose zurückgelassen; darum bezeichnete man ihn auch als den „Kummer Chinas". Der Huang He ist der zweitgrößte Strom des Landes, doch nicht seine Größe, sondern seine charakteristische Eigenart macht ihn zu einem manchmal todbringenden Fluß. Er entspringt in Tibet und erreicht nach 4667 Kilometern das Gelbe Meer. Auf seinem Weg durchquert er die riesigen Lößebenen, die sich über die Provinzen Shanxi und Shaanxi erstrecken. Dem gelblichen Löß, den der Fluß hier mit sich nimmt, verdankt er seine typische Farbe und seinen Namen. Denn wenn er die fruchtbare nordchinesische Ebene in der Provinz Henan erreicht, führt er im Jahresdurchschnitt etwa 1,6 Millionen Tonnen Schwebstoffe mit sich, die den Huang He zu einem der schlammigsten Flüsse der Welt machen.

Hier in der großen Schwemmlandebene von Henan nimmt das Gefälle des Flusses deutlich ab, und seine Strömungsgeschwindigkeit verringert sich. Dadurch lagert sich ein großer Teil der Schwebstoffe ab, so daß sich das Flußbett ständig erhöht und immer weniger Wasser fassen kann. Die Folge ist, daß der Fluß über die Ufer zu treten droht.

Seit undenklichen Zeiten haben die Chinesen immer wieder versucht, den Fluß einzudämmen. Sie bauten Deiche, die mit gewaltigen Sorghum- und Kauliangballen verstärkt wurden. Kauliangwurzeln haben die Eigenschaft, Schlick festzuhalten. Die Deiche wurden jeweils zwölf Kilometer von jedem Flußufer entfernt angelegt, so daß ein weiter Korridor entstand, in dem sich der Fluß bei Hochwasser ausbreiten konnte. Diese Bauweise hatte jedoch zwei Nachteile: Zum einen mußte man die Dämme ständig in dem Maß verbreitern und erhöhen, wie sich das Bett des Korridors bei jeder Überflutung hob, zum andern verrotteten die Kauliangballen rasch und erforderten alljährlich kostspielige Reparaturen. Im 19. Jahrhundert waren die Deiche oft zehn Meter hoch und an der Basis 30 Meter breit, während sich der Fluß in einer Höhe von zehn Metern über dem Niveau des Umlands an Höfen und Dörfern vorbeiwand.

In den letzten 3000 Jahren hat der Gelbe Fluß die nordchinesische Ebene etwa 1500mal überflutet, doch niemals erreichte die Zerstörung ein solches Ausmaß wie im September 1887. Zunächst gab es kaum Infor-

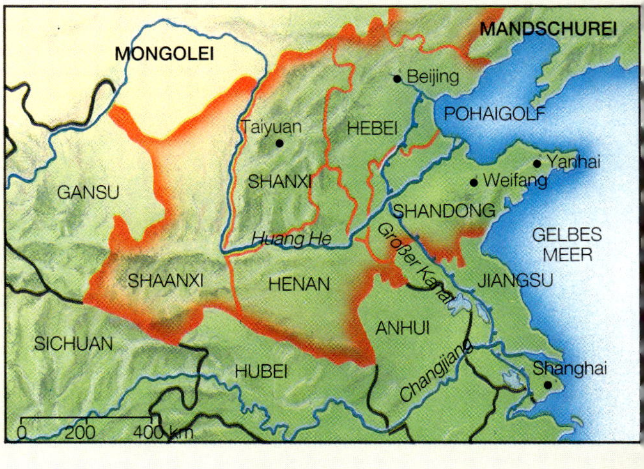

Nordchina ist ein von Katastrophen häufig heimgesuchtes Gebiet. Die Karte zeigt die fünf von der großen Hungersnot 1876–1879 betroffenen Provinzen sowie den gewundenen Lauf des Gelben Flusses, der das Land immer wieder überschwemmte.

bevor sie sich selbst das Leben nahmen. Am ärgsten aber war der Kannibalismus, der zwar auch in anderen vom Hunger betroffenen Provinzen wütete, doch in Shanxi besonders häufig war. Die *New York Times* zitierte in ihrer Ausgabe vom 6. Juli 1878 einen Brief des Bischofs von Shanxi, Monsignore Louis Mongattas, der berichtete, daß „die Menschen sich bis vor kurzem damit zufriedengaben, sich von den Toten zu ernähren; nun aber töten sie die Lebenden, um sie zu verzehren. Der Ehemann ißt seine Frau, die Eltern essen ihre Kinder, und Söhne und Töchter wiederum verzehren ihre Eltern."

Im Spätsommer 1879 waren die schrecklichen Jahre der Dürre endlich vorbei – es regnete, und die Region begann, sich von diesem Alptraum zu erholen. Zwischen 1876 und 1879 sind in Nordchina schätzungsweise 13 Millionen Menschen verhungert oder an hungerbedingten Krankheiten, an Erschöpfung oder durch Gewaltverbrechen ums Leben gekommen, davon 5,5 Millionen allein in Shanxi.

Richard beendete seine Hilfsaktion im Herbst 1879 und nahm die Missionsarbeit wieder auf. Durch sein Wirken überlebten mehr als 250 000 Menschen den großen Hunger. Zwar war das im Vergleich zu der Zahl der Opfer eine verschwindend geringe Zahl – eigentlich nur „ein Tropfen auf den heißen Stein", wie Richard notierte, „verglichen mit dem, was die chinesische Regierung selbst leistete" –, doch es waren Menschen, die weiterleben konnten, und in den folgenden Jahren widmete der Missionar einen großen Teil seiner Zeit und Energie der Entwicklung und Förderung eines Modernisierungsplans, der China für immer vom Schreckgespenst des Hungers befreien sollte.

Nach einer verhängnisvollen Überschwemmung 1935 flickten die Arbeiter den Deich auf traditionelle Art: Sie bündelten Weidenzweige (im Vordergrund) und flochten sie um Kauliangstengel (oben rechts).

mationen über die Katastrophe. Erst am 27. Oktober, einen Monat nach dem Beginn der Überschwemmung, berichtete der *North-China Herald*: „Bei Drucklegung erfahren wir, daß der Gelbe Fluß, der auf einer langen Strecke über die Ufer getreten ist, riesige Gebiete überschwemmt hat ... Zahlreiche Menschen kamen um."

Im Lauf der Zeit wurden dann die Einzelheiten bekannt. An einer scharfen Flußbiegung bei der Stadt Zhengzhou in Henan, unweit der Stelle, wo bereits zwei Jahre zuvor der Deich gebrochen war, hatte der Fluß am Abend des 28. September ein Loch in den porösen Deich gefressen. Die Bruchstelle, die anfangs nur ein paar Meter breit war, vergrößerte sich rasch und ließ die Deichwände zusammenbrechen. Bald klaffte eine Lücke von 750 Metern, durch die sich eine Schlammlawine ungehindert in die flache nordchinesische Ebene wälzte. Städte versanken, Häuser wurden innerhalb von Minuten verschüttet. Ein amerikanischer Ingenieur berichtete später, das Wasser habe eine Fläche von rund 19 000 Quadratkilometern bedeckt. Mindestens 1500 Gemeinden wurden fortgeschwemmt.

Als man die Bruchstelle endlich notdürftig repariert hatte und das Wasser langsam wieder fiel, zeigte sich das wahre Ausmaß der Katastrophe. In manchen Berichten wurde die Zahl der Toten auf 900 000 geschätzt, in anderen auf 2,5 Millionen. Nahezu 3 Millionen Menschen wurden obdachlos.

Für die Überlebenden begannen Jahre des Hungers, der Krankheiten und Entbehrungen. Im Frühjahr 1888 rückte ein Heer von Arbeitern an, um die Deiche wieder aufzubauen. Innerhalb eines Jahres war die Aufgabe vollendet. Doch die Deiche vermochten nach wie vor nicht, den Gelben Fluß zu zähmen. Noch in den 30er Jahren des 20. Jahrhunderts forderten große Überschwemmungen Zehntausende von Menschenleben und machten weitere Millionen obdachlos. Und als man 1938 einen der Deiche sprengte, um den vordringenden Japanern Einhalt zu gebieten, tötete die folgende Flut 500 000 Chinesen.

Erst der modernen Technik gelang es mit dem Bau von Deichen, Auffangbecken und Staudämmen den Gelben Fluß in die Schranken zu weisen. Seitdem hat der „Kummer Chinas" viel von seinem Schrecken verloren.

Feuer und Wasser

Der Krakatau sprengt sich selbst in die Luft

Am Nachmittag des 26. August 1883 wurden die Einwohner der niederländischen Handelsniederlassung Batavia, des heutigen Jakarta in Indonesien, durch ein dumpfes, unheimliches Grollen aus ihrem sonntäglichen Frieden aufgeschreckt. Es klang, als würden irgendwo in weiter Ferne Kanonen abgefeuert. Das Rumpeln und Poltern wurde immer lauter und bedrohlicher, und am Abend war es zu einem dröhnenden Donner angeschwollen. Die Häuser begannen zu beben, und Fensterscheiben zersprangen. Die Menschen flohen auf die Straßen. Blitze zuckten über den Himmel im Westen, und beißender Rauch machte das Atmen zur Qual.

Am nächsten Morgen war der Himmel schwarz, und das Echo der Explosionen dröhnte lauter als je zuvor. Gegen Mittag überschwemmte eine riesige Flutwelle den Hafen, Asche regnete vom Himmel. Der Krakatau, ein Inselvulkan der Sundastraße zwischen Sumatra und Java, war ausgebrochen und ließ die Erde zittern.

Etwa 20 Milliarden Kubikmeter glühende Asche und Bimsstein wurden in die Luft geschleudert, und rotglühende Lavabrocken regneten auf eine Fläche herab, die 20mal so groß war wie die Schweiz. Bimsstein, der so leicht ist, daß er auf Wasser schwimmt, trieb noch in einer Entfernung von 12 000 Kilometern auf dem Indischen Ozean. Der Ausbruch erzeugte atmosphärische Druckwellen, die sechsmal die Erde umkreisten, und ließ eine 80 Kilometer hohe schwarze Rauchwolke in die Atmosphäre aufsteigen. Ein feiner Staubschleier, der von den Höhenwinden um den Erdball geweht wurde, senkte weltweit vorübergehend die durchschnittlichen Jahrestemperaturen und führte rund um die Erde jahrelang zu farbenprächtigen Sonnenuntergängen.

Die Explosion des Krakatau löste ferner eine Reihe von riesigen Flutwellen, von sogenannten Tsunamis, aus. Sie tobten durch die Sundastraße und spülten 300 Dörfer fort. Fast 40 000 Menschen kamen dabei ums Leben. Noch in den 3200 Kilometer entfernten Golf von Bengalen drückten sie mit solcher Wucht, daß sogar die Flußboote in Kalkutta beschädigt wurden.

Riesenfeuer *Der sterbende Krakatau schleuderte eine Aschen- und Dampfsäule von mehreren tausend Metern in die Höhe. Eine Fotografie vom 27. Mai 1883, drei Monate vor der Explosion, lieferte die Vorlage für diese zeitgenössische Radierung.*

Die letzte und endgültige Explosion des Vulkans am Montag, dem 27. August, morgens um 10.02 Uhr, verursachte den wohl lautesten Knall, den je ein Mensch gehört hat. Der größte Teil der Insel war bereits weggesprengt, nun brach der Rest des Vulkans bis auf den Sockel auseinander. Man schätzt, daß die Wucht der Explosion der Energie von 1 Million Hiroshima-Bomben entsprach.

Der Krakatau liegt in einer Zone, in der zwei Platten der Erdkruste, die eurasische Platte und die indisch-australische Platte, aufeinanderstoßen. Dieses Gebiet ist eines der unruhigsten auf der Erde: Mehr als 100 der insgesamt 300 Vulkane Indonesiens sind heute noch aktiv.

Bereits in vorgeschichtlicher Zeit hatte ein verheerender Ausbruch des Krakatau das Gesicht der Sundastraße verändert. Der ursprünglich rund 1800 Meter hohe Vulkankegel war explodiert, und zurück blieben nur eine Caldera, ein riesiger kesselförmig erweiterter Krater, sowie Bruchstücke der einstigen Insel. Asche und Lava, die sich auch nach der Explosion weiter über die Südflanke der Caldera ergossen, hatten nach und nach den etwa 800 Meter hohen Kegel des Rakata gebildet. Später erhoben sich im Norden noch zwei kleinere Kegel, die mit dem Rakata zusammenwuchsen. Aus diesen drei Vulkankegeln entstand die Insel Krakatau.

Jahrhundertelang schlief der Vulkan. Erst 1680 brach der Perbuwatan, der kleinste der drei Kegel, aus und vernichtete alles Leben auf der Insel. Wieder folgte eine lange Zeit der Ruhe, und Urwald breitete sich auf der Insel aus. Die Menschen glaubten schon, der Vulkan sei endgültig erloschen.

Nach 200 Jahren der Ruhe erwachte der Krakatau erneut zu unheilvoller Aktivität

Bereits im Frühjahr 1883 kündigten mehrere leichte Erdbeben rund um den Krakatau an, daß es unter der scheinbar ruhigen Oberfläche des Vulkans brodelte. Am 20. Mai begann dann der Perbuwatan Rauch und Asche zu speien. Das Getöse der Explosionen tönte im rund 160 Kilometer entfernten Batavia wie das „dumpfe Dröhnen von Artilleriefeuer".

Die Besatzungen der Schiffe, die durch die Sundastraße fuhren, erlebten ein aufregendes Schauspiel. Den Kaplan des deutschen Kriegsschiffs *Elisabeth* erinnerte die Rauchwolke des Krakatau an einen „riesenhaften Blumenkohl". Doch der „Blumenkohl" verdeckte bald den Himmel, und als die *Elisabeth* die Sundastraße in westlicher Richtung verließ, fiel ein schwerer Regen aus Vulkanaschen auf sie herab.

Viele Menschen sahen in den Vorgängen auf dem Krakatau nicht die drohenden Anzeichen einer bevorstehenden Katastrophe, sondern betrachteten das Ganze als ein unterhaltsames Schauspiel. So fuhr z. B. am 27. Mai eine Gruppe Neugieriger auf dem Postdampfer *Governor General Loudon* von Batavia zu der Vulkaninsel, um die Sensation aus nächster Nähe zu erleben. Die dichte Rauchsäule war nun schon etwa 3000 Meter hoch, und am Fuß der Säule waberte es rötlich. Ein paar Mutige gingen an Land und spazierten auf dem mit Asche und Bimsstein übersäten Strand umher, manche kletterten sogar auf den Aschenkegel und warfen einen Blick in den Krater.

Riesenwelle *Ein Tsunami riß den Dampfer* Berouw *im Hafen von Telukbetung auf Sumatra los und warf ihn mehr als zwei Kilometer weit ins Landesinnere.*

Nach einer kurzen Atempause begann der Vulkan am 6. Juni erneut zu spucken, und diesmal waren die Eruptionen schon stärker. Die Kolonialregierung in Batavia beobachtete die unheilvolle Entwicklung mit wachsender Sorge und schickte am 11. August Captain H. J. G. Ferzenaar zur Insel, um ein genaueres Bild der Lage zu gewinnen. Inzwischen war auch der zweitgrößte Vulkankegel, der Danan, ausgebrochen und hatte die Insel unter einer Aschenschicht begraben. Die Vegetation war vernichtet, dichter Rauch, Dampf und Staub lagen über allem. Ferzenaar trat rasch den Rückzug an und erklärte weitere Besuche für nicht ratsam.

Doch das alles war nur das Vorspiel für das kommende Verhängnis. Die eigentliche Katastrophe setzte an jenem 26. August gegen 13 Uhr ein. Gewaltige Explosionen erschütterten die Insel, und bereits eine Stunde später reichte die Dampfsäule bis in eine Höhe von 30 Kilometern. Im Lauf des Nachmittags wurden die Explosionen immer heftiger, und bei jeder Eruption schleuderte der Vulkan aufs neue heiße todbringende Gase und Unmengen von Gesteinstrümmern hinaus. Grelle Blitze durchzuckten die Finsternis, und im weiten Umkreis um den Vulkan regnete es Schlamm und Asche.

Asche und Gesteinstrümmer gingen auch auf die Decks des Segelschiffs *Charles Bal* nieder, das auf seinem Weg von Belfast nach Hongkong durch die Sundastraße fuhr. „Feuerketten schienen zwischen der

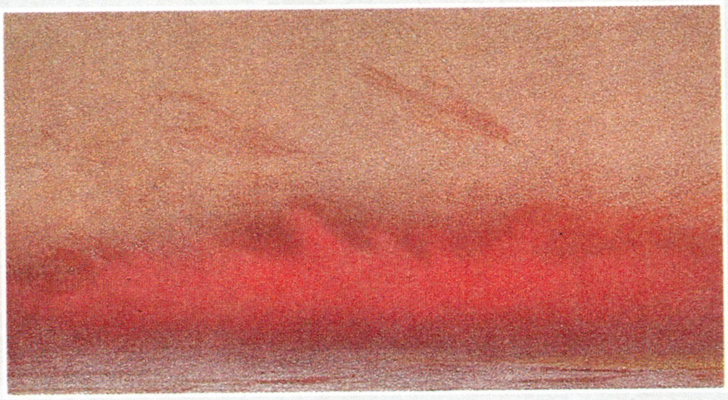

Der Staub des Krakatau tauchte den Himmel über London in ein ungewöhnliches Rot.

FASZINIERENDE FARBSPIELE AM HIMMEL

Im Todeskampf schleuderte der Krakatau winzige Staubpartikel hoch hinauf in die Atmosphäre, wo sie von starken Winden erfaßt wurden, die sie um den Erdball trugen. Dieser Staubschleier veränderte die Brechung des Sonnenlichts und ließ die Menschen von Neuseeland bis Island faszinierende Farbspiele am Himmel erleben. In den Wochen unmittelbar nach der Explosion erschien die Sonne in Ceylon (dem heutigen Sri Lanka) „strahlend grün", auf Trinidad „wie ein blauer Ball". Auf Hawaii beschrieb der Geistliche S.E. Bishop als erster den weißlichen Hof, den Halo, der sich um die Sonne gebildet hatte. Diese Naturerscheinung ist heute als Bishopscher Ring bekannt.

Das großartigste Schauspiel aber boten die feurigen Sonnenuntergänge und das geradezu dramatische Abendrot, die den Himmel noch Monate nach der Eruption glühen ließen. Von Ende 1883 bis Ende 1886 fertigte der britische Künstler William Ascroft Skizzen des Abendhimmels über London an. Ascrofts Pastelle, von denen zwei oben abgebildet sind, gelten als unschätzbare Dokumente der erstaunlichen Fernwirkung des Vulkanausbruchs.

Insel und dem Himmel auf- und abzusteigen", schrieb Kapitän W.J. Watson in sein Logbuch. „Der Schauer von Sand und Steinen, die intensive Dunkelheit um uns herum, die nur von unaufhörlich zuckenden, grellen Blitzen erhellt wurde, und die ständigen, explosionsartigen Donnergeräusche von Krakatau machten unsere Situation wahrhaft beängstigend."

Die *Charles Bal* überstand diese Schreckensfahrt nahezu unversehrt. Aber schätzungsweise 5000 größere und kleinere Schiffe wurden während des Vulkanausbruchs zerstört. Einige wurden durch Gesteinsbrocken leckgeschlagen, die meisten jedoch kenterten in dem heftigen Wellengang, den die Eruptionen auslösten.

Tosende Wassermassen verschluckten an den Küsten der Sundastraße Menschen, Schiffe, Häuser, Städte

Von allen tödlichen Waffen, über die der Krakatau verfügte, waren nämlich die Tsunamis, die Riesenwellen, die verheerendsten. Zuerst entstand eine lange, tiefe Dünung, die höher auflief als die höchste Flut. Bereits am Abend des 26. August zerrten die Schiffe in der Bucht von Lampung an den Ankern und schwappte die Flut meterhoch über die Pier von Telukbetung auf Sumatra.

Als sich in der Nacht die Wut des Vulkans weiter steigerte, wuchs auch die Gewalt der Wassermassen. Viele der vor den Küsten liegenden Boote wurden aufs Land geworfen, und über die an der Meerenge gelegenen Städte Javas und Sumatras rasten bis in die frühen Morgenstunden des 27. August riesige Wellen hinweg, die eine Höhe bis zu 40 Metern erreichten.

Nach jedem Angriff wich das Wasser wieder zurück, und mehrere Stunden herrschte eine trügerische Ruhe, bis eine neue, noch größere Welle heranrollte und alles verschlang, was sich in Küstennähe befand. Die tosenden Fluten zerstörten fast alle Leuchttürme an der Sundastraße. Eine Wasserwand von 24 Meter Höhe rollte über Kalimbang auf Sumatra hinweg und begrub die nördlich von Krakatau gelegene Insel Sebesi, deren 3000 Einwohner alle ertranken. In Merak auf Java drängten sich Hunderte von Menschen in einigen Steinhäusern auf dem Gipfel eines etwa 40 Meter hohen Hügels. Eine Riesenwelle stürzte über die Gebäude hinweg und begrub sie unter sich. Von den ehemals 3000 Einwohnern der Stadt überlebten nur zwei die Katastrophe.

Einer der anschaulichsten Augenzeugenberichte über die Auswirkungen des Vulkanausbruchs kam von dem Postdampfer *Governor General Loudon*, der im Mai die Neugierigen zur Insel Krakatau gebracht hatte. Das Schiff war am Sonntagnachmittag mit chinesischen Arbeitern an Bord in Anjer ausgelaufen und hatte in jener Schreckensnacht vor Telukbetung geankert.

Nachdem bereits in der Nacht überdurchschnittlich hohe Wellen durch die Bucht von Lampung gerollt waren, donnerte am Montagmorgen die erste Riesenwelle auf die Küste Sumatras zu. „Etwa um 7 Uhr brandete eine gewaltige Welle vom Meer heran, die sich mit rasender Geschwindigkeit fortbewegte", berichtete ein Passagier. Die *Loudon*, die frontal mit der Welle zusammenstieß, wurde „mit atemberaubender Schnelligkeit hochgehoben. Das Schiff machte einen ungeheuren Satz, und gleich darauf hatten wir das Gefühl, wir seien in einen Abgrund gestürzt."

Im Gegensatz zu den meisten anderen Schiffen in der Nähe überstand die *Loudon* diesen Wasseransturm. Der Hafen selbst war zerstört, und „wo noch vor kurzem das lebendige Telukbetung gelegen hatte, war nur noch das offene Meer".

Der Kapitän der *Loudon* beschloß, nach Anjer zurückzukehren, um zu berichten, was geschehen war. Doch als das Postschiff Fahrt aufnehmen wollte, kam ein böiger Aschensturm auf. Der schwarze Staub bedeckte alles und ließ den Tag zur Nacht werden. Volle 18 Stunden hielt der Sturm an, der durch die ständigen Eruptionen des Krakatau immer wieder neu genährt wurde. Ein Vorwärtskommen war unmöglich.

Am frühen Dienstagmorgen besserte sich die Lage ein wenig. Der Himmel hatte sich so weit aufgeklärt, daß der Steuermann den Kurs bestimmen konnte. Bald erreichte die *Loudon* Krakatau. Die Insel war totenstill und hatte nur noch ein Drittel ihrer früheren Größe. Von den drei Vulkankegeln ragte nur noch der Überrest des Rakata aus dem Meer.

Am späten Nachmittag ging die *Loudon* dort vor Anker, wo am Tag zuvor noch Anjer gelegen hatte. Hier wie an anderen Küstenorten der Sundastraße waren nur noch Trümmer übriggeblieben. Die *Loudon* nahm die wenigen Überlebenden auf und setzte ihre Reise in weniger betroffene Gebiete fort.

Kaum war der feuerspeiende Vulkan zur Ruhe gekommen, begann sich auch schon wieder neues Leben auf den Überresten des Krakatau zu entwickeln. Nur fünf Monate nach dem Ausbruch fand ein Forscher Spinnen, die über die Aschenfelder der Insel krabbelten. Gräser und Buschwerk begannen zu sprießen, und bis in die 20er Jahre unseres Jahrhunderts hatte der Dschungel das Gebiet zurückerobert.

Durch den Einsturz des Krakatau entstand eine neue untermeerische Caldera von mehr als sechs Kilometer Breite und bis zu 270 Meter Tiefe – die Überreste der unterirdischen Magmakammern des Vulkans. Ende 1927 begann das Meer über dieser Caldera zu brodeln, und im Januar 1928 tauchte ein neuer Vulkankegel auf. Anak Krakatau – Krakataus Kind, wie die Malaien ihn nennen – ist seither des öfteren ausgebrochen. Nach Meinung der Wissenschaftler wird dieses Kind des Krakatau, das jetzt etwa 106 Meter hoch ist, in rund 600 Jahren die Größe seines Vorgängers erreichen. Und möglicherweise bereitet sich Anak Krakatau auf einen ebenso gewaltigen Ausbruch vor.

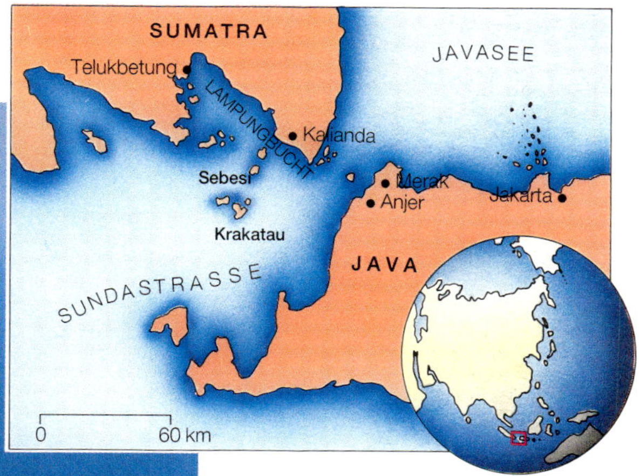

Tödliche Fluten *Die meisten Todesopfer forderten die Tsunamis, die über die Küstenstädte an der Sundastraße (oben) hinwegrasten. Ein neuer Vulkan, der Anak Krakatau (links), wächst nahe der Stelle, wo einst sein mächtiger Vorgänger wütete.*

Schneesturm über New York

Ein Blizzard legt den Nordosten der USA lahm

Samstag, der 10. März 1888, war für die Angestellten der New Yorker Wetterwarte ein ganz normaler Tag. Nichts deutete auf eine dramatische Wetterentwicklung hin, im Gegenteil: Das Außenthermometer zeigte um 21.30 Uhr noch immer Temperaturen um 10 °C an. Damit war dieser Samstag der wärmste Tag in einem milden Winter, wie ihn New York seit 17 Jahren nicht mehr erlebt hatte.

Eine halbe Stunde vor Arbeitsschluß mußte Elias B. Dunn, der Leiter der Wetterwarte, nur noch die Wettervorhersage für den Sonntag herausgeben. Er blätterte den Stapel der Berichte durch, die telegrafisch, telefonisch und zum Teil sogar per Brieftaube von allen Wetterstationen entlang der Ostküste eingetroffen waren. Alle Meldungen besagten im Grund dasselbe: weiterhin warm und bedeckt, gelegentlich leichter Niederschlag, dann Aufheiterungen.

Dunn rief die Nachtredaktionen der städtischen Zeitungen an und verlas die Vorhersage für Sonntag, den 11. März: „Zunächst wolkig mit leichtem Niederschlag, später Aufklaren." Er verabschiedete sich von seinen vier Kollegen, verschloß den Schreibtisch und ging nach Hause.

Als Dunn am Sonntagnachmittag in sein Büro zurückkehrte, war offensichtlich, daß das Wetter eine andere Entwicklung als vorhergesagt nahm. Es hatte den ganzen Tag weit mehr als erwartet geregnet, und die Niederschläge schienen immer stärker zu werden. Das Thermometer fiel, und es kam ein starker Wind auf. Dunn und sein Stellvertreter Francis Long wollten weitere Informationen einholen und versuchten, telegrafisch Verbindung mit ihrer Zentrale in Washington, D.C., aufzunehmen. Doch die Versuche blieben erfolglos, Washington antwortete nicht.

Die beiden Männer ahnten nicht, daß sich zu diesem Zeitpunkt vor der Küste Delawares ein meteoro-

Unverhoffter Anblick *Als die New Yorker am Montag, dem 12. März 1888, aus dem Fenster schauten, bot sich ein ungewohntes Bild: Die Stadt lag unter einer gut 50 Zentimeter hohen Schneedecke begraben.*

logisches Drama abspielte: Eine Kaltfront, die von Kanada mit einer Geschwindigkeit von fast 130 Kilometern pro Stunde heranfegte und eisige Polarluft mit sich brachte, stieß hier auf eine Warmfront mit feuchten Luftmassen, die sich vom Golf von Mexiko nordwärts schob. Als die beiden Frontensysteme aufeinanderprallten, herrschte für kurze Zeit Windstille, da sich die warmen und die kalten Luftmassen gegenseitig in Schach hielten. Doch die Polarfront erwies sich als die stärkere: Ein winterlicher Wirbelsturm entstand. Schließlich drehte sich das Frontensystem und bewegte sich nach Nordosten, wobei seine Geschwindigkeit ständig zunahm.

Die Auswirkungen waren beängstigend. Die ersten starken Windböen erreichten am Sonntagnachmittag die Chesapeake Bay, und als sich die Regenfälle verstärkten, suchten kleinere Schiffe in den Häfen Schutz. Der Wind nahm beständig zu, die Temperaturen fielen immer weiter, und eine gewaltige Schneefront donnerte nach Norden. Dicke Ankerketten rissen wie Bindfäden, Schiffe liefen auf Grund oder sanken im schweren Seegang. Eine große Yacht, die versuchte, dem Sturm zu entkommen, wurde von haushohen Wellen verschlungen.

Die Entwicklung war in Washington nicht unbemerkt geblieben. In der Zentralstelle des Wetteramts mußten mehrere Mitarbeiter zum Sonntagsdienst erscheinen. Sie gaben um 10.35 Uhr „eine vorsorgliche Sturmwarnung für den Südosten" heraus, die am Abend in „Sturmwarnung für den Nordwesten" geändert wurde. An die unmittelbare Gefahr eines Blizzards schien zu diesem Zeitpunkt jedoch niemand zu glauben.

Vermutlich kam die Meldung nie in New York an. Niemand weiß, wann die Telegrafenverbindung mit Washington zusammenbrach. Dunns Vorhersage für den kommenden Montag stützte sich daher nur auf die örtlichen Wetterbedingungen: „Zunächst stellenweise Bewölkung in Küstennähe, dann allgemein heiter und kühler. Die Aussichten für Dienstag: etwas wärmer und im allgemeinen heiter."

Als dieser Bericht an die Zeitungen ging, raste der Schneesturm schon die Ostküste der Vereinigten Staaten entlang, direkt auf New York zu.

Die wenigen Menschen, die am späten Sonntagabend noch wach waren, ahnten, daß sich ein ungewöhnliches Wetter zusammenbraute. James Algeo kehrte mit seiner Familie gerade nach Manhattan zurück, als ihre Pferdestraßenbahn entgleiste – wohl wegen des Sturms und des heftigen Regens. Als der Wagen endlich wieder auf den Schienen stand, kam die Bahn nur sehr langsam voran. Der Wind heulte immer lauter, und winterliche Kälte breitete sich aus. „Es goß, und ein regelrechter Sturm brach los", erinnerte sich Algeo. „Ich trug unseren vierjährigen Sohn, meine Frau klammerte sich an meinen Mantel, und so kamen wir kurz nach Mitternacht endlich zu Hause an. Was für eine Nacht!"

Irgendwann nach Mitternacht ging der Regen dann in Schnee über. Als Arthur Bier am Montagmorgen in New York aus dem Fenster schaute, sah er voller Staunen Berge von Schnee auf der Straße, und noch immer schneite es heftig. „Die Luft sah aus, als schütteten die Leute eimerweise Mehl von den Hausdächern", erzählte er.

Niemand hatte den Schnee erwartet, der nun über New York hereinbrach und die Stadt unter sich begrub

Heftige Schneefälle waren in New York nichts Ungewöhnliches; daher reagierten die Einwohner der Stadt zunächst ganz normal auf die weiße Pracht, holten ihre Winterkleidung aus dem Schrank und gingen zur Arbeit. Die Frühaufsteher konnten – wenn auch langsam – noch mit den Hochbahnen fahren, und auch einige Pferdestraßenbahnen waren in Betrieb. Doch die Lage verschlechterte sich von Stunde zu Stunde. Bis zum Vormittag erreichten die Windböen eine Geschwindigkeit von 140 Kilometern pro Stunde, und es schneite unablässig weiter.

Im Bahnhof der Third-Avenue-Hochbahn drängten sich Hunderte von Fahrgästen in einen Zug – und warteten fast eine halbe Stunde, bis die Maschine genug Dampf für die steile Steigung zur 67. Straße hatte. Plötzlich durchschnitt ein gellendes Pfeifen das Sturmgetöse: das Signal eines anderen Zuges, der sich mit hoher Geschwindigkeit näherte. Vielleicht war der Lokführer einen Moment abgelenkt, vielleicht blendeten ihn die wirbelnden Schneeflocken in der Luft – jedenfalls prallten die Züge mit großer Wucht aufeinander. Ein Passagier wurde getötet, 14 weitere verletzt.

Nacheinander hielten alle Züge der vier Hochbahnlinien kreischend an, und schätzungsweise 15 000 Menschen blieben hoch über den Straßen in überfüllten, ungeheizten Waggons stecken. Besonders Pfiffige nutzten die Notlage der zwischen Himmel und Erde festsitzenden Passagiere für ein Geschäft: Sie schleppten Leitern herbei und kassierten bis zu zwei Dollar von jedem, der die Hochbahn lieber verlassen und in die im Schnee versinkenden Straßen hinabklettern wollte.

Auch der Eisenbahnverkehr brach zusammen. Von 15 Postzügen kamen nur vier an, Dutzende anderer Züge waren überfällig, und die Meldungen von entgleisten Zügen häuften sich.

Pioniergeist *Wie die Straßenschilder in der vom Schnee verstopften Straße (ganz oben) zeigen, reagierten die New Yorker zum Teil mit trockenem Humor auf den Blizzard. Die vier Männer (oben) gehörten zu den zahlreichen geschäftstüchtigen Trupps, die gegen saftige Gebühren den Weg zu Häusern und Läden freischaufelten.*

Die Arbeiter und Angestellten in Manhattan kamen um Stunden zu spät. Die meisten Büros waren leer, die Fließbänder verlassen. Und wer seinen Arbeitsplatz noch erreicht hatte, saß nun dort fest, denn an eine Heimfahrt durch den Schneesturm war inzwischen nicht mehr zu denken. Das Kaufhaus Macy's hatte zwar morgens zur gewohnten Zeit geöffnet, doch es schloß schon mittags, und die Geschäftsleitung ließ reihenweise Feldbetten für die Angestellten aufstellen, die sich nicht mehr in den Sturm wagten.

An der Wall Street schloß die Börse, als nur 30 von 1100 Angestellten eintrafen. Auch der 47jährige Malz- und Hopfenhändler George D. Barremore gehörte zu jenen, die an diesem Tag nicht im Büro erschienen. Als er die Wohnung verließ, fuhr die Hochbahn, mit der er sonst immer zur Arbeit kam, schon lange nicht mehr. Barremore, 90 Kilogramm schwer und über 1,80 Meter groß, machte sich zu Fuß auf den Weg. Er kam nie an. Später fand man ihn tot in einer Schneewehe, nur vier Blocks von seinem Haus entfernt.

Auch auf dem Meer tobte der Schneesturm und gefährdete Menschen und Schiffe. Die Luxusyacht *Cythera*, die auf dem Weg zu den Bermudas war, verschwand spurlos. Die Besatzung des Frachters *Niagara*, der von Kuba kam, berichtete von einer kniehohen Schnee- und Eisdecke auf den Decks. Und als der Schoner *R.H. Heniman* auf den Hafen von New London in Connecticut zusteuerte, wurde es so kalt, daß man es – wie einer der Seeleute sich erinnerte – „auf Deck nicht länger als eine Stunde aushalten" konnte.

Auch die Meteorologen wurden von dem Schneesturm überrascht und kämpften gegen seine verheerenden Folgen

In Manhattan schlugen sich Elias B. Dunn und seine Mitarbeiter am Montag bis zur Wetterwarte durch. Warum hatten sie nichts gewußt? Warum hatte Washington sie nicht vor dem Sturm gewarnt? Als Dunn schließlich die Station erreichte, herrschte dort eine ungewöhnliche Ruhe, denn weder das Telefon noch der Telegraf funktionierten. Nur das Heulen des Windes war zu hören. Doch der Windmesser hoch oben auf einem Mast 7,5 Meter über dem Dach blieb unbeweglich. Er war unter einer dicken Eisschicht festgefroren.

„Niemand wäre für Geld und gute Worte unter diesen Umständen auf den Mast geklettert", erzählte Dunn – niemand außer seinem Stellvertreter Francis Long. Er war einer von sieben Überlebenden einer Expedition, die 1881 zum Nordpol aufgebrochen war und dort drei Jahre lang festgesessen hatte. Entschlossen nahm Long ein Beil aus der Werkzeugkiste

Nichts geht mehr *Der Schnee machte die Straßen völlig unpassierbar und legte den gesamten Verkehr lahm. Für kurze Zeit brachte der Blizzard von 1888 der Stadt New York ungewohnte Ruhe.*

im Büro und kletterte aufs Dach. Dunn und seine drei Kollegen bemühten sich, den Mast in dem Sturm festzuhalten. Währenddessen zog sich Long mit Armen und Beinen bis zur Spitze hoch, hackte das Eis um den Windmesser ab, tauschte ein paar Drähte aus und brachte das Instrument wieder in Gang.

Bis zum Abend war in New York und im Umkreis von 160 Kilometern alles zum Stillstand gekommen. Tausende von Menschen saßen in der Stadt fest und mußten sich nach einer Unterkunft umsehen. In den Hotels mußten sich zwei oder drei Gäste ein Zimmer teilen, und Notbetten wurden in Korridoren und in Badezimmern aufgestellt. Zu denen, die unfreiwillig in der Stadt bleiben mußten, gehörte auch der Schriftsteller Mark Twain. Er benachrichtigte seine Frau, daß er „in einem Wüstenhotel Robinson Crusoe spiele". Getreu dem Motto: „Die Show muß weitergehen", eröffnete Phineas T. Barnum seine Zirkusvorstellung im Madison Square Garden – allerdings bestand sein Publikum nur aus rund 100 Personen. Nutznießer des Blizzards waren eindeutig die Bars der Stadt: Sie verzeichneten an diesem Tag ein außergewöhnlich lebhaftes Geschäft.

Am Dienstagmorgen hatte der Schneefall endlich nachgelassen, und gegen Mittag begann die Temperatur zu steigen. Der Nachrichtenverkehr funktionierte wieder, wenn auch gelegentlich auf abenteuerlichen Wegen: Die Nachrichtenagentur United Press stellte eine Kabelverbindung mit dem 370 Kilometer entfernten Washington auf einem Umweg von 4000 Kilometern über Pittsburgh und Chicago her. Nach und nach normalisierte sich auch der Eisenbahnverkehr, und Lokomotiven mit Schneepflugvorsätzen räumten die Gleise der Hochbahnen. Städtische Bedienstete kümmerten sich um die Beseitigung der Müllberge, die sich in den schneebedeckten Straßen angehäuft hatten.

Tag für Tag wurde das Wetter besser, und am Freitag hatte sich die Lage schon wieder weitgehend normalisiert. Der Blizzard ging in die Annalen der Stadt ein, und es sollte fast 60 Jahre dauern, bis der Rekord von mehr als 50 Zentimeter Schneehöhe gebrochen wurde. Mehr als 400 Menschenleben hatte der Schneesturm gefordert, die Hälfte davon allein in New York. Dort entdeckte man noch Wochen später, als die Schneeberge endlich abschmolzen, Erfrorene in den Straßen.

In der Folgezeit sorgte man dafür, daß künftig ein ähnlich dramatischer Wettereinbruch nicht mehr ganz so verheerende Folgen haben konnte: Innerhalb von 25 Jahren wurden die störanfälligen oberirdisch verlaufenden Gas- und Wasserleitungen sowie alle Telefon-, Telegrafen- und Stromleitungen in den sicheren Untergrund verlegt, und die Stadt erhielt ihr erstes U-Bahn-Netz.

Die Flut von Johnstown

Ein Dammbruch entfesselt 20 Millionen Tonnen Wasser

Gegen Ende des 19. Jahrhunderts trieb der Journalismus in den USA oft seltsame Blüten. So schilderte z. B. ein Redakteur der *Johnstown Tribune* blumenreich die Vorzüge der in Pennsylvania knapp 100 Kilometer östlich von Pittsburgh gelegenen Industriestadt Johnstown, die sich in einem tiefen Tal der waldreichen Alleghenyberge am Zusammenfluß zweier Flüsse erhob: „Unsere Landschaft ist großartig und unbeschreiblich. Die Luft ist kühl und belebend, in den Bächen der Umgebung tummeln sich unzählige große Forellen; die Fahrwege sind gut, die Frauen schön und gebildet, die Männer sind vornehm und gelehrt, die Hotels stehen den besten Hotels in nichts nach."

Nur wenige Jahre nach der Veröffentlichung dieses Lobgesangs bot die Stadt nur noch das Bild einer grauenhaften Verwüstung. An einem verregneten Freitagnachmittag im Mai 1889 war ein dumpfes, unheimliches Geräusch aus den Hügeln östlich von Johnstown gedrungen. Es stammte von 20 Millionen Tonnen Wasser, die den gut 20 Kilometer oberhalb der Stadt gelegenen South-Fork-Damm durchbrochen hatten. Eine Stunde später ergossen sich die Wassermassen über Johnstown.

Ausgangspunkt der Katastrophe war das 283 Hektar große Grundstück des exklusiven Angel- und Jagdclubs von South Fork. Zu dem Gelände gehörte auch der Conemaughsee, der angeblich größte

künstliche See des Landes, der hinter dem – wie man behauptete – größten Erddamm des Landes aufgestaut war. Es gab Leute, die sich Gedanken machten über die Sorglosigkeit, mit der der Damm um 1840 – Jahre bevor der Club das Gelände erwarb – gebaut worden war, und über die Oberflächlichkeit, mit der man die notwendigen Instandhaltungsarbeiten ausführte. Wer sich am Morgen des 31. Mai 1889 wohl die größten Sorgen um den Damm machte, war John Parke, der vom Club angestellte 23jährige Ingenieur.

Seit Mittwochnachmittag hatte es unablässig geregnet, und Parke stellte schon am Donnerstag mit Entsetzen fest, daß das Wasser im See über Nacht um 60 Zentimeter gestiegen war. Auch in der folgenden Nacht hörte der Regen nicht auf, und so stand am Freitagmorgen das Wasser nochmals 20 Zentimeter höher. Parke und einige Clubangestellte bemühten sich vergeblich, die Hauptüberläufe des Damms frei zu machen, die inzwischen mit angeschwemmtem Treibgut hoffnungslos verstopft waren. Als Parke sah, daß im Damm bereits Risse waren, durch die das Wasser sickerte, ritt er, so schnell die aufgeweichten Wege es noch erlaubten, nach South Fork, der nördlichsten von rund einem halben Dutzend kleinerer Ortschaften, die zwischen dem Stausee und Johnstown am Little Conemaugh River lagen. Dort trommelte er die Dorfbewohner zusammen und riet ihnen, so schnell wie möglich in höhergelegene Gebiete zu fliehen, da der nur drei Kilometer entfernte Damm zu brechen drohe.

Auf dem Rückweg machte Parke noch kurz halt am Stellwerk der Pennsylvania-Eisenbahn in South Fork. Von dort wurde der Verkehr auf der stark befahrenen vierspurigen Hauptstrecke New York–Chicago gelenkt. Im Stellwerk bat er die Telegrafistin Emma Ehrenfeld, Johnstown den bevorstehenden Dammbruch zu melden. Noch bevor die entsetzte Frau sich wieder gefaßt hatte und ihm sagen konnte, daß die Leitung nach Johnstown durch die heftigen Regenfälle unterbrochen war, saß Parke schon wieder auf dem Pferd.

Als Parke zum Conemaughsee zurückkam, war ein weiterer Riß in der Mitte des Damms entstanden, der von Minute zu Minute breiter wurde. Das war das auslösende Moment. Um 15.10 Uhr brach der 22 Meter hohe und fast 300 Meter breite Damm. 20 Millionen Tonnen Wasser schossen mit einem ungeheuren Gebrüll aus dem See und wälzten sich mit zerstörerischer Wucht das Tal hinab in Richtung Johnstown.

Reverend G. W. Brown aus South Fork hatte zusammen mit anderen oben am Damm gestanden und mit Schrecken beobachtet, wie der unheilvolle Riß sich vergrößerte. „Als ich das sah, bat ich Gott um Erbarmen mit den flußabwärts lebenden Menschen", sagte er später. „Der Damm schmolz einfach weg, und mit ohrenbetäubendem Getöse brach eine haushohe Flutwelle los."

Inferno *Die Strömung schuf ein grauenhaftes Durcheinander aus Häusern, Bäumen und Trümmern, in dem Hunderte von Menschen ums Leben kamen. Diese Darstellung aus dem Jahr 1890 zeigt das Chaos und das Entsetzen, das Johnstown im Mai 1889 heimsuchte.*

Niemand, der die Flutwelle auf sich zukommen sah, konnte diesen Anblick je wieder vergessen

Es dauerte eine Stunde, bis die Wassermassen den etwa 23 Kilometer langen Weg nach Johnstown zurückgelegt hatten. Doch es war nicht nur Wasser, was als riesige Welle über die ahnungslose Stadt hereinbrach. Die Flut brachte lebende und tote Menschen mit sich, Tiere und Tierkadaver, Häuser, Schulen und Fabriken, Teile von schweren Lokomotiven und Eisenbahnwagen, ganze Brücken und Straßenbefestigungen, buchstäblich alle Bäume, die an den Ufern des Little Conemaugh gestanden hatten – kurz alles, was sie auf ihrem Weg talwärts mitgerissen hatte.

Die Telegrafistin Emma Ehrenfeld sprach gerade mit zwei Eisenbahnern, die sich im Stellwerk von South Fork kurz aufwärmen wollten, über Parkes Warnung vor einem Dammbruch, als sie draußen laute Rufe hörten. Alle drei eilten zum Fenster und sahen etwas auf sich zukommen, das einer von ihnen später als einen gewaltigen wandernden Hügel beschrieb. In letzter Minute rannten sie aus dem Stellwerk hinaus, um sich in Sicherheit zu bringen.

In East Conemaugh wartete der Expreßzug nach New York auf die Freigabe der Strecke, als die Passagiere plötzlich zum Verlassen des Zuges aufgefordert wurden. Als Charles Richwood gerade aus dem Eisenbahnwagen aussteigen wollte, erstarrte er vor Schreck über das, was er später als „eine brodelnde, ungestüme Wasserwand" beschrieb, „deren bergähnliche Wellen das ganze Tal ausfüllten und alles vor sich herschoben, wie ein Sturm Getreidehalme vor sich herbläst".

Richwood stürzte in den Wagen zurück und umklammerte ganz fest seine junge Frau Edith. In diesem Moment stand der Zug auch schon unter Wasser. Den beiden Richwoods gelang es gerade noch rechtzeitig, auf das Dach eines Waggons zu klettern, doch schon die nächste Woge riß sie wieder hinunter. Andere Leute, die sich auf ein vorbeitreibendes Hausdach geflüchtet hatten, fischten sie aus den Fluten. Aber noch immer war der Alptraum nicht zu Ende. Das Dach trieb nun direkt auf die große Drahtfabrik der Cambria Iron Company in Gautier zu; vor ihren Augen explodierten die Öfen der Fabrik und schleuderten die Arbeiter in die Luft. Das Ehepaar griff nach einem vorbeitreibenden Stamm und setzte auf ihm die Höllenfahrt fort. Mit vereinten Kräften

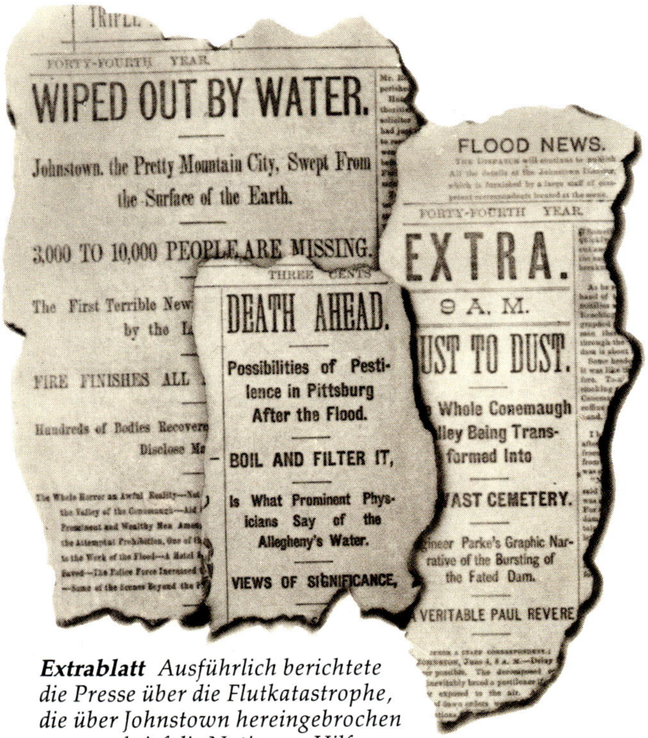

Extrablatt *Ausführlich berichtete die Presse über die Flutkatastrophe, die über Johnstown hereingebrochen war, und rief die Nation zu Hilfeleistungen für die Überlebenden auf.*

gelang es ihnen, dem Inferno auszuweichen. Als die Richwoods endlich nur noch 15 Meter vom Ufer entfernt waren, sprang von dort aus ein Retter in die Fluten und half dem völlig erschöpften Ehepaar, sicher an Land zu kommen.

Das hübsche Dörfchen Woodvale hatte keinerlei Überlebenschance: Es lag zwischen den steilsten Hügeln am Little Conemaugh. Nahezu alle 250 Häuser versanken in der Flut, und fast ein Drittel der rund 1000 Einwohner wurde von der Strömung mitgerissen. Einige ertranken, andere klammerten sich an alles, was ab und zu aus dem gurgelnden Mahlstrom auftauchte.

Und zu guter Letzt ereilte die Flutwelle auch Johnstown. Einer der ersten Einwohner, die das unaufhaltsam auf die Stadt herabrollende Unheil sahen, war der Rechtsanwalt Horace Rose. Laute Rufe und das aufgeregte Läuten einer Glocke trieben ihn ans Fenster. Der Anblick war furchterregend: „Ein Riesenberg aus Bauholz, Bäumen, Dächern und allen möglichen Trümmern wälzte sich mit rasender Geschwindigkeit auf uns zu." Als einer seiner Söhne fragte, ob man nicht irgendwohin fliehen könne, antwortete Rose: „Nein" und fügte so ruhig er konnte hinzu: „Das bringt uns allen den Tod."

Doch der Anwalt irrte sich. Als die Wassermassen über das Haus hereinstürzten, wurde Rose zwar verletzt, dennoch gelang es ihm, irgendwie aufs Dach hinaufzukommen. Dort mußte er allerdings hilflos zusehen, wie seine Familie sich in dem wirbelnden Wasser zu halten versuchte. Einer seiner Söhne schaffte es aus eigener Kraft, auf das Dach zu klettern, und Roses Frau und Tochter half ein Mann, der selbst in den Fluten trieb. Wie durch ein Wunder überlebten alle Mitglieder der Familie Rose, auch die, die das Wasser zunächst mit sich gerissen hatte.

Riesige Teile von Lokomotiven wirbelten wie Spielbälle in der reißenden Strömung

Berichte über die verheerende Flutwelle, die über Johnstown hinweggefegt war, erschienen in allen Zeitungen und ließen die Auflagen in die Höhe schnellen. Eine Zeitung mußte sogar ihre Seitengröße verringern, damit sie genügend Exemplare drucken konnte. Viele Berichte illustrierte man mit Fotos von einem Trümmerhaufen, der einst ein großer Betrieb war, in dem die 80-Tonnen-Lokomotiven der Pennsylvania Railroad gewartet wurden. Riesige Kesselteile, Führerstände und Achsen von 30 Lokomotiven waren wie Spielzeug herumgeschleudert worden und mit den wirbelnden Wassermassen in Richtung Johnstown getobt. Die großen Metallbrokken zerschlugen alle öffentlichen Gebäude der Stadt, das Zentralgebäude des Christlichen Vereins Junger Männer und das Hulbert House, das neueste Hotel der Stadt, in dem 50 Menschen den Tod fanden.

Den Bewohnern von Johnstown blieben nur wenige Sekunden, in denen sie versuchen konnten, dem Verderben zu entfliehen. Mrs. Fenn mußte mit ansehen, wie ihr Mann fortgerissen wurde, als er sich auf die Haustreppe retten wollte. Sie selbst und ihre sieben Kinder retteten sich auf das Dach, doch auch dort gab es keine Sicherheit. Vor ihren Augen wurden nacheinander alle ihre Kinder fortgespült und ertranken. Als man Mrs. Fenn später nach einer wilden, mehrere Kilometer langen Fahrt auf einem Teerfaß ans sichere Ufer zog, weinte sie: „Mein Gott, warum muß ich weiterleben?"

Gertrude Quinn, ein achtjähriges Mädchen, trieb zusammen mit dem Arbeiter Maxwell McAchren auf einer Matratze. Als sie sich dem Ufer näherten, warf McAchren das Kind fast fünf Meter weit an Land – direkt in die Arme eines Retters. Er selbst trieb noch weitere sechs Kilometer auf der Matratze, bis Männer ihn mit Seilen ans Ufer zogen. Das verängstigte Mädchen wurde in trockene Decken gewickelt und zu einem sicheren Haus auf dem Hügel gebracht. Gertrude Quinn sah McAchren nie mehr wieder. Doch als sie 40 Jahre nach der Flutkatastrophe seine Todesanzeige in der *Johnstown Tribune* las, legte sie einen Strauß dunkelroter Rosen auf sein Grab.

Tage nach der Katastrophe mußte die massive Steinbrücke gesprengt werden, die über den Fluß führte. Die Wassermassen waren, bevor sie die

Brücke erreichten, auf einen Berg aufgelaufen und hatten dabei an Wucht verloren, so daß die Brücke stehengeblieben war. Dadurch hatte sie eine Art Barriere gebildet, an der sich nun Tausende von Tonnen Trümmer auftürmten – ein grauenhaftes Gebirge von Leichen, Güterwagen, Häusern, Tierkadavern, Bäumen und Schutt. Dieser Trümmerhaufen mußte beseitigt werden, bevor er für die Gesundheit der Überlebenden zur Bedrohung wurde.

Als man endlich einen Überblick über das Ausmaß der Katastrophe hatte, war die Bilanz furchtbar: 2200 Menschen waren tot, weitere 1000 wurden vermißt und niemals gefunden. Schon bald floß ein Strom von Spenden und Hilfsmannschaften nach Johnstown. Clara Barton, die damals schon Ende 60 war, traf mit ihrem neugegründeten Roten Kreuz ein. In Pittsburgh stellte man schon wenige Stunden nach dem Eintreffen der Schreckensnachrichten einen Hilfszug mit 20 Waggons bereit. Auch aus anderen Richtungen kamen Züge und brachten Bauholz, Dekken, Lebensmittel und Kleidung für die Überlebenden. New York, Philadelphia und Pittsburgh brachten jeweils mehr als eine halbe Million Dollar an Hilfsmitteln auf. Cincinnati schickte zehn Tonnen Schinken, von den Insassen eines Gefängnisses wurden 1000 Laib Brot gebacken, und in Burlingame, Kalifornien, brachten Grundschüler jeden Tag Kartoffeln mit zur Schule, die an hungrige kleine Freunde am Little Conemaugh geschickt werden sollten.

Das Wasser verlief sich allmählich, und man konnte mit den Aufräumungsarbeiten beginnen. Dabei hörte eine Gruppe von Männern plötzlich eigenartige Geräusche unter einem eingedrückten Güterwagen. Sie fanden eine ruhig wiederkäuende Kuh, einen kleinen kläffenden Hund und fünf Hennen, die mißbilligend über den Hund gackerten. Und als Arbeiter, mehr als 18 Stunden nachdem die Flutwelle über Johnstown hereingebrochen war, in Pittsburgh die angeschwemmten Leichen aus dem Allegheny River bargen, in den der Conemaugh mündet, zogen sie auch den Fußboden eines zertrümmerten Hauses ans Ufer. Darauf lag ein fünf Monate altes Baby, das allein und unversehrt 120 Kilometer weit auf den angeschwollenen Flüssen getrieben war.

Johnstown lebte noch.

Chaos *Fassungslos betrachten die Menschen die Trümmer ihrer Häuser (oben). Wie ein Stück Papier hat die gewaltige Flut das Haus links herumgewirbelt und auf einen Baum gespießt. Alle sechs Bewohner, die sich zum Zeitpunkt der Katastrophe in diesem Haus befanden, haben die Tragödie wie durch ein Wunder überlebt.*

Gefahr aus dem Meer

Tod und Verderben durch eine turmhohe Flutwelle

Der 15. Juni 1896 war ein grauer Tag im Gebiet von Sanriku, einem Distrikt an der Nordostküste von Honshu, der Hauptinsel Japans. Doch der heftige Regen, der den ganzen Nachmittag über fiel, konnte die gute Laune der Menschen nicht beeinträchtigen: Man bereitete sich darauf vor, ein Shintofest zu feiern, und es herrschte überall lebhaftes Treiben. Unter die Einheimischen mischten sich Scharen von Besuchern, die an die Küste gereist waren, um an den Veranstaltungen teilzunehmen.

Am frühen Abend hörte der Regen auf, und der Himmel wurde klar. Alles schien in Ordnung zu sein. Doch dann erschütterte um 19.30 Uhr eine Reihe von wellenartig verlaufenden, lang anhaltenden Stößen den Erdboden. Es waren die ersten Anzeichen einer drohenden Gefahr, doch da in diesem Teil der Welt seismische Aktivitäten nichts Ungewöhnliches sind, nahm kaum jemand Notiz davon.

Etwa 20 Minuten nach dem ersten Erdstoß geschah jedoch etwas wahrhaftig Furchterregendes: Das Meer wich von der Küste zurück, als verschlinge es sich selbst. Boote, die vor Anker lagen, wurden aus der Vertäuung gerissen und fortgespült. Wo kurz zuvor noch eine Wasserfläche gewesen war, lagen nun zahllose Fische auf dem Trockenen und zappelten hilflos im Schlick.

Dann erhob sich vom Meer her ein dröhnendes Geräusch, das an Lautstärke rasch zunahm, bis es sich anhörte wie Kanonendonner. Bevor sich die erschrokkenen Festtagsgäste besinnen konnten, stürzte eine etwa 30 Meter hohe, brodelnde Wasserwand mit einer Geschwindigkeit von annähernd 800 Kilometern pro Stunde auf das Land zu. Die Menschen versuchten noch, sich auf höhergelegene Stellen zu retten, doch es war zu spät. Der gefürchtete Tsunami schlug zu.

Bei Tsunamis, die nach altem Glauben der Japaner Ausdruck göttlichen Zorns sind, handelt es

Im Angesicht des Todes *Erschrockene japanische Schiffer werden von einer riesigen Meereswelle überrascht.*

sich um gewaltige Meereswellen, die von unterseeischen Erdbeben, Erdrutschen oder Vulkanausbrüchen ausgelöst werden. Diese unterseeischen Störungen finden oft Hunderte oder Tausende von Kilometern von dem Ort entfernt statt, an dem die Wogen, oft mit verheerenden Folgen, auf Land treffen. Ein Korrespondent von *Harper's Weekly,* der das Gebiet von Sanriku besuchte, verglich die Katastrophe mit der Explosion des Inselvulkans Krakatau im Jahr 1883. Der Reporter fügte hinzu, daß der rund 50 Kilometer lange Küstenstreifen, den er nach dem Tsunami in Augenschein nahm, wie ausgestorben wirkte.

Doch es gab einige Überlebende. Fischer beispielsweise, die am Spätnachmittag mit ihren Booten aufs Meer hinausgefahren waren, kamen zum größten Teil mit heiler Haut davon. Die meisten hatten nicht einmal mitbekommen, daß etwas Ungewöhnliches geschehen war, bis sie in ihre zerstörten Heimathäfen zurückkehrten. Das läßt sich damit erklären, daß Tsunamis im offenen Wasser flach sind; erst in Küstennähe türmen sie sich zu furchterregenden Höhen auf.

Von anderen Menschen wurde erzählt, daß sie zwar ins Meer hinausgespült worden seien, sich jedoch an irgendwelches Treibgut geklammert und so das Unglück überstanden hätten.

Von denjenigen, welche die Überschwemmung an Land überlebten, verdankten viele ihre Unversehrtheit seltsamen Zufällen. In der Stadt Hongo z. B. hatte eine Gruppe älterer Männer das Fest verlassen, um auf einem Hügel hoch über dem Meer das alte japanische Spiel Go zu spielen. In einem Dorf überlebte eine Handvoll Kleinkinder. Ihre Eltern hatten sie noch rasch an hochgelegene Stellen gebracht und waren dann zurück in den Ort geeilt, um die älteren Kinder nachzuholen. Dabei wurden sie ins Meer hinausgerissen.

Die meisten Menschen kamen durch Ertrinken ums Leben, darunter auch ein alter Soldat, der Berichten zufolge das Gebrüll des herannahenden Tsunamis für den Lärm ausländischer Invasionstruppen hielt. Er ergriff sein Schwert und stürzte nach draußen, um die Eindringlinge abzuwehren. Als man später seine Leiche fand, hielt er das Schwert noch immer in der Hand.

Der einzige Europäer, der von der Welle getötet wurde, war ein französischer Missionar. Zwei seiner Glaubensbrüder durchsuchten mehr als eine Woche lang die Ruinen nach ihm, weil sie ihm ein christliches Begräbnis geben wollten. Schließlich zwangen die schrecklichen Umstände sie aber aufzugeben. In der Tat war es ein Problem, die vielen tausend Leichen und Tierkadaver, die überall verstreut lagen, zu beseitigen. „Man mußte Feuer anzünden und die verwesenden Körper verbrennen", notierte der Korrespondent von *Harper's Weekly,* „denn Desinfektionsmittel waren nicht zu beschaffen." Über dem Land, so fügte er hinzu, hingen tagelang der „schreckliche Geruch des Todes und der Rauch der Einäscherungsfeuer".

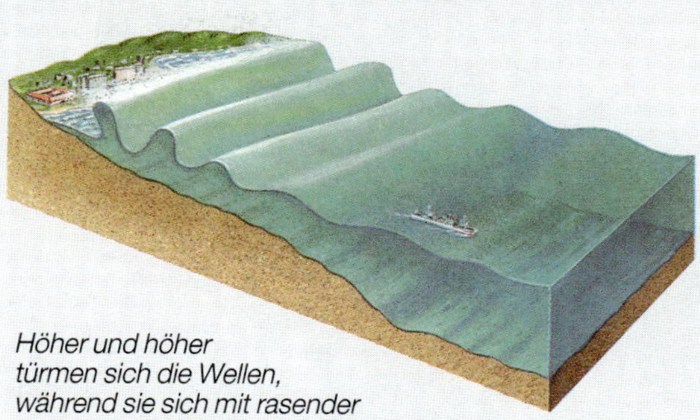

Höher und höher türmen sich die Wellen, während sie sich mit rasender Geschwindigkeit dem Land nähern.

Die Geburt eines Tsunami

Tsunamis entstehen in den Tiefen des Ozeans. Die gigantischen Wellen werden durch plötzliche Stöße am Meeresboden, meist Seebeben, ausgelöst. Sie pflanzen sich vom Ort des Geschehens aus ringförmig fort und durchlaufen das Meer mit Geschwindigkeiten von 700–800 Kilometern pro Stunde. Bei nur etwa einem halben Meter Höhe können sie im tiefen Wasser mehrere hundert Kilometer lang sein, daher werden sie im offenen Meer kaum bemerkt. In flachen Küstengewässern steilt sich die Welle dann bis zu Höhen von 30 Metern und mehr auf.

Weil vor allem die Küsten Japans von diesen Riesenwellen heimgesucht werden, hat sich das japanische Wort Tsunami (lange Welle) weltweit eingebürgert.

Heute kann man unterseeische Störungen frühzeitig durch Sensoren feststellen und vor möglichen Katastrophen warnen. Vorbeugende Maßnahmen sind aber auch nur dann möglich, wenn die Laufzeit der Tsunamis ausreichend lang ist, wenn z. B. ein Seebeben bei den Aleuten Hawaii zu überfluten droht. Denn von den Aleuten brauchen die Wellen etwa fünf Stunden, bis sie Hawaii erreichen.

Als Regierungsbeamte endlich in das Gebiet kamen und eine Schadensbilanz aufstellen konnten, meldeten sie, daß 10617 Häuser fortgeschwemmt und 2456 Häuser beschädigt worden waren. 27122 Menschen hatten die Flutwellen in den Tod gerissen, und weitere 9247 waren verletzt worden.

37 Jahre später, im Jahr 1933, wurde der Sanriku-Distrikt erneut von einem Tsunami heimgesucht, dessen Wellen eine Höhe von 22 Metern erreichten. In letzter Minute gewarnt, konnten sich diesmal jedoch viele Menschen rechtzeitig in Sicherheit bringen. Trotzdem waren insgesamt etwa 3000 Opfer zu beklagen. Und wer kann wissen, wann die gigantischen Meereswellen dieses leidgeprüfte Küstengebiet erneut heimsuchen?

Ein unerwünschter Einwanderer

Schiffe bringen die Pest nach Amerika

Am 6. März 1900 – im Jahr der Ratte nach dem chinesischen Kalender – wurde in einem schäbigen Hotel in Chinatown, dem Chinesenviertel von San Francisco, die Leiche eines ortsansässigen Ladenbesitzers gefunden. Die Todesursache war zunächst unklar, bis eine gerichtsmedizinische Untersuchung ergab, daß der Mann an einer der ältesten Geißeln der Menschheit, nämlich an der Beulenpest, gestorben war. Immer wieder hatte diese vom Rattenfloh übertragene Krankheit im Lauf der Geschichte seuchenartig in Asien und Europa gewütet.

Chinatown in San Francisco *Das dichtbesiedelte Viertel, hier um 1890, bot der Pest ideale Ausbreitungsbedingungen.*

Nun hatte sie erstmals auch die Küste der Vereinigten Staaten erreicht.

Ausgangspunkt der Pest war diesmal Zentralasien. Von hier breitete sie sich zunächst nur langsam aus, bis sie im Januar 1894 auf die chinesische Hafenstadt Guangzhou (Kanton) übergriff. Schon sieben Monate später waren etwa 100 000 Einwohner an der Krankheit gestorben. Flüchtlinge schleppten die Pest in das benachbarte Hongkong, wo ihr weitere 100 000 Menschen erlagen. Da es sich bei beiden Städten um bedeutende internationale Schiffahrtszentren handelte, wurde die Krankheit von hier rasch in andere Gebiete weitergetragen. Im Spätsommer 1896 brach die Seuche in der indischen Hafenstadt Bombay aus, und bis 1905 war die Anzahl der Pesttoten in Indien auf mehr als 1 Million im Jahr emporgeschnellt. Doch die rattenverseuchten Schiffe schleppten die Krankheit auch nach Osten. Zunächst schlug die Pest auf Hawaii zu, dann ging sie im April 1899 in Paraguay in der Neuen Welt an Land und griff innerhalb eines Jahrzehnts auf den größten Teil Südamerikas über.

Am 27. Juni 1899 legte der japanische Dampfer *Nippon Maru*, der über Honolulu von Hongkong gekommen war, im Hafen von San Francisco an. Er hatte elf blinde Passagiere an Bord – zwei von ihnen zog man am nächsten Tag aus dem Wasser. Als man sie gerichtsmedizinisch untersuchte, stellte man fest, daß sie pestkrank gewesen waren. Ob es aber tatsächlich die *Nippon Maru* war, die die Seuche nach San Francisco gebracht hatte, ist nicht eindeutig erwiesen. Doch wie dem auch sei: Knapp acht Monate nach der Ankunft des Schiffs stieß man in Chinatown auf die Leiche des ersten Pestopfers in San Francisco und den USA.

Es gibt keine Pest im Bundesstaat Kalifornien, beteuerte der Gouverneur

In aller Eile stellte das Gesundheitsamt der Stadt das Chinesenviertel unter Quarantäne und ließ die Häuser nach weiteren Opfern durchsuchen. Kaum hatte die Behörde jedoch mit ihrer Arbeit begonnen, setzten sich die Geschäftsleute San Franciscos, unterstützt von einem großen Teil der örtlichen Presse, gegen die Maßnahmen zur Wehr. Sie empfanden das ganze Gerede über die Pest als geschäftsschädigend. Ein weiteres Argument derer, die jedes Aufsehen um

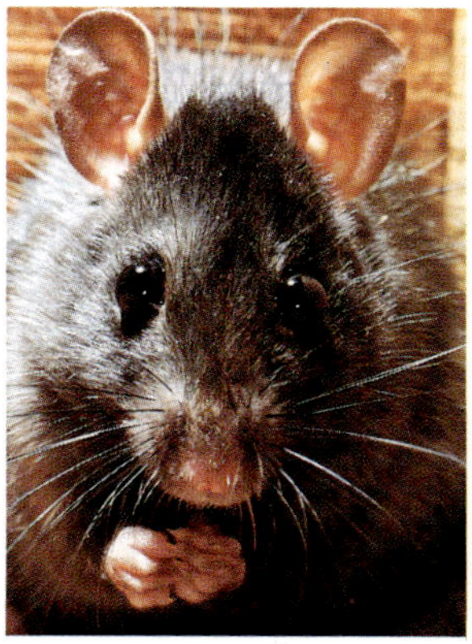

Pestbekämpfung *Ein befallenes Haus in San Francisco wird ausgeräuchert (rechts). 1908, als das Foto entstand, hatte man die Rolle der Ratte (oben) als Überträger bereits erkannt.*

das Thema Pest vermeiden wollten, war, daß die Krankheit nur Asiaten befalle; Weiße seien nicht gefährdet. Die Chinesen wiederum waren nicht bereit, sich in ihrem Viertel einsperren zu lassen.

Während der Streit an Schärfe zunahm, stieg die Zahl der Opfer, und die benachbarten Bundesstaaten begannen, Menschen und Waren aus Kalifornien unter Quarantäne zu stellen. Am 6. März 1901 schließlich, ein ganzes Jahr nach der Entdeckung des ersten Pesttoten in der Stadt, entschied eine von der Bundesregierung eingesetzte Kommission, daß – entgegen den Beteuerungen des Gouverneurs von Kalifornien – die Krankheit sehr wohl in San Francisco wüte. Daraufhin wurde einen Monat später Chinatown saniert. Fast 1200 Häuser und 14 000 Räume wurden von oben bis unten mit Ätzkalk abgewaschen. Danach wurden alle Flächen mit Quecksilberlösung eingesprüht und mit Kalk geweißt. Auch die Haushaltsgegenstände wurden desinfiziert. Trotz dieser Aktionen flammte die Pest bis Anfang 1904 immer wieder auf. Von den 127 Menschen, die von der Krankheit erfaßt wurden, überlebten nur fünf.

In den Maßnahmen, die man in San Francisco ergriff, spiegelt sich die Ansicht wider, die Pest sei eine Infektionskrankheit wie Pocken oder Typhus, werde also von Mensch zu Mensch übertragen. Die Rolle, die Ratten und Rattenflöhe bei der Ausbreitung der Seuche spielten, wurde kaum, wenn überhaupt, erkannt. Doch allmählich lüftete man das Geheimnis, das die Pest umgab. Im Jahr 1894 hatten der Schweizer Arzt Alexandre Yersin und der Japaner Shibasaburo Kitasato unabhängig voneinander das inzwischen als *Yersinia pestis* bekannte Pestbakterium entdeckt. Vier Jahre später stellte der Franzose Paul-Louis Simond fest, daß es der orientalische Rattenfloh, *Xenopsylla cheopsis*, ist, der das Bakterium von Ratte zu Ratte und von der Ratte auf den Menschen überträgt. Simond wurde zunächst verspottet, doch als dann die Stadt San Francisco erneut von der Pest heimgesucht wurde, griff man seine Erkenntnis auf und konnte die Seuche wirksam eindämmen.

Am 26. Mai 1907, etwa 13 Monate nachdem das große Beben die kalifornische Stadt dem Erdboden gleichgemacht hatte, erlag in einem Marinehospital San Franciscos ein Matrose der Pest. Anfang September drohte die Seuche sich erneut auszubreiten. Dieses Mal jedoch ergriffen die Behörden sofort Gegenmaßnahmen und leiteten einen Feldzug gegen die Ratten ein. Man ersetzte überall die bislang offenen Abflüsse aus den Häusern und in den Straßen durch geschlossene Abwasserkanäle, und alle Haushalte wurden verpflichtet, verschließbare Mülltonnen aufzustellen. Rattenfänger erhielten 2,5 Dollar täglich plus 10 Cent für jeden Nager, den sie einfingen. Überall in der Stadt wurden vergiftete Brotstückchen ausgelegt, und mehr als 700 000 Ratten fraßen die Köder.

Zwei Monate nach Beginn der Säuberungsaktion wurde in San Francisco der letzte Fall einer Pesterkrankung festgestellt; acht Monate später gab es unter den wenigen überlebenden Ratten keine infizierten Tiere mehr.

Weltweit erlosch diese Pestepidemie des 19. und 20. Jahrhunderts vermutlich Ende der 50er Jahre. In diesen 100 Jahren, in denen sie wütete, fielen ihr zwischen 10 und 13 Millionen Menschen zum Opfer. Heute ist die Pest relativ selten geworden. Nur vereinzelt kommt es noch zu Erkrankungen, doch die Gefahr einer neuen ausgedehnten Epidemie ist keineswegs gebannt.

NEUE ZEITEN – ALTE GEFAHREN

Ein Parasit lähmt Afrika

In Uganda breitet sich die Schlafkrankheit aus

Eines Tages Anfang unseres Jahrhunderts standen ein englischer Arzt und ein Einheimischer auf einem Hügel am Nordufer des Victoriasees in Uganda. Der Afrikaner wies auf die Überreste einstmals ausgedehnter Bananenpflanzungen ringsum und bemerkte: „Lumbe hat unsere schönsten Gärten gefressen." Lumbe war für die Eingeborenen gleichbedeutend mit Krankheit. Sie hatte die Gärten „gefressen", indem sie die Gärtner tötete, denn Lumbe war die afrikanische Schlafkrankheit. Zwischen 1900, als sich die Infektion seuchenartig ausbreitete, und 1907, als die ersten wirksamen Gegenmaßnahmen ergriffen wurden, starben am Victoriasee 200 000 Afrikaner, das waren etwa zwei Drittel der Bevölkerung.

Verursacht wird die afrikanische Schlafkrankheit, die Trypanosomiasis, wie der Fachbegriff lautet, durch mikroskopisch kleine Parasiten, sogenannte Trypanosomen, die sich im Blut, im Lymphsystem und in der Gehirn-Rückenmarksflüssigkeit von Menschen und Säugetieren aufhalten können. Übertragen werden die Trypanosomen durch die Tsetsefliege, ein Insekt, das sich vom Blut der Menschen und Säugetiere ernährt. Sticht die Tsetsefliege ein von dem Parasiten bereits befallenes Tier, nimmt sie mit dessen Blut zugleich auch die Trypanosomen auf, die sich im Fliegendarm vermehren und von dort in die Speicheldrüse des Insekts wandern. Sticht die Tsetsefliege nun ein anderes Tier oder den Menschen, überträgt sie mit ihrem Speichel den Erreger auf das bislang gesunde Lebewesen.

Der Verlauf der Schlafkrankheit ist schleichend. Die Opfer leiden manchmal über Jahre hinweg an Fieberanfällen, Lymphknotenentzündungen, Hautausschlägen und Herzjagen. Später, wenn der Erreger in das Zentralnervensystem eindringt, stellen sich Kopfschmerzen, Krämpfe, Lähmungen, schwere nächtliche Schlaflosigkeit und eine so extreme Benommenheit am Tag ein, daß die Kranken manchmal beim Essen einschlafen. Es folgen Bewußtlosigkeit und schließlich der Tod.

Gegen Ende des 19. Jahrhunderts herrschten an den Ufern des Victoriasees günstige Voraussetzungen

Provisorisches Labor *In Ostafrika entnimmt ein europäisches Ärzteteam Blutproben zur Untersuchung der Schlafkrankheit. Das Foto entstand 1906, als die Seuche in diesem Gebiet wütete und viele tausend Opfer forderte.*

für die Ausbreitung der Krankheit. Wegen des fruchtbaren Bodens und dank regelmäßiger Niederschläge waren die nördlichen und westlichen Ufer sowie die im See gelegenen Buwumainseln dicht besiedelt. Aber auch einer Art der Tsetsefliege – *Glossina palpalis* – bot die Region mit ihrem feuchtwarmen Klima ideale Lebensbedingungen.

Daß die Krankheit hier am Victoriasee Fuß fassen konnte, hing nicht zuletzt auch mit dem Vordringen der Europäer auf dem Schwarzen Kontinent zusammen. Vor 1900 war die Schlafkrankheit auf wenige Gebiete an der Westküste Afrikas beschränkt. Der Parasit konnte nicht weiterverbreitet werden, weil sein Wirt, der Mensch, den Ort, an dem er lebte, kaum jemals verließ. Als aber europäische Abenteurer den Kontinent durchstreiften, sorgten sie unbewußt für die Ausbreitung der Krankheit, indem sie infizierte Eingeborene als Träger mitnahmen.

Es dauerte ungefähr 20 Jahre, bis sich die Krankheit in Uganda festgesetzt hatte. Sie brachte unvorstellbares Leid über die Menschen und breitete sich unaufhaltsam an den Ufern des Sees und am Nil aus. Als die Infektionskrankheit im Jahr 1900 seuchenartige Ausmaße annahm, ergriffen die Briten, unter deren Protektorat Uganda seit 1894 stand, Gegenmaßnahmen.

Weil es noch kein Medikament gegen die Krankheit gab, blieb den Missionaren kaum mehr übrig, als für die Kranken primitive Hospitäler zu errichten, um ihnen das Sterben zu erleichtern. In der Zwischenzeit bereitete die Kolonialverwaltung die Isolierung der Opfer in einem Lager auf der Insel Buwuma vor, was beim heutigen Stand des Wissens geradezu als Ironie erscheinen muß, denn dort wimmelte es von Tsetsefliegen, so daß sich die Krankheit nur noch schneller ausgebreitet hätte. Das Vorhaben wurde glücklicherweise abgebrochen, als aus London Anweisungen eintrafen, man solle die Ankunft eines offiziellen Untersuchungsausschusses abwarten.

Die erste Kommission erreichte Uganda im Sommer 1902. Indem man die Verbreitung der Seuche auf Karten festhielt, wurde eine deutlich erkennbare Gesetzmäßigkeit festgestellt: Die Schlafkrankheit trat nur in Ufernähe auf, nicht jedoch in Gebieten, die weit vom Wasser entfernt lagen. Ein weiterer Durchbruch erfolgte, als Aldo Castellani, ein Mitglied der Kommission, in der Gehirn-Rückenmarksflüssigkeit von Patienten Trypanosomen entdeckte.

Im Jahr 1903 wurde eine zweite Kommission unter Leitung von David Bruce, einem Militärarzt, nach Uganda entsandt. Bruce hatte zuvor durch einen Zufall festgestellt, daß eine afrikanische Viehkrankheit durch Trypanosomen verursacht und von Tsetsefliegen übertragen wurde. Bruce, der Castellanis Untersuchungen weiterverfolgte, erstellte Karten, aus denen hervorging, daß sich die Verbreitungsgebiete der Tsetsefliege mit denen der Schlafkrankheit genau deckten. Indem er nun gezielt Affen dem Stich von

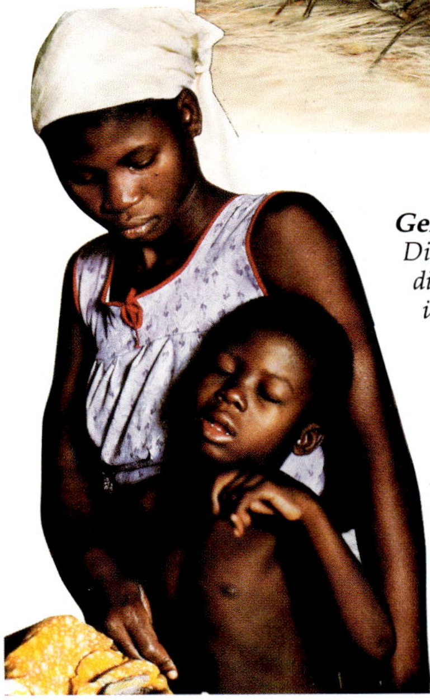

Gefährliches Insekt
Die Tsetsefliege (oben), die die Schlafkrankheit überträgt, ist mit der Stubenfliege verwandt. Heute kann man infizierte Menschen, wie Mutter und Sohn auf dem Foto links, behandeln, wenn die Krankheit rechtzeitig festgestellt wird, d. h., bevor sie das zentrale Nervensystem befällt.

Tsetsefliegen aussetzte, die Träger von Trypanosomen waren, konnte er endgültig die Ursache der Schlafkrankheit und ihren Übertragungsweg nachweisen.

Die Lösung des Rätsels bedeutete zwar einen großen Fortschritt, doch war der erkrankten Bevölkerung Ugandas damit noch nicht geholfen. Der Würgegriff der Krankheit lockerte sich erst 1907. Den Durchbruch brachte allerdings nicht die Medizin, sondern das entschlossene Handeln des britischen Regierungsbeauftragten für Uganda. Hesketh Bell hatte mehrere Male vergeblich um offizielle Erlaubnis ersucht, die gesamte Bevölkerung aus den fliegenverseuchten Gebieten umsiedeln zu dürfen. Das Kolonialministerium hatte dieses Ansinnen immer wieder abgelehnt, weil man befürchtete, es könne dadurch zu einem Krieg unter den Eingeborenen kommen. Daraufhin nahm Bell die Angelegenheit selbst in die Hand und erörterte seinen Plan mit den ortsansässigen Häuptlingen. Gemeinsam verwirklichten sie dann das Vorhaben.

Bell hatte angenommen, daß die Fliegen nach der Beseitigung der menschlichen Infektionsquelle nicht mehr von Trypanosomen befallen würden. Er ahnte nicht, daß der Parasit, der erst so kurz zuvor in die Region eingedrungen war, sich bereits in verschiedenen Wildtieren festgesetzt hatte und damit von den blutsaugenden Tsetsefliegen immer wieder neu aufgenommen wurde. So leiden die Menschen in den betroffenen Gebieten auch heute noch unter der Schlafkrankheit.

Glutlawine über St-Pierre

Der Mont Pelée löscht eine Stadt aus

Die Karibikinsel Martinique galt wegen ihrer landschaftlichen Schönheit lange Zeit als besonderes Juwel. Mit einer Länge von 65 und einer Breite von maximal 26 Kilometern ist Martinique die zweitgrößte Insel der Kleinen Antillen. 1502 hatte Kolumbus das Eiland entdeckt, 1635 kam es in französischen Besitz. Neben Zuckerrohr-, Tabak-, Kaffee- und Kakaoplantagen bedeckten die Insel dschungelartige Wälder, die sich bis hinauf zum Gipfel des höchsten Berges, des Mont Pelée, erstreckten. Er erhebt sich 1397 Meter über den Meeresspiegel und beherrscht die Nordspitze der Insel. An seinen südwestlichen Fuß schmiegte sich malerisch die Stadt St-Pierre.

Anfang April 1902 hatte man in der Gipfelregion des Mont Pelée harmlose Zeichen vulkanischer Tätigkeit entdeckt: Fumarolen, Spalten und Öffnungen, aus denen ein schwach schwefliger Dampf aufstieg. Am 23. April fiel leichter Aschenregen auf die südlichen und westlichen Berghänge; jähe unterirdische Erdstöße wurden spürbar, die man zunächst für Erdbeben hielt. Am 25. April schließlich erwachte der Berg, und St-Pierre erlebte fasziniert das wilde Schauspiel, das der Mont Pelée bot, als er von seinem Gipfel aus eine gewaltige Wolke aus Felsbrocken und Asche hoch in die Luft schleuderte.

Ein Flammenmeer *Eine Glutwolke wälzte sich die Hänge des Mont Pelée hinab und ließ auch die Schiffe, die vor der Küste von St-Pierre ankerten, in Flammen aufgehen. Noch in Entfernung von mehreren Kilometern war die Hitze unerträglich.*

Was als brillantes Feuerwerk begann, brachte der Stadt St-Pierre Tod und Verderben

Am Freitag, dem 2. Mai, eine halbe Stunde vor Mitternacht, wurden die Bewohner von St-Pierre durch donnernde Explosionen aus dem Schlaf gerissen; gleichzeitig schoß vom Mont Pelée eine von grellen Blitzen durchzogene Rauchsäule empor. Bei Tagesanbruch war die Stadt von einer Schicht weißlicher Asche bedeckt. Den ganzen Samstag hindurch vernahm man alle fünf bis sechs Stunden furchterregende Detonationen, und man diskutierte öffentlich darüber, ob es nicht ratsam sei, die Stadt zu evakuieren.

Am Sonntag, dem 4. Mai, fiel ein so dichter Aschenregen, daß Schiffe, die in Küstennähe kreuzten, nicht hindurchfahren konnten. Überall auf dem Meer schwammen tote Vögel. Am Montagabend brachten dann die durch den rumorenden Vulkan verursachten Störungen in der Atmosphäre die Stromversorgung zum Erliegen, und zur Ungewißheit und Furcht gesellte sich nun auch noch die Dunkelheit. In der Nacht zum Dienstag ertönte aus den Tiefen des Mont Pelée ein unheimliches Donnergrollen, das die Menschen aus den Betten trieb und sie mit Laternen und Kerzen in den Händen aus den Häusern stürzen ließ. Niemand wußte, was genau geschehen war, doch als sich bei Tagesanbruch zeigte, daß die Stadt unbeschädigt war, legte sich die Angst wieder, und die Menschen faßten neuen Mut.

Aber die Ruhe hielt nicht lange an. Am Mittwoch, dem 7. Mai – es war der letzte Tag der Stadt St-Pierre –, brüllte der Vulkan um 4 Uhr morgens erneut auf; helle Blitze zuckten unaufhörlich um den Gipfel, wo zwei feurige Krater wie Hochöfen glühten. Von jetzt an flohen immer mehr Menschen aus der Stadt. Familienväter schickten ihre Frauen und Kinder in den

Ein Totengerippe *Nur die gespenstischen Ruinen zeugten von der einst blühenden und eleganten Weltstadt St-Pierre. Der tödliche Ausbruch des Mont Pelée am 8. Mai 1902 hatte eine glühende Lawine aus Wasserdampf, Gasen und Aschen ausgelöst, die in weniger als einer Minute die Hänge hinab in das acht Kilometer entfernte St-Pierre raste. Was immer sie berührte, ging in Flammen auf. Die Stadt war für alle Zeiten ausgelöscht, denn niemand, der sie hätte wieder aufbauen können, überlebte das Inferno.*

Süden oder auf die nahe gelegene Insel Guadeloupe. Doch die Zahl der Abreisenden wurde durch den Zustrom der verschreckten Landbevölkerung aus der Umgebung mehr als wettgemacht, so daß sich sogar einige Tausend Menschen mehr als sonst in der Stadt aufhielten.

Die folgende Nacht war heiß und stickig, und eine unnatürliche Stille lag über der Stadt. Der Mont Pelée ließ scheinbar ruhig seine Rauchfahne in den Himmel emporsteigen. Doch in den frühen Morgenstunden begann es erneut zu rumpeln. Der Vulkan stieß eine dunkle Aschenwolke aus, die der Wind nach Westen über das Meer trieb.

Um 6.30 Uhr ging der Passagierdampfer *Roraima* im Hafen von St-Pierre vor Anker; die Decks waren grau vom Aschenregen. Passagiere und Mannschaft standen aufgereiht an der Reling, um das faszinierende Schauspiel, das der Vulkan bot, zu beobachten. Kurze Zeit später ankerte auch der Dampfer *Roddam* vor der Küste.

Der 8. Mai, es war Himmelfahrtstag, begann klar und sonnig, und die Luft in der Stadt war erfüllt vom Geläut der Kirchenglocken. Auf den Höhen rings um die Stadt hatten sich die Anwohner der Vorstädte nach einer schlaflosen Nacht versammelt und betrachteten das phantastische Feuerwerk des Berges. Im Postamt von St-Pierre beendete der Telegrafist gerade seine Nachtschicht und meldete: „Vom Vulkan nichts Neues." In der 24 Kilometer südöstlich gelegenen Hauptstadt Fort-de-France begann der Telegrafist mit der Antwort. Als die Uhrzeiger des Militärhospitals in St-Pierre auf 7.52 Uhr standen, machte er eine Pause. „Weiter", forderte der Telegrafenbeamte in St-Pierre seinen Kollegen auf. Der Beamte in Fort-de-France drückte seine Taste, doch die Leitung war tot. Es war der Moment, in dem St-Pierre unterging.

Ein paar Augenblicke später zerriß eine ungeheure Explosion mit lautem Brüllen die Luft über Fort-de-France, und eine riesige schwarze Rauchsäule schoß mit unvorstellbarer Geschwindigkeit hoch und höher. Sie breitete sich pilzförmig aus, bedeckte bald den gesamten Himmel und verschluckte alles Tageslicht. Die Kirche von Fort-de-France, wo gerade die 8-Uhr-Messe begann, war innerhalb kürzester Zeit bis auf die Priester menschenleer. In der plötzlichen Finsternis knieten die Menschen auf der Straße nieder und stammelten angsterfüllt Zusammenhang-

Mahnmal *Ein verkohlter Baumstamm hält einsam Wache mitten auf einem leblosen, schuttübersäten Platz, auf dem noch kurz zuvor geschäftiges Leben pulsierte.*

loses vor sich hin. Doch was war in St-Pierre geschehen?

Die *Pouyer-Quertier* befand sich um 7.52 Uhr knapp 13 Kilometer vom Festland entfernt auf See. Von dort hatte man den Vulkan und die Stadt St-Pierre genau im Blickfeld. Plötzlich sah die Schiffsmannschaft, wie sich die nach Süden gelegene Flanke des Berges hoch oben zu öffnen schien; hinaus quoll dichter, schwarzer Dampf wie Rauch aus der Mündung einer Kanone. Gleichzeitig erblickte sie eine zweite schwarze Wolke – die Wolke, die auch in Fort-de-France zu sehen war –, die in gigantischen Wirbeln emporquoll, sich pilzförmig ausbreitete und den Himmel wie ein Schirm von fast 80 Kilometer Durchmesser bedeckte.

Die horizontale Wolke schoß über den Hang des Mont Pelée nach unten, überschlug sich und wälzte sich lautlos auf St-Pierre zu. In weniger als einer Minute erreichte sie die Nordgrenze der Stadt und breitete sich wie eine rußige Decke aus. Was immer sie berührte, ging in Flammen auf.

Die Schiffe vor der Küste lagen breitseits zu der sich heranwälzenden Druckwelle vor Anker und bekamen ihre volle Wucht zu spüren. Die meisten kenterten und sanken. Nur die *Roraima* und die *Roddam* hielten sich noch über Wasser, doch alle Masten, Schornsteine und Rettungsboote wurden fortgerissen, und an Deck brachen zahllose Brände aus. Die *Roddam* neigte sich zur Seite, bis Wasser über die Reling schwappte; dann riß die Ankerkette, und sie richtete sich wieder auf, in ganzer Länge verkohlt. Noch in einer Entfernung von 13 Kilometern spürte die *Pouyer-Quertier* die Hitze, und rotglühende Steine und Asche prasselten auf Deck. In panischer Angst steuerte die Mannschaft das Schiff aufs Meer hinaus.

Das schreckliche Ausmaß der Katastrophe blieb auf der übrigen Insel stundenlang unbekannt. Jeder Versuch, mit dem Norden Verbindung aufzunehmen, erwies sich als vergeblich. Gegen Mittag endlich schickte der Gouverneur ein Kriegsschiff nach Norden, das um 12.30 Uhr bei St-Pierre eintraf. Zunächst suchte man mit starken Ferngläsern die immer noch brennende Stadt nach Überlebenden ab, doch es war keine Menschenseele zu sehen. Daraufhin ging der Kapitän an Land und schlug sich bis zur Stadtmitte auf die Place Bertin durch, die einst im Schatten zahlreicher Bäume lag. Jetzt stand hier kein einziger mehr, und der Erdboden war mit Leichen übersät. Nur aus dem Brunnen in der Platzmitte sprudelte noch immer klares Wasser – sonst war rundum alles tot und zerstört. Feuer und ein alles erstickender Gestank machten es zunächst unmöglich, weiter vorzudringen.

Von 30 000 Menschen, die in der Unglücksstadt eingeschlossen waren, blieb nur einer am Leben

Alle Menschen, die sich am Morgen des 8. Mai 1902 in St-Pierre aufgehalten hatten, waren umgekommen – alle, bis auf einen: den Hafenarbeiter Auguste Ciparis, den man wegen Randalierens in einer unterirdischen Gefängniszelle eingesperrt hatte. Luft bekam er dort nur durch ein schmales Gitter in der Tür, die auf der vom Vulkan abgewandten Seite lag. Als drei Tage nach der Katastrophe Rettungsmannschaften die Stadt durchstreiften, hörten sie ihn stöhnen und befreiten ihn. Er hatte entsetzliche Verbrennungen, konnte aber noch über das, was er erlitten hatte, berichten.

Am Morgen des Himmelfahrtstags war es plötzlich stockdunkel geworden, und durch das Türgitter war heiße Luft, vermischt mit feiner Asche, in die Zelle eingedrungen. Die unerträgliche Hitze dauerte nur wenige Augenblicke, doch in dieser Zeit litt der Gefangene Todesqualen. Er schrie um Hilfe – umsonst. Er hörte in seiner Zelle keinen Laut, sah kein Feuer, roch nichts, außer dem, wie er meinte, eigenen brennenden Fleisch. Sein Körper wurde unter den Kleidern so stark versengt, daß er aus unzähligen Brandblasen blutete.

Außerhalb der schützenden Gefängnismauern waren währenddessen 30 000 Menschen umgekommen. Die Ursache der Katastrophe war, wie sich später herausstellte, Wasserdampf, der mehr als 1000 °C heiß war, vermischt mit tödlichen Gasen und Aschen, die der Vulkan mit unvorstellbarem Druck herausgeschleudert hatte. Bei fast allen Opfern, die im Freien überrascht wurden, war, wie beim Durchzug eines Wirbelsturms, die Kleidung fortgerissen.

Die Stadt selbst brannte tagelang. Sanitätstrupps drangen allmählich in die Ruinen vor, um die Toten, die nicht oder nur teilweise verbrannt waren, einzuäschern. Aber Tausende von Opfern lagen unter einer Aschenschicht, die über einen Meter dick und vom Regen zusammengebacken war.

Der einzige Überlebende *Als Ludger Sylbaris ging Ciparis später mit einem Zirkus auf Tournee.*

Eine Auferstehung sollte es nie mehr geben. Zerstörte Städte werden sonst von den Überlebenden wieder aufgebaut, aber die gab es in St-Pierre nicht mehr. Eine üppige Vegetation überwucherte bald die häßlichen Narben. Die Wälder breiteten sich erneut auf den Hängen des Mont Pelée aus, und an der Küste bauten Fischer ihre Hütten auf den Resten der alten Grundmauern. Doch die einfachen Behausungen haben keine Ähnlichkeit mit den schmucken Bürgerhäusern, die einst die Küste säumten. Die Stadt St-Pierre ist für immer tot.

Die tödliche Glutwolke des Mont Pelée

Die Todeswolke, durch die St-Pierre auf der Insel Martinique im Jahr 1902 ausgelöscht wurde, glich mehr einer Glutlawine. Sie bestand aus einem tödlichen Gemisch von heißem Dampf, giftigen Gasen und Vulkanaschen. Als sie mit rasender Geschwindigkeit den Berg hinabwirbelte, brachte sie den Tod auf dreifache Weise: Ihre Druckwelle sprengte Mauern, entwurzelte Bäume und riß den Opfern die Kleider vom Leib. Durch die glühendheiße Temperatur von mehr als 1000 °C wurde alles, was sie berührte, sofort in Brand gesetzt. Wer wie durch ein Wunder diese Schrecken möglicherweise doch überlebte, erstickte schließlich an den giftigen Gasen und der glühenden Asche.

Die tödliche Explosion konnte nur deshalb eine solche Wucht entfalten, weil sich lange Zeit im Vulkaninnern ein ungeheurer Druck aufgebaut hatte. Flüssiges Magma war aus den Tiefen aufgestiegen und drückte nach oben. Doch ein Pfropfen aus erstarrtem Magma verstopfte den Vulkanschlot wie ein Korken eine Flasche, so daß dieser Ausweg zunächst versperrt war. Da flüssiges Magma reich an flüchtigen Gasen ist, verstärkt sich in einem solchen Fall der Druck im Vulkaninnern immer weiter, bis er übermächtig wird und entweder den Pfropfen in die Luft sprengt oder seitlich die Bergflanke nachgibt. In diesem Moment schießen die Gase, die glühende Asche mit sich reißen, explosionsartig aus der unverhofften Öffnung heraus und dehnen sich – endlich befreit – zu einer pilzförmigen Wolke aus.

Sobald die Gase entwichen sind, läßt der Druck im Vulkaninnern nach, und das Magma beginnt in den Schloten zu erstarren, so daß sich ein neuer Pfropfen bildet, der die Vulkantätigkeit hemmt. Darunter sammeln sich dann erneut Gase an, die irgendwann den nächsten Ausbruch verursachen.

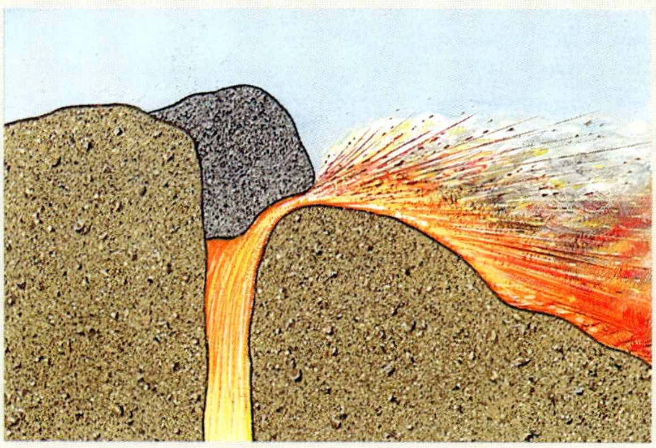

Der Druck im Innern des Mont Pelée sprengte zunächst nicht den Magmapfropfen weg, sondern schuf sich unterhalb davon einen horizontalen Spalt, durch den die heißen Gase und Aschen herausschossen. Diese Glutlawine raste dann bergab auf St-Pierre zu.

In 100 Sekunden war alles vorbei

Ein Bergsturz verschüttet die kanadische Grubenstadt Frank

Indianer, die hier im Süden der Provinz Alberta in Kanada lebten, hatten sich stets geweigert, ein Lager am Fuß des Turtle Mountain, des Schildkrötenbergs, aufzuschlagen. Diesen Namen verdankte der Berg einem Doppelgipfel, der wie der Panzer einer Schildkröte geformt war; ein Kalksteinstock ragte wie der Kopf einer Schildkröte 900 Meter über das Tal des darunterliegenden Crowsnest River. Vielleicht fürchteten die Indianer, daß die schlafende Schildkröte eines Tages erwachen, ihren Kopf schütteln und dann der Berg herabstürzen könnte.

Die Weißen, die sich im späten 19. Jahrhundert in dieser abgelegenen Gegend Westkanadas ansiedelten, teilten die Ängste der Indianer vor dem Berg nicht. Im Gegenteil – sie witterten hier ein gutes Geschäft, denn im Oktober 1900 war am Fuß des Bergs ein Kohleflöz entdeckt worden. Der Bankier H. L. Frank aus Montana investierte dort als erster sein ganzes Geld; ein Jahr später förderte Franks Bergbaugesellschaft, die Canadian-American Coal and Coke Company, täglich Hunderte von Tonnen Kohle aus der Mine. Mühelos gelang es Frank auch, die Kanadisch-Pazifische Eisenbahngesellschaft CPR zu überreden, ein Anschlußgleis bis zum Grubeneingang zu bauen. Schon bald begann man unten im Tal – unmittelbar im Schatten des Turtle Mountain – Bürogebäude, kleine Häuser für die Bergarbeiter und ein Gasthaus zu bauen, und nach und nach entstand eine größere Siedlung, die sich stolz nach ihrem Begründer Stadt Frank nannte.

Wie sich bald herausstellen sollte, hatten die Indianer zu Recht den Turtle Mountain gemieden. Außergewöhnlich steile Osthänge und ein Gipfel aus stark zerklüftetem Kalkstein machten ihn geologisch instabil und für einen Bergsturz besonders anfällig. Die Grubenarbeiter erinnerten sich später, daß es schon monatelang vor dem Unglück Warnsignale gegeben hatte. In den Bergwerksstollen, die 1,6 Kilometer tief in den Berg hineinreichten, ächzten nachts die Stempel, und die Stollenwände bebten wie ein Schiff, das von einer Woge überrollt wird. Am Dienstagabend, dem 28. April 1903, hörte Andy Grissack, ein alter Trapper, der in einem Zelt am Ufer des Crowsnest River lebte, ein schwaches Rumpeln, das vom Berg her kam. Auch Ned Morgan, der in das Tal gekommen war, um eine Kuh und ein Kalb zu verkaufen, nahm das Geräusch wahr. Beide Männer dachten nicht weiter über das Rumpeln nach. Gris-

Eine gewaltige Narbe *Millionen Tonnen von Gesteinsmassen stürzten am Osthang des Turtle Mountain ab. Unten rechts die heutige Stadt Frank.*

sack legte sich schlafen, während Morgan sich etwa um Mitternacht auf den Heimweg machte.

Am Mittwochmorgen befand sich der Bremser Sid Choquette auf dem Anschlußgleis zum Bergwerk. Es war 4.10 Uhr, und er wollte gerade eine Reihe Kohlenwaggons an einen Güterzug ankoppeln, als ihn ein eigenartiger Pfeifton veranlaßte aufzublicken. In diesem Moment löste sich ein Kalkstock von etwa 800 Quadratmetern an der Ostseite des Turtle Mountain und stürzte auf die Stadt zu. Choquette, der neben dem langsam fahrenden Zug hergegangen war, sprang sofort auf, und der Lokomotivführer drückte den Dampfreglerhebel bis zum Anschlag. Der Zug raste über den Crowsnest River, nur Sekunden bevor die Steinlawine die Brücke mit sich riß. Die Zugbesatzung mußte hilflos mit ansehen, wie annähernd 90 Millionen Tonnen Kalkgestein den Abhang des Bergs herunterstürzten, die fast drei Kilometer breite Talsohle durchquerten und 120 Meter am gegenüberliegenden Hang wieder hochschossen.

Das Ganze dauerte nicht länger als 100 Sekunden, doch in dieser kurzen Zeitspanne hatten der Bergsturz und die ihm vorausgehende Druckwelle alles, was auf ihrem Weg lag, niedergewalzt. Die Geröllmassen verschütteten den Eingang zum Bergwerk, in dem 17 Bergleute eingeschlossen waren. Sie rissen die Häuser der Bergleute fort, stauten den Crowsnest River auf und begruben Teilstrecken der CPR-Bahngleise unter einer 30 Meter dicken Schuttschicht. Die Ortsteile am Südrand der Stadt wurden vollständig ausgelöscht, und der Rest erstickte unter einer dichten weißen Wolke aus Kalkstaub.

Der Lärm, den der Bergsturz verursachte, riß die Einwohner aus dem Schlaf. Viele glaubten zunächst an einen Vulkanausbruch, andere an ein Erdbeben oder eine Minenexplosion. Kaum hatten sie sich von dem ersten Schrecken erholt und sahen, was geschehen war, schickten sie auch schon Suchtrupps los. Auf der Farm von James Graham fanden sie keinerlei Leben mehr, bis auf die Kuh, die er kurz zuvor von Ned Morgan gekauft hatte. Ihr hatte es die Hörner vom Kopf gerissen. Der alte Andy Grissack schien in Ordnung zu sein, bis ihn jemand herumdrehte und seine Kopfhaut wie ein Toupet abfiel. Alex Leitch, ein ortsansässiger Ladenbesitzer, lag mit seiner Frau und seinen vier Söhnen erschlagen unter den Ruinen seines Hauses; zwei seiner Töchter hatten die Katastrophe jedoch überlebt, während die dritte, das Baby Marion, aus dem Haus geschleudert worden war. Als die Rettungsmannschaften James Warrington aus den Trümmern seines Schlafzimmers bargen, spürte er etwas Weiches unter sich. Es war, wie sich herausstellte, seine Nachbarin, Mrs. Watkins, die zwar von den vielen Steinsplittern verletzt, aber noch am Leben war.

Ebenfalls am Leben waren die 17 eingeschlossenen Bergleute. Alle Versuche, von außen einen Weg zu dem verschütteten Stolleneingang freizusprengen, waren fehlgeschlagen. Man hatte die Männer schon aufgegeben, als sie plötzlich 13 Stunden nach dem Unglück aus dem Berginnern auftauchten, schmutzig, aber unverletzt. Sie hatten sich selbst einen Weg durch das Felsgestein gegraben.

Der Bergsturz von Frank forderte mindestens 70 Menschenleben, doch die genaue Zahl der Todesopfer bleibt ungewiß, denn nur wenige konnten geborgen werden.

Die Kohlenmine wurde später wieder geöffnet. H. L. Frank aber erholte sich von der Katastrophe nicht mehr. Sein Geist war seitdem umnachtet, und er starb wenige Jahre später in einer Nervenheilanstalt. 1918 schlossen die zuständigen Aufsichtsbehörden die Mine endgültig. Heute ist die Stadt Frank mit knapp 200 Einwohnern ein Ortsteil der Gemeinde Crowsnest Pass. Die Schrunde am Osthang des Turtle Mountain und die Schuttmassen auf der Talsohle zeugen bis heute von einem der größten Bergstürze, über die je berichtet wurde.

Nach dem Bergsturz *Der südliche Teil der Stadt Frank lag unter Schuttmassen begraben, und die Hauptstraße war weiß von Kalkstaub.*

Das große Erdbeben von San Francisco

Erdstöße und verheerende Brände zerstören die Stadt

John Barrett, Lokalredakteur beim *Examiner* in San Francisco, hatte am Mittwoch, dem 18. April 1906, seine Nachtschicht beendet. Es war kurz nach 5 Uhr, als er in der Market Street zwei Reporter traf, mit denen er noch ein wenig über dies und das plauderte. Die Sonne brach durch den Morgendunst und tauchte die Dächer der Häuser in strahlendes Licht. Es war noch still in der Stadt; nur ab und zu hörte man das Klappern der Zeitungsausträger oder der Milchwagen. Einer der drei Männer erzählte gerade eine witzige Geschichte, über die sich alle köstlich amüsierten. Doch jäh wurde ihr Gelächter unterbrochen.

„Plötzlich fingen wir an zu taumeln", schrieb Barrett später. „Es war, als ob uns langsam der Boden unter den Füßen fortgezogen würde. Die Erde schwankte, und ehe wir noch begriffen, was geschah, lagen wir auf dem Boden. Vergeblich bemühten wir uns, wieder aufzustehen. Als ich benommen aufschaute, sah ich einen Moment lang, wie die Gebäude entlang der Straße eine Art wilden Tanz vollführten. Dann drang ein donnerndes Krachen in meine Ohren, und die Häuser zerfielen, als ob jemand sie wie einen Keks in der Hand zerkrümelte ... Mauerwerk und Steine hagelten auf die Straßen, Glas zersprang klirrend. Vor meinen Augen zermalmte ein riesiges Mauerstück einen Mann im Overall, der auf dem Weg zur Arbeit war ... All das schien eine Ewigkeit zu dauern, doch in Wirklichkeit waren es nur drei Minuten."

Die Stadt lag in düsterem Zwielicht, erinnerte sich Barrett. Herausgerissene Straßenbahnschienen waren zu bizarren Formen verbogen, Spalten klafften in der Straße, funkensprühende Drähte schwangen in wildem Durcheinander hin und her, Wasser schoß aus Öffnungen im Boden, und über allem breitete sich ein unheilverheißender Geruch von Gas aus, das den geborstenen Leitungen entströmte.

„Aus südlicher Richtung drang ein grauenvoller Chor menschlicher Todesschreie bis zu uns", berichtete Barrett weiter. „Dort, in einem sowieso schon baufälligen Teil der Stadt, waren die Mauern wie Kartenhäuser über den schlafenden Familien zusammengestürzt. Und zu allem Übel kam nun noch das Feuer, das von einem Haus zum andern sprang und fast die ganze Stadt in eine brennende Fackel verwandelte."

Die Stadt, die hier in Flammen aufging, war zwar erst rund 60 Jahre alt, doch bereits eine weltweit berühmte Metropole, die man oft als das „amerikanische Paris" bezeichnete. San Francisco zählte damals schon 450 000 Einwohner und war das unbestrittene Finanz- und Handelszentrum im Westen der USA. Sein Wohlstand beruhte vor allem auf der Tatsache, daß sich hier Amerikas Tor nach Ostasien öffnete.

Einen großen Teil seiner Bedeutung verdankte San Francisco also nicht zuletzt seiner geographischen Lage, nämlich am Nordende einer 80 Kilometer lan-

San Francisco in Flammen *„Ich beobachtete die gewaltige Feuersbrunst von der Bay aus", schrieb der Schriftsteller Jack London am Nachmittag des 18. April 1906. „Starke Winde bliesen aus allen vier Himmelsrichtungen und fachten die Flammen in der zum Untergang verurteilten Stadt an."*

gen Halbinsel, wo sich im Westen der Pazifische Ozean erstreckt und im Osten die San Francisco Bay einen riesigen Naturhafen bildet. Unglücklicherweise aber verläuft in unmittelbarer Nähe der Stadt auch eine der größten Bruchlinien in der Erdkruste, der San-Andreas-Graben. Er beginnt in Cape Mendocino in Nordkalifornien und zieht sich fast parallel zur Küstenlinie etwa 1280 Kilometer weit nach Süden. Hier stoßen die nordamerikanische und die pazifische Platte zusammen und bewegen sich aneinander vorbei. Durch die Reibung entstehen an den Rändern der Bruchzone enorme Spannungen, die sich am Morgen des 18. April 1906 mit einer Gewalt entluden, deren Energie größer war als die aller Bomben im Zweiten Weltkrieg zusammen. Die Stoßwelle, die 145 Kilometer nördlich von San Francisco ihren Ausgang nahm und mit einer Geschwindigkeit von gut drei Kilometern pro Sekunde nach Süden raste, traf die Stadt exakt um 5.13 Uhr.

Der Leiter des Telegrafenamts in der Market Street schickte bereits eine Dreiviertelstunde später die ersten Meldungen vom Beben in San Francisco über die noch vorhandenen Leitungen: „Um 5.15 Uhr heute morgen ereignete sich ein Erdbeben, das viele Häuser zerstörte. Mit Karren werden die Toten aus den eingestürzten Gebäuden weggebracht. Die ganze Stadt steht in Flammen. Es gibt weder Wasser noch Strom. Alle paar Minuten kommt es zu kleineren Nachbeben."

Dem Beben folgte eine Feuersbrunst, die das Werk der Zerstörung vollendete

Mehr als 50 Brände waren in kürzester Zeit überall dort ausgebrochen, wo Stromkabel mit Holz in Berührung kamen, wo ausströmendes Gas auf Funken oder Flammen traf und sich entzündete oder wo brennende Öfen umgestürzt waren. Die vielen Einzelbrände verschmolzen bald zu einem einzigen

Trümmer und Flammen *Gebannt beobachteten die Menschen, wie San Francisco in Feuer und Rauch versank. Hatte schon das Erdbeben zum Teil nur Trümmer hinterlassen, so drohten die Flammen die Stadt gänzlich auszulöschen.*

Feuermeer, das sich durch die Innenstadt wälzte und das gesamte Geschäftsviertel vernichtete. Am frühen Abend erreichte das Feuer Chinatown und die Villen auf dem Nob Hill. In der Morgendämmerung des folgenden Tages stand die Barbary Coast in hellen Flammen. Die Rauchsäulen konnte man vom Meer aus noch in 160 Kilometer Entfernung erkennen. Stahlträger verbogen sich in der Hitze, Silbermünzen in den Banken schmolzen zu festen Barren, und die Stahltresore wurden so heiß, daß man sie auch Tage nach dem Brand nicht öffnen konnte, weil sonst Banknoten und Wertpapiere durch die einströmende Luft in Flammen aufgegangen wären.

Die Feuerwehr von San Francisco, die als eine der besten des Landes galt, stand dem Inferno machtlos gegenüber. Vergeblich hatte sie anfangs noch versucht, die ersten Brände in der Stadt unter Kontrolle zu bekommen. Doch die unterirdisch verlegten Wasserleitungen hatten sich durch das Erdbeben verbogen und waren gebrochen, so daß man kein Löschwasser pumpen konnte. Die wenigen Wasserspeicher in der Nähe der Brandherde waren rasch erschöpft.

Unmittelbar nach der Katastrophe herrschte in der Stadt ein wahres Gewimmel von Menschen, die versuchten, ihre Habseligkeiten zu retten, die nach Angehörigen forschten oder auch nur Lebensmittel, Wasser und Obdach suchten. Viele strömten in die Parkanlagen, da sie sich dort sicherer fühlten als in den Straßen, wo bei Nachbeben immer wieder Häuser einstürzten. Andere nahmen beschwerliche Fußmärsche von mehr als zehn Kilometern um die Nordspitze der Halbinsel auf sich, um die Fährstation an der San Francisco Bay zu erreichen. Die meisten Menschen waren völlig verängstigt und wirkten wie betäubt. „So merkwürdig es auch scheinen mag", schrieb der Schriftsteller Jack London, der einen Situationsbericht für die Zeitschrift *Colliers Weekly* verfaßte, „aber nachdem am Mittwoch die Stadt in Schutt und Asche gefallen war, blieb die folgende

Nacht unglaublich ruhig. Man hörte kein Rufen und Schreien, es machte sich keine Hysterie breit, es gab kein Durcheinander, obwohl die ganze Nacht hindurch Zehntausende von Obdachlosen vor den Flammen flohen. Manche waren nur in Decken gehüllt, andere trugen bündelweise Bettzeug und liebgewordene Dinge aus ihrem Haushalt mit sich. Gelegentlich sah man eine ganze Familie einen schweren Wagen ziehen, der mit all ihrem Hab und Gut beladen war."

Die ganze Nacht hindurch waren Parks und Straßen überfüllt mit obdachlosen, hungrigen Menschen

In der Zwischenzeit hatte ein Teil der Bevölkerung mit mehr als 1000 Eisenbahnwaggons der Southern Pacific Railroad, die die Flüchtlinge kostenlos beförderte, die Stadt verlassen. Doch noch immer scharten sich etwa 300 000 hungrige und obdachlos gewordene Menschen in den Parks der Stadt. Ihnen allen eine Bleibe zu verschaffen, sie mit Lebensmitteln zu versorgen, hygienische Vorsorgemaßnahmen zu treffen sowie Kranke und Verletzte zu pflegen war im Moment das vorrangige Problem. In aller Eile errichteten Armeeangehörige Zeltstädte. Die ersten Züge mit Hilfsgütern trafen bereits am Mittwoch um Mitternacht, nur 19 Stunden nach dem ersten Beben, in San Francisco ein. Das Rote Kreuz errichtete Notküchen, die rund um die Uhr in Betrieb waren. Weitere Versorgungszüge folgten, denen die Eisenbahngesellschaften Vorfahrt auf allen Strecken gewährten.

Am Donnerstagnachmittag fiel dann eine Entscheidung, die für das Überleben San Franciscos ausschlaggebend war. In weiten Teilen der Stadt östlich der Van Ness Avenue wüteten Feuer, die sich rasch nach Westen ausbreiteten. Die Van Ness Avenue verlief von Norden nach Süden und trennte die älteren Stadtteile von den neueren Siedlungen einschließlich der Weststadt, wo vor allem die Häuser der Begüterten standen. Rund 150 000 Menschen lebten hier. Sollte das Feuer die Straße überspringen, würde ganz San Francisco ein Opfer der Flammen werden. Denn die mit 37,5 Metern breiteste Straße der Stadt war die letzte Verteidigungslinie gegen den fortschreitenden Großbrand.

Da die Zeit drängte, evakuierte man in aller Eile die Bewohner sämtlicher Gebäude auf der Ostseite der Van Ness Avenue. Eine Reihe von Kanonen wurde auf die zwangsweise geräumten Häuser gerichtet, Männer gingen mit Streichhölzern und Kerosinkanistern in die Häuser hinein, und an geeigneten Stellen brachte man Dynamitladungen an. Das Zusammenwirken von bewußt angelegten Feuern, von Sprengstoffexplosionen und schwerem Artilleriebeschuß hatte den gewünschten Effekt: Als sich die Staubwolke legte, waren viele der schönsten und neuesten Häuser der Stadt auf einer Länge von 1,6 Kilometern und einer Breite von 45 Metern bis auf die Grundmauern zerstört. Doch auf diese Weise entstand eine breite Brandschneise zwischen den sich rasch ausbreitenden Bränden auf der Ostseite und den Gebäuden auf der Westseite der Van Ness Avenue.

Am Freitagnachmittag fraß sich das Feuer so dicht an die Van Ness Avenue heran, daß an den Häusern auf der gegenüberliegenden Straßenseite die Farbe von den Holzverkleidungen abblätterte. Doch als der Wind sich drehte und das Feuer wieder ostwärts trieb, wurde offenkundig, daß der Entschluß, die Van Ness Avenue als Brandschneise zu erweitern, in der Tat richtig gewesen war.

An anderen Stellen der Stadt reichte die Feuersbrunst immer wieder gefährlich nah an den Uferbereich heran und drohte die Docks, San Franciscos wirtschaftliche Lebensadern, zu zerstören. Dort jedoch konnten die Löschfahrzeuge der städtischen Feuerwehr Salzwasser aus der San Francisco Bay pumpen, und mit Hilfe von Feuerlöschbooten der Marine gelang es, auch hier die Brände unter Kon-

Launen des Erdbebens *Auf der Union Street wurden zwar Bürgersteige, Straßenpflaster und die Gleise der Straßenbahn verschoben und zerstört, doch die Häuser und Telefonmasten blieben unbeschädigt.*

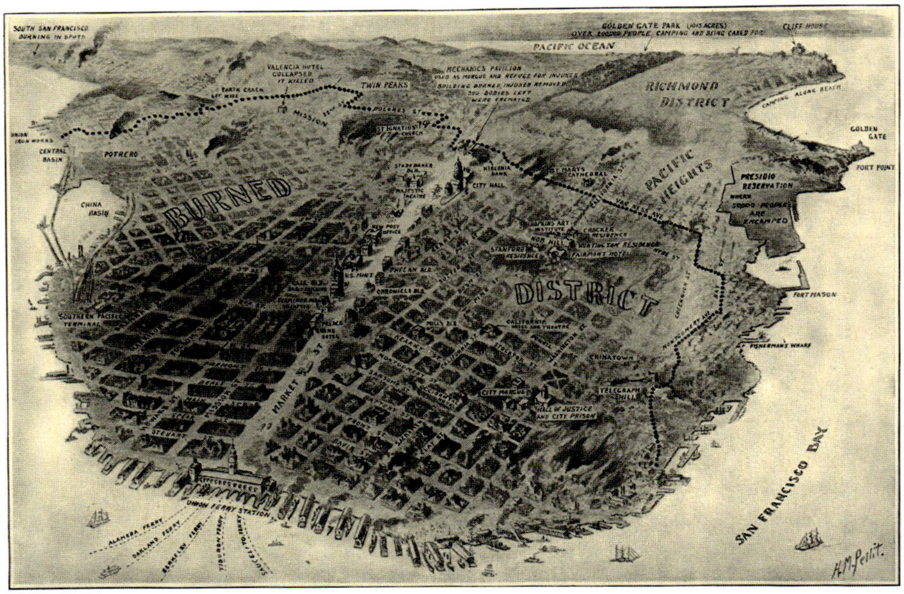

Rauchgeschwärzt *Als das Feuer endlich eingedämmt werden konnte, hatte es eine Fläche von zwölf Quadratkilometern im Herzen der Stadt und mehr als 28 000 Häuser zerstört. Die Flammen hatten weder das luxuriöse Palace Hotel noch das 6 Millionen Dollar teure Rathaus verschont, dessen Stahlkonstruktion zwar bestehenblieb, dessen Mauerwerk aber weitgehend herausgefallen war. Nur das Gebäude der amerikanischen Münzanstalt wurde vor dem Abbrennen bewahrt.*

trolle zu bringen. Das letzte Feuer in San Francisco wurde am Samstagmorgen, dem 21. April, um 7.45 Uhr gelöscht.

Nun endlich konnte man Bilanz ziehen und den Schaden abschätzen, den das Erdbeben und die drei Tage und Nächte wütende Feuersbrunst angerichtet hatten. Die Zahl der Todesopfer konnte nie genau bestimmt werden, nur grobe Schätzungen waren möglich. Man geht davon aus, daß etwa 500 Menschen durch einstürzende Häuser erschlagen wurden oder, unter den Trümmern eingeschlossen, verbrannten; weitere 350 Personen wurden vermißt, und 415 Personen erlitten schwere Verletzungen.

Die Innenstadt von San Francisco war nur noch ein einziges Trümmerfeld – über 28 000 Gebäude waren in Schutt und Asche gesunken. Das ganze Geschäfts- und Handelsviertel war zerstört. Fast 75 Prozent der Stadt mußten wieder aufgebaut oder mit großem Kostenaufwand instand gesetzt werden. Allein die Forderungen an die Versicherungen beliefen sich auf insgesamt 229 Millionen Dollar – das entspräche heute einer Summe von etwa 3 Milliarden Dollar. Hinzu kommt das nicht versicherte Eigentum, das verlorenging, sich aber jeder Schätzung entzieht.

Verhältnismäßig unbeschadet hatten die Hochhäuser mit ihren Stahlkonstruktionen das Erdbeben überstanden. Wider Erwarten hatten ihnen die Erschütterungen kaum etwas anhaben können, sie waren stehengeblieben und hatten letztlich nur geringe Schäden, zumeist Brandschäden, davongetragen. Die schlimmsten Auswirkungen dagegen hatte das Beben in dem künstlich gewonnenen Land, dort also, wo man einst Sumpfgebiete trockengelegt und aufgefüllt hatte. Dies galt vor allem für das Areal zwischen dem Palace Hotel und den Docks an der San Francisco Bay. Hier waren die Gebäude wie Kartenhäuser zusammengestürzt.

Improvisiertes Büro *Inmitten von Rauch und Trümmern schrieb dieser Reporter seinen Bericht über die Katastrophe, die San Francisco heimgesucht hatte.*

Kaum waren die Brände gelöscht, begann man mit dem Wiederaufbau der Stadt

Als die Flammen endlich eingedämmt waren, strömten Tausende von Flüchtlingen in die Stadt zurück. Ihnen mußte als erstes rasch und umfassend geholfen werden. Doch zunächst konnte man nicht einmal die Grundbedürfnisse decken. Es gab kein Wasser, denn die Reservoire waren leer und konnten auch nicht gefüllt werden, weil in mindestens 23 000 Häusern die Leitungen gebrochen waren, so daß das Wasser unkontrolliert heraussprudelte. Nicht besser sah es mit den Abwasserleitungen aus. Gas und Strom, soweit sie noch vorhanden waren, durfte man erst benutzen, nachdem alle Leitungen eines Hauses kontrolliert worden waren. Kochen mußte man grundsätzlich im Freien, doch fehlte es überall an den notwendigen Haushaltsgeräten.

Trotz allem begann man aber sofort auch mit dem Wiederaufbau. Hilfstrupps begannen rund um die Uhr sieben Tage in der Woche zu arbeiten, um zunächst die Trümmer zu beseitigen. Der meiste Schutt wurde in den seichten Uferbereich der San Francisco Bay geschüttet, wo er später den Untergrund für die Häuser bildete, die immer weiter von der ursprünglichen Küstenlinie entfernt ins Meer hineingebaut wurden. Nach einer Woche begann auch das Wirtschaftsleben sich wieder zu regen. Geschäfte und Büros wurden in vielen der verschont gebliebenen Häuser an der Van Ness Avenue eingerichtet. Und innerhalb von zwei Monaten hatte man mehr als 8000 Behelfsheime für die Obdachlosen geschaffen – langgestreckte Holzbaracken, in denen jeweils sechs bis acht Familien Unterkunft fanden.

Am 1. Juli war das Gröbste geschafft. Die Soldaten, die bisher bei den Aufräumungsarbeiten geholfen hatten, konnten abziehen. Fünf Tage später öffneten die ersten Bars und Restaurants wieder ihre Pforten. Und am 1. August hatte sich die Lage so weit normalisiert, daß auch die Lebensmittelverteilungsstellen geschlossen werden konnten. Spenden von mehr als 9 Millionen Dollar aus dem ganzen Land und aus dem Ausland waren in den ersten Wochen und Monaten nach der Katastrophe in San Francisco eingetroffen. Allein 45 000 Dollar hatte die Kaiserin von China geschickt, und 245 000 Dollar stammten vom japanischen Roten Kreuz.

Bis zum Frühjahr 1907 waren die Trümmer weitgehend beseitigt. Zwei Jahre später waren bereits mehr als 20 000 solide Neubauten hochgezogen. San Francisco erlebte einen wahren Bauboom. In den Zulieferfirmen für das Baugewerbe wurden Doppelschichten eingerichtet, um die Nachfrage decken zu können. Maurer erhielten einen Rekordlohn von zwölf Dollar für einen Achtstundentag – das war das Dreifache dessen, was normalerweise bezahlt wurde – und arbeiteten zum Teil bis zu 18 Stunden täglich.

Ein paar Tage nach dem großen Erdbeben beklagte ein New Yorker Journalist, der in San Francisco gelebt hatte, das Geschick dieser Stadt: „Vielleicht baut man sie wieder auf, das ist sogar wahrscheinlich, doch alle, die diese Stadt am Golden Gate gekannt und die Atmosphäre aus Tausendundeiner Nacht erlebt haben, spüren, daß sie nie wieder dieselbe sein kann." Sein Kummer kam sicher von Herzen, doch er war unbegründet.

Die Stadt erstand neu und schöner als zuvor. Und bis zum 17. Oktober 1989 blieb San Francisco von größeren Erdbeben verschont. Erst an diesem Tag zerstörten Erdstöße wieder Häuser, Straßen und Brücken, und zahlreiche Menschen wurden unter Trümmern begraben. Doch diesmal war man besser gerüstet als im Jahr 1906. Innerhalb einer Stunde waren die Rettungsdienste im Einsatz. Und erneut begannen die Menschen mit dem Wiederaufbau. „Wir schaffen es in 40 Tagen", versicherte Bürgermeister Art Agnos.

In der Tat wurden in kurzer Zeit die Spuren der Verwüstung beseitigt. Was aber bleibt, ist die Angst vor dem nächsten Mal. Bis zum Jahr 2020 rechnet man am San-Andreas-Graben mit dem *Big One*, dem Superbeben. Dann allerdings – so vermuten die Experten – wird die größte Wucht der Erdstöße nicht San Francisco, sondern Los Angeles treffen. Dennoch verlassen die Bewohner Südkaliforniens ihr Land nicht. „Ich bin hier aufgewachsen", sagt, stellvertretend für viele, Bill Pesner, ein 32jähriger Tontechniker, „und ich liebe meine Heimat."

Sowohl kaum spürbare Erschütterungen als auch Jahrhundertbeben werden von der ständigen gegenläufigen Bewegung der beiden Platten ausgelöst.

Der San-Andreas-Graben

Die extreme Gefährdung für das Gebiet um den San-Andreas-Graben entsteht dadurch, daß hier zwei Kontinentalplatten aufeinandertreffen. Östlich des Grabens, der sich über eine Länge von 1280 Kilometern fast durch ganz Kalifornien erstreckt, befindet sich die nordamerikanische Platte, westlich davon die pazifische, auf der Städte wie Los Angeles und San Diego liegen.

Entlang dieses Grabens kommt es immer wieder zu Erdbeben, weil die nordamerikanische Platte sich langsam, aber stetig nach Südosten bewegt, während sich die pazifische Platte unablässig in nordwestliche Richtung schiebt. Nach wissenschaftlichen Schätzungen sollen sich die beiden Platten in den letzten 15–20 Millionen Jahren mindestens 560 Kilometer weit gegeneinander verschoben haben. An verschiedenen Stellen dieser Bruchzone gleiten die Platten ohne größere Widerstände aneinander vorbei. An anderen Stellen jedoch verkanten sich die Ränder, und es bauen sich über lange Zeit hinweg Spannungen im Gestein auf, die sich schließlich explosionsartig lösen und zu einer ruckartigen Verschiebung und heftigen Erdbeben führen.

Ein bis heute ungeklärtes Rätsel

Über Sibirien explodiert ein geheimnisvoller Feuerball

Am Morgen des 30. Juni 1908 explodierte über den Wäldern an der Tunguska in Mittelsibirien ein unbekannter Körper mit grellem Feuerschein und ließ eine Schneise der Verwüstung zurück. Man schätzt, daß die Gewalt der Explosion der Energie entsprach, die freigesetzt wird, wenn 30 Millionen Tonnen des Sprengstoffs TNT (Trinitrotoluol) detonieren. Die Tatsache, daß eine solche Explosion stattgefunden hat, ist unbestritten. Unklar dagegen ist bis heute, wodurch dieses Ereignis ausgelöst wurde.

So gewaltig die Explosion auch war, sie blieb dem größten Teil der Weltöffentlichkeit verborgen, denn das Gebiet, in dem der geheimnisvolle Feuerball eine ungeheure Zerstörung angerichtet hatte, lag weit von bewohnten Regionen entfernt und erstarrte acht Monate im Jahr in eisigem Winterschlaf. Berichte über die Katastrophe erschienen nur in Regionalzeitungen. Ein Reporter schrieb: „Ein Feuerball schoß über den Himmel. Es ging alles so schnell und die Erscheinung war so unerwartet, daß man weder seine Größe noch seine Form genau erkennen konnte. Doch beobachteten Menschen in verschiedenen Dörfern, daß dort, wo der fliegende Gegenstand den Horizont berührte, eine gewaltige Flamme emporschoß und den Himmel zu zerteilen schien." Donnernde Explosionen erfüllten die Luft und ließen die Erde erbeben.

In der Folgezeit beobachtete man in der nördlichen Hemisphäre eine Reihe seltsam heller Nächte, die etwa zwei Monate lang andauerten. Doch niemand brachte sie mit der Explosion des Feuerballs in Verbindung. Erst im Jahr 1930 kam ein britischer Meteorologe zu dem Schluß, daß die Millionen Tonnen Staub, die bei der Explosion im Gebiet der Tunguska in die Atmosphäre geschleudert worden waren, wie ein gewaltiger Sonnenreflektor wirkten, der den Nachthimmel erleuchtete.

Doch selbst diese erst so spät gezogene Verbindung wäre ohne Leonid A. Kulik, einen jungen russischen Wissenschaftler, nie zustande gekommen. Kulik hatte 1921 von der russischen Akademie der Wissenschaften den Auftrag erhalten, Informationen über Meteoriten zu sammeln. Er war gerade im Begriff, zu einer Forschungsreise nach Sibirien aufzu-

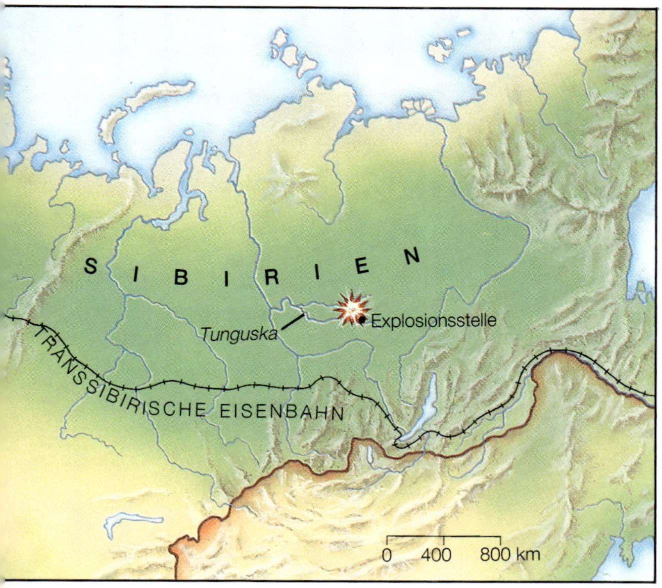

Aus heiterem Himmel *1908 explodierte ein Objekt unbekannter Herkunft über Sibirien und zerstörte ein etwa 65 Quadratkilometer großes Waldgebiet (Karte). Riesige Bäume wurden wie Streichhölzer geknickt. Zurück blieb ein gespenstischer Schauplatz der Verwüstung, wie die zeitgenössische Fotografie (links) zeigt.*

brechen, als ihm ein Kollege einen Zeitungsausschnitt aus dem Jahr 1908 gab. Dieser berichtete von Passagieren der Transsibirischen Eisenbahn, die behaupteten, sie seien Augenzeugen beim Niedergang eines großen Meteoriten gewesen. Kulik blieb auf dieser Expedition wenig Zeit, dem Hinweis nachzugehen. Es gelang ihm zwar noch, einen Lageplan von der vermutlichen Aufschlagstelle anzufertigen, doch dann brach früher als sonst der Winter über das Land herein und versperrte den Zugang zu diesem Gebiet. Es vergingen Jahre, bis Kulik eine zweite Forschungsreise zur Tunguska unternehmen konnte.

1927 brach er zu dem zerstörten Gebiet auf. „Ich kann den niederschmetternden Eindruck kaum beschreiben", notierte er in seinem Tagebuch. „Rundum ist keine Spur von Wald mehr zu sehen, alles ist verwüstet und verkohlt."

In den folgenden Wochen drang Kulik tiefer in die Wüstenei ein, denn er hoffte, die Überreste eines Meteoriten von gewaltigen Ausmaßen zu finden. Aber was er zu seiner Überraschung entdeckte, war eine Stelle im Zentrum der Zerstörung, wo die Baumstämme zwar stehengeblieben, aber alle Äste weggerissen waren.

Ausgiebige Untersuchungen auf weiteren Expeditionen überzeugten Kulik davon, daß er weder einen Meteoriten noch einen Einschlagkrater finden würde. Zwar konnte er noch keine befriedigende Erklärung für die Explosion geben, doch es war ihm immerhin gelungen, die Aufmerksamkeit anderer Wissenschaftler auf die geheimnisvolle Katastrophe im fernen Sibirien zu lenken.

Seit dieser Zeit gibt es immer neue, oftmals recht abenteuerliche Theorien über das, was hier 1908 geschehen war. Zu den eher exotischen Erklärungsversuchen gehört die Vermutung, eine Atomexplosion an Bord eines außerirdischen Raumschiffs sei die Ursache gewesen. Eine andere, nicht minder phantastische Theorie besagt, daß im Tunguskagebiet ein winziges schwarzes Loch niedergegangen sei, den ganzen Planeten durchschlagen habe und im Nordatlantik wieder aufgetaucht sei. Ein schwarzes Loch entsteht, wenn ein alternder Stern in sich zusammenstürzt; dabei verdichtet sich seine Materie so stark, daß die Schwerkraft, die von einem schwarzen Loch ausgeht, selbst Licht verschluckt.

Eine dritte Theorie versuchte die Zerstörung einem interstellaren Klumpen Antimaterie zuzuschreiben, der auf die Erde herabgestürzt sei. Möglicherweise gibt es im Weltall weit entfernte Sternensysteme, die aus Antimaterie aufgebaut sind. Antimaterie besteht aus Atomen mit einem negativ geladenen Kern und einer positiv geladenen Elektronenhülle. Würden Antimaterie und Materie zusammentreffen, wäre die Folge, daß beide zerstrahlen. Dabei würde soviel Energie freigesetzt wie bei der Explosion einer Atombombe.

Die wahrscheinlichste und inzwischen auch allgemein anerkannte Erklärung folgt Kuliks ursprünglicher Hypothese, daß der Feuerball im Tunguskagebiet von einem riesigen Meteoriten verursacht wurde, der schon vor dem Aufschlag in drei bis fünf Kilometer Höhe explosionsartig zersprang. Durch die immense Hitzeentwicklung sind die einzelnen Teile buchstäblich verdampft. Gleichzeitig löste die Explosion ungeheure Druckwellen aus, die in dem darunterliegenden Gebiet dicke Baumstämme wie Streichhölzer knickte. Direkt unter dem Explosionszentrum aber trafen die Druckwellen senkrecht auf die Bäume, so daß sie zwar alle Äste abrasierten, die Stämme aber stehenließen.

Neuere Analysen mikroskopisch kleiner Teilchen, die vermutlich Überreste der Explosion sind, scheinen diese Theorie zu bestätigen. Denn ihr Gehalt an dem Schwermetall Iridium weist darauf hin, daß sie außerirdischen Ursprungs sein müssen. Eine gleichzeitige Untersuchung des Eises, das sich 1908 und 1909 in der Antarktis gebildet hatte, enthielt ebenfalls einen ungewöhnlich hohen Anteil an kosmischem Iridium. Es stammt vermutlich aus dem Staub, der durch die gewaltige Explosion im sibirischen Tunguskagebiet hoch in die Atmosphäre geschleudert und um den Erdball getragen wurde.

Das Geheimnis der sibirischen Feuerkugel läßt sich möglicherweise nie vollständig lösen. Doch es stimmt nachdenklich: Was wäre, wenn sich ein solches Ereignis wiederholen würde? Und wenn es dann nicht über den endlosen Weiten Sibiriens, sondern über einem dichtbesiedelten Gebiet der Erde stattfinden würde? Man kann nur hoffen, daß der Feuerball über Sibirien ein einmaliges oder zumindest höchst seltenes Ereignis bleibt.

Schrecken in der Morgenstunde

Messina fällt einem vernichtenden Erdbeben zum Opfer

„Messina gibt es nicht mehr!" Verzweiflung schwang in der Stimme Rosina Calabresis, als sie sich an die schrecklichen Stunden erinnerte, die sie und ihre Familie am 28. Dezember 1908 durchleben mußten. Sie war eine der wenigen, die bei dem schwersten Erdbeben in der Geschichte Messinas mit heiler Haut davongekommen waren.

Es war ein eisiger, regnerischer Morgen, als um 5.20 Uhr die ersten Erdstöße die Hafenstadt im Nordosten Siziliens erschütterten. Innerhalb weniger Minuten stürzten mehr als 90 Prozent aller Häuser über den 120 000 Einwohnern Messinas zusammen. Die meisten überraschte das Beben im Schlaf.

Rosina Calabresi und ihr Sohn Francesco berichteten später, was sie an jenem verhängnisvollen Morgen erlebt hatten: „Insgesamt gab es drei lange Erdstöße, und die Erde ächzte wie unter Schmerzen, als sie hin und her wogte. Unser Haus brach über uns zusammen, doch wir blieben unverletzt. Wir versuchten aus den Trümmern zu fliehen, aber die Tür zur Straße war blockiert und ließ sich nicht öffnen." Und Francesco fuhr fort: „Ich entdeckte eine kleine Öffnung in der Wand neben der Tür, durch die ich hindurchkriechen und auch den anderen aus dem Haus heraushelfen konnte."

Das Zentrum des Bebens, das die Stärke 7,5 auf der Richter-Skala erreichte, lag tief unter der Straße von Messina, jener Meerenge zwischen Sizilien und der Spitze des italienischen Stiefels. Von dort breiteten sich die Erdbebenwellen nach Sizilien und auf das Festland aus und richteten in einem kilometerweiten Umkreis gewaltige Zerstörungen an.

Die genaue Zahl der Menschen, die der Katastrophe zum Opfer fielen, wird man nie mehr genau feststellen können. Wie die Familie Calabresi konnten sich in Messina Tausende aus den Trümmern befreien. Doch viele von ihnen kamen wenig später ums Leben, als ein Tsunami, eine riesige, durch das Beben ausgelöste Meereswoge von fast acht Meter Höhe, über die Stadt hinwegfegte und Hunderte von Opfern mit sich aufs Meer hinausriß. Andere verbrannten, als Gas aus den geborstenen Leitungen ausströmte, sich entzündete und die Stadt in Brand setzte. Man schätzt, daß allein in Messina zwischen 84 000 und 86 000 Menschen starben, gut 70 Prozent der Einwohner. Auf dem Festland, in Reggio di Calabria, soll es 40 000 Tote gegeben haben, und weitere 27 000 Menschen sollen in den Städtchen und Dörfern an den Küsten beiderseits der Straße von Messina umgekommen sein.

Auffallend war, daß die meisten, die das Unglück überlebt hatten, nicht unbedingt zu den Begüterten der Stadt gehörten, sondern Arbeiter und Angestellte waren. Rosinas Mann z. B. war ein pensionierter Briefträger, ihr Sohn Francesco Klempner. „Diese Menschen", so schrieb ein zeitgenössischer Berichterstatter, „stehen morgens in aller Herrgottsfrühe auf und wohnen in kleinen, leicht gebauten Häusern. Die großen Paläste der Reichen dagegen erwiesen sich für die meisten ihrer schlafenden Bewohner als verhängnisvolle Todesfallen."

Stummer Zeuge *Die Kirchturmuhr zeigt noch immer den Zeitpunkt des Erdbebens in Messina an.*

In der Tat waren Messinas äußerlich imponierende Paläste und öffentliche Gebäude denkbar schlecht geeignet, den Erschütterungen eines Erdbebens standzuhalten. Die Mauern waren oft zu hoch und zu dünn, und viele waren nur aus Kieseln und Bruchsteinen gebaut, die man mit minderwertigem Zement vermauert und mit Ziegeln verkleidet hatte. Wenn die Erde bebte, gab das schwache Mauerwerk sofort nach, und die Gebäude stürzten in sich zusammen. Aus den Trümmern erhoben sich Wolken aus Gipsstaub, die die Augen, Nasen und Lungen der Überlebenden verklebten. In vielen Fällen hatten die größeren Gebäude der Stadt – die alte Kathedrale, das Militärhospital, die Armeekasernen und die Touristenhotels – bei ihrem Einsturz auch die kleinen Nachbarhäuser mit sich gerissen und die Menschen unter mächtigen Schuttbergen begraben. In der Vergangenheit hatten schon mehrfach Erdbeben Messina heimgesucht, und bereits 1783 war die Stadt fast vollständig zerstört worden – dennoch hielt man an der leichtsinnigen Bauweise fest. Erst nach der Katastrophe von 1908 erließ man entsprechende Verordnungen, so daß die Häuser künftig erdbebensicher gebaut werden mußten.

Einige der eindringlichsten Beschreibungen der Ereignisse in Messina stammen von ausländischen Besuchern der Stadt. Einer von ihnen war Constantine Doresa, ein Schiffsmakler aus London, der im Trinacria Hotel wohnte. Er wurde an diesem Morgen durch die Erdstöße höchst unsanft geweckt: „Ich klammerte mich sofort an den Kanten meines Bettes fest, das durch den Raum zu fallen schien. Dann folgte eine Reihe entsetzlicher Poltergeräusche, und das Dach stürzte über mir ein. Ich erstickte fast unter Ziegeln und Gips. Schließlich tastete ich nach meinen Streichhölzern, zündete eines an und sah zu meinem Schrecken, daß sich neben meinem Bett ein tiefer Abgrund aufgetan hatte.“ Doresa und drei weiteren Gästen des Hotels gelang es, sich mit Hilfe zusammengeknoteter Bettücher aus den Trümmern nach unten abzuseilen. Anschließend trieben sie trotz des Chaos, das in der Stadt herrschte, Leitern und Seile auf und konnten so helfen, auch die übrigen Hotelgäste zu befreien.

Ein anderer Augenzeuge war der Marquis di Ruvolito. Er zeichnete ein düsteres Bild von der Lage der Menschen in Messina nach dem Beben: „Das Inferno überstieg selbst die Phantasie eines Jules Verne. Ich sah, wie eine halbwahnsinnig gewordene Familie unter einem Schirm auf Trümmern hockte, die einmal ihr Heim gewesen waren. Sie lehnten jede Hilfe ab und sagten, daß sie lieber zwischen den Ruinen sterben wollten.“ Auch andere berichteten immer wieder von völlig verstörten Menschen, die oft verletzt und zumeist nur halb bekleidet durch die winterlichen, schuttbedeckten Straßen der Stadt wankten. Zu allem Übel trieben noch Plünderer ihr Unwesen, räumten Geschäfte und Warenlager aus und scheuten nicht einmal davor zurück, Leichen auszurauben.

Doch die Not der Menschen löste auch eine ungeheure Welle der Hilfsbereitschaft aus. Innerhalb weniger Stunden waren britische, italienische und russische Schiffe zur Stelle und boten den Überlebenden Hilfe an. Vor allem die Russen blieben den Einwohnern Messinas in guter Erinnerung. Sie versuchten einerseits, die Plünderer in Schach zu halten, und halfen andererseits tatkräftig bei den Rettungsarbeiten. Kaum hatte sich die Nachricht von der Katastrophe in aller Welt verbreitet, entstanden überall Hilfskomitees, die Frachtschiffe mit Versorgungsgütern und medizinischer Hilfe in das zerstörte Gebiet schickten. Und aus ganz Europa und den Vereinigten Staaten flossen Spenden, die den Überlebenden helfen sollten, diese schlimme Zeit zu überstehen und ihre Stadt wieder aufzubauen.

Ein Bild des Schreckens *Diese zeitgenössische Darstellung zeigt die Situation kurz nach dem Beben.*

Die Grippe jagt um den Globus

Im Schatten des Ersten Weltkriegs wütet auf allen Kontinenten eine Influenzaepidemie

Im Sommer 1918, als der Erste Weltkrieg schon vier Jahre andauerte, verließ ein Truppentransporter den Hafen von New York in Richtung Frankreich. Als das Schiff schließlich nach einer 14tägigen Überfahrt im französischen Hafen von Saint-Nazaire anlegte, brachte es eine Vielzahl von Toten mit, die an Bord aufgebahrt waren.

Der unheimliche Mörder, der auf dem Schiff so zahlreiche Opfer gefordert hatte, war ein Grippevirus, und die Ereignisse an Bord waren nur ein schwacher Vorgeschmack dessen, was sich im folgenden Herbst weltweit ereignen sollte. Die Grippe verbreitete sich nämlich in Windeseile um den Erdball und ließ 500 Millionen Menschen erkranken, von denen mindestens 20 Millionen starben.

Die Krankheit, die von einem neuen Stamm von Influenzaviren hervorgerufen worden war, wurde allgemein als spanische Grippe bezeichnet, obwohl es keine Hinweise darauf gab, daß sie tatsächlich aus Spanien gekommen war. Vielmehr führten ihre Spuren zu den Truppenlagern der amerikanischen Armee in den Vereinigten Staaten. Dort war bereits im Frühjahr 1918 eine Grippeepidemie ausgebrochen, die die Soldaten reihenweise aufs Krankenlager warf. Zunächst verlief die Krankheit nur selten tödlich. Daher vermutet man, daß das Influenzavirus im Lauf des Sommers mutierte, d.h. seine Eigenschaften geringfügig veränderte, und dadurch für die Menschen gefährlicher als zuvor wurde.

Als dann wenig später größere Truppenverbände

aus den USA zu den Kriegsschauplätzen in Europa verlegt wurden, schleppten sie den Influenzaerreger mit ein. So breitete sich die Grippe zunächst über Frankreich und Flandern aus. Vor allem die Zustände in den Feldlagern, in denen die Soldaten auf engstem Raum zusammengepfercht waren und zum Teil unter ungesunden Bedingungen hausten, scheinen ein idealer Nährboden für das Virus gewesen zu sein.

Im Herbst 1918 begannen die Alliierten an der Westfront ihre Großoffensive gegen Deutschland. Als General John J. Pershing, der Oberkommandierende der amerikanischen Streitkräfte in Frankreich, alle verfügbaren Soldaten aus den USA anforderte, teilte man ihm mit, daß im Oktober keine Rekrutierungen durchgeführt werden könnten, weil in den Garnisonen und Häfen die Grippe grassiere. Pershing siegte trotzdem in der Schlacht an der Argonne – vielleicht nicht zuletzt deshalb, weil auch das deutsche Heer inzwischen von der Grippe heimgesucht worden war.

Die Grippe grassierte in den USA bald nicht mehr nur unter den Soldaten, sondern breitete sich ebenfalls mit rasender Geschwindigkeit unter der Zivilbevölkerung aus. Im Gegensatz zu früheren Grippeepidemien, bei denen vor allem Kinder und alte Menschen gestorben waren, raffte die Krankheit jetzt hauptsächlich Erwachsene zwischen 20 und 40 Jahren hinweg. Die Todesursache war aber meist nicht die Grippe selbst, sondern eine Lungenentzündung, die in ihrem Gefolge auftrat.

So erschreckend wie die Ausbreitungsgeschwindigkeit der Influenza war auch das Tempo, mit dem sie kerngesunden Menschen den Tod brachte. In der amerikanischen Hauptstadt Washington rief eine entsetzte junge Frau die Behörden an und berichtete, daß zwei ihrer Zimmergenossinnen gestorben seien, eine dritte bereits erkrankt und nur sie selbst noch gesund sei. Als die Polizei in der Wohnung der Anruferin eintraf, fand sie vier Tote vor. Auch in anderen Städten spielten sich ähnliche Tragödien ab. Ob in New York, Philadelphia oder Chicago, überall waren im Oktober Zehntausende von Opfern zu beklagen. Insgesamt starben in den Vereinigten Staaten in diesem Herbst viermal mehr Menschen als sonst in diesen Monaten.

Eine nutzlose Vorbeugungsmaßnahme
Bei einer Parade in Seattle im Dezember 1918 trugen amerikanische Infanteristen Gazemasken, um sich vor der Grippe zu schützen. Da es kein wirksames Medikament gegen die Krankheit gab, wurden außer Schutzmasken auch Hausmittel wie heiße Essigkompressen, Schnupftabak und tägliches Gurgeln empfohlen. Doch all das erwies sich als wirkungslos im Kampf gegen die unsichtbaren Viren.

Gegen die Grippe von 1918 war buchstäblich kein Kraut gewachsen

In ihrer Verzweiflung griffen die Menschen zu jedem nur denkbaren Mittel, um den unsichtbaren Feind zu bekämpfen. Man nahm an, daß die bösartigen Erreger dieser Grippe Bakterien seien, und entwikkelte eine Reihe verschiedener Impfstoffe, doch sie zeigten keine Wirkung. Erst Jahre später entdeckten die Wissenschaftler, daß die Influenza durch ein Virus verursacht wird. 1918 gab es auch noch keine Antibiotika, die zwar wirkungslos gegen Viren sind, mit denen man aber die tödlichen Begleiterscheinungen der Grippe hätte bekämpfen können. Weil man der Krankheit selbst nichts entgegensetzen konnte, versuchten die Behörden, durch strenge Kontrollmaßnahmen der Ausbreitung der Epidemie Einhalt zu gebieten. Größere Menschenansammlungen wurden verboten und in vielen Städten Theater, Schulen, Gaststätten und sogar Kirchen geschlossen. Und jedem, der in der Öffentlichkeit spuckte, hustete oder nieste, ohne sich ein Taschentuch vors Gesicht zu halten, drohten hohe Geldbußen oder sogar Gefängnisstrafen.

Eine der Vorsorgemaßnahmen, die man weltweit ergriff, waren Gesichtsmasken. Ob in den USA, in Europa, Asien oder Australien – überall banden sich die Menschen Gazetücher über Mund und Nase in der Hoffnung, sich auf diese Weise vor einer Tröpfcheninfektion zu schützen und von dem Krankheitserreger verschont zu bleiben. Doch in Wirklichkeit nützten diese Masken wenig, da das Virus leicht durch die Gaze dringen konnte. Vielerorts waren zwar offiziell nur diejenigen verpflichtet, Gesichtsmasken zu tragen, die wie Zahnärzte, Fri-

Zeltstädte für die Kranken *Als die Grippefälle rapide zunahmen, mußten Behelfskrankenhäuser errichtet werden.*

seure und Angestellte öffentlicher Ämter stets und ständig mit anderen Menschen in Berührung kamen, doch vor allem in den Vereinigten Staaten „verschleierten" sich ganze Heerscharen freiwillig.

Im Jahr 1918 waren die meisten Menschen an Schicksalsschläge gewöhnt. Viele hatten Angehörige oder Freunde auf den Schlachtfeldern verloren oder bereits Seuchen wie Cholera, Typhus oder Fleckfieber durchgemacht. Zu all dem Elend, das der Krieg ausgelöst hatte, kam nun obendrein diese todbringende Epidemie hinzu, und manch einer konnte wohl nicht mehr anders, als nur noch ans eigene Überleben zu denken. So passierte es immer wieder, daß die Fahrer von Krankentransporten die Kranken, zu denen sie telefonisch gerufen worden waren, allein in ihren Wohnungen antrafen, weil die Familienangehörigen vor der Ansteckungsgefahr geflohen waren. Doch ebensohäufig öffnete den herbeigerufenen Hilfsmannschaften niemand mehr, und wenn sie dann die Türen einschlugen, fanden sie meist nur noch Tote vor. Ein Arzt, der in Washington ein Notfallkrankenhaus eröffnete, erinnerte sich später, daß die Leichenbestatter ständig an der Tür warteten. Man habe nur dadurch Platz für die in schneller Folge eingelieferten Kranken schaffen können, daß „während die Lebenden zur einen Tür hereinkamen, die Toten zur anderen hinausgetragen wurden".

Bald gab es kaum mehr Särge, und es fehlte an Totengräbern. Viele Tote setzte man in einfachen Kisten bei, und in vielen Städten der USA zog man Häftlinge heran, um auf den Friedhöfen Gräber auszuheben. Auch die Beerdigungszeremonien wurden fast überall auf ein Mindestmaß reduziert: Es war verboten, einen Leichnam aufzubahren, und nur ein paar Trauergäste durften den Sarg zum Friedhof begleiten. In manchen Gegenden waren öffentliche Beerdigungen eine Zeitlang ganz und gar untersagt.

Vom medizinischen Standpunkt war der Kampf gegen die Grippe weitgehend ein Fehlschlag. Weil ein großer Teil der Ärzte und Krankenschwestern in den Kriegslazaretten Dienst tat, wurden alle, die auch nur über ein Minimum an medizinischen Kenntnissen verfügten, für die Versorgung der erkrankten Bevölkerung herangezogen. Sie konnten die Patienten zwar pflegen und ihnen Trost spenden, doch zu ihrer Heilung konnten sie so gut wie nichts beitragen. In dieser ausweglosen Situation klammerten sich die Menschen an die kleinste Hoffnung. Obwohl die Mediziner immer wieder nachdrücklich darauf hinwiesen, daß es kein wirksames Medikament oder vorbeugendes Mittel gegen die Grippe gebe, fielen die Menschen auf die absonderlichsten Ratschläge und Rezepte herein, die von irgendwelchen selbsternannten Wunderheilern propagiert wurden: Man trank Schnaps, aß Unmengen an Knoblauch, ließ sich

Tödlicher Eroberer *Diese Karikatur zeigt den wahren Gewinner des Krieges: die Grippe.*

Mandeln oder Zähne entfernen oder inhalierte Chloroform.

Der Grippeepidemie waren keine geographischen Grenzen gesetzt. Sie raffte im Oktober und November allein in den Vereinigten Staaten über eine halbe Million Menschen dahin, und auch die Opfer in den dichtbesiedelten Staaten Europas gingen in die Hunderttausende. In Großbritannien kamen über 200 000 Menschen um, und in Frankreich schafften die amerikanischen Streitkräfte ihre Toten, die an der Grippe gestorben waren, heimlich bei Nacht und Nebel fort, „um die Bevölkerung nicht weiter zu demoralisieren". Mühelos übersprang die Grippe auch die Grenzen zum Deutschen Reich. Die Zahl der Toten, die die Influenza hier forderte, ging in den Nachkriegswirren unter, aber vermutlich war sie mindestens genausohoch wie in Großbritannien, wenn nicht sogar höher.

Von Europa und den USA sprang die Epidemie auch auf andere Teile der Welt über

Besonders schlimm wütete die Grippe in Indien, wo eine hohe Bevölkerungsdichte ihre Verbreitung förderte und die Menschen durch Hunger und Armut verstärkt anfällig waren. Da vor allem in entlegeneren Gebieten viele Leichen verbrannt wurden, bevor die Behörden eine genaue Zählung vornehmen konnten, schwanken die Schätzungen über die Zahl der Todesfälle sehr stark, doch darf man wohl von mindestens 5 Millionen Grippeopfern ausgehen.

Die verheerendsten Auswirkungen hatte die Grippewelle allerdings auf die Eingeborenen der Südseeinseln. Sie waren nie zuvor mit einer schweren Grippeepidemie in Berührung gekommen und hatten folglich auch keinerlei Abwehrkräfte gegen die Influenzaviren aufbauen können. Neuseeländische und amerikanische Schiffe schleppten den Erreger in Mikronesien, Tahiti und Samoa ein. Während auf Guam die Sterblichkeitsrate schon bei fünf Prozent und auf Tahiti bei zehn Prozent der Bevölkerung lag, starben in Samoa sogar über 20 Prozent der Eingeborenen an der Grippe oder ihren Folgeerscheinungen.

In den meisten Gebieten der Welt hatte diese zerstörerische Epidemie Ende 1918 ihren Höhepunkt überschritten, doch zwei weitere Grippewellen im Frühjahr 1919 und 1920 forderten in Europa und Amerika noch einmal ihren Tribut. Besonders in Deutschland erhöhten das Elend und die allgemeine Unsicherheit nach dem verlorenen Weltkrieg die Anfälligkeit der Bevölkerung. Auch die Friedenskonferenz in Versailles im Jahr 1919 blieb von der Grippe nicht verschont. Drei ihrer prominentesten Teilnehmer, der amerikanische Präsident Woodrow Wilson, der britische Premierminister David Lloyd George und der französische Ministerpräsident Georges Clemenceau, erkrankten an der Influenza. Die Frage, ob die Konferenz vielleicht einen anderen Ausgang genommen hätte, wenn die drei bei voller Gesundheit hätten verhandeln können, wird wohl eins der ungelösten Rätsel der Geschichte bleiben.

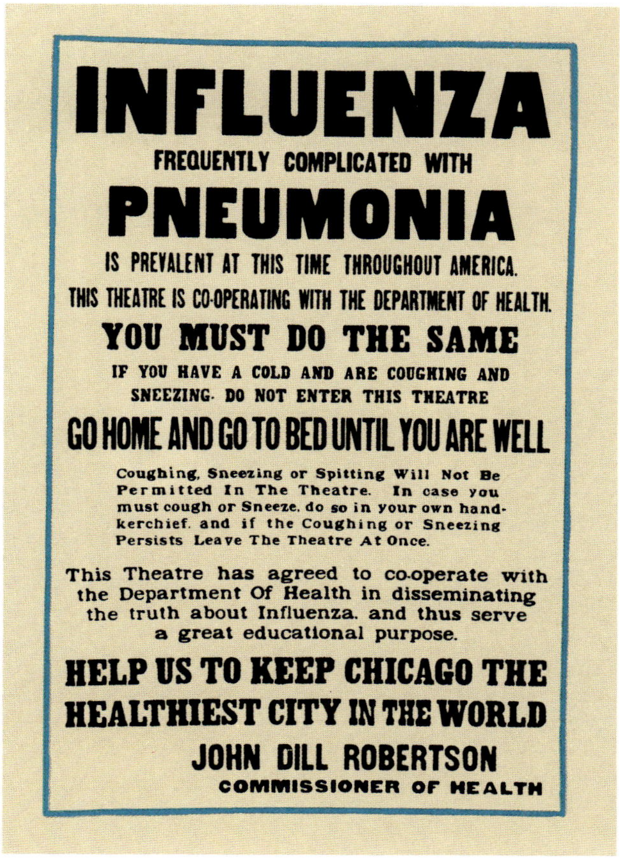

Husten, Niesen und Spucken verboten! *Wer erkältet war, Schnupfen hatte oder hustete, sollte in Chicago dem Theater fernbleiben. Andere Städte schlossen Theater, Schulen und Kirchen ganz, um die Ausbreitung der Grippe zu verhindern.*

1933 konnte zum erstenmal ein Influenzavirus isoliert werden. Man stellte fest, daß die Gefährlichkeit der Grippeviren darin liegt, daß sie immer neue Arten bilden können und der Mensch deshalb keine vollständige Immunität gegen sie entwickeln kann. So unterschied sich z. B. der Erreger der schweren asiatischen Grippe, die im Jahr 1957 weltweit wütete, sehr stark von allen bisher bekannten Arten des Influenzavirus.

Kann sich also eine solche Katastrophe wie die von 1918 jederzeit wiederholen? Man kann hoffen, daß das nicht mehr eintritt, denn schon die Epidemie von 1957 verlief nicht im mindesten so katastrophal wie die von 1918. Seit dem Ersten Weltkrieg haben sich Impfstoffe, hygienische Verhältnisse und Lebensbedingungen stark verbessert. Und die Menschheit besitzt inzwischen Antibiotika, mit denen man die oft tödlichen Folgekrankheiten der Grippe bekämpfen kann.

Es geschah um die Mittagszeit

Ein schweres Erdbeben und Feuerstürme legen Tokio und Yokohama in Schutt und Asche

In Japan kommt es seit alters immer wieder zu Erschütterungen der Erde, doch das Beben, das am 1. September 1923 die japanische Hauptinsel Honshu heimsuchte, war so heftig, daß das Ausmaß der Schäden und die Zahl der Todesopfer alles bisher Dagewesene überstiegen. An diesem 1. September, einem Samstag, begann zwei Minuten vor 12 Uhr in der Kantoebene, in der Tokio und Yokohama, Japans größter Seehafen, liegen, die Erde auf- und abzuwogen. Das Zentrum des Bebens lag in der Sagamibay, rund 80 Kilometer südlich von Tokio. Es hatte eine Stärke von 8,3 auf der Richter-Skala – ein Wert, der im 20. Jahrhundert bisher nur von fünf Erdbeben überschritten worden ist. Die erste Welle der Erschütterungen dauerte fast fünf Minuten. Kurz darauf folgte eine zwölf Meter hohe Flutwelle, die über die Küste hereinbrach. Innerhalb der folgenden Tage versetzten noch zwei weitere schwere Erdstöße und unzählige leichtere Nachbeben die Überlebenden in der Kantoebene immer wieder in panische Angst.

Die Katastrophe kündigte sich „mit einem dumpfen Knirschen unter unseren Füßen an", schrieb Roderick Matheson, Korrespondent der *Chicago Tribune* in Tokio. „Die Erde dröhnte, Gebäude verschoben sich und brachen auseinander, dann folgte eine Reihe gewaltiger Erschütterungen. Der Boden zitterte und bebte so, daß man kaum Halt fand, und aus den Gebäuden stieg feiner Staub auf, der die Luft verdunkelte. Das Ächzen der schwankenden Gebäude schwoll zu ohrenbetäubendem Don-

nern an, als die Mauern kippten und einstürzten. Einige Sekunden nach der ersten Erschütterung liefen die Menschen panikartig aus ihren Häusern, rannten wild durcheinander und stießen sich gegenseitig zu Boden. Sie stolperten über die Trümmer auf den Straßen und taumelten blaß vor Schreck zum nächstgelegenen offenen Platz."

Doch obwohl die einstürzenden Gebäude schon Zehntausende unter sich begraben hatten, forderte das Feuer, das nach dem Beben ausbrach, noch wesentlich mehr Menschenleben.

Feuerstürme rasten durch die Straßen und machten Tokio und Yokohama dem Erdboden gleich

Die Katastrophe hatte die meisten Familien zur Essenszeit überrascht, und durch die Erschütterungen kippten viele der offenen Holzkohlenbecken um, die man in Japan zum Kochen benutzt. Die traditionellen japanischen Wohnhäuser, die zum größten Teil aus Papier, Holz und Strohmatten gebaut werden, fingen durch die verstreuten glühenden Kohlen sofort Feuer, und innerhalb kürzester Zeit brannten in Tokio Tausende von Häusern lichterloh. Da das Erdbeben die Wasserleitungen zerstört hatte, konnten die Brände nicht gelöscht werden, so daß bereits wenige Stunden nach dem Beben große Teile der Hauptstadt in Flammen standen.

Japans Metropole auf einem Pulverfaß *Das Erdbeben von 1923 traf die belebte Innenstadt von Tokio zur Mittagszeit und verwandelte sie in ein Ruinenfeld.*

Die Menschen versuchten, sich mit den wenigen Habseligkeiten, die sie hatten retten können, aus den brennenden Stadtvierteln in Sicherheit zu bringen. Doch die Suche nach einem Zufluchtsort erwies sich als schwierig, denn ein starker Wind und aus defekten Leitungen strömendes Gas fachten die einzelnen Brände zu wahren Feuerstürmen an, die durch die überfüllten Straßen der Innenstadt fegten und alles einäscherten, was auf ihrem Weg lag.

Brücken und schmale Gassen wurden zu tödlichen Fallen, aus denen es kein Entrinnen mehr gab. Auf einer der großen Holzbrücken über den Sumida wurden Hunderte von verzweifelten Menschen von zwei Feuerwänden, die von beiden Seiten auf den Fluß zurasten, eingeschlossen und überrollt. Am östlichen Ufer des Sumida leiteten Polizei und Feuerwehr die Flüchtenden in einen Park. Als sich dort am späten Samstagnachmittag etwa 40 000 Menschen zusammengedrängt hatten, raste ein Feuersturm über den Park hinweg. Innerhalb weniger Augenblicke verbrannten über 30 000 Menschen, von denen die meisten offenbar so eng zusammengepfercht gewesen waren, daß sie im Stehen starben.

Ein Augenzeuge schilderte den Brand in Japans Metropole: „Die häufigen Explosionen vermittelten den Eindruck, es herrsche Krieg. In der Nacht leuchtete der Himmel über der Stadt scharlachrot und orangefarben, und dicke schwarze Rauchwolken breiteten sich aus." Am Sonntagmorgen, so hieß es in dem Bericht weiter, „war schon die halbe Stadt in Schutt und Asche gesunken, und in den rauchenden Trümmern sammelten Hilfsmannschaften die Toten auf, die aufgestapelt und mit Matten bedeckt wurden." Später äscherte man dann die Leichen alle gemeinsam ein.

Nur ein einziger Stadtbezirk im hügeligen Westteil Tokios blieb letztlich vom Feuer verschont. Die fünf Bezirke am Sumida und entlang der Bucht von Tokio waren fast vollständig ausgelöscht. Über eine halbe Million Gebäude hatten das Erdbeben und der anschließende Großbrand vernichtet. Neben zahllosen Regierungsgebäuden, Schulen, Banken, Fabriken und Lagerhäusern waren auch Theater, Einkaufs- und Vergnügungszentren eingestürzt und zu Asche geworden, und selbst vor den heiligen Schreinen, Tempeln und Kirchen hatte das Feuer nicht haltgemacht. Die Kaiserliche Universitätsbibliothek, die eine einmalige Sammlung seltener japanischer Bücher, Handschriften und Kunstwerke beherbergt hatte, war ebenfalls ein Opfer der Katastrophe geworden.

In der Hafenstadt Yokohama, rund 20 Kilometer

südlich von Tokio, sah es nicht besser aus. Roderick Matheson hatte am späten Samstagabend die brennende Hauptstadt verlassen und versucht, sich mit dem Auto, einem Boot und zu Fuß nach Yokohama durchzuschlagen. Der Weg führte den Reporter „durch zerstörte Dörfer und über Straßen, die immer schlechter wurden und manchmal von metertiefen Spalten durchfurcht waren. Die Brücken waren eingestürzt und der Straßenbelag aufgewühlt. Überall auf freiem Feld schliefen Überlebende, denn alle paar Minuten gab es weitere Beben, von denen die schwereren die erschütterten Mauern der Gebäude vollkommen zum Einsturz brachten. Alle meine Versuche, ein Fahrrad oder eine Riksche zu mieten, schlugen fehl, denn die Japaner waren wie gelähmt."

In Yokohama hatte das Erdbeben neben Zehntausenden von Wohnungen und öffentlichen Gebäuden auch die für den japanischen Handel lebenswichtigen Docks und Hafenanlagen zerstört. „Die Straßen der Stadt wiesen Spalten auf, die so groß waren, daß darin ein Auto hätte verschwinden können", schrieb Matheson. „Der Boden war fast einen Meter tief abgesackt, so daß an vielen Gebäuden und Brücken Stahlträger und Abflußrohre herausragten." In den Wohnbezirken waren „Tausende von den Flammen eingeschlossen worden und an Rauchvergiftung gestorben oder in gräßlich verzerrter Körperhaltung bis zur Unkenntlichkeit verbrannt. Viele knieten immer noch mit abwehrend erhobenen Händen am Boden, andere hatten sich an Steinmauern, Betonpfeilern und Gehsteigkanten festgekrallt oder versucht, die Arme schützend um ihre Kinder zu legen. Einige wurden von der tödlichen Feuerwand erfaßt, als sie gerade aus den gähnenden Erdspalten klettern wollten, in die sie offenbar gefallen waren. Manche Überlebenden konnten nur deshalb dem Tod entrinnen, weil sie bis zum Kinn im Wasser und Schlamm der Kanalisation standen. Doch auch dort sind viele ertrunken oder erstickt."

Hunderte von Menschen hatten versucht, sich vor den Flammen in die Kellergewölbe einer Bank im Zentrum der Stadt zu retten. Viele erfaßte das Feuer, noch bevor sie die vermeintlich schützenden Mauern erreichten, und diejenigen, die es geschafft hatten, dorthin zu kommen, erstickten qualvoll am Rauch.

Auf einem Hügel bei Yokohama zerbarsten mehrere Öltanks, und das brennende Öl ergoß sich auf die hilflosen Opfer im Tal. An anderer Stelle stürzte durch die Erschütterungen ein Eisenbahntunnel ein und begrub die Fahrgäste eines Zuges unter sich. An der Küste entlang der Sagamibay rissen meterhohe Schlammlawinen und die Flutwelle, die dem Erdbeben folgte, viele Menschen in den Tod.

Insgesamt kamen durch das Erdbeben und seine tödlichen Folgeerscheinungen mehr als 150 000 Menschen ums Leben; weitere 100 000 erlitten teilweise schwere Verletzungen. Rund 1,5 Millionen Menschen wurden obdachlos. Doch die Sta-

Stätte der Hoffnung *Nach dem Erdbeben wurde das Eingangstor eines buddhistischen Tempels in Tokio zu einem Lebensmittelstand und Informationszentrum umfunktioniert (oben). Nachdem die meisten Verkehrsmittel ausgefallen waren, mußten sich die Flüchtlinge zu Fuß fortbewegen (unten).*

Der Erdbebengürtel um den Pazifischen Ozean

Die japanischen Inseln sind nicht die einzigen Gebiete, die immer wieder von starken Erdbeben heimgesucht werden. Entlang eines weitgespannten Bogens um den Pazifischen Ozean, der von der Westküste Südamerikas bis hinauf nach Alaska und über die Aleuten hinüber nach Japan reicht und sich von dort über Indonesien bis nach Neuseeland fortsetzt, treten mehr als 75 Prozent aller Erdbeben der Welt auf. In dieser Zone befindet sich auch mehr als die Hälfte der über 500 aktiven Vulkane der Erde.

Das Vorhandensein dieses Erdbeben- und Vulkangürtels war den Wissenschaftlern schon lange bekannt. Doch erst in den 60er Jahren dieses Jahrhunderts lieferte die Plattentektonik, die auf der Theorie der Kontinentalverschiebung aufbaut, eine Erklärung für die seismologischen Vorgänge im und um den Pazifik. Die auf der Basis dieser Theorie durchgeführten Untersuchungen bestätigen, daß die Erdkruste aus mehreren riesigen Gesteinsplatten besteht, die sich in ständiger Bewegung befinden. Die Erdkrustenplatte unter dem Pazifischen Ozean stößt gegen die benachbarten Kontinentalplatten und schiebt sich unter sie. Das abgetauchte Krustenmaterial schmilzt dabei zu glühendheißem Magma, das sich in manchen Fällen in Form vulkanischer Aktivität wieder den Weg zur Erdoberfläche bahnt. An anderen Stellen verschieben sich die Kanten der Platten unablässig gegeneinander. Da diese Bewegungen der Erdplatten aber nicht kontinuierlich und gleichmäßig ablaufen, entstehen Spannungen, die sich dann ruckartig als Erdbeben entladen.

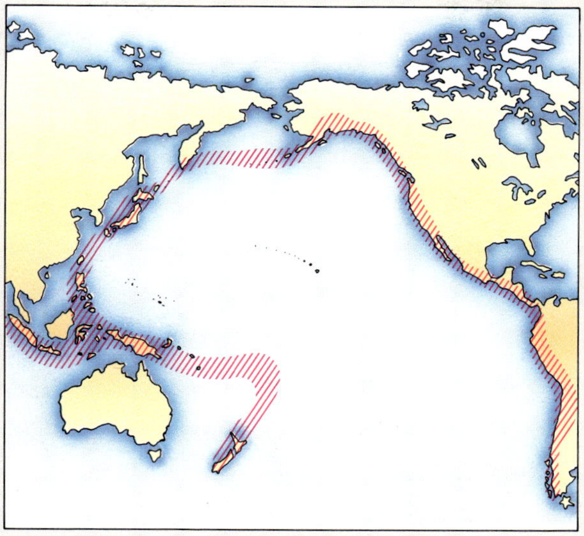

Sowohl für Vulkanausbrüche in Indonesien als auch für Erdbeben in Chile, Tokio oder San Francisco ist der Erdbeben- und Vulkangürtel verantwortlich, der sich rund um den Pazifik zieht. In dieser Zone, die in der Abbildung rot schraffiert ist, befinden sich 330 aktive Vulkane, und dort gibt es über 3000 mehr oder weniger schwere Erdbeben pro Jahr.

tistiken sagen wenig über das Leid aus, das den Menschen widerfuhr, und die Zahl der Todesopfer gibt kaum Auskunft darüber, wie qualvoll diese Unglücklichen oft zugrunde gingen.

Als die Feuer endlich erloschen waren, irrten hungrige und erschöpfte Menschen durch die Straßen Tokios und Yokohamas. Viele suchten dort, wo früher einmal ihre Häuser gestanden hatten, nach Angehörigen. Sie trugen Zettel, auf die sie die Namen vermißter Familienmitglieder oder Freunde gekritzelt hatten, oder riefen nach ihnen, bis ihre Stimmen versagten. Durch das Dunkel der Nacht schob sich eine endlose Prozession verzweifelter Überlebender, die mit Papierlaternen die rauchenden Ruinen durchsuchten.

Wie so oft, suchte man auch diesmal einen Sündenbock

In den Tagen nach dem Erdbeben griffen in den Straßen Plünderungen, Raub und Mord um sich, und in Windeseile verbreiteten sich Gerüchte, die die koreanischen Einwanderer nicht nur für diese Verbrechen, sondern auch für vergiftete Brunnen und Brandstiftung verantwortlich machten. Und noch bevor die Behörden die Ordnung wiederherstellen konnten, fielen mehrere Hundert unschuldige Koreaner der Lynchjustiz des Mobs zum Opfer.

Da die Nachrichtenverbindungen unterbrochen waren, dauerte es zwei Tage, bis die Weltöffentlichkeit genauere Einzelheiten über die Katastrophe erfuhr. Auch innerhalb Japans waren die Telefonverbindungen nach Tokio und Yokohama abgerissen. Deshalb setzte die Armee Brieftauben ein, um Aufräumungsarbeiten und Versorgungslieferungen zu organisieren. Als aber allmählich das Ausmaß der Zerstörung und die Zahl der Opfer bekannt wurden, war die internationale Bereitschaft, den Überlebenden zu helfen, enorm. Aus ganz Europa und den Vereinigten Staaten trafen Nahrungsmittel, Medikamente und andere Hilfsgüter ein, und das vom Roten Kreuz gesammelte Geld übertraf das gesetzte Spendenziel um ein Vielfaches.

Japan erholte sich erstaunlich schnell von der Katastrophe, und innerhalb von sieben Jahren wurden Tokio und Yokohama wieder vollständig aufgebaut. Obwohl das Land der aufgehenden Sonne nach wie vor von Erdbeben bedroht ist, leben heute in dem Ballungsgebiet dieser beiden größten Städte des Landes rund 11 Millionen Menschen auf engstem Raum zusammen.

Old Man River tritt über die Ufer

Der Mississippi überschwemmt 67 000 Quadratkilometer Land

Der Mississippi, liebevoll auch Old Man River genannt, ist der größte Strom Nordamerikas. Zusammen mit seinen Nebenflüssen Missouri, Ohio und Arkansas entwässert er über ein Drittel des Staatsgebiets der USA. Die Indianer bezeichneten ihn daher treffend als den Großen Fluß und den Vater der Gewässer. Sie kannten den Mississippi und hatten gelernt, sich den Flutzyklen des Stroms anzupassen.

Der weiße Mann hingegen wollte sich den ungebändigten Fluß untertan machen. So wurde im 18. und 19. Jahrhundert am Unterlauf des Mississippi ein Flickwerk von Dämmen und Deichen errichtet, um das Hochwasser im Zaum zu halten. Doch dieses Regulierungssystem funktionierte nicht, denn es konnte durchaus vorkommen, daß ein Pflanzer die Dämme seines Nachbarn beschädigte, um seine eigenen Felder zu schützen.

Im Jahr 1879 rief der amerikanische Kongreß eine Kommission ins Leben, die zusammen mit einem Ingenieurkorps der Armee ein besseres System erarbeiten sollte. Da die Ingenieure und die Kommission Dämme aber immer noch für den besten Überschwemmungsschutz hielten, wurde bis zur Jahrhundertwende auf beiden Seiten des Flusses ein durchgehender Erdwall errichtet. Dieses Bollwerk reichte zwar von der Einmündung des Ohio bei Cairo im Bundesstaat Illinois bis zum Golf von Mexiko, konnte aber auch nicht verhindern, daß es immer wieder Überschwemmungen gab. Also schüttete man die Dämme noch höher auf. Aber gerade darin lag das Problem, denn je effektiver der Mississippi in Schach gehalten wurde, desto mehr Druck übte der Fluß auf die Dämme aus; damit wiederum stieg die Gefahr eines Dammbruchs. Zwischen 1858 und 1922 trat der Fluß elfmal über die Eindämmungen und überschwemmte das Mississippital. Doch das alles war nur ein Vorspiel zu der großen Flutkatastrophe, die 1927 das Umland des Stroms heimsuchte.

Das Unheil kündigte sich bereits im August 1926 mit heftigen Regenfällen an, die während des darauffolgenden Herbstes und Winters anhielten. Da der Boden vollgesogen war, floß das überschüssige Wasser in die Nebenflüsse des Mississippi, deren Pegel immer weiter anstiegen. Nach einer kurzen Unterbrechung im Februar begann es im März erneut zu regnen.

Schon Anfang April stellten die Leute, die an den Ufern des Mississippi wohnten, erstaunt fest, daß die Schaufelraddampfer, die normalerweise weit unterhalb der Deichkrone auf dem Wasser dahinstampften, jetzt auch hinter den Dämmen zu sehen waren, weil das Wasser fast bis zum oberen Deichrand reichte. Spätestens zu diesem Zeitpunkt war klar, daß der Mississippi wieder einmal über die Ufer treten würde. Trotzdem glaubten viele, allen voran die Deichbauingenieure, daß die Situation nicht übermäßig bedrohlich sei, und versicherten, daß man die Wassermassen noch bändigen könne.

Diese Versicherung sollte sich jedoch als tragische Selbstüberschätzung erweisen, denn die Situation wurde an einigen Stellen des Dammes bereits kritisch. Einer dieser Schwachpunkte lag am Ostufer des Mississippi bei Mound Landing, das einige Kilometer südlich der Einmündung des Arkansas an einer Flußbiegung liegt. Dort prallte die Flutwelle frontal auf den Damm, und am 20. April war abzusehen, daß er der Belastung nicht mehr lange standhalten würde. Die ganze Nacht hindurch schichtete ein

Eine rettende Arche *Voll beladen mit Flüchtlingen, bahnt sich dieser hölzerne Kahn einen Weg durch die überfluteten Weiten des Mississippitals. An Bord wurden Schutzdächer aus Zeltplanen errichtet.*

Hilfe naht! *Viele der Obdachlosen, die auf den Dämmen kampierten, wurden von Mississippidampfern versorgt.*

Heer von Helfern unermüdlich zentnerschwere Sandsäcke auf den Erdwall, der bereits unheilvoll unter ihren Füßen vibrierte. Bei Tagesanbruch erkundigte sich ein ranghöherer Armeeingenieur telefonisch nach dem Stand der Dinge. Ein Deicharbeiter teilte ihm mit, daß der Damm nicht mehr lange halten würde. Der Offizier hatte das Gespräch noch nicht beendet, als er den entsetzten Aufschrei des Deicharbeiters hörte: „Jetzt bricht er!“

Mit brüllendem Tosen stürzte der Mississippi durch eine Bresche im Damm, die bald 1,5 Kilometer breit war. Riesige Wassermassen ergossen sich über die dahinterliegenden Felder und Dörfer und überschwemmten ein Gebiet von über 9000 Quadratkilometern.

Nur die Kronen der hohen Bäume ragten noch aus der weiten Wasserfläche heraus

In einer nahe gelegenen Kleinstadt mußten die Bewohner um ihr Leben laufen, um sich vor der Flut auf einen Damm zu retten. Eine Augenzeugin der Ereignisse konnte damals gerade noch über eine Brücke rennen, bevor diese von den Wassermassen weggerissen wurde. Zu Hause angekommen, nahm sie ihren kleinen Jungen auf den Arm und lief weiter zum Damm. „Wir bauten uns kleine Hütten“, erinnerte sie sich, „gerade so groß, daß man hineinschlüpfen konnte. Wir saßen dort auf einer alten Decke. Aber das Wasser stieg höher und höher, so daß ich schließlich aufstehen und meinen Sohn hochhalten mußte, damit er nicht naß wurde.“ Die Frau mußte zusammen mit ihrem Kind und vielen anderen Leidensgenossen zweieinhalb Tage auf dem Damm ausharren, bis endlich ein Schiff kam, um sie zu bergen.

Am darauffolgenden Tag brach der Damm auf der gegenüberliegenden Seite des Flusses in Arkansas. Als das Wasser die Stadt Arkansas City erreichte, die knapp 50 Kilometer südlich der Bruchstelle lag, befand sich die Tochter eines Gemischtwarenhändlers gerade auf dem Heimweg von der Sonntagsschule. Aber das Hochwasser kam hier so langsam, daß das Mädchen noch in Ruhe nach Hause gehen und zu Abend essen konnte. Dann half es seinen Eltern im Laden, die Waren auf die Theke hochzustellen. Doch das Wasser stieg unaufhörlich an, so daß alle schließlich ins obere Stockwerk des Elternhauses fliehen

Kirchgang zu Wasser *In vielen Gemeinden stand das Wasser bis an die Kirchentür, so daß die Gläubigen in Booten zur Messe fahren mußten (rechts).*

Unsicherer Rastplatz *Diese Bisamratte mußte um ihr Leben schwimmen und versuchte dann, sich inmitten des reißenden Flusses auf einem halb versunkenen Strauch auszuruhen (unten).*

mußten. Von dort sah die Tochter, wie ihr Klavier Stück für Stück „zur Haustür hinausschwamm. Das war eigentlich das einzige, worüber ich bei der großen Flutkatastrophe wirklich geweint habe."

Während das Mädchen noch über das Schicksal seines Klaviers trauerte, bildete sich in diesem Teil des Mississippitals beiderseits des Flußufers ein riesiger See, der fast 130 Kilometer breit und bis zu fünf Meter tief war. Doch es sollte noch schlimmer kommen: Auch die Schutzwälle des Arkansas konnten der Gewalt des Wassers nicht mehr standhalten, und an mehreren Stellen der 160 Kilometer langen Strecke zwischen Little Rock und der Einmündung in den Mississippi fraß sich der Fluß ebenfalls durch die Deiche. Das Wasser, das bei Mound Landing austrat, floß zwar 150 Kilometer weiter südlich bei Vicksburg wieder in den Mississippi zurück, erzwang sich aber Anfang Mai mit einem erneuten Durchbruch auf dem gegenüberliegenden Ufer einen weiteren Abfluß. Als dann neben zwei anderen Nebenflüssen des Mississippi auch noch der Red River über die Ufer trat, brach eine wahre Sintflut über das Land herein, wobei weite Teile von Louisiana und Arkansas in einem riesigen See verschwanden. Bei 120 Dammbrüchen wurden insgesamt 67 000 Quadratkilometer Land überflutet – eine Fläche, die mehr als doppelt so groß ist wie Belgien.

Am 25. April berichtete die *New York Times* von den Ausmaßen der Flutkatastrophe: „Vom Steilufer, auf dem die Stadt Memphis liegt, ist vom Land in Arkansas nichts mehr zu sehen. Nur die Kronen der hohen Eichen und Weiden ragen noch aus der weiten Wasserfläche heraus. Dort, wo die Bäume etwas dichter beieinander stehen, wirkt die Ebene wie eine ungemähte Rasenfläche."

Mitte Mai drang das Hochwasser in das Bayou-Gebiet von Louisiana ein, wo viele kleine Seitenarme vom Mississippi abzweigen. Einige Tage später brach der Atchafalaya River durch einen Damm, den man für absolut sicher gehalten hatte. Das Wasser, das durch die Bruchstelle drückte, riß Zäune und Häuser mit, spülte teilweise einen Eisenbahndamm weg und überflutete dann eine nahe gelegene Stadt, wo bald darauf Waschzuber, Tische, Stühle und andere Dinge auf der entfesselten Strömung davontrieben.

New Orleans entging dem Unheil nur um Haaresbreite

In New Orleans erkannten die Behörden schon bald, daß es nicht ausreichen würde, Sandsäcke auf den Dämmen aufzutürmen, wenn man die Stadt vor den

Der Hochwasser-Blues *Die Flutkatastrophe fand auch Eingang in die Blues-Musik, das wichtigste künstlerische Ausdrucksmittel der schwarzen Amerikaner. Sie lebten schon seit den Zeiten der Sklaverei im Mississippital und fühlten sich daher dem Schicksal des Old Man River eng verbunden.*

Fluten retten wollte. Deshalb beschloß man, drastischere Maßnahmen zu ergreifen und ein Stück oberhalb von New Orleans den Damm in die Luft zu sprengen, so daß das Wasser des Mississippi über ein dünnbesiedeltes Gebiet direkt in den Golf von Mexiko abfließen würde. Ungeachtet der Proteste der betroffenen Gemeinden, wurde der Damm am 3. Mai gesprengt. Diese unpopuläre Maßnahme rettete New Orleans, denn innerhalb weniger Stunden sank der Wasserspiegel deutlich ab. Die Sprengung markierte aber zugleich auch das Ende der bisherigen Dammbaupolitik, die die Ingenieure so nachhaltig vertreten hatten.

Die Fluten des Mississippi und seiner Nebenflüsse wichen im Juli zwar zurück, aber die Folgen der Überschwemmung waren damit noch lange nicht beseitigt. Die Zahl der Toten wurde offiziell mit 250 angegeben, aber wahrscheinlich waren es wesentlich mehr. Hunderttausende von Gebäuden wurden überflutet oder sogar zerstört. Auch die für die Region lebenswichtigen Baumwoll- und Zuckerrohrfelder standen kilometerweit unter Wasser, so daß die Ernteverluste auf 100 Millionen Dollar geschätzt wurden. Ganze Viehherden sowie mehrere hunderttausend Schweine, Pferde, Maulesel und Hühner ertranken in den Fluten. Als die Bauern endlich auf ihre Felder zurückkehren konnten, war zum einen die Pflanzzeit schon längst vorbei, zum andern fehlte für einen Neubeginn oft das Saatgut.

So katastrophal die Folgen der Überschwemmung waren, so beeindruckend waren auch die Hilfsmaßnahmen, die umgehend gestartet wurden. Unter Leitung des Roten Kreuzes arbeiteten 33 000 Freiwillige unermüdlich, um Unterkünfte für die Obdachlosen zu schaffen, Nahrungsmittel auszugeben, Verletzte zu verarzten und Spenden zu verteilen. Entscheidende Bedeutung kam bei diesen Rettungsaktionen den vielen Wasserfahrzeugen zu, die von ihren Eigentümern in den Dienst der guten Sache gestellt wurden. Sogar die Schmuggler verwendeten ihre leistungsfähigen und schnellen Schiffe, die normalerweise dazu dienten, den Zollfahndern zu entkommen, jetzt dazu, Menschen vor den Wasserfluten zu retten. Auch die Kapitäne der malerischen Schaufelraddampfer beteiligten sich an den Bergungsaktionen. Sie steuerten ihre schwerfälligen Kolosse in teilweise wagemutigen Unternehmungen über die überfluteten Felder und um halb versunkene Bäume herum, um Menschen aufzunehmen, die sich auf Hausdächern zusammengekauert hatten. Der Besitzer einer kleinen klapprigen Barkasse leistete ebenfalls großartige Arbeit. Er durchkämmte die Gewässer des Mississippideltas nach gestrandeten Flutopfern und rettete in 72 Stunden pausenloser Suche etwa 200 Menschen. Aber er wurde auch Zeuge schrecklicher Tragödien. „Da war ein Haus, das vorbeitrieb, mit sieben Menschen drauf", erinnerte er sich. „Ich glaube, es waren ein Mann, eine Frau und fünf Kinder ... Ich versuchte, das Haus einzuholen, aber es bewegte sich immer weiter weg. Dann muß es plötzlich auf einen Baumstumpf oder so etwas aufgelaufen sein, und es flog in Stücke. Ich suchte lange Zeit die umhertreibenden Planken und Balken ab, aber keine Menschenseele tauchte mehr auf ... Dieser Mann und die Frau waren vielleicht 35 Jahre alt, das älteste Kind vielleicht 16."

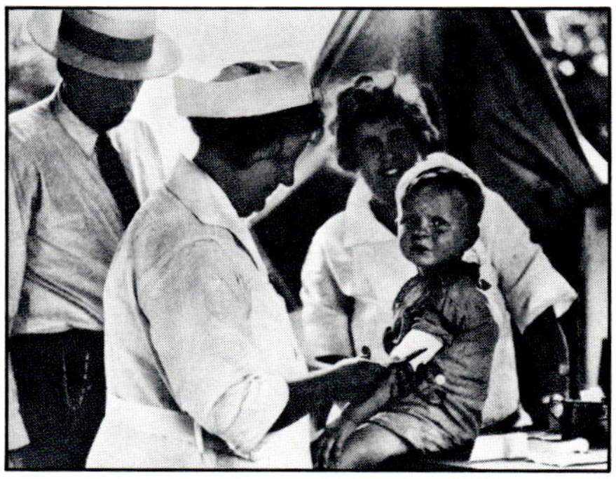

Überschwemmungsopfer *Überall im Katastrophengebiet errichtete das Rote Kreuz Lager, in denen Verletzte wie dieses Kind versorgt wurden.*

Das einzig Positive, das diese schwere Katastrophe am Mississippi ergeben hat, war, daß die Behörden sich genötigt sahen, ihre bisherigen Maßnahmen zur Hochwasserkontrolle zu überdenken. Im Mai 1928 bewilligte der amerikanische Kongreß über 300 Millionen Dollar für den Bau von Rückhaltebekken, neuen Dämmen und zusätzlichen Abflußkanälen in den Golf von Mexiko. Der mächtigste Fluß Amerikas ist seit 1927 zwar noch viele Male über die Ufer getreten, aber nie wieder mit so verheerenden Folgen wie 1927. Doch bei allem Vertrauen in die moderne Technik der Hochwasserkontrolle sollte man einen Ausspruch Mark Twains, der mit dem Mississippi besonders vertraut war, nicht vergessen. Er sagte einmal: „Wer den Mississippi kennt, wird zugeben, daß 10 000 Flußkommissionen diesen gesetzlosen Strom nicht zähmen können."

Dürre im Herzen der Vereinigten Staaten

Die Kornkammer Amerikas verwandelt sich in eine Staubwüste

Die Sonntagsgottesdienste in den Kirchen von Guymon im amerikanischen Bundesstaat Oklahoma endeten am 14. April 1935 wie an den Sonntagen davor: Man betete inbrünstig um Regen. Auch an diesem Tag brannte die Sonne wie schon seit Wochen von einem wolkenlosen, tiefblauen Himmel auf die weite ausgedörrte Ebene. Wieder einmal kündigte sich ein heißer, trockener Tag an. Die endlos scheinenden Weizenfelder, die den wirtschaftlichen Rückhalt der Region darstellten, verdorrten in der Hitze, und der Ackerboden verwandelte sich allmählich in Staub. Wenn nicht bald Regen kam, würde es keine Ernte geben. Noch mehr Farmer würden bankrott gehen und die schwergeprüfte Bevölkerung immer tiefer in Elend und Hoffnungslosigkeit versinken.

Am Spätnachmittag jenes Aprilsonntags verdunkelte sich plötzlich der Himmel. Von Nordwesten zog eine riesige schwarze Wolke auf, die sich über den ganzen Horizont erstreckte und nach Meinung mancher Beobachter wie ein herabstürzender schlammiger Wasserfall aussah. Sie enthielt jedoch keinen einzigen Tropfen des ersehnten Wassers, sondern nur ungeheure Mengen Staub und Mutterboden, die von den knochentrockenen Feldern der Prärie gefegt worden waren und nun in einem alles erstickenden Sturmwind über das Land gewirbelt wurden. Der Sturm hatte sich im Osten von Wyoming zusammengebraut und noch an Kraft zugenommen, als er sich durch Colorado nach Kansas weiterbewegte. Nachmittags brach er mit Windgeschwindigkeiten von annähernd 100 Kilometern pro

Stunde über Dodge City im südwestlichen Kansas herein, wo es 40 Minuten lang stockdunkel blieb. Als der Staubsturm auf seinem Weg nach Süden über die Stadt Guymon hinwegraste, hatte er schon eine Geschwindigkeit von 130 Kilometern pro Stunde erreicht und hüllte alles in solche Finsternis, daß viele Autofahrer von der Straße abkamen, weil sie nicht einmal mehr die Motorhaube ihres Wagens erkennen konnten. Für manch einen schien der Weltuntergang unmittelbar bevorzustehen.

Trotzdem war dies nicht der erste der sogenannten schwarzen Blizzards. Oklahoma gehört zu den Bundesstaaten der Great Plains, einem Flachlandgürtel, der sich zwischen dem Mississippital und dem Ostrand der Rocky Mountains vom Norden der USA bis in den Süden zieht. Schon in den Jahren zuvor hatten in den stürmischen Wintermonaten und zu Beginn des Frühjahrs immer wieder derartige Staubstürme die weite offene Landschaft der Great Plains heimgesucht. Sie legten den Verkehr lahm, ließen Züge entgleisen und begruben das Land unter wandernden Staubdünen. Aber was viel schlimmer war, sie wehten auch den fruchtbaren Boden von den Feldern und zerstörten die Ernten. Die Menschen hatten versucht, sich auf diese Stürme einzustellen, indem sie die Ritzen der Fensterrahmen verstopften und die Türen mit nassen Tüchern verhängten, um den Staub von ihren Häusern fernzuhalten. Sich selbst schützten sie durch feuchte Tücher, die sie über Mund und Nase hielten, um besser atmen zu können.

Der Staubsturm vom 14. April 1935 war aber nur ein Ereignis in einer seit längerem andauernden Trockenzeit, die den Farmern das Leben schwermachte. Obwohl die Regenfälle in den Great Plains nie gleichmäßig über das Jahr verteilt gewesen waren, hatte man in der Gegend bisher keine Dürre mit so verheerenden Auswirkungen erlebt. Zu wiederholten Mißernten kamen dann auch noch die seit Jahren sinkenden Preise für landwirtschaftliche Produkte sowie die Auswirkungen der Weltwirtschaftskrise, die einen landesweiten finanziellen Zusammenbruch verursacht hatte. All das stürzte die Kornkammer der USA in nie gekannte Armut und Not.

Am stärksten von der Dürre betroffen war ein Präriegebiet, das sich östlich der Rocky Mountains von Colorado und New Mexico bis nach Texas, Oklahoma und Kansas erstreckt und über 400 000 Quadratkilometer umfaßt. Diese Region verwandelte

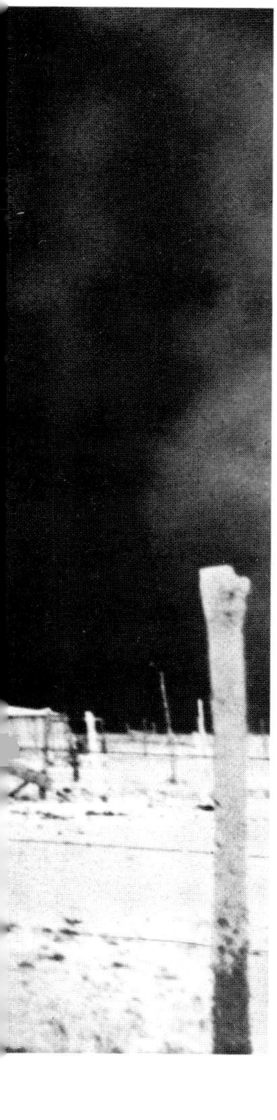

Schwarze Blizzards *Erstickende Staubstürme fegten in den Dürrejahren mit Geschwindigkeiten bis zu 160 Kilometern pro Stunde über die Ebenen der Great Plains und konnten das Land in undurchdringliches Dunkel hüllen (links). Oklahoma war einer der Bundesstaaten, der am schlimmsten von den schweren Stürmen in Mitleidenschaft gezogen wurde. Das Farmland verwandelte sich in eine Staubwüste (unten), so daß Tausende von Bewohnern ihre Anwesen verlassen mußten, um in Kalifornien bessere Lebensbedingungen zu suchen.*

sich allmählich in eine Sandwüste, weshalb man sie auch *Dust Bowl*, Staubkessel, nennt.

Schon zu Beginn des 19. Jahrhunderts hatten staatliche Vermesser diesen Landesteil wegen seiner Kargheit als Große Amerikanische Wüste bezeichnet und als nicht geeignet für die Landwirtschaft erklärt. Doch das schnelle Bevölkerungswachstum in den USA führte dazu, daß die Menschen immer neues Siedlungsgebiet suchten und daß man diese Einschätzung bald nicht mehr wahrhaben wollte. Vor dem Bürgerkrieg wurden in diesem Landesteil viele Viehzüchter ansässig, die in der weiten Grassteppe ihre Rinderherden weiden ließen. Als der amerikanische Westen in den 70er und 80er Jahren des 19. Jahrhunderts durch den Bau der Eisenbahn erschlossen wurde, siedelten sich auch Zehntausende von Farmern an, nachdem ihnen der Staat dort Land zugesagt hatte. So stieg bis zum Ende des Jahrhunderts die Bevölkerung in dieser Region um das Vier- bis Sechsfache an.

Obwohl nach einer Trockenperiode in der Mitte der 90er Jahre viele Farmer ihre Höfe aufgeben und wieder in den Osten zurückkehren mußten, nahmen bald neue Siedler ihren Platz ein, um dem kargen Boden und dem unberechenbaren Klima ihre Getreideernten abzutrotzen. Anfang des 20. Jahrhunderts begann dann eine ungewöhnlich niederschlagsreiche Periode, und mit dem Ausbruch des Ersten Weltkriegs in Europa stieg die Nachfrage nach Weizen, der zur Versorgung der Armee benötigt wurde. Die Farmer des Mittleren Westens waren in der Lage, diesen Bedarf zu decken. Durch die Mechanisierung der Landwirtschaft und die Erschließung großer Anbauflächen in der unberührten Prärie konnten die Erträge so weit gesteigert werden, daß 1920 ein großer Teil der amerikanischen Getreideproduktion aus dem Süden der Great Plains kam.

Doch bald sahen sich die Farmer mit einem neuen Problem konfrontiert: Überproduktion. Die Nachfrage sank, und plötzlich war der Markt mit Weizen überschwemmt. Nun fielen die Preise, und um den Verlust wettzumachen, wurde noch mehr Prärieland in Äcker umgewandelt. Diese ausgedehnte Urbarmachung war später für die verheerenden Staubstürme verantwortlich, denn beim Umpflügen wurde die Grasnarbe zerstört, die den Boden zusammenhielt. So konnte der Wind während der Dürrezeit die trockene Erde einfach wegfegen.

Ab 1930 geriet Amerika in eine schwere wirtschaftliche Krise, die im Oktober des vorangegangenen Jahres durch den Börsenkrach an der Wall Street ausgelöst worden war. Den Farmern im Mittleren Westen ging es zunächst noch ganz gut, doch dann verursachten starke Niederschläge erst verheerende Überschwemmungen, anschließend blieb der

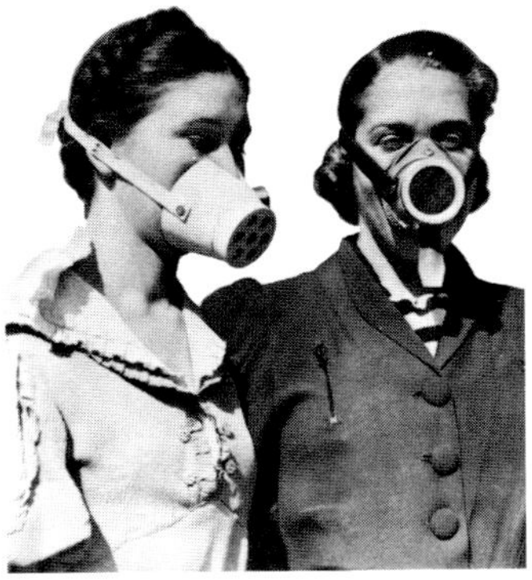

Staubmasken *Sie sollten die Atemwege schützen.*

Regen fast völlig aus, und es begann eine Trockenzeit, die Jahre dauern sollte.

Ende des Winters 1932 bildeten die ersten Staubstürme im Nordwesten von Texas den Auftakt zu der bevorstehenden Tragödie. Im April und Mai konnten leichte Regenfälle den Boden zwar etwas anfeuchten und den Staub vorübergehend binden, doch im weiteren Verlauf des Jahres verschlechterten sich die Witterungsbedingungen immer mehr. Heftige Winde wechselten mit plötzlichen Wolkenbrüchen, die örtliche Überschwemmungen verursachten. Schwere Hagelschauer walzten große Teile der Weizenernte nieder, und schließlich fraßen Scharen von Raupen das auf, was noch übriggeblieben war. Die Erträge in jenem Sommer gingen drastisch zurück.

Dichte Staubstürme fegten über die Ebenen der Great Plains

Allein im Jahr 1933 wurde das nordwestliche Texas von mehr als 100 Staubstürmen heimgesucht, und das oft so schwer, daß sich der Sand wie Schneeverwehungen an Häusern und Scheunen hochtürmte. Die Dürre breitete sich weiter nach Arkansas und in den Norden der Great Plains aus, wo es normalerweise wesentlich feuchter war.

Aber die Naturgewalten waren noch steigerungsfähig. 1934 wüteten die Stürme das ganze Frühjahr hindurch und gipfelten dann in einem vier Tage dauernden „Mammutblizzard", der sich von North Dakota bis nach Texas durch den ganzen Weizengürtel wälzte, Eisenbahnlinien blockierte und den Flugverkehr lahmlegte. Dabei wehte der Wind, der Geschwindigkeiten bis zu 160 Kilometer pro Stunde erreichte, den pulverfeinen Boden weg und trug ihn bis zur amerikanischen Ostküste, wo die riesige Staubwolke sogar noch über Baltimore und New York die Sonne verdunkelte.

Die Stürme selbst forderten zwar nur wenige Todesopfer, doch das ständige Einatmen der Staubpartikel führte bei vielen Menschen zu schweren Atemwegserkrankungen wie Halsschmerzen, Bronchitis und Staublunge. Das Rote Kreuz mußte für die Versorgung der Kranken mehrere Feldkrankenhäuser eröffnen und verteilte Atemmasken.

Schlimmer noch als die Krankheitsfälle waren die wirtschaftlichen Auswirkungen der Dürrekatastrophe. Aufgrund der Mißernten konnten die Farmer die Kredite nicht zurückzahlen, die sie zuvor aufgenommen hatten, um ihre Betriebe zu erweitern oder teure Maschinen zu kaufen. Die Banken sahen sich gezwungen, Hypotheken zu kündigen, so daß Tausende von Farmerfamilien ihr Land verloren. Viele kleinere Unternehmen wie Gemischtwarenläden und Landmaschinenhändler wurden in den Ruin getrieben, denn da es keine Kundschaft mehr gab, wurden ihre Waren nicht mehr gebraucht. Schließlich mußten selbst die Banken Konkurs anmelden.

Immer mehr Familien beschlossen nun, dem Elend im *Dust Bowl* den Rücken zu kehren. Die meisten machten sich in alten Autos und zerbeulten Lastwagen, die sie mit den wenigen verbliebenen Habseligkeiten beladen hatten, auf den Weg nach Kalifornien, um dort aufs neue ihr Glück zu versuchen. Aus der Abwanderung wurde ein wahrer Exodus, und so stand in der kahlen braunen Ebene bald jedes vierte Farmhaus einsam und verlassen da. In den 30er Jahren zog insgesamt eine halbe Million Menschen von den Great Plains in den Westen der Vereinigten Staaten. Allerdings erwartete sie in Kalifornien kein besseres Schicksal, denn die meisten konnten nur als Saisonarbeiter bei der Obst- und Gemüseernte oder Weinlese unterkommen. Sie lebten in baufälligen Hütten ohne Heizung oder sanitäre Anlagen, und bei den Bewohnern der Westküste waren sie alles andere als willkommen.

Viele wollten das Dürregebiet aber nicht als Bankrotteure verlassen und harrten dort aus. Sie wurden für ihre Unerschrockenheit belohnt, denn der amerikanische Staat half mit Nahrungsmittel- und Kleiderzuteilungen sowie Krediten für Saatgut, Futter und Brennstoff. Zur besseren Bodennutzung wurden verschiedene Maßnahmen ergriffen, die die Grasnarbe wiederherstellen und die Bodenerosion eindämmen sollten. So durften z. B. die Weiden nicht mehr vollständig abgegrast werden, und den Farmern wurde geraten, nach der Ernte die Stoppeln unterzupflügen und damit den Boden anzureichern, anstatt sie abzubrennen. Beim Pflügen wurden andere Furchen gezogen, aus denen die Erde nicht mehr so leicht weggeweht wurde, und als Windschutz pflanzte man Tausende von Bäumen. Trotz dieser Maßnahmen erholte sich das Land aber nur langsam, denn die Erosion hatte auf riesigen Flächen den gesamten Mutterboden abgetragen und das blanke Gestein freigelegt.

Die Dürre dauerte bis 1937 und wurde durch eine Heuschreckenplage noch verschlimmert. Allmählich regnete es jedoch wieder regelmäßiger. Das Jahr 1938 brachte die beste Ernte seit Jahren, und im darauffolgenden Winter öffnete der Himmel seine Schleusen und bewässerte den ausgedörrten Prärieboden ausreichend. Nach jahrelangem Regenmangel und erstickendem Staub war die Dürre vorbei, und der „Staubkessel" füllte sich wieder mit Wasser.

Staubwüste *Zahlreiche Viehzüchter gingen bankrott, denn ihre Rinder erstickten während der Staubstürme oder verhungerten, weil sie auf den staubbedeckten Weiden kein Futter mehr fanden (links). Der Sand türmte sich in meterhohen Verwehungen auf. Hier repariert ein Farmer einen Zaun, den der Sturm niedergerissen hatte (oben).*

Nach dem Sturm *Die Hafenmole von New London, Connecticut, war mit Auto- und Schiffswracks übersät.*

Aus heiterem Himmel

Ein Hurrikan rast auf die Ostküste der USA zu

Die ersten Warnungen vor dem Hurrikan kamen am Freitagabend, dem 16. September 1938. Ein brasilianischer Frachter teilte der amerikanischen Küstenwache über Funk mit, daß er nordöstlich von Puerto Rico in einen schweren Sturm geraten sei. Die Wetterstation in Jacksonville ermittelte, daß sich der Sturm in westlicher Richtung auf das Festland zubewegte und wahrscheinlich am Dienstagabend, dem 20. September, bei Miami die Küste Floridas erreichen würde. Man gab Sturmwarnung für Florida. Daraufhin verbarrikadierten die Menschen dort ihre Häuser und machten sich auf das Schlimmste gefaßt. Am Montagabend jedoch hatte der Hurrikan nach Nordosten abgedreht und bewegte sich nun fast parallel zur Ostküste. Wenn er diesen Kurs weiter beibehielt, war davon auszugehen, daß er sich irgendwo vor North Carolina aufs offene Meer hinausbewegen würde. Am Dienstagabend meldeten die Meteorologen in Jacksonville erleichtert der Zentrale des Wetteramts in Washington, daß der Sturm für das amerikanische Festland keine Bedrohung mehr darstelle.

Für all diejenigen, die sich zu dieser Zeit in den Badeorten und an den Stränden der New York und Connecticut vorgelagerten Insel Long Island erholten, war der Hurrikan weit weg. Denn Wirbelstürme gab es selten im Nordosten der USA, und außerdem sah das Wetter nicht besonders bedrohlich aus. Am Dienstagabend hatte es zwar ein Gewitter über Long Island gegeben, aber am Mittwochmorgen, dem 21. September, gelang es der Sonne sogar ab und zu, die vorherrschende Wolkendecke zu durchbrechen.

Ernest Clowes, Reporter einer Zeitung auf Long Island, berichtete, daß in den Küstenorten an diesem Mittwochmorgen alles seinen normalen Gang ging. „Manche Leute fuhren nach New York, ihre Kinder blieben zu Hause bei den Hausangestellten. Man erfüllte die üblichen gesellschaftlichen Verpflichtungen: Verabredungen zum Mittagessen und Picknicks.“ An der Ostspitze der Insel liefen wie immer die Fischerboote aus. An der weiter nördlich gelegenen Küste von Rhode Island bot sich das gleiche Bild. Überall sah man Urlauber, die das warme Septemberwetter genießen wollten.

Doch Clowes berichtete auch, daß die Meeresbrandung „die ganze Nacht über ziemlich laut gewesen war" und daß viele Einheimische am Mittwochvormittag an den Strand fuhren, um die ungewöhnlich großen, gischtbekrönten Brecher zu sehen, die vom Horizont über das Meer heranrollten. Als die Sonne durchbrach, hatte sie „einen wäßrig-grünen Schimmer". Eine Frau, die aus der Karibik stammte und tropische Wirbelstürme kannte, bemerkte zu ihrer Nachbarin, daß alle Anzeichen auf einen bevorstehenden Hurrikan hindeuteten.

Vor der Küste von Cape Cod, einer sichelförmigen Landzunge südlich von Boston, spielten sich ebenfalls ungewöhnliche Dinge ab. Als der Feuerwehrhauptmann Ray Wells am Mittwoch um die Mittagszeit den Strand entlangfuhr, bemerkte er, daß das Meer sehr unruhig war und das Wasser ziemlich hoch stand, obwohl gerade Ebbe war. Sofort meldete er der Polizei, daß die Küste noch an diesem Tag überschwemmt werden würde, und forderte alle Boote und freiwilligen Helfer an, die in den umliegenden Ortschaften aufzutreiben waren. Die Polizisten glaubten zuerst an einen schlechten Scherz, aber Wells konnte ihnen schließlich klarmachen, daß keine Zeit zu verlieren war.

Wind und Wellen *Sie rissen dieses Haus an der Südküste von Long Island aus seinen Fundamenten.*

Während er noch telefonierte, raste tatsächlich schon eine Orkanfront mit Windgeschwindigkeiten bis zu 240 Kilometern pro Stunde auf den Nordosten der Vereinigten Staaten zu, denn entgegen allen Vorhersagen hatte der Hurrikan nicht auf den Atlantik abgedreht. Da Tiefdruckgebiete wie ein Hurrikan normalerweise von Hochdruckzonen abgestoßen werden, war der Sturm in einen Tiefdruckkorridor zwischen zwei Hochdruckzonen gezogen worden; dieser Korridor erstreckte sich von Cape Hatteras in North Carolina über Long Island bis nach Neuengland hinein. Das amerikanische Wetteramt verfügte in den 30er Jahren nicht wie heute über Beobachtungssatelliten und war auf die Meldungen von Schiffen angewiesen, die sich im Einzugsgebiet des Sturms befanden. Deshalb konnte das Wetteramt den überraschenden Kurswechsel des Hurrikans erst erkennen, als es schon zu spät war, die betroffene Bevölkerung zu warnen und Vorkehrungsmaßnahmen zu treffen.

Unaufhaltsam jagte der Wirbelsturm an der Atlantikküste entlang und trieb eine meterhohe Flutwelle auf die Küste von New Jersey zu. In New York wurden Rundfunksendungen gestört und durch Stromausfall ein Teil des U-Bahn-Netzes lahmgelegt. Doch das waren nur flüchtige Begegnungen mit dem Sturm. Long Island stand viel Schlimmeres bevor.

Am frühen Nachmittag näherte sich das Auge des Hurrikans schon der

Kirche ohne Turm *Unter der Wucht orkanartiger Sturmböen kippte dieser Kirchturm einfach vom Dach. Damit der Fotograf inmitten des Orkans diese Aufnahme machen konnte, mußten ihn zwei Männer festhalten.*

Flutkatastrophe *Aufgrund der heftigen Wolkenbrüche traten auch die Flüsse über die Ufer. Hier suchen Feuerwehrleute eine Stadt nach Überschwemmungsopfern ab, um sie zu evakuieren.*

Südküste der Insel mit ihren ungeschützten, flachen Stränden und dicht aneinandergereihten Gebäuden, zu denen sowohl 30-Zimmer-Villen als auch Tausende von leicht gebauten Sommerhäuschen gehörten. Zuerst kam der Wind, zerschmetterte die kleinen Boote an der Mole und wirbelte schwere Gartenmöbel durch die Luft. Die peitschenden, regennassen Böen rissen Dachplatten los, ließen Fensterscheiben zersplittern und schlugen Türen auf und zu. Strommasten knickten um wie Streichhölzer.

Bald war klar, daß es sich hierbei nicht um einen gewöhnlichen Septembersturm handelte. Das Barometer war auf noch nie dagewesene Tiefstwerte gefallen, und der Sturm erreichte rasch Orkanstärke. Gegen 16 Uhr sah ein Augenzeuge eine „dichte, hohe Nebelbank, die sich schnell über das Meer heranwälzte. Als sie näher kam, sahen wir, daß es gar kein Nebel war, sondern Wasser." Tatsächlich war es eine zehn Meter hohe Flutwelle, die der starke Wind aus der See hochgepeitscht hatte und nun auf das Ufer zutrieb. „Der Himmel verdunkelte sich, die warme Luft sprühte vor Regen und Gischt, und allerlei Gegenstände flogen umher", schrieb Clowes. „Eine Scheune und ein Hühnerstall wurden aus ihren Fundamenten gerissen, zerbarsten in ihre Einzelteile und wurden vom Sturm davongetragen. Die Orkanböen stürzten Schornsteine um und deckten ganze Dächer ab, die einfach in der Dunkelheit verschwanden." Das ganze Inferno wurde von der pfeifenden, heulenden „Stimme des Sturms" begleitet, die niemand mehr vergessen konnte, der sie einmal gehört hatte.

Der Wirbelsturm schleuderte Menschen durch die Luft und knickte Bäume wie Strohhalme um

Die tragischen Ereignisse auf Long Island, bei denen Kinder von den Wirbelwinden weggeweht wurden und Frauen hilflos mit ansehen mußten, wie ihre Männer in den Fluten ertranken, forderten zahlreiche Menschenleben. Doch einige Leute legten auch ungewöhnlichen Mut und Geistesgegenwart an den Tag. Einer davon war ein aus Norwegen stammender Butler, der ruhig und überlegt zwei Dutzend verängstigte Bürger durch den tobenden Wirbelsturm landeinwärts in Sicherheit brachte.

Obwohl der Hurrikan Long Island schon schwer heimgesucht hatte, traf es den kleinsten amerikanischen Bundesstaat Rhode Island noch viel härter. Wenige Augenblicke bevor die Flutwelle über ihn hereinbrach, waren einige Urlauber an einem Küstenstreifen gerade dabei, die Türen und Fenster ihrer Ferienhäuschen zu verschließen, weil sie einen ganz gewöhnlichen Septembersturm erwarteten. „Die Leute am Strand lachten und scherzten noch über die Sorge, daß die Gardinen naß werden könnten", erinnerte sich ein Überlebender. „Sie hielten alles für einen Riesenspaß... Doch plötzlich versanken ihre Häuser unter einer acht Meter hohen Wasserwand." Durch diese Flutwelle kamen allein an diesem Strand 41 Menschen ums Leben.

Bis die Flutwelle Providence, die Hauptstadt von Rhode Island, überflutete, wurden ihre Wassermassen durch die Steilwände der davorliegenden trichterförmig zulaufenden Bucht zusammengedrängt und erreichten eine enorme Wucht und Höhe. So schleuderten sie tonnenschwere Felsbrocken, die als Wellenbrecher gedacht waren, wie Kieselsteine zur Seite und stürzten einen Leuchtturm ins Meer.

Obwohl Long Island den größten Teil der Küste von Connecticut vor der Sturmflut abgeschirmt hatte, wurde auch dieser Bundesstaat schwer heimgesucht. Große Teile des dichtbevölkerten Hafenviertels von New London wurden durch Sturm, Überflutung und einen Brand verwüstet. An der Küste von Massachusetts richtete der Orkan ebenfalls schwere Schäden an, und auf Cape Cod waren einige Todesopfer zu beklagen. Der Umsicht und Tatkraft von Leuten wie Ray Wells war es zu verdanken, daß der Sturm nicht noch mehr Menschenleben forderte.

Der Hurrikan jagte weiter durch das Tal des Connecticut River bis tief nach Massachusetts hinein und von dort über die waldreichen Gebirge von Vermont und New Hampshire. Am späten Mittwochabend schwächte sich der Orkan etwas ab und drehte über dem Lake Champlain, dem nördlichsten See im Bundesstaat New York, nach Kanada ab.

Am Morgen des 22. September brachte die aufgehende Sonne das ganze Ausmaß der Zerstörungen im Nordosten der Vereinigten Staaten an den Tag. „Auf großen Flächen lagen die Bäume abgeknickt und verstreut wie Streichhölzer", berichtete ein Pilot, der die verwüsteten Landstriche überflogen hatte. „Autos waren umgestürzt und halb vom Schlamm bedeckt. Die Häuser waren dem Erdboden gleichgemacht, so als ob sie von einer Dampfwalze plattgefahren worden wären."

Die Statistiken sprechen für sich: Mindestens 600 Menschen kamen in dem Hurrikan ums Leben, davon allein 250 auf Rhode Island. Der Sachschaden wurde auf mehrere Millionen Dollar geschätzt. Tausende von Häusern, Autos und Schiffen wurden beschädigt oder zerstört und an die 60 000 Menschen obdachlos. Insgesamt 30 000 Kilometer Telefon-, Telegrafen- und Stromkabel waren abgerissen. Der Hurrikan hatte auch mancherorts das Landschaftsbild so nachhaltig verändert, daß eine Wiederherstellung des alten Zustands unmöglich war. Und nicht überall wirkte sich das so positiv aus wie in einem kleinen Küstenort auf Long Island, wo man schon lange geplant hatte, die Zufahrt zur Bucht zu erweitern, damit die Schiffe besser einfahren konnten. Am Morgen des 22. September stellten die Bewohner erstaunt fest, daß die Natur die Arbeit für sie erledigt hatte.

Doch diese Katastrophe brachte auch eine erheiternde Anekdote hervor: Sie handelt von einem Mann aus Long Island, der am Morgen jenes Tages, an dem der Hurrikan die Insel heimsuchte, per Post ein teures Barometer erhielt, das er in New York bestellt hatte. Als er das Paket öffnete, stellte er empört fest, daß die Nadel des Barometers senkrecht nach unten zeigte, genau auf den Abschnitt mit der Aufschrift „Tornados und Hurrikans". Ein Hurrikan? Wenn draußen die Sonne schien? Er klopfte mit dem Finger auf das Instrument, aber die Nadel bewegte sich nicht. Verärgert schrieb er rasch einen Beschwerdebrief, packte das Barometer wieder ein und machte sich auf zum Postamt. Nachdem er sich auf dem Nachhauseweg durch Wind und Regen gekämpft hatte, mußte er feststellen, daß sein Haus an der Küste vom Sturm weggeweht worden war. Vielleicht hat ihm also das Barometer, von dem er glaubte, es sei beschädigt, das Leben gerettet.

Mikadostäbchen für einen Riesen *Ein Wirrwarr aus entwurzelten Bäumen und abgeknickten Telegrafenmasten versperrte diese Straße in New London. Das Ganze sieht aus, als habe ein Riese spielerisch alles durcheinandergeworfen.*

Verhängnis um Mitternacht

Ein Jahrhundertbeben erschüttert Chile

Als im Januar 1939 in den Zeitungen der USA die ersten Nachrichten über ein Erdbeben in der Nähe der chilenischen Hauptstadt Santiago erschienen, erregten sie zunächst noch kein besonderes Aufsehen. Chile war in den letzten drei Jahrhunderten mindestens alle drei Jahre von mehr oder weniger schweren Erdstößen heimgesucht worden. Daher war den Zeitungsredakteuren ein neuerliches Beben in dem südamerikanischen Land keine Schlagzeilen mehr wert, und die Meldung verschwand zwischen anderen Nachrichten.

Erst durch die Hilferufe chilenischer Funkamateure wurde nach und nach deutlich, daß es sich diesmal nicht nur um eine der üblichen Erschütterungen handelte. Das Erdbeben, das am Mittwoch, dem 24. Januar, kurz nach Mitternacht über Zentralchile hereingebrochen war, hatte einen Landstrich von 320 Kilometer Länge und 80 Kilometer Breite fast völlig verwüstet.

Am schlimmsten betroffen war ein Gebiet etwa 400 Kilometer südlich von Santiago. Hier war die Provinzhauptstadt Concepción bis auf die Grundmauern zerstört, und das umliegende Land sah aus, als hätten dort Bulldozer gewütet. Auch Chillán, eine größere Stadt mit 50 000 Einwohnern, etwa 80 Kilometer landeinwärts von Concepción, lag in Trümmern.

Da die Verbindungen sowohl zwischen den Dörfern und Städten in dem Erdbebengebiet selbst als auch nach außen weitgehend unterbrochen waren, wußte zunächst niemand genau, wie viele Menschen ums Leben gekommen oder verletzt waren. Andere wiederum lagen unter Trümmern begraben, lebten aber noch und hätten mit rechtzeitiger Hilfe von außen vielleicht gerettet werden können. Doch gerade diese Hilfe ließ zunächst auf sich warten.

Ein Zug mit Lebensmitteln und Hilfsgütern, begleitet von Ärzten sowie von dem neugewählten chilenischen Präsidenten Pedro Aguirre Cerda, war

Ruinen *Wie in dieser Straße sah es nach dem heftigen Erdbeben 1939 überall in Concepción aus.*

Wie Kinderspielzeug *Das Stadtkino von Chillán wurde durch einen gewaltigen Erdstoß aus seinen Fundamenten gehoben und wie ein Spielzeughaus herumgeworfen. Keiner der 1000 Besucher des Kinos überlebte die Katastrophe.*

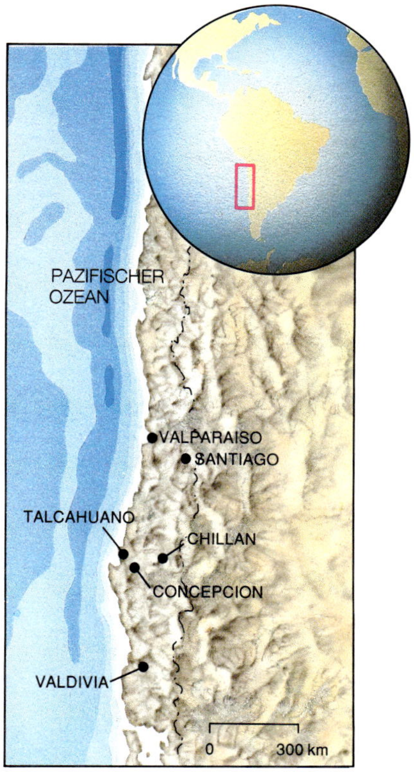

Zentrum der Verwüstung *Am heftigsten wütete das Erdbeben in jenem Landstrich, der etwa in der Mitte zwischen Santiago und Valdivia liegt.*

zwar bereits wenige Stunden nach dem verhängnisvollen Beben in das Katastrophengebiet unterwegs, blieb aber zusammen mit elf Hilfszügen des Roten Kreuzes etwa 95 Kilometer nördlich von Chillán stecken, weil die Gleise unpassierbar geworden waren. Die Piloten der Rettungsflugzeuge, die Concepción anflogen, sahen von oben, wie die verschreckten Überlebenden zwischen den Trümmern der Stadt hilflos umherirrten, konnten aber nicht landen, weil die Rollbahn zu kurz war, und mußten unverrichteter Dinge nach Santiago zurückkehren.

Die Erdstöße waren so stark, daß sogar die Nadeln der Seismometer abbrachen

In den Tagen nach der Katastrophe häuften sich die erschütternden Berichte aus dem Erdbebengebiet. Im Kino der Stadt Chillán z. B. saßen rund 1000 Besucher in der Spätvorstellung; sie hörten plötzlich ein lautes Rumpeln, und noch bevor jemand die Bedeutung des Geräuschs erkannte, stürzte das ganze Gebäude ein. Keiner der Besucher entkam, und wie später ein Augenzeuge berichtete, „spiegelte sich in den Gesichtern der Toten noch der unbeschreibliche Schrecken".

Ein ebenso grausames Schicksal ereilte diejenigen, die zu Hause in den Betten lagen und im Schlaf von dem Erdbeben überrascht wurden. Das morsche Mauerwerk der Häuser brach meist schon beim ersten Erdstoß zusammen, und die schweren Ziegeldächer stürzten wie Bleiplatten auf die Trümmer. Und selbst wer noch auf die Straße flüchten konnte, lief Gefahr, von den herabfallenden Trümmern erschlagen zu werden. Bereits im 19. Jahrhundert, nämlich 1853, hatte ein Erdbeben Chillán fast völlig zerstört. Das gleiche Schicksal traf die Stadt nun zum zweitenmal.

Die Erdbebenwarten meldeten später, daß bei den stärksten Erdstößen die Nadeln der Seismometer abgebrochen seien. Noch in weit entfernten Städten in Argentinien sowie im Norden Chiles bis fast zur Grenze von Peru waren die Erschütterungen zu spüren. Die Schäden aber konzentrierten sich auf einen Landstrich, der auf der Strecke zwischen Santiago im Norden und der Hafenstadt Valdivia im Süden liegt und sich landeinwärts von der Pazifikküste bis zum Vorgebirge der Anden erstreckt.

Neben Concepción und Chillán wurden zahlreiche kleinere Städte und Ortschaften zerstört. Aus Talcahuano, dem Hafen von Concepción, der als Umschlagplatz für einen großen Teil der landwirtschaftlichen Produkte dieser Region diente, wurden erhebliche Schäden an Kaimauern und Werftanlagen gemeldet.

Im Januar herrscht in Chile Hochsommer. Die Sonne, die gnadenlos auf Lebende und Tote niederbrannte, verschärfte die Situation noch. Piloten, die Hilfsgüter abwerfen wollten, berichteten über Leichen, die schier endlos in der prallen Sonne aufgereiht lagen und offensichtlich von Angehörigen identifiziert werden sollten. In Chillán verzichtete man auf eine genaue Identifizierung und warf die Todesopfer schleunigst in Gruben, um zu verhindern, daß eine Seuche ausbrach.

Von Tag zu Tag wurde die Lage in dem Katastrophengebiet verzweifelter. „Wir brauchen Serum gegen Wundstarrkrampf und Wundbrand, auch mehr Pflegepersonal und medizinische Hilfe. Die Lebensmittel gehen zu Ende ... wir benötigen sofort Zelte“, lauteten die dringlichen Hilferufe aus Concepción.

Die Schätzungen über die Opfer wurden ständig nach oben berichtigt. Allein in Chillán rechnete man mit etwa 10 000 Toten und 20 000 Verletzten. Überall herrschten chaotische Zustände. Die Regierung verhängte über das ganze Gebiet das Kriegsrecht und ordnete an, die Überlebenden in Chillán und Concepción zu evakuieren. Die hier stationierten Armee-Einheiten versuchten zwar, für ein Mindestmaß an Ordnung zu sorgen, doch ihre Möglichkeiten waren begrenzt. Die Lieferungen der dringend benötigten Versorgungsgüter für die Überlebenden blieben auf unterbrochenen Schienensträngen und Straßentrassen hängen, und auch Rettungsmannschaften brauchten Tage, bis sie in die Notstandsgebiete vordringen konnten. Bis dahin war „nur ein erbärmlich kleiner Trupp von Helfern in fast aussichtsloser Lage bei unmenschlicher Hitze und Mangel an Trinkwasser fieberhaft bemüht, die Toten zu bestatten, Verletzte zu versorgen, die in den Trümmern der Häuser Eingeschlossenen zu befreien und den Obdachlosen Unterkunft zu verschaffen“.

Während sich die Hilfstrupps langsam nach Süden vorarbeiteten, versuchte, wer konnte, mit dem Auto oder zu Fuß aus dem Katastrophengebiet zu fliehen. Erst am Freitag, drei Tage nach dem Beben, gingen die ersten Schiffe, die Hilfe bringen und die Menschen evakuieren sollten, in Talcahuano vor Anker.

Wie die Erde bebt

Die von einem Erdbeben freigesetzte Energie breitet sich in drei verschiedenen Wellen aus. Am schnellsten pflanzen sich Primärwellen, kurz P-Wellen genannt, fort. Sie verdichten das vor ihnen liegende Gestein und dehnen das hinter ihnen liegende aus. Die Sekundärwellen oder S-Wellen erreichen nur annähernd die halbe Geschwindigkeit, schwingen wellenförmig und verursachen Hebungen und Senkungen sowie seitliche Verschiebungen des Gesteins. Die dritte Art sind die Oberflächenwellen, die entstehen, wenn P- und S-Wellen zusammentreffen. Sie schwingen entweder vertikal wie Meereswellen oder horizontal im Zickzack und richten meist die größten Schäden an.

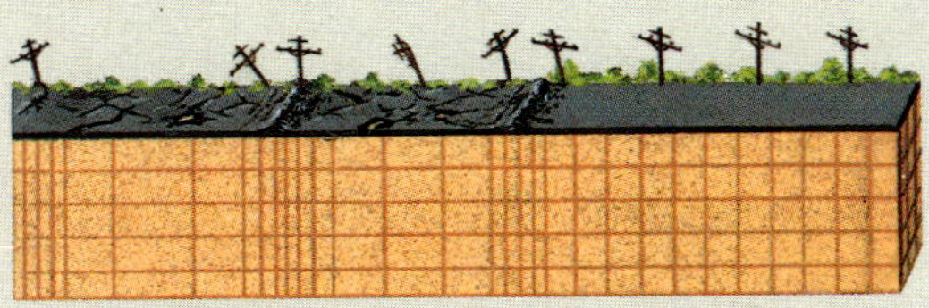

P-Wellen dehnen und verdichten das Gestein.

S-Wellen schwingen sowohl vertikal als auch horizontal.

Oberflächenwellen bewegen sich im Zickzack oder rollend.

Neue Erdstöße, ein drohender Vulkanausbruch und Regen verschlimmerten die Lage der Überlebenden zusätzlich

Als am Freitag über den Vulkankegeln in der Nähe von Chillán der Himmel unheilvoll rötlich aufleuchtete, hatte es den Anschein, als drohe den Menschen noch eine weitere Katastrophe. Doch der befürchtete Ausbruch blieb aus. Andere Vulkane in der Erdbebenzone allerdings wurden in den nächsten Tagen tatsächlich aktiv.

Neues Unheil brach dann am Samstag über die Gegend herein. Ein heftiges Sommergewitter löste wolkenbruchartige Regengüsse aus, denen Tausende von Überlebenden schutzlos ausgesetzt waren. Im Dunkel der folgenden Nacht drängten etwa 100 000 obdachlose und durchnäßte Flüchtlinge nach Norden, getrieben von den eisigen Winden aus den Anden. Nirgends gab es Schutz für die oft halbnackten Menschen, und Tausende von Verletzten lagen, nur unzureichend in Decken gehüllt, unter freiem Himmel.

Bei den Versuchen, noch Überlebende unter den eingestürzten Ruinen von Chillán zu finden, wurde ein zwölfjähriger Junge geborgen, der vier Tage lang mit seinem Hund eingeschlossen war. Doch Tausende von anderen Stimmen, die verzweifelt nach Hilfe gerufen hatten, waren allmählich immer leiser geworden und schließlich ganz verstummt. Für sie kamen die Rettungsmannschaften zu spät, und viele der Überlebenden mußten jede Hoffnung aufgeben, ihre vermißten Angehörigen je wiederzufinden.

Noch waren die Bemühungen, die Überlebenden von Chillán zu evakuieren, nicht abgeschlossen, als die Behörden über Maßnahmen beratschlagten, die verhindern sollten, daß von den verwesenden Toten, die man nicht hatte bergen können, eine akute Seuchengefahr ausging. Gegen Abend war man sich dann darüber einig, daß nur Hunderte von Tonnen ungelöschten Kalks, Dynamit und ein systematisches Niederbrennen der Stadt die Gefahr bannen könnten. So wurde die einst ansehnliche Stadt in wenigen Stunden endgültig ausgelöscht.

Die letzten Habseligkeiten *Ein Mann und ein Junge aus Chillán verladen ein paar armselige Haushaltsgegenstände auf zwei Ochsenkarren.*

Nachdem die Bevölkerung weitgehend evakuiert war und die Rettungsarbeiten sich dem Ende zuneigten, begann man, die sozialen und wirtschaftlichen Folgen des Unglücks genauer zu betrachten. In amtlichen Quellen wurde die Zahl der Todesopfer des Erdbebens mit 50 000, die Zahl der Verletzten mit 60 000 und der Obdachlosen mit 70 000 angegeben.

Concepción war zu 70 Prozent zerstört, Chillán praktisch dem Erdboden gleichgemacht. Verwüstet waren auch weite Teile der landwirtschaftlichen Anbauflächen. Der fruchtbare Landstrich hatte zu einem erheblichen Teil dazu beigetragen, Chile mit Nahrungsmitteln zu versorgen. Jetzt waren Scheunen, Lagerhäuser und Getreidesilos eingestürzt, Bewässerungskanäle zerstört und die meisten Feldfrüchte kurz vor der Ernte vernichtet.

Zum Abtransport bereit *Anfangs gab es noch Särge, in die man die Toten legte, um sie später zu bestatten. Doch bald reichten die Särge nicht mehr aus, und man warf die Leichen einfach in tiefe Gruben.*

Doch nicht nur die Landwirtschaft hatte durch das Erdbeben gelitten. Auch andere Wirtschaftszweige waren schwer in Mitleidenschaft gezogen worden. So wurden z. B. die Kohlengruben der Region zerstört. Die äußerst wichtige Nitratindustrie und der Kupferbergbau blieben zwar von den direkten Auswirkungen des Bebens weitgehend verschont, aber wie andere Industriezweige im Land hatten auch sie darunter zu leiden, daß die wichtigsten Verkehrsverbindungen vom Norden in den Süden zerstört waren. In einem Staat wie Chile, der sich über eine Länge von rund 4300 Kilometern und einer durchschnittlichen Breite von nur 190 Kilometern erstreckt, muß sich die Tatsache, daß in einem weiten Gebiet im Zentrum die Transportwege unterbrochen sind, verhängnisvoll auf alle Teile des Landes auswirken.

Während das Finanzministerium noch an einem Plan arbeitete, der eine Dollaranleihe in Höhe eines zweistelligen Millionenbetrags für den Wiederaufbau der Region vorsah, drohte eine neuerliche Katastrophe. Sechs Tage nach den verheerenden Erdstößen vom 24. Januar mußten die Menschen, die sich noch kaum von diesem Schrecken erholt hatten, erleben, wie die Erde erneut schwankte. Die Nachbeben begannen zunächst mit einem schwachen Grollen, das nach und nach zu einem ohrenbetäubenden Donnern anschwoll und die Menschen in Panik stürzte. Nach fast 24 Stunden jedoch ebbte die Serie der Nachbeben ab. Sie hatten nur wenig Schaden angerichtet, nicht weil sie dazu zu schwach waren, sondern weil das Hauptbeben kaum etwas übriggelassen hatte, das noch zerstört werden konnte.

Entfesseltes Meeresungeheuer

Ein Tsunami überrollt die Hawaii-Inseln

Es geschah am 1. April 1946, aber es war alles andere als ein Aprilscherz. Es war vielmehr ein tödliches Unheil, das nachts um 1.30 Uhr etwa 140 Kilometer südöstlich der Aleuteninsel Unimak in 4000 Meter Tiefe unter den Schaumkronen des aufgepeitschten Nordpazifiks entstand. In diesem Augenblick begann der Meeresboden am Nordhang des Aleutengrabens abzurutschen und löste ein gewaltiges Seebeben aus, das Minuten später von den Seismographen in aller Welt registriert wurde.

Auf der Insel Unimak erschütterte das Seebeben den Leuchtturm am Scotch Cap, wo fünf Mann der Küstenwache Dienst hatten. 27 Minuten später erreichte ein zweiter, noch heftigerer Erdstoß die Aleuten. Diese Erdstöße waren aber nur Vorboten einer weitaus schrecklicheren Naturgewalt, die nach weiteren 21 Minuten über die Insel hereinbrechen sollte.

Durch die Verschiebung der Erdkruste im Aleutengraben war eine riesige Spalte im Meeresboden entstanden, in die nun das Wasser des Ozeans stürzte. Die plötzliche Verlagerung großer Wassermassen wiederum erzeugte gewaltige Wellen, die man Tsunamis nennt. Von ihrem Entstehungspunkt breiten sich diese Flutwellen in einem immer größer werdenden Kreis aus und richten Verwüstungen an allen Küsten rund um den Pazifik an. Die Insel Unimak war der erste Ort, den die Flutwelle erreichte.

Es ist fraglich, ob die Männer auf Scotch Cap in der Finsternis dieser tragischen Nacht überhaupt den 35 Meter hohen Wellenkamm gesehen haben, der mit einer atemberaubenden Geschwindigkeit von 120 Kilometern pro Stunde heranbrauste. Mit ohrenbetäubendem Dröhnen prallte die Wasserwand gegen den Leuchtturm, zertrümmerte das Gebäude und riß die Besatzung mit sich in den Tod. Dann raste die Flutwelle weiter und überrollte auch noch eine Station der Küstenwache, die sich auf einer Felsklippe hoch über dem Scotch Cap befand. Als die Männer der Station auf einen höher gelegenen Platz kletterten, blickte einer von ihnen in Richtung Scotch Cap und bemerkte, daß das Leuchtfeuer erloschen war.

Zur gleichen Zeit, als Unimak unter den Wasserfluten versank, raste der Tsunami auch nach Süden einem größeren Ziel entgegen: den Hawaii-Inseln.

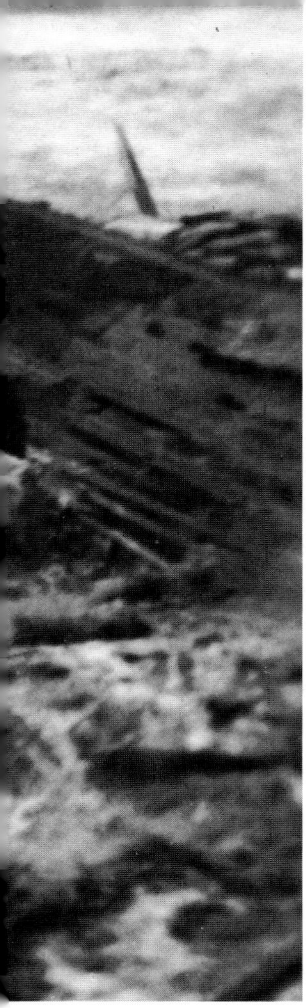

Den Tod vor Augen *Gebannt starrt ein Bewohner von Hilo auf Hawaii auf die Flutwelle, die ihn gleich verschlingen wird (links). An anderen Stellen der Stadt rennen die Menschen um ihr Leben (oben). Der Tsunami, der 1946 in der Nähe der Aleuteninseln entstand, richtete den größten Schaden in und um Hilo an.*

Die erste Welle legte die Strecke von 3600 Kilometern bis Oahu in knapp viereinhalb Stunden zurück – das entspricht einer Durchschnittsgeschwindigkeit von etwa 780 Kilometern pro Stunde. Auf seinem Weg vom Aleutengraben nach Hawaii blieb der Tsunami von den Besatzungen der Schiffe, die hier im Pazifik kreuzten, unbemerkt, denn auf dem offenen Meer können die Abstände zwischen den Wellenkämmen bis zu 160 Kilometer weit sein, und die Wellenhöhe übersteigt selten mehr als 30–60 Zentimeter des normalen Wasserspiegels. Erreichen die Wellen jedoch die seichten Küstengewässer, nimmt sowohl ihre Länge als auch ihre Geschwindigkeit ab, und es stauen sich gewaltige Wassermassen auf, die mit zerstörerischer Gewalt auf die Küste zurollen. Dies geschah am 1. April 1946 zwischen 6 und 7 Uhr morgens vor der Küste der Hawaii-Inseln.

Wer das Meer kannte, der wußte, daß ein Tsunami drohte

In ihrer Strandhütte an der Kawela Bay im Norden der Insel Oahu wurden der Ozeanograph Francis P. Shepard und seine Frau von einem Geräusch geweckt, das so klang, „als ließen Dutzende alter Lokomotiven direkt vor unserem Haus ihren Dampf ab". Als der junge Wissenschaftler ans vordere Fenster lief, sah er brodelnde Wassermassen, „die sich über eine drei Meter hohe Bodenwelle an der Küste wälzten und direkt auf das Haus zukamen". Noch war seine Neugier als Forscher größer als die Angst. Shepard griff nach seiner Kamera und lief hinaus, wo er jedoch enttäuscht feststellen mußte, daß die Brandungswelle nicht weiter heranrollte, sondern schnell wieder zurückflutete.

Während Shepard einige Fotos machte, stieg das Wasser erneut an und bildete eine Welle, „die sich höher und höher auftürmte und mit erstaunlicher Geschwindigkeit nach vorn schoß". Da keine Zeit mehr zu verlieren war, liefen Shepard und seine Frau hinter ihr Haus, um Schutz zu suchen.

„Als ich zurückblickte", schrieb Shepard, „sah ich, daß die Stelle, an der ich noch vor einem Augenblick gestanden hatte, bereits überschwemmt war. Plötzlich hörten wir das Geräusch von zerbrechendem Glas an der Vorderseite des Hauses. Der Kühlschrank schwamm links an uns vorbei und wurde aufrecht stehend auf ein nahe gelegenes Maisfeld getrieben. Von rechts wälzte sich über die Zufahrtsstraße, die unser Fluchtweg war, eine Wasserwand auf uns zu."

Als Meereskundler wußte Shepard, daß dies alles nur ein Vorspiel war und die mächtigste Flutwelle noch bevorstand. Das Ehepaar hastete den wieder aufgetauchten Strand entlang und eilte durch eine Schneise im Maisfeld zu der etwas höher gelegenen Hauptstraße. Sie erreichten ihr Ziel, kurz bevor die dritte Welle über die Küste hereinbrach.

Nachdem sechs Wellen angerollt und wieder abgeebbt waren, entschloß sich Shepard, zu den Überresten seines Hauses zurückzukehren. Er war gerade an der Tür angekommen, als erneut „gewaltige Wassermassen auf das Grundstück zukamen. Diesmal ragte keine Insel mehr hinter dem Haus heraus, als der Wellenberg darüberrollte. Ich lief zu einem nahen Baum, kletterte, so schnell ich konnte, hinauf und hielt mich dort krampfhaft fest." Es war die letzte größere Welle, die an diesem Tag die Kawela Bay überflutete. Als sie sich zurückzog, stellte Shepard fest, daß sein Haus noch zur Hälfte stand und der Hausrat über die Maisfelder verstreut lag.

In den Gesichtern der Opfer spiegelten sich ungläubiges Entsetzen und panische Angst vor den Todeswellen

Am schlimmsten wütete die Flut an der Nordostküste von Hawaii, der Hauptinsel des Archipels. Hier brandeten an manchen Stellen Wellen von mehr als 15 Meter Höhe über die Küste hinweg (auf Oahu erreichten die höchsten Wellen nur elf Meter). Die größten Verwüstungen richteten die Wassermassen im Stadtgebiet und in der Umgebung von Hilo an. Dort ertranken 96 Menschen oder wurden von umherschwimmenden Trümmern erschlagen. Ein völlig verstörter Totengräber, der nicht wußte, wohin mit den vielen Leichen, brachte sie kurz entschlossen in ein Kühlhaus, wo sie so fest zusammenfroren, daß man sie später mit dem Meißel voneinander trennen mußte.

Für ein Buch über Tsunamis sammelten zwei amerikanische Autoren die Aussagen von Überlebenden der Katastrophe. Ihre Berichte machen das Grauen deutlich, das die gewaltigen Flutwellen an jenem Morgen hervorriefen. Frank Kanzaki, ein junger Lehrer aus der Stadt Laupahoehoe nordwestlich von Hilo, saß gerade mit Freunden beim Frühstück, als kurz nach 7 Uhr die erste große Welle über die Küste hereinbrach. Geistesgegenwärtig griff der Lehrer nach den beiden Töchtern seiner Freunde, Christine und Stella Nakano, und zog sie gerade noch rechtzeitig nach draußen hinter die Rückfront des Hauses, bevor der Tsunami die Pfähle umriß, auf denen das Gebäude stand. Einige Sekunden lang schwamm das Haus noch auf dem Wasser, dann brach es auseinander. Kanzaki landete im reißenden Wasser und versuchte verzweifelt, die Mädchen festzuhalten. Während Stella kurz darauf von einer Sturzwelle fortgerissen wurde, konnte er Christine noch festhalten. Dann wurden beide bis auf das hintere Ende eines

Schneise der Verwüstung *Der Tsunami legte den Hafen von Hilo, in dem die Zuckerrohrernte von Hawaii verladen werden sollte, in Trümmer. Im Hintergrund die Überreste eines Lagerhauses.*

benachbarten Baseballfeldes abgetrieben, wo sie zwischen den Überresten zertrümmerter Häuser und anderem Treibgut liegenblieben.

In ihrem Haus auf einer Felsklippe über der Hilo Bay war Kapua Heuer damit beschäftigt, ihre Kinder anzuziehen, als eine ihrer Töchter plötzlich rief: „Mutti, was ist mit dem Wasser los?“ Kapua Heuer schaute aus dem Fenster auf das Meer, das etwa zehn Meter unterhalb ihres Grundstücks lag, und sah eine riesige Wasserfront mit unvorstellbarer Geschwindigkeit landeinwärts rasen. Als die Welle gegen die Klippen schlug und die Gischt hoch über die Kokospalmen spritzte, hörten sie das Krachen einstürzender Gebäude und beobachteten mit Schrecken, wie die Menschen im tiefer gelegenen Hilo um ihr Leben kämpften.

Der Tsunami vom 1. April 1946 war der heftigste, der seit 1819, als man begann, derartige Ereignisse zu registrieren, die Hawaii-Inseln heimgesucht hatte. Insgesamt wurden 159 Menschen getötet, rund 1400 Häuser zerstört und der Großteil der Ernte vernichtet. Viele Küstenstraßen und Bahngleise im Norden der Insel Oahu und in Hilo waren unpassierbar geworden. Auch der Schutzdamm von Hilo wurde größtenteils zerstört. Der gesamte Sachschaden, den die Flutwellen anrichteten, wurde auf 26 Millionen Dollar beziffert.

Die verhältnismäßig hohe Anzahl von Todesopfern war sicherlich zum Teil auch darauf zurückzuführen, daß es auf Hawaii lange Zeit keinen größeren Tsunami mehr gegeben hatte. Der Ozeanograph Shepard vertrat später die Ansicht, daß die meisten Opfer mit dem Leben davongekommen wären, wenn sie sich schon bei den ersten bedrohlichen Anzeichen auf höher gelegenen Plätzen in Sicherheit gebracht hätten. Statt dessen waren aber viele an den Strand geeilt, „um sich den seltenen Anblick der herausragenden Korallenriffe nicht entgehen zu lassen“, die durch die tiefen Wellentäler des zurückweichenden Wassers freigelegt wurden. Andere wiederum reizte es, mühelos die gestrandeten Fische fangen zu können. Viele von ihnen mußten ihre Neugier mit dem Leben bezahlen. Andererseits war es dem Zeitpunkt des Unglücks zu verdanken, daß es nicht noch mehr Todesopfer gegeben hatte. Zwei oder drei Stunden früher hätten die Flutwellen die meisten Menschen im Schlaf überrascht, so daß kaum jemand die Möglichkeit gehabt hätte, rechtzeitig zu fliehen.

Nach dem Unglück von Hawaii wurde ein Frühwarnsystem eingerichtet, das aus fünf Erdbebenwarten entlang der Pazifikküste und einem Netz von Flutmessern im gesamten Ozeanbereich besteht und vom International Pacific Tsunami Warning Center in Honolulu zentral geleitet wird. Bereits 1957 bewährte sich dieses System. Da das Zentrum rechtzeitig die Bevölkerung warnte, kam diesmal bei einem heftigen Tsunami auf Hawaii niemand ums Leben. Aber das Frühwarnsystem kann eine drohende Flutwelle nur rechtzeitig ankündigen, verhindern kann es das Unglück nicht.

Die Gewalt des Wassers *Die riesigen Flutwellen, die über die Küste von Hilo hereinbrachen, verursachten erheblichen Schaden, wie diese Luftaufnahme drei Tage nach dem Unglück zeigt.*

Tsunamis sind und bleiben eine unberechenbare Naturgewalt. „Ich kann Ihnen mehr darüber erzählen, was wir von einem Tsunami nicht wissen, als darüber, was wir von ihm wissen“, sagte kürzlich Gordon Burton, der Leiter des International Pacific Tsunami Warning Center in Honolulu. „Sobald er an der Küste ankommt, ist er wie eine wütende Bestie.“ Die Wissenschaftler können meist den Zeitpunkt der Ankunft eines Tsunami voraussagen, nicht aber dessen Stärke. Und selbst bei der Voraussage, daß ein Tsunami zu erwarten sei, hat man sich schon geirrt. Am 7. Mai 1986 flüchteten Tausende von Menschen auf Hawaii und entlang der Pazifikküste Nordamerikas auf Hügel, nachdem man vor einem Tsunami gewarnt hatte, der dann jedoch nie kam.

Eines aber ist sicher: Auch in Zukunft wird sich irgendwo am Grund eines der Weltmeere der Boden aufwölben oder ein Vulkan ausbrechen und einen neuen Tsunami auslösen. Und dann werden an einer ungeschützten Küste Männer und Frauen wieder einmal gezwungen sein, sich auf schnellstem Weg an einer höher gelegenen Stelle in Sicherheit zu bringen.

DIE BEDROHUNG BLEIBT

Unter Schnee begraben *Tonnenweise war der Neuschnee über die Schweizer Ortschaft Airolo hereingestürzt.*

Winter des Schreckens

Lawinen verwüsten die Täler der Alpen

Der Winter 1950/51 begann in den Alpen recht harmlos. Zwar war es im Dezember in der Schweiz und in Österreich ungewöhnlich kalt und stark bewölkt, doch gab es kaum Sturm, und man verzeichnete nur die Hälfte des sonst üblichen Schnees. Hoteliers befürchteten schon, daß die Saison nur mäßig ausfallen werde. Sie konnten nicht ahnen, daß ein plötzlicher Wetterumschwung weitaus schlimmere Folgen haben würde: Eine Serie heftiger Schneestürme löste allein in der Schweiz 1300 Lawinen aus, und der Weiße Tod forderte einen ungewöhnlich hohen Tribut.

Mitte Januar 1951 strömten warme und feuchte Luftmassen von der spanischen Küste nach Nordosten und trafen mit einer Welle arktischer Luft zusammen, die sich nach Süden ausbreitete. Dadurch entstand ein gewaltiger Sturm. Gleichzeitig zog ein Tiefdruckgebiet aus dem Baltikum heran, das dem Sturm noch zusätzlich Nahrung gab. Am 15. Januar gingen die ersten starken Schneefälle auf die Alpen nieder. Nach zwei Tagen beruhigte sich das Wetter, und die Sonne brach durch. Dann aber setzte erneut ein gewaltiger Sturm ein, bedeckte alles mit Schnee und machte den Tag zur Nacht.

Die Bewohner der Alpen wußten nur zu gut, was diese überaus ergiebigen Schneefälle und starken Winde bedeuteten: Lawinengefahr. Lawinen sind in den Alpen nichts Ungewöhnliches, dennoch fürchtet man sie. Wer in eine Lawine gerät, wird leicht von Eis, Steinen, Bäumen und anderem von den Schneemassen mitgeführtem Bergschutt verletzt. Bei Staublawinen, die aus trockenem Neuschnee bestehen, droht eine weitere Gefahr: Der Verunglückte erstickt an dem feinen Pulverschnee, der beim Atmen in die Lungen dringt. Man schätzt, daß 35 Prozent der Opfer, die im freien Gelände von einer Lawine erfaßt werden, sofort tot sind.

Wer überlebt, sieht sich einer dritten Bedrohung ausgesetzt: Er ist von einem Augenblick zum andern von einer Masse eingeschlossen, die hart werdendem Zement ähnelt. Unter Druck verwandelt sich Schnee in Eis, und selbst lockerer Pulverschnee kann sich in wenigen Sekunden verfestigen. Ist der Verschüttete nicht in der Lage, sich selbst zu befreien, oder sind nicht rasch genug Helfer zur Stelle, geht ihm bald der Sauerstoff aus, und er erstickt. Im Unglücksfall ist also jede Minute kostbar.

Am Morgen des 19. Januar brach Bartel Gross, ein älterer Streckenarbeiter, auf, um die Straße zum Ofenpaß im Osten der Schweiz von Schnee zu räumen. Als er zum Mittagessen nicht nach Hause kam, riefen seine Nachbarn unverzüglich einen Suchtrupp zu Hilfe. Um 14.45 Uhr waren fünf Männer und ein ausgebildeter Lawinenhund zur Stelle. Mit Sonden untersuchten sie eine Lawine, die auf die Ofenpaßstraße niedergegangen war. Nach etwa 45 Minuten fanden sie den Leichnam von Gross in einem tiefen Graben und bereiteten gerade die Bergung vor, als sie plötzlich ein Donnern hörten. Eine Wolke von Pulverschnee ging ins Tal nieder und riß die fünf Männer und den Hund mit in die Tiefe. Dieses Unglück ereignete sich um 15.40 Uhr.

Nun begann ein zweiter Rettungstrupp mit der Suche nach dem ursprünglichen Opfer, seinen fünf Helfern und dem Hund. Obwohl noch Verstärkung hinzukam, hatte man bis Einbruch der Nacht nichts gefunden. Trotz Schneesturm und Dunkelheit suchte die Mannschaft zwischen dem Geröll bis gegen 23 Uhr weiter. Plötzlich ging eine dritte Lawine mit hoher Geschwindigkeit in das Tal nieder. Sie verfehlte die Männer nur knapp, doch die Druckwelle riß einen von ihnen, Ernst Thut, mit in den tödlichen Strudel.

Als Thut nach 90 Minuten von einem Hund gefunden wurde, war es bereits zu spät. Die Überlebenden beschlossen, nicht noch mehr Menschenleben aufs Spiel zu setzen, und machten sich auf den Heimweg. Sieben Männer – davon waren sechs Familienväter – blieben unter den Sch neemassen im Tal zurück.

Der mißglückte Rettungsversuch am Ofenpaß hatte tragische Folgen

Die Helfer, die nun selbst Opfer geworden waren, kamen aus der Ortschaft Zuos, wo man sie ebenfalls dringend gebraucht hätte. Durch einen unglücklichen Zufall waren in dem Trupp, der Bartel Gross suchen sollte, auch die für die Lawinensicherheit von Zuos zuständigen Männer. Ihre wichtigste Waffe im Kampf gegen den Weißen Tod war ein Granatwerfer, der abgefeuert wurde, um Lawinen auszulösen, solange sie noch klein und harmlos waren.

Bedauerlicherweise waren nur diese Experten befugt, den Einsatzbefehl zu geben, so daß die Dorfbewohner in jenen kritischen Nachmittagsstunden des 19. Januar nicht wußten, was sie tun sollten. Weder der Geschützführer noch der Bürgermeister sahen sich in der Lage, die Verantwortung für den Granatwerfereinsatz zu übernehmen, denn die Schneemassen an den Abhängen über dem Ort würden immer größer, und eine künstliche Lawine wäre möglicherweise sehr viel gefährlicher als ein natürlicher Abgang gewesen.

WEGGERISSEN

Zu den Überlebenden eines Lawinenunglücks, das sich 1967 in Jackson Hole, Wyoming, ereignete, gehörte auch Richard Porter, ein Mitglied der Bergwacht, der später sein schreckliches Erlebnis beschrieb: „Ich blickte den Hang hinauf und sah den Schnee auf mich zuwirbeln. Es gab keine Möglichkeit, zu entkommen, und im nächsten Augenblick wurde ich umgerissen. Ich ließ meine Skistöcke los und machte Schwimmbewegungen, um möglichst an der Oberfläche zu bleiben. Schließlich blieb ich auf der Seite liegen. Nachrutschender Schnee begrub mich, doch es gelang mir, den Kopf so zu bewegen, daß eine kleine Luftkammer entstand. Ich hörte das Knirschen des Schnees, der sich rund um mich verdichtete. Die Masse war so fest, als säße ich in einem Sack mit nassem Zement."

Weil Rettungsmannschaften schnell zur Stelle waren, nahm Porters Geschichte ein glückliches Ende. Nach 45 Minuten wurde der Verschüttete gefunden und ausgegraben – bewußtlos, aber am Leben.

Auf der Suche nach Lawinenopfern bilden die Männer der Bergwacht eine Kette. Während sie sich langsam vorwärtsbewegen, tasten sie mit ihren Sonden im Schnee.

Am nächsten Morgen um 10 Uhr wandten sich die Dorfbewohner in ihrer Ratlosigkeit schließlich telefonisch an das Eidgenössische Institut für Schnee- und Lawinenforschung. Die Antwort kam prompt und unmißverständlich: „Sofort schießen!" Doch auch nach dieser eindeutigen Anweisung wollte der Bürgermeister die endgültige Entscheidung nicht allein treffen und berief eine Sitzung des Gemeinderats ein, der bis in den Nachmittag hinein diskutierte, während der Sturm weitertobte und immer größere Schneemassen auftürmte.

Um 15.30 Uhr entschlossen sich die Gemeinderäte endlich, den Granatwerfer abzufeuern. Nun war es der Geschützführer, der sich weigerte, den Granatwerfer aus dem Tal zur üblichen Abschußstelle hinaufzuschaffen, weil er das für zu gefährlich hielt. Mit einigen Freunden brachte er das Geschütz an den Ortsrand, führte die erforderlichen Berechnungen durch und schickte das Geschoß schließlich um 16.05 Uhr in den tobenden Schneesturm.

Die Mannschaft wartete auf die Detonation, doch es war nur ein eigentümlich surrendes Geräusch zu hören. Plötzlich wurden die Männer von einer donnernden Lawine überrollt. Einer von ihnen wurde in einen Schuppen geschleudert, ein anderer bis zum Hals verschüttet. Der Geschützführer, den die Schneemassen vollständig begraben hatten, konnte erst in letzter Minute von seinen Kameraden gerettet werden.

Kurz darauf kam ein kleines Mädchen zu den Männern gelaufen und berichtete, daß ein ganzes Haus verschwunden sei. Und bald stellte man mit Schrecken fest, daß die verspätete Aktion die schlimmste Folge von Lawinenabgängen ausgelöst hatte, die man sich nur vorstellen konnte. Die Schneemassen hatten mehrere Häuser überrollt, ein vierstöckiges Gebäude zum Einsturz gebracht und fünf Menschen getötet.

Künstliche Barrieren *Mehrere Reihen von Schutzzäunen (oben) sollen Lawinen abfangen und entschärfen. Bannwälder, die man an kritischen Stellen gepflanzt hat, binden größere Schneemassen, sind aber durch die auch in den Alpen zunehmende Luftverschmutzung gefährdet. Besonders konstruierte Gebäude leiten die Lawinen ab. Diese Kirche aus dem 17. Jahrhundert (links) steht in der Schweiz und hat die Form eines Schiffsbugs.*

Auch andere Täler der Alpen wurden von Lawinen überrollt

Unzählige andere Dörfer in den Alpen ereilte das gleiche Schicksal. Hunderttausende Tonnen von Schnee und Eis stürzten mit Geschwindigkeiten bis zu 160 Kilometern pro Stunde auf die Orte herab. Als das Unwetter schließlich am 22. Januar nachließ, wurde das volle Ausmaß der Katastrophe sichtbar. Straßen und Eisenbahngleise waren blockiert, das Versorgungsnetz stand kurz vor dem Zusammenbruch, und in vielen Dörfern waren Menschen und Tiere von der Außenwelt abgeschnitten. Ein Eisenbahntunnel zwischen Chur und Arosa war an beiden Enden von Lawinen zugeschüttet worden, als sich gerade ein Personenzug im Innern befand. Etwa 25 Frauen und Kinder hatten sich eine bange Nacht lang fröstelnd zusammengedrängt, während die Männer fieberhaft darum bemüht waren, einen Ausgang freizuschaufeln. Weniger Glück hatte das kleine österreichische Städtchen Heiligenblut, wo eine schreckliche Lawine nach den Worten eines Augenzeugen „wie ein Erdbeben" niederging, Häuser fortriß und 15 Menschen unter sich begrub. Durch den verzweifelten Einsatz der übrigen Bewohner konnten drei der Opfer gerettet werden, doch für die übrigen kam jede Hilfe zu spät.

Allmählich befreiten sich Hunderte von Orten in der Schweiz, in Österreich und in Norditalien von der weißen Decke des Unheils. Die Zahl der Opfer, auch wenn es nur fünf hier und ein Dutzend dort

Schneelawinen

Wohl selten in der Natur braucht eine derart zerstörerische Kraft wie die Schneelawine einen so geringfügigen Auslöser. Ein Windstoß, eine Erschütterung, ein umstürzender Baum oder ein Skifahrer genügt, um Schnee, der sich an einem Hang gesammelt hat, ins Rutschen zu bringen.

Staublawinen (im Vordergrund) bestehen aus Neuschnee. Dieser vermischt sich mit Luft und bildet so eine Wolke, die mit einem pfeifenden Geräusch oder auch lautlos ins Tal stürzt und dabei eine gewaltige Druckwelle vor sich herschiebt. Schneebrettlawinen (Mitte) entstehen, wenn schwerer, verdichteter Schnee abbricht und in großen, verheerenden Schollen niedergeht. Das charakteristische Geräusch der Schneebrettlawine ist der Knall, mit dem sie sich löst. Die meist im Frühjahr abgehenden Grundlawinen bestehen aus nassem Schnee, der sich, während er rutscht, mit Bergschutt vermischt (im Hintergrund).

Schnelle Lawinen erreichen Geschwindigkeiten bis zu 300 Kilometern pro Stunde. Sehr große führen Millionen Tonnen von Schnee sowie Eis, Geröll und Bäume mit sich.

Große Lawinen können in 15–20 Sekunden 1000 Meter Berghang hinabrutschen und prallen mit großer Gewalt im Tal auf.

waren, nahm ständig zu, und mit jedem geborgenen Toten kam neues Leid über die Menschen. Doch der Winter des Schreckens war noch nicht vorüber.

Anfang Februar fegte ein neuer gewaltiger Sturm über die Städte und Dörfer auf der Südseite der Alpen. Der Schnee erreichte in einem Zeitraum von nur 24 Stunden Rekordhöhen von 120 Zentimetern, und mancherorts wurden vier Meter Neuschnee innerhalb von zwei Wochen gemessen. Bald war überall in den Tälern wieder das zischende und donnernde Geräusch der Lawinen zu vernehmen. In der Ortschaft Frasco im Tessin ging eine gigantische Lawine von 200 Meter Breite über eine Strecke von fast 1200 Metern nieder. Wie durch ein Wunder wurden nur vier Menschen getötet, aber der letzte der Soldaten, die man zum Schneeräumen abkommandiert hatte, konnte erst im Juli die Unglücksstelle verlassen.

Durch diese zweite Schneekatastrophe mit am schwersten betroffen war die Ortschaft Airolo auf der Südseite des Gotthardmassivs. Schätzungsweise 500 000 Tonnen Naßschnee, losgelöst von zwei heftigen Windböen, stürzten am 12. Februar auf den Ort, töteten zehn Menschen und beschädigten zahlreiche Gebäude.

Doch noch immer war kein Ende der Gefahr abzusehen. Der Schnee hatte sich so hoch aufgetürmt, daß bis in den April hinein Lawinen niedergingen. Der Schaden, den die zu Tal stürzenden Schneemassen anrichteten, läßt sich nur schätzen. Aus der Schweiz, Österreich, Italien und Frankreich wurden insgesamt 280 Todesopfer gemeldet. Hinzu kamen ungefähr 1400 Stück Vieh und in manchen Gebieten fast die Hälfte aller Wildtiere. Darüber hinaus wurden etwa 6000 Hektar Bannwald entwurzelt, der zum Schutz vor Lawinen dient.

So schön die Alpen im Winter auch sind, so gefährlich bleiben sie, und es wird immer wieder Lawinenopfer geben. Daß sich ein Winter des Schreckens wiederholt, ist aber wenig wahrscheinlich. Denn obwohl die großen Schneestürme Anfang 1951 sehr heftig waren, kann man nicht sie allein für das Unheil verantwortlich machen. Die Katastrophe ereignete sich vielmehr durch ein unheilvolles Zusammenspiel der Elemente. Zunächst waren die natürlichen Hindernisse, die als Lawinenbrecher hätten dienen können, von den gewaltigen Schneemassen zugedeckt worden. Später sanken dann die Temperaturen so weit ab, daß sich der Neuschnee nicht genügend verdichten konnte. Der starke Bergwind führte schließlich zur Ausbildung von Schneebrettern und Wächten, die sich leicht loslösen und mit großer Geschwindigkeit abrutschen. Die Bewohner der Region waren zwar mit der Lawinengefahr vertraut und verfügten auch über einige Schutzmaßnahmen – Sprengungen zum Auslösen künstlicher Lawinen, unter Naturschutz gestellte Bannwälder und Lawinenschutzbauten, die den Schnee ableiteten –, aber diesmal waren die Stürme und Schneefelder von so gewaltigen Ausmaßen und so unberechenbar, daß der Mensch nichts dagegen ausrichten konnte.

Giftiger Nebel

London droht an seinem eigenen Ruß zu ersticken

Schon seit der frühen Neuzeit ist der Londoner Nebel berühmt-berüchtigt und bekannt dafür, daß er die Gesundheit der Menschen ruiniert. Als mit der Industrialisierung auch noch Fabrikschornsteine zu rauchen begannen, Lokomotiven und Dampfschiffe die Luft verpesteten, die Bevölkerungszahl und damit auch die Zahl der Kohleöfen, die gewaltige Mengen von Ruß ausstießen, drastisch anstieg, nahm die Luftverschmutzung bedenkliche Ausmaße an. Wenn jetzt Nebel aufzog, verband er sich mit der verschmutzten Luft, und es entstand ein gelblicher zäher Smog, der sich auf die Atemwege legte und die Lungen angriff.

Immer wieder gab es Bestrebungen, die starke Belastung der Luft durch Verbrennungsrückstände einzudämmen und damit die schädliche Wirkung des Nebels auf die Gesundheit zu mindern. Doch stießen alle Vorschläge, wie man die Luft sauberer halten könnte, auf taube Ohren. Die Londoner hatten sich an das Übel gewöhnt, lamentierten zwar immer wieder über die undurchdringliche Waschküche, in die sich die Stadt verwandelte, doch andererseits betrachteten sie den Nebel auch als eine Art Wahrzeichen, das zu einer gewissen Atmosphäre beitrug, die vor allem die englischen Literaten des 19. Jahrhunderts inspirierte.

„Dicke Suppe" *Undurchdringlicher Nebel führte im Dezember 1952 in Londons Straßen zum Verkehrschaos. Hier weist ein Schaffner mit einer Signallampe einem Doppeldeckerbus den Weg.*

Wenn z.B. Conan Doyles berühmter Detektiv Sherlock Holmes und sein Freund Dr. Watson auf Ganovenjagd gehen, geschieht dies meist im nebelverhüllten London. Auch bei Charles Dickens spielt der Nebel eine bedeutende Rolle. In seinem Roman *Bleakhaus* steht er symbolisch für die im dunkeln tappenden Londoner Gerichte. Der Roman beginnt mit einer Beschreibung der unwirtlichen, in Nebel gehüllten Stadt: „Nebel überall, Nebel stromauf, wo der Fluß zwischen Buschwerk und Wiesen dahinfließt; Nebel stromab, wo er sich schmutzig zwischen Reihen von Schiffen und dem Uferunrat der großen, unsauberen Stadt durchwälzt. Gaslampen stieren in den Straßen trübäugig durch den Nebel. Die meisten Läden haben zwei Stunden vor der Zeit angezündet, und das Gaslicht scheint es zu wissen, denn es sieht schmal und mürrisch aus."

Bei Dickens bildet der Nebel denn auch meist die Kulisse für die verschiedensten Verbrechen. In seinem Schutz wird kaltblütig gemeuchelt und gemordet. Diese in der Literatur häufig gezogene Verbindung zwischen Nebel und Tod wurde im Dezember 1952 grausame Wirklichkeit.

Der Nebel bot nicht nur Verbrechern Schutz – er wurde selbst zum Massenmörder

Am 4. Dezember 1952 zogen warme Luftmassen vom Atlantik über die Stadt und schirmten die darunterliegende feuchtkalte Luft ab. Diese Erscheinung bezeichnen die Meteorologen als Inversionswetterlage. Gleichzeitig war es an diesem Tag extrem windstill, so daß der dichte Nebel, der sich unter der warmen Luftschicht bildete, nicht weggeweht wurde. Am nächsten Morgen lag die Stadt in einem dicken

Die Tower Bridge im Nebel *Im 19. Jahrhundert war der gelblich verschmutzte Nebel fast schon ein Wahrzeichen Londons.*

Smog, der sich erst fünf Tage später auflöste. In der neblig-feuchten Luft schwebten winzige Partikel von Ruß, Schwefeldioxid und anderen Schadstoffen, die über die Atemwege in die Lungen eindrangen, was für viele Menschen fatale Folgen hatte.

Zunächst hielt man diesen Nebel für eine der üblichen Waschküchen, und weder in der Presse noch im Radio wurde vor einer besonderen Gefahr gewarnt. Die Krankenhäuser verzeichneten allerdings mehr Einweisungen als normal, und auch die Bestattungsinstitute stellten fest, daß die Zahl der Todesfälle deutlich zunahm.

Wie immer, wenn dichter Nebel herrschte, hatten die Londoner Zeitungen ihre Reporter ausgeschickt, kuriose, durch den Nebel bedingte Vorkommnisse aufzuspüren. Doch bald waren es weniger unterhaltsame Geschichten als Schreckensmeldungen, die die Zeitungsspalten füllten und die Londoner Bürger aufhorchen ließen.

London lag im dichtesten, schmutzigsten und gefährlichsten Nebel unseres Jahrhunderts, und es herrschten teilweise chaotische Zustände. Die Züge konnten, wenn überhaupt, nur sehr langsam fahren, und es kam zu etlichen Zusammenstößen. Bei einem der Zugunfälle stiegen die unverletzten Fahrgäste aus den Waggons und bildeten eine Menschenkette, um sich in der undurchdringlichen Waschküche nicht zu verlieren. Hunderte von Autofahrern mußten ihre Wagen stehenlassen und fanden sie, als sich schließlich nach mehreren Tagen der Nebel auflöste, mit einer dicken Rußschicht überzogen wieder. Die U-Bahn-Züge fuhren zwar weiterhin, waren aber brechend voll, weil viele Fahrgäste vom Auto oder vom Bus auf die U-Bahn umgestiegen waren.

Wer nicht unbedingt aus dem Haus mußte, blieb möglichst vor seinem offenen Kamin sitzen und schüttete eifrig Kohlen ins Feuer, um es warm zu haben. Nur selten überlegte wohl jemand dabei, daß er auf diese Weise die Luftverschmutzung noch verschlimmerte, die mit für den fürchterlichen Smog verantwortlich war. Wer jedoch gezwungenermaßen seine vier Wände verlassen mußte, lief Gefahr, sich schon nach wenigen Schritten hoffnungslos zu verlaufen. In manchen Teilen Londons betrug die Sichtweite keinen halben Meter, und am Themseufer sah man nicht einmal mehr die eigene Hand vor den Augen. Ein Arzt hatte die rettende Idee, sich von einem Blinden zu seinen Patienten führen zu lassen, so daß er wenigstens die notwendigsten Hausbesuche machen konnte. Doch ansonsten fanden nur Ganoven ideale Arbeitsbedingungen vor: Scotland Yard meldete einen sprunghaften Anstieg von Mordanschlägen, Diebstählen und Raubüberfällen, die im Schutz des Nebels verübt worden waren.

Nicht einmal Hauswände schützten vor den giftigen Nebelschwaden. Sie krochen durch sämtliche Ritzen in die Gebäude und verursachten auch bei vielen Menschen, die keinen Fuß vor die Tür gesetzt hatten, massive Atembeschwerden. Eine tödliche Gefahr bildeten sie vor allem für Leute mit Bronchial- und Herzleiden.

Doch nicht nur den Menschen machten die widrigen Luftverhältnisse zu schaffen, auch die Tiere litten schwer darunter. Bei einer Zuchtviehschau, die in diesen Tagen in London stattfand, begannen die Rinder bereits am ersten Nebeltag zu röcheln. 60 Tiere mußten vom Tierarzt behandelt werden. Eines verendete, und zwölf weitere mußte man notschlachten. Einige Rinder konnte man vor dem Erstickungstod nur retten, indem man Masken aus Getreidesäken anfertigte und diese, um die Bronchien der Tiere zu öffnen, mit Whisky tränkte.

Nach fünf Tagen lichtete sich der Nebel endlich, und ganz London konnte im wahrsten Sinn des Wortes aufatmen. Die öffentlichen Verkehrsmittel fuhren wieder fahrplanmäßig, und der Londoner Alltag nahm seinen gewohnten Gang, bis man einige Wochen später die Zahl der Opfer veröffentlichte, die der Nebel gefordert hatte. Die Bilanz war erschütternd: Im Dezember 1952 hatte es 4000 Todesfälle mehr gegeben als in den vorhergehenden Jahren. Außerdem schätzte man, daß während der nächsten Monate noch rund 8000 weitere Menschen an den Spätfolgen des fünftägigen Nebels sterben würden. Die meisten der Opfer waren Kranke oder ältere Menschen.

Bei früheren Nebelkatastrophen hatte man es als unausweichlich hingenommen, daß mehr Menschen als unter normalen Umständen starben. So hatten beispielsweise schon 1873 mehrere tausend Londoner eine derartige Wetterlage mit ihrem Leben bezahlt, doch hatte diese Tatsache damals keine besondere Betroffenheit ausgelöst. Diesmal jedoch erregte die hohe Zahl der Opfer Aufsehen.

Ist doch 'ne Gasmaske!

Einziges Mittel gegen den tödlichen Nebel: sauberere Luft

Aufgerüttelt durch die alarmierenden Folgen des Nebels im Dezember 1952, setzte das Parlament einen Ausschuß ein, der die Luftverschmutzung in London untersuchen sollte. 1956 wurde nach langen Diskussionen schließlich ein Gesetz zur Reinhaltung der Luft verabschiedet, das niedrigere Grenzwerte für die Rauchemission vorsah und Hausbesitzern und Betrieben staatliche Hilfe anbot, wenn sie ihre Heizanlagen von Kohle auf schwefelarme Brennstoffe wie Erdöl oder Erdgas umstellten. Der letzte Widerstand gegen diese Regelung verstummte schnell, als im Januar 1956 eine weitere Nebelkatastrophe erneut etwa 1000 Todesopfer forderte.

Wenn auch erst der Nebel vom Dezember 1952 drastische Maßnahmen zur Reinhaltung der Luft in London in Gang setzte, so hatte es doch sehr viel früher schon wiederholt Kampagnen gegeben, die sich gegen die Rauchbelästigung und die Luftverschmutzung wendeten. Erste Überlegungen, wie man die ungesunde Londoner Luft verbessern könnte, stellte man bereits im 13. Jahrhundert an. Aus dem 17. Jahrhundert stammte der Vorschlag, mehr Bäume und Sträucher zu pflanzen, um so den Gestank der durch Kohleöfen verpesteten Luft zu bekämpfen. Wirklich katastrophal jedoch wurden die Luftverhältnisse dann im Zuge der Industrialisierung während des 19. Jahrhunderts; gleichzeitig wuchs die Zahl der Wissenschaftler, die auf die Gefahren der Luftverschmutzung hinwiesen und Schritte dagegen vorschlugen. So forderten sie bereits 1887 die Londoner auf, nicht mehr mit Kohle zu heizen, auf Gasherden zu kochen und auf die beliebten Feuer im offenen Kamin zu verzichten. Auch klärte man die Bevölkerung darüber auf, welche verheerenden Folgen die Verbindung von Rauch und Nebel auf die Gesundheit der Menschen haben könne. Doch alle diese Warnungen blieben erfolglos, und Bemühungen, den Schadstoffausstoß zu verringern, scheiterten an der Ignoranz der Masse und der Untätigkeit der Regierung.

Erst die Ereignisse im Dezember 1952 setzten ein allgemeines Umdenken in Gang. Das Gesetz zur Reinhaltung der Luft brachte in der Tat den gewünschten Erfolg, denn seit es 1956 verabschiedet wurde, gab es keine größere Nebelkatastrophe mehr. Die Londoner Luft sowie die Sichtverhältnisse verbesserten sich deutlich, und bemerkenswerterweise ging auch der Nebel selbst, der reine Nebel ohne die Schmutz- und Rußpartikel, zurück. Diese Beobachtung wirft die Frage auf, ob ein Zusammenhang zwischen Luftverschmutzung und Nebelbildung besteht. Zahlreiche Wissenschaftler vertreten die Auffassung, daß sich nur in verschmutzter Luft ein entsprechend dichter Nebel bilden kann. Einer anderen Theorie nach gibt es in London heutzutage weniger Nebel, weil durch die allgemeine Klimaänderung die feuchten Westwinde zurückgegangen sind. Doch auch die Verfechter dieser Theorie räumen ein, daß Nebel bei geringerer Verschmutzung der Luft weniger dicht ist: Nebeltröpfchen bilden sich nämlich an festen Kernen, z. B. an Staubkörnchen. Wenn also die Luft weniger Ruß und andere Schmutzteilchen enthält, gibt es weniger feste Kerne, an denen die Feuchtigkeit zu Nebel kondensieren kann.

Man darf also hoffen, daß es in London nie wieder zu einem solch fatalen Zusammentreffen von Nebel und verschmutzter Luft kommen wird, wie es 1952 der Fall war. Wer sich nach der legendären Londoner Waschküche und ihrer schaurig-schönen Stimmung zurücksehnt, wird in Zukunft wohl zu den Romanen eines Charles Dickens oder Conan Doyle greifen müssen.

ALARMIERENDE AUSWIRKUNGEN DER LUFTVERSCHMUTZUNG

Im Spätsommer 1955 herrschten in Südkalifornien über eine Woche lang Temperaturen von fast 40 °C. Bei dieser Hitze kam es dann im verkehrsreichen Los Angeles zu einer gefährlichen Erscheinung: Die UV-Strahlen der Sonne reagierten mit den Autoabgasen, einem Gemisch aus Stick- und Schwefeloxiden, wobei sich Ozon, ein in hoher Konzentration giftiges Gas, bildete. Tagelang lag die Stadt in einem blauschwarzen Dunst, der die Augen reizte und zu Atembeschwerden führte.

Wie drei Jahre zuvor in London wurden nun auch in Los Angeles Maßnahmen ergriffen, um der Belastung der Luft entgegenzuwirken. Die Regierung erließ Gesetze, die für Kraftfahrzeuge den Einbau eines Katalysators vorschrieben, der den Abgasausstoß deutlich reduzierte. Doch diese Vorschrift war nur ein Tropfen auf den heißen Stein. Zwar wurde der Schadstoffausstoß bei Neuwagen begrenzt, aber die Zahl der Fahrzeuge stieg inzwischen so stark an, daß in der Stadt heute noch häufig Smogalarm herrscht.

Die Luftverschmutzung in Mexiko-Stadt bewirkt zwar grandiose Sonnenuntergänge, macht aber das Atmen zur Qual.

Auch Mexiko-Stadt, Denver, Athen, Delhi und viele andere Großstädte der Welt haben mit den Problemen der wachsenden Luftverschmutzung zu kämpfen, unter der nicht nur die Menschen leiden, sondern durch die ebenso Natur und Kultur großen Schaden nehmen: In Europa bedroht der saure Regen die Wälder, in den Vereinigten Staaten beeinträchtigt das Ozon die Ernteerträge, und durch die schadstoffbelastete Luft werden viele der berühmtesten Baudenkmäler der Menschheit angegriffen und nach und nach zerstört.

Das sinkende Schiff *Nach dem Unglück konnte sich die* Andrea Doria *nur noch wenige Stunden über Wasser halten.*

Zusammenstoß auf See

Der Untergang eines vermeintlich unsinkbaren Schiffs

Am Abend des 25. Juli 1956 geriet der italienische Luxusliner *Andrea Doria*, der sich auf der Überfahrt von Genua nach New York befand, südlich der vor der Küste Neuenglands gelegenen Insel Nantucket in eine Nebelbank. Es war gegen 23 Uhr, und die meisten Passagiere hatten sich bereits in ihre Kabinen zurückgezogen. Nur ein paar Nachtschwärmer waren noch an Deck, um sich die Füße zu vertreten. Mit Entsetzen sahen sie plötzlich im Nebel Lichter auftauchen. Im nächsten Augenblick wurde das Schiff von einem mächtigen Stoß erschüttert, ein ohrenbetäubender Lärm von berstendem Stahl zerriß die Stille, Funken sprühten. Der Bug des schwedischen Dampfers *Stockholm* hatte sich in die Seite der *Andrea Doria* gebohrt und dort ein riesiges Loch gerissen. Wenige Stunden später sank das Passagierschiff.

Den Reedereien und Schiffbauern war es ein Rätsel, wie es zu dem Unglück kommen konnte. Beide Schiffe waren technisch auf dem neuesten Stand und mit Navigationsradar ausgestattet. Außerdem hatte man die *Andrea Doria* für unsinkbar gehalten, da der Rumpf durch Schotten in elf wasserdichte Abschnitte geteilt war, die verhindern sollten, daß der Schiffsbauch bei einer Beschädigung gänzlich mit Wasser vollaufen und der Luxusliner dann kentern würde.

In einer gerichtlichen Untersuchung wenige Wochen nach dem Unfall versuchte man, den Hergang des Geschehens zu rekonstruieren: Die *Stockholm*, die von New York nach Osten unterwegs war, hatte einen Kurs eingeschlagen, der etliche Meilen nördlicher lag als der übliche Seeweg in diese Richtung. So passierte auch sie die Nebelbank südlich von Nantucket, in der die *Andrea Doria* verborgen war. Auf ihren Radarschirmen konnten die Kapitäne beider Schiffe sehen, daß sie sich einander näherten. In dem irrigen Glauben, der *Stockholm* mehr Manövrierspielraum zu geben, änderte der Kapitän der *Andrea Doria* den Kurs in Richtung Süden. Diese Kursänderung wurde dem italienischen Passagierschiff zum Verhängnis. Die beiden Dampfer fuhren geradewegs aufeinander zu, was jedoch erst deutlich wurde, als sie sich bereits in Sichtweite befanden. Beide Kapitäne versuchten noch, dem anderen Schiff auszuweichen, doch es war zu spät.

Der Zusammenstoß rief Panik unter den Passagieren der *Andrea Doria* hervor. Wasser stürzte in das aufgerissene Schiff, und binnen weniger Minuten befand sich der Dampfer in gefährlicher Schräglage. Da die *Stockholm* für den Verkehr auf dem Eismeer konstruiert war und einen massiven stahlverstärkten Bug hatte, richtete sie an dem italienischen Dampfer so großen Schaden an, daß auch die Schottkonstruktion das Schiff nicht vor dem Sinken bewahren konnte.

Ein Wettlauf mit der Zeit: verzweifelter Kampf der Passagiere auf Leben und Tod

Die Kabinen auf der Seite, die von der *Stockholm* gerammt worden war, boten ein Bild des Grauens. Hier spielten sich erschütternde Szenen ab, und für viele Familien wurde diese Nacht zum Alptraum. Camille Cianfarra, ein Korrespondent der *New York Times,* und seine Frau Jane waren mit ihrer gemeinsamen Tochter Joan und Linda Morgan, Janes Tochter aus erster Ehe, in zwei nebeneinanderliegenden Kabinen untergebracht. Durch die Wucht des Aufpralls wurden sie zu Boden gerissen und durch den Raum geworfen. Joan verschwand durch eine klaffende Öffnung in der Schiffswand und wurde vom wogenden Meer verschlungen. Auch ihre Stiefschwester Linda schien spurlos verschwunden zu sein. Für Camille Cianfarra, der bei der Kollision von Schiffsteilen getroffen wurde und dabei schwere Quetschungen erlitt, kam jede Rettung zu spät; wenige Minuten nach dem Unglück erlag er seinen Verletzungen. Seine Frau Jane wurde in die benachbarte Kabine geschleudert, die von dem Ehepaar Martha und Thure Peterson bewohnt war. Dort blieb sie an spitz hervorstehenden Wrackteilen hängen, zwischen denen Martha Peterson eingeklemmt war. Diese war zwar noch am Leben, hatte aber Brüche an Beinen und Rückgrat davongetragen.

Thure Peterson, der nur leicht verletzt war, versuchte die beiden Frauen zu retten, konnte allein jedoch nichts ausrichten. Ein Steward kam ihm zu Hilfe, und gemeinsam gelang es ihnen, Jane Cianfarra frei zu bekommen. Martha Peterson hingegen war so fest zwischen den Wrackteilen verkeilt, daß man eine Winde brauchte, um sie befreien zu können. Nachdem die Männer diese herbeigeholt und in stundenlanger fieberhafter Arbeit die Trümmer beiseite geschafft hatten, konnte man Martha Peterson dennoch nicht mehr helfen: Sie starb in den Armen ihres Mannes, der schließlich die *Andrea Doria* in einem der letzten Rettungsboote verließ.

Die unglückliche Jane Cianfarra glaubte, ihre ganze Familie verloren zu haben. Aber ihre Tochter Linda war wie durch ein Wunder dem Tod entgangen. Der eindringende Bug der *Stockholm* hatte die schlafende Linda mitsamt ihrem Bett erfaßt und sie beim Zurückprallen wie auf einem Tablett in den schwedischen Dampfer befördert. Zwei Tage lang stand Linda auf der Totenliste der *Andrea Doria,* bis Jane von der wundersamen Rettung ihrer Tochter erfuhr.

Insgesamt forderte das Unglück 51 Todesopfer – 46 Passagiere auf der *Andrea Doria* und fünf Besatzungsmitglieder der *Stockholm.* 1660 Menschen konnten jedoch gerettet werden. Sie verdankten ihr Leben dem tapferen Einsatz von Menschen und jenen Schiffen, die aus der Umgebung herbeigeeilt waren, um die Schiffbrüchigen aufzunehmen. Die Rettungsarbeiten dauerten bis in die frühen Morgenstunden an. Im Morgengrauen des 26. Juli 1956 versank die *Andrea Doria* in den Fluten des Atlantiks.

Schwerlädierter Bug *Obwohl die* Stockholm *bei dem Zusammenstoß zehn Meter ihres stahlverstärkten Bugs eingebüßt hatte, konnte sie noch mit den geretteten Passagieren nach New York zurückkehren.*

Vera, die Schreckliche

Ein verheerender Wirbelsturm tobt über Japan

Von einer „Ruhe vor dem Sturm" zu sprechen wäre nicht ganz richtig, denn in Nagoya, der Hauptstadt der japanischen Präfektur Aitschi, herrschte im Frühherbst 1959 rege Betriebsamkeit. Der 70. Jahrestag der Erhebung zur Stadt stand vor der Tür, und die Vorbereitungen für die großen Feierlichkeiten, die über mehrere Wochen andauern sollten, liefen auf Hochtouren.

Nach dem Zweiten Weltkrieg hatte man das bei Bombenangriffen schwer beschädigte Nagoya wieder aufgebaut, und es war nun mit seinen über 2 Millionen Einwohnern die drittgrößte Stadt Japans. Aufgrund seiner Lage an der Südküste von Honshu, der größten japanischen Insel, zählte Nagoya neben Tokio und Osaka auch zu den bedeutendsten Hafen- und Industriestädten des Landes.

Am 20. September 1959 – die Festvorbereitungen in Nagoya waren in vollem Gang – kam dann der unheilverheißende Wetterbericht: Im Gebiet der Marianeninseln, etwa 280 Seemeilen südöstlich von Saipan, hatte sich ein tropisches Tief ausgebildet, das nun in nordwestlicher Richtung weiterzog. Bereits am folgenden Tag erreichte das Tief Sturmstärke und entwickelte sich in den nächsten 24 Stunden weiter zu einem gewaltigen Taifun. Ein Taifun ist ein tropischer Wirbelsturm, der sich über dem Meer bildet, wenn sich das Wasser auf mindestens 27 °C erwärmt hat. Die warme, feuchte Luft wird im Zentrum eines Tiefdruckgebiets in die Höhe gerissen und zu spiralförmigen Aufwinden verwirbelt. Immer mehr Luft wird von den Seiten eingesogen, so daß die Wolkenspiralen zunehmend größere Kreise ziehen und auf diese Weise ein riesiger Luftstrudel entsteht.

Die Meteorologen geben jedem Taifun einen Namen; diesen nannten sie Vera. Es ergingen Warnungen an alle Gebiete, von denen man annahm, daß sie auf Veras Weg lagen. Der Taifun bewegte sich in den folgenden Tagen mit unverminderter Stärke weiter in Richtung Japan, bis er in der Nacht zum 26. September die Insel Honshu erreichte.

Als gemeldet wurde, daß der Taifun sich Nagoya nähere, löste die Warnung zunächst keine Panik aus. Die Stadtverwaltung reagierte nur insofern auf die Wetterprognosen, als sie den Luftverkehr vorübergehend einstellte. Die Bewohner Nagoyas schlossen lediglich die Rolläden ihrer Fenster und legten einen

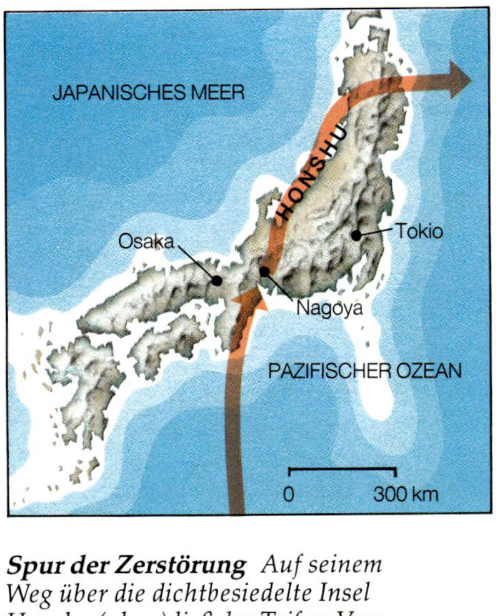

Spur der Zerstörung *Auf seinem Weg über die dichtbesiedelte Insel Honshu (oben) ließ der Taifun Vera Tausende von Toten, Verletzten und Obdachlosen zurück. Links wird ein völlig verängstigter Junge aus den Trümmern eines Hauses geborgen.*

Wie Streichhölzer verstreut *Die Flut trieb die Baumstämme aus dem Sägewerk kreuz und quer durch die Straßen der Stadt.*

Vorrat an Lebensmitteln und Trinkwasser an. Vor allem im Herbst gab es oft Sturmwarnungen, so daß die Gelassenheit der Japaner nicht weiter verwunderlich ist. Außerdem ist es schwierig, den genauen Weg eines Taifuns vorauszusagen. Häufig kommt es vor, daß er sich zu einem harmlosen Tropenwind abschwächt und, ohne Schaden anzurichten, zum Meer hin abdreht.

In der Regel erreichen nur drei oder vier Taifune von rund 20 im Jahr das Festland. Dann allerdings fordert der Sturm meist zahlreiche Opfer, und die Sachschäden betragen im Durchschnitt umgerechnet 150 Millionen DM. Doch gehören für die Japaner Taifune ebenso wie Tsunamis, Vulkanausbrüche und Erdbeben zu den unvermeidbaren Risiken, die sie mit einer gewissen Schicksalergebenheit hinnehmen. Diese Art von Fatalismus, Naturkatastrophen als unausweichlichen Teil des Lebens zu akzeptieren, ist typisch für die Geisteshaltung der Japaner und wurde von einem amerikanischen Politiker einmal treffend als „Taifunmentalität" bezeichnet.

Möglicherweise hat die Gelassenheit der Japaner ihre Wurzeln in der traditionellen Vorstellung, daß ein Taifun auch ein gutes Omen sein kann. Dieser Glaube geht auf Ereignisse aus dem 13. Jahrhundert zurück, als Khubilai Khan, der Enkel von Dschingis-Khan, zweimal versuchte, mit einer großen Kriegsflotte und einem riesigen Mongolenheer Japan zu erobern. Beide Male wurde sein Plan durch gewaltige Wirbelstürme vereitelt, die die Kriegsschiffe, noch bevor sie die Küste erreichten, auseinandertrieben und untergehen ließen.

Doch Vera war keiner dieser „göttlichen Winde", wie die Japaner die beiden rettenden Wirbelstürme des 13. Jahrhunderts genannt hatten, im Gegenteil: Dieser Taifun brachte eines der schwersten und verheerendsten Unwetter mit sich, das in neuerer Zeit über Japan hereinbrach.

Vera erreichte die Küste vor Nagoya gegen Abend des 25. September, und zwar zum ungünstigsten Zeitpunkt, nämlich als die Flut ihren höchsten Stand erreicht hatte. Die Wellen wuchsen zu bedrohlichen Wasserwänden von fünf Meter Höhe an und rollten geradewegs auf die Stadt zu. Mit gewaltiger Wucht prallten sie auf alles, was sich ihnen hindernd in den Weg stellte, so daß riesige Mengen von Meerwasser mit ohrenbetäubendem Getöse 60 Meter hoch spritzten. Unter dem Ansturm der Wassermassen brachen Dämme, Deiche, Ufermauern, Landestege, Brücken und Gebäude zusammen. Als die Flut durch die Stadt

Bilder der Verwüstung *Als die Wasserflut in die Gebäude eindrang, flüchteten viele Bewohner auf die Dächer (unten). Andere suchten Schutz vor dem Wasser auf den wenigen höher gelegenen Stellen in der Stadt. Dorthin brachten sie auch ihre letzten Habseligkeiten, die sie noch aus den überschwemmten Häusern bergen konnten (rechts).*

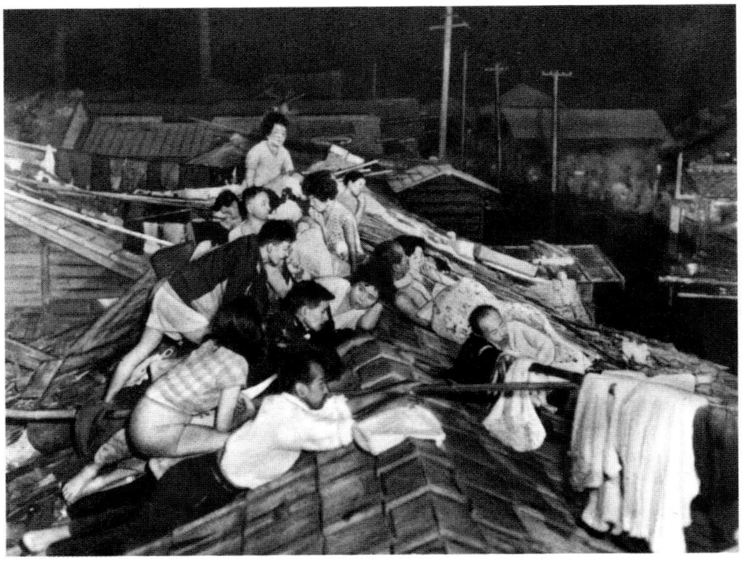

schoß, riß sie auch aus zahlreichen Holzhandlungen in Nagoya Unmengen von Balken und Brettern mit sich, so daß sich bald gefährliches Treibgut durch die Straßen schob.

Der orkanartige Wind, der in gefährlichen spiralförmigen Wirbeln durch Nagoya peitschte, deckte die Häuser ab und schleuderte die Trümmer als tödliche Geschosse durch die Luft. Die aus der Bucht hereinbrechenden Fluten schossen durch die Stadt. Sie überschwemmten die Häuser und rissen viele Menschen, die sich nicht mehr rechtzeitig hatten in Sicherheit bringen können, mit sich fort. Andere, die in den Gebäuden eingeschlossen waren, versuchten Öffnungen in ihre Dächer zu schlagen, um durch diese dem steigenden Hochwasser zu entkommen. Ein großes Wohnhaus stürzte zusammen und begrub über 80 Menschen unter sich.

Drei Stunden lang wütete der fürchterliche Sturm ohne nachzulassen an der Südküste Honshus. Dann zog er nach Norden weiter und überquerte den nördlichen Teil der Insel, wo er schließlich zu einem harmloseren Tropenwind abflaute. Auch auf ihrem Weg richtete Vera noch unbeschreibliche Verwüstungen an und forderte zahlreiche Menschenleben. Am schwersten hatte es jedoch das dichtbesiedelte Nagoya getroffen: Etwa ein Drittel stand unter Wasser; das restliche Stadtgebiet war ein einziger Haufen von Schutt, Schlamm und Holzbalken, die sich an manchen Stellen wie verstreute Streichhölzer auftürmten. Tote lagen in den Straßen und wurden teilweise aufs Meer hinausgetrieben. Und auf dem Küstenstreifen vor Nagoya waren über 20 Schiffe durch das gewaltige Unwetter gestrandet.

Der Notstand in Nagoya war so groß, daß die Rettungsarbeiten nur schleppend vorangingen

Auch als der Taifun weitergezogen war, herrschten in der zerstörten Stadt katastrophale Zustände. Inmitten des Chaos versuchten die Rettungsmannschaften verzweifelt, die Menschen aus den Fluten zu bergen und an sichere Orte zu bringen. Das Hochwasser, der starke Wind und der nicht nachlassende Regen machten ihre Arbeit jedoch fast unmöglich. Viele Menschen, die die Katastrophe überlebt hatten, irrten auf der Suche nach ihren Verwandten ziellos umher. Andere versuchten, auf eigene Faust durch das Hochwasser zu geschützten Plätzen zu gelangen. Dabei schleppten sie oft ihre Habseligkeiten mit sich, die völlig durchnäßt zu einer bleischweren Last wurden. Manche wiederum standen so unter Schock, daß sie ihr letztes Hab und Gut umklammerten und sich nicht vor

den Fluten in Sicherheit bringen lassen wollten.

Doch nicht nur um die Lebenden mußten sich die Rettungsmannschaften kümmern, sondern auch um die vielen Toten in den Straßen, von denen – vor allem in Verbindung mit dem Hochwasser – eine akute Seuchengefahr ausging. Die Leichen wurden eingesammelt und in einer provisorischen Halle untergebracht, wo man sie in langen Reihen aufbahrte und mit Schilfmatten zudeckte.

Die Rettungs- und Bergungsarbeiten gingen nur sehr langsam voran, und dringend hätte die Stadt in dieser verzweifelten Situation Hilfe von außen gebraucht. Doch das Telefonnetz und andere Nachrichtensysteme waren zusammengebrochen, so daß die Behörden in Tokio erst ein paar Tage später erfuhren, wie ernst die Lage in Nagoya tatsächlich war. Außerdem war man in Tokio mit den eigenen Sturmschäden beschäftigt und hoffte, daß man sich in Nagoya selbst helfen könnte.

Bei den Rettungsmaßnahmen halfen auch in Japan stationierte Militäreinheiten aus den Vereinigten Staaten. Hubschrauber der amerikanischen Marine warfen Lebensmittel und andere Versorgungsgüter ab und kreisten über der Stadt, um die Menschen, die sich vor den Fluten auf die Hausdächer geflüchtet hatten, zu evakuieren. Doch trotz intensivster Bemühungen von allen Seiten waren eine Woche nach dem Unwetter noch immer rund 25 000 Menschen auf den Hausdächern von jeglicher Versorgung abgeschnitten und warteten verzweifelt auf Hilfe.

Bald trafen Nachrichten aus den Nachbargemeinden in Nagoya ein, und man erfuhr, wie Vera auch dort gewütet hatte. Fast alle kleineren Städte und Dörfer, die an der Südküste der Insel Honshu lagen, hatten an Fläche verloren, weil Teile ihres Gebiets aufs Meer hinausgeschwemmt worden waren. In Handa, einer Stadt südöstlich von Nagoya, zerstörten die haushohen Wellen über 250 Gebäude und töteten dabei 400 Menschen. In einer anderen Stadt brachte ein Erdrutsch zwölf Häuser zum Einsturz; in den Trümmern fanden 60 Menschen den Tod.

Die Gesamtbilanz an Schäden und Verlusten, die Vera in Japan verursacht hatte, war erschreckend: Nach offiziellen Schätzungen hatte der Taifun über 5000 Todesopfer gefordert, mehr als 32 000 Menschen waren verletzt worden, und Hunderte wurden als vermißt gemeldet. Über 40 000 Familien hatten ihr Heim verloren und waren obdachlos geworden. Der Sachschaden betrug umgerechnet über 3,5 Milliarden DM.

Auch in der Landwirtschaft hatte der Wirbelsturm schlimme Schäden angerichtet: Über 200 000 Hektar bebauten Ackerlands waren verwüstet und die Ernten von Obst, Reis, Gemüse und anderen Anbauprodukten vernichtet. An landwirtschaftlicher Nutzfläche hatte Japan beträchtliche Einbußen erlitten. Viele der Reisfelder, die man in mühsamer Arbeit über mehrere Generationen gewonnen hatte, indem man Küstengebiete trockenlegte, waren nun wieder vom Salzwasser überflutet und damit für viele Jahre unbrauchbar geworden. Selbst die Austernbänke der Perlenzüchter hatte Vera stark in Mitleidenschaft gezogen.

In den Tagen nach dem Sturm lag in Japan zunächst alles brach. Die Stromversorgung war zusammengebrochen, ebenso das Telefonnetz und die Sendeanlagen von Fernsehen und Rundfunk. Der Flugverkehr mußte weitgehend eingestellt werden, und das Eisenbahnnetz des ganzen Landes war praktisch lahmgelegt: 22 Züge entgleisten, und an vielen Stellen waren die Schienenstränge unterbrochen. Auch die Maschinen in den meisten Betrieben standen still.

Doch die Japaner, deren Fleiß und Unermüdlichkeit fast schon sprichwörtlich sind, begannen unverzüglich mit dem Wiederaufbau. In erstaunlich kurzer Zeit hatten sie die Schäden behoben, und der Alltag nahm wieder seinen gewohnten Gang. Nagoya erholte sich rasch von den schlimmen Zerstörungen, die Vera ihm zugefügt hatte, und entwickelte sich erneut zu der blühenden Industriestadt, die es vor der Katastrophe gewesen war.

Endlose Reihen von Särgen *Unter den aufgebahrten Toten sucht ein älteres Ehepaar nach Angehörigen.*

Der Dammbruch von Fréjus

Eine 60 Meter hohe Wasserwand stürzt ins Tal hinab

Das Jahr 1959 neigte sich seinem Ende zu. Bereits seit Mitte November umhüllten dunkle Wolken die Gipfel der Berge an der französischen Riviera. Zwischen Nizza und Toulon litten die Menschen unter dem ununterbrochen strömenden Regen, der die Flüsse anschwellen ließ, so daß sie über die Ufer traten und das Land überschwemmten. Nur der Reyran, der bei der alten römischen Hafenstadt Fréjus ins Mittelmeer mündet, verhielt sich friedlich. Der Fluß war bei Malpasset, acht Kilometer landeinwärts, aufgestaut worden. Elegant schwang sich die Bogenmauer 223 Meter von einer Seite des Tals zur anderen und erreichte dabei eine Höhe von gut 60 Metern. Für ein Bauwerk dieser Größe war die Mauer außergewöhnlich dünn, so daß der Damm als technisches Wunderwerk galt. Konstruiert wie ein Gewölbe, das den Druck nach allen Seiten ableitet, wurde er von Fachleuten als besonders sicher beurteilt. „Ein Unglück ist ausgeschlossen", hieß es immer wieder.

Pierre Ferraud, der Dammwärter, war dennoch unruhig. Während der vergangenen beiden Wochen hatten sich ungeheure Wassermengen in dem Becken angesammelt. Die Überlaufventile, die automatisch ansprachen, wenn der Wasserdruck zu groß zu werden drohte, waren seit Tagen geöffnet. Doch obwohl etwa 40 000 Liter pro Sekunde abflossen, schien die

Auf der Flucht *20 Millionen Kubikmeter Wasser ergossen sich ins Tal des Reyran, als am 2. Dezember 1959 der Damm von Malpasset brach. Wochenlange Regenfälle hatten das im Hinterland der Côte d'Azur gelegene Staubecken bis zum Rand mit Wasser gefüllt. Von den gewaltigen Naturkräften wurde die Bogenmauer wie eine Eierschale zerfetzt. Verzweifelt versucht dieser Autofahrer, den heranstürzenden Wassermassen zu entkommen.*

Entlastung gleich Null. Nicht um einen Millimeter hatte sich der Wasserspiegel gesenkt. Unerbittlich drückten rund 20 Millionen Kubikmeter Wasser gegen die Staumauer. Nie zuvor hatte das vielbeachtete architektonische Kunstwerk einen solchen Druck aushalten müssen.

Man schrieb den 2. Dezember, als der Regen endlich aufhörte und die Sonne durch die Wolken brach. Die Menschen an der Küste atmeten auf. Auch im Tal des Reyran und in Fréjus war man erleichtert. Jean-Luc Epuron, damals ein Kind, erinnerte sich später: „Es war, als ob uns Gott die Chance zur Flucht geben wollte." Doch niemand floh. Jean-Lucs Eltern gingen sogar spazieren. Wie magisch zog es sie in das Tal zu den Feldern und den Obstgärten, die sich unterhalb der Sperre ausbreiteten. Sie ahnten nicht, daß sie die Freunde, die sie dort trafen, zum letzten Mal sahen.

Gegen 17 Uhr kontrollierte Ferraud noch einmal den Wasserspiegel des Stausees. Mit Schrecken stellte er fest, daß das Wasser die höchste Markierung erreicht hatte. Zwischen der Seeoberfläche und dem nahen Meer betrug der Höhenunterschied jetzt 100 Meter. Ferraud setzte sich mit seiner Behörde in Verbindung und bat darum, die Schleusen öffnen zu dürfen. Seine Vorgesetzten zögerten. An der Straße unterhalb des Damms würden Bauarbeiten durchgeführt, bekam er zu hören, und das abfließende Wasser könnte die schon fertiggestellten Abschnitte in Mitleidenschaft ziehen. Doch eine halbe Stunde später erhielt der Dammwärter grünes Licht. In fliegender Hast öffnete er die Schleusen, einige mit bloßen Händen.

In Fréjus dachte um diese Zeit kaum einer der 14000 Einwohner noch an den Damm, der während der Regentage doch so manchem mehr Sorgen gemacht hatte, als er zugab. Ein, wie es schien, normaler Abend nahm seinen Lauf. Der kleine Jean-Luc Epuron durfte noch ein bißchen aufbleiben. Ein paar Häuser weiter wickelte die achtjährige Viviane Olivieri ihr jüngstes Geschwisterchen, während ihr Bruder François vor dem Fernseher saß. Die Eltern waren an diesem Tag ins nahe St-Raphaël gefahren. Gegen 19 Uhr schaute André Capra bei seiner Verlobten Irène Jodar vorbei. In wenigen Tagen sollte die Hochzeit stattfinden. Als Capra eine Stunde später wieder ging, küßten die beiden sich zärtlich zum Abschied, und André sagte: „Bis morgen."

Als Pierre Ferraud an diesem Abend zu seiner Familie zurückkehrte, war es bereits dunkel. Da es noch immer sehr mild war, ließ er die Tür seines Hauses offen. Im Fernsehen lief eine Zirkusvorstellung. Plötzlich mischte sich in die Manegenmusik ein unheimliches Knistern und Knacken. Ferraud wußte sofort, was das bedeutete. „Der Damm!" rief er seiner Frau zu. „Raus hier!" Die beiden packten ihren dreijährigen Sohn und rannten, so schnell sie konnten, auf den nächsten Hügel. Es war genau 21.30 Uhr.

Jean-Lucs Eltern standen vor ihrem Haus und plauderten mit den Nachbarn von gegenüber. Jean-Luc Epuron erinnerte sich noch Jahrzehnte später ganz genau: „Plötzlich schien die Erde zu beben, und in der Luft war ein Heulen wie von einem Dutzend Lokomotiven. Unser Hund rannte mit eingekniffenem Schwanz die Treppe zum Dachboden rauf, und als mein Vater das sah, schrie er: ‚Schnell, schnell, alle hinterher!'"

Was kein Fachmann für möglich gehalten hatte, war geschehen. Der Damm von Malpasset war gebrochen. Eine 60 Meter hohe Wasserwand stürzte talwärts. Als erstes traf es 30 Straßenarbeiter, die unterhalb der Talsperre in einer Bauhütte beim Wein zusammensaßen. Die Baracke wurde einfach fortgewischt. Die Leiche eines der Arbeiter fand man später am Strand von Fréjus.

Weiter unten im Tal hatte sich der Bauer André Breton, durch einen Telefonanruf von Verwandten oberhalb des Damms gewarnt, mit seiner Familie auf einen Hügel gerettet. Nun mußte er mit ansehen, wie sein Hof von der Flut überrollt wurde. Und er sah etwas noch Entsetzlicheres: „Vor der Welle raste ein Auto mit aufgeblendeten Scheinwerfern über die Hauptstraße in Richtung Fréjus. Der Fahrer holte alles aus seinem Wagen raus. Er fuhr wie ein Verrückter. Aber die Straße hatte zu viele Kurven. Das Wasser kam immer näher, holte das Auto ein – und überrollte es schließlich."

Im Wagen saßen André Capra und seine Mutter. Ihr Fahrzeug wurde wie ein Sektkorken bis zu den ersten Häusern von Fréjus gespült. Capra konnte seine Mutter noch in einen offenen Hauseingang stoßen, er selbst jedoch ertrank.

Mit schrecklicher Gewalt donnerten die Wassermassen das Tal des Reyran hinab. Bis zu 20 Tonnen schwere Betonbrocken, die aus der Staumauer herausgebrochen waren, trudelten in den Fluten und machten die unheimliche Woge noch verheerender, noch mörderischer. Ein Überlebender berichtete später: „Die Erde zitterte, als ob ein paar Kilometer weiter ein Bombenteppich niederginge." Den Menschen in Fréjus blieben nur wenige Minuten, sich in Sicherheit zu bringen.

Überall in der Stadt spielten sich entsetzliche Szenen ab. Immer wieder übertönten gellende Schreie den Lärm der reißenden Wasser. Viele Bewohner von Fréjus versuchten in panischer Hast, die Dächer ihrer Häuser zu erklimmen. Doch sie rutschten ab und wurden von Trümmern erschlagen oder vom Wasser mit fortgerissen. Im Haus der Olivieris reichte den Kindern das Wasser bis zur Brust. Kurz entschlossen schwamm Viviane zu einem Schrank und kippte ihn um. In dieses behelfsmäßige Boot kletterten die Kinder – und überlebten.

Nachdem das Wasser abgelaufen war, ragten nur noch vereinzelte Trümmer aus dem roten Schlamm

Tausende kämpften in dieser Nacht um ihr Leben. Die örtlichen Behörden waren überfordert, und weil das Wasser die Telefonverbindungen unterbrochen hatte, konnten die Beamten keine Unterstützung von auswärts anfordern. Schließlich sprang der Chef der Gendarmerie von Fréjus in seinen Wagen und fuhr nach Montauroux. Von dort aus wurde Paris informiert, und wenig später wußte ganz Frankreich, was am Mittelmeer passiert war. Kurz darauf wurde Katastrophenalarm gegeben. An der sofort eingeleiteten Rettungsaktion des Militärs beteiligten sich spontan auch zahlreiche Zivilisten.

„Am Morgen", erinnerte sich Jean-Luc Epuron, „kam endlich der Hubschrauber, auf den wir so lange gewartet hatten. Eine Ewigkeit schien uns vergangen. Als wir rausgeholt wurden, bot sich uns ein unglaublicher Anblick. In der näheren Umgebung stand kein einziges Haus mehr, nur noch unseres. Das Wasser war bis in die zweite Etage vorgedrungen, aber die Mauern hatten gut gehalten. Es war ein Gebäude aus dem 18. Jahrhundert und hatte bereits ein Feuer überstanden. Als man es später abreißen wollte, mußte zweimal mit Dynamit gesprengt werden. Uns hat es das Leben gerettet."

Vorher und nachher *Der Staudamm, Anfang der 50er Jahre nach nur zweijähriger Bauzeit fertiggestellt, war der Stolz der Region. Er wurde als ein Wunderwerk der Technik gefeiert. Nach der Katastrophe kündete nur noch eine breite Bresche von seiner einstigen Größe. Wahrscheinlich führte eine nicht genügend ausgeglichene Schwachstelle im Untergrund zu dem Unglück.*

Zeugen der Verwüstung *Nur wenige Häuser blieben stehen, als sich die Flutwelle auf einer Breite von 500 Metern in Richtung der Küstenstadt Fréjus wälzte. Eine Stunde nach dem Dammbruch standen 25 Quadratkilometer Land unter Wasser. Als die Fluten endlich ins Mittelmeer abgelaufen waren, bedeckte eine zähe, schmierige Schicht aus rotem Schlamm das überflutete Gebiet. Fréjus wurde völlig zerstört.*

Ein Hubschrauberpilot berichtete später: „Das Werk von Generationen wurde in einer Nacht ausgelöscht. Der Hafen von Fréjus, die Häuser, die Gärten und der Strand – alles war verschwunden. Ihren Platz hatte ein rund vier Kilometer breites Delta der Verwüstung eingenommen. Aus einer schmierigen Schicht roten Schlamms ragten Mauerstücke und umgestürzte Bäume. Wo die Bahnlinie Paris–Nizza verlaufen war, lagen gewundene Eisenstäbe. Es waren die Schienen."

Die Suche nach den Ursachen des Dammbruchs führte zu einem Schwachpunkt im Untergrund

Auch talaufwärts sah es furchtbar aus. Die Äcker, die Blumenfelder und die Weinanbauflächen waren unter einem Schlammteppich begraben. Hier und da durchbrach der Dachstuhl eines Hauses den Schlick. Vom Damm selbst war nur ein riesiges klaffendes Loch geblieben. Alles, was an das „technische Wunderwerk" erinnerte, war eine gewaltige Bresche.

Die Bilanz des Unglücks, das nur sieben Minuten gedauert hatte, war verheerend: 423 Tote, darunter 27, die nicht identifiziert werden konnten, und 50, die man niemals fand. 135 Kinder unter 15 Jahren waren ums Leben gekommen, 79 zu Vollwaisen geworden. 2500 Familien hatten Haus und Hof verloren, 2500 Hektar Land waren verwüstet.

Nach den Helfern kamen die Untersuchungsausschüsse. Sie arbeiteten fast fünf Jahre, konnten aber die Ursache der Katastrophe letztlich auch nicht mit Gewißheit ergründen. Immerhin kam zutage, daß der Damm, der unter der Leitung des Architekten André Coyne errichtet worden war, einen Schwachpunkt hatte. An einer Stelle war der Fels, auf dem die Mauer gesessen hatte, von „ungünstigem Gefüge" gewesen, wie es die Geologen ausdrückten. Diese Schwäche im Untergrund hatte man durch einen massiven Betonsockel auszugleichen versucht, der dann jedoch schwer auf das darunterliegende Gestein drückte. In den Wochen vor der Katastrophe waren hier durch die zusätzliche Belastung feine Haarrisse entstanden, in die sich unter großem Druck das Wasser gepreßt hatte. Der Fels hatte wie ein Hebel zu arbeiten begonnen und schließlich ein Stück Mauer aus dem Damm gesprengt. Damit gab es für die Wassermassen kein Halten mehr.

Im Oktober 1964 wurde in Draguignan der Prozeß gegen Jacques Dargeou eröffnet, der die Bauarbeiten als Chefingenieur geleitet hatte. Die Anklage machte ihn für das Unglück verantwortlich. Doch es mangelte an Beweisen. Die geologischen Gegebenheiten seien nach bestem Wissen korrigiert worden, hieß es am Prozeßende. Trotzdem empfand Dargeou keine Erleichterung. Auf dem Sterbebett soll er gesagt haben: „Der Verantwortliche für dieses Unglück bin ich."

Hamburg unter Wasser

Eine Sturmflut zerstört die Elbdeiche und überschwemmt weite Teile der Hansestadt

Am Vormittag des 15. Februar 1962 studierte im Berliner Institut für Meteorologie und Geophysik der diensthabende Meteorologe, Dr. Gerd Hoffmann, die Wetterlage. In den vergangenen Tagen hatte eine Kaltfront mit orkanartigen Winden Norddeutschland überquert und schwere Schäden angerichtet. Nun, an diesem Donnerstag, verzeichnete die tägliche Wetterkarte schon wieder ein Sturmtief. Es war in der vergangenen Nacht bei Irland entstanden und wanderte jetzt am Nordrand eines Azorenhochs auf die Nordsee zu. Da es dem Experten noch kräftiger und langlebiger zu werden versprach als sein Vorgänger, beschloß er, ihm einen Namen zu geben. Der Buchstabe V war an der Reihe, und so taufte der Meteorologe das Tief auf den Namen Vincinette – die Siegreiche –, nicht ahnend, auf welche Weise dieser Name noch verhängnisvolle Bedeutung erlangen sollte.

WESER KURIER
BREMER TAGESZEITUNG
Sturmflut forderte über
Hamburger Abendblatt
Wie werden wir mit den Schäden der Sturmflut-Katastrophe fertig?
„Mein Aktionsprogramm"
Glenn heil zurück
Nächstes US-Raumschiff bereits auf dem Prüfstand
NORDSEE-ZEITUNG
Erhard geht mit den Sozialpartnern ins Gericht
Größte Flutkatastrophe seit 137 Jahren
Allein in Hamburg 107 Tote

Schlagzeilen *Die Jahrhundertflut war tagelang das Titelthema der Zeitungen.*

Am Nachmittag beobachtete einige hundert Kilometer weiter nordwestlich im Seewetteramt Hamburg ein zweiter Meteorologe, Dr. Koopmann, wie sich Vincinette zu einem kräftigen Sturm entwikkelte, der über der nördlichen und mittleren Ostsee Windstärke 8 erreichte. Die Küstenstationen rund um die Deutsche Bucht meldeten Windstärke 7–8 und vereinzelt auch 9. Bei Windstärke 9 muß Sturmwarnung gegeben werden. Also funkten die Hamburger am Abend über die Sendetürme von Norddeich-Radio: „Warnung für alle Gebiete der Nordsee. Zunehmend 9."

Am nächsten Morgen hatte der Sturm an Stärke weiter zugenommen. Auf dem Brocken wurden zeitweise Windgeschwindigkeiten von 140 Kilometern pro Stunde gemessen, auf der Zugspitze sogar über 200, so daß die Meteorologen eine Orkanwarnung herausgaben. Mit verheerenden Böen jagte Vincinette über Meer und Land hinweg.

Auf See waren die Folgen vergleichsweise harmlos. Am Vormittag brach die Ankerkette des Feuerschiffs *Elbe 3*, doch Schlepper halfen dem 1909 ohne Maschine gebauten Schiff, das lediglich über eine Sturmbeseglung verfügte, bis nach Cuxhaven. Ebenfalls ohne großen Schaden überstand die Besatzung des an der Dagenhuler Mole liegenden Motorschiffs *Falke* einen kräftigen Windstoß, der das Boot mit Wucht auf den Deich hob.

An Land entwurzelte der Sturm jedoch ganze Wälder, knickte Hochspannungsmasten und Schornsteine um und drückte Mauern und Häuser ein. In Emden riß er den 100 Kilogramm schweren goldenen Schwan von der Lutherischen Kirche, bei Oberhof in Mecklenburg fegte er einen Wachturm um, und in einem Braunkohlerevier bei Helmstedt kippte er einen 300 Tonnen schweren Bagger 80 Meter tief die Abbausohle hinunter.

Und es gab die ersten Opfer. Auf der Howaldt-Werft in Kiel schleuderte der Orkan das Walfangschiff *Wladiwostok* zweimal gegen die Kaimauer; zwei Arbeiter konnten nur noch tot geborgen werden. In Exloërmond, am Dollart, riß ein Windstoß einen achtjährigen Jungen vom Fahrrad und warf ihn in einen Kanal, wo er ertrank. Auf der Straße München–Freising wurde der VW-Kombi eines jungen Fernsehtechnikers gegen einen Baum geschmettert; der Fahrer war sofort tot. Im Kreis Stade, bei Halle an der Saale und in Schwerin ereilte weitere vier Menschen das gleiche Schicksal.

Gegen Mittag änderte der Sturm über der Nordsee seine Richtung und tobte nun aus Nordwest. Er drückte ungeheure Wassermassen in die Deutsche Bucht und trieb sie gegen die Küste und in die Flußmündungen – in Richtung der dahinterliegenden Städte.

Hamburg, obwohl 100 Kilometer vom Meer entfernt, war besonders gefährdet. Die tief ausgebag-

Hamburg in Not
Am 17. Februar 1962 erlebte die Hansestadt ihre größte Nachkriegskatastrophe. Ein Nordwestorkan mit Windstärken zwischen 10 und 12 hatte während der Nacht das Wasser flußaufwärts vor die Tore der Elbmetropole getrieben. Die veralteten Deiche brachen an zahllosen Stellen, und das Stadtgebiet wurde zu einem Fünftel überschwemmt (links und unten rechts). Zehntausende mußten aus ihren Häusern evakuiert werden (unten links).

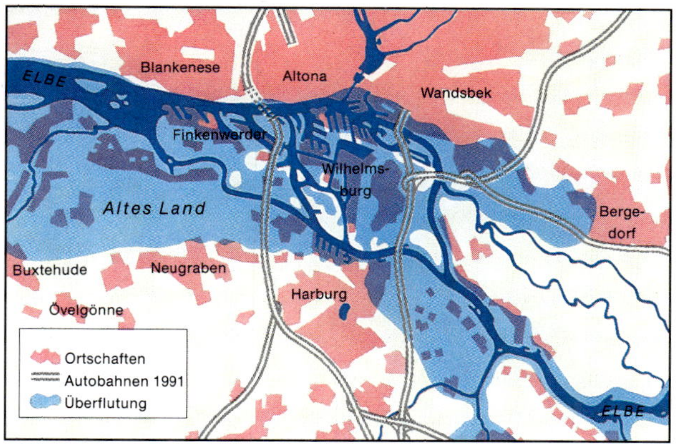

gerte Fahrrinne der Elbe mit ihren befestigten Ufern wirkte wie ein Trichter. Erschwerend kam hinzu, daß der Fluß bereits durch ergiebige Niederschläge in den vergangenen Tagen beträchtlich mehr Wasser als normal führte.

Kurz nach 19 Uhr gingen im Seewetteramt und im Hydrographischen Institut am Hamburger Hafen die letzten Meldungen der meteorologischen Stationen ein. Die Experten arbeiteten fieberhaft, um Zeitpunkt und vermutliche Höhe der Nachtflut zu berechnen. Die Prognose, die Dr. Koopmann schließlich stellte, ließ seine Kollegen erschreckt aufsehen: „Wir bekommen drei Meter über dem mittleren Hochwasser und mehr. Eher mehr ..."

Das letztemal war dieser Wert im Jahr 1855 gemessen worden, vor über 100 Jahren. Drei Meter und mehr – das bedeutete höchste Alarmstufe! Die hatte das Hydrographische Institut nach 1945 nur ein einziges Mal ausgegeben, im September 1954. Nicht zuletzt angesichts tragischer Umstände bei der großen Sturmflut in den Niederlanden 1953 hatte man sich seither mit solchen Ankündigungen zurückgehalten. Vor jener Katastrophe waren die Niederländer innerhalb von zwei Jahren siebenmal durch das Auslösen der höchsten Alarmstufe in Schrecken versetzt worden. Siebenmal passierte nichts. Beim achten Mal ließ sich niemand mehr beunruhigen. Die überhörten Warnungen bezahlten 1800 Menschen mit ihrem Leben.

Für und Wider eines Alarms abwägend, schritten Dr. Koopmann und seine Mitarbeiter um 20.15 Uhr dann zur Tat. Um 20.33 Uhr meldete der Norddeutsche Rundfunk: „Und hier noch eine Warnung des Hydrographischen Instituts. Für das Gebiet der deutschen Nordseeküste besteht die Gefahr einer sehr schweren Sturmflut mit Wasserständen von 3–3,5 Meter über normal, stellenweise noch höher."

Doch kaum jemand in der Millionenstadt hörte die Meldung, die zur besten Fernsehzeit über die Ätherwellen des Rundfunksenders ging. Als sie dann um 22.35 Uhr im Anschluß an die Tagesschau auch im Fernsehen ausgestrahlt wurde, hatten die meisten den Apparat schon abgeschaltet. Und außerdem – wer in der Hansestadt bezog diese Warnung schon auf sich? Schließlich war die Küste weit weg.

Inzwischen wütete Vincinette mit aller ihr zur Verfügung stehenden Kraft. Die Wassermenge, die in dieser Nacht bei Cuxhaven in die Elbe hineingedrückt wurde, war dreimal so groß wie bei einer mittleren Flut. Diese Menge strömte nun flußaufwärts, immer an den hohen Deichen entlang, die dem Land an der Niederelbe östlich von Cuxhaven seinen Namen gaben: Kehdingen, eingedeichtes Land. Auf ihrer ganzen Länge von 100 Kilometern, bis nach Hamburg hinein, wurden die Schutzbefestigungen in dieser Nacht angeschlagen. Am Ende der Sturmflut waren sie an über 50 Stellen bis zur Sohle gebrochen. Das dahinterliegende Land blieb noch wochenlang überflutet: Straßen, Kulturland, Gehöfte.

Das Hochwasser überraschte viele Menschen im Schlaf

Die Sturmflut ließ in weiten Gebieten das Stromnetz und die Telefonverbindungen zusammenbrechen. Die fatalen Folgen waren, daß einerseits in den betroffenen Gebieten die Alarmsirenen ebenso schwiegen wie die elektrisch betriebenen Kirchenglocken, daß andererseits kaum eine Nachricht, geschweige denn eine Warnung bis nach Hamburg durchdrang.

Vier Stunden brauchte die Flutwelle von Cuxhaven bis Hamburg. Wo sich die Elbe verengte, wurde die Flut noch einmal zusammengepreßt und staute sich noch höher auf. So stand sie im Dunkel vor der Stadt. Dort hatte der Sturm, der den ganzen Tag über die Häuser hinweggebraust war, die Straßen leergefegt. Nach einer harten Arbeitswoche schliefen die meisten Menschen dem verdienten Wochenende

Land unter *Besonders schwer traf es die südlich der Elbe gelegenen Stadtteile Hamburgs. Hier kamen die meisten der 315 Opfer, die die Katastrophe in der Hansestadt forderte, ums Leben. Viele wurden von den Fluten, die sich durch die Bruchstellen in den Deichen in die Wohnbezirke ergossen, im Schlaf überrascht. Diejenigen, die sich im letzten Augenblick retten konnten, mußten – oft nur leicht bekleidet – viele Stunden in Sturm und Regenschauern ausharren, ehe Hilfe kam.*

Spielball der Natur *Auch auf den der Küste vorgelagerten Inseln wütete die Sturmflut. Auf Sylt stürzten Wohnhäuser auf den Strand. Der Gesamtschaden der Katastrophe belief sich auf 3 Milliarden DM.*

entgegen. Nur wenige feierten auf St. Pauli feuchtfröhlich in die Nacht hinein. Als sich die Nachricht verbreitete, daß der Hafen überschwemmt sei, eilten sie ans Wasser, um das gewaltige Naturschauspiel zu bestaunen. Wohl kaum jemandem kam es in den Sinn, daß am anderen Ufer der Elbe, keine 1000 Meter von hier entfernt, im Stadtteil Wilhelmsburg Hunderte von Menschen in höchster Lebensgefahr schwebten.

Währenddessen wogen die Experten im Hydrographischen Institut erneut ab. Würde es so glimpflich abgehen wie vor einer Woche? Schließlich hatte man am 12. und 13. Februar eine noch höhere Windstärke registriert. Könnte die Gefahr jetzt trotzdem größer sein? Wäre die Voraussage von 3,5 Meter Hochwasser zu vorsichtig? Bedeuteten vier Meter schon unverantwortliche Panikmache? Die Hauptfrage aber war: Würden die Deiche halten?

In Wilhelmsburg floß das Wasser zuerst über den Köhlbranddeich im Norden. Es war 0.04 Uhr. Ein Funkstreifenwagen benachrichtigte das örtliche Polizeirevier. Gleichzeitig lief dort die Meldung ein, daß das Wasser auch schon von Westen über den Reiherstiegdeich drücke. Das bedeutete, daß sich die Flut von zwei Seiten in die tiefgelegene Gartenkolonie fraß. Da das eindringende Wasser die Kabel der Sirenen unbrauchbar gemacht hatte, fuhren die drei Funkstreifenwagen des Wilhelmsburger Polizeireviers los, um die Bewohner über Lautsprecher aus den Betten zu holen. Doch die Durchsagen gingen im Sturmgetöse unter. Der Wilhelmsburger Ortsamtsleiter Hermann Westphal, der mit einem der Polizeiautos unterwegs war, trat bei einigen Hausbewohnern Türen und Fenster ein, um sie aus dem Schlaf zu holen. Aber auch mancher Privatmann erkannte die Gefahr und versuchte, seine Mitmenschen zu warnen. Nahe dem Bahnhof hatten der Kolonialwarenhändler Rubbert und sein Mieter Hoffmann noch vom letzten Hochwasser her eine Stockmarkierung hinter dem Haus stehen. Als sie sahen, wie die Flut über die alte Marke kletterte, nahm sich Hoffmann ein Taxi und benachrichtigte seine Verwandten und Freunde.

Gegen 2 Uhr brach am Berliner Ufer der Deich, der Wilhelmsburg gegen den Spreehafen hin abschließt. Damit war es um den Stadtteil geschehen. In wenigen Stunden versank das dichtbesiedelte Gebiet buchstäblich im Wasser. Die schäumende Flut sprengte Fenster und Türen. Die Bewohner flacher Häuser, die sich auf die Straße retten wollten, wurden in ihre Wohnungen zurückgedrängt, wo sie ertranken. Der Wilhelmsburger Erwin Papenfuß berichtete später: „Meine Frau rüttelte mich. ‚Wach auf', sagte sie, ‚wir haben einen Wasserrohrbruch.' Das Wasser stand knöcheltief in der Wohnung. Ich schaute aus dem Fenster. In der tiefer gelegenen Straße waren die Autos schon mannshoch überflutet. Mir war klar: Wir hatten keinen Wasserrohrbruch – in unserem Zimmer stand das Meer!"

Papenfuß versuchte, mit der Axt ein Loch in die Zimmerdecke zu schlagen, weil eine Flucht nach draußen nicht mehr möglich war. Schließlich hatte er nur noch 20 Zentimeter Luft über dem Kopf. Seine Familie starb. Er selbst wurde am nächsten Tag gerettet – ohnmächtig und starr vor Kälte.

Ähnlich erging es einem kleinen Jungen, den die Helfer später in seiner Schlafkammer im Dachgeschoß eines zweistöckigen Hauses fanden. Während das Kind selbst schon im Bett lag, saß der Rest der sechsköpfigen Familie noch unten im Wohnzimmer. Der Junge wunderte sich, wie laut sie waren. „Sie schrien, doch dann war plötzlich alles ruhig."

Von dem, was sich in dieser Nacht in Wilhelmsburg und den anderen Stadtteilen südlich der Elbe abspielte, erfuhr das übrige Hamburg zunächst kaum etwas. Nur spärlich drangen Nachrichten nach außen, da die Telefonverbindungen zerstört und Straßen und Schienen überflutet waren.

Erst im Morgengrauen wurde das Ausmaß der Katastrophe sichtbar, als die Vertreter des Hamburger Senats mit einer Hubschrauberstaffel der Bundeswehrfliegerschule Bückeburg das betroffene Gebiet überflogen. Schleunigst begann man, die mittlerweile überall angelaufenen Rettungsarbeiten zu koordinieren. Polizei, Feuerwehr, Technisches Hilfswerk, Bundeswehr und unzählige freiwillige Helfer versuchten

Wider den Blanken Hans

Früher glaubte man, daß ein Deich nur halte, wenn das Meer ein lebendiges Opfer erhalten habe. Am wirksamsten, so die Legende, war ein neugeborenes Kind, das im Damm begraben wurde.

Man kann unseren Vorfahren diesen Aberglauben kaum zum Vorwurf machen, hatten doch seit dem 14. Jahrhundert Sturmfluten immer wieder Tausende von Küstenbewohnern das Leben gekostet. Schuld daran waren allerdings nicht so sehr die wenigen aufgeklärten Geister, die sich dem barbarischen Opferbrauch widersetzten, sondern vielmehr die ungünstigen Profile der Deiche in jener Zeit.

Die senkrechte Holzwand der alten Stackdeiche setzte dem anbrandenden Meer viel zuviel Widerstand entgegen. So wurden bei Sturmfluten oftmals ganze Stücke aus den Deichen herausgeschlagen. Auch die Innenböschungen waren so steil, daß es z. B. unmöglich war, Nutzvieh darauf weiden zu lassen, was den Boden befestigt hätte. In dem sich schnell lockernden Erdreich fanden Wühlmäuse und Maulwürfe ideale Lebensbedingungen und schädigten den Deich zusätzlich. Hohe Wellen, die die niedrige Deichkrone leicht überwinden konnten, hatten dann leichtes Spiel – sie schwemmten die Böschung aus. Ein flaches Profil, das den Wellen weniger Angriffsfläche bietet, setzte sich erst allmählich mit den besser werdenden technischen und finanziellen Möglichkeiten durch.

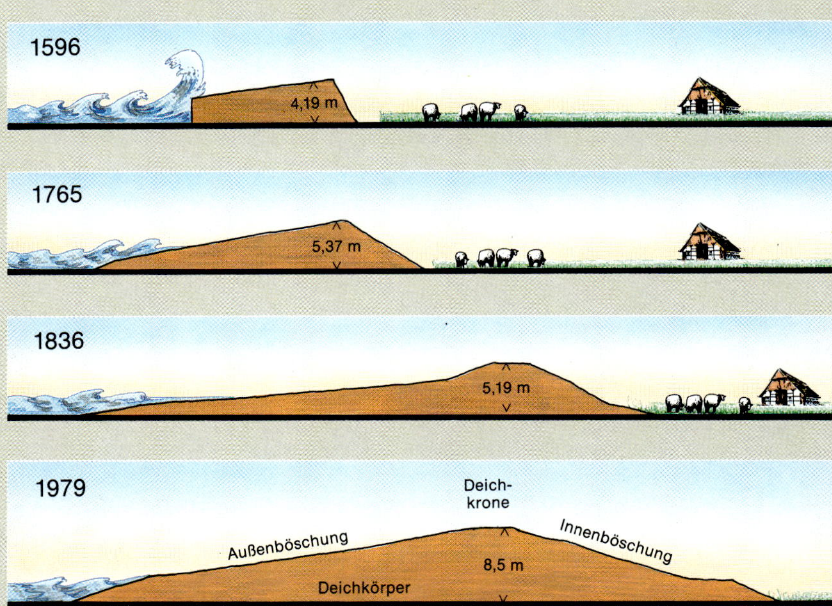

Im Lauf der Jahrhunderte sind die Deiche höher und breiter und gleichzeitig flacher geworden, so daß sie heute den anbrandenden Wellen nur noch wenig Angriffsfläche bieten.

Größere Deichquerschnitte erfordern natürlich viel Baumaterial. Noch bis ins 20. Jahrhundert hinein waren die Deiche vollständig aus Klei. Dieser fette, schwere Boden bindet gut, gibt wenig nach und setzt Wind, Regen und Wellen ausreichend Widerstand entgegen. Doch Klei ist nicht in unbegrenzten Mengen vorhanden. Bei modernen Deichen ist deshalb nur noch die Abdeckung aus Klei.

Neben dem Profil und dem Baumaterial spielt auch die Deichhöhe eine Rolle. Seit dem Ende der Eiszeit vor 10 000 Jahren ist der Meeresspiegel ständig gestiegen, so daß die Deiche fortwährend angepaßt werden mußten. Da sich die höchstmögliche Flut allerdings kaum berechnen läßt, ist die Deichhöhe immer ein Kompromiß aus Bedrohungsgrad, Sicherheitsbedürfnis und finanziellen Aspekten.

mit 340 Booten und fast 100 Hubschraubern, die vom Wasser Eingeschlossenen zu evakuieren.

Doch das stürmische Wetter erschwerte die Rettungsarbeiten. Mit unverminderter Stärke drückte Vincinette das Meer gegen das Land, so daß das Niedrigwasser am Vormittag dieses 17. Februar immer noch fast 1,2 Meter über dem mittleren Hochwasser lag. Damit reichte es weiterhin bis an die Deiche heran und strömte den ganzen Tag über durch die zahlreichen Bruchstellen ins Binnenland. Das Nachmittagshochwasser führte erneut zu einem verstärkten Wassereinbruch. Viele Eingeschlossene mußten deshalb lang ausharren, bis die Hilfe auch zu ihnen kam. Erst in der folgenden Nacht trieb Vincinette Richtung Osten ab, um später irgendwo in Rußland ihre Kraft zu verlieren.

Die Bilanz dieser Hamburger Sturmnacht war erschreckend. In dem tiefergelegenen Gebiet zwischen Norder- und Süderelbe hatten 315 Menschen ihr Leben verloren. 75 000 waren allein in Wilhelmsburg obdachlos geworden. Die Höhe des Sachschadens wurde allein für das Hafengebiet auf rund 870 Millionen DM beziffert. Da die meisten Energieversorgungsunternehmen der Millionenstadt an der Elbe lagen und von der Flut in Mitleidenschaft gezogen worden waren, dauerte es mehrere Tage, bis die Hamburger wieder über Wasser, Strom und Gas verfügen konnten. Der Telefonverkehr funktionierte erst nach einer Woche wieder reibungslos.

Weniger dramatisch als für Hamburg verlief die Katastrophe für das übrige norddeutsche Küstengebiet. In Niedersachsen starben 19 Menschen, 6 Tote hatte Bremen zu beklagen. In Schleswig-Holstein kam niemand ums Leben. Die Gesamtbilanz der Jahrhundertflut belief sich auf 340 Tote, der Gesamtschaden reichte nahe an 3 Milliarden DM heran.

Obdachlos *Das Wasser richtete schwerste Zerstörungen an. Allein im Stadtteil Wilhelmsburg verloren 75 000 Menschen ihre Wohnung. Die Stadt Hamburg bemühte sich, den Flutgeschädigten so schnell wie möglich zu helfen.*

Nach der Katastrophe fragten sich die Menschen, warum die Deiche den Fluten nicht standgehalten hatten

Schon bald nach dem Hochwasser setzte die Diskussion um die Unglücksursachen ein. Ins Kreuzfeuer der Kritik gerieten dabei die für den Küstenschutz verantwortlichen Behörden. Ihnen wurde vorgeworfen, ihre Sorgfaltspflicht verletzt zu haben. So stammten z. B. die Deiche Hamburgs noch aus der Zeit nach der schweren Sturmflut vom 4. Februar 1825. Seither hatte es in der Hansestadt kein wirklich gefährliches Hochwasser mehr gegeben. Das machte leichtsinnig und sorglos. Und während der Hamburger Hafen vergrößert und die Ufer der Elbe begradigt wurden, blieben die Deiche dieselben. Schließlich entsprachen sie weder den gestiegenen Anforderungen noch dem neuesten Stand der Deichbautechnik.

Die Deiche, die Hamburg schützen sollten, waren zu steil und zu niedrig, so daß das anbrandende Wasser auf viel zuviel Widerstand traf und die Dämme gleichzeitig viel zu leicht überwand. Während die Fluten an der Wasserseite ganze Stücke aus dem Erdreich schlugen, wuschen sie an der Deichrückseite die Böschungen aus. Hierbei spielte auch der schlechte Zustand der Deiche eine Rolle. Ausbesserungen waren statt mit Erde mit Schlacke und Steinen erfolgt, die vom Wasser sofort weggespült wurden. In den Laubenkolonien der niedriggelegenen Flußmarschen hatte man an vielen Stellen die Deichrückseite mit in die Nutzung einbezogen. Mit jedem Pflock aber und mit jedem Strauch erhöhte sich das Sicherheitsrisiko. Jeder Fremdkörper bedeutete einen Angriffspunkt mehr für die übergehenden Wellen. Hinzu kam, daß man schon seit längerem keine Schafe mehr auf den Deichen hatte weiden lassen, sondern das Gras schnitt. Helmut Reiners, ein Küsteningenieur aus Schleswig-Holstein: „Noch gibt es keine Maschine, die den Boden so gut verfestigt, ihn gleichzeitig mäht und ordentlich düngt wie das Schaf." In der Folge konnte sich auf den Hamburger Deichen ein dichter Grasfilz bilden, unter dem die Erde leicht und locker blieb und der einen idealen Lebensraum für Maulwürfe und Wühlmäuse bildete. So wurden bei der Sturmflut kleinere Löcher schnell zu großen Auskerbungen, und bis zum Deichbruch war es dann nicht mehr weit.

Die Schlußfolgerungen, die man aus den bitteren Erfahrungen vom 17. Februar zog, führten nicht nur in Hamburg, sondern an der gesamten Küste zu Verbesserungen an den Deichen. Diese Maßnahmen bewirkten, daß die nächste bedrohliche Sturmflut im Jahr 1976 nicht wieder zum Trauma für Tausende, den Naturgewalten ausgelieferte Menschen geriet.

Flutwelle mit Flammenkrone *Gleich zwei Urgewalten – Wasser und Feuer – brachen über Seward herein.*

Das Karfreitagsbeben

Alaska erzittert unter gewaltigen Erschütterungen

Wie seine Bewohner gerne behaupten, ist Alaska, der flächenmäßig größte Bundesstaat der USA, ein Land der Superlative. Die Berge sind höher, die Winter kälter, die Lachsgründe ergiebiger und die Sommernächte heller als anderswo in Nordamerika. Daß auch Alaskas Naturkatastrophen diesem Anspruch, etwas Besonderes zu sein, gerecht werden, bewahrheitete sich am Karfreitag, dem 27. März 1964, auf verhängnisvolle Weise. Ein schweres Erdbeben versetzte Alaska in Angst und Schrecken und richtete ungeheure Verwüstungen an.

Der Erdbebenherd lag unter dem Nordzipfel des Prinz-William-Sunds, etwa 130 Kilometer östlich der Stadt Anchorage. Die Energie der von dort ausgehenden Erdstöße war so groß, daß in weiten Teilen des dichtbesiedelten Gebiets um Anchorage die Erde regelrecht hochgewölbt wurde. Riesige Geröllfelder und Eisschollen rasten über die Berghänge in die Täler hinab und rissen Bäume und Sträucher mit sich. Kleinere Landzungen wurden vom Festland abgetrennt und versanken im Meer. Straßen sackten um mehrere Meter ab, Gebäude stürzten ein, und Ortschaften wurden verwüstet. Im Meer entstanden mächtige Flutwellen, die über Küstensiedlungen am Golf von Alaska hereinbrachen und diese teilweise dem Erdboden gleichmachten.

Doch nicht nur Alaska erzitterte unter den gewaltigen Erdstößen. In Texas wurde der Erdboden durch die Bebenwellen bis zu zehn Zentimeter angehoben. In Südafrika, auf der anderen Seite des Globus, stieg der Grundwasserspiegel deutlich an. Über einen Zeitraum von zwei Wochen ließen sich auf der ganzen Welt Bodenbewegungen feststellen – die Erde schwang gewissermaßen wie ein riesiger Resonanzkörper.

In Anchorage steckten die Menschen an diesem 27. März 1964 mitten in ihren Ostervorbereitungen, und es herrschte reges Treiben. Nach sechs langen Wintermonaten mit grimmiger Kälte begrüßte man die fast schon frühlingshaft zu nennenden Temperaturen, die auf erträgliche –3 °C angestiegen waren. In den Schulen hatten die Osterferien bereits begonnen, und die meisten Büros waren geschlossen, als nachmittags um 17.36 Uhr die Katastrophe hereinbrach. Zunächst war nur ein dumpfes Grollen zu hören – wie entferntes Geschützfeuer –, doch dann begann die Erde zu beben. Endlos scheinende vier Minuten wogte der Boden in großen Wellenbewegungen, und die entsetzten Menschen auf den Straßen, die den Halt unter den Füßen verloren, klammerten sich verzweifelt an Laternenpfählen und Hausmauern fest.

Häuser brachen auseinander, als der Erdboden sich öffnete, und es entstanden tödliche Fallen

Die Hausfrau Carol Tucker sah sich gerade in der Porzellanabteilung des neuen Kaufhauses im Zentrum von Anchorage um, als das ganze Gebäude plötzlich zu schwanken begann. Klirrend fiel das Geschirr aus den Vitrinen, die Wände verschoben sich mit lautem Ächzen gegeneinander, und der Putz begann von der Decke zu rieseln. Als das Licht ausging, tastete sich Carol Tucker im Dunkeln zu einer der blockierten Rolltreppen und taumelte wie in Trance die Stufen hinab. Instinktiv hielt sie die Hände über den Kopf, um sich vor herabfallenden Trümmern zu schützen. Am Haupteingang blieb sie unvermittelt stehen und entging so ganz knapp den massiven Betonplatten der Fassadenverkleidung, die sich gelöst hatten und auf die Straße herabdonnerten. Carol Tucker wurde Zeugin, wie ein Passant von den Betontrümmern getroffen und auf der Stelle getötet wurde. Sie selbst konnte sich schließlich durch den Hinterausgang auf den Parkplatz des Kaufhauses retten, wo sie vor den herabfallenden Gebäudeteilen verhältnismäßig sicher war.

Auch in den Außenbezirken von Anchorage richtete das Erdbeben beträchtlichen Schaden an. Durch die Bebenwellen kam es auf einer in die Bucht hinausragenden Landzunge, auf der noble Vorstadtvillen standen, zu großen Erdrutschen, und viele der Häuser wurden völlig zerstört.

Tay Thomas saß mit ihren beiden Kindern vor dem Fernseher, als das Beben begann. In größter Panik packte sie ihre Kinder und rannte mit ihnen aus dem Haus. Im Garten versuchte Tay Thomas noch verzweifelt, sich an dickem, aus der Erde ragendem Wurzelwerk festzuhalten, doch die abrutschenden Erdschollen rissen sie mit in die Tiefe. Als die schlimmsten Erschütterungen vorüber waren, fanden sich die drei völlig benommen am Strand wieder. Um sie herum lagen neben den Erdmassen die Trümmer ihres Hauses, die mit ihnen die steile Böschung zum Meer hinabgerutscht waren. Wie durch ein Wunder waren Mutter und Kinder trotz der herumwirbelnden Gebäudeteile bei dem Sturz heil geblieben. Schlotternd vor Kälte krochen sie auf allen vieren über die gefrorenen Eisschollen und versuchten, die Orientierung wiederzufinden. Schließlich entdeckten Helfer Tay Thomas und ihre Kinder und zogen sie mit Seilen den Abhang hinauf.

Andere Bewohner des Viertels wurden vom Schicksal noch viel härter getroffen und verloren nicht nur ihren Besitz. Der Arzt Perry Mead hatte Dienst im Krankenhaus, und seine vier Kinder wa-

So werden Erdbeben gemessen

Der amerikanische Seismologe Charles F. Richter führte 1935 ein Verfahren ein, mit dem man die Stärke eines Erdbebens objektiv bestimmen kann: Ein Seismograph registriert die Erdbebenwellen, indem er die Bodenerschütterungen als Zickzacklinien auf einem Papierstreifen, der um einen sich drehenden Zylinder gewickelt ist, aufzeichnet. Anhand der Richter-Skala lassen sich die registrierten Ausschläge dann als Zahlenwerte ausdrücken. Die nach oben hin offene Skala ist logarithmisch aufgebaut. Dies bedeutet, daß sich die Stärke eines Bebens mit der Zunahme um eine Stufe jeweils verzehnfacht. Ein Beben der Stärke 8 ist folglich zehnmal stärker als ein Beben der Stärke 7 und 100mal stärker als ein Beben der Stufe 6.

Ergänzend zur Richter-Skala kommt auch die Mercalli-Sieberg-Skala zur Anwendung, die die Stärke eines Erdbebens danach bestimmt, wie groß die Zerstörungen sind.

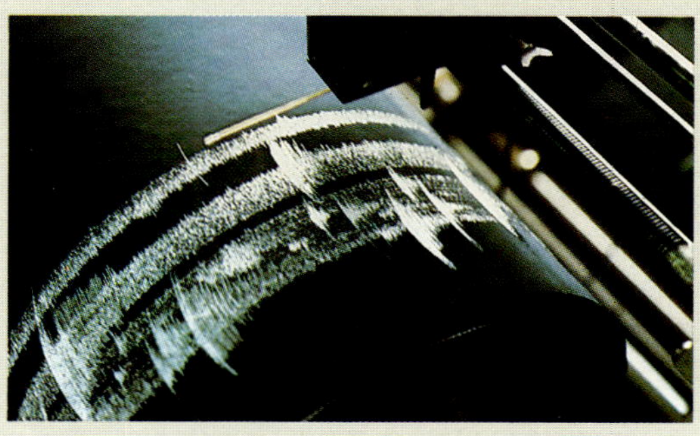

Der Seismograph markiert die Erderschütterungen auf einem geschwärzten Papierstreifen.

Bruchwerk *Wie hier in Anchorage sackten durch das Erdbeben ganze Straßenzüge teilweise mehrere Meter ab.*

ren allein daheim. Als das Haus der Meads auseinanderbrach, konnte der zwölfjährige älteste Sohn zwei seiner jüngeren Geschwister gerade noch rechtzeitig ins Freie bringen. Als er noch einmal zurücklief und auch den Kleinsten aus seinem Bettchen holen wollte, geschah das Schreckliche: Die beiden fielen in eine breite Erdspalte, die sich augenblicklich über ihnen wieder schloß. Nie wurde auch nur eine Spur von den Kindern gefunden.

Riesige Meereswogen brachen mit verheerender Gewalt über die Küstenregion herein

In der Hafenstadt Valdez, etwa 80 Kilometer östlich des Epizentrums, wogte das Land wie ein Meer. Der Erdboden öffnete und schloß sich, und Fontänen von Wasser und Schlick spritzten aus dem Erdreich bis zu acht Meter in die Höhe. Hausfundamente senkten sich um etliche Meter ab, Wände stürzten ein, und abgerissene Hochspannungskabel zischten funkensprühend umher wie elektrisierte Giftschlangen.

Die größte Zerstörung richtete jedoch das Meer an. Die Wellen eines Erdbebens können sich auf dem Meeresboden fortpflanzen und gewaltige Wasserwellen, sogenannte Tsunamis, auslösen, die sich mit rasender Geschwindigkeit ringförmig ausbreiten. Im offenen Meer sind Tsunamis kaum wahrzunehmen, im flacheren Wasser in Küstennähe wachsen sie jedoch zu riesigen Meereswogen an. Etwa jede halbe Stunde donnerte ein solcher Tsunami nun gegen die Küste vor Valdez und überschwemmte weite Teile der Stadt. Die meisten Bewohner konnten sich vor den Fluten rechtzeitig in das höher gelegene Hinterland retten, doch über 30 Menschen kamen im Hochwasser um.

Zu katastrophalen Verwüstungen kam es auch im Hafen von Seward, einer Stadt etwa 200 Kilometer südwestlich von Valdez. Kurz nach der ersten Bebenwelle rollte hier eine über einen Kilometer breite Wasserwand auf die Bucht zu und riß Landestege, Lagerhallen, Verladekräne und eine Zementfabrik mit sich. Mehrere Öltanks, die im Hafen lagerten, explodierten und fingen Feuer. Tausende von Litern brennendes Erdöl ergossen sich über das verwüstete Hafengelände. Durch einen gewaltigen Erdrutsch entstand im Hafenbecken eine weitere Riesenwelle, die auf ihrem Kamm einen Kranz von brennendem Ölschlamm trug. Diese lodernde Flutwelle rollte abermals auf die Küste zu, setzte eine brennende Hochwassermarke und flutete wieder zurück.

Durch das verheerende Zusammenspiel von Erdbeben, Flut und Feuer wurde Seward fast völlig zerstört. Der ganze Hafenbereich und beinahe die Hälfte der Wohnhäuser lagen in Trümmern, die mit einer rußig-schmierigen Schlickschicht überzogen waren.

Auch auf der Insel Kodiak im Golf von Alaska richteten die Tsunamis enorme Verwüstungen an. Eine besonders kuriose Begegnung mit den gewaltigen Riesenwellen hatte die Besatzung des Krabbenfängers *Selief*, der im Hafen des Küstenorts Kodiak lag. Als das Schiff heftig zu schaukeln begann, vernahm die Mannschaft auch schon die Tsunamiwarnung aus dem Radio. Doch der Kapitän beschloß, mit zwei Mann an Bord zu bleiben und das Boot nicht ohne Führung seinem Schicksal zu überlassen. Den ersten Tsunami überstand die *Selief* noch unbeschadet, doch eine mächtige zweite Welle von fast zehn Meter Höhe schwemmte das Schiff geradewegs ins Zentrum von Kodiak. Zwei weitere Wogen, die über den Ort hereinbrachen, beförderten den Krabbenfänger dann noch weiter ins Landesinnere, wo er unmittelbar neben einem Telefonmast aufsetzte. Geistesgegenwärtig taute der Kapitän in Windeseile sein Schiff an, um den unfreiwilligen Landausflug nicht noch weiter fortsetzen zu müssen. Die *Selief* hatte noch Glück im Unglück, denn fast die Hälfte aller Boote, die im Hafen von Kodiak lagen, ging unter oder wurde von den Riesenwellen zertrümmert.

Doch nicht nur an der Küste Alaskas tobten die Tsunamis, auch an der Pazifikküste der USA lösten sie schwere Überflutungen aus. Selbst auf den fernen Hawaii-Inseln mußten die Menschen noch vor den anrollenden Meereswogen flüchten.

Das Karfreitagsbeben von Alaska erwies sich als eine der verheerendsten Naturkatastrophen in der Geschichte der Vereinigten Staaten. Auch seine Stärke erreichte mit einem Wert von 8,5 auf der Richter-Skala nahezu Rekordhöhe. 178 Menschen verloren dabei ihr Leben. Zweifellos hätte das Beben mit seiner enormen zerstörerischen Kraft noch mehr Unheil angerichtet, wenn beispielsweise in Anchorage die Schulen geöffnet und die Büros voll besetzt gewesen wären oder wenn schon – wie in den Sommermonaten – zahlreiche Touristen die Stadt bevölkert hätten. Auch die Tsunamis hätten noch vernichtendere Ausmaße angenommen, wenn zu dem Zeitpunkt, als das Erdbeben begann, nicht Ebbe gewesen wäre.

Dennoch war der Schaden, den das Beben verursachte, enorm. Rund drei Viertel aller Betriebe in Alaska lagen in Trümmern, und Tausende von Menschen hatten ihr Dach über dem Kopf verloren. Die Kosten des Wiederaufbaus beliefen sich auf 300 Millionen Dollar – eine horrende Summe für einen Bundesstaat mit nur 250 000 Einwohnern. Doch dank des Fleißes und der Entschlossenheit der Bewohner Alaskas sowie der finanziellen Hilfe der Regierung und großzügiger Spenden von vielen Seiten konnte sich Alaska im Lauf der Zeit wieder erholen.

Traurige Überreste *Durch die starken Bebenwellen, die Anchorage erschütterten, wurden viele der Holzhäuser in ihre Einzelteile zerlegt (links). Nach der Katastrophe suchten die Bewohner in den Trümmern nach Gegenständen, die unversehrt geblieben waren (unten).*

Der tosende Fluß *Der Arno überschwemmte zunächst die Uferstraßen und drang dann mit Gewalt in die Stadt ein.*

Hochwasser in Florenz

Die Fluten des Arno bedrohen die Kunstwerke der Stadt

Als sich am 4. November 1966 über die von heftigen Regenschauern heimgesuchte prächtige Stadt Florenz die Dämmerung senkte, bot sich ein Anblick, der alle Verehrer dieser Kunst- und Kulturmetropole zutiefst erschütterte. Der Arno, der sonst friedlich und behäbig unter dem Ponte Vecchio dahinfließt, hatte sich in ein wildes und schäumendes Ungeheuer verwandelt, dem die Ufer keinen Einhalt mehr geboten. Durch die starken Regenfälle angeschwollen, ergoß sich der Fluß in die engen Gassen von Florenz, überflutete die Keller der Kunstwerkstätten, Museen und Bibliotheken, stieg an Wänden hoch, an denen unschätzbare Meisterwerke hingen, und brandete gegen die Portale der Kirchen und Paläste.

Hunderte von Gemälden, Skulpturen und anderen Kunstgegenständen sowie Millionen von Büchern und Manuskripten drohten dem Arno zum Opfer zu fallen. Aber nicht nur die Schätze der Vergangenheit waren gefährdet, auch die Menschen mußten um ihr Leben und ihre Existenzgrundlage fürchten, als die Flut Gebäude zum Einsturz brachte und die Werkzeuge und Materialien Hunderter von Kunsthandwerkern mit sich fortriß.

Die unmittelbare Ursache dieses verhängnisvollen Hochwassers waren ungewöhnlich ergiebige Regenfälle. Doch daß sie so katastrophale Folgen haben konnten, lag daran, daß man im Lauf der Jahrhunderte die Wälder auf den meisten Hügeln und Bergen im nördlichen und mittleren Italien abgeholzt hatte.

Seitdem entstehen alle Jahre durch die herbstlichen Regenfälle kleine Wildbäche, die ungehindert die steilen Hänge herabströmen, den Boden auswaschen, die Flüsse anschwellen lassen und häufig die Talebenen überfluten. Als am Donnerstag, dem 3. November, sintflutartige Regenfälle einsetzten – innerhalb von 48 Stunden fielen 47 Zentimeter Regen, soviel wie sonst nur in vier Monaten –, versanken fast ganz Nord- und Mittelitalien im Wasser. Über 100 Menschen ertranken, 750 Ortschaften sowie die Städte Venedig, Pisa und Florenz waren überflutet.

In Florenz sollten am Freitag, dem 4. November, die diesjährigen Feiern zum Gedenken an den italienischen Waffenstillstand im Ersten Weltkrieg stattfinden. Auf den Straßen und Plätzen wehten bereits die Fahnen Italiens und der Stadt. Doch die wolkenbruchartigen Regenfälle und der Wind, der teilweise mit einer Geschwindigkeit von 140 Kilometern pro Stunde durch die Gassen peitschte, ließen den Fahnenschmuck schon am Donnerstag durchnäßt und zerfetzt von den Masten hängen. In der Nacht zum Freitag schwoll der Arno immer weiter an, und um 3 Uhr morgens schlug das Wasser gegen die oberen Bogenwölbungen des Ponte Vecchio, der ältesten Brücke der Stadt, auf der seit Jahrhunderten die Goldschmiede ihre kleinen Läden hatten. Der Wächter, der bei Nacht ein Auge auf die Schmuckauslagen hatte, war einer der ersten, der in Florenz die drohende Überschwemmungsgefahr erkannte. Er alarmierte sofort die Ladenbesitzer, damit sie in aller Eile noch rechtzeitig ihre wertvollen Waren in Sicherheit bringen konnten.

Die meisten Einwohner von Florenz schliefen jedoch noch friedlich und hatten nicht die geringste Ahnung, welche Gefahr sich anbahnte. Als sie am frühen Freitagmorgen aus den Fenstern blickten, trauten sie ihren Augen nicht: Schlammig-braune Wassermassen schossen mit rasender Geschwindigkeit durch die engen Straßen und Gassen und rissen alles mit sich, was nicht niet- und nagelfest war.

Es war nicht das erste Mal in der langen Geschichte der Stadt, daß der Arno über die Ufer trat. Eine Marmortafel an einer Hauswand in der Via dei Neri erinnert daran, daß der Fluß schon einmal, nämlich 1333, ebenfalls am 4. November, Florenz 4,2 Meter hoch überschwemmte und damals auch den Ponte Vecchio wegriß. Unheil richtete der Arno ebenso am 13. September 1557 und am 3. November 1844 an: Beide Male erreichte das Hochwasser in der Stadt die Marke von 2,1 Metern. In der Tat verging kaum ein Jahrhundert, in dem der Arno keine Überschwemmungen in Florenz verursachte. Niemals zuvor war der Arno jedoch so hoch angestiegen und so reißend wie an diesem 4. November 1966. Bis zum Abend überschritt das Hochwasser die bisherige Rekordmarke noch um gut einen halben Meter.

Der Ponte Vecchio drohte abermals von den Wassermassen fortgerissen zu werden

Die Wassermassen ergossen sich in die Untergeschosse und Keller der Gebäude, unterspülten die Grundmauern und schwemmten Tausende von Litern dickes Heizöl aus den Tanks. Ein übles Gemisch aus Öl, Schlamm und Abwasser, das aus den geborstenen Kanalisationsrohren drang, verwandelte die Flut in eine stinkende, fettige Brühe, die Fresken verschmierte, Skulpturen besudelte und ihre häßlichen Spuren an allem hinterließ, mit dem sie in Berührung kam. Gegen 7.30 Uhr brach dann auch noch die gesamte Strom-, Gas- und Wasserversorgung zusammen, und ebenso fielen die Telefone aus. Florenz war nun gänzlich von der Umwelt abgeschnitten.

Seit der Flutkatastrophe von 1333, durch die der Vorgängerbau des Ponte Vecchio zerstört worden war, hatte die Brücke dem wiederholten Ansturm des Arno stets standgehalten. Doch diesmal sah es aus, als ob dieses Wahrzeichen von Florenz zum Einsturz verdammt sei. Aber nicht nur um die Brücke selbst machten sich die Kustoden der Stadt Sorgen. Über den Läden der Goldschmiede auf dem Ponte Vecchio erstreckt sich ein Korridor, der 1565 im Auftrag des Großherzogs Cosimo I. gebaut worden war. Dieser Korridor verbindet

Lebensgefährlicher Seilakt *Die reißenden Fluten in den Straßen von Florenz spülten alles weg, was nicht niet- und nagelfest war. Hier hangeln sich Helfer an einem Seil entlang, um ein Kind zu retten.*

Pforte des Paradieses *Das schönste Tor des Baptisteriums hatte durch die Flut fünf seiner Bronzereliefs verloren. Fassungslos betrachten die Menschen den Schaden.*

den Palazzo Pitti, die südlich des Arno gelegene großherzogliche Residenz, mit den Uffizien nördlich des Flusses, die damals als Verwaltungsgebäude dienten und heute eines der berühmtesten Museen der Welt sind. Der prächtige Korridor ist Teil dieses Museums und beherbergte 1966 eine Reihe wertvoller Gemälde, zu denen unter anderem auch die Selbstbildnisse von Raphael, Tizian und Rubens gehörten. Sie alle waren nun in unmittelbarer Gefahr.

In größter Eile begannen die Direktorin der Uffizien, Luisa Becherucci, und ihre Leute, die bedrohten Kunstwerke in Sicherheit zu bringen. Nachdem schon etliche Gemälde gerettet waren, erschütterten die anstürmenden Wassermassen die Brücke so stark, daß man befürchten mußte, sie würde jeden Moment einstürzen. Die Museumsdirektorin gab darum Anweisung, den Korridor sofort zu verlassen. Sie hatte jedoch nicht mit der Beharrlichkeit von Ugo Procacci gerechnet, dem Verwaltungsdirektor für schöne Künste in Florenz. Er hatte sich auf abenteuerliche Weise durch die unpassierbar gewordenen Straßen bis zu den Uffizien durchgeschlagen, und nun konnte ihn nichts davon abhalten, die Rettungsaktion fortzusetzen. Mit seinem unerschütterlichen Engagement riß er auch die restliche Mannschaft mit. Mit verbissenem Mut brachten sie ein Gemälde nach dem anderen aus dem Korridor in Sicherheit, bis um 10.30 Uhr alle Kunstwerke gerettet waren.

Wider Erwarten hielt der Ponte Vecchio jedoch stand. Diese Demonstration der Stärke mittelalterlicher Architektur hatte jedoch schlimme Folgen für das übrige Florenz. Die breiten Bogenpfeiler, auf denen die Brücke ruhte, verhinderten, daß der Fluß, der auf das Doppelte seines üblichen Volumens angeschwollen war, zügig abfließen konnte. Als dann noch das mitgeführte Treibgut zwischen den Pfeilern hängenblieb und sich auftürmte, verwandelte sich die Brücke in einen Damm. Das Wasser, das unter dem Ponte Vecchio nicht mehr hindurchfließen konnte, sprang in Kaskaden über die Ufermauern und ergoß sich in den historischen Stadtkern von Florenz.

Nur wenige Straßen flußaufwärts vom Ponte Vecchio liegt an einem kleinen Platz etwas zurückgesetzt vom Flußufer die italienische Nationalbibliothek, wo rund 3 Millionen Bände in den Regalen stehen. Mit einer Geschwindigkeit von 60 Kilometern pro Stunde strömte der Arno über die Piazza auf die Bibliothek zu, zertrümmerte die Fenster und ergoß sich in die riesigen Magazine im Untergeschoß. Tonnen von Schlamm und Treibgut lagerten sich hier ab, und über 1 Million Bücher und Manuskripte versank in den Fluten.

In der Franziskanerkirche Santa Croce forderte die Flut ihr berühmtestes Opfer

Hinter der Nationalbibliothek erhebt sich die gotische Franziskanerkirche Santa Croce. Neben Grabdenkmälern für Michelangelo, Machiavelli, Galilei, Rossini und andere berühmte Persönlichkeiten birgt die Kirche eine Vielzahl von Kunstschätzen. Die bei weitem wertvollste Kostbarkeit aber war ein lebensgroßes Bildnis von Christus am Kreuz, das Cimabue, einer der größten Maler des Mittelalters, um 1270 geschaffen hatte. Jahrhundertelang hing dieses einmalige Zeugnis mittelalterlicher Kunst über dem Hauptaltar von Santa Croce. Inzwischen jedoch hatte das wertvolle Stück seinen Standort gewechselt und befand sich nun in dem kleinen Museum des Klosters von Santa Croce, wo es dem Hochwasser des Arno erbarmungslos ausgeliefert war. In kürzester Zeit hatte die mit Öl und Schlamm vermischte Flut die Kirche und das Kloster überschwemmt und stieg bis zu sechs Meter hoch an. Mehrere Stunden lag das 700 Jahre alte Meisterwerk im Wasser. Als man es endlich geborgen hatte, war der größte Teil der Farben zerstört. Man hat das Gemälde später zwar so weit wie möglich restauriert, doch kann man heute nur noch Fragmente des Gesichts und des Körpers bewundern – seine ursprüngliche Pracht ist für alle Zeiten verloren.

Aber auch in der Nähe des Ponte Vecchio kämpfte man den ganzen Tag lang gegen die Flutkatastrophe an. In den Uffizien war der größte Teil der Kunstschätze zwar in den oberen Stockwerken untergebracht und somit vom Wasser nicht bedroht, doch in den unteren Stockwerken lagen die Werkstätten der Restauratoren. Fieberhaft war man hier bemüht, die etwa 100 Gemälde, an denen gerade gearbeitet wurde, vor dem steigenden Wasser in Sicherheit zu bringen. Nicht mehr retten konnte man jedoch die rund 130 000 Fotonegative, eine einmalige Dokumentation, die im Keller der Uffizien eingelagert war.

Trotz aller Rückschläge schöpfte die Rettungsmannschaft mit jedem einzelnen Stück, das sie in Sicherheit bringen konnte, neuen Mut. Wie die Direktorin Luisa Becherucci rückblickend sagte, „war es ein Tag voller Aufregung. Wir arbeiteten bis spät in die Nacht, und als alles vorüber war, setzten wir uns erschöpft hin. Erst jetzt wurde uns ganz allmählich das Ausmaß der Verluste bewußt."

Mit gleicher Einsatzfreude und Entschlossenheit kämpfte man auch andernorts gegen die Flut. Nachdem Maria Bonelli, die Direktorin des Nationalmuseums für Geschichte der experimentellen Naturwissenschaften im Palazzo Castellani, am Donnerstag bis spät in den Abend hinein gearbeitet hatte, verbrachte sie die Nacht in der kleinen Gästewohnung im Erdgeschoß des Museumsgebäudes. Als sie am nächsten Morgen aufwachte, strömte das Wasser bereits um ihr Bett herum und stieg schnell an. Unter Einsatz ihres Lebens bemühte sich Maria Bonelli, die Sammlung des Museums, zu der auch Galileis Teleskop und andere wertvolle Instrumente gehören, in das obere Stockwerk des Gebäudes zu schaffen. Sie gab erst auf, als das inzwischen hüfthohe Wasser sie mitzureißen drohte.

Ebenso berühmt wie die Uffizien mit ihrer Gemäldesammlung ist der Bargello mit seinen Skulpturen. Hier richtete das Hochwasser des Arno besonders großen Schaden an, als es die Skulpturen Michelangelos, Donatellos und anderer Meister der Renaissance in einer vier Meter hohen Wasser- und

Stumme Klage *Mitten im Schlamm steht diese Statue der Jungfrau Maria im Innern der Kirche Santa Croce. Es sieht aus, als beklage sie die Verwüstung, die das Hochwasser angerichtet hat.*

Unter den Augen Davids *Traurig scheint Michelangelos Statue den Blick von dem flutgeschädigten Gemälde abzuwenden, das zur Restaurierung in die Uffizien gebracht wird.*

Schlammflut untergehen ließ. Noch Wochen später mußte man die Skulpturen immer wieder mit Bergen von Kalk überschütten, um die Feuchtigkeit aus dem fein bearbeiteten Marmor herauszuziehen.

Die Wassermassen wälzten sich weiter durch die engen Straßen zur Kathedrale Santa Maria del Fiore, dem berühmten Dom von Florenz. Innerhalb von Minuten war der Domplatz überschwemmt, und es bildeten sich gefährliche Wasserstrudel, die den einzigartig schönen achteckigen Bau des Baptisteriums in der Mitte bedrohten. Diese Taufkapelle hat drei mit Bronzeplatten beschlagene Tore. Alle drei sind Meisterwerke, doch als das schönste gilt das östliche, zum Dom gerichtete Tor, das Michelangelo als Pforte des Paradieses bezeichnete. Seine Bronzeplatten stammen von dem Bildhauer Lorenzo Ghiberti und zeigen Szenen aus dem Alten Testament. Als die Wassermassen nun gegen das Baptisterium brandeten, drückten sie mit Macht gegen die Torflügel, die dem Druck bald nachgaben und mit Gewalt aufgerissen wurden. Als die Pforte des Paradieses gegen ihre steinernen Pfosten schlug, lösten sich fünf von Ghibertis Bronzeplatten und fielen in den Schlamm. Glücklicherweise verhinderten die Eisengitter rund um das Gebäude, daß die Platten weggeschwemmt wurden. Sie konnten schließlich so restauriert werden, daß man heute kaum mehr zu erkennen vermag, welche Platten der Paradiespforte damals zu Schaden kamen.

Sich weiter nach Norden und Westen ausbreitend, ergoß sich die Flut auch in den Keller des Archäologischen Museums und stieg bis in die Ausstellungsräume an, wo rund 9000 wertvolle etruskische Kunstwerke im Schlamm versanken. Als Arbeiter nach der Flutkatastrophe die untergegangenen Schätze wieder ans Tageslicht brachten, sah das Museum selbst wie eine archäologische Ausgrabungsstätte aus.

DIE RESTAURIERUNG DER BESCHÄDIGTEN MEISTERWERKE

Die Überschwemmung von Florenz gilt als eine der größten Katastrophen, unter denen Kunstwerke in jüngerer Zeit zu leiden hatten. Anfangs befürchtete man, daß die Schäden, die das Hochwasser den Kunstwerken zugefügt hatte, nicht wiedergutzumachen seien. Doch gerade die gewaltige Herausforderung an die Restauratoren führte dazu, daß man neue Methoden und Techniken entwickelte, die sich nicht nur auf die vom Hochwasser geschädigten Kunstwerke anwenden ließen.

So entdeckte man beispielsweise bei der Suche nach einem farbenschonenden, aber dennoch wirkungsvollen Mittel gegen den Schimmel, der Hunderte von durchnäßten Fresken bedrohte, daß Nystatin, ein herkömmliches Antibiotikum, diese Voraussetzungen nahezu ideal erfüllt. Unglücklicherweise wird Nystatin nur in Form von Pillen geliefert, und die kann man einer Wand schlecht verabreichen. Doch Chemiker der Universität von Florenz lösten auch dieses Problem. Sie entwickelten eine gangbare Methode, die Pillen in ein Spray umzuwandeln, das man dann ohne weiteres auf größere Flächen aufsprühen konnte. In einem anderen Fall führte die enge Zusammenarbeit unterschiedlicher Experten dazu, daß man ein chemisches Sprühmittel entdeckte, das verhindert, daß Feuchtigkeit aus dem Untergrund zur Oberfläche eines Freskos aufsteigt und dort die unwiederbringlichen Farben des Wandgemäldes schädigt.

Im Lauf der Restaurierungsarbeiten in Florenz erarbeitete man auch neue Lösungen, um Kunstwerke zu erhalten. Die Fresken im Kloster von San Marco waren zwar von Wasserschäden verschont geblieben, aber dennoch lag über ihnen ein weißer Schleier, der die Farben beeinträchtigte. Verursacht wurde dieser Schleier durch chemische Umwandlungen, die den Putzgrund der Wandgemälde zu zersetzen drohten. Nach einjährigen Untersuchungen und Analysen fanden die Experten schließlich geeignete Chemikalien, diesen Zersetzungsprozeß im Putz zu stoppen und den Fresken nahezu ihre ursprüngliche Leuchtkraft wiederzugeben.

Der Bahnhof von Florenz verwandelte sich kurz nach der Flutkatastrophe in eine provisorische Werkstatt der Restauratoren. Wie Wäschestücke hängte man die ungebundenen Buchseiten im Heizwerk des Bahnhofs auf. Glücklicherweise waren Papier und Tinte, die man für die alten Bücher verwendet hatte, von so guter Qualität, daß sie das Bad in Wasser und Schlamm weitgehend unbeschadet überstanden.

Das Hochwasser richtete aber nicht nur Schaden an Kunstwerken an, es zerstörte auch die Wohn- und Arbeitsstätten der Menschen. Im Stadtzentrum waren seit alters Sattler, Weber, Wollkrempler, Goldschmiede und Juweliere ansässig. Ihre Werkstätten und Läden wurden fast vollständig ruiniert. Insgesamt 600 kleinere Unternehmen fielen der Flut zum Opfer, und noch Wochen später konnte man überall in Florenz Ladenbesitzer oder Handwerker sehen, die mit der Schaufel in der Hand ihre Räume von Schlamm und Trümmern zu befreien versuchten.

Als der Arno endlich wieder in sein Bett zurückgekehrt war, lag die Stadt unter einer halben Million Tonnen Schlamm, Öl, Schlick und Unrat begraben. Der materielle Schaden war horrend, doch schlimmer noch war, daß Florenz befürchten mußte, seinen Ruf als einzigartige Kunstmetropole zu verlieren. Tatkräftig begannen die Menschen in der Stadt mit den Aufräumungsarbeiten. Sie wurden bald schon unterstützt durch eine große Schar Freiwilliger, die in den ersten Tagen nach der Flutkatastrophe aus aller Herren Länder anreisten. Liebevoll nannten die Einheimischen sie *angeli del fango*, Schlammengel, denn sie scheuten keine Mühe, um die wertvollen Kunstschätze der Stadt aus dem übelriechenden Morast zu bergen.

Bereits sieben Wochen später, am 21. Dezember 1966, konnte Florenz alle Kunstgalerien und Museen wieder eröffnen – bis auf eines: das Klostermuseum von Santa Croce. „Florenz ist erneut zum Leben erwacht", erklärte der Bürgermeister Piero Bargellini bei den Feierlichkeiten. Er dankte allen, die selbstlos bei dieser Wiedergeburt mitgeholfen hatten, und bezeichnete sie als eine zweite Renaissance, die zum Ruhm der Stadt als Zentrum der europäischen Kunst nicht weniger beigetragen habe als jene erste, der Florenz seine schönsten Bauwerke und Schätze verdankt.

Das mit Abwasser, Schlamm und Öl vermischte Hochwasser drohte viele Fresken anzugreifen. In der Kirche Santa Croce sind Restauratoren bemüht, Das letzte Abendmahl *von Taddeo Gaddi aus dem 14. Jahrhundert zu retten. Nach vielen Versuchen fanden sie ein chemisches Mittel, mit dem der Ölschlamm von der Oberfläche des Wandgemäldes entfernt werden konnte, ohne die Farben zu beschädigen.*

Die Natur selbst, die den Kunstwerken so arg zugesetzt hatte, kam den Restauratoren in der Folgezeit zu Hilfe. Anhaltend kaltes und feuchtes Wetter trug nämlich dazu bei, daß viele durchnäßte Kunstwerke gerettet werden konnten. Gemälde auf Holztafeln beispielsweise mußten sehr langsam trocknen, damit sich der mit Leim vermischte Kreidegrund und die darauf aufgetragenen Farbpigmente nicht von der Holzschicht ablösten. Als im Dezember das Wetter trockener wurde, hatten die Restauratoren bereits die Limonaia, das zum Palazzo Pitti gehörende große Treibhaus für Zitrusfrüchte, bezogen. Dort konnten die Kunstwerke weiter schonend getrocknet werden, da sich in dem Treibhaus die Luftfeuchtigkeit regulieren und Schritt für Schritt verringern ließ.

Die wohl schwierigste Aufgabe nach der Flutkatastrophe war die Rettung der wertvollen Bücher der Nationalbibliothek. Freiwillige Helfer zogen die durchnäßten Bücher aus dem Schlamm und aus den Regalen. Andere Freiwillige legten zwischen die einzelnen Buchseiten sofort Löschpapier. Gleichzeitig organisierte man von überall her Heizkörper und stellte sie in provisorischen Trockenräumen auf. Tabakdarren, die dazu bestimmt sind, Blätter bei hohen Temperaturen zu trocknen, wurden von den Restauratoren ebenfalls zum Trocknen der Bücher eingesetzt. Im Bahnhof von Florenz wurden die ungebundenen Seiten in einer Lösung aus Schimmelverhütungsmittel gewaschen, durch Pressen von überschüssiger Feuchtigkeit befreit und schließlich noch vier bis sechs Stunden zum Trocknen aufgehängt.

Zyklon im Golf von Bengalen

Wind und Wasser verwüsten das Gangesdelta

Bangladesch, das frühere Ostpakistan, ist eines der ärmsten Länder der Welt. Das Staatsgebiet umfaßt das riesige Mündungsdelta von Ganges, Brahmaputra und Meghna. Das Land ist fruchtbar, doch Überbevölkerung, eine unterentwickelte Wirtschaft und die Schwerfälligkeit der Bürokratie haben dazu geführt, daß die meisten Einwohner ein armseliges Dasein fristen.

Zusätzlich ist das Leben der Menschen in Bangladesch durch Naturkatastrophen bedroht. Das Land ist sehr flach, und wenn im Frühjahr die Ströme anschwellen, kommt es oft zu verheerenden Überschwemmungen. Die gleiche Gefahr droht vom Meer her durch Wirbelstürme aus dem Golf von Bengalen. Nicht nur, daß die von starken Regenfällen begleiteten Zyklone Palmen entwurzeln und Häuser niederreißen, sie treiben auch das Wasser des Golfs über das mit Reis- und Jutefeldern bedeckte Tiefland.

Bei diesen häufig auftretenden Stürmen sterben immer wieder viele Menschen. Über 20 000 Opfer forderte ein Zyklon im Jahr 1963, und 40 000 kamen bei zwei weiteren Stürmen im Jahr 1965 ums Leben. Der Wirbelsturm jedoch, der im Herbst 1970, in den düsteren Morgenstunden des 13. November, über Ostpakistan tobte, stellte alle bisherigen Katastrophen in den Schatten. Die Zerstörungen waren enorm, und mindestens 300 000 Menschen fielen diesem Naturereignis und seinen Folgen zum Opfer.

Das Unheil hatte sich schon Tage vorher angekündigt. Vor der Küste Indiens war ein Tief entstanden, das langsam nordostwärts zog. Innerhalb kurzer Zeit entwickelte sich aus diesem Tief ein Sturm mit Spitzengeschwindigkeiten von 160 Kilometern pro Stunde und mehr.

Doch die Gefahr, die von diesem Zyklon ausging, wurde unterschätzt. Zwar zeigten die Bilder eines amerikanischen Wettersatelliten, daß der Sturm sich direkt auf den Golf von Bengalen zu bewegte, und der ostpakistanische Rundfunk gab auch eine entsprechende Meldung heraus. Aber die Warnung war nicht eindeutig genug formuliert. Erschwerend kam hinzu, daß drei Wochen zuvor ein mit katastrophalen Folgen angekündigter Zyklon abgeflaut war, bevor er die Küste erreichte und größeren Schaden anrichten konnte. So kam es, daß die Bevölkerung den neuen Berichten wenig Beachtung schenkte.

Diese Haltung sollte sich bitterlich rächen. Denn als der Zyklon in den Golf von Bengalen eindrang,. türmte er das Wasser zu einer riesigen Flutwelle auf, die das Land mit unvorstellbarer Wucht überrollte.

Die niedrigen Erdwälle, die die Felder und Siedlungen im Deltagebiet umgeben, boten keinerlei Schutz. Die einzige Möglichkeit, nicht vom Wasser mit fortgerissen zu werden, bestand darin, sich an den Stamm einer Palme zu klammern. Auf diese Weise konnten sich wenigstens ein paar Menschen vor dem Ertrinken retten. Doch die meisten kamen ums Leben.

Nur eines von vielen Schicksalen war das des 40jährigen Reisbauern Munshi Billa, der mit seiner Frau und seinen fünf Kindern auf einer der Inseln vor der Küste Ostpakistans lebte. Wie die meisten anderen suchte die Familie, als das Wasser über sie hereinbrach, Zuflucht bei den Bäumen auf ihrem Grundstück. Alle fanden zunächst Halt an den Palmen. Munshi umklammerte sein jüngstes

Kurs Ostpakistan *Dieses Satellitenfoto zeigt den zerstörerischen Wirbelsturm von 1970, der über dem Golf von Bengalen tobte und wenig später über die Küste Ostpakistans hereinbrach.*

Kind, das kaum ein Jahr alt war, während sein ältester Sohn die beiden Töchter im Arm hielt. Doch sehr lange konnten sie den Fluten nicht standhalten.

Zuerst verließen Munshis Ältesten die Kräfte, und die Schwestern drohten ihm zu entgleiten. „Ich kann sie nicht länger halten", schrie er, „ich muß sie loslassen!" Vor den Augen des entsetzten Vaters ertranken die beiden Mädchen, und kurz darauf verschwand auch ihr Bruder in dem gurgelnden Wasser. Nur wenig später ereilte Munshis zweiten Sohn an einer anderen Stelle des Grundstücks das gleiche Schicksal. Zuletzt traf es Munshi selbst. Sein Arm mit dem Baby erlahmte. Verzweifelt schluchzend mußte der unglückliche Vater mit ansehen, wie ihm sein Jüngstes entglitt, und schließlich riß das Wasser auch ihn mit sich fort.

Doch Munshi hatte Glück. Er bekam einen zweiten Baum zu fassen, mußte ihn wieder loslassen, fand dann aber Halt am letzten Baum auf dem Grundstück. Fast im gleichen Augenblick hörte er seine Frau von einem andern Baum rufen: „Meine Söhne sind verschwunden, meine Töchter sind verschwunden, und nun verschwindet auch noch mein Mann! Ich folge ihnen. Ich will nicht mehr leben!" Und Sekunden später trieb sie an ihm vorbei. Munshi streckte den Arm aus, ergriff seine Frau und hielt sie fest. Als das Wasser zurückging, kletterten die beiden, halb nackt und übel zugerichtet, von ihrem Baum herunter.

Es gab Inseln vor der Küste des Landes, auf denen kein einziger Mensch überlebte

Im knietiefen Wasser wankten Munshi und seine Frau müde, benommen und traurig zwischen dahintreibenden Leichen und Tierkadavern zur Hütte ei-

Hilfe aus der Luft *Aus Hubschraubern wurden die hungernden Menschen mit dem Allernotwendigsten versorgt.*

Opfer der Flut *Fassungslos birgt ein Überlebender ein ertrunkenes Kind aus dem Wasser (oben). Hungernde Menschen suchen in den Überresten der Reisernte nach noch nicht verfaulten Körnern (rechts).*

nes Nachbarn, um dort nach einigen Fetzen zu suchen, mit denen sie sich notdürftig bekleiden konnten. Die Hütte war zertrümmert, die Nachbarn tot, aber ein Fremder, ein Junge, der überlebt hatte, gab Munshi und seiner Frau einige Kleiderreste, in die sich das Ehepaar hüllte. Völlig entkräftet ließen sie sich auf den nassen Boden fallen und weinten über den Verlust ihrer Kinder, bis sie der Schlaf übermannte.

Die Folgen des Sturms waren furchtbar. In einem Umkreis von 8000 Quadratkilometern lagen die Felder wie abrasiert, waren die Häuser hinweggefegt. Unzählige Leichen säumten die Ufer der Inseln und der Küste oder hingen in den Bäumen, in deren Geäst sie sich verfangen hatten. Auf Bhola, der größten Insel im Delta, waren 200 000 Todesopfer – ein Fünftel der Gesamtbevölkerung – zu beklagen. Auf den 13 kleinen Inseln, die der auf dem Festland gelegenen Stadt Chittagong vorgelagert sind, überlebte kein einziger Mensch.

Nach inoffiziellen Schätzungen lag die Gesamtzahl der Toten bei 300 000. In dieser dichtbesiedelten Region, wo auf einem Quadratkilometer bis zu 400 Einwohner leben, dürfte die tatsächliche Zahl aber weitaus höher gewesen sein.

Wie die tragische Geschichte von Munshi und seiner Familie zeigt, waren ein großer Teil der Opfer Kinder. Zu schwach, um sich an den Palmen festzuhalten, wurden sie zu Zehntausenden vom Wasser weggerissen. Trotzdem entgingen einige dem Unheil. Drei Tage nach dem Sturm wurde auf einer der Inseln eine große Holzkiste an den Strand gespült, in der sechs Kinder im Alter von drei bis zwölf Jahren saßen. Ihr Großvater hatte sie dort hineingesetzt und war dann selbst dazugestiegen, später jedoch an Erschöpfung gestorben.

Die Überschwemmung ließ das Land völlig zerstört zurück. Überall sah man Überlebende auf der Suche nach Angehörigen umherirren. Manche verloren angesichts des Grauens ihren Verstand. Auf der Insel Jabbar sammelte ein alter Mann die Überreste von 52 Verwandten ein, legte sie in ein großes Grab, setzte sich auf die Leichen und rief, während er wie ein Irrer lachte: „Seht, das ist meine Familie."

Die Überlebenden wußten nicht, wohin mit den vielen Toten

Die vielen Leichen, die der Zyklon im Delta zurückgelassen hatte, mußten rasch beerdigt werden – ein gewaltiges Problem, denn die Menschen hatten meistens nur Schaufeln, um die zahllosen Gräber, die benötigt wurden, auszuheben. „5000 sind es jetzt, die wir in einem Massengrab verscharrt haben", sagte ein Dorfbewohner nach Tagen der Mühsal. „Unsere Hände schmerzen; wir müssen aufhören zu graben."

Zusätzlich wurden die Arbeiten durch einen starken Verwesungsgeruch, der von den Leichen ausging, erschwert. Mit Tüchern vor dem Gesicht schützten sich die Menschen notdürftig gegen diesen schrecklichen Gestank. Um der Toten schneller Herr zu werden, gingen einige Orte dazu über, die Opfer auf schnell zusammengezimmerten Flößen aufs Meer hinaustreiben zu lassen. Oft jedoch kamen diese Flöße mit der nächsten Flut an Land zurück.

Als die gewaltigen Ausmaße des Unglücks in der Welt bekannt wurden, ließ internationale Hilfe nicht lange auf sich warten. Knapp vier Tage nach dem Zyklon trafen Sendungen des Roten Kreuzes mit Nahrungsmitteln, Kleidern und Medikamenten in Ostpakistan ein.

Doch die Sofortmaßnahmen reichten bei weitem nicht aus, und sich selbst vermochten die Menschen im Delta kaum zu helfen. Zu schwer hatte das Unglück die ohnehin schwache Wirtschaft des Landes getroffen. Nicht nur, daß Hunderttausende von Einwohnern ums Leben gekommen waren, auch Fischerei und Landwirtschaft lagen darnieder. Unzählige Fischerboote waren von der Flut ins offene Meer hinausgerissen worden und gesunken. An Land hatte das Wasser eine halbe Million Hektar Reisfelder überschwemmt. Zwei Wochen vor der Ernte verrotteten nun drei Viertel der erwarteten Erträge in der Sonne. Trinkwasser gab es überhaupt nicht – das Salzwasser und verwesende Tierkadaver hatten die Brunnen vergiftet. Seuchen wie Typhus und Cholera, die im Gangesdelta ohnehin eine ständige Gefahr bilden, drohten auszubrechen. So kam es, daß nach der eigentlichen Katastrophe noch einmal Tausende von Menschen an Durst, Hunger, Erschöpfung und Krankheit starben.

Erschwerend trat hinzu, daß die pakistanische Regierung nur zögernd Hilfsmaßnahmen einleitete, weil es in dem von der Sturmkatastrophe betroffenen Gebiet starke Unabhängigkeitsbestrebungen gab. Etliche Armeehubschrauber blieben am Boden, und eine Getreidereserve von einer halben Million Tonnen, die nahe dem Gangesdelta lagerte, wurde erst nach Tagen freigegeben, als schon zahlreiche Menschen in der Krisenregion verhungert waren.

Glücklicherweise war die Unterstützung aus dem Ausland großzügig. 50 Millionen Dollar kamen an Spenden zusammen. Mit Hilfe dieses Geldes wurden weitere Nahrungsmittel ins Land gebracht und Massenimpfungen gegen Cholera und Typhus durchgeführt. Man säuberte die Brunnen, baute neue Hütten und Häuser und setzte wieder Reispflanzen ein.

Doch die Gleichgültigkeit der Behörden brachte die Menschen in Ostpakistan endgültig gegen die Regierung auf. Es brach ein Bürgerkrieg aus, in dem die Aufständischen schließlich siegten. Am 26. März 1971 wurde Ostpakistan unter dem Namen Bangladesch unabhängig. So hatte der Zyklon einen guten Teil zur Gründung des neuen Staates beigetragen.

Wie Wirbelstürme entstehen

Im Atlantischen Ozean nennt man sie Hurrikan, im Pazifik Taifun, im Indischen Ozean Zyklon, und in Australien heißen sie Willy-Willy. Gemeint sind die gewaltigen tropischen Wirbelstürme, die immer mit starken Winden und heftigen Regenfällen einhergehen.

Wirbelstürme entstehen, wenn warme, feuchte Luft rasch aufsteigt. Das ist nur über dem Meer der Fall, und zwar lediglich dort, wo die Oberflächentemperatur des Wassers mindestens 27 °C beträgt. Wirbelstürme bilden sich also ausschließlich in wärmeren Breiten.

Ausgangspunkt dieser Stürme sind kleinere Tiefdruckgebiete. In ihnen wird die nach oben abgeflossene wärmere Luft durch nachströmende kältere ersetzt, die sich über dem warmen Meer ebenfalls erwärmt und nach oben steigt. Infolge der Erdrotation wird diese Luft seitlich abgelenkt, so daß nach und nach eine gewaltige Luftmasse um einen Mittelpunkt zu wirbeln beginnt. Im Auge des Sturms bleibt es dabei relativ windstill.

Während sich der Wirbelsturm selbst mit 15–20 Kilometern pro Stunde nur langsam voranbewegt, erreichen seine Winde Spitzengeschwindigkeiten von 200 Kilometern pro Stunde und mehr. Rund um das Zentrum des Wirbelsturms türmen sich gewaltige Wolkenbänke bis zu zehn Kilometer über dem Meeresspiegel auf. Aus ihnen kommen die verheerenden Regenfälle.

Sturm und Regen führen zu großen Verwüstungen, doch die meisten Schäden richten die von den Wirbelstürmen ausgelösten Sturmfluten an, wenn sie über die flachen Küsten hereinbrechen.

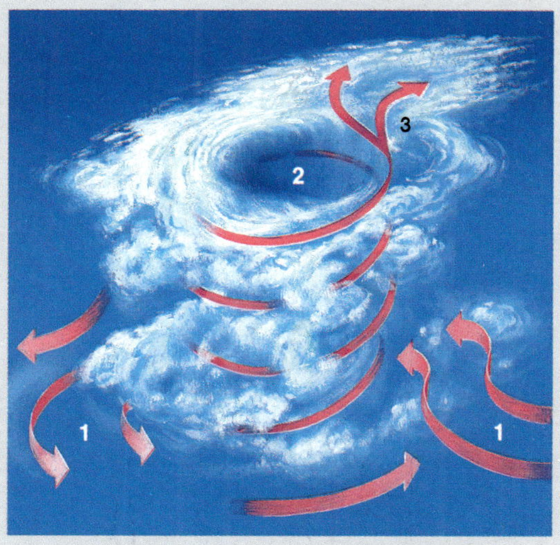

Bei einem tropischen Wirbelsturm wehen Winde aus allen Richtungen zum Kern eines Tiefs (1), steigen dann schnell in die Höhe (2) und werden oben schließlich wieder herausgewirbelt (3).

Tod in Managua

Ein Erdbeben zerstört die Hauptstadt Nicaraguas

Das Weihnachtsfest 1972 versprach in Nicaraguas Hauptstadt Managua noch fröhlicher zu werden als sonst. Die Stadt war Austragungsort der 20. Weltmeisterschaft im Amateur-Baseball gewesen, und zur grenzenlosen Freude der einheimischen Fans hatte sich die nicaraguanische Mannschaft einen hervorragenden zweiten Platz gesichert. In der Nacht des Triumphs ließen die Menschen Managuas Feuerwerkskörper knallen und fuhren hupend durch die Stadt. Kaum war die Siegesfeier vorüber, wurde es Zeit, die *Gritería de Maria* vorzubereiten, ein Fest der Marienverehrung, das einen ganzen Tag lang mit Paraden, Tanz in den Straßen und Feuerwerk begangen wird und traditionell den Beginn der Weihnachtsfeierlichkeiten markiert.

Inmitten all dieses fröhlichen Treibens waren in Managua am Abend des 22. Dezember um 21.30 und um 22.15 Uhr zwei leichte Erdstöße zu spüren, von denen jedoch kaum jemand ernsthaft Notiz nahm. Zwar beschlossen einige Bewohner, die Nacht vorsichtshalber im Freien zu verbringen, und andere legten sich mit Kleidern ins Bett, aber es gab keine Panik. Die Managuaner leben in einer Zone großer seismischer Aktivität. Die Stadt ist von Vulkanen umgeben, und in ihrem Untergrund ist die Erdkruste in ständiger Bewegung. Entsprechend häufig bebt die Erde. So kam es, daß die Einwohner an diesem Abend nichts von der Tragödie ahnten, die am Samstag, dem 23. Dezember, kurz nach Mitternacht über sie hereinbrechen sollte.

Um 0.29 Uhr blieben überall in Managua die Uhren stehen, als das erste Beben die Stadt erschütterte

Nicaraguas starker Mann, General Anastasio „Tachito“ Somoza, und seine amerikanische Frau Hope waren eben von einer Hochzeitsfeier zurückgekehrt, als ihr Haus in Managuas vornehmem Viertel El Retiro zu schwanken begann. „Wir unterhielten uns gerade“, erinnerte sich Somoza später, „als wir den ersten Erdstoß spürten. Wir sprangen auf und rannten auf die Straße hinaus. Hope verletzte sich am Arm und am Knöchel. Es folgte noch ein Beben und noch eines. Beim ersten bewegte sich die Erde horizontal, so daß einige Leute noch Zeit hatten, ihre Häuser zu verlassen. Beim zweiten und dritten Stoß verlief die Bewegung vertikal. Das dritte Beben war mörderisch. Wir fühlten uns wie Eisstücke in einem Cocktailshaker.“

Innerhalb weniger Minuten fielen rund 70 Prozent der Stadt den Erdstößen zum Opfer. Steinhäuser stürzten über ihren Bewohnern zusammen, Holzhäuser fingen Feuer. Rasend schnell griffen die Flammen um sich. Die Feuerwehr mußte den Bränden machtlos zusehen, weil die Trümmer sämtliches Löschgerät unter sich begraben hatten.

Der Samstag wäre in Managua Zahltag gewesen, und es hätte auch Weihnachtsgeld gegeben. Um am größten Einkaufstag des Jahres ein Geschäft zu machen, hatten Hunderte von Straßenhändlern rund um die Markthalle im Zentrum der Stadt kampiert. Viele von ihnen starben, als die Erdstöße das schwache Backsteingebäude zum Einsturz brachten.

In einem anderen Teil der Stadt saßen zum Zeitpunkt des Erdbebens 50 Männer und Frauen in dem alten Gefängnis *El Hormiguero* („Der Ameisenhaufen“) ein. Die überlebenden Männer konnten sich durch Löcher in den Gefängnismauern ins Freie retten, während sich den weiblichen Gefangenen keine Fluchtmöglichkeit bot. Verzweifelt riefen sie um Hilfe. Schließlich erbarmte sich ein Wärter, rannte in das zusammenfallende Gebäude zurück, sperrte die Türen auf und ließ sie hinaus. In diesem und den zwei weiteren Gefängnissen der Stadt kamen in dieser Nacht etwa 80 Gefangene um, und weiteren 400 gelang die Flucht.

Carmela Lacayo, eine amerikanische Lehrerin, die sich gerade in Managua aufhielt, schilderte später das Chaos, das in der zerstörten Stadt herrschte. „Menschen rannten schreiend durch die Straßen, andere gruben fieberhaft nach verschütteten Angehörigen, und wieder andere rissen ihre Schlafanzüge in Streifen, um Verbände herzustellen. Eine junge Mutter drückte ihr totes Baby an die Brust, während ihr Mann wie betäubt neben ihr stand.“

Überall in Managua taten Ärzte und Krankenschwestern alles, um in dieser schrecklichen Situation möglichst vielen Menschen zu helfen. Das Allgemeine Krankenhaus, mit 800 Betten das größte der Stadt, war während des Erdbebens einfach auseinandergebrochen. Dabei hatten 75 Patienten den Tod gefunden, unter ihnen auch 17 Babys auf der Säuglingsstation. Immer wieder rannten mutige Krankenschwestern in das zusammenstürzende Gebäude zurück, um überlebende Patienten zu bergen. Eine Schwester packte kurz entschlossen acht Frühgeburten in einen großen Pappkarton, organisierte einen Wagen mit Fahrer und brachte die Kinder in ein

Ein trauriger Tag *Verloren hängt noch der Festtagsschmuck über den zerstörten Straßen der Stadt.*

Krankenhaus im 80 Kilometer entfernten León. Dank eines tragbaren Beatmungsgeräts, das die Schwester mitgenommen hatte, überlebten alle acht Säuglinge.

Auf dem Gelände vor dem zerstörten Allgemeinen Krankenhaus richtete der Leiter der Notaufnahme, Dr. Augustín Cedeño, ein behelfsmäßiges Feldlazarett ein. Autofahrer, die Verletzte brachten, wurden gebeten, ihre Scheinwerfer brennen zu lassen, damit die Ärzte etwas sehen konnten. Im Staub kniend, stillten Cedeño und sein Stab Blutungen und versorgten Knochenbrüche. Insgesamt behandelten sie hier unter freiem Himmel etwa 5000 Opfer.

Das volle Ausmaß der Zerstörung wurde erst bei Tagesanbruch sichtbar. Das Zentrum Managuas hatte sich in eine leichenübersäte Wüste verwandelt, über der die Geier kreisten. Noch immer brannte es in der Stadt, und die Luft war erfüllt von Rauch und rotem Staub. Die Straßen boten ein Bild der Verwüstung. Wasserrohre, Stromleitungen und Kommunikationseinrichtungen waren fast völlig zerstört. Von den meisten öffentlichen Gebäuden, Banken, Märkten, Warenhäusern und Tankstellen standen nur noch Ruinen. Es gab kaum Lebensmittel. Neben dem Allgemeinen Krankenhaus waren auch die anderen großen Hospitäler Managuas stark beschädigt. Gleichzeitig mußten aber etwa 20 000 Schwerverletzte behandelt werden, so daß sich das medizinische Personal vor große Probleme gestellt sah. Schätzungsweise 250 000 Menschen, mehr als die Hälfte der Einwohner, waren obdachlos geworden. Und unter den Trümmern lagen etwa 8000 Tote, bei denen bald die Verwesung einsetzen würde. Nachdem sich der Kommandeur der nicaraguanischen Pioniere, Oberstleutnant José Alagret, einen Überblick über dieses grauenhafte Szenario verschafft hatte, stellte er fest: „Das war einmal eine Stadt, jetzt ist es keine mehr."

Hunger und Gesetzlosigkeit
Nach der Erdbebenkatastrophe herrschte in der nicaraguanischen Hauptstadt ein schreckliches Chaos. Überlebende kämpften verzweifelt um ihren Anteil an den rationierten Nahrungsmitteln (rechts). Bewaffnete Wachmänner sollten gegen Plünderer vorgehen. Mit Tüchern schützten sie sich vor dem Gestank der verwesenden Leichen (unten).

Bis zum Samstagnachmittag erschütterte eine Reihe von Nachbeben die Stadt, doch – wie ein Reporter aus Guatemala berichtete, der sich vor Ort befand – schienen die Menschen sie gar nicht wahrzunehmen. „Sie gehen wie verloren durch die Straßen. Leichen auf den Bürgersteigen finden kaum Beachtung. Die vertrauten Wahrzeichen der Stadt – der Präsidentenpalast, das Hotel Intercontinental, das Gran Hotel, das Hotel Balmoral – sind schwer beschädigt."

Die Erschütterungen, die Managua dem Erdboden gleichmachten, erreichten eine Stärke von 6,25 auf der nach oben offenen Richter-Skala. Erst Beben ab 7,0 aufwärts gelten als schwer. Warum also richteten Erdstöße, von denen man anderswo kaum Notiz genommen hätte, hier solche Verwüstungen an? Wiederholte Vulkanausbrüche haben dazu geführt, daß der Untergrund Managuas nicht aus solidem Fels, sondern aus einer 90 Meter dicken Schicht losen vulkanischen Gesteins besteht – ein unsicheres Fundament für eine derart gefährdete Stadt. Hinzu kam, daß der Erdbebenherd fast unmittelbar unter Managua und dazu in ungewöhnlich geringer Tiefe lag.

Schließlich trug auch eine für die Gegend charakteristische Bauweise zu der enormen Zerstörung bei: Sie wird *taquezal* genannt und war in den ärmeren Vierteln Managuas sehr verbreitet. Das typische *taquezal*-Haus besteht aus einem Holzrahmen, Steinen und einem Dach aus locker aufgelegten Ziegeln. Es besitzt wenig Stabilität und stürzt fast augenblicklich ein, wenn die Erde zu schwanken beginnt.

Nach dem Beben war es eine der vordringlichsten Aufgaben, die vielen tausend Toten zu beseitigen, die nicht identifiziert werden konnten. Einige der Leichen übergoß man mit Benzin und verbrannte sie an Ort und Stelle, andere setzte man in eilig geschaufelten Massengräbern bei. Am 26. Dezember, dem Tag nach jenem Weihnachtsfest, das niemals stattfand, wurden weite Bereiche der Innenstadt Managuas zum Seuchengebiet erklärt, das eingeebnet und mit Kalk bedeckt werden sollte.

Als sich der Geruch des Todes über der Stadt ausbreitete und Krankheiten drohten, flohen Zehntausende

Einer der ersten, die Managua verließen, war der exzentrische amerikanische Milliardär Howard Hughes. Er war von dem Erdbeben in seiner Suite im Hotel Intercontinental überrascht und danach in einer Limousine zum Flughafen gebracht worden; von dort trat er am nächsten Morgen den Heimflug an.

Andere wollten trotz des Grauens, das sie umgab, die Ruinen ihrer Häuser nicht verlassen. Um sie zu vertreiben und auf diese Weise der Gefahr einer Epidemie vorzubeugen, ließen die Behörden keine Nahrungsmittel mehr in die Stadt bringen. Schwarzhändler sprangen in die Bresche und verkauften das Brot für zwei Dollar den Laib. Auch Plünderer fielen über Managua her, die alles mitnahmen, was es an Wertvollem noch gab.

Nach dem Beben standen fast alle Bewohner Managuas unter einem Schock und waren kaum handlungsfähig. Die Außenwelt indes reagierte rasch und großzügig. Aus dem benachbarten Costa Rica flog ein Ärzteteam ein, dem zwei weitere aus Kuba folgten. Auch die USA schickten Ärzte, Krankenschwestern, Versorgungsgüter und zwei komplett ausgestattete Feldlazarette. Honduras entsandte Soldaten, die dem Diktator Somoza unterstellt wurden und für die Aufrechterhaltung der Ordnung sorgen sollten. Mehr als 20 andere Länder schickten Nahrungsmittel, Kleidung und Geräte, und auch zahllose Privatpersonen beteiligten sich an den Aktionen.

Einer dieser Helfer war der Baseballstar Roberto Clemente aus Puerto Rico. Ihn ereilte ein tragisches Schicksal. Aus Sorge, seine Hilfssendung könnte die Bedürftigen nicht erreichen, flog er selbst mit nach Managua. Das Flugzeug stürzte ab, und Roberto Clemente kam ums Leben.

Während sich die gespendeten Waren auf dem Flughafen von Managua zu stapeln begannen, verbreiteten sich Gerüchte, General Somoza und seine Vertrauten würden sich an der ausländischen Hilfe bereichern. Vorschläge, die Hauptstadt in ein erdbebensicheres Gebiet zu verlegen, wies er entschieden zurück. „Ich habe mein Haus entsprechend den Vorschriften gebaut, so daß es jedem Erdbeben standhält", sagte er zu einem Reporter der Zeitschrift *Time*. „Und in der Tat ist es heil geblieben. Warum also sollte ich umziehen?" Wie seine Gegner allerdings rasch herausfanden, gehörten Somoza die besten Grundstücke im Zentrum Managuas. Wenn er seinen Besitz für Regierungsprojekte zur Verfügung stellte und sich dafür mit ausländischen Hilfsgeldern entschädigen ließ, konnte er nur profitieren.

Die skrupellosen Machenschaften des Somoza-Regimes führten 1979 zu seinem Sturz durch die linksgerichteten Sandinisten, die mittlerweile von einem konservativen Parteienbündnis abgelöst wurden. Daß der Wiederaufbau Managuas bisher keine großen Fortschritte gemacht hat und die Stadt in weiten Teilen nach wie vor einem Trümmerfeld gleicht, ist sicherlich auch auf diese politischen Auseinandersetzungen zurückzuführen.

SCHRECKLICHER BERGSTURZ IN PERU

Managua ist nur einer von vielen erdbebengefährdeten Orten auf einem Bogen, der den Pazifischen Ozean fast vollkommen umspannt. Entlang dieses Bogens stellen Erdbeben und Vulkanausbrüche eine ständige Bedrohung dar. Als am 31. Mai 1970 ein Erdbeben den Westen Perus erschütterte, löste es am Nevado de Huascarán, dem höchsten Berg des Landes, einen gewaltigen Bergsturz aus. Schon einmal, 1962, hatten hier Erdstöße zu einer Katastrophe geführt. Von da an hing Gesteinsschutt von der Westflanke des Bergs zur Talseite hin über, so daß es nur eines winzigen Anstoßes bedurfte, um die Felsmassen zu lösen. Diesen Anstoß gab nun das Erdbeben. Mit einer Geschwindigkeit von etwa 240 Kilometern pro Stunde donnerten schätzungsweise 90 Millionen Kubikmeter Eis, Schnee, Schlamm, Fels und Gesteinsbrocken 4000 Meter tief ins Tal hinab. Die Stadt Ranrahirca wurde von der schwarzen, zähflüssigen Masse völlig begraben, und in Yungay ragten nur noch die Kronen der Palmen und der Friedhof aus dem Schlamm. Hier warteten 200 Überlebende drei Tage zwischen den Gräbern, bis der Schlick so hart geworden war, daß sie den unwirtlichen Ort verlassen konnten. Insgesamt forderte das Erdbeben etwa 70 000 Todesopfer.

Als am 31. Mai 1970 ein furchtbares Erdbeben Peru erschütterte, stürzten die Zuschauer auf einer Pferderennbahn in der Hauptstadt Lima in Panik von den Tribünen. Das Beben sollte als eine der schlimmsten seismischen Katastrophen in die Geschichte des amerikanischen Doppelkontinents eingehen.

Nahendes Unheil *Wie ein Alptraum am hellichten Tag fegte 1974 ein Tornado über Teile von Kansas.*

Auf der Straße der Tornados

Wirbelstürme wüten im Mittleren Westen

Nachmittägliche Ruhe lag am 3. April 1974 über Xenia, einer amerikanischen Kleinstadt, 23 Kilometer östlich von Dayton im Südwesten Ohios. Ein einheimischer Choctaw-Indianer namens Thomas Yougen baute gerade sein Tonbandgerät auf, um – wie er es nannte – die Stille von Xenia aufzunehmen. Vor der High-School wartete die 18jährige Ruth Venuti darauf, abgeholt zu werden. Dunkle Wolken hingen so tief am Horizont, daß sie den Boden zu berühren schienen, und es wurde düster. Plötzlich erregte ein gespenstisches Schauspiel am Himmel Ruths Aufmerksamkeit. Zwei oder drei Kilometer entfernt begann sich über den Dächern im Südwesten eine große schwarze Wolke drohend aufzutürmen. Gebannt beobachtete Ruth Venuti, wie das Gebilde zu einem riesigen rotierenden Trichter anwuchs. Sie war Zeugin der Geburt eines Tornados, der der verschlafenen Stadt mit ihren 27 000 Einwohnern Tod und Verwüstung bringen sollte.

Bereits am Morgen des vorangegangenen Tages hatten Meteorologen im gesamten Mittleren Westen der Vereinigten Staaten die Entstehung einer ungewöhnlichen und zugleich äußerst bedrohlich wirkenden Wetterlage beobachtet. Warme, feuchte Luftmassen befanden sich auf Kollisionskurs mit einer mächtigen Kaltfront, die östlich der Rocky Mountains in großer Höhe von den starken Winden des Jetstream sehr schnell vorangetrieben wurde. Mit wachsender Besorgnis prüfte Allen Pearson, Direktor der Nationalen Zentrale für Sturmwarnungen in Kansas City, die

Nachrichten, die von den einzelnen Wetterstationen in den östlichen Bundesstaaten, zwischen Michigan im Norden und Mississippi im Süden, eingingen.

Ein Tornado von unglaublicher Wucht näherte sich unaufhaltsam

Tornados sind den Bewohnern der Great Plains, der weiten Hochebenen östlich der Rocky Mountains, nicht fremd, rasen doch jährlich etwa 1000 Wirbelstürme über das Gebiet von Kanada bis zum Golf von Mexiko. Aus gutem Grund wird denn auch der breite Streifen, der sich von Texas über Oklahoma und Kansas nach Missouri erstreckt, *Tornado Alley*, Straße der Tornados, genannt. Aber selbst wenn man die Maßstäbe anlegt, die in dieser Region üblich sind, heben sich die Ereignisse des 3. April 1974 negativ ab. Über einen Zeitraum von mehr als 18 Stunden entstanden entlang einer Front, die von Ontario in Kanada bis in den Süden der USA nach Alabama reichte, 148 Tornados, die Städte und Ackerland verwüsteten.

Daß es die Stadt Xenia am härtesten treffen sollte, konnte Ruth Venuti nicht wissen, als sie die wirbelnde schwarze Wolke näher kommen sah. Sie rannte durch die Gänge der Schule, stürzte in die Aula, in der der Lehrer David Heath ein neues Theaterstück mit der Laienspielgruppe einstudierte, und keuchte atemlos: „Tornado! Es kommt ein Tornado auf uns zu!" Heath hielt dies zunächst für einen üblen Scherz. „Beinahe hätte ich allen gesagt, sie sollten nicht hinhören. Glücklicherweise besann ich mich eines Besseren, sprang von der Bühne und sagte allen, daß sie mitkommen und sich den Tornado anschauen sollten."

Er war unübersehbar – eine tobende, brodelnde Erscheinung, die nur noch 200 Meter entfernt war und rasch näher kam. Die Schüler und ihr Lehrer warfen sich im Schutz der Außenwände der Halle zu Boden, während der Tornado über das Gebäude hinwegraste und einen Schulbus, den er mitgerissen hatte, durch das Dach in die Aula schleuderte. Es hörte sich an, als ob tausend Jalousien klappern würden, begleitet von einem ohrenbetäubenden Krachen und Knirschen.

Vom Himmel prasselten Steine, Holz, Ziegel, große Erdklumpen und Millionen spitzer Glassplitter herab. Balken flogen in alle Richtungen wie Speere, die von einer Riesenhand geschleudert wurden. Dabei hörte man ein unheimliches Geräusch, das – wie ein Zeuge sagte – klang, als ob eine „Herde wildgewordener Stiere brüllen würde". Der riesige schwarze Trichter fegte mit einer Geschwindigkeit von mehr als 60 Kilometern pro Stunde über Xenia hinweg, zersplitterte Holzhäuser zu Brennholz, riß dicke Bäume wie Grashalme aus dem Boden und verwandelte alles, was er erfaßte, sogar Autos und Lastwagen, in tödliche Geschosse.

Ken und Pam Shields wollten gerade mit ihren Kindern zu Abend essen, als sie die Gittertür schlagen hörten. Ken stand auf, um sie zu schließen, rief dann aber seine Frau zu sich. „Hast du je einen Tornado gesehen?" fragte er fassungslos und deutete auf das riesige Gebilde, das auf sie zuraste. Kurz bevor es die beiden erreichte, warfen sie sich zu Boden. So rasch wie der Tornado gekommen war, ging er auch wieder, doch das Haus und die Einrichtung riß er mit sich fort.

Nachdem Ken unter den Trümmern seines Hauses hervorgekrochen war, galt seine erste Sorge seinen Kindern. Er war froh, sie unverletzt vorzufinden. Seine Frau Pam lag blutüberströmt da, und aus ihrem Hals ragte ein riesiger Holzsplitter. Rasch trug er sie zum Auto, bemerkte jedoch beim Losfahren, daß durch den Unterdruck im Zentrum des Tornados alle vier Reifen geplatzt waren. Er fuhr dennoch weiter und ließ sich auch nicht beirren, als ein platter Reifen nach dem anderen von der Felge sprang. Seine Fassung verlor er erst, als er Pam von dem Versuch abhalten mußte, sich den Holzsplitter selbst aus dem Hals zu ziehen. Schließlich wurden sie von einer Polizeistreife angehalten, der die nackten Felgen des Autos aufgefallen waren. Der Polizist trug Pam sofort in seinen Wagen und brachte sie mit heulenden Sirenen in ein örtliches Krankenhaus, wo die Ärzte bereits mit der Versorgung Hunderter Patienten beschäftigt waren. Pam gehörte zu denen, die noch gerettet werden konnten.

„Das unersättliche Ungeheuer", wie ein Augenzeuge den Tornado nannte, „schien – aus der Ferne betrachtet – gemächlich wie auf einem Spaziergang über das Land zu schlendern." Aber in ihm tobte eine rasende Naturgewalt. Sie walzte einen Imbißstand nieder und verwandelte eine Möbelfabrik in einen Haufen Schutt. Ein anderes Opfer war Virginia Wells. Sie wollte gerade aus der Badewanne steigen, als der Tornado über ihr Haus hinwegfegte. Auch die Serviererin Diane Hall verlor ihr Leben. Ein Kühlschrank stürzte auf sie und erdrückte sie unter seiner Last, bevor ihr Verlobter Ricky Falis ihr helfen konnte.

Der Lokomotivführer eines Güterzuges, der gerade in die Stadt einfuhr, sah den sich unruhig bewegenden Trichter erst wenige Momente bevor er die hinteren Wag-

Glück gehabt *Dieses Huhn mußte zwar Federn lassen, überlebte aber den Wirbelsturm sonst unversehrt.*

gons hochriß und über die Hauptstraße von Xenia schleuderte. Sehenswürdigkeiten aus der Kolonialzeit verwüstete das Ungetüm ebenso wie moderne Gebäude. Als es das rote Backsteingebäude der Post zermalmte, begrub es den Postangestellten Oscar Robinson unter den Trümmern.

Wollte man dem Tornado menschliche Züge unterstellen, so könnte man ihn als wählerisch bezeichnen. Als er heulend über dem Xenia Hotel tobte, zerstörte er große Teile des eleganten alten Gebäudes, doch ein Schlafzimmer im Mitteltrakt, in dem einmal Präsident William McKinley übernachtet hatte, verschonte er. Ebenso walzte er zwar die 123 Jahre alte katholische St.-Brigid-Kirche völlig nieder, aber den Glockenturm ließ er nahezu unbeschädigt.

Der schreckliche Spuk war so schnell vorüber, wie er begonnen hatte. Die Schätzungen über seine Dauer schwanken zwischen drei und vier Minuten, doch seinen Opfern kam es wie eine Ewigkeit vor. Als keine Gefahr mehr bestand, nahm Stadtdirektor Bob Stewart vor dem Rathaus die Verwüstung um sich herum in Augenschein und traf Anordnungen, um – wie er sich ausdrückte – „die verflixte Stadt wieder in Ordnung zu bringen". Zuerst mußte man aber dafür sorgen, daß sie nicht in Flammen aufging. Deshalb wurde die Gas- und Stromversorgung abgeschaltet, da von den zerstörten Leitungen hohe Brandgefahr ausging. Dann begannen Helfer die Straßen zu räumen, und es wurden Bergungsmannschaften organisiert, die in den Trümmern nach Verletzten und Toten suchen sollten.

Die Verwüstung, die der Sturm zurückließ, war unvorstellbar

Folgende Zahlen zeigen, wie verheerend der Tornado in Xenia wütete: 33 Tote, 1600 Verletzte und 1300 zerstörte sowie 2000 beschädigte Gebäude. Von zwölf Kirchen und sechs Schulen blieben nur Ruinen übrig, und Hunderte von Bäumen lagen wie verstreute Zahnstocher herum.

Aber nicht nur die furchtbare Bilanz machte diesen Tornado in den USA weithin bekannt, sondern auch ein einzigartiger Filmbericht mit Originalton. Thomas Yougen hatte nämlich mit seinem Tonbandgerät nicht – wie ursprünglich geplant – die Stille von Xenia aufgezeichnet, sondern das Heulen und Pfeifen des

Dem Geheimnis der Tornados auf der Spur

Meteorologen haben in den vergangenen Jahren mit Hilfe von neuen hochentwickelten Instrumenten viel über Tornados herausgefunden. Amerikas Forschungszentrum liegt in Norman, Oklahoma, und befindet sich mitten in der *Tornado Alley*, dem bevorzugten Durchzugsgebiet der Wirbelstürme. In dieser Region treffen häufig Kaltluftfronten, die sich von Kanada aus nach Süden bewegen, auf warme, feuchte Luftmassen, die vom Golf von Mexiko nach Norden ziehen. Eine derartige Wetterlage begünstigt die Entstehung von Gewittern. Dabei können sich Aufwinde entwickeln, die unter bestimmten Voraussetzungen zu rotieren beginnen, so z. B. wenn sich in verschiedenen Höhen die Richtung und die Geschwindigkeit des Windes verändern. Allerdings ist noch immer unklar, wie eine Luftsäule, die sich dreht, zu einem Tornado wird.

Bekannt ist den Meteorologen hingegen, daß sich die rotierende Säule ausdehnt und zugleich Wasserdampf ansaugt. Während sich der neuentstandene Tornado fortbewegt, färbt er sich zusehends dunkler, denn er wirbelt alles auf, was sich in seinem 15–1500 Meter breiten Weg befindet. Schwerer als seine Ausdehnung ist seine Kraft zu messen. Da Tornados ganz plötzlich entstehen, ist eine direkte Beobachtung fast unmöglich. Ihrer Gewalt sind wissenschaftliche Geräte ohnehin kaum gewachsen. Die höchste Windgeschwindigkeit, die je gemessen wurde, betrug mehr als 370 Kilometer pro Stunde. Mehr verkraftete das Meßinstrument nicht. Man vermutet aber, daß ein Tornado eine Geschwindigkeit von bis zu 500 Kilometern pro Stunde erreichen kann.

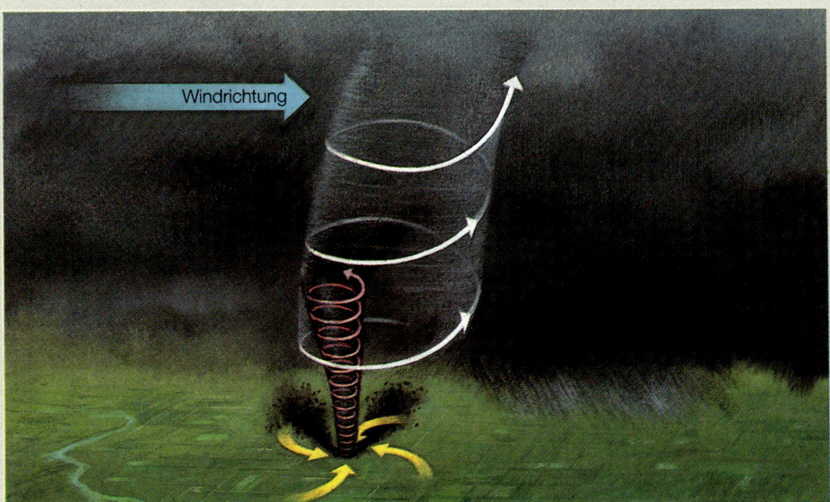

Wenn im rotierenden Aufwind eines Gewitters ein Tornado entsteht, senkt sich sein Trichter zu Boden und saugt durch die Drehung Luft aus allen Richtungen an.

Windes, das Poltern einstürzender Mauern und das unvergeßliche Geräusch, das entstand, als Hunderte von Nägeln aus Holz gerissen wurden. Das Band diente als Soundtrack für einen Videofilm, den der 16jährige Bruce Boyd, trotz der flehentlichen Bitte seiner Mutter, in Deckung zu gehen, von dem herannahenden Tornado gedreht hatte. Der Film wurde später im amerikanischen Fernsehen gezeigt und gehört bis heute zu den besten Dokumentationen über Tornados.

Xenia war nicht die einzige Gemeinde, die an diesem Tag verwüstet wurde. In Sugar Valley in Georgia wirbelte ein Tornado den neunjährigen Randall Goble durch die Luft und setzte ihn 180 Meter entfernt wieder ab. Wie durch ein Wunder blieb er unverletzt. Seine Eltern und seine beiden Schwestern hingegen starben in den Trümmern ihres Hauses. Ein anderer gewaltiger Wirbelsturm ebnete in Nordwestalabama das Rathaus von Jasper und die umliegenden Gebäude ein.

Nach und nach wurde das Ausmaß der Verwüstung in dem Durchzugsgebiet der Tornados bekannt. Es hatte 315 Todesopfer gegeben. Das sind dreimal so viele, wie Tornados im Jahresdurchschnitt fordern. Verletzt wurden beinahe 5500 Personen. Der Totalschaden an Sachwerten betrug 500 Millionen Dollar, und wahrscheinlich war über einen längeren Zeitraum noch einmal die gleiche Summe für Reparaturen aufzuwenden. Die Schilderungen der Überlebenden in den verschiedenen Bundesstaaten unterschieden sich zwar im Detail, doch alle erzählten von Verwüstung, Chaos und Tod.

Vom Winde verweht
Mehr als 3000 Gebäude beschädigte der Tornado, der am 3. April 1974 über Xenia hinwegraste (oben). 33 Menschen wurden getötet und 1600 weitere verletzt. Dennoch verfielen die Bewohner von Xenia nicht in Resignation, wie die Aufschrift eines Plakates (rechts) zeigt, auf dem zu lesen war: „Xenia lebt".

Letztlich ließ sich der Schaden nicht allein durch die Zahl der verwüsteten Gebäude oder etwa durch die Liste der Todesopfer ausdrücken. Dieser Tag des Schreckens hatte noch eine andere, schwer faßbare Dimension, überschattete er doch die Zukunft der Überlebenden, indem er Trauer, Verzweiflung und Angst zurückließ.

So auch bei Halbert Walston aus Bear Breach, Indiana. Ihn hatte ein Tornado aus seinem Badezimmer gerissen und zwölf Meter weit ins Freie getragen. Unter betäubenden Schmerzen – neben einer Lungenverletzung hatte er sich Knochenbrüche an fünf Rippen und am Knöchel zugezogen – schleppte er sich zu seinem 15jährigen Sohn Michael, dessen Arm am Ellbogen teilweise abgetrennt worden war. Während er die Arterie des Jungen am Oberarm abdrückte, um die Blutung zu stoppen, holte seine Frau Hilfe. Alle überlebten, doch Walston wurde noch lange von schrecklichen Alpträumen verfolgt. Ähnlich erging es den Bewohnern der idyllischen Provinzstadt Brandenburg, die westlich von Louisville auf zwei Hügeln über dem Ohio thront. An dem besagten Schicksalstag, dem 3. April 1974, brach ein Tornado über sie herein und hinterließ Trauer und Leid. Er tötete 29 Menschen. Die meisten von ihnen waren Kinder, die nach der Schule zum Spielen gegangen waren. Es dauerte Tage, bis die schmerzerfüllten Eltern ihre Leichen identifiziert hatten. Noch viel länger brauchten sie jedoch, bis sie lernten, trotz des schweren Verlustes neue Lebenskraft zu schöpfen.

Wälder in Flammen

30 000 Mann kämpfen gegen Großbrände in Niedersachsen

Es war ein Bilderbuchsommer, den Niedersachsen im Jahr 1975 erlebte. Ab Mitte Mai fiel kein Regen mehr. Tagsüber kletterten die Temperaturen oft auf über 30 °C und fielen selbst nachts nicht unter 20 °C. Die Luftfeuchtigkeit betrug nur 20 Prozent – normalerweise liegt sie bei 80 Prozent.

Die Sommermonate Juni und Juli zogen ins Land, der August brach an: Die Hitze blieb, und die Trokkenheit wuchs. Und mit ihnen die Sorgen der Forstbeamten und Kreisbrandmeister im Regierungsbezirk Lüneburg. Sie kannten die extreme Brandgefahr in diesem Gebiet. Der Wald bestand hier aus jüngeren Kiefern, deren harzige Stämme einem Feuer reichlich Nahrung geben würden. Zudem gab es ungewöhnlich viel Bruchholz, die Reste von Schäden, die im Jahr 1972 ein Orkan verursacht hatte. Dieses Holz würde wie Zunder brennen. Flugzeuge des Feuerwehr-Flugdienstes Niedersachsen führten deshalb ab Mitte Juli verstärkt Waldbrandkontrollen durch.

Doch die Aufklärungsflüge waren vergeblich. Innerhalb kürzester Zeit brachen zwischen dem 8. und dem 12. August in den Wäldern der Landkreise Celle, Gifhorn und Lüchow-Dannenberg an mehreren Stellen Feuer aus, die sich rasch zu verheerenden Großbränden entwickelten. Hatte man anfangs noch geglaubt, die einzelnen Feuer schnell eindämmen zu können, so stellte sich diese Annahme schon bald als Trugschluß heraus. Bundesbahnstrecken und Bundesstraßen mußten gesperrt, Dörfer evakuiert werden.

In Husted, zehn Kilometer nördlich von Celle, hatte sich der 73jährige Otto Zelck noch die Spätnachrichten im Fernsehen angeschaut und war dann ins Bett gegangen, als auf einmal die Sirenen der Polizeifahrzeuge durch die Ortschaft heulten. „Alles raus! Wer keinen Privatwagen hat, bitte an der Straße aufstellen." Überraschend schnell hatten sich die Flammen an den Ort herangeschoben.

Als sich das ganze Ausmaß des Feuers abzeichnete, wurden immer mehr Helfer in das Katastrophengebiet geschickt. Schließlich waren rund 30 000 Mann im Einsatz. Die Bundeswehr kam mit schwerem Gerät. Ihre Bergepanzer kämpften sich durch den schwarzen Qualm. Links und rechts züngelten die Flammen an ihnen empor, während sie Schneisen brachen oder mit ihren Planierschaufeln Erde in das Feuer schoben, um es zu ersticken. Über ihnen schwebten Hubschrauber, bereit, die Soldaten zu bergen, sollten die Fahrzeuge von den Flammen eingeschlossen werden. Dieter Tasch von der *Hannoverschen Allgemeinen Zeitung* saß im Hubschrauber, als es in der Südheide zwischen Oldendorf und Eschede nördlich von Celle zu einem dramatischen Rettungseinsatz kam. „Nach wenigen Minuten Flug zog beißender Rauch in die Kabine. Wir kreisten in schwarzen Schwaden, die Sicht wurde gleich Null, wir mußten tiefer herunter, um Gefährdete ausmachen zu können. Auf einem Stoppelacker setzten wir auf. In unmittelbarer Nähe rückte eine mehr als 100 Meter breite Feuerwand aus einer Kiefernschonung vor. Mehrere Züge Bundeswehrsoldaten versuchten vergeblich, der sich weiterfressenden Brände Herr zu werden. Die Soldaten mußten herausgebracht werden. Mit geschwärzten Gesichtern, abgekämpft, kletterten sie in die Maschinen. Andere Hubschrauber landeten neben uns, die gesamte Einheit wurde aus diesem Gefahrenbereich heraus- und zu einem neuen

Sammelpunkt wenige hundert Meter entfernt gebracht."

Ein großes Problem war der Wassernachschub. Kilometerlang waren die Schlauchleitungen von den Wasserentnahmestellen zu den Bränden. Tanklöschfahrzeuge, Wasserwerfer, Milchtankzüge, ja sogar Jauchewagen halfen. Das Steinhuder Meer wurde für Freizeitsportler gesperrt und zum Reservoir für eine Wasserluftbrücke. Hier nahmen französische Wasserbomber im Tiefflug innerhalb von 20 Sekunden 6000 Liter Wasser auf und ließen es auf die riesigen Flächenbrände hinabregnen.

Am meisten zu schaffen machte den Brandbekämpfern jedoch der aus wechselnden Richtungen wehende Wind, der das Feuer völlig unberechenbar werden ließ. Wo man Abwehrkräfte postiert hatte, blieben die Flammen aus, und wo niemand bereitstand, loderte plötzlich die Glut. Zudem trieb der Wind das Feuer mit Geschwindigkeiten von bis zu 15 Kilometern pro Stunde durch den Wald und ließ die Funken Brandschneisen und natürliche Hindernisse überspringen. Auf diese Weise entstanden immer neue Brände, die sich, waren sie erst groß genug, ihren eigenen Wind schufen – ein Teufelskreis.

Ununterbrochen waren die Helfer im Einsatz, und auch hinter den Kulissen wirkten unzählige Menschen. Um Benzin, Diesel und Kerosin kümmerten sich die Soldaten des Bundeswehrflugplatzes Celle-Wietzenbruch und um die Verpflegung fast 2000 Angehörige des Deutschen Roten Kreuzes. In der zentralen Küche des DRK-Kreisverbands in Eversen wurden Tag und Nacht Brote bestrichen – rund 36 000 Scheiben für ein Abendessen – oder Kartoffeln geschält: nicht selten 14 Zentner für ein Gericht. In sieben Gulaschkanonen wurden bis zu viermal pro Tag 6000 warme Mahlzeiten gekocht, die mit Jeeps an die verschiedenen Einsatzorte gebracht wurden.

Lange Zeit sah es so aus, als ob alle Versuche, das Feuer einzudämmen, vergeblich seien. Doch am Donnerstag, dem 14. August, wendete sich das Blatt. Und am 19. August konnte die Einsatzzentrale erleichtert „Entwarnung" verkünden. Rund 7500 Hektar Wald waren in Flammen aufgegangen. Den Waldbesitzern in Niedersachsen dürfte ein Schaden von über 100 Millionen DM entstanden sein.

Die Ursache dieses größten Waldbrandes, der je in Deutschland gewütet hatte, wurde nie geklärt. Doch ob es nun Brandstiftung war oder eine achtlos weggeworfene Zigarette – daß es Großfeuer nicht nur in Australien und den Vereinigten Staaten gibt, hat die niedersächsische Brandkatastrophe eindrücklich unter Beweis gestellt.

Jahrhundertbrand
Rauchfahnen steigen aus einem Waldstück bei Eschede im Landkreis Celle. In diesem Gebiet wütete eins von vielen Großfeuern, die im August 1975 die ausgedehnten Kiefernpflanzungen im östlichen Niedersachsen an mehreren Stellen gleichzeitig verwüsteten und Schäden in Millionenhöhe verursachten.

Das große Beben von Tangshan

Sekunden, die tiefe Narben zurückließen

Das seit Jahrhunderten schwerste Erdbeben Chinas erschütterte am 28. Juli 1976 Tangshan, das nordostchinesische Zentrum der Kohlegewinnung und Energieerzeugung. Kurz vor 3.45 Uhr bebte für 23 Sekunden die Erde unter der bevölkerungsreichen Industriestadt. Auf einer Fläche von rund 30 Quadratkilometern fielen die Gebäude in sich zusammen wie Kartenhäuser. Die schlafende Bevölkerung wurde von dem Beben überrascht, da das von Wissenschaftlern erarbeitete Frühwarnsystem offenbar nicht funktioniert hatte. Zurück blieb ein mit Leichen übersätes Trümmerfeld.

Das gewaltige Erdbeben erreichte eine Stärke zwischen 7,8 und 8,2 auf der Richter-Skala. Manche Bewohner der Stadt Tangshan wurden bis zu zwei Meter hoch in die Luft geschleudert. Andere, denen es gelungen war, sich an Bäume oder Pfosten zu klammern, wurden wie die Flügel von Windmühlen herumgewirbelt und schließlich doch abgeschüttelt. Löcher, die Bombenkratern glichen, verliehen dem Boden eine pockennarbige Oberfläche, und an manchen Stellen klaffte die Erde meterweit auseinander. Eisenbahnschienen verbogen sich, Zäune verlagerten sich bis zu anderthalb Meter, auf den Feldern knickte das Getreide um, und Bäume wurden entwurzelt.

Ho Shu-shen, ein Polizeibeamter aus Tangshan, war von seiner Frau vor der Katastrophe geweckt worden. „Ich sah nach draußen und spürte einen heftigen Wind, der Staub und Nieselregen vor sich her trieb", erinnerte sich Ho später. „Plötzlich hörte ich ein seltsames Geräusch aus der Erde dringen, ähnlich dem Lärm eines Güterzuges. Als der Boden auf- und abzuschwanken begann, sprang ich aus dem Fenster. Doch die Erde schlingerte so sehr hin und her, daß es mich zu Boden riß. Mein Haus stürzte in sich zusammen. Zwei oder drei Minuten herrschte Totenstille. Dann hörte ich überall in der Dunkelheit Menschen in den Trümmern ihrer Häuser schreien."

Im Gästehaus der Freundschaft in Tianjin, einer Stadt etwa 100 Kilometer südwestlich von Tangshan, wurde die New Yorkerin Beatrice Steinberg durch ein tiefes Rumpeln aus dem Schlaf gerissen. Als das Zimmer mit allem, was sich in ihm befand, heftig zu schwanken begann, taumelte sie zum Bett ihres Mannes, der sie auf ihrer Reise durch China begleitete. Nach einigen Minuten hörten die Steinbergs beruhigende Stimmen vor ihrer Tür. „Geht es Ihnen gut?" wurden sie höflich gefragt. „Ziehen Sie Ihre Schuhe an. Lassen Sie alles da, und kommen Sie mit uns mit." Anschließend wurde das Ehepaar zur Mitte eines Platzes gebracht, wo es sich in sicherer Entfernung von Gebäuden befand. Als der Morgen dämmerte, stellten die amerikanischen Touristen verblüfft fest, daß um sie herum schweigend Tausende von Chinesen saßen. Sie warteten hier, bis die Gefahr von Nachbeben vorüber war.

Das Gästehaus der Freundschaft beherbergte zu diesem Zeitpunkt auch den früheren australischen Premierminister Gough Whitlam. Dieser berichtete später Reportern in Tokio: „Ganze Gebäudefassaden waren eingestürzt, und in den Trümmern wühlten Menschen." Whitlam war es ebenfalls gelungen, noch rechtzeitig aus dem Haus zu fliehen, bevor es, wie er sagte, „buchstäblich in der Mitte auseinanderbrach. Zwischen beiden Teilen klaffte ein 30 Zentimeter breiter Spalt."

Einige ältere Gebäude in Tianjin waren vollkommen zusammengefallen. Moderne Bauten aber hatten dem Beben so gut standgehalten, daß es nur wenige Tote gab. Auch in der chinesischen Hauptstadt Beijing waren einige ältere Bauwerke eingestürzt, in deren Trümmern etwa 100 Menschen starben. Die meisten Einwohner der 6-Millionen-Stadt kamen jedoch mit dem Schrecken davon, obwohl auch Beijing schwer erschüttert wurde. Viele von ihnen hiel-

Ausharren in Angst *Diese junge Einwohnerin Beijings wartet in einem Abflußrohr auf das Ende der Nachbeben.*

Trümmerfeld *Wenige Tage nach dem Beben kamen Helfer nach Tangshan und begannen mit den Aufräumungsarbeiten.*

ten sich an die mündlichen Anweisungen von Polizeibeamten und Funktionären ihrer jeweiligen Wohnviertel, so lange im Freien auszuharren, bis nicht mehr mit Nachbeben zu rechnen war.

Die Erde kam noch immer nicht zur Ruhe und hielt die verängstigten Menschen weiter in Atem

Innerhalb von 48 Stunden wurden in Nordostchina 125 schwere Nachbeben registriert. Das stärkste ereignete sich etwa 16 Stunden nach dem ersten Erdstoß. Keines aber erreichte die zerstörerische Kraft des ersten Bebens, und nirgendwo waren die Folgen schwerer als in Tangshan. Nach späteren Schätzungen wurden 95 Prozent der öffentlichen Gebäude dieser Stadt und 80 Prozent ihrer Industrieanlagen schwer beschädigt.

Vor dem Erdbeben prägten riesige Schornsteine die Silhouette von Tangshan, Chinas drittgrößtem Kohlerevier. Auf einigen von ihnen war ironischerweise die strenge Mahnung Mao Zedongs zu lesen: „Seid gegen Krieg und Naturkatastrophen gewappnet." Nach dem Beben sahen flüchtende Ausländer nur noch einen einzigen Schornstein über den Ruinen von Tangshan emporragen.

Das ganze Ausmaß der Tragödie von Tangshan wurde der Außenwelt erst nach Jahren bekannt, da die offiziellen Stellen zunächst den Schleier des Schweigens darüber legten. In den ersten chinesischen Nachrichtensendungen nach dem Beben wurde die Katastrophe nicht einmal erwähnt. Immerhin meldete die kommunistische Parteiführung, die sich aus politischen Gründen seit jeher mit Unheilsberichten sehr zurückhaltend zeigte, später dann doch, daß das Erdbeben „große Verluste an Menschenleben und Sachwerten" gefordert hatte.

Inoffizielle Schätzungen über die Zahl der Todesopfer reichten von 750 000 bis zu 1 Million – und gerade die Geheimniskrämerei der Partei verlieh ihnen Glaubwürdigkeit. Drei Jahre später schließlich wurde eine offizielle Statistik veröffentlicht, die die Zahl der Toten auf 242 000 bezifferte. Unabhängig davon, welche Zahl nun richtig ist, sie spiegelt doch nur einen Teil der Tragödie wider. Denn weiteren Angaben zufolge sind auch etwa 164 000 Schwerverletzte, 1700 Querschnittgelähmte und 2600 Waisen in die Bilanz des Schreckens aufzunehmen. Die meisten Opfer stammten aus Tangshan, und fast jeder Überlebende in der Stadt hatte den Verlust eines Verwandten oder Freundes zu beklagen.

Die hohe Zahl der Todesopfer ist auf mehrere Faktoren zurückzuführen. Ein Grund liegt in der enormen Stärke des Erdbebens. Zudem befand sich sein Epizentrum fast unmittelbar unter Tangshan, wo 1976 mehr als 1 Million Menschen gewohnt hatte. Nachts, als die meisten von ihnen schliefen, kam der erste Erdstoß, und zwar ohne jede Vorwarnung durch die chinesischen Wissenschaftler, die deshalb in große Verlegenheit gerieten. Hatten doch gerade sie jahrelang hart an der Entwicklung eines Systems zur Vorhersage von Erdbeben gearbeitet. Abnormes Tierverhalten, jähe Schwankungen des Grundwassers oder die Veränderung seiner Temperatur dienten ihnen als Warnsignale, die sie für ihre Prognosen nutzten.

Im Februar 1975 waren sie erfolgreich. In der Provinz Liaoning konnte durch die exakte Vorhersage eines schweren Bebens Tausenden von Menschen das Leben gerettet werden. In Tangshan hingegen griffen die Methoden nicht, vermutlich weil ein deutliches Alarmzeichen der Erde fehlte. Die Folgen dieses Bebens waren deshalb ungleich schwerer.

Als eine Epidemie auszubrechen drohte, warfen die Soldaten die Leichen in ein Massengrab

Nachdem Aufklärungsflugzeuge das Ausmaß der Zerstörung erkundet hatten, wurden um 17 Uhr für die Überlebenden der Katastrophe Nahrung, Wasserkanister, Kleidung und Medikamente aus der Luft abgeworfen. Am folgenden Tag brachte eine riesige Fahrzeugkolonne Rettungsmannschaften und Hilfs-

Verwüstung *Chinas schwerstes Erdbeben seit Jahrhunderten machte Tangshans Zentrum dem Erdboden gleich.*

güter von Beijing nach Tangshan und transportierte auf ihrem Rückweg Tausende von Verletzten in die Hospitäler der Hauptstadt. Innerhalb von zwei Wochen waren 100 000 Soldaten, 30 000 medizinische Fachkräfte und ebenso viele Bauarbeiter in Tangshan eingetroffen.

Da die Bewohner von Tangshan mit der Bestattung der Toten nicht nachkamen und die Gefahr einer Epidemie wuchs, mußte die Armee eingreifen. In Kunststoffsäcken wurden die Leichen auf Lastwagen geladen und zu einem Massengrab draußen vor der Stadt gebracht.

Viele chinesische Berichte über das Erdbeben und die Taten, die viele Menschen angesichts der Katastrophe vollbrachten, waren durch maoistische Rhetorik gefärbt. So erschien z. B. in der *Beijinger Volkszeitung* – auf der Titelseite, wohlgemerkt – ein Artikel, den man sehr gut für Propagandazwecke ausschlachten konnte. Wenn man dem Bericht Glauben schenken darf, ließ ein gewisser Che Cheng-min aus Tangshan seine 13jährige Tochter und seinen 16jährigen Sohn hilflos in den Trümmern seines Hauses zurück, um dem Sekretär eines örtlichen Parteikomitees zu Hilfe zu kommen. Als er seine Kinder später tot auffand, soll er weder Schmerz noch Reue empfunden haben. Der Artikel endet mit der Feststellung, daß Che Cheng-min seine Kinder im Interesse der Gemeinschaft geopfert habe.

Leben auf der Straße *Aus Furcht vor Nachbeben blieben Beijings Bewohner tagelang im Freien (oben).*

Wenn die Kugel fällt *Ungefähr 130 n. Chr. wurde dieses Seismoskop (rechts) in China entwickelt. Ein Beben versetzt das im Innern aufgehängte Pendel in Schwingung. Dadurch löst sich eine Kugel, die nach unten fällt.*

Die oft ideologisch gefärbte Darstellungsweise kann den Mut und die Selbstlosigkeit, die viele Chinesen in einer ihrer dunkelsten Stunden bewiesen, jedoch nicht schmälern. Herausragenden Einsatz zeigte auch der Polizeibeamte Ho Shu-shen aus Tangshan. Er und sein 16jähriger Sohn hatten sich gerade noch rechtzeitig aus ihrem Haus gerettet. Nach dem Einsturz des Gebäudes befreiten sie die beiden anderen Söhne Hos aus den Trümmern. Gemeinsam kamen sie dann ihren Nachbarn zu Hilfe. Ho stellte mit den geretteten Männern eine Bergungsmannschaft zusammen und errichtete anschließend einen Polizeiposten, um zumindest etwas Ordnung in das Chaos zu bringen. Wie er später berichtete, wurden während der folgenden Tage 70 Plünderer verhaftet und in behelfsmäßige Gefängnisse gesperrt.

Neben den direkt sichtbaren Auswirkungen des Bebens existierte für viele Chinesen auch eine geistige Verbindung zwischen der Katastrophe und den nachfolgenden politischen Ereignissen. In China, einem Land, in dem sich überdurchschnittlich viele Erdbeben ereignen, werden diese seit langem als Vorzeichen für politische Umwälzungen betrachtet. Nach traditionellem Glauben kann das Beben der Erde ein Zeichen dafür sein, daß die herrschende Dynastie ihr himmlisches Mandat verloren hat und die Zeit für einen Umsturz reif ist. Bezeichnenderweise sind die chinesischen Schriftzeichen für „Erdrutsch" und „Tod des Kaisers" identisch.

Chinas kommunistische Herrscher tun solche Vorstellungen natürlich als Unsinn ab, doch der Aberglaube hält sich hartnäckig. Und diesmal schienen diejenigen, die diese alten Ideen vertraten, bestätigt zu werden, denn sechs Wochen nach dem Erdbeben in Tangshan, am 9. September, starb Mao Zedong, und für China brach eine neue Ära an.

Über die weitere Zukunft Tangshans diskutierte die chinesische Regierung fast drei Jahre lang. Einige Funktionäre waren gegen einen Wiederaufbau der Stadt an ihrem ursprünglichen Standort in dem erdbebengefährdeten Gebiet. 1979 entschied man sich schließlich doch dafür, und schon 1985 lebten dort bereits wieder 185 000 Familien. Heute ist aus den Trümmern der alten Stadt ein neues Tangshan entstanden, dessen Häuser besser gegen Erdbeben geschützt sind. Aber im Gegensatz zu den Gebäuden der Stadt, an denen heute kaum noch Spuren der Verwüstung zu entdecken sind, blieben vielen ihrer Bewohner von jenen schrecklichen 23 Sekunden im Jahr 1976 Narben an Körper und Seele zurück.

Norddeutschland versinkt im Schnee

Drei Tage lang peitschen winterliche Sturmböen übers Land und schneiden Tausende von der Außenwelt ab

War das eine Heimfahrt! Wohl keiner der rund 1000 Urlauber aus Deutschland, die sich am Dienstag, dem 2. Januar 1979, im dänischen Apenrade versammelt hatten, würde sie je im Leben vergessen: Im Konvoi und von Polizei eskortiert, kehrten sie auf notdürftig geräumten Straßen nach Hause zurück. Ein plötzlicher Wintereinbruch hatte die Ferienreisenden vollkommen überrascht und ihre Rückkehr verhindert. Seit dem 29. Dezember 1978 herrschte in Norddeutschland Schneenotstand.

Mittlerweile hatte sich die Lage etwas entspannt. Dennoch war vielen Autofahrern nicht ganz wohl in ihrer Haut. Beklommen, besorgt, ja ängstlich saßen sie in ihren Wagen, als sich der kilometerlange Konvoi endlich in Bewegung setzte. Hinten und vorn gesichert von Polizei-, Rettungs- und Räumfahrzeugen, ging es im Schrittempo Richtung Flensburg. Dann, als der Konvoi aus Dänemark die Grenze passiert hatte, startete auf deutscher Seite eine dänische Wagenkolonne mit rund 200 Teilnehmern zur Rückfahrt. Auch sie schafften es mit Hilfe ihrer Begleitfahrzeuge, heil die Heimat zu erreichen.

Niemand hier im Norden war auf dieses Unwetter vorbereitet gewesen, weder die Meteorologen noch der Winterdienst, weder die Behörden noch die Einwohner der Städte und Dörfer. Schließlich hatten die Wetterämter für Freitag, den 29. Dezember, nichts Ungewöhnliches verkündet. Während der größte Teil Deutschlands unter dem Einfluß milder Meeresluft bleibe, sickere in den äußersten Norden skandinavische Kaltluft ein; dabei könne es einzelne, zum Teil schauerartige Schneefälle geben. An der See sei zusätzlich mit Sturmflut zu rechnen. Für das kommende Wochenende waren „verbreitet andauernde Schneefälle" angesagt.

Für Norddeutschland war es ein durchaus normales Winterwetter, was sich da für die Jahreswende ankündigte. Auch auf die Sturmflutwarnung reagierte man gelassen, ergeht so ein Hinweis doch bis zu 20mal im Jahr an die zuständigen Behörden.

Was die Meteorologen auf den Satellitenfotos jedoch nicht hatten erkennen können, war die Gewalt, mit der die Kaltluft aus Skandinavien auf die feuchtwarme Meeresluft aus dem Süden traf. Der heftige Zusammenprall der gegensätzlichen Luftmassen führte zu einer Schneekatastrophe, „wie es sie in diesem Ausmaß und Umfang in Schleswig-Holstein bisher nicht gegeben" hat, erklärte später Rudolf Titzck, damaliger Innenminister des nördlichsten Bundeslandes.

Eingefroren *Milchfahrer Manfred Schmidberger blieb mit seinem Tankwagen kurz vor der Ortschaft Loose in Schleswig-Holstein stecken, als zur Jahreswende 1978/79 ein Schneesturm über Norddeutschland tobte. Der Tankinhalt – 22 000 Liter Milch – gefror und sprengte die Tankdeckel.*

Der Schneesturm machte die Verkehrswege unpassierbar und zerstörte das Stromnetz

Bereits am Freitagmorgen sorgten Glatteis, Schnee und Schneeverwehungen sowie Hochwasser an der Ostseeküste für Chaos auf den Straßen. Hunderte von Autos blieben stecken, Straßen endeten im Nichts, Eisenbahnzüge wurden gestoppt und schneiten ein. Schneepflüge, die zumindest die Bundesstraßen und die Autobahn nach Dänemark frei halten sollten, versanken selbst im Schnee und mußten von den leistungsfähigeren Schneefräsen befreit werden. Von diesen gab es in Schleswig-Holstein aber nur wenige.

Liegengeblieben *Tausende von Autofahrern schneiten in ihren Fahrzeugen ein und wurden später von Rettungsmannschaften befreit. Die meisten hatten Glück und mußten lediglich wegen Unterkühlung behandelt werden.*

Immer mehr Dörfer wurden durch den Schnee von der Außenwelt abgeschnitten. Städte wie Flensburg, die am Wasser liegen, waren gleich doppelt blokkiert. Schneewehen machten die Ausfallstraßen, Überflutungen die Uferstraßen unpassierbar. „Eine furchtbare Lage", urteilte die Polizei.

Das Chaos wuchs sich zu einer Katastrophe aus, als in immer mehr Gemeinden die Stromversorgung zusammenbrach – Masten und Kabel hielten Sturm und Schnee nicht länger stand. Der Schnee legte sich rund um die Kabel und gefror, bis die dünnen Leitungen so dick wie ein Arm waren. Das Gewicht des Eismantels zog die Kabel nach unten und dehnte sie immer weiter, bis sie schließlich rissen. Manchmal platzten die Eiswülste an den Leitungen auch mit einem plötzlichen Ruck ab, der die überdehnten Kabel ebenfalls reißen ließ.

Waren erst einmal die Leitungen zerfetzt, fielen auch die Masten. Ausgerichtet auf eine beidseitige gleichmäßige Belastung, ließ sie der plötzlich nur noch einseitig vorhandene Zug umkippen, zuweilen schön der Reihe nach „wie die Zinnsoldaten", so beschrieb es Helmut Peterlein, Sprecher der Schleswag, der Schleswig-Holsteinischen Elektrizitätsgesellschaft.

Eiseskälte und Dunkelheit herrschten nun nicht nur draußen, sondern auch in den Häusern. Die Menschen hockten bei Kerzenschein in kalten Stuben. Vor allem Säuglinge und ältere Bürger waren vom Erfrierungstod bedroht. Bauern zogen zu ihrem Vieh in den Stall, wo es mit 14 °C wärmer war als in den Wohnungen.

Aber auch die Tiere litten. Die Kühe, an elektrische Melkmaschinen gewöhnt, wurden beim Melken von Hand rebellisch. „Sie machen viel Ärger", klagte ein Bauer. „Sie werden wild und schlagen aus." Doch dieser Landwirt hatte noch Glück. In Schweinemästereien und Hühnerfarmen gab es ein Massensterben. Ferkel und Küken gingen zugrunde, weil die Heizvorrichtungen nicht mehr funktionierten.

Mit aller Macht tobte nun der Sturm, noch eisiger wurden die Temperaturen – sie fielen nachts bis auf −25 °C –, und unaufhörlich schneite es. Innerhalb von Minuten türmten die Windböen meterhohe Schneeverwehungen auf. Die Lage verschlechterte sich stündlich.

Am Sonntag, dem 31. Dezember, erreichte die Katastrophe ihren Höhepunkt. Norddeutschland war eine einzige weiße Fläche. Die Verwehungen erreichten mancherorts eine Höhe von fünf Metern. Nördlich des Nord-Ostsee-Kanals fuhren keine Züge mehr, und für Privatautos bestand in den betroffenen Landkreisen absolutes Fahrverbot. 150 Ortschaften waren nun von der Außenwelt abgeschnitten, 80 Gemeinden hatten keinen Strom mehr. Mit voller Wucht brauste der Orkan über den Norden Deutschlands. Hatten die Krisenstäbe der Landkreise und Städte die Situation am Vortag noch als bedrohlich eingeschätzt, sprachen sie nun von einer „hoffnungslosen Lage".

Bei der Bundeswehr in Schleswig-Holstein hatte man das sich abzeichnende Chaos schon am Freitagmorgen erkannt. Seit 8 Uhr bestand intern Schneewarnung. Konteradmiral Wolfgang Benzino ließ über Fernschreiber verbreiten: „Die Standortältesten veranlassen unverzüglich vorbereitende Maßnahmen zum Katastrophenschutz." Eine Stunde später trat in Kiel der „Führungsstab Katastrophenschutz" der Landesregierung zusammen, um über die Gesamtlage und überregionale Hilfsmaßnahmen zu beraten – noch dachte man hier allerdings in erster Linie an die Sturmflut.

Weder Bundeswehr noch Landesregierung waren indes zu diesem Zeitpunkt handlungsbefugt. Wer zunächst reagieren mußte, waren die Landräte und Oberbürgermeister der betroffenen Kreise und Städte. Laut Landes-Katastrophenschutzgesetz ist es ihre Aufgabe, bei verheerenden Naturereignissen Abwehrmaßnahmen einzuleiten, Hilfskräfte einzusetzen und diesen Einsatz zu koordinieren sowie Unterstützung durch die Bundeswehr anzufordern. Sie sind es auch, die die Schwere der Situation einschätzen und notfalls Katastrophenalarm auslösen müssen. Im Kreis Schleswig-Flensburg wurde der Alarm am Freitag um 11.25 Uhr gegeben. Damit waren die Voraussetzungen erfüllt, daß die Bundeswehr helfend eingreifen konnte. Hier hieß es kurz darauf „Sturmvogel 2": Schneekatastrophenalarm, zunächst für das nördliche, später für ganz Schleswig-Holstein.

Insgesamt versuchten 3000 Soldaten und Tausende von zivilen Helfern, das Chaos einzudämmen. Die Bundeswehr rückte mit 300 Kettenfahrzeugen sowie 500 Rad- und Spezialfahrzeugen an, die sich ihren Weg durch die Schneemassen bahnten. Auch 40 Hubschrauber standen den Helfern zur Verfügung.

Abgeschnitten *Insbesondere Einzelgehöfte blieben oftmals tagelang ohne Kontakt zur Außenwelt, weil die Hubschrauber in dem starken Schneesturm nicht starten konnten (oben). Als nach drei Tagen alles vorüber war, begannen überall in Norddeutschland die Aufräumungsarbeiten (links).*

Die Rettungsmannschaften befreiten Tausende von Menschen, die der Schnee in ihren Autos eingeschlossen hatte. Ein kleiner Junge jedoch erfror, als sein Vater ihn in einem behelfsmäßigen Iglu zurückließ, um Hilfe zu holen.

Über den abgeschnittenen Ortschaften und Gehöften warfen Hubschrauberbesatzungen immer dann, wenn das Wetter es erlaubte, Lebensmittel und Viehfutter ab. Dabei kam es des öfteren vor, daß die Einwohner über Rundfunk dringend gebeten wurden, die Ortsschilder vom Schnee zu säubern, damit die ortsunkundigen Piloten ihr Ziel überhaupt finden konnten.

Die Männer der regionalen Elektrizitätsgesellschaft Schleswag reparierten „auf Teufel komm raus", wie ein Ingenieur es formulierte. „Angucken müssen wir uns das alles später", fügte er hinzu. Die Schwierigkeiten, die sich den Monteuren in den Weg stellten, waren immens. Teilweise mußten die Trupps mit Panzern und Hubschraubern zu ihren Einsatzorten gebracht werden. Doch zu vielen Bruchstellen konnten die Männer überhaupt nicht vordringen – zu dicht war das Schneetreiben.

Neujahr endlich schien das Schlimmste überstanden. Auch die Hochwassergefahr an der Ostseeküste war gebannt. Kaum mehr behinderten widrige Witterungseinflüsse

700 Züge blieben während der Schneekatastrophe im Winter 1978/79 allein auf den Strecken der ehemaligen DDR liegen und mußten befreit werden.

KAMPF UM DIE KOHLE

Auch in der ehemaligen DDR sorgten Schnee und Eis zum Jahreswechsel 1978/79 für Schwierigkeiten. Durch den klirrenden Frost geriet die Förderung von Braunkohle – wichtigster Energieträger des Landes – ins Stocken, und auf den verschneiten Schienenwegen blieben die Kohlenzüge zu den Kraftwerken liegen. Die Folge war ein Energienotstand.

Hiobsbotschaften kamen aus allen Bereichen. Ein Edelstahlwerk in Sachsen stellte den Betrieb ein, da wegen des Stromausfalls die Elektroöfen erkaltet waren. Und in der Maxhütte in Thüringen sorgten gleich zwei Faktoren für einen Produktionsstopp, nämlich fehlende Elektrizität und Mangel an Kohle. Die Parole der Partei hieß deshalb: „Kampf um jede Tonne Kohle." So wurden Tausende von Volksarmisten und -polizisten zur Kohleförderung unter Tage geschickt, während andere versuchten, die eingeschneiten Güterzüge wieder flott zu bekommen.

die Hilfsmaßnahmen. Vorrangig galt es, die noch immer vom Stromnetz abgeschnittenen Dörfer mit Notstromaggregaten auszustatten, damit es dort wenigstens eine provisorische Stromversorgung gab. Auf dem Rückweg von diesen Einsätzen transportierten die Hubschrauber kranke, unterkühlte oder verletzte Menschen in die Krankenhäuser. Währenddessen gingen Tausende von Helfern daran, Straßen und Schienen freizuschaufeln und die eingeschlossenen Dörfer und Gehöfte wieder mit der Außenwelt zu verbinden.

Allerdings kam nun die Bundeswehr in Not – in Personalnot. Ein dringender Ruf erging an alle in Norddeutschland stationierten Bundeswehrangehörigen, die sich im Urlaub befanden. Sie sollten so schnell wie möglich in ihre Kasernen zurückkehren. Man brauchte sie, um die 3000 Soldaten, die zum Teil seit 72 Stunden gegen die Schneemassen ankämpften, ablösen zu können. Vor allem Panzerfahrer wurden benötigt.

Nachdem die Katastrophe schon fast vorüber war, setzte erneut Schneetreiben ein

Am Mittwoch, dem 3. Januar, atmeten die festgehaltenen Feriengäste in den deutschen Ostseebädern erleichtert auf. Der Rundfunk brachte die Nachricht, daß der Kreis Ostholstein das Fahrverbot für Privatwagen aufgehoben habe; die Rückkehr in einer Kolonne und mit Begleitschutz sei möglich. Bei den damit betrauten Polizeibeamten und Rotkreuzhelfern hieß es allerdings: „Das kommt zu früh." Denn inzwischen hatte erneutes Schneetreiben eingesetzt.

Zu denen, die pünktlich auf einem Sammelplatz in Heiligenhafen erschienen, gehörte auch Gerd Twachtmann aus Hannover. Schon Silvester hatte er zu Hause sein wollen. Aber nicht deswegen hatte er es so eilig fortzukommen; ihn ärgerte etwas anderes: „Die Vermieter hätten für die Nächte, die ich hier unfreiwillig verbringen mußte, wenigstens mit dem Preis runtergehen können. So ist mir das letzte Geld aus der Tasche gezogen worden." Andere Urlauber dagegen kehrten angesichts der Umstände lieber in ihr Hotel zurück. Zu ihnen gehörte das Ehepaar Sigrid und Joachim Caspar aus Barsinghausen. Sie meinten: „Im Radio haben sie gesagt, daß wir bei Hamburg wegen Glatteis doch nur wieder auf die Parkplätze gewinkt werden."

Am Donnerstag, dem 4. Januar 1979, konnte endlich wieder von einer normalen Lage gesprochen werden. Die Stromversorgung im gesamten Norden funktionierte wieder, Straßen und Schienen waren vom Schnee geräumt. Allerdings, winterliche Verhältnisse herrschten weiterhin, die Fahrbahnen waren glatt, und es gab schon wieder die ersten Unfälle. Ein Polizist kommentierte lapidar: „Zahlreiche Fahrer unterschätzen das Glatteis. Die denken, bei schneefreier Straße können sie wieder rasen."

Der Schneesturm über Norddeutschland hatte bei weitem nicht das Ausmaß der weißen Todesorkane, die jedes Jahr die Vereinigten Staaten heimsuchen. Mit großer Deutlichkeit zeigte der Schneenotstand aber, daß Naturereignisse nicht unbedingt die Dimension einer Jahrhundertkatastrophe haben müssen – Norddeutschland litt unter dem Schnee, weil ein derartiger Orkan nur selten über das Land hinwegfegt und die Menschen auf ein solches Unwetter entsprechend wenig vorbereitet waren.

Ein Berg explodiert

Der Ausbruch des Mount St. Helens

Vulkanausbrüche waren für Amerikaner über Generationen hinweg exotische Schauspiele in fernen Ländern. Der furchterregende Anblick von Strömen glühender Lava, die über Berghänge flossen und alles unter sich begruben, bot sich ihnen hauptsächlich im Fernsehen. Zwar gibt es auch in den USA aktive Vulkane, doch keiner der in historischer Zeit bekanntgewordenen Ausbrüche auf dem Festland hatte je so gewaltige Ausmaße angenommen, daß Menschenleben gefährdet gewesen waren. Um so unvermittelter traf die Amerikaner die Katastrophe vom 18. Mai 1980: Vor einer kleinen Schar von Wissenschaftlern, Kamerateams und einigen neugierigen Zaungästen gab der Mount St. Helens, der sich im Westen des Bundesstaates Washington erhebt, Amerika – und dem Rest der Welt – eine bislang einzigartige Vorstellung nackter vulkanischer Grausamkeit. Der Ausbruch an jenem sonnigen Morgen vernichtete auf einer fächerförmigen Fläche, die sich 27 Kilometer weit erstreckte, alles Leben. Er entstellte die Landschaft, füllte Flüsse und Seen mit Schlammlawinen auf und jagte schwarze Asche und Staub in die Luft, die weite Gebiete im Umkreis des Vulkans bedeckten.

Der nach einem britischen Diplomaten des 18. Jahrhunderts benannte Mount St. Helens ist einer von gut einem Dutzend Vulkanen des Kaskadengebirges, das das Landschaftsbild von Nordkalifornien bis British Columbia beherrscht. Das Gebiet um den 2949 Meter hohen Berg war ursprünglich ein Paradies für Naturfreunde. In seinen Bächen tummelten sich Forellen und Lachse, in den Wäldern lebten Elche, Schwarzwedelhirsche und Pumas. Doch unter der Oberfläche des Bergs bahnte sich Unheilvolles an.

Vorauszusagen, wann ein ruhender Vulkan wieder aktiv werden könnte, ist nahezu unmöglich, zumal eine solche Voraussage nach Auffassung der Geologen verhältnismäßig genaue Angaben über Zeit, Ort, Art und Umfang des zu erwartenden Ereignisses beinhalten müßte. Dennoch wagten 1978 zwei Geologen die Prognose, daß nach über einem Jahrhundert der Ruhe mit einem Ausbruch des Mount St. Helens zu rechnen sei. Den Zeitpunkt konnten sie allerdings nicht nennen.

Die ersten Anzeichen dafür, daß sich in der Tat etwas zusammenbraute, waren Beben nordwestlich des Gipfels, die am 20. März 1980 begannen und sich dann bis zu 40mal pro Stunde wiederholten. Am 27. März kam es zu einer Eruption, bei der Asche und Dampf bis zu 2000 Meter hoch in die Luft geschleudert wurden. Im Innern des Bergs grollte es, auf seiner Oberfläche zeigten sich Risse, und ein zweiter Krater von 67 Meter Durchmesser entstand.

Geowissenschaftler eilten herbei und richteten in einer Beobachtungsstation unweit von Vancouver einen Kommandoposten ein. Ihnen folgten Journalisten und Schaulustige, die sich ein großes Spektakel versprachen. Vom Flugzeug aus fotografierte man die Geländeveränderungen, nahm Gasproben und blickte ins Innere des Kraters, der immer breiter und tiefer wurde.

Unheilvolles Vorzeichen: Eine Ausbuchtung an der Nordflanke des Bergs wurde größer und größer

Gebannt beobachteten die Wissenschaftler eine Ausbuchtung hoch oben am Berg, die täglich um 1,5 Meter anschwoll, bis sie rund 100 Meter weit aus der Nordflanke herausragte. Die Forscher schlossen daraus, daß Magma im Berginnern aufgestiegen war und gegen die Wand drückte. Die Ausbuchtung

Ein rasendes Ungeheuer *Mit explosiver Gewalt brach der Mount St. Helens am 18. Mai 1980 aus.*

wirkte unheilvoll und bedrohte vor allem den am Fuß des Bergs gelegenen Spirit Lake, an dessen Ufern eine Reihe von Ferienhäusern stand und Pfadfinder ihr Lager aufgeschlagen hatten. Die Gouverneurin des Staates Washington, Dixy Lee Ray, erklärte deshalb ein Gebiet im Umkreis von acht Kilometern um den Gipfel zur „roten Zone" und ordnete an, alle Bewohner zu evakuieren und die Straßen zu sperren. Diese Maßnahme war durchaus sinnvoll, auch wenn die rote Zone, wie sich später herausstellte, zu klein angelegt war; dennoch rief sie den heftigen Unmut der Betroffenen hervor. Der 83jährige Harry Truman weigerte sich sogar, den Anordnungen Folge zu leisten und sein Haus, in dem er seit 53 Jahren lebte, zu verlassen. Auch Schaulustige schlüpften immer wieder durch die Sperren.

Der 18. Mai war ein Sonntag, der ein klarer, sonniger Frühlingstag zu werden versprach. Doch um 8.32 Uhr war es darum geschehen: Der Mount St. Helens explodierte und verwandelte die Postkartenidylle augenblicklich in ein Szenarium des Schreckens.

Wie die Seismologen später feststellten, begann die Katastrophe mit einem mittelschweren Beben, bei dem sich der gesamte Nordhang loslöste und sich als einer der gewaltigsten Erdrutsche der Geschichte in Richtung Spirit Lake und Toutle River wälzte. Es war, als hätte man ein Druckventil entfernt, denn sofort entströmten dem Magma brennende Gase, verwandelte sich Grundwasser in Dampf, und beides zusammen löste an der Nordflanke eine gigantische Explosion aus. Dadurch wiederum wurde ein senkrechter Schlot aufgerissen, so daß es zu einer weiteren Eruption kam, bei der eine fast 20 Kilometer hohe Säule aus Rauch und Asche emporgeschleudert wurde.

Gleichzeitig verursachte der Vulkanausbruch eine Druckwelle, die mit einer Geschwindigkeit von 400 Kilometern pro Stunde fast 30 Kilometer weit nordwärts raste. Sie ebnete eine Fläche von mehr als 300 Quadratkilometern ein und knickte oder entwurzelte rund 6 Millionen Bäume. Möglicherweise wurden einige der 62 Menschen, die in diesem Gebiet umkamen, von Bäumen erschlagen, doch die meisten dürften an der Asche erstickt sein, die durch die Druckwelle in ihre Lungen gepreßt worden war.

Unter den Toten befand sich auch der 30jährige David A. Johnston, der als einer der ersten Geowissenschaftler zum Mount St. Helens gekommen und freiwillig in den Krater hinabgestiegen war, um – wie er sagte – „dem Drachen den Puls zu fühlen", sprich: um Bodenproben zu nehmen. An jenem Sonntagmorgen wähnte sich der Forscher auf seinem neun Kilometer vom Gipfel entfernten Beobachtungsposten in Sicherheit. Er schaute gerade nach der Ausbuchtung an der Nordflanke, als er sah, wie sie sich bewegte. Er konnte gerade noch in sein Funkgerät schreien: „Vancouver! Vancouver! Jetzt ist es soweit!", dann hatte die Katastrophe auch ihn erfaßt.

Als der Erdrutsch den Spirit Lake erreichte, wälzten sich plötzlich zwölf Meter hohe heiße Schlammmassen auch über jene Stelle, an der Harry Truman der Aufforderung, das Gebiet zu verlassen, getrotzt hatte. Felsbrocken von nahezu 20 Meter Durchmesser wurden umhergeschleudert und teilweise acht Kilometer weit fortgetragen. Die Kunststoffteile eines Lastwagens, der über 20 Kilometer vom Berg entfernt parkte, verflüssigten sich durch die enorme Hitze, die bei dem Ausbruch freigesetzt worden war. Selbst auf dem 26 Kilometer entfernten Green River erlitten Fischer noch schwere Verbrennungen. Von dem hohen, einst symmetrischen Gipfel des Vulkans war nur noch eine Kraterruine übrig, die obendrein 400 Meter tiefer lag.

Doch nicht nur die unmittelbare Umgebung des Vulkans war von dem Ausbruch betroffen. Die Schlammlawinen, ein brodelnder Brei aus Wasser, Asche und Gesteinsbrocken, die durch die Druckwelle erst nach Norden und dann nach Westen ins Tal des Toutle River getrieben worden waren, führten zu schweren Überschwemmungen. Der Schlamm staute den Toutle River und verstopfte auch den Cowlitz River, in den der Toutle fließt. Der Cowlitz wiederum mündet in den Columbia, dessen Fahrrinne von zwölf auf 4,5 Meter eingeengt wurde, so daß den Schiffen im Hafen von Portland der Weg zum Meer abgeschnitten war.

Mindestens drei Menschen hatten die Schlammlawinen in den Tod gerissen. Außerdem kosteten sie Millionen von Lachsen und Forellen das Leben. Zum Teil verendeten die Fische, weil das Wasser für sie zu heiß wurde. Die meisten aber erstickten, da die Asche ihre Kiemen verstopfte.

Die erste Krise war vorüber, doch die Gefahr einer großflächigen Überschwemmung blieb

Da bei dem Ausbruch Bäume und Sträucher vernichtet wurden, die das Erdreich hätten halten können, und zudem die Hänge mit einer Schicht von Asche überzogen waren, mußte man damit rechnen, daß Wind und Wasser den vorhandenen Boden verstärkt abtragen würden. Dadurch, aber auch durch erneute Ausbrüche des Mount St. Helens, die immer wieder Schlammlawinen auslösten, erhöhte sich die Hochwassergefahr. Um für die Regenfälle des folgenden Frühjahrs gerüstet zu sein, errichteten Ingenieure der amerikanischen Armee im Lauf des Jahres Dämme und Deiche, die das Wasser in sichere Bahnen lenken sollten. Vor allem mußten die Flüsse ausgebaggert werden. Bis zum November 1981 waren aus den Flüssen Toutle, Cowlitz und Columbia 75 Millionen Kubikmeter Schutt entfernt worden. Die Flußbetten freizulegen und den Columbia wieder schiffbar zu machen kostete allein 250 Millionen Dollar.

Doch nicht nur auf der Erde hatte der Mount St. Helens Verwüstungen angerichtet, er hatte auch große Mengen glühender Asche und Gesteinstrümmer in die Atmosphäre emporgeschleudert. Mit dem Wind trieb die Aschenwolke nach Osten und sank dann wie schwarzer Schnee auf Ostwashington, Idaho und Westmontana nieder. Kurz vor Mittag färbte sich der sonnige, klare Himmel über Yakima, einer Stadt mit 51 000 Einwohnern, die etwa 135 Kilometer östlich des Vulkans liegt, mit einemmal pechschwarz – es wurde dunkler als um Mitternacht.

Eine Woche nach dem ersten Ausbruch trieben Aschenwolken nach Westen, die eine häßliche Decke über Nordwestoregon und

Vom Zeugen zum Opfer *Der Fotograf einer Lokalzeitung erstickte in seinem Auto an der Asche des Vulkans.*

Aschenregen *Nach dem Vulkanausbruch gingen mehr als 6000 Tonnen Asche auf die Stadt Yakima im Bundesstaat Washington nieder (oben). Der Verkehr kam zum Erliegen, und die Straßenlaternen glühten den ganzen Tag in dem gespenstischen Staubschleier. Am schwierigsten war es, die Asche zu entfernen (links).*

Teile des Staates Washington legten. Dies wiederholte sich nach 18 Tagen noch einmal. Überall, wo die Asche niedersank, brachte sie Generatoren und Motoren zum Stillstand, verstopfte Luftfilter und machte nahezu jede Art der Fortbewegung unmöglich. Glücklicherweise erwies sich die Asche als ungiftig.

Die Vegetation hatte unter dem Ausbruch zwar gelitten, war aber nicht völlig vernichtet worden. Sogar in dem verwüsteten Gebiet rund um den Vulkan hatten Pflanzen überlebt, und zwar dort, wo der Schnee tief gewesen war. Und so schoben sich schon bald zaghaft die ersten Weidenröschen und Heidelbeeren durch die graue Asche. Auch Lupinen gediehen erneut, denen besondere Bedeutung zukam, da sie Stickstoff in Pflanzennährstoffe umwandeln können. Der Wind trug die Samen anderer Pflanzen herbei, die die Vegetation zusätzlich bereicherten. Ziehende Elche grasten wieder dort, wo zuvor 5200 ihrer Artgenossen zusammen mit 6000 Schwarzwedelhirschen den Tod gefunden hatten. Schon drei Jahre nach dem schweren Ausbruch hatten sich 90 Prozent der Pflanzenarten, die einmal in dem Gebiet heimisch waren, wieder angesiedelt. Heute befindet sich rund um den Mount St. Helens ein mehr als 40 000 Hektar großes Schutzgebiet, das zu einer Touristenattraktion geworden ist.

Den Wissenschaftlern bot der Mount St. Helens eine einmalige Gelegenheit, ihre Vorhersagemethoden weiterzuentwickeln und zu verbessern. Von 24 Eruptionen, die sich innerhalb von sieben Jahren nach dem ersten Ausbruch ereigneten, konnten viele vorausgesagt werden, einige sogar fast auf den Tag genau. Absolut zuverlässig sind die Voraussagen jedoch auch heute noch nicht. So ist man sich zwar sicher, daß in den nächsten Jahrhunderten noch andere Vulkane des Kaskadengebirges ausbrechen werden – den Zeitpunkt vermag man allerdings nicht zu bestimmen. Es könnte, wie ein Geologe bemerkte, sogar schon morgen passieren. Doch wann der nächste Ausbruch auch erfolgt, er wird der Menschheit erneut vor Augen führen, daß unter der Erdkruste ein Höllenfeuer brennt, dem eine zerstörerische Kraft innewohnt.

Tödliche Hitzewelle

Die Folgen einer ungewöhnlichen Wetterlage über den USA

Die Amerikaner, vor allem die Bewohner der südlichen Bundesstaaten, haben es gelernt, sich im Sommer auf lange Hitzeperioden einzustellen. Doch die Hitzewelle, die 1980 die USA heimsuchte, überstieg – wie kaum eine andere in der Geschichte – das Maß des Erträglichen. Woche für Woche brannte die Sonne unbarmherzig vom wolkenlosen Himmel, und die Temperaturen kletterten auf Rekordhöhen. Die Ernte verdorrte, Stauseen trockneten aus, das Vieh auf der Weide brach unter der Hitze zusammen, Maschinen versagten, Brände brachen aus, und die Straßenbeläge verzogen sich über Hunderte von Kilometern. Viele Gebäude verwandelten sich in Backöfen, und die Elektrizitäts- und Wasserwerke der Städte waren hoffnungslos überlastet. Als die Hitzewelle Anfang September schließlich vorüber war, hatte sie von Texas im Süden bis nach Dakota im Norden sowie an der gesamten Ostküste entlang bis nach Neuengland hinauf nur noch verbrannte Erde zurückgelassen. Der Sachschaden betrug mehr als 20 Milliarden Dollar. Am schlimmsten aber waren die Menschenopfer, die die Hitze gefordert hatte: Insgesamt waren 1265 Tote zu beklagen.

Rekordhöhen *In mehr als einem halben Dutzend Staaten der USA erreichten die Temperaturen 115° Fahrenheit, das entspricht 46 °C.*

Wie die Meteorologen erklärten, war dieses grausame Wetter durch ein ungewöhnliches Zusammenspiel atmosphärischer Bedingungen verursacht worden: Anders als sonst im Sommer hatte sich der Jetstream, ein breiter Luftstrom in 11000–13000 Meter Höhe, der sich mit mehr als 200 Kilometern pro Stunde normalerweise entlang dem 50. Breitengrad von Westen nach Osten bewegt, nach Norden verlagert. Gleichzeitig hatten sich drei große Hochdruckzonen gebildet, die auf der Stelle verharrten, da sie der Jetstream nicht weitertrieb: Eine lag nördlich von Hawaii über dem Pazifik, eine zweite über den südlichen Staaten des Mittleren Westens und die dritte über dem mittleren Teil der Ostküste. Zusammen bildeten sie ein riesiges Hochdruckgebiet, das die üblichen kleinen wolkenreichen Wetterfronten ablenkte, die sonst Gewitter und Regen mit sich brachten. Und da keine Wolken vorhanden waren, die einen Teil der heißen Sonnenstrahlen absorbiert hätten, heizte sich die Erde mit jedem Tag weiter auf.

Mehrere Wochen lang rührte sich dieses todbringende Hochdruckgebiet, das fast ein Viertel der Erdoberfläche umschloß, nicht von der Stelle. Selbst auf Europa wirkte sich diese Wetterkonstellation noch aus. Während die Amerikaner unter der Hitze stöhnten, erlebten die Menschen jenseits des Atlantiks einen kalten, regnerischen Sommer, da der Jetstream kühle, regenschwere Luft von Kanada nach Europa brachte.

Die fürchterliche Hitzewelle setzte in der dritten Juniwoche ein. In der Gegend von Dallas und Fort Worth in Texas kletterten die Temperaturen auf 38 °C und sollten während der folgenden 42 Tage nicht mehr unter diesen Wert sinken. Am 26. und 27. Juli zeigten die Thermometer sogar 45 °C an. Da den Texanern extreme Wetterbedingungen nicht fremd sind, nahmen sie die Lage zunächst gelassen hin.

In der zweiten Juliwoche ließ die absonderliche Wetterlage die Temperaturen auch weiter im Norden und im Osten der USA in ungewöhnliche Höhen schnellen. Am 13. Juli wurden in Memphis, Tennessee, sowie in Augusta und Atlanta in Georgia Werte zwischen 40,5 und 42 °C gemessen. Willie Jones, ein Bewohner von Atlanta, wurde mit einer Körpertemperatur von 46,5 °C in ein Krankenhaus eingeliefert. Wie durch ein Wunder überlebte er diese normalerweise tödliche Überhitzung und sicherte sich so im *Guinness Buch der Rekorde* einen Platz als der Mensch mit der höchsten Körpertemperatur, die je gemessen wurde. Am 16. Juli erreichte die Hitzewelle auch die Stadt New York. Am ersten Tag kletterte die Temperatur auf 37 °C, vier Tage später auf 38 °C.

Die Hitze bereitete allen Menschen Schwierigkeiten, doch tödlich konnte sie vor allem für ältere Menschen, Kranke und Arme werden, da viele von ihnen keine Klimaanlage besaßen und zudem nicht rechtzeitig medizinisch versorgt wurden.

Unter normalen Umständen schützt sich der menschliche Körper gegen Hitze durch verschiedene Abwehrreaktionen. Die Blutgefäße unter der Haut erweitern sich, so daß mehr Blut zirkulieren kann und die Hitze aus dem Körperinnern nach außen abgeleitet wird. Gleichzeitig sondert der Körper Schweiß ab, der verdunstet und dabei die Haut kühlt. Hohe Luftfeuchtigkeit kann diesen Prozeß jedoch hemmen, da sie verhindert, daß der Schweiß verdunstet. Die Folge ist, daß der Körper nicht mehr genügend Wärme abführen kann. Aber auch trokkene Hitze bringt den Körper auf Dauer an den Rand seiner Abwehrfähigkeit: Übermäßiges Schwitzen entzieht dem Körper zuviel Wasser und Mineralstoffe, und das Herz muß auf Hochtouren arbeiten, um genügend Blut zur Kühlung zirkulieren zu lassen. Gerade ältere Menschen, die bereits gesundheitliche Probleme, wie Herz- oder Kreislaufbeschwerden, haben, sind dabei besonders gefährdet.

Im Bundesstaat Missouri, in dem die Zahl älterer Bürger überdurchschnittlich hoch ist, wurden daher die Nationalgarde, das Rote Kreuz sowie staatliche und örtliche Hilfsorganisationen verpflichtet, den Betroffenen zu helfen. In manchen Gegenden gingen Helfer von Tür zu Tür, um elektrische Ventilatoren zu verteilen. In einigen Fällen versuchten sie die Bewohner auch zu überreden, sich in öffentliche Einrichtungen mit Klimaanlagen zu begeben. Dennoch starben in Missouri durch die Hitze 311 Menschen, die Mehrzahl von ihnen in St. Louis und Kansas City. Dort hatten sich schlecht belüftete Backsteingebäude, in denen viele alte Leute lebten, regelrecht in Backöfen verwandelt. Lediglich eine positive Auswirkung hatte die Hitzewelle in Kansas City: Während dieser Zeit ging die Zahl der Morde deutlich zurück, vermutlich, weil auch die Verbrecher zu matt für Gewalttätigkeiten waren.

Der Landwirtschaft setzte die sengende Hitze ebenfalls schwer zu. Besonders hart traf es die Geflügelfarmer in Arkansas, Texas und Florida. Allein in Arkansas verendeten innerhalb einer Woche 8 Millionen Tiere. Dem Weidevieh erging es kaum besser. Da es kein Futter und Wasser mehr gab, brachten viele Landwirte ihre Tiere vorzeitig ins Schlachthaus, um einem größeren Verlust vorzubeugen. Hennen legten keine Eier mehr, Kühe gaben keine Milch, und Schweine fielen in der Hitze buchstäblich tot um.

Hilflos mußten die Bauern mit ansehen, wie auf Tausenden von Hektar Land die Feldfrüchte welkten und zu Staub zerfielen. Nur künstliche Bewässerung hätte einen Teil der Ernte noch retten können, doch da schon lange vor der Hitzewelle viele Gebiete über Monate hinweg unter einer ungewöhnlichen Trokkenheit gelitten hatten, waren die Brunnen jetzt leer. In manchen Gegenden verdorrten mehr als 80 Prozent der Ernte von Mais, Baumwolle, Sojabohnen und Weizen.

In den letzten Julitagen endlich begannen sich hoch über dem Atlantik dichte Wolkenmassen zu bilden. Während sie auf die Karibik zutrieben, ließ ihre Form darauf schließen, daß daraus ein Hurrikan entstehen würde. Die Bewohner an den Küsten des Golfs von Mexiko trafen Vorkehrungen gegen den heranziehenden Wirbelsturm, den die Meteorologen Allan nannten. Am 9. August raste er über das Festland hinweg, tötete drei Menschen und verursachte 750 Millionen Dollar Sachschaden. Doch Allan wirkte nicht nur zerstörerisch, er hatte auch die positive Wirkung, die sich die Meteorologen erhofft hatten: Er brach der Hitzewelle das Rückgrat. In Texas beispielsweise sank die Temperatur schlagartig um 14 °C. Allerdings dauerte es noch weitere drei Wochen, bevor die Hitzewelle auch im Osten der USA endlich abebbte.

Not macht erfinderisch *Als das Futter immer knapper wurde, flammten manche Bauern die Dornen von Kakteen ab, so daß ihr Vieh die Wüstenpflanzen fressen konnte. Andere Landwirte trieben ihre Herden in den Schlachthof, weil sie die Tiere nicht mehr ernähren konnten. So gab es kurzfristig Fleisch im Überfluß, doch schon bald wurde Schlachtvieh zur Mangelware, und die Fleischpreise in den Supermärkten stiegen.*

Verzweiflung im Mezzogiorno

Ein Erdbeben sucht Italiens ärmste Region heim

Antonio Cetrulo, ein italienischer Gastarbeiter in der Schweiz, hörte die schreckliche Nachricht im Radio: Ein furchtbares Erdbeben hatte das Gebiet östlich von Neapel in eine Trümmerlandschaft verwandelt. Es war der 23. November 1980. Cetrulo setzte sich sofort ins Auto und erreichte nach 18 Stunden Fahrt sein Heimatdorf Caposele. Dort lag kein Stein mehr auf dem anderen. Mit bloßen Händen begann Cetrulo nach Familienangehörigen zu graben – Bergungstrupps waren nirgendwo zu sehen. Denn obwohl der Mezzogiorno, der arme Süden Italiens, von einer der schlimmsten Naturkatastrophen der jüngeren Zeit heimgesucht worden war, ließ die Hilfe aus Rom auf sich warten.

Im Italienischen bedeutet *mezzogiorno* Mittag. Um diese Zeit brennt die Sonne hier unbarmherzig vom Himmel. Die zerklüfteten Hügelketten des Apennin, die im Sommer sengender Hitze und im Winter erbarmungslosen Regenfällen und Schneestürmen ausgesetzt sind, ermöglichten lange Zeit nur einfachste Formen der Landwirtschaft, und wer in dieser Gegend lebte, mußte das ganze Jahr hindurch hart arbeiten, um ein karges Auskommen zu haben.

Ab Anfang der 50er Jahre bemühte sich die italienische Regierung, die Lebensbedingungen im Mezzogiorno gezielt zu verbessern. Doch die Entwicklungsvorhaben in Landwirtschaft, Industrie und Verkehr konnten ein Gespenst nicht bannen: die Gefahr, die diesem Gebiet durch Erdbeben droht.

Im Mittelmeerraum verschieben sich zwei riesige Platten der Erdkruste gegeneinander. Wenn sich die dabei entstandenen Spannungen lösen, kommt es zu Erschütterungen. Meistens handelt es sich um kleinere Beben, die oft kaum bemerkt werden und nur wenig Schaden anrichten. Doch von Zeit zu Zeit fordert die Natur entsetzlichen Tribut.

Das Erdbeben vom 23. November begann um 19.35 Uhr. Seismographen auf der ganzen Welt registrierten eine Stärke von 6,8 auf der Richter-Skala. Innerhalb von Sekunden wurden Häuser, Hausrat, schreiende Menschen und Tiere durcheinandergewirbelt. In der langen, schrecklichen Nacht, die dem ersten Erdstoß folgte, bebte der ganze Süden Italiens wie ein toll gewordener Riese. Und noch eine Woche später erschütterten Nachbeben die rund 140 betroffenen Städte und Dörfer der Region.

Die Verwüstungen erstreckten sich von

Zeuge des Schreckens *Nur ein einziges Haus ist auf dem trümmerübersäten Hügel, auf dem einmal das Dorf Calabritto lag, stehengeblieben.*

Schock und Trauer *Keiner Deutung bedarf das Gesicht dieser Überlebenden. In Avellino (rechts) und anderen schwergetroffenen Städten waren Feldküchen viele Wochen lang die einzigen Stellen, an denen es in diesem schrecklichen Winter warmes Essen gab.*

Neapel und Salerno viele Kilometer tief in das Bergland des Mezzogiorno hinein. Das betroffene Gebiet war so groß wie das Bundesland Hessen.

Erst spät kam Hilfe aus Rom – für manche Opfer zu spät

Schon vor diesem schrecklichen Novembertag waren insbesondere in Neapel viele ältere Häuser baufällig gewesen und galten offiziell als unbewohnbar. Moderne Gebäude dagegen waren oftmals unter Umgehung der Vorschriften errichtet worden, so daß auch sie einem stärkeren Beben nicht standhalten konnten. Die Vernachlässigung alter Bausubstanz und die Verwendung schlechten Zements und brüchigen Stahls bei neueren Bauten hatten nun zur Folge, daß die Gebäude wie Kartenhäuser in sich zusammenstürzten.

Noch schlimmer aber traf es die Städte und Dörfer weiter im Landesinnern. In dem Dorf Balvano stürzte die aus dem 15. Jahrhundert stammende Kirche Santa Maria Assunta über einer Gemeinde von 300 Seelen zusammen. Unter den Opfern waren viele Mütter mit ihren Kindern, die sich bei der Abendmesse auf die Erstkommunion vorbereiten wollten. An die 100 Menschen starben allein unter den Trümmern dieses Gotteshauses.

Eines der ersten Fotos aus der betroffenen Region zeigte diese Toten und die anderen Opfer von Balvano. Sie waren an einer der wenigen noch freien Stellen des Dorfs in einer schnurgeraden Linie nebeneinandergelegt worden. Man hatte die Leichen in alle nur auffindbaren Decken und Tücher gewickelt.

In Conza di Campania starben 80 Prozent der 2500 Bewohner durch das Beben. „Gott sollte uns nicht auf diese Weise strafen", weinte Antonio Piccino. „In 30 Sekunden war alles, wofür ich 30 Jahre gearbeitet habe, fort." Als es irgend jemandem gelang, eine Telefonverbindung nach Santomenna herzustellen, erkundigte sich der Beamte am andern Ende der Leitung: „Haben Sie Strom und Wasser?" „Wir haben hier nicht einmal mehr eine Stadt", erwiderte eine zitternde Stimme.

Die Bilanz der Katastrophe war schrecklich. Es gab mehr als 3000 Tote, 1500 Vermißte, 7000 Verletzte und rund 200 000 Obdachlose. Seit 1915 hatte kein anderes Erdbeben in Europa so viele Opfer gefordert und so viel Schaden angerichtet. Hinzu kam, daß in Kürze der Winter über den Apennin hereinbrechen würde. Die Menschen fürchteten die Kälte, und in ihre Angst mischten sich die Fassungslosigkeit und der Zorn darüber, wie langsam und planlos die Behörden, die die Katastrophe unterschätzt hatten, reagierten.

Seit 1970 gibt es in Italien ein Zivilschutzgesetz für Katastrophenfälle, doch die Ausführungsbestimmungen waren von den Politikern verschleppt worden. So fehlte es an Vorkehrungen für den Notfall, und viele, die man bei rechtzeitiger Hilfe noch lebend aus den Trümmern hätte bergen können, starben einen grausamen Tod.

Überall im Mezzogiorno machte sich tiefe Bitterkeit breit. In Sant'Angelo dei Lombardi setzte ein Mitarbeiter des Gesundheitsamtes 15 Stunden nach dem Beben einen zornigen Funkspruch ab: „80 Prozent der Stadt sind zerstört", lautete die Meldung, „Hunderte von Menschen liegen unter den Trümmern begraben, aber bisher ist niemand gekommen ... Die Straße ist frei. Warum kommt niemand?"

Noch sechs Tage nach dem Unglück ertönten aus den Trümmern eines Hauses an der Piazza della Libertà die Hilferufe der lebendig Begrabenen. Es gab kein Bergungsgerät, und auch die Feuerwehrleute aus Ravenna, die am zweiten Tag nach dem Unglück nach Sant'Angelo gekommen waren, hatten nur Spitzhacken und Stahlsägen. Noch später waren Soldaten aufgetaucht, die jedoch untätig blieben. Schließlich waren die Hilferufe verstummt.

Einsam und allein
Die verlorene Gestalt dieses Mannes, der sich vorsichtig in den Trümmern seines Hauses umschaut, macht die Misere all jener deutlich, die nach der Katastrophe instinktiv nach vertrauten Dingen, verlorenen Wertsachen oder Erinnerungen an einen geliebten Menschen suchten – nach irgend etwas, das ihnen inmitten der Zerstörung etwas Halt geben konnte.

In einem Nachbardorf belud Mario Vitale einen Wagen mit Hilfsgütern für das schwergetroffene Sant'Angelo. Sein Kommentar spiegelte die Meinung unzähliger anderer wider: „Unsere Regierung ist unfähig. Das ist sie schon immer gewesen, und deshalb bringen wir diese Sachen jetzt selbst nach Sant'Angelo."

Eine 26jährige Frau beschwor für Millionen von Italienern noch einmal das Grauen dieser Tage herauf, als sie im Fernsehen von ihrem Leiden berichtete. Sie und ihre Mutter waren 72 Stunden eingeschlossen gewesen. „Wir hielten uns hilflos umschlungen", sagte sie. „Später versuchten wir, den Schutt wegzuscharren, um etwas Raum zum Atmen zu haben. Mutter betete, und ich hörte, wie sie sagte: ‚O Gott, hol mich vor meiner Tochter zu Dir, denn ich könnte es nicht ertragen, sie sterben zu sehen.' Wir sprachen über viele Dinge, wichtige Dinge. Als sie uns herauszogen, berührte ich das Gesicht meiner Mutter. Es war kalt. Da wußte ich, daß es mit ihr zu Ende ging, und ich fing an zu weinen."

Als Staatspräsident Sandro Pertini die betroffenen Regionen zwei Tage lang mit dem Hubschrauber besuchte, bekam er vor Ort die Trauer und die Hoffnungslosigkeit, aber auch den Zorn der Menschen zu spüren. In Laviano schrie ihm ein Mann zu: „Der Hubschrauber hätte gestern zur Rettung kommen sollen, nicht heute zum Rundflug!"

Nach Pertinis Rückkehr in die Hauptstadt Rom brachten erbitterte politische Auseinandersetzungen beinahe die Regierung zu Fall. Schließlich wurden die Behörden aber doch aktiv. Giuseppe Zamberletti, ein christdemokratischer Abgeordneter, leitete den Katastropheneinsatz. „Der Tüchtige", wie Zamberletti auch genannt wurde, hatte schon 1976 nach einem schweren Erdbeben in Norditalien die Rettungsmaßnahmen organisiert und war nun erneut die Hoffnung Tausender.

Trotz allem Elend wollten die Menschen ihre Heimat nicht verlassen

Drei Wochen nach dem 23. November waren 37 000 Obdachlose in Zelten, 43 000 in Wohnungen, 37 000 in Eisenbahnwaggons und 53 000 in Hotelzimmern oder auf Schiffen vor der Küste untergebracht worden. Mittlerweile befanden sich auch 44 000 Mann zu Hilfs- und Aufräumungsarbeiten im Katastrophengebiet. Mit Bulldozern ebneten sie zerstörte Viertel von Dörfern und Städten ein. Die Toten, die noch lange Zeit überall herumlagen und denen der Regen das Blut und den Dreck abwusch, wurden mit Formaldehyd bespritzt, um den Verwesungsprozeß zu verlangsamen und den Ausbruch von Cholera, Typhus und anderen Krankheiten zu verhindern.

Die deutsche Bundeswehr war mit Ärzten, Sanitätern und Pionieren vor Ort. Die Männer versorgten Verletzte, räumten mit ihren schweren Schwenkladern Trümmerschutt von den Gassen und Plätzen und bargen mit aufgesetztem Stahlhelm Hausrat aus den wenigen Gebäuden, die stehengeblieben waren.

Immer wieder gab es wunderbare Rettungen. In Balvano war die 90jährige Donata Zarillo von den Erdstößen auf den Boden ihrer Küche geworfen und unter den herabstürzenden Trümmern ihres Hauses begraben worden. 30 Stunden später hörte ein Helfer, Giancarlo Rocchi, ein schwaches Klopfen unter dem Schutt und konnte sich bis zu der alten Dame vorarbeiten. „Die Arme saß völlig verstört da drinnen", erinnerte er sich später, „und nur mit Mühe gelang es uns, sie zu überzeugen, daß sie nun herauskommen konnte."

In der Stadt Avellino zupfte Luigi Corbelli einen Helfer am Arm und bat ihn, bei der Arbeit in den Trümmern seines Hauses nach einem Foto seiner Angehörigen Ausschau zu halten. „Helfen Sie mir, damit ich nicht ganz allein bin, ohne etwas, das mich an meine Lieben erinnert", sagte er. Daß irgend jemand seiner Familie überlebt haben könnte, erschien ihm unwahrscheinlich. Einige Minuten später legte man Corbelli seine Frau mit einem zerschmetterten Bein, aber lebend, in die Arme. Seine Kinder jedoch waren tot.

Auch finanzielle Hilfe kam nun aus vielen Teilen der Welt. Die USA stellten über 50 Millionen Dollar zur Verfügung. Die australische Regierung bot an, zu jedem in ihrem Land privat gespendeten Dollar einen weiteren hinzuzufügen. Das dünnbesiedelte Island steuerte 10 Millionen Dollar bei. Südkorea und Japan halfen über das Rote Kreuz. Italiens europäische Nachbarn verpflichteten sich zu Hilfeleistungen im Wert von weit über 1 Milliarde Dollar.

Wie schon so oft in der Geschichte nach schweren Katastrophen unternahmen die Menschen auch diesmal heldenhafte Anstrengungen, um ihr Leben wieder in geordnete Bahnen zu lenken. Und sie ließen keinerlei Zweifel daran, daß sie die Heimat – ungeachtet aller Zerstörungen – nicht verlassen wollten.

So fanden sich vier Wochen nach dem Beben die Überlebenden von Conza di Campania zu einer Prozession zusammen und gingen schweigend zwischen Zelten und Wohnwagen hindurch zu einer Wellblechhütte, um auf einem behelfsmäßigen Altar die Geburt des Christuskindes zu feiern. Auf dem Marktplatz von Balvano, wo noch immer blutbespritzte Trümmer lagen, stellten die Dorfbewohner an einer freien Stelle einen Weihnachtsbaum auf. In Solofra in der Provinz Avellino nahm ein Priester die erste Trauung nach dem Erdbeben vor. Um Braut und Bräutigam vor dem heftigen Regen zu schützen, hatte man ein Zelt errichtet. In Calabritto lagen die Kerzenhalter der Kirche irgendwo unter Trümmern begraben, so daß der Priester an ihrer Stelle leere Bierflaschen verwendete. Und im schwergetroffenen Potenza begann, noch während die Rettungsmannschaften nach Toten und Verletzten suchten, ein neues Leben, als die 39jährige Lucia Pepe auf dem Vordersitz eines Lastwagens ihr sechstes Kind, ein Mädchen, zur Welt brachte.

Auch wenn in den behelfsmäßigen Unterkünften nicht an ein normales Leben zu denken war, machten längst nicht alle Menschen vom Angebot der Regierung Gebrauch, kostenlos in Hotelzimmern an der Küste unterzukommen. Lieber drängten sich Großfamilien in einer provisorischen Bleibe auf 30 Quadratmetern zusammen, wuschen Frauen ihre schmutzige Wäsche in einem kalten Brunnen im Freien. In einer Stadt standen die 1300 Überlebenden ein ganzes Jahr später immer noch vor den vier Gemeinschaftsduschen Schlange.

Heimatliebe, aber auch Mißtrauen gegenüber der unfähigen Regierung, in deren Abhängigkeit die Menschen sich nicht begeben wollten, spiegelten sich in diesem Verhalten. „Wir gehen nicht fort", sagte der Bürgermeister von Conza di Campania, „auch wenn man in Rom und Neapel anscheinend vergessen hat, daß wir Bauern sind und irgendwo die Tiere und das Heu unterbringen müssen." Und in Calitri, einer Stadt mit 3400 Einwohnern, hielt ein alter Mann höflich einen Lastwagenkonvoi an, der gekommen war, um die Dorfbewohner aus dem sturmgepeitschten Hochland in die Hotels entlang der Küste von Amalfi zu bringen. „Ihr seid gute, tüchtige Leute", sagte der alte Mann zu dem jungen Polizeibeamten, der für die Umsiedlungsaktion verantwortlich war. „Aber es ist zwecklos, daß ihr kommt. Hier haben wir gelebt, und hier wollen wir sterben."

Letzte Ruhestätte *Wie eine Anklage wirkt dieses Massengrab, in dem man hier wie andernorts auch die zahlreichen Opfer des Erdbebens bestattete.*

Ort des Grauens *Polizei, Feuerwehr und medizinisches Personal suchen an der Absturzstelle nach Überlebenden.*

Flug in den Tod

Gefährliche Winde bringen ein Flugzeug zum Absturz

Startbahn zehn des internationalen Flughafens von New Orleans. „Steigrate normal", sagte Flugkapitän Kenneth L. McCullers. „Fahrwerk eingezogen", erwiderte Donald A. Pierce, sein Kopilot. Soeben war der Pan-American-Flug 759 gestartet, um Wochenendurlauber aus Miami nach Las Vegas und San Diego zu bringen. Es war der 9. Juli 1982, etwa 16.10 Uhr, als die dreimotorige Boeing 727 trotz strömenden Regens ohne besondere Vorkommnisse abhob. Einige Sekunden lang schien alles in Ordnung zu sein. Doch dann begann sich die Nase des 105 Tonnen schweren Flugzeugs, das gerade 30 000 Liter hochexplosiven Treibstoffs getankt hatte, plötzlich in Richtung Boden zu neigen.

„Komm wieder hoch!" befahl Kapitän McCullers seinem Kopiloten. „Du sinkst, Don. Komm wieder hoch." Dies waren die letzten Worte, die der Flugschreiber der Unglücksmaschine aufzeichnete.

Das Flugzeug, das kaum über eine Höhe von 45 Metern hinausgekommen war, sackte ab und streifte nicht einmal 1000 Meter hinter der Startbahn den Wipfel eines hohen Baums. Dann neigte sich der linke Flügel der Maschine, wie Augenzeugen später berichteten, nach unten. Es schien, als versuche der Pilot eine Kurve zu fliegen, um Kenner, einem Vorort von New Orleans, auszuweichen und statt dessen im nahe gelegenen Lake Pontchartrain herunterzugehen. Doch dieser Versuch mißlang. Sekunden nachdem Flug 759 den Baum gestreift hatte, zerfetzte die Maschine ein Stromkabel, verlor weiter an Höhe und zerschellte schließlich in Kenner. Dort machte sie 13 Häuser dem Erdboden gleich.

Wo die Maschine aufschlug, entfesselte sie ein flammendes Inferno

Als die Maschine – oder das, was von ihr übrig war – endlich zum Stillstand kam, waren alle acht Besatzungsmitglieder und 138 Passagiere sowie acht Bürger von Kenner tot.

An der brennenden Unglücksstelle trafen die herbeigeeilten Rettungsdienste auf Chaos und Verzweiflung. Das Haus der Familie Trahan hatte direkt in der Bahn des außer Kontrolle geratenen Flugzeugs gelegen, so daß sich hier nur noch ein rauchender Schutthaufen befand. Die junge Mrs. Trahan und ihre vierjährige Tochter hatten den Tod gefunden, und ihre Leichen lagen nun irgendwo unter den Trümmern. Zwei Stunden später jedoch entdeckte ein Polizist, der die Überreste des Hauses durchsuchte, eine Matratze, die sich bewegte. Unter ihr lag die 16 Monate alte Melissa Trahan, die nahezu unverletzt geblieben war.

Doch sonst war die Bilanz des Unglücks schrecklich. In den nächsten drei Tagen füllten Dutzende von Helfern verkohlte Leichen und Leichenteile in Plastiksäcke. In der drückenden Sommerhitze hing der Geruch von Verwesung über den Trümmern, und die Fliegen kamen in so großen Scharen, daß die Arbeiten dreimal unterbrochen werden mußten, um ein Insektizid in dem Gebiet verspritzen zu können. Es dauerte fast eine Woche, bis die Aufräumungsarbeiten abgeschlossen waren. Dann ließ die Stadtverwaltung die Fläche von Bulldozern einebnen, mit Kalk bedecken und mit 135 Bäumen und Sträuchern bepflanzen, um die sichtbaren Narben der Tragödie möglichst rasch zu beseitigen.

Während man noch die Opfer des Unglücks barg, wurden viele ergreifende Geschichten bekannt. Oft hatte ein plötzlicher Sinneswandel, eine Autopanne oder ein vergessenes Brot darüber bestimmt, ob jemand leben oder sterben sollte. Donald E. Fitzgerald hatte sieben seiner Verwandten, die zur Beerdigung seines Vaters nach Las Vegas fliegen wollten, zum Flughafen von New Orleans gefahren. Ursprünglich hatte auch er vorgehabt, an der Zeremonie teilzunehmen, sich jedoch in letzter Minute eines anderen besonnen. Und während seine Großmutter und sechs seiner Onkel und Tanten in das Flugzeug stiegen, fuhr Fitzgerald wieder davon.

Zwei Schwestern, die mit ihren drei Kindern auf Besuch bei Freunden in Florida gewesen waren, hatten die Nachricht erhalten, daß ihr Bruder bei einem Motorradunfall im kalifornischen San Diego ums Leben gekommen sei. Sie nahmen sich einen Mietwagen, um zur Beerdigung zu fahren. Als das Auto jedoch in Louisiana mit einer Panne liegenblieb, buchten sie Plätze für Flug 759. Nur wenige Stunden später erfuhr die leidgeprüfte Familie in San Diego von dem Unglück, dem ihre Verwandten zum Opfer gefallen waren.

In Kenner wollte sich der 61jährige Ted Weems mit seinen beiden Jungen zu einem zeitigen Abendessen hinsetzen, als sie feststellten, daß weder Brot noch Milch im Haus waren. Also machten sich alle drei zu einem nahe gelegenen Supermarkt auf. Sie erledigten ihre Einkäufe, doch als sie wieder vor die Tür traten, goß es in Strömen. Während sie im Eingang des Supermarkts darauf warteten, daß der Regen nachließ, zerstörte die explodierende Maschine ihr Haus.

Der Absturz der Pan Am 759 war das bis dahin zweitschwerste Flugzeugunglück in der Geschichte der Vereinigten Staaten und gleichzeitig das rätselhafteste. Monatelang untersuchten Fachleute die Wrackteile, immer wieder spielten sie das Tonband mit dem Wortwechsel der beiden Piloten ab. Am 21. März 1983 endlich gaben die Behörden bekannt, daß vermutlich ein *Microburst* das Unglück verursacht habe. Mit diesem international gebräuchlichen Ausdruck bezeichnen die Meteorologen bestimmte Windscherungen, eine plötzliche Änderung von Windge-

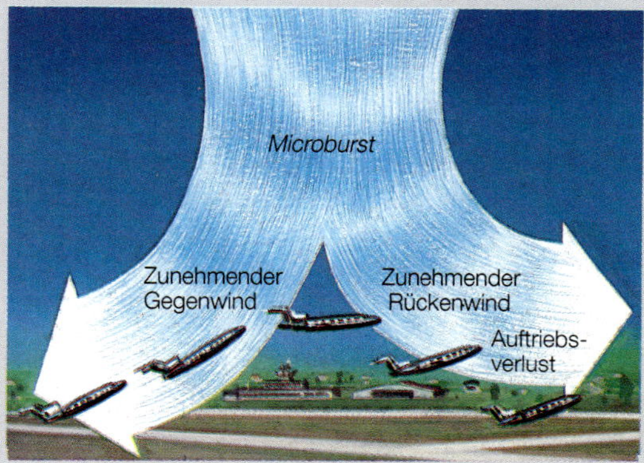

Durch einen Microburst *kann ein niedrig fliegendes Flugzeug seinen Auftrieb verlieren.*

Windscherungen

Für mehrere schwere Flugzeugunglücke der Vergangenheit hat man Windscherungen verantwortlich gemacht. Dabei verändert der Wind plötzlich Richtung und Geschwindigkeit. Besonders gefährlich für Flugzeuge sind die sogenannten *Microbursts*, wie die Meteorologen sie nennen.

Microbursts entstehen, wenn sich warme Luft plötzlich abkühlt, etwa beim Durchzug einer Gewitterfront. Da die Kaltluft schwerer ist als die sie umgebende Warmluft, sinkt sie rasch nach unten. Trifft die Luft auf der Erde auf, wird sie nach allen Seiten hin weggedrückt, ähnlich wie Wasser aus einem Schlauch, das man senkrecht auf den Boden spritzen läßt.

Ein Flugzeug, das in einen *Microburst* gerät, hat zunächst Gegenwind. Dadurch gewinnt das Flugzeug an Auftrieb. Wenn das Flugzeug jedoch das Zentrum des *Microburst* passiert hat, bekommt es Rückenwind, der genau das Gegenteil bewirkt: Der Auftrieb verringert sich. Fliegt die Maschine niedrig, wie etwa beim Starten oder Landen, hat der Pilot möglicherweise nicht ausreichend Platz, um erneut Höhe zu gewinnen. Dann kann das Flugzeug abstürzen.

Brennendes Chaos
Der Absturz der Boeing 727 in Kenner bei New Orleans verwandelte einen Teil des Vororts in ein flammendes Inferno (oben). Ein Experte (links) untersucht die Trümmerteile der Maschine nach Hinweisen auf die Absturzursache. Acht Monate später hieß es, daß das Unglück vermutlich auf eine Windscherung zurückzuführen sei.

schwindigkeit und -richtung. Windscherungen können den Auftrieb beeinträchtigen, den ein Flugzeug braucht, um zu steigen und in der Luft zu bleiben.

Auftrieb erhält ein Flugzeug dadurch, daß die Luft an den gewölbten Tragflächenoberseiten schneller strömt als an den flachen Unterseiten. Mit der größeren Strömungsgeschwindigkeit verringert sich der Luftdruck über den Tragflächen, so daß der höhere Druck unter den Flügeln das Flugzeug anhebt. Windscherungen verändern den Luftstrom an den Tragflächen.

Eine Windscherung, die ein Flugzeug während des Flugs trifft, ist im allgemeinen harmlos. Selbst wenn die Maschine an Höhe verliert, bekommt sie der Pilot für gewöhnlich wieder unter Kontrolle. Er braucht dazu lediglich in den Sturzflug zu gehen, um so die Geschwindigkeit zu erhöhen. Doch in den kritischen Augenblicken während Start und Landung hat der Pilot zuwenig Höhe, um ein solches Manöver durchführen zu können. Dann kann eine Windscherung tödlich sein. Besonders gefährlich ist die Art von Windscherung, die Flug 759 zum Verhängnis wurde. Ein *Microburst* ist eine plötzlich auftretende, abwärts gerichtete Luftströmung, die sich beim Aufprall auf dem Erdboden nach allen Seiten hin ausbreitet. Wenn ein Flugzeug in geringer Höhe in einen solchen *Microburst* gerät, hat es zunächst starken Gegenwind, der ihm Auftrieb verleiht. Bald jedoch folgt kräftiger Rückenwind, der den Auftrieb so stark verringern kann, daß die Maschine abstürzt.

Oft treten *Microbursts* im Zusammenhang mit Gewittern auf. An jenem schicksalhaften Julinachmittag hatten sich über dem Flughafen von New Orleans Gewitterwolken bis in eine Höhe von 10000 Metern aufgetürmt. Blitze zuckten, und es gab Windböen, die Geschwindigkeiten von über 30 Kilometern pro Stunde erreichten. Wie die Untersuchungskommission, die den Unglückshergang später Stück für Stück rekonstruierte, feststellte, warnte der Kontrollturm etwa siebeneinhalb Minuten vor dem Absturz – noch während Pan Am 759 zur Startbahn rollte – vor einer niedrigen Windscherung im nordöstlichen Teil des Flughafens. Eine Minute später erbat Kapitän McCullers weitere Angaben über die Windverhältnisse und erhielt als Antwort: „Wind aus 70 Grad mit 17 Knoten, in Böen 23 Knoten. Niedrige Windscherungen überall. Wir sind geradewegs mittendrin."

Mit der Feststellung, er habe während seiner Laufbahn schon so manchen Start abbrechen müssen, besprach McCullers mit seiner Besatzung das dazu notwendige Manöver. Doch der Kapitän sah offenbar keinen Anlaß, am Boden zu bleiben. Während die Maschine Startbahn zehn hinunterdonnerte, nahm der Regen an Heftigkeit noch zu. Die Scheibenwischer arbeiteten auf vollen Touren. Der Start schien problemlos zu klappen.

Nach Ansicht der meisten Fachleute, die die Katastrophe von New Orleans untersuchten, war die Entscheidung von Kapitän McCullers kein Fehler gewesen. Eine Windscherung ist selbst unter günstigsten Voraussetzungen kaum vorherzusagen und nur schwer auszumachen. Und auf dem Flughafen von New Orleans waren die Bedingungen ohnehin alles andere als ideal. Die fünf Windmeßgeräte, die damals um die Startbahnen herum aufgestellt waren, reichten kaum aus, um das gesamte Flughafengelände zu überwachen. Hinzu kam, daß ein Gerät, das sich in einem sumpfigen Waldgebiet nahe Kenner befand, nicht funktionierte. So hatte die Besatzung der Pan-Am-Maschine nicht ahnen können, welches Unheil sich da zusammenbraute.

Der *Microburst* war trotz seiner großen Kraft verhältnismäßig klein. Hätte sich die Maschine etwas

DAS ENDE VON FLUG 214

Rettungsmannschaften an der Aufschlagstelle des Flugzeugs

Bis zum 8. Dezember 1963 war in den USA noch nie ein schweres Flugzeugunglück mit einem Blitzschlag in Verbindung gebracht worden. An jenem Tag wartete ein aus Puerto Rico kommender Clipper der Pan American Airlines in der Luft nahe dem Flughafen von Philadelphia im Bundesstaat Pennsylvania auf Landeerlaubnis. Es war 20.44 Uhr. Ein Gewitter war im Anzug.

Um 20.58 Uhr fing die Anflugkontrolle einen Notruf der Pan-Am-Maschine auf: „Clipper 214 ist außer Kontrolle. Es ist aus." Sekunden später funkte ein Flugzeug der National Airlines, das sich 300 Meter über der Pan-Am-Maschine befand, an den Kontrollturm: „Clipper 214 geht in Flammen hinunter." Bei dem Unglück starben alle Insassen.

Augenzeugen berichteten später, daß, Sekunden bevor das Flugzeug explodierte und abstürzte, in seiner unmittelbaren Nähe ein Blitz über den Himmel gezuckt sei.

Da Flugzeuge so konstruiert sind, daß Blitze ihnen eigentlich nichts anhaben können, war zunächst unklar, was zu der Katastrophe geführt hatte. Doch nach einer ausführlichen Untersuchung kam die Luftfahrtbehörde zu dem Schluß, daß der Absturz vermutlich auf einen Blitzschlag in die linke Tragfläche zurückzuführen sei, der das Treibstoff-Luft-Gemisch in einem Reservetank entzündet habe. Seit 1963 sind in den USA noch mehrere andere Flugzeugabstürze mit Blitzschlägen in Verbindung gebracht worden. Bei einem starben 38 Menschen.

vor oder hinter ihm befunden, hätte sie seine Wucht kaum oder gar nicht zu spüren bekommen. Statt dessen erwischte der *Microburst* das Flugzeug direkt. Die Indizien wiesen darauf hin, daß der Kopilot die Maschine abfangen und wieder nach oben ziehen konnte – jedoch nicht hoch genug, um dem 16 Meter hohen Baum auszuweichen, der im Weg stand. Wie die Untersuchungskommission später feststellte, hätte das Flugzeug alle Bäume im Gebiet des Flughafens sicher überfliegen können, wenn der *Microburst* nur 25 Prozent schwächer gewesen wäre.

Nach dem Flugzeugunglück wurden die Warnsysteme auf den Flughäfen ausgebaut und weiter verbessert

Immerhin bewirkte die Katastrophe, daß die Öffentlichkeit auf die Gefahr von Windscherungen aufmerksam wurde. Zum Zeitpunkt des Unglücks gab es auf 58 Flughäfen in den Vereinigten Staaten entsprechende Warnsysteme, und die Installation weiterer war vorgesehen. Diese Geräte konnten jedoch nur große Windscherungen ausmachen. Die kleineren, gefährlicheren *Microbursts*, von denen einer Flug 759 abstürzen ließ, blieben unentdeckt. Nach der Katastrophe von New Orleans verbesserte man die bestehenden Geräte und beschleunigte die Entwicklung eines sehr viel empfindlicheren Warnsystems, das NEXRAD *(next generation radar)* genannt wird. Das moderne Radar, auf dem NEXRAD basiert, kann *Microbursts* ausmachen, indem es die mit jedem Wind durch die Luft wirbelnden Staubteilchen ortet. Das System ist allerdings so aufwendig und so teuer, daß es voraussichtlich erst Mitte der 90er Jahre vollständig realisiert sein wird. Daß das System am 2. August 1985 noch nicht zur Verfügung stand, kostete abermals 133 Passagieren und Besatzungsmitgliedern das Leben. Diesmal geriet eine Maschine der Delta Airlines bei der Landung auf dem Flughafen von Dallas–Fort Worth in eine Windscherung und stürzte ab.

Eine weitere Konsequenz, die man aus dem Absturz der Pan-Am-Maschine zog, war, daß man in die Simulatoren, an denen Berufspiloten ausgebildet werden, die Flugbedingungen während eines *Microbursts* einprogrammierte. So können die angehenden Flieger üben, wie man in einer solchen Notsituation wieder Auftrieb bekommt. Doch es ist eines, eine im Computer erzeugte Windscherung zu überleben, und ein anderes, tatsächlich in einen *Microburst* hineinzufliegen. Letztlich wird nur aufwendige Technik den Menschen vor einer der verblüffendsten und tödlichsten Gefahren in der Luftfahrt bewahren können.

Flammendes Inferno

Buschfeuer im Südosten Australiens geraten außer Kontrolle

Auf verlorenem Posten *Ein Konvoi von Löschfahrzeugen aus den Nachbarorten wurde vor der Stadt Lorne von den Flammen gestoppt, so daß die 30 einheimischen Feuerwehrleute ihre bedrohte Gemeinde allein retten mußten.*

Es war die schlimmste Naturkatastrophe in Australien, seit der Wirbelsturm Tracy im Dezember 1974 die Stadt Darwin verwüstet hatte. Und es war die schlimmste Feuersbrunst seit dem 13. Januar 1939, der als „Schwarzer Freitag" in die Geschichte des Landes eingegangen war. Das Buschfeuer, das am 16. Februar 1983 – an einem Aschermittwoch – über die Bundesstaaten Victoria und Südaustralien hinwegfegte, forderte Dutzende von Menschenleben und richtete verheerende Schäden an.

Der Sommer war in dieser Gegend extrem heiß und trocken gewesen. Die Dürre hatte viele Seen und Staubecken beinahe austrocknen lassen, und manche Flüsse führten nur noch 20 Prozent ihres sonst üblichen Wassers. Im Busch – jenem mit Eukalyptusbäumen und Sträuchern bewachsenen Land, das für viele Australier der Inbegriff ihrer Heimat ist – genügte ein Funke, um Tausende von Tonnen abgestorbenes Laub und andere Pflanzenreste wie Zunder aufflammen zu lassen. Die Gefahr eines Brandes in der Region wurde als „sehr hoch" bis „extrem" eingestuft, und die Behörden verboten, offene Feuer zu entzünden. Südostaustralien war „eine Brandbombe, die darauf wartete, loszugehen", wie es ein Beamter ausdrückte.

Am Morgen des Aschermittwoch stellten sich die Menschen in Adelaide und Melbourne auf einen weiteren unerträglich warmen, trockenen Tag ein. Aus der Wüste im Landesinnern fegte ein heißer Wind mit Geschwindigkeiten von teilweise 100 Kilometern pro Stunde heran und brachte dicke Staubwolken mit sich, die die Sicht behinderten und das Atmen schwermachten. Gegen Mittag hatten einige Thermometer 43 °C erreicht, und die Luftfeuchtigkeit lag unter zehn Prozent.

Die ersten Feuer wurden um 11.30 Uhr aus der näheren Umgebung von Adelaide gemeldet. Viele dieser Brände konnten die örtlichen freiwilligen Feuerwehren rasch eindämmen. Dennoch tobten am Nachmittag innerhalb eines 1000 Kilometer langen Bogens, der sich von Adelaide über die Küsten Südaustraliens und Victorias bis hin nach Melbourne zog, 20 außer Kontrolle geratene, gewaltige Feuer. Was die einzelnen Brände ausgelöst hatte, ließ sich oftmals nur schwer feststellen. In einigen Fällen war es wohl Brandstiftung oder ein im Wind schlagendes abgerissenes Starkstromkabel gewesen, das umstehende Bäume in Brand gesetzt hatte.

Doch was immer die Ursache gewesen sein mag – wenn ein Buschfeuer einmal brennt, läßt es sich praktisch kaum noch löschen. Reichlich Nahrung ge-

Ein Opfer der Flammen *Nach der Katastrophe sieht die Straße nach Aireys Inlet, einer Gemeinde im Bundesstaat Victoria, wie eine Geisterlandschaft aus.*

ben dem Feuer nicht nur gewaltige Mengen von Gestrüpp, eine ebenso große Gefahr geht von den großen Eukalyptuswäldern aus. Bei hohen Temperaturen zersetzt sich das Öl in den Blättern dieser Bäume. Dabei entsteht ein leichtentzündliches Gas, das bei einem Brand die Baumkrone förmlich explodieren läßt. Mit hoher Geschwindigkeit springen die Flammen dann von Baum zu Baum über, so daß das Feuer nicht mehr einzudämmen ist.

Um die Brände zu bekämpfen, wurden 20 000 freiwillige Feuerwehrleute und 1200 Forstarbeiter eingesetzt. Ihnen standen 800 Löschfahrzeuge sowie 200 Bulldozer und Bagger zur Verfügung, um Bäume zu fällen und Feuerschneisen zu schaffen. Aus der Luft koordinierten Beobachter die Arbeiten. Doch die Helfer konnten nicht viel ausrichten. Ein Feuerwehrhauptmann meinte später: „Wenn ein Buschfeuer außer Kontrolle gerät, wird es zu einem zerstörerischen Dämon."

Immer schneller bewegten sich die Brände auf die Städte zu, und Tausende von Menschen mußten aus ihren Häusern fliehen. Oft konnten sie nur die Kleider auf ihrem Leib mitnehmen. Murray Nicoll, freiwilliger Feuerwehrmann und Reporter eines Rundfunksenders in Adelaide, wurde unweit seines Hauses in den Adelaide Hills vom Feuer überrascht. Er regelte gerade den Fluchtverkehr, als die Luft plötzlich mit Rauch und Asche erfüllt war und der Himmel im Westen sich bedrohlich verfärbte. Entsetzt über die Geschwindigkeit, mit der sich das Feuer näherte, suchte Nicoll zusammen mit etwa 20 andern Feuerwehrleuten sowie einigen Frauen und Kindern hinter der Rückwand eines nahe gelegenen Farmhauses Schutz. Während einer der Feuerwehrmänner die Kinder mit Wasser besprengte, nahm Nicoll ein Funkgerät, das er aus der Nachrichtenredaktion seines Senders mitgebracht hatte, und schilderte seinen Hörern die Situation inmitten dieses Infernos. Sein Bericht wurde in die ganze Welt übertragen.

„Der Himmel ist abwechselnd rot und weiß. Das Feuer ist über die Greenhill Road gesprungen. Hier sind ungefähr 120 Häuser bedroht. Wir können kaum noch atmen! Die Luft ist weiß vor Hitze! Wir befinden uns in Gefahr. Die Flammen rasen direkt auf uns zu."

Innerhalb von zehn Minuten war das Feuer über die 400 Hektar große Farm hinweggefegt. Es zerstörte das Dach des Hauses, doch Nicolls kleine Gruppe blieb wie durch ein Wunder unverletzt.

Ein paar Minuten später erfuhr Nicoll, daß sein eigenes Haus weiter unten an der Straße brannte. „Es steht in Flammen", funkte er, „und ich kann nichts tun. Immer wieder kommt es zu Explosionen, und ich ertrage es einfach nicht hinzuschauen. Aber ich lebe!"

Auch in dem Bergdorf Macedon unweit von Melbourne kam eine größere Anzahl von Bewohnern mit dem Schrecken davon. Am Abend des Aschermittwoch wütete eine gewaltige Feuersbrunst in dem Ort. Den meisten Einwohnern war es gelungen zu entkommen. Etwa 250 Menschen, denen die Flammen alle Fluchtwege abgeschnitten hatten, retteten sich in das Macedon Family Hotel. Dank des mutigen Einsatzes von Feuerwehrleuten, die das Gebäude ununterbrochen mit Wasser besprengten, blieben die Eingeschlossenen unversehrt.

Andere hatten weniger Glück. In Cockatoo, 50 Kilometer östlich von Melbourne, starben zwölf Feuerwehrleute, als der Wind plötzlich drehte und die Flammen sie einschlossen. Nahe Kalangadoo in Südaustralien verbrannten eine Frau und vier Kinder in ihrem liegengebliebenen Auto. In ihrem Fahrzeug starben auch Petronella Anderson und ihr zehnjähriger Sohn Gareth, als die Flammen unweit von Timboon in Victoria auf den Wagen übergriffen.

Zur Nacht hin setzte in Südaustralien Regen ein und half, die meisten großen Feuer zu löschen. In Victoria hingegen gab es noch bis zum Sonntagmorgen kleinere Brandherde. Die Bilanz des Unglücks war erschreckend: 74 Menschen hatten den Tod gefunden, und der Sachschaden erreichte eine Höhe von mehr als 450 Millionen Dollar. Die Flammen hatten über 2000 Gebäude und rund 1000 Fahrzeuge vernichtet. Hunderttausende Stück Vieh waren verbrannt. Von 5000 Quadratkilometern Wald und Busch war nur schwarze Erde übriggeblieben. Auf grausame Weise wurde die Nation daran erinnert, daß dieses Land bei aller Schönheit noch immer nichts von seiner Gefährlichkeit verloren hat.

Der teuerste Hagel aller Zeiten

Taubeneigroße Hagelkörner prasseln auf München herab

Niemand hatte ihn vorhergesehen. Auch die professionellen Wetterfrösche am Münchener Bavariaring bemerkten den Hagel erst, als die Fensterscheiben an der Westseite ihres Amts zu Bruch gingen. Zu diesem Zeitpunkt war es bereits zu spät, um die Bevölkerung vor der Hagelwalze zu warnen, die mit unheimlicher Wucht ostwärts unterwegs war und eine gut 25 Kilometer breite Schneise der Verwüstung hinterließ. Das Unwetter zerstörte Getreidefelder, deckte – mitten im Juli – winterliches Weiß über Wiesen und Weiden, zerschlug Zehntausende von Fensterscheiben, zertrümmerte Dachziegel, verwandelte Autos in Kraterlandschaften, entlaubte Wälder und verletzte nicht zuletzt rund 400 Menschen. Erst nach gut einer Stunde war die Energie in den unheilbringenden Wolken endlich erschöpft, und der Spuk brach östlich von Haag, nahe dem Inn, in sich zusammen.

Taubeneigroß waren die Hagelkörner, die an manchen Orten fünf, an anderen aber auch 20 Minuten lang zur Erde prasselten und auf Dächern, Autos und Straßen ein ohrenbetäubendes Trommelkonzert veranstalteten. Wie durch ein Wunder wurde niemand von den bis zu neun Zentimeter dicken und mit einer Geschwindigkeit von mehr als 100 Kilometern pro Stunde herniederschießenden Eisbrocken erschlagen. Einziges Todesopfer war ein Mann, der beim Anblick seines übel zugerichteten Eigenheims einem Herzinfarkt erlag.

Als sich am Abend des 12. Juli 1984 die Wolken in der Gegend um den Ammersee zusammenbrauten, sah es zunächst aus, als ob nur ein heftiges Sommergewitter dräue. Doch schon hier hagelte es kräftig, so daß die Glaskuppeln eines Gymnasiums in Landsberg zertrümmert wurden und die Fenster eines Altenheims am See zersplitterten. Seine volle Gewalt entwickelte das Hagelunwetter aber erst, als es sich der Stadt München näherte. Hier hatten die Hagelschloßen eine fast einzigartige Größe erreicht, und der Sturm tobte mit ungebändigter Heftigkeit über die Mitte und den Süden der Stadt. Unter den ersten, die das Hagelunwetter traf, waren die an diesem warmen Sommerabend zahlreichen Besucher der Biergärten. Sie konnten gerade noch in feste Gebäude flüchten, ehe der Hagel die Linden und Kastanien entlaubte und die Bierkrüge zertrümmerte. Dachplatten und Fenster zerbarsten, im Haus der Kunst regneten 6000 Quadratmeter Glasdach in die Ausstellungsräume. Auf den Straßen flüchteten Menschen in Hauseingänge, Gaststätten oder U-Bahn-Schächte; Autos mit zerborstenen Scheiben füllten sich mit Hagel und Wasser.

Die ahnungslosen Zuschauer in Münchens Theatern wußten mit dem ungewöhnlichen trommelnden Lärm zunächst nichts anzufangen. Während der *Freischütz*-Aufführung im Theater am Gärtnerplatz hielt man das Hagelstakkato auf dem Dach zunächst für einen Regieeinfall – bis die Scherben des Oberlichts auf die Bühne fielen und Wasser auf die Szene platschte.

Besonders schlimm erwischte es den Münchener Südosten und den Flughafen. Hier war gerade noch eine Boeing 757 gelandet, damals nagelneu und die erste Maschine dieses Typs in Europa überhaupt, ein Flugzeug mit modernster Technik und aus modernsten, weltraumgetesteten Materialien gebaut. Als sie zur Parkposition rollte, traf der Hagel sie mit voller Wucht. Die Landeklappen, aus einer vielgelobten Spezialmetallegierung gefertigt, wurden wie von Granaten durchsiebt, der Rumpf mit Beulen übersät. Doch auch 22 weitere große Passagierjets und 126 kleinere Maschinen wurden von den eisigen Schrapnellen flugunfähig geschossen.

Selten hat ein Unwetter die Meteorologen so überrascht wie dieser Hagelsturm. Gewiß – die hochsommerliche Schwüle ließ damit rechnen, daß es zu Gewitterbildung kommen würde, doch unmittelbare Anzeichen gab es zunächst nicht. Noch um 18 Uhr beobachteten die Wissenschaftler der Deutschen Forschungs- und Versuchsanstalt für Luft- und Raumfahrt in Oberpfaffenhofen, gerade 20 Kilometer westlich des Münchener Stadtkerns und nahe dem Entstehungsort des Unwetters, nichts Außergewöhnliches. Doch eine Stunde später waren die Hagelwolken plötzlich da, und noch heute kann keiner genau erklären, wo sie sich denn so schnell zusammengebraut hatten. Nur die enorme Größe der Hagelkörner konnte man im nachhinein erklären.

Es bedarf extremer Bedingungen, um Hagelkörner solcher Größe entstehen zu lassen. Ausgangsbasis waren zwei übereinandergeschobene Luftschichten mit extremen Temperaturunterschieden. Während in einer flachen Warmluftschicht dicht über dem Boden 28 °C gemessen wurden, herrschten in nur fünf Kilometer Höhe bereits –16 °C, in zwölf Kilometer Höhe –52 °C. In dieser kalten Schicht bauten sich nun die Gewitterwolken auf, und zwar mit einer ganz ungewöhnlichen Mächtigkeit – sie müssen bis etwa zwölf Kilometer hoch hinaufgereicht haben. Innerhalb dieser dicken Wolkenschicht wurden nun die Feuchtigkeitströpfchen durch warme Aufwinde bis an die obere Wolkengrenze emporgejagt, froren in den kälteren Luftschichten und fielen dann wieder nach unten.

Bombardement aus den Wolken *Auch für Schäden an ihren eigenen Gebäuden mußten die Versicherungen tief in die Tasche greifen, wie diese Fassade (links) zeigt. Taubeneigroße Hagelkörner (unten) waren wie Geschosse 20 Minuten lang auf München herabgeprasselt und hatten schlimme Zerstörungen angerichtet.*

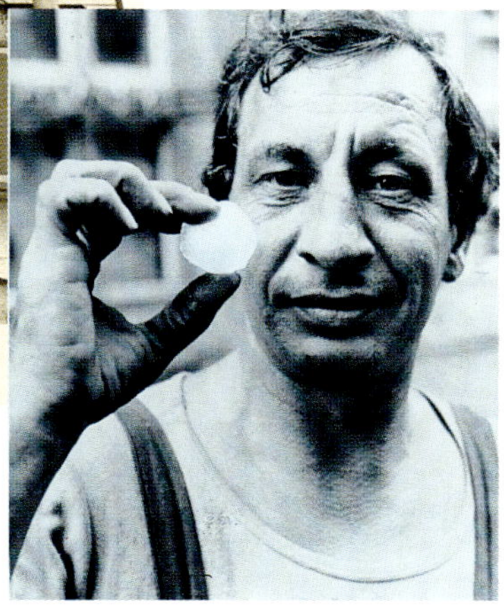

Doch ehe sie die dicke Wolke verlassen konnten, tauten sie an und wurden von der starken Strömung wieder nach oben geschickt, wo sie als Kristallisationspunkte für die umgebende Feuchtigkeit wirkten, größer wurden und erneut gefroren. Dieser Vorgang wiederholte sich mehrmals, bis die Schloßen schwer genug waren, um durch die gesamte acht bis zehn Kilometer dicke Wolkendecke hindurch auf die Erde zu sausen. Man schätzt, daß die Körner bis zu einer Stunde lang in der Wolke rotiert und gewachsen sind, ehe sie mit ungeheurer Wucht zur Erde prasselten.

Als man nach dem Unwetter daranging, die Schäden festzustellen, wußten die Betroffenen noch nicht – und die Versicherungen ahnten es erst –, daß dies das weltweit teuerste Hagelunwetter aller Zeiten gewesen war. Am Ende mußten die Gesellschaften insgesamt 1,5 Milliarden DM vergüten. Dabei sind in dieser Summe gar nicht alle tatsächlich entstandenen Schäden enthalten, denn es waren z. B. nur 20 Prozent aller betroffenen Gebäude gegen Sturm versichert. So muß der Gesamtschaden dieser Naturkatastrophe auf mehr als 3 Milliarden DM beziffert werden. Gut die Hälfte der ausgezahlten Versicherungssumme, nämlich 800 Millionen DM, ging an die Halter der 24 000 beschädigten Kraftfahrzeuge. Darunter war auch jener stolze Besitzer eines fast neuen Luxuswagens, der sein Auto beim Herannahen der dunklen Wolken noch schnell aus der Garage gefahren hatte, um das Waschen zu sparen!

Für die Schäden an Wohngebäuden und Hausrat mußten die Versicherer 350 Millionen DM bezahlen. Gewaltige Kosten, nämlich 180 Millionen DM, verursachten auch die notwendigen Reparaturen der Münchener Flughafenanlagen sowie der rund 150 Flugzeuge. Der größte Einzelschaden überhaupt war an der Boeing 757 entstanden. Ihre Instandsetzung dauerte knapp drei Wochen und belastete die Versicherungen mit 20 Millionen DM. Schließlich gingen 80 Millionen DM an die Landwirte zwischen Lech und Inn – teilweise hatte das Unwetter die Ernte zu 100 Prozent zerstört – sowie an die Gärtnereibetriebe. Letztere hatte es besonders hart getroffen, denn durch den Hagel waren nicht nur die Glashäuser zertrümmert worden; die unzähligen Glassplitter hatten auch die darunterliegende Erde unbrauchbar gemacht, so daß sie abgetragen und ersetzt werden mußte.

Um von einem derartigen Unwetter in Zukunft nicht noch einmal völlig unvorbereitet überrascht zu werden, erhöhte man die Zahl der übers Land verteilten Wettermeldestellen und stattete sie mit besserer Technik aus. Auf dem Flughafen München-Riem wurde ein weit effektiveres Wetterradar installiert, und man verbesserte die Auswertung der Daten des immer dichter werdenden Netzes von Wettersatelliten. Doch trotz aller technischen Möglichkeiten – mit absoluter Zuverlässigkeit lassen sich Naturereignisse wie das Hagelunwetter vom 12. Juli 1984 im Raum München nach wie vor nicht vorhersagen.

Erdbeben in Mexiko-Stadt

Wunderbare Rettungen lassen die verwüstete Metropole hoffen

Donnerstag, 19. September 1985, 7.20 Uhr. An einer Fachhochschule in der City von Mexiko-Stadt hatte soeben der Unterricht begonnen. Der Student Abel Torres Chávez saß in einem Mathematikkurs, als auf einmal Erdstöße das sechsstöckige Gebäude erschütterten. Innerhalb weniger Sekunden schwankte der Raum, und die Schüler versuchten mühsam, auf die Füße zu kommen. Torres Chávez taumelte auf die nächstgelegene Wand zu, um sich abzustützen. Plötzlich stürzte die Schule ein, und es wurde dunkel um ihn.

Unsicherer Grund *Wahrscheinlich unter Mißachtung der Vorschriften errichtet, hatten Gebäude wie dieses keine Chance, als sie von dem schweren Erdbeben erschüttert wurden.*

Danilo Cabrera, der im zwei Häuserblocks entfernten Hotel Regis übernachtet hatte, machte einen Hechtsprung aus dem Bett, als sein Zimmer ins Wanken geriet, und suchte im Rahmen der Badezimmertür Halt. Sekundenlang knirschte und krachte es; dann brach das Regis-Hotel zusammen, und Cabrera wurde von einer Schuttlawine in die Tiefe gerissen. Im Gegensatz zu vielen Hotelgästen überlebte er und trug nur Schnittwunden und Rippenbrüche davon.

Auf der zehnten Etage des Maria-Isabel-Sheraton-Hotels versuchte der amerikanische Geschäftsmann Les Connolly krampfhaft, sich an den Zimmerwänden festzuhalten, als das Gebäude zu schwanken begann. „Es neigte sich ganz weit auf die eine Seite, und ich dachte, gleich fällt es um und du bist tot", berichtete Connolly später. „Und im nächsten Augenblick neigte es sich in die entgegengesetzte Richtung, und ich meinte, diesmal stürzt es wirklich ein."

Auf den Straßen kam der Verkehr zum Stillstand, und die Menschen wankten benommen und weinend umher. Bäume und Straßenlaternen bogen sich wie Halme im Wind. Hochhäuser schwankten im Rhythmus des Bebens. Einige Bauwerke fielen in sich zusammen; andere kippten einfach um oder wurden von den wankenden Nachbargebäuden zu Fall gebracht.

Nach dem Beben herrschte in der Stadt für kurze Zeit eine unnatürliche Stille

Ausgangspunkt der gewaltigen seismischen Wellen, die mit einer Stärke von 8,1 auf der Richter-Skala Mexiko-Stadt erschütterten, war eine Verwerfung in der Erdkruste, die etwa 350 Kilometer westlich der Stadt unmittelbar vor der Pazifikküste liegt. Es dauerte etwas über zwei Minuten, bis die ersten Wellen des Bebens, die sich in alle Richtungen ausbreiteten, das Katastrophengebiet erreichten. Dann kam es alle zwei Sekunden zu erneuten Erdstößen. Insgesamt dauerten die Erschütterungen fast eine ganze Minute – ungewöhnlich lange für ein Hauptbeben. Die Innenstadtbezirke von Mexiko-Stadt waren am stärksten betroffen, denn sie liegen in einem alten Seebecken, dessen mächtige Ablagerungsschichten die Schwingungen gut weiterleiteten.

Als die Erdstöße aufhörten, herrschte einen Au-

Ein Grab für viele Gäste *Das Hotel Regis in der Innenstadt wurde von dem Erdbeben vollständig zerstört.*

genblick lang eine unnatürliche Stille. Staubwolken und Rauchsäulen stiegen in den Himmel; hier und da sah man Flammen, die aus den zerstörten Gasleitungen schlugen. Dann auf einmal war die Luft erfüllt von Sirenengeheul, Geschrei und schwachen Hilferufen, die aus den Trümmerhaufen drangen.

Die meisten Einwohner der 18-Millionen-Stadt sind an Erdbeben gewöhnt. So standen sie auch dieses Beben durch und nahmen an, es sei nichts Ernsthaftes geschehen. In der Tat war ein großer Teil der dichtbesiedelten Metropole unversehrt geblieben, und selbst in der am schwersten betroffenen Innenstadt gab es nur vereinzelt Verwüstungen. Das Maria-Isabel-Sheraton beispielsweise blieb trotz seiner starken Schräglage stehen. Auch die höchsten Wolkenkratzer sowie die meisten der jahrhundertealten Gebäude aus der Kolonialzeit überdauerten das Beben. Aus der Untergrundbahn kamen mehrere Hunderttausend Passagiere unverletzt heraus. Insgesamt waren von den etwa 1 Million Bauwerken in Mexiko-Stadt 500 eingestürzt und 3300 beschädigt – weniger als ein Prozent. Doch in den Gebäuden, die dem Beben zum Opfer gefallen waren, war die Bilanz schrecklich. Im zwölfstöckigen Juárez-Krankenhaus befanden sich zur Zeit des Einsturzes etwa 1000 Menschen, von denen nur wenige überlebten. Die Zerstörung der Entbindungsstation im General Hospital forderte das Leben von 277 Müttern, Säuglingen und Krankenhausangestellten. Schätzungsweise 2000 Männer, Frauen und Kinder wurden unter den Schuttmassen begraben, als zwei der drei Flügel des Nuevo-Leon-Wohnblocks einstürzten. Insgesamt fanden innerhalb von Sekunden mehr als 9000 Menschen den Tod, 30 000 wurden verletzt, und 95 000 waren obdachlos.

Noch bevor Feuerwehren und Rettungsmannschaften an den Unglücksorten eintrafen, waren Freiwillige unter Anweisung der Polizei bereits dabei, mit bloßen Händen in den Trümmern zu wühlen. Um die Mittagszeit wimmelte es an den Einsturzstellen von Helfern. Sie befreiten Hunderte von Überlebenden und reihten noch mehr Tote längs der Bürgersteige auf. „Am schlimmsten waren am ersten Tag die Hilferufe“, erinnert sich ein freiwilliger Helfer. „Überall türmten sich Berge von Schutt. Uns standen weder Kräne noch Bagger zur Verfügung; wir hatten nur Spitzhacken, Schaufeln und Zangen.“ Zu Tode geängstigte Menschenmengen scharten sich um die Trümmermassen und warteten darauf, daß Verwandte oder Freunde geborgen würden. Wo die

Der Torre Latino-Americano, ein Wahrzeichen von Mexiko-Stadt, hielt dem Erdbeben von 1985 stand. Weniger sichere Gebäude stürzten jedoch in sich zusammen.

Tödliche Schwingungen

In Mexiko-Stadt gelten äußerst strenge Gesetze für erdbebensicheres Bauen. Warum bei dem Erdbeben von 1985 dennoch so viele Gebäude einstürzten, wird von den Experten noch immer untersucht. Ein Grund ist sicherlich, daß der Untergrund der Stadt als Resonanzkörper wirkte, der das Beben noch verstärkte.

Jedes Gebäude hat eine bestimmte, von seiner Höhe abhängige Frequenz. Das ist die in Sekunden gemessene Zeit, in der es nach einem seitlichen Stoß einmal vor- und zurückschwingt. Bei dem Erdbeben in Mexiko-Stadt wurden die Erdstöße in niedrigeren Gebäuden, deren Frequenz der der Erdbebenwellen entsprach, derart verstärkt, daß die Bauwerke einfach zerbarsten. Andererseits blieben Wolkenkratzer wie der 37stökkige Torre Latino-Americano unversehrt, weil ihre Frequenz über der der stärksten seismischen Wellen lag. Gebäude unterschiedlicher Frequenz, die nahe beieinanderstanden, schwangen dagegen mitunter so ungleich, daß sie sich berührten und auf diese Weise Schaden nahmen.

Ein weiterer Grund für die gewaltigen Zerstörungen waren Konstruktionsmängel an den Bauten. Die Ingenieure und Architekten, die sich nach der Katastrophe mit dem Problem befaßten, fanden heraus, daß Gebäude mit unregelmäßigen Formen bei Erdbeben besonders gefährdet sind. Hat ein Bauwerk beispielsweise eine L-Form, dann ergeben sich dort, wo die beiden Flügel aufeinandertreffen, große Spannungen, und das Gebäude wird praktisch auseinandergesprengt.

Stromversorgung noch funktionierte, beobachteten die Leute auf dem einzigen Fernsehkanal, der noch sendete, wie die Tragödie ihren Fortgang nahm.

In der Fachhochschule blieben nur ein Professor und 13 Schüler, darunter auch Abel Torres Chávez, am Leben. Der Student war in aufrecht sitzender Haltung tief unter einem Haufen zertrümmerter Betonplatten eingeschlossen. Das eine Bein lag quer unter seinem Körper, und der rechte Arm war unter der Leiche eines Studienkollegen eingeklemmt. In Abels Nähe war ein anderer Überlebender. Zunächst witzelten die beiden, um sich gegenseitig Mut zu machen, doch als ihre Hoffnung schwand, verfielen sie bald in Schweigen. In der Ferne konnte man das Geräusch vorüberfliegender Hubschrauber und einmal sogar die Stimmen von Rettungsmannschaften hören.

Am Abend nach dem Erdbeben lagen überall in der Stadt noch Hunderte von Opfern unter den Schutthaufen begraben. So wurden die Rettungsversuche auch Donnerstagnacht und am Freitag ununterbrochen fortgesetzt. Der Arbeitsrhythmus allerdings änderte sich. Hatte man zuvor die leicht erreichbaren Überlebenden so schnell wie möglich aus den Schuttmassen befreit, grub man nun die tiefer Eingeschlossenen fast zentimeterweise aus. Schneidwerkzeuge, Preßlufthämmer und schwereres Gerät kamen zum Einsatz, doch erforderte die Arbeit viel Fingerspitzengefühl, damit die Opfer nicht von abrutschenden Trümmern erschlagen wurden. Mancherorts verhinderten elektrische Schaltanlagen oder ausströmendes Gas ein rasches Vorankommen der Helfer. Um Funkenbildung zu vermeiden, mußten sie an diesen Stellen mit hölzernen Werkzeugen arbeiten. Oftmals stellten die Retter auch ihre Geräte ab und baten um Ruhe am Bergungsort, um schwache Lebenszeichen wahrnehmen zu können. Allmählich trafen dann aus Europa und den USA erfahrene Bergungsmannschaften mit speziellem Gerät sowie ausgebildeten Suchhunden ein.

Am Freitagnachmittag hatte sich ein Rettungstrupp zu dem Mathematikkurs von Torres Chávez vorgearbeitet. Der Professor und elf der Studenten konnten unverletzt geborgen werden. Gestützt auf Informationen, die sie von den Überlebenden bekamen, begannen die Helfer, sich einen Weg zu Abel und seinem Mitstudenten zu bahnen. Doch um 19.38 Uhr wurde die Stadt von einem starken Nachbeben erschüttert. Die neuerlichen Erdstöße führten zu einer Panik. Viele Menschen schleppten ihre Habe aus den Häusern auf die Straße, und die Bergungsmannschaften zogen sich von den Trümmern zurück. In der Stille, die ihn plötzlich umgab, blieb Torres Chávez nur die Hoffnung, daß sie zurückkehren würden.

Einige Zeit später erwachte Abel durch ein kratzendes Geräusch in seiner Nähe, und dann hörte er, wie jemand seinen Namen rief. Die Helfer waren weit genug an ihn herangekommen, um ihm eine Taschenlampe und ein Funksprechgerät zu reichen. Am nächsten Morgen barg der Rettungstrupp den in der Nähe liegenden Kameraden und machte sich anschließend daran, auch Torres Chávez zu befreien.

Zu denen, die sich den Weg zu dem eingeschlossenen Studenten bahnten, gehörte Marcos Efrén Zariñana. Zariñana, den man auch „den Floh" nannte, war klein und gelenkig und eignete sich somit hervorragend für diese Aufgabe. Er arbeitete sich soweit wie möglich an Torres Chávez heran. Am Ende eines engen Tunnels versperrten ihm schließlich verbogene Rohre den Weg. Der Floh sprach Abel Mut zu und kroch dann zurück, um eine Blechschere zu holen.

Zariñana arbeitete bis 0.30 Uhr. Dann schlief er fünf Stunden, und am Sonntagmorgen um 7.30 Uhr kehrte er in den Tunnel zurück. Um 9 Uhr war er bei Torres Chávez angelangt und legte ihm einen Arm um die Schultern. Draußen auf den Trümmern hörte man Zariñanas Stimme aus dem Funkgerät knistern: „Ich halte Abel im Arm."

Nach einer weiteren Schicht im Tunnel übermannte den Floh die Erschöpfung. Zwei Stunden später war er jedoch Zeuge, wie Torres Chávez aus den Trümmern herausgetragen wurde, eine Decke über dem Kopf, die seine Augen vor dem grellen Sonnenlicht schützte. Menschen aus der umherstehenden Menge begannen sich um Zariñana zu scharen und baten ihn, auch ihre Kinder zu retten.

Als die Woche zu Ende ging, wurden Stellen, an denen man keine weiteren Überlebenden fand, mit schwerem Gerät geräumt. Bei einigen Gebäuden setzte man die Suche jedoch fort.

In der Nacht zum Montag hörten Retter dicht unter der Spitze eines Schutthaufens, der einmal das Ministerium für Arbeit und Soziales gewesen war, jemanden rufen. Vier Tage lang hatte Rubén Vera Rodríguez gebraucht, um sich seinen Weg ins Freie zu bahnen. Eine Stunde später hatte man ihn geborgen.

Insgesamt wurden mehr als 4000 Menschen aus den Ruinen von Mexiko-Stadt befreit. Am erstaunlichsten aber waren wohl die letzten Rettungen.

Noch eine Woche nach dem Erdbeben barg man aus den Trümmern des General Hospital einen Säugling

Noch am 25. September stießen die Rettungsmannschaften in den Trümmern der Entbindungsstation des General Hospital auf ein kleines Mädchen, das lebte. Und als man weitersuchte, fand man noch weitere Säuglinge, die wider Erwarten die Katastrophe weitgehend unbeschadet überstanden hatten.

Nachdem das letzte Baby gerettet worden war, begann man mit dem Wiederaufbau von Mexiko-Stadt. Die Kosten wurden auf 4 Milliarden Dollar veranschlagt. Da sich Mexiko zu diesem Zeitpunkt in einer tiefen wirtschaftlichen Krise befand, bedeutete das Erdbeben ein weiteres schreckliches Problem, das bewältigt werden mußte.

Warten auf die Toten *Auf einem Friedhof vor den Toren von Mexiko-Stadt haben sich trauernde Angehörige versammelt.*

Tod in den Anden *Eine Schlammlawine begrub die meisten Einwohner von Armero unter sich.*

Der Zorn des Nevado del Ruiz

Kolumbiens größter Vulkan erwacht zu neuem Leben und löst tödliche Schlammlawinen aus

Rund um den Pazifik erstreckt sich ein Gürtel von Vulkanen, zu denen auch der Nevado del Ruiz in Kolumbien gehört. Der 5399 Meter hohe Berg, 130 Kilometer nordöstlich der Hauptstadt Bogotá gelegen, hatte sich lange Zeit ruhig verhalten, als im Jahr 1984 Bergsteiger berichteten, daß in seinen höheren Regionen ein leichtes Beben der Erde zu spüren sei und von seinem Gipfel Schwaden schwefliger Gase aufstiegen. Der letzte große Ausbruch des Nevado del Ruiz hatte 1595 stattgefunden und nach den Schilderungen spanischer Augenzeugen schreckliche Verwüstungen angerichtet. Eine kleinere Eruption im Jahr 1845 löste Schlammlawinen und Überschwemmungen aus, die in den umliegenden Tälern etwa 1000 Menschenleben forderten. Und nun machte sich der Nevado del Ruiz nach beinahe 140 Jahren Dornröschenschlafs wieder bemerkbar.

Im Frühjahr und Sommer 1985 waren im Bereich des Gipfels weitere Erdbewegungen wahrzunehmen. Dann, am 11. September, spie der Nevado del Ruiz plötzlich eine dichte Wolke aus Dampf, Gesteinsbrocken und Asche aus. An der Nordflanke des Vulkans löste sich eine große Schlammlawine. Niemand kam bei dieser Eruption zu Schaden, doch sie nährte die Befürchtung der Geologen, daß sich der Berg auf einen großen Ausbruch vorbereite.

Ende des Monats gab die Kolumbianische Anstalt für Bodenforschung die Empfehlung, die Städte am Fuß des Nevado del Ruiz zu evakuieren – ein Rat, den die zuständigen Behörden mißachteten, bis es zu spät war. Am 7. Oktober veröffentlichte die Anstalt einen Bericht, in dem sie erneut vor einer drohenden Vulkankatastrophe warnte und zwei Orte als besonders gefährdet bezeichnete – die blühende Stadt Armero, die 50 Kilometer östlich des Bergs im Tal des Lagunilla lag, und die westlich vom Gipfel gelegene Ortschaft Chinchina. Auf einer beigefügten Karte war mit bemerkenswerter Genauigkeit eingezeichnet worden, wo die Schlammlawinen abgehen würden, falls es zu einem Ausbruch käme. Am 22. Oktober bedrängte eine Gruppe von italienischen Vulkanforschern, die zu Besuch in Kolumbien war, die Regierung, im Tal des Lagunilla unverzüglich Katastrophenschutzmaßnahmen einzuleiten. Die Wissenschaftler erklärten, daß der Nevado del Ruiz seine Aktivität „keineswegs eingestellt habe und daß das Schlimmste möglicherweise noch komme".

Diese Vorhersage erfüllte sich am 13. November kurz nach 15 Uhr, als eine plötzliche Dampferuption eine der schlimmsten Vulkankatastrophen des 20. Jahrhunderts einleitete, die in ihrer Zerstörungskraft nur noch vom Ausbruch des Mont Pelée auf Martinique im Jahr 1902 übertroffen wurde.

Um 19.30 Uhr hatte die anhaltende Tätigkeit des Nevado del Ruiz die Wissenschaftler überzeugt, daß ein großer Ausbruch unmittelbar bevorstehe. Erst jetzt konnte die Regierung dazu überredet werden, die Evakuierung der Bevölkerung anzuordnen. Ob diese Anweisung Armero jemals erreichte, bleibt ungewiß – zumindest scheint in der Stadt kaum jemand auf die Nachricht reagiert zu haben.

Um 21.08 Uhr folgten rasch aufeinander zwei schwere Detonationen, die in einem Umkreis von 30 Kilometern zu hören waren. Dann schoß für eine halbe Stunde lang eine Säule aus Dampf und Asche 11 000 Meter hoch in den Himmel. In 7300 Meter Höhe geriet ein Transportflugzeug vom Typ DC-8, das von Miami nach Bogotá unterwegs war, in den Ausbruch. „Zuerst sah man ein rötliches Leuchten, das sich bis auf 8000 Meter Höhe ausdehnte", berichtete der Pilot später. „Dem Licht folgte ein Aschenregen, der sich um uns legte und uns die Sicht nahm. Die Kanzel füllte sich mit Rauch und Hitze und mit dem Geruch von Schwefel."

Beim Ausbruch des Nevado del Ruiz strömten zwar keine großen Lavamassen aus, doch das aufsteigende heiße Magma im Innern des Vulkans brachte die enorme Eiskappe am Gipfel zum Schmelzen. Dampfende Bäche schmutzigen Wassers stürzten an mehreren Seiten den Berg hinab und rissen vulkanisches Gestein und regennasse Erde mit sich. Zwei dieser brodelnden, reißenden Schlammlawinen erreichten direkt oberhalb von Armero den Lagunilla. Der Fluß, in seinem Bett durch den Gesteinsschutt des Septemberausbruchs eingeengt und durch einen Dauerregen, der seit Tagen niederging, angeschwollen, trat über seine Ufer. Unaufhaltsam wälzte sich der Strom aus Wasser und Schlamm auf das schutzlose Armero zu. Gegen 23 Uhr schließlich ergoß sich die tödliche Lawine wie ein ächzendes Ungeheuer in die schlafende Stadt. „Es schien, als sei das Ende der Welt gekommen", erinnerte sich ein Überlebender.

In der Tat traf diese Feststellung auf Armero zu. 80 Prozent der Gebäude in dem Ort wurden unter dem Schlamm begraben, und die überwiegende Mehrzahl der Einwohner fand den Tod. Unter dem ascheerfüllten Nachthimmel riß der unberechenbare Strom Eltern und Kinder auseinander, und während er manche an einen sicheren Platz schleuderte, zog er andere mit sich fort. Er zerrte den Menschen die Kleider vom Leib, brach ihnen die Knochen und warf sie gegen Mauern. Jene Glücklichen, die durch das Knirschen der nachgebenden Fundamente oder durch die Schreckensschreie der Nachbarn geweckt worden waren, flohen vor der alles verschlingenden Flut wie vor einem schrecklichen Alptraum.

Nach nur wenigen Minuten war alles vorbei. Armero existierte nicht mehr. In dem Dorf Chinchina forderte eine andere Schlammlawine 1000 Tote. Die Gesamtzahl der Opfer in der Region belief sich auf über 25 000 Menschen. Viel mehr noch wurden obdachlos, und fast jeder Überlebende hatte den Verlust geliebter Menschen zu beklagen.

Als das Ausmaß der Tragödie bekannt wurde, kamen den Kolumbianern Regierungen und Privatleute aus der ganzen Welt zu Hilfe, doch die Rettung und Versorgung der Überlebenden überstiegen oft die verfügbaren Mittel. Noch während die Lebenden geborgen und die Toten bestattet wurden, entbrannte in Kolumbien ein erbitterter Streit, weil die Regierung nicht rechtzeitig vor der Gefahr gewarnt hatte und auch die Rettungsmaßnahmen schlecht organisiert waren.

Der Nevado del Ruiz ist noch immer aktiv. Ein Grollen im Innern des Vulkans führte im Juni 1986 zu einer Massenevakuierung, und im März 1988 begann der Berg erneut Asche zu speien. Und da bei dem Ausbruch im Jahr 1985 nur zehn Prozent seiner Eiskappe abschmolzen, droht denen, die in seinem Schatten leben, weiterhin Gefahr. Wenn man vielleicht einmal vom Mount St. Helens im amerikanischen Bundesstaat Washington absieht, wird heute kein anderer Vulkan der westlichen Welt so genau beobachtet wie der Nevado del Ruiz.

Das Leben geht weiter *Ein Helfer hält den kleinen Consuelo im Arm, den eine Überlebende der Tragödie von Armero gerade zur Welt gebracht hat.*

Vorher und nachher *Das trübe Wasser des einstmals kristallklaren Nios-Sees gibt Zeugnis von dem Gasausbruch.*

Das Ungeheuer vom Nios-See

Eine Laune der Natur fordert schrecklichen Tribut

Im Jahr 1961 erlangte die westafrikanische Kolonie Kamerun ihre Unabhängigkeit. Zu diesem Zeitpunkt lauerte möglicherweise schon seit 1000 Jahren in einem Kratersee im Norden des jungen Staats ein furchtbares Ungeheuer. Wann genau es geboren wurde, weiß niemand. Die meisten Wissenschaftler nehmen jedoch an, daß es bereits im 18. und im frühen 19. Jahrhundert eine beträchtliche Größe erreicht hatte, als arabische Händler ihre Sklavenkarawanen zum Meer trieben und gelegentlich hier haltmachten, um die Toten und Sterbenden den Krokodilen und Geiern zum Fraß vorzuwerfen. Ununterbrochen war es gewachsen, doch als in den ersten Jahren des 20. Jahrhunderts kleine, mit Ebenholz- und Mahagonischeiten befeuerte Dampflokomotiven ächzend durch das Land schnauften und Stationsvorsteher mit ihren Lederpeitschen die Eingeborenen von den Schienen verjagten, lag es noch immer ruhig und verborgen unter der klaren Wasseroberfläche.

Im Sommer des Jahres 1986 waren die schrecklichen Zeiten der Unterdrückung seit langem Geschichte. In den kleinen Dörfern rund um den 300 Kilometer nördlich der Hauptstadt Jaunde gelegenen Nios-See lebten Bauern und Hirten. Am Abend des 21. August hatten sich viele der Anwohner bereits zur Ruhe gelegt oder beendeten eben ein spätes Abendessen, als vom See her ein Rumoren ertönte, das wie Donner klang. Niemand maß dem fernen Grollen irgendeine Bedeutung bei, denn im August gibt es in diesem Gebiet viele Gewitter.

Und dann, nur kurze Zeit darauf, starben 1700 Menschen. Wie man später feststellte, fielen sie einer riesigen Gaswolke aus Kohlendioxid und giftigem Kohlenmonoxid zum Opfer. Sie war vom Grund des Sees aufgestiegen, wo Schichtgestein und Wasser sie jahrhundertelang gefangengehalten hatten. Wie ein schrecklicher Geist aus Tausendundeiner Nacht kroch das Ungeheuer aus dem Wasser und tötete alles Leben entlang dem Ufer. Dann breiteten sich die giftigen Schwaden auch in den angrenzenden Tälern aus und vollendeten dort ihr tödliches Werk. Sie verschonten weder Menschen noch Tiere – alles erstickte unter der giftigen Wolke.

Weil es nur wenige Überlebende gab, die von der Tragödie berichten konnten, wurde zunächst niemand in Kamerun auf die Katastrophe aufmerksam. Die erste Nachricht erhielten die Behörden von einem Regierungsangestellten. Der Mann war gerade mit seinem Motorrad auf dem Weg in sein Heimatdorf am Nios-See, als er eine tote Antilope auf der Straße liegen sah. Er hielt an und lud sie freudig auf sein Motorrad, denn so konnte er seiner Familie ein schönes Stück Fleisch mitbringen. Wenig später entdeckte er zu seinem Entsetzen überall am Straßenrand tote Tiere und Menschen.

Nachdem die Kunde von dem grauenhaften Geschehen die Provinzhauptstadt Bamenda erreicht hatte, erhielt der Regierungsbeamte Gideon Taka den Auftrag, die Nachricht zu überprüfen. Als Taka, zwei Tage nachdem sich die tödliche Wolke ausgebreitet hatte, in das Gebiet am Nios-See kam, konnte er kaum glauben, was er dort sah. „Die meisten Menschen waren tot. Sie hatten Brandwunden, und diejenigen, die noch lebten, husteten Blut", berichtete Taka später. „Wir sahen viele Tote auf der Straße. Sie hatten wohl geglaubt, sich durch Davonlaufen retten zu können."

In dem Dorf Nios hatten das Unglück nur vier der 1300 Einwohner überlebt. Eine junge Mutter hatte ihre fünf Kinder verloren, von denen das jüngste in ihren Armen erstickt war. Einem Mann, der aus dem nahe gelegenen Sumum herbeigeeilt war, blieb nur noch die Aufgabe, seinen Bruder, seine Schwägerin und die sieben Kinder des Ehepaars zu bestatten. Ein niederländischer Priester konnte die Szenerie, die er vorfand, nur als gespenstisch beschreiben: An den Bäumen sproß grünes, gesundes Laub, und darunter lagen die Toten – „so, als sei eine Neutronenbombe explodiert", sagte er, „die jeden tötet, die Umgebung jedoch unversehrt läßt."

Während verschiedene Länder erste Hilfssendungen mit Medikamenten und Nahrung nach Kamerun schickten, machten sich die Wissenschaftler daran, die Katastrophe am Nios-See zu untersuchen. Sie fanden folgendes heraus: Der Vulkan, in dessen Krater sich der Nios-See gebildet hatte, war noch aktiv. Aus seinen Magmakammern waren die Gase, durch die später so viele Menschen zu Tode kamen, emporgestiegen und hatten sich in den Gesteinsablagerungen am Seeboden oder im unmittelbar darüberliegenden Wasser gesammelt. Da in dem ausgeglichenen Klima dieser Breiten kaum ein Austausch zwischen den höheren und tieferen Wasserschichten des Sees stattfindet, konnten die Gase nicht entweichen. Erst eine Erderschütterung löste die Fesseln der Gaswolke, die sich nun explosionsartig einen Weg ins Freie bahnte. Da das Gas jedoch schwerer als Luft war, senkte sich die Wolke über die umliegenden Täler herab.

Doch diese wissenschaftliche Erklärung der Katastrophe interessierte die Angehörigen der Toten und die wenigen Überlebenden nicht. Sie hatten vielmehr ihre eigene Theorie, wie es zu dem furchtbaren Unglück kommen konnte. Einige von ihnen erinnerten sich nämlich daran, daß drei Jahre zuvor ihr Stammeshäuptling auf seinem Totenbett befohlen hatte, seine schönsten und fettesten Rinder über eine Klippe in den See zu treiben, unter der nach dem Glauben der Eingeborenen die Geister der Verstorbenen im Wasser wohnten. Doch seine Familie hatte seinen Wunsch mißachtet, und nun hatte sich der Häuptling bitter gerächt.

In Kamerun gibt es viele Gewässer vom Typ des Nios-Sees, und so ist die Gefahr eines neuen Gasunglücks keineswegs gebannt. Noch immer kann eine Laune der Natur innerhalb kürzester Zeit Tausende von Menschenleben vernichten, und niemand vermag etwas dagegen zu tun.

Tod aus dem See *Die Kadaver verendeter Rinder blieben unversehrt liegen, weil auch die Geier Opfer des Gases geworden waren.*

Klaffende Wunde *1300 Meter hoch war die Bresche, die die Felsmassen in der Flanke des Pizzo Coppetto hinterließen.*

Bergsturz am Pizzo Coppetto

Eine Geröllawine riegelt das Veltlin ab

Es war der 28. Juli 1987, als im Veltlin nahe der norditalienischen Stadt Bormio der Berg herabkam und eine ungeheure Schuttlawine ins Tal der Adda rutschte. Die sieben Männer, die an diesem Dienstagmorgen unterhalb der verhängnisvollen Bergflanke die Straße reparierten, werden das dumpfe Grollen gehört, die riesige gelbe Staubwolke, die wie ein Atompilz aufstieg, gesehen haben. Doch retten konnten sie sich nicht mehr. Mit rasender Geschwindigkeit bewegte sich der Hang über ihnen auf sie zu, und in Sekundenschnelle wurden sie von Geröll und Erdmassen begraben.

Ein Bauer beobachtete den Bergsturz aus der Ferne: übergekippt sei die Bergspitze, einfach übergekippt. Und noch in zehn Kilometer Entfernung hörte man den Donner der herabstürzenden Gesteinsmassen. „Es war wie die Explosion einer Bombe", berichteten verstörte Dorfbewohner.

„Die Geographie hat sich verändert: Das Veltlin existiert nicht mehr." Mit diesem kurzen Satz charakterisierte Italiens gerade aus der Regierung ausgeschiedener Minister für Zivilschutz, Giuseppe Zamberletti, das Ausmaß der Verwüstungen. Rund 10 Millionen Kubikmeter Gestein hatten sich am 3066 Meter hohen Pizzo Coppetto gelöst. Auf einer Breite von 2,3 Kilometern waren sie 1,3 Kilometer tief ins Tal hinabgestürzt. So groß war die Wucht der zu Tal donnernden Gesteinsmassen gewesen, daß ein Teil von ihnen am gegenüberliegenden Hang wieder hinaufgeschossen war – dorthin, wo das Dorf Aquilone gelegen hatte. Nun war es vernichtet. Der Rest der Geröllawine hatte sich durch das enge Tal ge-

Ein Bild der Zerstörung *Der Sommer 1987 war in den Alpen außergewöhnlich niederschlagsreich. Zeitweise fielen an einem Tag bis zu 75 Liter Regen pro Quadratmeter. Erdrutsche und Überschwemmungen, die durch die Unwetter ausgelöst wurden, zerstörten zahlreiche Gebäude. Wie hier im Veltlin suchten auch anderswo die Menschen in den Trümmern ihrer Häuser nach Hab und Gut und bemühten sich, wenigstens einen Teil ihres Besitzes zu retten.*

wälzt, es auf einer Länge von 3,5 Kilometern aufgefüllt und dabei das Dorf Morignone unter sich begraben. Dort, wo die Felsmassen zum Stehen gekommen waren, hatten sie quer über das Tal einen fast 70 Meter hohen Damm gebildet, hinter dem sich nun die Adda aufstaute. Und wo einst Sant' Antonio Morignone gelegen hatte, breitete sich jetzt ein riesiger See aus. Anfangs war noch die Kirchturmspitze zu sehen und kündete vom Untergang der Ortschaft. Doch das Wasser stieg und stieg, und schließlich spülten die Wellen auch über dieses Mahnmal.

Daß der Bergsturz nur wenige Opfer forderte – insgesamt kamen 28 Menschen ums Leben –, war lediglich einem vorangegangenen Unglück zu verdanken. Zehn Tage zuvor, am 18. Juli, hatten Erdrutsche und Überschwemmungen zwei der nun vom Erdboden verschwundenen Dörfer so schwer zerstört, daß die Bewohner evakuiert worden waren. Beunruhigt durch diese Vorfälle hatten Geologen das Gebiet verstärkt beobachtet – und die Behörden alarmiert, als sich eine Woche später ein Teil der Talflanke des Pizzo Coppetto absenkte. Daraufhin hatten noch am Montag, einen Tag vor dem Bergsturz, 2000 Menschen ihre Sachen gepackt und die Gegend verlassen.

Ein zweiter Bergsturz drohte und damit eine noch größere Katastrophe

Nach dem Unglück suchte man fieberhaft nach den Verschütteten, brachte die Verletzten in die Krankenhäuser der Umgebung und begann mit den Aufräumungsarbeiten. Bei all dem standen zwei Fragen drohend im Hintergrund: Wie lange würde der Damm halten? Und würde dem ersten Bergsturz ein weiterer nachfolgen?

Zwar führte die Adda im Moment nur noch verhältnismäßig wenig Wasser, weil man es oberhalb von Bormio sofort in die dortigen Stauseen leitete. Gleichwohl ließen starke Regenfälle den neuentstandenen See höher und höher steigen, und mit jedem Tag, der verstrich, drückten die Wassermassen kräftiger gegen die Geröllmauer. Wenn der Darm barst, würde sich eine ungeheure Schlammlawine völlig unkontrolliert ins untere Tal ergießen.

Zusätzlich verschärft wurde die Lage dadurch, daß ein zweiter großer Erdrutsch nicht ausgeschlossen werden konnte. Wie die Geologen festgestellt hatten, war nämlich nur ein Teil des Berghangs abgestürzt. Sollte sich auch der Rest lösen und in den aufgestauten See gleiten, gäbe es ebenfalls eine Flutkatastrophe. Eine Welle von nicht vorhersehbarem Ausmaß würde sich über den Damm hinweg ins untere Tal ergießen, gleichzeitig würde das Wasser talaufwärts schwappen.

So evakuierte man in den folgenden Tagen abermals mehrere tausend Talbewohner, deren Dörfer direkt unterhalb des neuentstandenen Sees lagen. Aber auch die Ortschaften oberhalb der Bruchstelle wurden geräumt.

Indessen hörte es auf zu regnen, und die Lage stabilisierte sich. In Rom überlegten die Regierung und die zuständigen Behörden, wie der drohenden Gefahr zu begegnen sei: Sollte man das Wasser über Röhren ableiten, oder sollte ein Kanal geschürft werden? Die Zeit verging, und beinahe hätte man die Entscheidung zu lange hinausgezögert. „20 Sonnentage wurden mit Nichtstun verplempert", meinte ein junger Ingenieur zornig.

Doch dann zwang das Wetter die Zuständigen zum Handeln. Verheerende Regenfälle gingen nieder, und der Spiegel des Stausees stieg bedrohlich an. In der Nacht vom 24. auf den 25. August mußten im Veltlin 20 000 Menschen eilends ihre Häuser räumen. Im Verlauf des Tages wurden weitere 28 000 Talbewohner aufgefordert, sich bereit zu halten: Bei einer eventuellen Verschlechterung der Lage müßten auch sie in Sicherheit gebracht werden. Die Angst ging um im Veltlin: Die befürchtete Flutkatastrophe, von so manchem aus dem Bewußtsein verdrängt, schien unmittelbar bevorzustehen.

In einer dramatischen Entlastungsaktion ließ man das Wasser über die Dammkrone ablaufen

Am Freitag, dem 28. August, traf der neue Minister für Zivilschutz, Remo Gaspari, vor Ort die Entscheidung: Schon am Wochenende sollte man damit beginnen, aus einem der talaufwärts gelegenen Staubecken Wasser in den See einzuleiten, um ihn langsam und kontrolliert überfließen zu lassen. Auf diese Weise – so hoffte man – würden die Fluten allmählich die mehrere hundert Meter breite Dammkrone tiefer legen, bis der See etwa zur Hälfte entleert sei. Das Wasser sollte von bis dahin vorbereiteten Rinnen aufgenommen werden, die es talwärts in das natürliche Bett der Adda ableiteten. Das restliche Wasser wollte man abpumpen. Das Unternehmen war äußerst riskant: Sollte der Damm trotz aller Vorsichtsmaßnahmen bersten, würde das Veltlin unter einer Riesenwoge aus Wasser, Geröll und Schlamm begraben.

Bedrohliche Lage *Die Aufräumungsarbeiten nach dem Unglück wurden durch die Möglichkeit weiterer Erdrutsche gefährdet. Abgestürzt war nur ein Teil des Hangs, doch auch der Rest drohte wegzurutschen. Ein neuerlicher Bergsturz aber würde eine mächtige Flutwelle durch das Tal senden. Deshalb wurden nach der Katastrophe nochmals Tausende evakuiert.*

Umgehend wurde die Aktion vorbereitet. Man riegelte das Tal ab und verbot den Evakuierten, auch nur stundenweise auf ihre Höfe zurückzukehren. Das Vieh werde von den Zivilschutzbehörden versorgt, beruhigte man die Bauern.

Hubschrauberlärm erfüllte die Luft. Pausenlos flogen Helikopter Geräte und Baumaterial zum Damm. Dort überwachten Geologen und Ingenieure die Arbeit der freiwilligen Helfer, die mit Baggern und Bulldozern die vorgesehenen Abflußkanäle in das Erdreich gruben. Unablässig trugen die Maschinen das Geröll ab, pausenlos pendelten die schweren Lastwagen. Gleichzeitig wurden Abertausende von Baumstämmen, die der Berg mitgerissen hatte und die jetzt im Wasser schwammen, ans nördliche Seeufer geschleppt und dort mit starken Netzen gesichert. Auf keinen Fall sollte ein querliegender Stamm die Aktion außer Kontrolle geraten lassen! Der Plan *L'Onda pilotata*, die gesteuerte Woge, wie ihn die italienischen Zeitungen tauften, war angelaufen.

Am Samstag um 11 Uhr trat das Unternehmen in seine kritische Phase. Kraftwerkstechniker öffneten die talaufwärts gelegenen Schleusen, und von nun an flossen pro Sekunde 16–20 Kubikmeter Wasser in den See. Um zehn Zentimeter pro Stunde stieg der Wasserspiegel.

Am Sonntag, dem 30. August, um 4 Uhr früh begann die eigentliche Operation. Das Fernsehen berichtete live, und ab 6 Uhr verfolgten Millionen von Zuschauern das Geschehen am Bildschirm. Sie sahen, wie die Sachverständigen auf dem Damm bis zur letzten Minute das Wasser kontrollierten, während Hubschrauber über ihnen kreisten – bereit, sie sofort an Bord zu holen, falls der Erdwall in Bewegung geraten sollte. Sie beobachteten, wie der Wasserspiegel die Dammhöhe erreichte, Rinnsale bildete, versickerte, sich quälend langsam einen Weg über den breiten Damm suchte und endlich die vorbereiteten Rinnen fand. Und sie bestaunten, wie der Baggerführer Gino Baruffi, der ganz allein am Damm zurückgeblieben war, hier und da eingriff, um den Wasserabfluß zu erleichtern, ohne sich dabei durch kleinere Erdrutsche beirren zu lassen. Ganz Italien feierte ihn als Helden.

In den Überwachungszentralen atmete man erleichtert auf. Alles klappte planmäßig. Und die Menschen des Veltlin blickten wieder voller Hoffnung in die Zukunft. Zugleich aber wußten die Zuständigen: „Wir haben eine Schlacht gewonnen, aber nicht den Krieg." Und sie hatten recht: Starke Regenfälle setzten ein, die neuerliche Erdrutsche auslösten. Am Mittwoch, dem 2. September, verstopften Geröll und Schlamm die künstlich angelegten Abflußkanäle, und der Wasserspiegel des Sees stieg erneut. Das ganze Unternehmen schien plötzlich wieder gefährdet. Abermals bewegten sich Dutzende von Baggern auf dem Damm, um die Hindernisse zu beseitigen. Es gelang!

Und schon am 6. September konnten 20 000 Evakuierte in ihre Dörfer zurückkehren. Später dann

DAS UNGLÜCK VON LONGARONE

Es gab genug Experten, die vor dem Bau eines Stausees im Tal des Vajont in den Dolomiten gewarnt hatten. Doch wirtschaftliche Interessen siegten. Der Stausee entstand. Und das von den Experten befürchtete Unglück trat ein.

Am 9. Oktober 1963 glitten nach ausgedehnten Regenfällen 250 Millionen Kubikmeter Fels vom Nordhang des 1921 Meter hohen Monte Toc direkt in den See. Das war mehr als bei jedem Bergsturz in den Alpen in historischer Zeit. So ungeheuer war die Wucht des Gesteins, daß eine Wasserwoge 230 Meter hoch den gegenüberliegenden Hang hinaufschwappte. Von dort stürzte sie zurück in das Becken, prallte auf die Gesteinsmassen und schoß daraufhin mit furchtbarer Gewalt über die Dammkrone hinweg ins 300 Meter tiefer gelegene Piavetal. Die Staumauer hielt dem enormen Druck wider Erwarten stand. Doch die gewaltige Flutwelle begrub die Ortschaft Longarone und viele weitere Siedlungen unter sich. 1900 Menschen fanden bei diesem Unglück den Tod.

Schon Anfang des Monats waren Teile der Hänge langsam ins Rutschen geraten. Doch die Ingenieure des Elektrizitätswerks hatten die Gefahr nicht ernst genug genommen und den Wasserspiegel nur um 20 Meter gesenkt. Hätte man den See vollständig abgelassen, wäre zumindest die Sturzflut mit ihren verheerenden Folgen ausgeblieben. Besser aber wäre noch gewesen, man hätte den Stausee nie gebaut.

Longarone vor der Katastrophe von 1963 und danach: Ein Bergsturz ließ das Wasser eines Stausees oberhalb der Stadt als gewaltige Woge über die Dammkrone schwappen und in das Piavetal stürzen.

wurde der Rest des Sees abgepumpt; aber dabei handelte es sich bereits um eine ganz gewöhnliche Angelegenheit, die nicht der Rede wert war.

Nachdem die Gefahr gebannt war, tauchte schon bald die Frage auf, was die Katastrophe ausgelöst hatte. Umweltschützer sprachen vom Tourismus und vom Waldsterben. Doch die Ursache lag im Berg selbst. „Die Vorbedingungen für einen Bergsturz", so der Experte Gerhard Abele, „sind nicht erst im Moment seiner Ablösung gegeben. Sie sind schon lange vorher angelegt." Am Nordosthang des Pizzo Coppetto war in 2400 Meter Höhe ein Riß von einem halben Kilometer Länge verlaufen. Bereits 25 Jahre vor dem Bergsturz hatte der Geologe Martin König erkannt, daß an dieser Stelle die Felsmassen absackten. Daß sie irgendwann einmal zu Tal stürzen würden, war jedem Experten klar. Nur den Zeitpunkt des Bergsturzes konnte niemand voraussagen.

Armenien in Not

Ein Erdbeben begräbt Tausende unter Bergen von Schutt

Stummes Zeugnis *Vor einer Grundschule in Leninakan hat man die Fotos der Opfer auf die Straße gelegt. Armeniens zweitgrößte Stadt, ein blühendes Industriezentrum, wurde zu 80 Prozent zerstört. In vielen Fällen waren die Häuser schlecht gebaut, so daß sie gleich zu Beginn des Bebens in sich zusammenfielen.*

Der Besuch des sowjetischen Präsidenten Michail Gorbatschow in den Vereinigten Staaten Anfang Dezember 1988 schien unter einem glücklichen Stern zu stehen. Vor der Vollversammlung der Vereinten Nationen in New York hatte der populäre Staatsmann unter dem Beifall westlicher Regierungschefs einen einseitigen Truppenabbau der Sowjets bekanntgegeben, und als er später im Auto durch die Stadt fuhr, winkten ihm die New Yorker begeistert zu.

Dann kam die Schreckensnachricht. Ein furchtbares Erdbeben hatte die nahe der türkischen Grenze liegende Sowjetrepublik Armenien heimgesucht und viele tausend Quadratkilometer dichtbesiedeltes Land verwüstet. Drei Städte waren praktisch vollständig zerstört, und unzählige Menschen lagen unter den Trümmern. Gorbatschow brach ohne Zögern seinen glanzvollen Amerikabesuch ab und kehrte umgehend in die Sowjetunion zurück. Zum Abschied sagte er: „Es ist nötig, sofort alle erforderlichen Maßnahmen einzuleiten, um denen zu helfen, die von dieser schrecklichen Tragödie betroffen sind, und dazu muß ich dort sein."

Das Beben, das sich am 7. Dezember 1988 um 11.41 Uhr ereignete, richtete weit größere Zerstörungen an, als seine Stärke von 6,9 auf der nach oben offenen Richter-Skala vermuten ließ. Am schlimmsten traf es die Stadt Spitak. „Der Ort", so berichtete ein sowjetischer Fernsehjournalist, „ist buchstäblich ausgelöscht." Wohnhäuser, Fabriken, Bürogebäude, Schulen, Krankenhäuser und Kirchen waren in sich zusammengestürzt und hatten die Menschen unter sich begraben. Nicht anders sah es im 50 Kilometer weiter westlich gelegenen Leninakan aus. Schwere Verwüstungen richteten die Erdstöße, die ohne Vorwarnung gekommen waren, auch in dem Kurort Kirswakan und in der Stadt Stepanawan an. Es war das schlimmste Beben seit Bestehen der Sowjetunion.

Während aus den Trümmern die Hilferufe der Verschütteten zu hören waren, sammelten sich auf den Straßen diejenigen, die unversehrt geblieben waren. In Mäntel und Decken gehüllt, die ihnen Schutz vor der Dezemberkälte geben sollten, kauerten sie um offene Feuerstellen. Andere suchten nach Angehörigen und wühlten mit bloßen Händen in Bergen von verbogenem Stahl und Beton. „Irgendwo hier ist mein Bruder", jammerte ein Mann mit einem dicken Schnurrbart. „Er hat als Fabrikdirektor gearbeitet. In der Pause ist er nach Hause gekommen und nun ... Ach, was für ein schreckliches Unglück!"

Überall fehlte es an Zelten und Decken für die vielen tausend Obdachlosen, an Krankenhausbetten und Medikamenten für die Verletzten und an Räumgerät, um die Trümmer zu beseitigen.

Präsident Gorbatschow besuchte das zerstörte Leninakan und sprach dem armenischen Volk Trost zu. „Die ganze Sowjetunion teilt euren Schmerz“, versicherte er der Menge, die um ihn stand, und versprach sofortige Unterstützung.

Eine Welle der Hilfsbereitschaft ging durch das Land. Bürger in Moskau spendeten Nahrung, Kleider, Decken und Blut. Die sowjetische Armee kam mit Bulldozern und 6500 Soldaten, um sich an der Suche nach Überlebenden zu beteiligen. Aus Moskau und den Republiken Georgien und Ukraine trafen Armeeärzte mit Verbandszeug und Penicillin ein.

Auch der Westen leistete tatkräftig Unterstützung. Deutschland schickte Suchhunde und ein Ärzteteam. Österreich mobilisierte seine Sondereinheit für Katastropheneinsätze. Aus Frankreich kam ein Trupp Feuerwehrleute mit Spürhunden, während eine britische Gruppe modernste Suchgeräte mitbrachte. Italien erklärte sich bereit, für obdachlose Armenier ein Dorf in Fertigbauweise zu errichten. Japan spendete 9 Millionen Dollar. Insgesamt halfen 77 Nationen mit Geld, Versorgungsgütern und Rettungsmannschaften.

Nicht immer erreichte die Hilfe die Betroffenen reibungslos. Schon der Zugang zum Katastrophengebiet warf große Probleme auf. Armenien ist ein gebirgiges Land, und die meisten Straßen waren durch Erdrutsche blockiert. Die wichtige Eisenbahnverbindung in die nördliche Nachbarrepublik Georgien existierte ebenfalls nicht mehr. Der Flughafen der armenischen Hauptstadt Jerewan war zwar offen, doch wurde die Landung von Hilfsflugzeugen durch die Dezembernebel schwer behindert. Eine sowjetische Militärmaschine verunglückte beim Aufsetzen. Dabei fanden alle 79 Passagiere den Tod. Ein zweites Flugzeug, das medizinische Güter aus Jugoslawien brachte, verunglückte ebenfalls.

Oftmals erschwerte auch mangelhafte Organisation die Hilfsmaßnahmen. So landeten Maschinen mit Gütern, die längst ausreichend vorhanden waren. Anderes dagegen, das im Katastrophengebiet dringend benötigt wurde, blieb liegen. Vor Ort wurden durch Kompetenzgerangel und Koordinationsfehler viele gute Absichten zunichte gemacht. „Kostbare Minuten und Stunden gehen verloren“, mahnte die *Prawda*, offizielles Sprachorgan der Kommunistischen Partei.

Worte des Trosts *Ein erschütterter Michail Gorbatschow und seine Frau versuchen bei einem Besuch in Leninakan, den Überlebenden der Katastrophe neue Hoffnung zu geben.*

Dennoch konnten insgesamt 15 000 Verschüttete lebend aus den Trümmern geborgen werden. Einige entgingen nur durch Zufall dem sicheren Tod. Zhenya Saakyan hatte in ihrem Büro gearbeitet, als „plötzlich alles zusammenstürzte“, wie sie später berichtete. „Dann herrschte völlige Dunkelheit. Das Atmen schien unmöglich. Offenbar verlor ich das Bewußtsein.“ Zhenya lag unter dem Schutt des Gebäudes begraben. Nur eine Hand, an der sie einen Ring trug, ragte noch heraus. Und wie es das Schicksal wollte, sah ihr Sohn dieses Schmuckstück und befreite seine Mutter aus den Trümmern.

Viele hatten jedoch nicht soviel Glück. Manche, die noch lebend geborgen wurden, starben auf dem Weg in die Krankenhäuser von Jerewan. Andere konnten nur noch tot aus den Trümmern befreit werden. Die Helfer legten sie dann in ordentlichen Reihen auf die Straße, damit sie identifiziert werden konnten, bevor man sie bestattete.

Mittlerweile machte den Bergungstrupps nicht nur das allgemeine Durcheinander zu schaffen, auch die Natur schien sich gegen sie zu verschwören. Die Temperaturen fielen, und ein eisiger Regen setzte ein. Und mit jedem Tag wurde das Stöhnen unter dem Schutt schwächer, bis es schließlich vollkommen verstummte.

Die letzten Überlebenden barg man mehr als eine Woche nach dem Beben. Aus den Ruinen Leninakans konnten noch einmal 20 erschöpfte Opfer befreit werden. Und in Spitak stieß eine Gruppe Österreicher auf den Schlosser Martin Haratjunjan, der zusammen mit seinen beiden Kindern und mehreren Nachbarn im Keller seines Hauses verschüttet worden war. Während für die anderen jede Hilfe zu spät kam, konnte Haratjunjan noch lebend aus den Trümmern geborgen werden. Zwar tauchten auch in der Folgezeit immer wieder Gerüchte von wundersamen Rettungen auf, doch leider entsprachen sie nicht den Tatsachen.

Nach offiziellen Angaben gab es bei dem Erdbeben in Armenien 25 000 Tote, aber die genaue Zahl der Opfer wird man wahrscheinlich nie erfahren. Eine halbe Million Menschen wurde obdachlos. Ein alter Mann in einem schäbigen Wintermantel, der aus dem Erdbebengebiet nach Jerewan kam, schüttelte ungläubig und wie betäubt den Kopf, als er sagte: „Dort ist nichts geblieben. Gar nichts. Man muß wieder ganz von vorn anfangen.“

Wiebke und ihre furchtbaren Schwestern

Frühjahrsstürme schlagen tiefe Schneisen in die Wälder

Es war im März 1990, als Tausende von Waldbesitzern in ganz Deutschland Bestandsaufnahme machten. Innerhalb weniger Wochen waren fünf verheerende Stürme über Mitteleuropa hinweggefegt und hatten eine breite Schneise der Verwüstung hinterlassen. Vor allem der letzte der fünf Orkane, der von den Meteorologen Wiebke getauft worden war, hatte in den Wäldern große Schäden angerichtet. Forstdirektor Pfeiffer aus dem rheinland-pfälzischen Sobernheim: „Eine solche Katastrophe hat es, soweit man zurückdenken kann, noch nicht gegeben. Bei uns ist soviel Wald zerstört worden, wie wir normalerweise in 20 Jahren nicht schlagen."

Wo an vielen Orten noch vor kurzem die Bäume dicht an dicht gestanden hatten, türmten sich jetzt entwurzelte und zersplitterte Stämme zu Bergen von Bruchholz. Allein in den alten Bundesländern wurden 60 Millionen Kubikmeter Holz vernichtet – inoffizielle Hochrechnungen sprachen sogar von 100 Millionen Kubikmetern. Einer, der besonders hohe Verluste hatte, war der 41jährige Freiherr Antonius von Salis. Zwei Drittel der Nadelhölzer in seinem im Hunsrück gelegenen 400 Hektar großen Waldbesitz waren zerstört. „Ich kann in den nächsten 30–40 Jahren nicht mehr vom Wald leben und meine Söhne wohl auch nicht", meinte der Freiherr. „Dabei ist er unsere Haupteinnahmequelle. Er war es. Der Schaden beläuft sich auf gut 3,5 Millionen DM."

Begonnen hatte die Sturmserie am 25. Januar mit den Orkanen Daria, Hertha und Judith. Von Westen kommend, wüteten die Stürme, die teilweise Geschwindigkeiten von 170 Kilometern pro Stunde erreichten, zunächst über dem Süden Großbritanniens, bevor sie wenig später auf Nordfrankreich, die Beneluxstaaten und Norddeutschland übergriffen. Überall, wo die Orkane tobten, richteten sie

schwere Zerstörungen an. Sie entwurzelten nicht nur Bäume, sondern kappten auch Telefon- und Hochspannungsleitungen und deckten Dächer ab.

Unzählige Autos wurden von den wie Geschosse durch die Luft sausenden Dachziegeln und von umstürzenden Bäumen demoliert. Wo der Verkehr nicht durch Bruchholz blockiert war, fegte der Sturm Laster von den Straßen und Züge von den Gleisen. Auf See gerieten die Schiffe in Not.

Während in den tieferen Lagen starke Regenfälle niedergingen, wüteten im Gebirge Schneestürme

Sowohl an der Küste als auch im Binnenland führten Sturm und Regen zu sintflutartigen Überflutungen. Aus den tiefer gelegenen Gebieten am Hamburger Hafen und aus manchen Ortschaften Nordfrieslands, in deren Nähe die Deiche zu brechen drohten, wurden die Menschen evakuiert.

Heftige Niederschläge verursachten Hochwasser an Neckar, Mosel, Rhein und Donau. Im Schwarzwald waren mehrere Dörfer nach Überschwemmungen von der Außenwelt abgeschnitten. In den Alpen gab es dagegen heftige Schneefälle. Verwehungen auf Straßen und Schienen sorgten dafür, daß auch hier die Orte den Kontakt zur Außenwelt verloren.

Als man Mitte Februar, nach dem Abflauen Judiths, eine erste Bilanz zog, waren mehr als 100 Tote zu beklagen, und der Schaden ging in die Milliarden. Doch ein plötzlicher Wetterumschwung, bei dem das Thermometer auf frühlingshafte Temperaturen kletterte, ließ die Menschen das Unheil vergessen. Es war so warm, daß die Sturmwarnung, die die Meteorologen in Düsseldorf am Morgen des 26. Februar herausgaben, bei den meisten auf Unglauben stieß. Schließlich hatte man schon seit Tagen mittags in der Sonne gesessen und geglaubt, nun sei der Winter vorüber. Was aber die Menschen noch weitaus mehr beschäftigte: Es war Rosenmontag. Sollten sich die Jecken den Karnevalsspaß etwa von ein paar Windstößen verderben lassen? Seit Monaten liefen die Vorbereitungen für den Rosenmontagsumzug auf Hochtouren. 66 Festwagen im Wert von 4,2 Millionen DM standen für das Ereignis bereit. Auch als aus anderen Städten die Meldung kam, daß die Organisatoren das Spektakel abgesagt hätten, blieb man in Düsseldorf närrisch – bis es den ersten Festwagen buchstäblich in der Luft zerriß. Sturmböen mit Geschwindigkeiten von 120 Kilometern pro Stunde fegten durch die Straßen der Stadt und zerfetzten die teilweise meterhohen Dekorationen.

Mikadostäbchen *Erbarmungslos verwüsteten die Stürme im Frühjahr 1990 in Mitteleuropa ganze Wälder. Wie hier im Spessart hinterließen sie überall entwurzelte Bäume und zersplittertes Holz. 60 Millionen Kubikmeter Wald fielen den Orkanen allein in den alten Ländern der Bundesrepublik zum Opfer.*

Erneut war ein Orkan über Europa hereingebrochen. Vivian hatten die Meteorologen diesen Sturm getauft, der nach 40 anderen Gemeinden in Süd- und Westdeutschland jetzt auch die Düsseldorfer dazu zwang, ihren Rosenmontagsumzug abzusagen. Wieder sahen die Fernsehzuschauer in den Abendnachrichten Bilder der Verwüstung.

An der Nordsee befürchtete man eine gewaltige Sturmflut. Bei Dagebüll drohte der vor einem Monat notdürftig mit 120 000 Sandsäcken geflickte Deich zu brechen, so daß die Menschen zum zweitenmal in diesem Jahr ihre Häuser verlassen mußten. Die erwartete Katastrophe blieb zwar aus, doch auf den Inseln vor der Küste richtete der Sturm schwerste Zerstörungen an. Auf Helgoland raubte die stürmische See 350 000 Kubikmeter Sand vom Badestrand und demolierte die Landungsbrücke, über die im Sommer die Touristen auf die Insel gelangen. „So schlimm war's noch nie", sagte Helgolands Polizeichef Walter Knauß.

Auch andere Inseln wurden wieder ein Stück kleiner. An der Westspitze von Juist verschwand eine Kette hoher Dünen im Meer, und auf Sylt, das bereits seit langem ständig Land ans Meer verliert, fraß die See im Naturschutzgebiet Hörnum-Odde noch einmal 15 000 Quadratmeter Sand. „Als ich mit 25 Jahren nach Sylt kam, benötigte ich für den Fußmarsch um die Südspitze mehr als vier Stunden", sagte der Rentner Werner Matthiesen, der die Verluste genau protokolliert. „Heute, mit 65, schaffe ich das in 40 Minuten." Doch auch weiter nördlich, an der Steilküste, brachen erneut Teile der Insel ab. Immer näher rückt der Abgrund an die Häuser, die dort stehen. „Noch so ein Sturm", meinte der Wirt Heinz Meyer, „und mein Laden knallt das Kliff runter."

Der befürchtete nächste Orkan kam bereits eine Woche später. Am 1. und 2. März versetzte Wiebke die Menschen in Europa zum fünftenmal in diesem Jahr in Angst und Schrecken. Mit noch heftigeren Sturmböen als ihre Vorgängerinnen war Wiebke der verheerendste Orkan. Noch größer waren auch die Zerstörungen, die er anrichtete. Besonders schlimm traf es diesmal die Wälder. Forstleute sprachen von Jahrhundertschäden, die dieser Sturm hinterließ.

Kaum war Wiebke abgeflaut, begann man in den Wäldern aufzuräumen. Im Forstbezirk Stuttgart leitete Forstdirektor Fritz Oechßler die Arbeiten. Es mußte nicht nur Ordnung geschaffen werden, um das Wiederaufforsten vorzubereiten, es galt auch, dem gefährlichen Borkenkäfer die Lebensgrundlage zu entziehen. „Der Borkenkäfer öffnet die Rinde und saugt pflanzliche Stoffe heraus", erläuterte Oechßler. „Ein gesunder Baum kann den Schädling mit Harz ertränken." Bei geschädigten Bäumen, z. B. nach großen Wind- oder Schneebrüchen, hat das kleine Insekt dagegen leichtes Spiel. Hier findet es ideale Lebensbedingungen und kann sich so massenhaft vermehren, daß schließlich auch gesunde Bäume dem Ansturm erliegen.

Inmitten zersplitterter Stämme, herausgerissener Wurzeln und aufgetürmten Bruchholzes standen die Waldarbeiter und beseitigten das Chaos. „Die Baumstämme müssen entzerrt und gepoltert werden", erklärte Oechßler. „D. h., daß sie mit maschineller Hilfe aus dem Dickicht geholt und fein säuberlich aufeinandergeschichtet werden." Damit der Borkenkäfer sich nicht in den gestapelten Baumstämmen einnisten konnte, schälte man sorgfältig die Rinde ab.

Erst danach konnte man mit dem Wiederaufforsten beginnen. Allein im Forstbezirk Stuttgart mußten 430 000 Bäume neu gepflanzt werden. Doch bis die kleinen Gewächse die Höhe ihrer Vorfahren erreicht haben werden, dauert es rund 180 Jahre.

Nachdem die fünf Orkane so verheerende Schäden in Mitteleuropa angerichtet hatten, fragten die Menschen nach der Ursache für diese ungewöhnliche Häufung und Stärke der Stürme. War eine solche Serie von Orkanen noch normal, oder war sie ein Alarmsignal? Handelte es sich um die Folge einer natürlichen Schwankung des Klimas, wie sie von Zeit zu Zeit auftritt, oder war am Ende der Mensch selbst für diese Naturkatastrophe verantwortlich? Hatte sein Fortschrittsdrang die Natur durcheinandergebracht?

Die Wiege der Frühjahrsstürme Mitteleuropas steht an der Ostküste Nordamerikas. Dort treffen im Winter kalte Festlandluft und durch den Golfstrom erwärmte, feuchte Luftmassen zusammen. Dabei entstehen Tiefdruckgebiete, die durch die Erdrotation in Richtung Osten ziehen. Da auch über dem Atlan-

Orkanschäden *Vor der Küste der Bretagne türmte Vivian das Wasser des Atlantiks zu riesigen Wogen auf, die sich an einem Leuchtturm brachen (oben links). Von einer Feldkapelle blieben nach dem Wüten Wiebkes nur traurige Überreste (oben rechts). Daria ließ einen Zug bei Babenhausen entgleisen (links).*

tik arktische Kaltluft und warme Luft aus dem Süden aufeinanderprallen, verstärken sich die Tiefdruckgebiete und beginnen, immer heftiger zu wirbeln.

Nach einem ungewöhnlich milden Winter war der Atlantik im Frühjahr 1990 wärmer als sonst. Die Temperaturunterschiede zwischen tropischer Warmluft und arktischer Kaltluft waren deshalb außergewöhnlich groß. Daher entstanden besonders viele und besonders heftige Orkane. Atlantische Frühjahrsstürme ziehen normalerweise an Island und Schottland vorbei ins Europäische Nordmeer. Manchmal verschlägt es sie auch in Richtung Biskaya. Die Orkane weichen dabei einem Kältehoch über Osteuropa aus. Weil es im Winter 1989/90 aber auch hier recht mild war, hatte sich dieses Hoch nicht ausbilden können. So gab es nichts, was den Orkanen über Mitteleuropa Widerstand entgegensetzte.

Waren die Frühjahrsstürme die Vorboten einer Klimakatastrophe?

Die in diesen stürmischen Frühjahrstagen vielfach geäußerte Vermutung, die extreme Wetterlage sei vom Menschen verursacht, war unter Fachleuten umstritten. Tatsache ist, daß es auf der Erde wärmer geworden ist. Seit 1880 stiegen die Temperaturen um 0,5–0,7 °C. Die sechs wärmsten Jahre entfielen dabei auf die 80er Jahre unseres Jahrhunderts. Fest steht auch, daß sich der Anteil an Kohlendioxid, das bei der Verbrennung fossiler Energien wie Erdöl, Kohle und Gas entsteht, in der Erdatmosphäre seit der Jahrhundertwende beträchtlich erhöht hat und daß dieses Gas einen Teil der Wärme auf der Erde zurückhält, eine Wirkung, die man als Treibhauseffekt bezeichnet.

Ob die Erwärmung der Erde und der gestiegene Kohlendioxidausstoß miteinander in Zusammenhang stehen, ist noch nicht eindeutig erwiesen. James Hansen, Direktor der amerikanischen Raumfahrtbehörde NASA und Klimaforscher, meinte 1988 immerhin: „Ich glaube mit 99prozentiger Sicherheit sagen zu können, daß die Erwärmung keine natürliche Ursache hat, sondern durch die wachsende Konzentration von Kohlendioxid und anderen Abgasen hervorgerufen wird."

Auch die Frage, ob und wie sich die gestiegenen Temperaturen auf das Wettergeschehen auf der Erde auswirken, ist noch unentschieden. Der Diplommeteorologe Horst Oeckel vom Deutschen Wetterdienst in Offenbach z. B. sah in den Stürmen von 1990 nichts Ungewöhnliches, „weil es bis heute keinen Beweis gibt, daß der sogenannte Treibhauseffekt unser Wetter in irgendeiner Form beeinflußt".

Doch die Indizien, die gegen diese Annahme sprechen, mehren sich. Während sich in der Regel vier oder fünf Orkantiefs pro Jahr über dem Atlantik zusammenbrauen, waren es 1989 schon elf und 1990 sogar 15. Der Meteorologe Rolf Doberitz vom Seewetteramt Hamburg meinte nach der Sturmserie: „Seit Mitte des vorigen Jahrhunderts beobachten wir das Wetter über dem Nordatlantik genau. Die Daten, die wir in den letzten Wochen gesammelt haben, sind bisher noch nicht dagewesen."

Ob sich die Vorhersagen der Pessimisten unter den Klimaforschern bewahrheiten und Stürme wie im Frühjahr 1990 in Zukunft zum Wetteralltag gehören werden, bleibt abzuwarten. Im Frühjahr 1991 zumindest blieben die gefürchteten Orkane, die so große Schäden angerichtet und so viele Menschen das Leben gekostet haben, aus. Doch was bringen die nächsten Jahre?

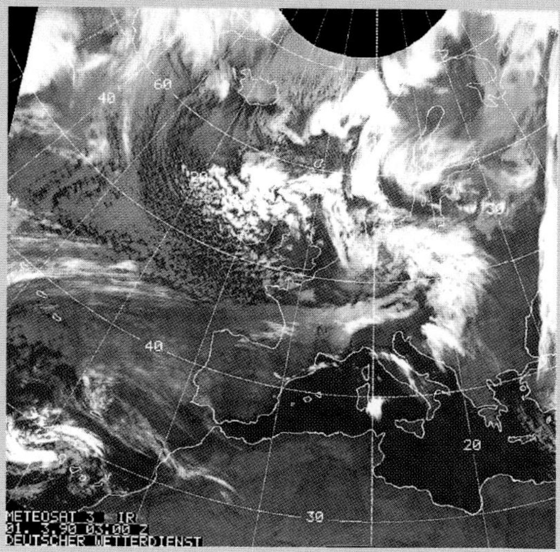

Der Orkan Wiebke – aus der Sicht des Wettersatelliten

Die Namen der Stürme

Wer regelmäßig den Wetterbericht hört, mag sich schon gewundert haben, wenn Stürme – d. h. die Tiefdruckgebiete, aus denen sie sich entwickeln – einen weiblichen Vornamen tragen.

Der Brauch, Tiefdruckgebiete zu taufen, geht auf die Angestellten des Instituts für Meteorologie und Geophysik in Berlin-Dahlem zurück. Ihnen bzw. ihren Nachfolgern im Meteorologischen Institut der Freien Universität steht seit 1954 eine alphabetisch geordnete Liste zur Verfügung, die inzwischen 260 weibliche Vornamen umfaßt.

Begonnen wird jeweils im November eines Jahres mit den ersten Herbststürmen. Jedes Tiefdruckgebiet bekommt zunächst nur einen Buchstaben. Erst wenn man vermutet, daß eines dieser Tiefs sich stark auf das Wetter der nächsten Tage auswirken könnte, erhält es einen Namen.

Eine Prüfung Allahs

Heftige Erdstöße im Norden des Iran verwandeln fruchtbares Land in eine Mondlandschaft

Der Iran ist ein fußballbegeistertes Land. Und so saßen am späten Abend des 20. Juni 1990 Millionen von Iranern vor den Bildschirmen, um das Spiel Brasilien gegen Schottland zu verfolgen. Die Übertragung von der Weltmeisterschaft in Italien war noch nicht lange beendet, als kurz nach Mitternacht plötzlich die Erde zu beben begann. Anderthalb Minuten dauerte der schreckliche Spuk – anderthalb Minuten, die unendlichen Schmerz und große Trauer über den Iran brachten. Mehr als 30 000 Menschen starben, und es gab 200 000 Verletzte; außerdem wurde eine halbe Million Menschen obdachlos.

Nach Angaben des Geophysikalischen Instituts der Universität Teheran hatten die Erdstöße eine Stärke von 7,3 auf der nach oben offenen Richter-Skala. Das Seismographische Institut im amerikanischen Bundesstaat Colorado maß sogar einen Ausschlag von 7,7. Das Epizentrum lag 200 Kilometer nordwestlich von Teheran, etwa 70 Kilometer von der Küste des Kaspischen Meers entfernt.

Am härtesten traf es die Provinzen Gilan und Sandschan, in denen 2,7 Millionen Menschen lebten. Die kleinen Städte und Dörfer der Reisanbaugebiete am Kaspischen Meer wurden ebenso dem Erdboden gleichgemacht wie die Siedlungen bei den Obstplantagen am Rand des Elbursgebirges. Der fruchtbarste Teil des Landes, auch Brotkorb des Iran genannt, wurde vollkommen verwüstet. Augenzeugen berichteten später, die Erdstöße hätten im Gebirge Felsbrocken groß wie Autos herausgebrochen, die donnernd ins Tal stürzten, Lawinen von Geröll mit sich rissen und alles niederwalzten. Das Notstandsgebiet mit einem Durchmesser von rund 200 Kilometern glich einer Mondlandschaft. Kaum ein Stein war auf dem anderen geblieben.

Hätte nicht König Fußball regiert, als das Unglück passierte, wären noch viel mehr Menschen gestorben

Die ersten Bilder des iranischen Fernsehens verdeutlichten das Ausmaß der Katastrophe. War in den Eilmeldungen der internationalen Presseagenturen zunächst noch von 2000 Toten die Rede gewesen, so offenbarte sich nun das ganze Grauen. Die Aufnahmen zeigten nichts als Trümmer und Zerstörung. Die Städte Rudbar und Mandschil glichen Schutthalden. Erschütternde Szenen spielten sich ab. Auf freien Plätzen drängten sich weinende Frauen zusammen, die aus Angst vor weiteren Beben nicht mehr in ihre Häuser zurückkehren wollten. Überall gruben Menschen mit bloßen Händen nach vermißten Angehörigen und Freunden. Eine Mutter von fünf Kindern barg ihre enthauptete Tochter aus den Trümmern, während ihr Mann verzweifelt eines der anderen Kinder zu retten versuchte.

Daß das Beben so viele Opfer forderte, lag nicht nur an der Stärke der Erdstöße, sondern auch an der landesüblichen Bauweise: Die iranischen Lehmhäuser, in denen oft Großfamilien leben, haben schwere Dächer, und die Wohnungen sind traditionell nur wenig möbliert. Nichts konnte die einstürzenden Trümmer auffangen. Deshalb wurden die meisten Opfer erschlagen. Andere erstickten an den gewaltigen Staubwolken, die aus den zusammenstürzenden Häusern aufstiegen. Und sicherlich wären noch mehr Menschen umgekommen, hätte nicht König Fußball viele so spät noch wach gehalten. Denn wer schlief, wurde von dem Beben völlig überrascht und hatte meist kaum mehr die Möglichkeit, sich zu retten.

Schon wenige Stunden nach dem Erdbeben waren alle Krankenhäuser in Gilan und Sandschan überfüllt. Die iranische Armee richtete eine Luftbrücke ein und brachte Schwerstverwundete in Kliniken, die bis zu 1000 Kilometer entfernt lagen. Der iranische Staatspräsident Haschemi Rafsandschani, der eine dreitägige Staatstrauer angeordnet hatte, und das geistliche Oberhaupt des Landes, Ajatollah Ali Chamenei, eilten in das Notstandsgebiet. „Das Erdbeben ist eine Prüfung Allahs, der uns auf die Probe stellen will", erklärte der religiöse Führer dem iranischen Volk.

Zu einer harten Belastungsprobe wurde die Katastrophe vom 21. Juni 1990 vor allem für das Regime. Alle Welt wollte den Erdbebenopfern helfen. Aber während große ausländische Spendenaktionen anliefen, entbrannte in der Führungsschicht des Landes ein heftiger Richtungsstreit darüber, ob Hilfe aus dem Westen, insbesondere aus den verhaßten Vereinigten Staaten, überhaupt angenommen werden sollte. Die radikalen Mitglieder des iranischen Parlaments, die gegen eine Öffnung des politisch isolierten Landes kämpften, lehnten jegliche Annäherung an die USA ab. Letztlich setzte sich aber doch der

Geprüftes Land *Im Gebiet westlich des Kaspischen Meers kommt es seit Jahrtausenden immer wieder zu Erdstößen. Das Beben vom 21. Juni 1990 zählte zu den verheerendsten in der Geschichte des Iran. 30 000 Menschen kamen ums Leben, 200 000 Verletzte waren zu beklagen. Inmitten der Trümmer steht in der Stadt Rascht ein alter Mann, der den Tod aller Angehörigen beweint (oben). Ein Imam, ein Geistlicher, betet für die Opfer des Unglücks (links).*

gemäßigte Flügel um Rafsandschani durch. Die internationale Hilfe war willkommen.

Bald trafen Hunderte von Flugzeugen auf dem Teheraner Militärflughafen ein. Sie brachten Medikamente, Lebensmittel, Kleidung und Decken, vor allem aber die dringend benötigte technische Ausrüstung: Suchgeräte und Sprechfunkapparate, mobile Operationssäle, Zelte und Wohncontainer sowie Anlagen zur Wasseraufbereitung. Die Hilfsgüter wurden sofort auf Lastwagen verstaut und ins Katastrophengebiet geschafft. Die internationalen Hilfsorganisationen mußten anerkennend feststellen, daß der Rote Halbmond, das islamische Gegenstück zum Roten Kreuz, wider Erwarten die Situation fest im Griff hatte. Das Zusammenspiel zwischen Armee und nationalem Hilfsdienst, im Krieg mit dem Irak acht Jahre erprobt, funktionierte reibungslos und wirksam. Irritiert mußten die ausländischen Helfer erkennen, daß sie zwar erwünscht waren, aber nur bedingt gebraucht wurden.

Ob Deutsche, Franzosen oder Amerikaner – sie alle erfuhren über Wochen hinweg, was orientalische Gastfreundschaft bedeutet. Allerdings erwartete man umgekehrt von ihnen, daß sie den wichtig-

Eine Internationale der Menschlichkeit

Humanitäre Hilfe, die keine Grenzen kennt und die Bedürftigkeit nicht nach Freund oder Feind beurteilt, gehört heute zu den wenigen Selbstverständlichkeiten dieser Welt. Dabei ist die Idee, eine Internationale der Menschlichkeit zu bilden, noch nicht einmal 150 Jahre alt. Erst jene grauenvolle Schlacht von Solferino am 24. Juni 1859, als bei einem 15stündigen Gemetzel zwischen österreichischen und französischen sowie sardinischen Truppen mehr als 50 000 Menschen starben, gab dem jungen Genfer Bürger Henry Dunant den Anstoß dazu, in allen Ländern Hilfsgesellschaften zu gründen und „die Verwundeten in Kriegszeiten durch begeisterte, aufopfernde Freiwillige pflegen zu lassen". Inzwischen ist die Rotkreuzbewegung längst zur größten internationalen Hilfsgemeinschaft geworden, mit mehr als 200 Millionen Mitgliedern – freiwilligen Helfern und ständigen Mitarbeitern – in 149 Staaten der Erde.

Nach dem Ersten Weltkrieg machte es sich das Rote Kreuz zur Aufgabe, auch Opfern von Naturkatastrophen zur Seite zu stehen. Ob bei Erdbeben in Mexiko, bei Überschwemmungen in Bangladesch oder bei Vulkanausbrüchen in Kolumbien, immer wird ein riesiges Räderwerk in Gang gesetzt, wenn eine nationale Rotkreuzgesellschaft die Liga in Genf um Hilfe bittet. Während die nationale Hilfsorganisation in Abstimmung mit den staatlichen Behörden des Landes die Erstversorgung in Angriff nimmt, werden in Genf anhand von Situationsberichten aus dem Krisengebiet ausländische Hilfsaktionen vorbereitet. Dabei berücksichtigt die Organisation in der Regel die unterschiedliche Spezialisierung der Helferländer. Während z. B. Deutschland im Zivil- und Katastrophenschutz mit Bergungsgerät und Lebensmittelvorräten gut ausgestattet ist, sind die skandinavischen Länder insbesondere auf medizinische Versorgung spezialisiert. Andere Länderorganisationen wiederum, Belgien etwa, werden vorrangig als Blutspendedienste eingesetzt oder mit der Bereitstellung von Wasseraufbereitungsanlagen betraut.

Zu den Aufgaben des Roten Kreuzes und der anderen Hilfsdienste gehört die Versorgung hungernder Flüchtlinge mit Hilfsgütern, wie hier in einem Auffanglager in Äthiopien.

Die Federführung der gesamten Katastrophenhilfe obliegt immer dem betroffenen Staat. Er beauftragt Beamte, oft Minister, einen Krisenstab zu bilden, der die Arbeit der nationalen und internationalen Organisationen koordiniert. Zu diesen können neben dem Roten Kreuz noch andere Hilfsdienste gehören, die in der Regel dem Roten Kreuz unterstellt werden, das zu diesem Zeit-

sten religiösen Regeln Respekt zollten. Das bedeutete: Unterhaltungen mit Frauen waren unerwünscht, und die Helfer mußten strikt die Kleidervorschriften einhalten – der nackte Oberkörper eines Mannes gilt im Iran als unsittlich.

Die Rettungsarbeiten gestalteten sich schwierig. Viele Dörfer waren tagelang von der Außenwelt abgeschnitten. Die Telefonleitungen waren unterbrochen und die Zufahrtsstraßen durch Erdrutsche blockiert. Schwieriges Gelände und Dauerregen behinderten den Einsatz der Katastrophendienste. Doch es gab auch Lichtblicke. Während die Chancen der Verschütteten, gerettet zu werden, mit jeder Minute schwanden, geschahen unglaubliche Dinge, die wie Wunder anmuteten: Vier Tage nach dem Beben bargen Helfer in dem Dorf Kelischom ein einjähriges Mädchen lebend aus den Trümmern seines Elternhauses. Und einen Tag später wurden in verschiedenen anderen Dörfern noch weitere sieben Menschen lebend ausgegraben.

Um die Seuchengefahr zu bannen, erlaubte die Geistlichkeit des Iran, daß die Opfer ohne Einhaltung der sonst üblichen Gebräuche bestattet wurden. Der Islam schreibt eigentlich vor, daß ein Toter gewaschen und in ein Leichentuch gehüllt wird und daß man vor seiner Beerdigung eine Gebetsstunde abhält. Die Not jedoch setzte diese religiösen Gesetze außer Kraft.

Die rund 10 000 Helfer arbeiteten bis zur Erschöpfung rund um die Uhr. Bestes Beispiel dafür ist ein punkt bereits einen guten Überblick über die jeweilige Situation hat. Der Krisenstab spricht nach einer Lageanalyse die Rollenverteilung ab und paßt sie ständig der jeweiligen Situation an.

Wenn bei Großeinsätzen 50 Hilfsgesellschaften und mehr beteiligt sind, wird zudem ein Ausschuß gebildet, der dem Krisenstab seine Vorschläge unterbreitet. Daß dadurch jedoch Behinderungen der Hilfsaktionen im Krisengebiet nicht völlig ausgeschlossen werden können, hat sich bei dem Erdbeben in Armenien 1988 gezeigt.

Jürgen Kronenberger, beim Deutschen Roten Kreuz Beauftragter für die Katastrophenhilfe, hat die Probleme der Hilfsdienste bei vielen Einsätzen miterlebt. Er spricht von „landesspezifischen Eigenheiten". Gerade in der Not müsse man die Würde eines vom Unglück betroffenen Volkes achten und dürfe nicht gegen die Sitten des Landes verstoßen. Außerdem bereite die Logistik manchmal Kopfzerbrechen, weil die Informationen in der Hauptstadt nicht immer mit der Situation im jeweiligen Katastrophengebiet übereinstimmten.

Bis die öffentlichen Spendenaufrufe Wirkung zeigen, wird die ausländische Hilfe mit angelegten Geldreserven und staatlichen Mitteln finanziert. Häufig treffen auf Sonderkonten aber auch noch Zuwendungen ein, wenn die Soforthilfe schon abgeschlossen ist. Manche Organisationen legen damit neue Reserven an, andere wiederum finanzieren in Absprache mit staatlichen Stellen den mühsamen Wiederaufbau im Krisengebiet. Diese unspektakuläre, in der Öffentlichkeit meist vergessene „Nachsorge" soll die Überlebenden besser gegen künftige Katastrophen schützen, von denen niemand weiß, wann sie kommen werden.

Dürre und Krieg hatten Mitte der 80er Jahre in Äthiopien zu einer Hungerkatastrophe von unvorstellbarem Ausmaß geführt. Im Rahmen einer großen internationalen Aktion bemühten sich viele Organisationen darum, die Not der Menschen zu lindern. Hier werden vom Malteser-Hilfsdienst Wolldecken verteilt.

Auf dem Flughafen der russischen Stadt Rostow wird ein Flugzeug mit Nahrung, Kleidung, Zelten, Schlafsäcken und Medikamenten für die Überlebenden der Erdbebenkatastrophe vom Dezember 1988 in Armenien beladen.

deutsches Ärzteteam, das in zehn Tagen über 2000 Patienten behandelte. „Die Iraner haben uns rückhaltlos unterstützt", erzählte einer der Mediziner.

Die Eindrücke, die Korrespondenten aus den Notlazaretten übermittelten, waren ergreifend. Mütter wachten Tag und Nacht am Lager ihrer Kinder. „In einem Zelt, in dem die Temperatur subtropisch war, hockte eine Frau am Fußende eines Betts und schaute sorgenvoll auf ihre Tochter. Mit einer Hand verscheuchte sie die Fliegen", schilderte ein Reporter eines von Tausenden Schicksalen. Viele Menschen standen noch immer unter Schock und waren depressiv. Manche von ihnen werden den Schrecken dieser „Gottesprüfung" wohl nie ganz überwinden.

Etwa vier Wochen dauerte die weltweite Anteilnahme an. Dann blieben die Nachrichten aus Gilan und Sandschan langsam aus. Auch die Spenden, die von Anfang an nie so reichlich geflossen waren wie nach der Katastrophe in Armenien, wurden weniger. Der Iran war wieder sich selbst überlassen. Es kam ein harter Winter, und längst nicht alle hatten Unterschlupf gefunden in den Fertighäusern, die zum Schutz gegen die Kälte errichtet worden waren. Tausende waren obdachlos geblieben. Es wird wahrscheinlich noch Jahre dauern, bis all die Spuren, die dieses furchtbare Erdbeben hinterließ, beseitigt sein werden. Aber wie hatte ein iranischer Helfer zu einigen Reportern im Krisengebiet gesagt: „Ihr müßt wiederkommen, wenn alles wieder besser ist."

Die Zukunft der Erde

Stehen die schlimmsten Katastrophen noch bevor?

In der Nacht des 23. März 1997 herrschte über weiten Teilen des Nordatlantiks Windstille. Unter einem klaren Himmel hielt das Containerschiff *Eldritch III* Kurs auf New York. Auf der Brücke stand der wachhabende Offizier Larry Petersen. Die tiefe Ruhe, die das Schiff umgab, war ihm unheimlich. Aber Petersen hatte solche Nächte schon früher erlebt.

Mit dieser Szene beginnt ein Roman der Autoren Basil Booth und Frank Fitch über die Zukunft der Erde. Was dann folgt, ist die Beschreibung einer bislang unbekannten Katastrophe.

Plötzlich wurden das Schiff und die umliegende See in ein geheimnisvolles grünlichweißes Licht getaucht, das aus dem Süden kam und rasch an Intensität zunahm. Hoch oben am südlichen Himmel erschien ein riesiger Feuerball, mehr als doppelt so groß und so hell wie der Vollmond, und bewegte sich rasch in Richtung Nordnordwest, wo er verschwand. Gewaltige Blitze erhellten etwas, was wie ein langer Schweif aussah. Einen Moment lang umgab wieder Finsternis das Schiff, dann zuckte dort, wo der Feuerball verschwunden war, ein riesiger Blitz auf. Wenig später brach der Tag an.

Kapitän Jim Barnes, ein hochgewachsener, durch nichts zu erschütternder Amerikaner, erschien auf der Brücke und nahm das Mikrofon: „An alle. Hier spricht der Kapitän", sagte er ruhig. „Alle Mann auf ihre Posten. Die Luken schließen, und alle beweglichen Gegenstände verstauen oder festzurren. Ihr habt zehn Minuten Zeit. Los!" Petersen wandte sich zum Kapitän. Sein Gesicht verriet Verwirrung.

„Möglicherweise kommt eine mächtige Welle auf uns zu, Larry. Zumindest aber müssen wir mit sehr schlechtem Wetter rechnen", erklärte der Kapitän. „Sehen Sie sich das an."

Petersen schaute wieder zum Horizont. Am Himmel türmte sich eine riesige Wolke auf, unten schwarz wie Pech und oben weiß wie Schnee. Eine gewaltige amboßförmige Auswölbung dehnte sich bis weit in die Atmosphäre. Um 7.20 Uhr, gerade als Kapitän Barnes erneut zum Mikrofon greifen wollte, um der Mannschaft weitere Anweisungen zu geben, erschütterten drei starke Detonationen das Schiff.

Barnes griff zum Telefonhörer. Einige Augenblicke später war er mit dem diensthabenden Angestellten des New Yorker Büros seiner Reederei verbunden und erfuhr, daß kurz vor Tagesanbruch ein ungeheurer Blitz die gesamte Ostküste der Vereinigten Staaten – von Massachusetts bis Virginia – erleuchtet habe, dem wenig später drei gewaltige Detonationen gefolgt seien. Niemand kenne die Ursache. Die Morgennachrichten seien voll von wilden Spekulationen, doch aus der Hauptstadt Washington verlaute nur: „Kein Kommentar." In New York sei das Wetter gut, doch nach Osten hin herrsche schlechte Sicht.

Auf See begannen sich indessen dicke Gewitterwolken aufzutürmen. Kapitän Barnes sagte seinem Gesprächspartner, daß möglicherweise eine verheerende Flutwelle auf die Küste zurase. Der Reedereivertreter am Telefon klang höflich, aber uninteressiert, als er sich bei Barnes für die Information bedankte. Dann rief der Kapitän zu Hause an.

„Was immer ihr gerade tut, laßt alles fallen, setzt euch ins Auto und fahrt, so schnell es geht, an einen hohen Punkt möglichst weit im Landesinnern", wies er seine Frau an.

Mittlerweile war es 7.40 Uhr. Bevor Mrs. Barnes etwas einwenden konnte, hatte ihr Mann den Telefonhörer schon wieder aufgelegt. Der Kapitän wandte sich an Petersen.

„Ihre Eltern leben in Brooklyn, Larry?"

„Sie wohnen im zehnten Stockwerk eines Neubaus, Sir. Ich denke, sie sind in Sicherheit."

Am Horizont drohte eine seltsame Erscheinung, wie sie Kapitän Barnes in seinem Leben noch nicht gesehen hatte

Bemüht, sich nichts von der lähmenden Sorge um seine Frau und die Kinder anmerken zu lassen, schaute der Kapitän noch einmal zum Horizont. Dort war eine furchterregende Veränderung eingetreten. Den westlichen und nördlichen Teil des Himmels nahm eine gigantische Wolkenwand ein, deren düstere Silhouette von zuckenden Blitzen erhellt wurde. Zwischen Wolken und Meer beschien die Sonne einen schmalen, wirbelnden Silberstreif. Innerhalb kurzer Zeit verwandelte sich dieses Band in eine riesige, über 60 Meter hohe Welle, die mit einer Geschwindigkeit von nahezu 500 Kilometern pro Stunde auf das Schiff zugerast kam.

Um 8.10 Uhr hatte sich die *Eldritch III* auf den Kamm dieser gigantischen Welle emporgekämpft, und es sah so aus, als drohe sie nun, in einen Höllenkessel hinabzustürzen. Im Wellental vor dem Schiff war das Wasser von einer gleichförmigen, öden Schwärze. In der Ferne sah man weitere riesige Wellen näher kommen, auf denen weiße Schaumkronen tanzten.

Ungeheuer der Meere *Eine riesige Welle droht die* Eldritch III *zu verschlingen. Die Woge, die nun auf die Ostküste der Vereinigten Staaten zurast, entstand durch einen Meteoriten, der in den Atlantik gestürzt ist.*

Während der nächsten vier Stunden wurde die *Eldritch III* von einem der schwersten Orkane, den die Mannschaft je erlebt hatte, hin und her geworfen. Wieder und wieder spülten die Wellen über das Schiff hinweg, während Regen und Hagel gegen die Aufbauten prasselten. Doch keine der nachfolgenden Wellen kam auch nur annähernd an die Größe der ersten heran. Die zweite erreichte nur noch 30 Meter Höhe, die dritte nicht einmal mehr zehn Meter. Am Mittag flaute der Sturm so plötzlich ab, wie er begonnen hatte, und die *Eldritch III* kam in verhältnismäßig ruhiges Wasser. Alles an Bord atmete auf, als plötzlich der Funker leichenblaß und mit wirrem Blick auf die Brücke stürzte.

„Ein Meteorit ist in den Atlantik gestürzt. Die ganze Ostküste der Vereinigten Staaten wurde von einer Flutwelle hinweggefegt!" schrie er. „New York, Washington, Boston – alles ist verschwunden. Der Vizepräsident hat von Los Angeles aus die Regierung übernommen und das Kriegsrecht verkündet!"

Diese Zukunftsvision entspringt zwar nur der Phantasie der beiden Autoren Booth und Fitch, doch ganz unmöglich ist solch ein Ereignis nicht. Das Sonnensystem ist voller Sternentrümmer, die von der Größe eines Staubkorns bis zu Planetoiden mit mehreren Kilometern Durchmesser reichen. Jahr für Jahr gehen mehr als 2 Millionen Tonnen kosmischen Staubs auf die Erde nieder, und jeden Tag ziehen

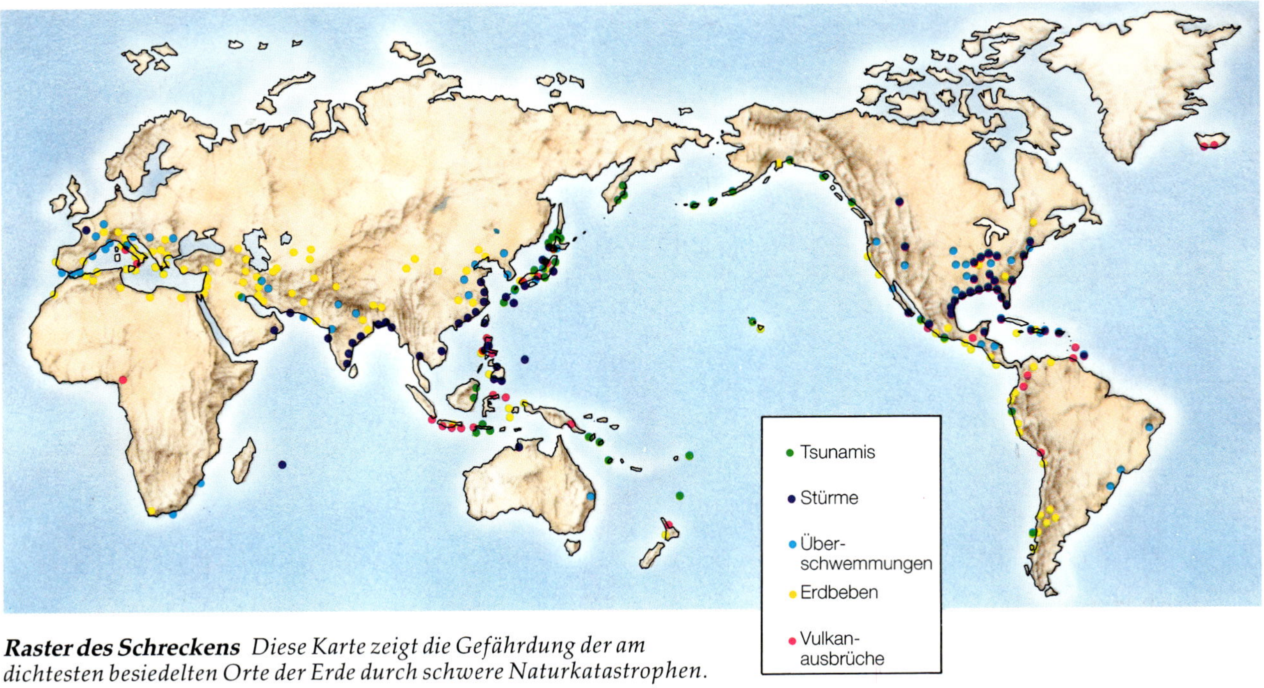

Raster des Schreckens *Diese Karte zeigt die Gefährdung der am dichtesten besiedelten Orte der Erde durch schwere Naturkatastrophen.*

unzählige Meteore über den Himmel. Etwa 11000 dieser Himmelskörper stürzen als Meteoriten auf die Erde herab. Sehr große Meteoriten, die Zerstörungen anrichten können, erreichen unseren Planeten im Durchschnitt nur alle 700 Jahre. Ein solcher Aufschlag im Nordatlantik z. B. könnte jedoch katastrophale Folgen haben. Die dabei entstehende Riesenwelle würde in Nordamerika und Europa mancherorts bis zu 80 Kilometer weit ins Landesinnere vordringen und alles mit sich fortreißen. Da an den Küsten des Atlantiks viele Großstädte liegen, ginge die Zahl der Todesopfer in die Millionen.

Ein großer Teil der Menschheit lebt in Gebieten, die durch Naturkatastrophen bedroht sind

Unser Planet befindet sich in einem Zustand ständiger Unruhe. Fortwährend besteht die Gefahr, daß seine gewaltigen Energien plötzlich entfesselt werden und daß sich dann Katastrophen wie Erdbeben, Flutwellen, Orkane, Vulkanausbrüche und Erdrutsche ereignen, die ihren schrecklichen Tribut fordern.

Alle 30 Sekunden z. B. bebt irgendwo auf unserem Planeten die Erde. Die meisten Erschütterungen sind so geringfügig, daß sie nur von Instrumenten registriert werden. Die wenigen großen Beben, die sich Jahr für Jahr ereignen, richten jedoch oftmals große Schäden an und fordern viele Opfer unter der Bevölkerung des betroffenen Landstrichs.

Einer der beiden Erdbebengürtel der Erde bildet einen Ring um den Pazifischen Ozean. Im Westen berührt er Japan und Indonesien, im Osten führt er an den Küsten Süd-, Mittel- und Nordamerikas entlang. Die Geologen nennen dieses Gebiet die zirkumpazifische Zone. Der zweite große Erdbebengürtel verläuft von den Azoren ostwärts durch das Mittelmeer, durchquert Italien, Griechenland und die Türkei sowie Zentralasien und China. In diesem riesigen Teil der Erde ist niemand wirklich sicher.

Eines der Gebiete, das vermutlich bald von einer Katastrophe heimgesucht werden wird, ist Los Angeles, das gefährlich dicht am 1280 Kilometer langen San-Andreas-Graben liegt. Das letzte große Erdbeben erschütterte 1857 die Stadt, und die Wissenschaftler rechnen mit einer Wahrscheinlichkeit von 60 Prozent damit, daß sich das nächste noch vor dem Jahr 2020 ereignen wird.

Wenn dieses Erdbeben kommt, wird es vielleicht mehr Verwüstung und Leid verursachen als jede andere Naturkatastrophe in der Geschichte der Vereinigten Staaten. Wolkenkratzer werden in sich zusammenstürzen und alle, die sich in ihnen aufhalten, unter Schutt und Glas begraben. Stromnetze werden zusammenbrechen, Wasserrohre bersten und beschädigte Gasleitungen zahlreiche Brände auslösen, so wie es schon beim Erdbeben von 1906 in San Francisco der Fall war. Das berühmte Schnellstraßennetz der Stadt wird vermutlich weitgehend unpassierbar werden. Nicht nur Tausenden von Autos wird der Weg versperrt sein, sondern auch den Rettungsmannschaften, die ohnehin völlig überlastet sein werden.

Von den mehr als 3 Millionen Einwohnern werden bei dem Beben mindestens 3000 umkommen, wahrscheinlich aber werden es sehr viel mehr sein. Sollte sich das Beben an einem Freitagnachmittag während des Berufsverkehrs ereignen, würden nach Schätzungen 21000 Menschen sofort sterben. Außerdem gäbe es 80 000 Schwerverletzte, für die nur 22 000 Krankenhausbetten zur Verfügung stünden, so daß sich die Zahl der Toten bis auf 45 000 erhöhen könnte.

Viele Stunden würden vergehen, bevor die Außenwelt Nachrichten über das ganze Ausmaß der Katastrophe erhielte. Die Telefonverbindungen wären tagelang unterbrochen und sämtliche Ausfallstraßen durch Bodenspalten und Erdrutsche blockiert.

Ein Erdbeben in Los Angeles könnte die Wirtschaft der Vereinigten Staaten wanken lassen

Die Auswirkungen des Bebens wären weit über Kalifornien hinaus zu spüren. Bei einem Sachschaden von 20 Milliarden Dollar und großen Produktionsausfällen in der Industrie dieser Region geriete die Wirtschaft der Nation ins Wanken. Computerausfälle in den Banken könnten zu einem Chaos in der Finanzwelt führen und die amerikanische Börse zusammenbrechen lassen. Um die Hilfsprogramme zu finanzieren, müßte die Regierung so viel Geld aufnehmen, daß die Zinsen in schwindelnde Höhen stiegen. Eine völlige Wiederherstellung der Normalität wäre erst nach Jahren möglich.

Ähnlich verheerend wie Erdbeben wirken die unsichtbaren, schleichenden Schrecken, die die Menschheit in Gestalt von Krankheiten heimsuchen. In vielen Teilen der Erde wüten noch immer unvermindert Malaria, Cholera und Typhus. Allein an Malaria erkranken jährlich 100 Millionen Menschen, von denen etwa 1 Million stirbt. Manchen Schätzungen zufolge ist die Hälfte aller Todesfälle in der Geschichte der Menschheit auf diese eine Krankheit zurückzuführen, die von Moskitos übertragen wird und gegen die es keinen Impfstoff gibt. Unzählige Versuche, die Krankheit auszurotten, sind letztlich fehlgeschlagen, da die Insekten nach einiger Zeit gegen die chemischen Bekämpfungsmittel immun werden.

Doch nicht nur die altbekannten Krankheiten befallen die Menschen. Anfang der 80er Jahre entstand scheinbar aus dem Nichts eine Seuche, die heute über den ganzen Erdball verbreitet ist. Alles fing damit an, daß in einigen amerikanischen Städten die Hospitäler über eine Zunahme ungewöhnlicher Krankheiten berichteten. Besonders beim Kaposi-Sarkom, einer seltenen Art von Hautkrebs, stieg die Zahl der Fälle. Bei den Opfern handelte es sich meist um junge homosexuelle Männer, deren Immunsystem auf unerklärliche Weise außer Kraft gesetzt worden war.

Die rätselhafte Krankheit wurde von den Ärzten *Acquired Immune Deficiency Syndrome* (erworbenes Immundefektsyndrom), kurz Aids, genannt. Zunächst schien Aids eine Krankheit der Homosexuellen zu sein, die allein durch Geschlechtsverkehr übertragen wurde. Bald traf sie jedoch auch andere Gruppen – insbesondere Bluter, Drogenabhängige und Kinder infizierter Mütter. Dann entdeckten die Forscher ein Virus, von dem man annimmt, daß es das Immunsystem schädigt. Sie gaben ihm den Namen HIV (*Human Immundeficiency Virus* = menschliches Immundefektvirus) und stellten fest, daß es im Blut und anderen Körperflüssigkeiten vorkommt. Bis heute hat man keinen Impfstoff gegen dieses Virus gefunden, und wenn die Krankheit einmal ausgebrochen ist, gibt es kein Medikament, das sie heilt.

In der Zwischenzeit hat sich die Krankheit rasch ausgebreitet. In den Vereinigten Staaten lag die Zahl der Erkrankungen 1981 noch bei etwa 500. Zehn Jahre später zählte die Statistik bereits mehr als 150 000 gemeldete Aidsfälle und etwa 1 Million Infizierte. In Deutschland war der Anstieg ähnlich ra-

Bizarre Skulpturen *Das Erdbeben, das im Gebiet von Los Angeles droht, könnte die berühmten Schnellstraßen der Stadt zu grotesken Gebilden auftürmen.*

sant, so daß hier Anfang 1991 etwa 5500 Erkrankungen registriert waren. Beinahe die Hälfte der Betroffenen lebte zu diesem Zeitpunkt schon nicht mehr. Bei den Infizierten liegt die gemeldete Zahl momentan bei 43 000, geschätzt werden 80 000–100 000. Und die Wissenschaftler rechnen damit, daß die Zahlen weiter steigen, wenn kein wirksames Gegenmittel entwickelt wird.

Während sich die Befürchtung der Experten, die Krankheit könne in großem Umfang über die Risikogruppen hinausgehen, zumindest in den industrialisierten Ländern nicht bewahrheitet hat, nimmt die Seuche insbesondere in Afrika bedrohliche Ausmaße an. Bei uns sind noch immer in erster Linie Homosexuelle und Drogenabhängige betroffen, doch auf dem Schwarzen Kontinent hat die Seuche bereits weite Teile der Bevölkerung erfaßt. In 25 Jahren könnte jeder zwölfte Einwohner Afrikas infiziert sein.

Weltweit sind gut 345 000 Aidserkrankungen gemeldet, aber die Dunkelziffer liegt vermutlich viermal so hoch. Insgesamt soll es etwa 8–10 Millionen Männer, Frauen und Kinder geben, die das Virus in sich tragen. Nach dem heutigen Wissensstand wird mindestens die Hälfte von ihnen erkranken und zumeist innerhalb von drei Jahren sterben.

Auch der Mensch selbst kann künstlich Viren oder Bakterien erzeugen, bei denen die Gefahr besteht, daß sie unerwartet außer Kontrolle geraten. In Laboratorien überall auf der Welt verändern Wissenschaftler das Genmaterial lebender Organismen, um neue, dem Menschen nützliche Lebensformen zu schaffen. Sie isolieren Gene, die die Insulinproduktion beim Menschen steuern, und pflanzen sie in harmlose Bakterien ein. Auf diese Weise lassen sie biologische Fabriken entstehen, die für die Diabetiker dieser Welt in reichlichen Mengen Insulin erzeugen. Auf ähnliche Weise manipulieren sie Bakterien, die Ölteppiche auffressen, und andere, die das Erfrieren der Ernte verhindern. Ein weiteres Gebiet, dem sich die Gentechniker widmen, ist die Korrektur von Erbkrankheiten. Vielleicht wird es hier schon bald große Fortschritte geben.

ENDLOSER SOMMER IM TREIBHAUS ERDE

Der Umbau der Agrar- zur Industriegesellschaft in den vergangenen 200 Jahren hat auf der ganzen Welt tiefgreifende Veränderungen bewirkt. Für die meisten Menschen wurden die Nachteile, die diese Umwälzung mit sich brachte, durch die Vorteile aufgewogen, doch könnte das bisher gehaltene Gleichgewicht durch einen unvorhergesehenen Effekt gestört werden, so daß es zu ungeahnten Auswirkungen kommt.

Ein wichtiger Motor des Fortschritts sind Maschinen, die mit Kohle und später mit Erdöl betrieben wurden. Bei der Verbrennung dieser Energieträger sind immer größere Mengen an Kohlendioxid – CO_2 – in die Luft gelangt. Besonders seit den späten 50er Jahren hat sich der Anteil dieses Gases in der Atmosphäre drastisch erhöht. Nach Ansicht der Wissenschaftler wirkt das CO_2 wie das Dach eines Treibhauses, das zwar die Sonnenwärme durchläßt, aber verhindert, daß diese Wärme wieder ins Weltall abgestrahlt wird.

Anhaltende Trockenheit könnte fruchtbare Ebenen in einsame Wüsten verwandeln.

Entsprechend der Zunahme von CO_2 ist die durchschnittliche Jahrestemperatur auf der Erde stetig gestiegen – in den vergangenen 110 Jahren um 0,5–0,7 °C. Das mag wenig erscheinen, doch hat es so hohe Werte seit Beginn der Messungen im 19. Jahrhundert noch nie gegeben. Die sechs wärmsten Jahre dieses Jahrhunderts lagen dabei in den 80ern.

Sollte sich der Trend fortsetzen, hätte das möglicherweise katastrophale Auswirkungen. Der Klimaforscher Christian Dietrich Schönwiese meint dazu: „Ein Unterschied von nur 1 oder 2 °C kann Welten bewegen.“ Auf die Wirklichkeit übertragen, hieße das: Das Eis der Polkappen würde schmelzen, und die Auswirkungen auf das Weltklima wären dramatisch. Während sich die Tundren Kanadas und Sibiriens in fruchtbares Ackerland verwandelten, verdorrte in den heutigen Kornkammern der Erde der Boden. Und als Folge des gestiegenen Meeresspiegels würden viele Küstenländer überschwemmt.

Wird dieser Entwicklung nicht Einhalt geboten, wird sich die Welt vermutlich sehr stark verändern.

Im Augenblick ist die Entwicklung in der Genforschung kaum absehbar. Doch wie überall besteht auch hier die Möglichkeit, daß sich Gutes in Schlechtes verkehrt. Eine Zeitlang machte das Schlagwort von neugeschaffenen Bakterien die Runde, die die Menschheit in kürzester Zeit dahinraffen könnten. Die Forscher kamen aber bald zu dem Schluß, daß nicht alles, was im Labor funktioniert, in der Natur ebenfalls Bestand hat. Wie dem auch sei – strenge Sicherheitsvorschriften sollen dafür sorgen, daß aus den Reagenzgläsern wissenschaftlicher Institute kein gefährlicher Organismus entkommt. Doch eine absolute Sicherheit gibt es nicht.

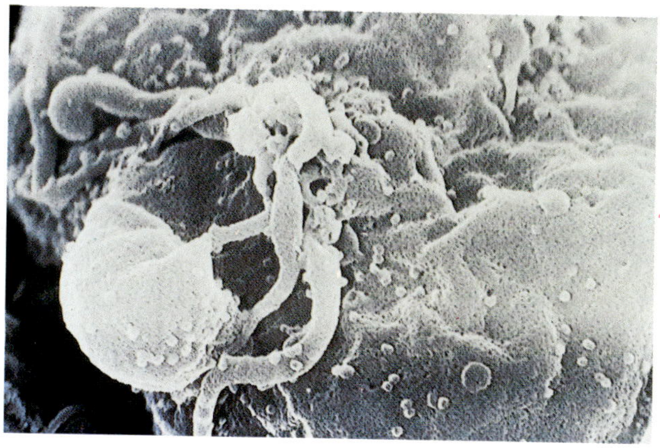

Porträt eines Mörders *Unter dem Mikroskop wird einer der geheimnisvollsten Organismen der Welt sichtbar – das Virus, welches Aids verursacht.*

Während die Ernten kleiner werden, wächst die Bevölkerung der Erde jedes Jahr um Millionen von Menschen

Nicht weniger tragische Auswirkungen als die Seuchen hat der Hunger in der Welt – und er ist ebenso schwer zu bekämpfen. Mehr als 500 Millionen Menschen leiden an chronischer Unterernährung; 15 Millionen Kinder unter fünf Jahren sterben jährlich an den Folgen des Hungers. Trotz ständig verbesserter Anbaumethoden sind die Ernteerträge in den letzten Jahren wieder gesunken. Und es scheint, als klaffe die Schere zwischen Soll und Haben in der Landwirtschaft immer weiter auseinander.

Denn unablässig wächst die Zahl der Bewohner unseres bereits übervölkerten Planeten. Wenn sie weiter wie bisher zunimmt, werden aus den heutigen 5,4 Milliarden Menschen bis zum Jahr 2026 rund 8,6 Milliarden geworden sein. Gleichzeitig verschwinden jedes Jahr etwa 200 000 Quadratkilometer Ackerland. Etwa ein Drittel der Landfläche unseres Planeten ist heute Wüste, und ein großer Teil davon entstand während dieses Jahrhunderts durch Rodung, intensive Landwirtschaft oder Überweidung. Indem sich der Mensch immer größere Teile der Natur nutzbar macht und z. B. die Regenwälder in Südamerika abholzt, bringt er den Wasserhaushalt der Erde durcheinander. Die Sahara rückt mit jedem Jahrzehnt etwa 25 Kilometer weiter nach Süden vor – was mit ein Grund für die Hungersnöte in den Ländern an ihrem Südrand ist.

Auch in anderen Bereichen zeigen sich die Folgen menschlichen Wirkens. Zu den stabilsten Chemikalien, die von der Industrie verwendet werden, gehören die Fluorchlorkohlenwasserstoffe (kurz FCKW). Man benutzt sie beim Betrieb von Kühlanlagen und Klimageräten, als Treibmittel in Spraydosen und bei der Kunststoffverschäumung. Sie sind sauber, ungiftig – und beständig. Und genau darin liegt das Problem dieses Chemieprodukts.

Wenn FCKW in die Luft gelangt, treibt es bis in die Stratosphäre hinauf. Dort befindet sich etwa 20–30 Kilometer über der Erdoberfläche die Ozonschicht, die den größten Teil der ultravioletten Strahlung der Sonne zurückhält. Diese Ozonschicht wird durch FCKW zerstört, d. h., sie wird für ultraviolette Strahlung durchlässig. Große Mengen ultravioletten Lichts können aber sehr gefährlich sein – sie beeinträchtigen das Wachstum von Pflanzen und Tieren und können beim Menschen z. B. Hautkrebs verursachen.

In den vergangenen Jahren ist die Ozonkonzentration in der Stratosphäre so stark abgesunken, daß die Wissenschaftler Alarm gegeben und gefordert haben, den Einsatz von FCKW weltweit zu beschränken. Doch dadurch kann der Auflösungsprozeß der Ozonschicht nur verlangsamt, aber nicht aufgehalten werden. So wird möglicherweise immer mehr ultraviolette Strahlung zur Erdoberfläche durchdringen. Das könnte eine Zunahme bei den Krebserkrankungen bedeuten, und vielleicht würden unsere Nahrungspflanzen verkümmern, so daß Hungersnöte drohten. Auch das Meeresplankton und andere winzige Lebewesen im Wasser, von denen sich die größeren Fische ernähren, wären bedroht. Falls dies geschieht, so warnt ein Experte, „wird das gesamte Ökosystem vollständig zusammenbrechen, und wir können uns von den Walen, den Robben, den Pinguinen und den meisten anderen Tieren im Meer verabschieden."

In den letzten 150 Jahren hat sich die Zusammensetzung der Atmosphäre dramatisch verändert

Doch noch andere Nebenprodukte des menschlichen Fortschritts schädigen die Atmosphäre. Seit man vor 200 Jahren begann, auf breiter Basis Kohle und später Erdöl als Energieträger einzusetzen, gelangten in

Tiefgreifender Wandel *So könnte die Sphinx aussehen, wenn mit der nächsten Eiszeit arktisches Wetter südliche Breiten erfassen sollte.*

immer größeren Mengen Verbrennungsrückstände in die Luft. Zu diesen Schadstoffen gehören Schwefel und Stickstoff.

Aus dem in Kohle und Erdöl enthaltenen Schwefel entsteht beim Verbrennen Schwefeldioxid, das sich mit dem Wasser der Wolken zu Schwefelsäure verbindet. Aus Stickstoff, Bestandteil des Erdöls und der Luft, wird auf ähnliche Weise Salpetersäure. Schwefel und Stickstoff gelangen als saurer Regen auf die Erde zurück, wo sie Gebäude angreifen, Fische in Flüssen und Seen töten und die Böden schädigen. Für das Waldsterben, das besonders in Europa mittlerweile beängstigende Ausmaße angenommen hat, ist der saure Regen zumindest mitverantwortlich.

Noch gravierendere Auswirkungen hat möglicherweise das Kohlendioxid, das gleichfalls bei der Verbrennung fossiler Energien wie Kohle, Erdöl und Gas entsteht und sich in der Atmosphäre sammelt. Die Folge davon ist, daß die Wärme nicht mehr ungehindert in den Weltraum entweichen kann und die Erde sich in ein Treibhaus verwandelt. Dieser Effekt könnte das menschliche Leben „einschneidend wie ein Atomkrieg" verändern, warnt George Woodwell, ein amerikanischer Experte. Und eine Kommission des Deutschen Bundestags befand Ende 1988, daß bei der Bekämpfung des Treibhauseffekts „ein außerordentlich großer Handlungsbedarf besteht".

Höhere Temperaturen auf der Erde bewirken, daß die Meere sich erwärmen und das Eis der Polkappen zu schmelzen beginnt. Das, so die Experten, führe mit großer Wahrscheinlichkeit dazu, daß sich die Klimagürtel um mindestens 300–600 Kilometer nach Norden verlagern. Die Folgen wären unvorstellbar. Während z. B. in Nordeuropa und Nordamerika die Dauerfrostböden auftauten, so daß sich hier die Chance böte, neues Kulturland zu gewinnen, würden sich von Süden her die Trockenzonen bis ins mittlere Europa und den mittleren Westen der Vereinigten Staaten ausdehnen – die größten Kornkammern der Menschheit gingen verloren.

Die betroffenen Länder wären aber nicht nur durch Dürre, sondern auch durch Überschwemmungen gefährdet. Im Eis der Polkappen sind ungeheure Mengen Wasser gebunden. Wenn dieses Eis als Folge der langfristigen globalen Erwärmung schmilzt, könnte das zu einem deutlichen Ansteigen des Meeresspiegels führen. Verstärkt würde dieser Effekt noch dadurch, daß sich das Wasser der Ozeane durch die gestiegenen Temperaturen beträchtlich ausdehnen würde. Küstenländer wie die Niederlande und Belgien, aber auch Teile der USA würden vom Wasser überflutet werden, Städte wie Amsterdam und New Orleans verschwänden.

Im Augenblick steigen die Temperaturen auf der Erde, doch vielleicht droht eine neue Eiszeit

Es ist unwahrscheinlich, daß diese Befürchtungen in den kommenden Jahrzehnten Wirklichkeit werden. Doch unbestreitbar ist, daß die Gletscher in den Gebirgen abschmelzen, die Dauerfrostböden in Sibirien und Kanada auftauen und der Meeresspiegel steigt – in den letzten 90 Jahren um 10–20 Zentimeter. Während des nächsten Jahrhunderts könnten sich die Ozeane um 0,7–1,7 Meter anheben.

Aber nicht alle Wissenschaftler glauben an eine derartige Entwicklung. Manche vertreten vielmehr die Auffassung, daß es sich bei der augenblicklichen Erwärmung lediglich um eine natürliche Schwankung des Klimas handelt. Betrachtet man die Klimaveränderungen auf der Erde langfristig, gibt es dafür tatsächlich Anhaltspunkte.

In den vergangenen 2 Millionen Jahren erlebte die Erde mehrere Eiszeiten. Die letzte endete vor 10 000 Jahren. Wir leben wahrscheinlich in einer der Warm- oder Zwischeneiszeiten, von denen die Kälteperioden immer wieder unterbrochen wurden. Daher ist es keineswegs ausgeschlossen, daß wir uns erneut einer Phase der Abkühlung nähern.

Die Wissenschaftler haben verschiedene Theorien entwickelt, um die Klimaschwankungen auf unserem Planeten zu erklären. Eine wichtige Rolle spielt dabei die Verteilung von Land und Wasser. Große Festlandflächen vereisen leichter als ausgedehnte Wasserflächen, weil sie weniger Wärme speichern. Ist diese Vorbedingung gegeben, können gesetzmäßig auftretende Abweichungen der Erde von ihrer Bahn um die Sonne dazu führen, daß sich die Sonneneinstrahlung verringert. Aber auch die Strahlungskraft der Sonne selbst ist Schwankungen unterworfen.

Eis ist eine Gefahr für die Menschheit, doch am Ende wird Feuer das Schicksal unseres Planeten besiegeln

Der Erkaltungsprozeß kann durch Vorgänge auf der Erde stark beschleunigt werden. Möglicherweise wird unser Planet durch gehäufte Vulkanausbrüche, wie es sie schon in der Vergangenheit gab, in einen Aschenschleier gehüllt werden, der die Sonneneinstrahlung blockiert. Schneefälle, die auch im Frühjahr und im Sommer andauern, lassen dann eine ausgedehnte Schneedecke entstehen, die alle Wärme zurück ins All strahlt – ein Effekt, der sich allmählich selbst verstärkt.

Aus den immer größeren Schneemassen bilden sich riesige Gletscher. Die Kälte nimmt weiter zu, und weite Teile der gemäßigten Zonen werden von einer Eisschicht überzogen. Geht man von der letzten Eiszeit aus, wären ganz Skandinavien sowie große Gebiete Deutschlands, Großbritanniens, Polens und der nördlichen Sowjetunion bedeckt. Auch ein Drittel der USA verschwände unter dem Eis. Städte wie London, Oslo, Berlin und New York existierten nicht mehr. Weiter südlich gelegene Gebiete verwandelten sich in öde Tundra. Paris und Wien lägen in einem neuen Sibirien.

Und während die Temperaturen weiter fielen, würden gleichzeitig die Ozeane kleiner, da ein immer größerer Prozentsatz des Wassers gefröre. Riesige Abschnitte des Festlandsockels lägen frei, und heftige Winde würden über diese ausgetrockneten Öden fegen und noch mehr Staub aufwirbeln, der die Sonne weiter verfinsterte. Die Menschen hätten Mühe, sich an die veränderten Umstände anzupassen. Eine Zivilisation, wie wir sie heute kennen, gäbe es vermutlich nicht mehr.

Ganz am Ende der Menschheitsgeschichte aber wird nicht Eis, sondern Feuer das letzte Kapitel schreiben. Sterne leben nicht ewig, und dies gilt auch für die Sonne. In etwa 10 Milliarden Jahren wird ihr Energievorrat verbraucht sein. Dann wird sie in einem letzten feurigen Knall ihre äußere Hülle abstoßen, während sich ihr Kern verdichtet. Merkur und Venus werden verschlungen, und die Oberfläche der Erde trocknet aus. Unsere Nachfahren werden bis dahin möglicherweise ein Dutzend anderer Sonnensysteme kolonisiert haben, und ob sich zu diesem Zeitpunkt noch jemand auf der Erde aufhält, ist ungewiß.

Die Probleme, die die Menschheit heute bedrängen, sind anderer Natur. Überbevölkerung, Hunger, Seuchen und die Zerstörung der Umwelt stellen uns vor große Aufgaben. Und obwohl die Wissenschaftler es gelernt haben, mit weit größerer Genauigkeit als noch vor einer Generation Naturkatastrophen vorherzusagen, verwüsten doch immer wieder Orkane das Land, überschwemmen Flutwellen ganze Küstenstriche und zerstören Erdbeben unsere Städte.

Keim der Hoffnung
So wie der Mensch niemals aufgibt, kämpft auch die Natur ums Überleben. Diese zähe kleine Pflanze erinnert nach einem Vulkanausbruch daran, daß die zerstörerischen Gewalten unseres Planeten stets durch seine unerschöpflichen erneuernden Kräfte ausgeglichen werden.

Chronik der Katastrophen

Seit Menschengedenken ereignen sich schwere Naturkatastrophen, und dies wird sich auch in Zukunft nicht ändern. Kaum eine Woche vergeht, in der nicht irgendwo auf der Welt die Kräfte der Natur ihren schrecklichen Tribut fordern. Einige besonders eindrucksvolle Beispiele für das Wirken der Naturgewalten wurden bereits ausführlich geschildert. Die folgende Übersicht präsentiert darüber hinaus eine Auswahl weiterer bedeutender Naturkatastrophen aus Vergangenheit und Gegenwart.

Lawinen und Erdrutsche

Italienische Alpen, Oktober 218 v. Chr. Als der karthagische Feldherr Hannibal mit seinem Heer die Alpen überquerte, um gegen Rom zu ziehen, verlor er auf diesem Marsch 18000 Männer, 2000 Pferde und zahlreiche Elefanten. Die meisten kamen durch Lawinen um.

Chiavenna, Italien, 4. September 1618. Ein Erdrutsch in der Nähe von Chiavenna zerstörte zwei Dörfer und tötete 2427 Menschen.

Saas, Schweiz, Winter 1689. In diesem Winter starben in den Alpen mehr als 300 Menschen durch Lawinen, davon 70 allein in dem Ort Saas.

Goldau, Schweiz, 2. September 1806. Als sich der Gipfel des 1580 Meter hohen Roßbergs löste und mit rasender Geschwindigkeit zu Tal stürzte, wurden vier Dörfer zerstört und 457 Menschen getötet.

Wellington, Washington, USA, 1. März 1910. Eine riesige Lawine donnerte vom Kaskadengebirge herab und riß einen Zug in eine 50 Meter tiefe Schlucht. Bei dem Unglück starben 118 Menschen.

Österreichisch-italienische Alpen, 1915–1918. Während des Ersten Weltkriegs kamen in den Alpen etwa 40000 Soldaten durch Lawinen ums Leben. Vielfach wurden diese Lawinen von den jeweiligen feindlichen Streitkräften mit Kanonenfeuer absichtlich ausgelöst. Einmal wurden in nur 48 Stunden 3000 österreichische Soldaten durch Lawinen verschüttet.

Provinz Gansu, China, 16. Dezember 1920. In dieser Gebirgsregion Nordchinas zog ein Erdbeben der Stärke 8,6 auf der Richter-Skala eine Reihe verheerender Erdrutsche nach sich und kostete 200000 Menschen das Leben.

Khait, Tadschikische SSR, Sowjetunion, 1949. Ein Erdbeben löste zwei gewaltige Erdrutsche aus, die die sowjetische Stadt Khait in Zentralasien verschütteten; 12000 Menschen wurden getötet.

Blons, Österreich, 12. Januar 1954. Im Abstand von nur wenigen Stunden gingen zwei Lawinen auf das Zentrum von Blons nieder. Von den 367 Einwohnern kamen 200 ums Leben.

Nevado de Huascarán, Peru, 10. Januar 1962. Von den Hängen des Huascarán, einem der höchsten Andengipfel, donnerten drei Tonnen Schnee und Eis ins Tal hinab. Das Unglück forderte 4000 Opfer.

Provinz Huancavelica, Peru, 16. April 1974. Durch ungewöhnlich schwere Regenfälle kam es in dieser Region südöstlich von Lima zu einem Erdrutsch, der über 200 Menschen das Leben kostete.

Lahaul-Tal, Indien, Anfang März 1979. Nach gewaltigen Schneefällen in den Ausläufern des Himalaja begruben Lawinen das Lahaul-Tal bis zu 60 Meter hoch. Über 200 Menschen starben in den Schneemassen.

Provinz Sichuan, China, Oktober 1981. Eine Reihe von Erdrutschen in der südchinesischen Provinz kostete 240 Menschen das Leben. Weitere 100000 wurden obdachlos.

Katak, Türkei, 23./24. Juni 1988. Sintflutartige Regenfälle schwemmten Tonnen von Schlamm und Gestein von einem Berg in den Ort Katak am Schwarzen Meer hinab. Dabei kamen etwa 300 Menschen ums Leben.

Alpen, 9./10. Februar 1991. Zahlreiche Lawinen in den Schweizer, italienischen und französischen Alpen forderten allein an diesem Wochenende 18 Opfer.

Wallis, Schweiz, 8. März 1991. An einem Nordhang des Großen St. Bernhard löste sich in 2600 Meter Höhe eine Lawine und riß eine Gruppe von Skifahrern in die Tiefe. Sieben Menschen fanden den Tod.

Dürren und Hungersnöte

Mittel- und Westeuropa, 1315–1317. Ungewöhnlich schwere Regenfälle im Frühjahr und Sommer 1315 führten zu verheerenden Mißernten. Die Folge war eine zwei Jahre andauernde schwere Hungersnot, der mehr als ein Zehntel der Bevölkerung zum Opfer fiel.

Bengalen, Indien, 1770–1900. In dieser Zeit erlebte Indien fünf der zehn schwersten Hungerkatastrophen, die je die Menschen heimsuchten. Ursachen waren der ausbleibende Monsunregen oder zu starke Niederschläge. In beiden Fällen fielen die Ernten aus. In diesen 130 Jahren verhungerten schätzungsweise zwischen 13 und 26 Millionen Menschen.

Sowjetunion 1921/22. Durch eine lang anhaltende Dürre in Südrußland und der Ukraine, den Kornkammern der Sowjetunion, wurde fast die gesamte Ernte vernichtet. Die nachfolgende Hungersnot kostete rund 5 Millionen Menschen das Leben.

China 1928/29. Anhaltende Trockenheit führte zu Mißernten; 3 Millionen Menschen verhungerten.

Afrika, 1985. Nachdem die Menschen in den Staaten südlich der Sahara lange Zeit ein zwar bescheidenes, aber doch ausreichendes Auskommen gehabt hatten, führten ab Anfang der 70er Jahre Überbevölkerung und Bodenerosion dazu, daß sich die Versorgungslage zunehmend verschlechterte. Als dann mehrere Jahre hintereinander die Niederschläge ausblieben, trat die befürchtete Katastrophe ein, bei der etwa 2 Millionen Menschen verhungerten. Für das Jahr 1991 wird mit einer neuen Hungersnot gerechnet.

China, Sommer 1988. Während in den Ackerbaugebieten Mittel- und Südchinas auf Millionen von Hektaren die Feldfrüchte verdorrten, forderten an der Ostküste verheerende Überschwemmungen Tausende von Menschenleben und vernichteten auch hier die Ernte.

USA und Kanada, 1988. Diese teuerste Dürre in der Geschichte Nordamerikas verwandelte weite Teile der Anbau- und Weideflächen zwischen den Bundesstaaten Kalifornien und Georgia sowie in den kanadischen Provinzen Manitoba, Saskatchewan und Alberta in trockene Steppe.

Erdbeben und Tsunamis

Golf von Chihli, China, 27. September 1290. Eines der schwersten Erdbeben der Geschichte forderte in Nordostchina etwa 100000 Todesopfer.

Provinz Shanxi, China, 23. Januar 1556. Mehr als 800000 Menschen starben, als ein schweres Erdbeben in dieser nordchinesischen Region die in Felsen gehauenen Höhlen zerstörte, die den ansässigen Bauern als Wohnraum dienten.

Schemacha, Aserbaidschan, SSR, Sowjetunion, November 1667. In dem Zentrum des Seidenhandels am Kaukasus kamen 80000 Menschen ums Leben, als die Erde bebte.

Port Royal, Jamaika, 7. Juni 1692. Über diesen karibischen Seehafen und Piratenstützpunkt brach zuerst ein Erdbeben und danach ein Tsunami herein – Tausende von Menschen wurden in den Tod gerissen.

Quito, Ecuador, 4. Februar 1797. Schwere Erdstöße machten die in 2850 Meter Höhe gelegene Hauptstadt Ecuadors dem Erdboden gleich; fast alle 40000 Einwohner starben in den Trümmern.

Concepción, Chile, 20. Februar 1835. Bei einem Erdbeben, dessen Zeuge auch Charles Darwin wurde, kamen in den chilenischen Städten Concepción und Santiago mehr als 5000 Menschen um. Unmittelbar danach zerstörte ein Tsunami das Dorf Talcahuano.

Charleston, South Carolina, USA, 31. August 1886. Im östlichen Teil der USA fand ein gewaltiges Erdbeben statt; die Erschütterungen waren von Boston bis New Orleans und westlich bis Milwaukee zu spüren. Allein in Charleston starben 100 Menschen.

Provinz Gansu, China, 26. Dezember 1932. Erneut erschütterte ein Erdbeben dieses Gebiet und forderte rund 70000 Opfer.

Sanriku, Japan, 3. März 1933. Ein durch ein Erdbeben ausgelöster Tsunami überrollte den Nordosten von Japans größter Insel Honshu. 3000 Menschen wurden getötet, 8000 Schiffe sanken, und 9000 Gebäude wurden zerstört.

Erzincan, Türkei, 27. Dezember 1939. Völlig verwüstet wurde diese osttürkische Stadt, als ein Erdbeben mit der Stärke 8 auf der Richter-Skala über sie hereinbrach. Zwischen 20000 und 40000 Menschen starben.

Assam, Indien, 15. August 1950. Durch gewaltige Bebenwellen schwoll der Brahmaputra beträchtlich an und überschwemmte ein weites Gebiet nahe der Grenze zu Tibet. Etwa 1500 Menschen kamen ums Leben.

Agadir, Marokko, 29. Februar 1960. Um Mitternacht bebte in der Küstenstadt 15 Sekunden lang die Erde; 12000 Opfer waren zu beklagen.

Süd- und Mittelchile, 21.–30. Mai 1960. Eine Reihe von schweren Erdbeben tötete 5000 Chilenen. Die heftigsten Erdstöße am 22. Mai lösten Tsunamis aus, die durch den Pazifik rasten und weiteren 450 Menschen das Leben kosteten.

Guatemala-Stadt, Guatemala, 4. Februar 1976. Vor Tagesanbruch erschütterte ein starkes Erdbeben die Stadt. 23000 Menschen wurden unter Trümmern begraben, 50000 erlitten Verletzungen, und 1 Million wurde obdachlos.

Bukarest, Rumänien, 4. März 1977. Erdstöße mit einer Stärke von 7,2 auf der Richter-Skala forderten in Rumänien etwa 1500 Opfer und waren noch in Rom und Moskau zu spüren.

Tabas, Iran, 16. September 1978. Die alte persische Handelsstadt, in der Marco Polo auf dem Weg nach China haltmachte, wurde bei einem schweren Beben vollkommen zerstört. Auch in anderen Orten rund um das Epizentrum entstanden Schäden. Insgesamt 16000 Menschen wurden getötet.

Al Asnam, Algerien, 10. Oktober 1980. Nach einem Erdbeben 1954 wieder aufgebaut, wurde Al Asnam erneut durch Erdstöße zerstört. 2600 Menschen kamen ums Leben, weitere 60000 wurden verletzt.

Bihar, Indien und Nepal, 21. August 1988. Ein Erdstoß mit einer Stärke von 6,5 auf der Richter-Skala richtete an der indisch-nepalesischen Grenze schwere Verwüstungen an. Mindestens 900 Menschen starben, Tausende wurden verletzt.

Hindukusch, Zentralasien, 1. Februar 1991. Ein Erdbeben der Stärke 6,8 auf der Richter-Skala forderte in Ostafghanistan, Nordpakistan und Nordindien 1700 Menschenleben.

Costa Rica und Panama, 22. April 1991. Ein schweres Erdbeben der Stärke 7,5 auf der Richter-Skala kostete rund 100 Menschen das Leben; mehr als 1000 wurden verletzt und etwa 15000 obdachlos.

Georgien, Sowjetunion, 29. April 1991. Erdstöße bis zur Stärke 8 auf der Richter-Skala erschütterten die Kaukasusrepublik und lösten eine Gerölllawine aus, die ein Dorf unter sich begrub. In dem Katastrophengebiet wurden 85 Prozent aller Häuser zerstört.

Überschwemmungen

Niederlande, 1099. Bei einer Sturmflut ertranken etwa 100000 Menschen. Die Nordsee bedrohte immer wieder das tiefgelegene Küstenland. Auch 1287 und 1421 kam es zu verheerenden Überschwemmungen.

St. Petersburg, Rußland, 19. November 1824. Durch Eisschollen wurde die Newa aufgestaut und trat über ihre Ufer. In St. Petersburg, dem heutigen Leningrad, und in dem 30 Kilometer entfernten Kronstadt kamen 10000 Menschen durch das Hochwasser um.

Dayton, Ohio, 25./26. März 1913. Schwere Regenfälle und eine plötzlich einsetzende Schneeschmelze ließen den Ohio über die Ufer treten. Dabei kamen rund 600 Einwohner von Dayton ums Leben.

Nordchina, 1939. Etwa 500000 Menschen ertranken, als alle Flüsse der Region gleichzeitig über die Ufer traten und das Land überschwemmten. Felder und Siedlungen wurden zerstört, und die nachfolgende Hungersnot forderte abermals mehrere Millionen Opfer.

Provinz Fujian, China, Sommer 1948. Nach wochenlang anhaltenden Regenfällen brachen die Dämme des Min Jiang in Südostchina. In den Fluten, die sich über das Umland ergossen, starben 3500 Menschen. Da die Überschwemmung die Reisernte vernichtet hatte, gab es anschließend in der Provinz und den angrenzenden Regionen eine schwere Hungersnot.

Kansas und Missouri, USA, Juli 1951. Nach zwei Monate andauernden schweren Regenfällen ließ ein Sturm, der vier Tage lang tobte, den Kansas über die Ufer treten: 41 Menschen ertranken, 340000 Hektar Ackerland wurden überschwemmt, und es entstand ein Sachschaden von mehr als 1 Milliarde Dollar.

Lynmouth, Großbritannien, 15./16. August 1952. Nach sintflutartigen Wolkenbrüchen raste eine zwölf Meter hohe Welle aus den angeschwollenen Flüssen Ost-Lyn und West-Lyn auf die Stadt Lynmouth zu. 84 Menschen kamen in den Fluten um.

Teheran, Iran, 17. August 1954. Die plötzliche Überschwemmung einer normalerweise ausgetrockneten Schlucht tötete mehr als 1000 moslemische Pilger, die sich in einem Heiligtum unweit der iranischen Hauptstadt aufhielten.

Orissa, Indien, 7.–12. Oktober 1955. Heftiger Monsunregen richtete gewaltige Überschwemmungen im indischen Bundesstaat Orissa an. 1700 Menschen fanden dabei den Tod.

Vaiont-Damm, Italien, 9. Oktober 1963. Bei einem Erdrutsch stürzten 150 Millionen Tonnen Gestein in den durch den Vaiont-Damm aufgestauten See in den Alpen. Dadurch entstand eine 70 Meter hohe Flutwelle, die sich in das Piavetal ergoß. Mindestens 2500 Menschen kamen ums Leben.

Tunesien, September/Oktober 1968. Nach 38 Tagen Dauerregen standen 80 Prozent des Landes unter Wasser. 542 Menschen und 1 Million Rinder kamen in den Fluten um.

Rapid City, South Dakota, USA, 9. Juni 1972. Schwere Regenfälle zerstörten den Lake-Cayon-Damm, und die Wasserfluten ergossen sich auf Rapid City. 200 Menschen fanden dabei den Tod.

Nordindien, September 1978. Ungewöhnlich starke Monsunregen führten in ganz Nordindien zu Überschwemmungen. Große Teile der Ernte wurden vernichtet, und allein in Kalkutta starben etwa 15000 Menschen.

Sudan, 4./5. August 1988. Nach einer langen Dürre kam es zu wolkenbruchartigen Regenfällen, die den Nil über die Ufer treten ließen. 39 Todesopfer waren zu beklagen, 1,5 Millionen Menschen wurden obdachlos.

Bangladesch, September 1988. Durch besonders ergiebige Monsunregen standen weite Teile des Landes unter Wasser. Das Unglück und seine Folgen forderten etwa 2000 Opfer; rund 25 Millionen Menschen wurden obdachlos.

Tropische Wirbelstürme

Jamestown, Virginia, USA, 27. August 1667. Der erste Hurrikan, der beschrieben wurde, fand hier statt. Nach einer in London erschienenen Schrift mit dem Titel *Seltsame Neuigkeiten aus Virginia* „riß der schreckliche Hurry Cane ... zahlreiche Häuser um und begrub viele Menschen unter den Trümmern".

Golf von Bengalen, Indien, 7. Oktober 1737. Ein Zyklon brachte an der Mündung des Hugli in Kalkutta 20000 Schiffe zum Sinken und forderte 300000 Menschenleben. Auch in den folgenden zweieinhalb Jahrhunderten wüteten im Golf von Bengalen sieben der schlimmsten Zyklone, die die Welt erlebte.

Karibik, 10.–12. Oktober 1780. Der schwerste Hurrikan in der Geschichte hinterließ von Barbados bis Puerto Rico eine Schneise der Verwüstung. Zwischen 20000 und 30000 Menschen wurden getötet und die Flotten der Briten, Spanier und Franzosen fast völlig zerstört.

Haiphong, Vietnam, 1881. Schätzungsweise 300000 Menschen kamen ums Leben, als ein Taifun über die Stadt am Golf von Tonking tobte. Krankheit und Hunger forderten in der Folgezeit mindestens noch einmal so viele Opfer.

Bombay, Indien, 6. Juni 1882. Ein Wirbelsturm im Arabischen Meer ließ Bombay im Wasser versinken. In der Stadt und ihrer Umgebung ertranken mehr als 100000 Menschen.

Indianola, Texas, USA, 19. August 1886. 250 Menschen fielen einem Hurrikan in der kleinen Stadt am Golf von Mexiko zum Opfer. Fast alle Häuser wurden beschädigt oder zerstört.

Puerto Rico, August 1899. Der Hurrikan San Ciriaco wütete auf den Karibischen Inseln. Besonders schwer traf es Puerto Rico, wo 3000 Menschen bei dem Wirbelsturm ums Leben kamen.

Tokio, Japan, 30. September 1918. Einer der stärksten Taifune, die jemals über Tokio tobten, kostete 1620 Menschen das Leben, 2400 wurden obdachlos.

Okeechobee-See, Florida, USA, 16./17. September 1928. Nachdem er bereits auf den Westindischen Inseln beinahe 2000 Todesopfer gefordert hatte, erreichte dieser zweitschwerste Hurrikan in der Geschichte der Vereinigten Staaten Florida. Der Sturm zerstörte viele Kilometer Deich entlang des Okeechobee-Sees, so daß das umliegende Land überschwemmt wurde. 2500 Menschen ertranken in der Flut.

Santo Domingo, Dominikanische Republik, 3. September 1930. Ein Hurrikan mit einer Geschwindigkeit von über 300 Kilometern pro Stunde tötete 2000 Menschen und machte die Hauptstadt des Landes dem Erdboden gleich.

Osaka, Japan, 21. September 1934. Als ein Taifun über die japanische Hauptinsel Honshu raste, fanden etwa 4000 Menschen den Tod. Die meisten Opfer forderte der Wirbelsturm in Osaka, der drittgrößten Stadt des Landes.

Neuenglandstaaten, USA, 23. September 1938. Ein Hurrikan tobte über die Neuenglandstaaten an der Nordostküste Amerikas und richtete große Zerstörungen an. Fast auf den Tag genau 123 Jahre vorher war ein gleich starker Sturm mit derselben Route über das Gebiet hinweggefegt.

Hokkaido, Japan, 26. September 1954. Mit einer Windgeschwindigkeit von 160 Kilometern pro Stunde wütete ein Taifun in der Hakodatebucht auf der japanischen Insel Hokkaido. 1600 Menschen wurden getötet, darunter auch die 1172 Passagiere einer Fähre, die durch Wind und Wellen versenkt wurde.

Atlantikküste der USA, 5.–18. Oktober 1954. Auf seinem Weg von der Karibik bis Toronto in Kanada richtete der Hurrikan Hazel in den Bundesstaaten an der Ostküste der USA verheerende Schäden an und tötete 1200 Menschen.

Louisiana, USA, 27. Juni 1957. Trotz rechtzeitiger Warnung starben bei dem Hurrikan Audrey etwa 500 Bewohner an der Küste des Golfs von Mexiko. Viele hätten sich in Sicherheit bringen können, wenn sie die Warnungen beachtet hätten.

Karibik, 2.–7. Oktober 1963. Hurrikan Flora braute sich südlich von Trinidad zusammen und raste dann über die Karibik nach Kuba. Auf seinem Weg tötete er mehr als 7000 Menschen.

Mekongdelta, Vietnam, November/Dezember 1964. Die Taifune Iris und Joan überschwemmten mehr als 2 Millionen Hektar Land und forderten 5000 Menschenleben.

Golf von Mexiko, USA, 14.–22. August 1969. Nachdem Hurrikan Camille mit Geschwindigkeiten von 300 Kilometern pro Stunde über die Staaten Louisiana, Mississippi und Alabama getobt war, kam es in den Staaten New York, New Jersey und Pennsylvania zu wolkenbruchartigen Regenfällen. Der Sachschaden betrug 1,5 Milliarden Dollar. Die meisten der 225 Todesopfer waren Bewohner des Mississippideltas, die die Sturmwarnungen mißachtet hatten.

Honduras, 19./20. September 1974. Der Hurrikan Fifi ließ in Honduras 5000 Tote zurück. Etwa 60000 Menschen wurden obdachlos.

Karibik, 31. August – 4. September 1979. Auf seinem Weg durch die Karibik forderte Hurrikan David etwa 1200 Opfer. Am schlimmsten war der Schaden in der Dominikanischen Republik.

Karibik und Mexiko, Mitte September 1988. Hurrikan Gilbert, der schwerste Sturm des 20. Jahrhunderts über dem Atlantik, tobte eine Woche über Jamaika, der Halbinsel Yucatán und Nordostmexiko. Die erschütternde Bilanz: 300 Menschen kamen ums Leben, 750000 wurden obdachlos. Der Sachschaden belief sich auf die Rekordsumme von 10 Milliarden Dollar.

Bangladesch, 30. April 1991. Neun Stunden lang wütete ein Zyklon aus dem Golf von Bengalen mit Spitzengeschwindigkeiten von 235 Kilometern pro Stunde. Die Flutwellen, die er vor sich her trieb, überschwemmten die gesamte Küstenregion. Man schätzt, daß mehr als 250000 Menschen ums Leben kamen.

Seuchen

Europa, Syphilis, 1500–1550. In den Jahren nach der Entdekkung Amerikas breitete sich in Europa die Syphilis aus. Bis heute ist umstritten, ob sie aus der Neuen Welt eingeschleppt wurde. Allein in den ersten 15–20 Jahren fielen der Seuche 10 Millionen Menschen zum Opfer.

Mexiko, Masern, 1530–1545. Nach der Eroberung des Aztekenreichs durch die Spanier erkrankten 1,5 Millionen Indianer an den Masern. Viele starben daran, weil sie im Gegensatz zu den Spaniern, die diese Krankheit wohl ins Land gebracht hatten, nicht immun dagegen waren.

Boston, Massachusetts, USA, Pocken, 1721/22. 6000 Einwohner erkrankten an den Pocken, die vermutlich mit Handelsschiffen von den Westindischen Inseln eingeschleppt worden waren. Die Epidemie forderte etwa 950 Opfer.

Rußland, Ergotismus, 1722. Diese Vergiftungserkrankung wird durch Mutterkorn hervorgerufen, einen Pilz, der sich in faulenden Roggenkörnern entwickelt. Ißt man z. B. Brot, das aus mutterkornhaltigem Mehl gebacken wurde, kann es zu schweren Krämpfen, Halluzinationen und Lähmungen kommen. Früher verlief der Ergotismus meist tödlich. 1722 forderte die Krankheit etwa 20000 Opfer.

Neuenglandstaaten, USA, Diphtherie, 1735–1740. In diesen fünf Jahren forderte die Infektionskrankheit in Neuengland besonders unter Kindern einen schrecklichen Tribut. In manchen Städten im Staat New Hampshire starben bis zu 80 Prozent aller Kinder unter zehn Jahren.

Philadelphia, Pennsylvania, USA, Gelbfieber, 1793. Seit dem 17. Jahrhundert grassierte immer wieder das Gelbfieber in der Neuen Welt. Bei diesem Ausbruch wurden 5000 Einwohner Pennsylvanias dahingerafft.

Rußland, Typhus, Herbst 1812. Während des Rußlandfeldzugs wurde Napoleons Armee nicht nur durch Kampfhandlungen, sondern auch durch Typhus dezimiert. Innerhalb einer Woche starben 10000 seiner 100000 Mann starken Truppe an der Infektionskrankheit. In einer anderen Einheit von 300000 Soldaten fielen 70 Prozent dem Typhus zum Opfer.

Fidschiinseln, Masern, 1875. Nachdem sich der Sohn eines Häuptlings bei einem Besuch in Australien mit den Masern infiziert hatte, verbreitete sich die Krankheit unter der Bevölkerung in Windeseile. Fast alle Bewohner erkrankten, und etwa 20 Prozent starben.

Memphis, Tennessee, USA, Gelbfieber, August/September 1878. Eine Gelbfieberepidemie in Memphis forderte 5000 Opfer. Die Bewohner, die aus der Stadt flohen, trugen die Krankheit in andere Gebiete des amerikanischen Südens, wo Tausende von Menschen erkrankten und starben.

Osteuropa, Typhus, 1914–1923. Während des Ersten Weltkriegs brach in einem serbischen Kriegsgefangenenlager Typhus aus und griff auf die Zivilbevölkerung über. In einem Zeitraum von nur sechs Monaten forderte die Krankheit 150000 Menschenleben. Schließlich erreichte sie Rußland, wo sie etwa 3 Millionen der durch den Krieg und die Revolution geschwächten Menschen dahinraffte.

Sowjetunion, Malaria, 1923. Dem Typhus folgte die Malaria, an der mehr als 18 Millionen Menschen erkrankten. An manchen Orten löschte die Krankheit 40 Prozent der Bevölkerung aus.

USA, Kinderlähmung, Sommer 1946. In 23 Bundesstaaten der USA erkrankten mehr als 25000 Menschen, die meisten von ihnen Kinder, an Kinderlähmung. Dies war der letzte große Ausbruch der Krankheit, bevor eine wirksame Schutzimpfung entwickelt wurde.

Indien, Malaria, 1947. Schon jahrhundertelang wütete diese durch Moskitos übertragene Krankheit immer wieder in manchen Teilen des Subkontinents. Zur schlimmsten Epidemie in der Geschichte des Landes kam es jedoch im ersten Jahr nach der Unabhängigkeitserklärung Indiens: 75 Millionen Menschen erkrankten an Malaria, etwa 1 Million von ihnen starb.

Indien und Pakistan, Pocken, 1967. Bevor die Pocken endgültig besiegt wurden, forderte die Krankheit noch ein letztes Mal ihren Tribut. In Indien und Pakistan erkrankten rund 2,5 Millionen Menschen, von denen 5000 starben.

Delhi, Indien, Cholera, Sommer 1988. Durch den Monsunregen, der lange herbeigesehnt worden war und in Nordindien eine mehr als zwei Jahre andauernde Dürreperiode beendete, wurden Abwässer in das Trinkwassernetz der Stadt geschwemmt. Tausende der Bewohner erkrankten an Cholera oder litten an Magen-Darm-Katarrhen, mehr als 200 Menschen starben. Darüber hinaus traten unter diesen Bedingungen auch verstärkt Typhus und Hepatitis auf, die die Zahl der Todesopfer weiter erhöhten.

Südamerika, Cholera, Frühjahr 1991. Zunächst in Peru, dann aber auch in Ecuador, Kolumbien, Chile und Brasilien grassierte die Cholera. Bis Ende April starben rund 1200 Menschen. Allein in Peru wurden bis zu diesem Zeitpunkt 160000 Erkrankungen registriert.

Schnee und Hagel

Moradabad, Indien, 20. April 1888. Ein schrecklicher Hagelsturm tötete in Moradabad 246 Menschen.

Rostow, Sowjetunion, 10. Juli 1923. Hagelkörner mit einem Gewicht von einem Kilogramm erschlugen in dem Gebiet um Rostow nordöstlich von Moskau 23 Menschen und zahlreiche Rinder.

Hyderabad, Indien, 10. März 1939. Durch Hagel wurden im indischen Bundesstaat Andhra Pradesh sämtliche Ernten vernichtet und zahlreiche Rinder und Schafe getötet. Einige der Hagelkörner wogen nach Aussagen von Augenzeugen über drei Kilogramm.

New York, USA, 26. Dezember 1947. Bei dem schlimmsten Schneesturm seit 1888 fielen in den Straßen Manhattans 65 Zentimeter Schnee. Der Blizzard, der über den ganzen Nordosten der Vereinigten Staaten hinwegtobte, forderte insgesamt 77 Todesopfer.

Buffalo, New York, USA, Januar/Februar 1977. Nachdem es 40 Tage lang fast ohne Unterlaß geschneit hatte, lagen Ende Januar um Buffalo herum bereits 90 Zentimeter Schnee. Dann fegte von Kanada ein Blizzard mit Geschwindigkeiten von 110 Kilometern pro Stunde heran und ließ es noch einmal vier Tage lang ununterbrochen schneien. 17000 Menschen saßen an ihren Arbeitsplätzen fest, 29 kamen in dem Schneesturm ums Leben.

Boston, Massachusetts, USA, 6. Februar 1978. Innerhalb von 32 Stunden fielen in Boston knapp 70 Zentimeter Schnee. Der Blizzard, der über Massachusetts hinwegraste, riß Häuser mit sich und verursachte einen Sachschaden in Millionenhöhe. 29 Menschen starben und 100000 wurden obdachlos.

Tornados

Natchez, Mississippi, USA, 7. Mai 1840. Ein gewaltiger Tornado legte in fünf Minuten die Stadt Natchez in Trümmer. Mehr als 300 Bewohner kamen dabei ums Leben.

Süden und Mittlerer Westen der USA, 9.–19. Februar 1884. Zehn Tage lang tobten mächtige Wirbelstürme über das Gebiet vom Golf von Mexiko bis nach Illinois. Die Bilanz: etwa 600 Tote.

St. Louis, Missouri, USA, 27. Mai 1896. 20 Minuten lang wütete ein schwerer Tornado über der Großstadt St. Louis. Mindestens 300 Menschen starben, 2500 wurden verletzt, und es entstand ein Sachschaden von rund 12 Millionen Dollar.

Mittlerer Westen, USA, 23.–27. März 1917. In vier Tagen zog eine Reihe von Wirbelstürmen über eine Strecke von 470 Kilometern. In Tennessee, Kentucky und Illinois verloren 211 Menschen ihr Leben.

Süden der USA, 21. März 1932. Gewaltige Tornados schlugen eine Schneise der Verwüstung durch sechs Bundesstaaten. Am schwersten traf es Zentralalabama, wo Hunderte von Farmen zerstört wurden. 268 Menschen starben, mindestens 1000 erlitten Verletzungen.

Süden der USA, 2.–6. April 1936. Mit enormer Kraft rasten Tornados von Arkansas bis South Carolina über sechs Bundesstaaten hinweg. Der Großteil der über 400 Toten und 1800 Verletzten war in den Staaten Mississippi und Georgia zu beklagen.

Süden und Mittlerer Westen der USA, 21./22. März 1952. In nur drei Tagen tobten von Alabama bis Missouri insgesamt 31 Wirbelstürme. 343 Menschen starben, 1400 wurden verletzt.

USA, Mai/Juni 1953. Verheerende Wirbelstürme suchten in diesem Monat drei weit auseinanderliegende Gebiete der Vereinigten Staaten heim. Am 11. Mai zerstörte ein Tornado das Zentrum von Waco in Texas und tötete 114 Menschen. Am 8. Juni fegten sechs Tornados über den Südosten von Michigan und den Norden von Ohio hinweg. Allein in der Stadt Flint in Michigan kamen 113 Menschen um. Am 9. Juni wütete der stärkste Tornado, der jemals über Neuengland hinwegraste, in Worchester in Massachusetts – 94 Menschen starben. Zwischen Januar und Juni dieses schreckensreichen Jahres 1953 brausten insgesamt 250 Tornados über die Vereinigten Staaten hinweg.

Mittlerer Westen, USA, 11. April 1965. An diesem Palmsonntag richteten 40 Tornados und etwa 50 Gewitter in fünf Bundesstaaten schwere Verwüstungen an. Am schlimmsten waren die Auswirkungen in Indiana. 271 Menschen wurden getötet, 5000 verletzt, und der Sachschaden betrug mehr als 200 Millionen Dollar.

Texas, USA, 1979. Ein gewaltiger Tornado, der über den Bundesstaat hinwegraste, zerstörte 2500 Häuser und fast 1000 Quadratkilometer Weizenfelder. 42 Menschen kamen ums Leben.

Mittlerer Westen, USA, 27. April 1991. Mehrere Tornados tobten über die Bundesstaaten Kansas, Oklahoma, Texas und Nebraska hinweg. Sie forderten insgesamt 23 Menschenleben und zerstörten Hunderte von Häusern. 1500 Menschen wurden obdachlos.

Vulkanausbrüche

Vesuv, Neapel, Italien, 16. Dezember 1631. Nach 500 Jahren Ruhe spuckte der Vesuv einen ganzen Monat lang. Der Lavastrom begrub sechs Dörfer, neun weitere gingen in einer Schlammflut unter. Vulkanische Asche legte sich über weite Gebiete, auch über die Stadt Neapel. 4000 Menschen kamen ums Leben.

Galunggung, Indonesien, 8. und 12. Oktober 1822. Nach der ersten der zwei großen Eruptionen ergossen sich glühendheiße Schlammlawinen über die umliegenden Dörfer. Vier Tage später sprengte der Vulkan seinen Gipfel weg. Insgesamt 100 Dörfer wurden zerstört und 4000 Menschen getötet.

Soufrière, St. Vincent, 7. Mai 1902. Nur einen Tag vor der Eruption des Mont Pelée auf der Nachbarinsel Martinique brach auf St. Vincent der Soufrière aus, wobei 2000 Inselbewohner ums Leben kamen.

Mount Katmai, Alaska, USA, 6. Juni 1912. In einem zum Glück unbesiedelten Gebiet im Osten Alaskas kam es zum größten Vulkanausbruch in der Geschichte Nordamerikas. Ein grünes, bewaldetes Tal wurde in eine 80 Quadratkilometer große Kraterlandschaft verwandelt, die später als Übungsplatz für Astronauten diente.

Kelud, Indonesien, Mai 1919. Als dieser Vulkan, der auf einer kleinen Insel zwischen Java und Sumatra liegt, ausbrach, verwandelte sich der Kratersee in einen Kessel aus brodelndem Wasser, Lava und Asche. Das gefährliche Gemisch ergoß sich schließlich über die Hänge ins Tal, wo es mehr als 5000 Inselbewohner tötete.

Mount Lamington, Papua-Neuguinea, 15. Januar 1951. Der 1687 Meter hohe Vulkan an der Nordküste Papua-Neuguineas galt als erloschen, bis er im Januar 1951 wieder zu grollen und zu rauchen begann. Fünf Tage später explodierte der Berg und spuckte eine glühende Wolke aus Dampf und Asche aus, durch die 5000 Menschen umkamen.

Bezymianny, Kamtschatka, Sowjetunion, 30. März 1956. Dieser in weitgehend unbesiedeltem Gebiet liegende Vulkan machte sich nach langer Ruhepause im Herbst 1955 wieder bemerkbar. Am 30. März 1956 brach er aus – es war eine der gewaltigsten Eruptionen der Geschichte.

Helgafell, Heimaey, Island, 23. Januar 1973. Sechs Monate lang spuckte der Helgafell auf der kleinen Insel Heimaey vor Islands Südküste. Die ausströmende Lava bedeckte ein fünf Quadratkilometer großes Gebiet zum Teil bis zu 60 Meter hoch. Das Fischerdorf Vestmannaeyjar versank unter einer sechs Meter hohen Aschenschicht. Glücklicherweise konnten alle 5500 Bewohner rechtzeitig evakuiert werden.

Register

Die **halbfett** gedruckten Seitenzahlen verweisen auf einen Haupteintrag, die *kursiv* gedruckten Seitenzahlen verweisen auf ein Bild.

A

B

C

M

N

O

P

Bildnachweis

Umschlagvorderseite
o. R. Perry/J. Mason/Black Star/Transglobe Agency, u.l. Schmitt/dpa, u.M. Black Star/ZEFA, u.r. Victor Gritsyuk/Network/FOCUS

Innenteil
2/3 Ken Sakamoto/Black Star; **6** Photri; **7** Chicago Historical Society; **8/9** Darrell Ray Jones/The Stock Market; **10/11** © 1975 Peabody Museum of Natural History, Yale University, New Haven, Conn.; **12** U.S. Department of Interior, National Park Service; **13** o.l. J.L. Lepore/Photo Researchers, o.r. Leonard Lee Rue III/Bruce Coleman Inc., u. Jane Burton/Bruce Coleman Inc.; **14** o. aus „The World Book Encyclopedia" © 1988 World Book, Inc., u. David A. Hardy/Science Photo Library/Photo Researchers; **16** Mitchell Beazley Publishers, London; **17** Roberto Dei/Marka SRL; **18** o. Kevin Fleming/Woodfin Camp & Associates; **19** Deep Sea Drilling Project, Scripps Institution of Oceanography; **20** o. Art Resource, N.Y., u. Cliché des Musées Nationaux, Paris; **21** Harald Sund; **22** Hank Morgan/Rainbow; **23** o. Jane Burton & Steve Kirk/Bruce Coleman Inc., u. U.S.S.R. Academy of Sciences; **24** Yale Center for British Art, Paul Mellon Collection; **25** Erich Lessing/Magnum; **26** l. Michael Holford/The British Museum, r. The British Museum; **27** Robert Harding Picture Library; **29** l. Jonathan Morse, r. Henri Lhote; **31** Robert Harding Picture Library; **32/33** Steve Monti/Bruce Coleman Inc.; **35** u. Earth Observation Satellite Company; **36** l. Art Resource, N.Y.; **36/37** Nimatallah/Art Resource, N.Y.; **38, 39** The Mansell Collection; **40** Louvre, Paris; **41** The New York Public Library, Picture Collection; **42** Giraudon/Art Resource, N.Y.; **43** The Bettmann Archive; **45** Historical Pictures Service, Chicago; **46** Giraudon/Art Resource, N.Y.; **48** Julius Shulman/The J. Paul Getty Museum; **49** o. Museo Archeologico Nazionale di Napoli/Pedicini Fotografica, u. Scala/Art Resource, N.Y.; **50** l. Guidotti/Madeline Grimoldi Archives, r. Scala/Art Resource, N.Y.; **51** Werner Forman Archive; **52, 53** Jonathan Blair/Woodfin Camp & Associates; **54** The Bettmann Archive; **55** o r. The Granger Collection, N.Y.; **56** The Art Museum, Princeton University; **57** Princeton University, Department of Art and Archaeology; **58** l. The Bettmann Archive, r. Biblioteca Vaticana/Madeline Grimoldi Archives; **59** The Metropolitan Museum of Art, The Cloisters Collections, 1950; **60** Bodleian Library, Oxford; **61** Scala/Art Resource, N.Y.; **62** The Victoria & Albert Museum; **63** Eliot Elisofon/National Geographic Society; **64** Freer Gallery of Art, Smithsonian Institution, Washington, D.C.; **65** S. Franklin/Sygma; **66** o. Jerry Jacka, u. De Witt Jones/Woodfin Camp & Associates; **67** Department of Library Services, American Museum of Natural History; **68** David L. Brill; **70/71** Robert Semeniuk/The Stock Market; **72** Scala/Art Resource, N.Y.; **74** The Metropolitan Museum of Art, The Cloisters Collection, 1954; **75** o. The Granger Collection, New York, u. The New York Public Library, Picture Collection; **76** Germanisches Nationalmuseum, Nürnberg; **77** The Granger Collection, New York; **78** Mary Evans Picture Library; **79** l. SEF/Art Resource, N.Y., r. The Granger Collection, New York; **82** l. BPCC/Aldus Archive, r. University of Utah Press; **83** J. Mohr/World Health Organization; **84** Historical Pictures Service, Chicago; **85** The Granger Collection, New York; **86** Bridgeman/Art Resource, N.Y.; **87** The Granger Collection, New York; **88** mit frdl. Genehmigung Ihrer Majestät der Königin; **89** l. Susan Elizabeth Cross, r. British Library; **90** Carlo Gemmellaro; **91** Gianni Tortoli; **92** Mary Evans Picture Library; **93** The Mansell Collection; **94/95** The Granger Collection, New York; **96** Câmara Municipal de Lisboa; **97** Joseph Natanson © 1982 Time-Life Books Inc.; **98** o., **99** Sigurdur Thorarinsson; **101** o. BPCC/Aldus Archive, u. Patrick Jean/Musées du Château des Ducs de Bretagne; **102** l. Wyeth-Ayerst Laboratories, r. The New York Public Library, Picture Collection; **103** The Granger Collection, New York; **104** David Muench; **105** The State Historical Society of Missouri; **107** Books for Libraries Press; **108** J.C. Allen & Son, Inc.; **109** Elizabeth B. Stommel; **110** Tate Gallery, London; **112** National Library of Medicine; **113** The Bettmann Archive; **114, 115** The Granger Collection, New York; **117** u. Wendy W. Cortesi; **118** The New York Public Library, Picture Collection; **119** The Museum of the City of New York, The J. Clarence Davies Collection; **121** Historical Pictures Service, Chicago; **122** New York City Fire Museum; **124** The Philadelphia Print Shop, Ltd.; **125, 126, 127, 128/129** Chicago Historical Society; **130** The New-York Historical Society; **131** Gianni Tortoli; **132** Marc Riboud/Magnum; **133** The Cleveland Museum of Art; **134** The Bettmann Archive; **135** o.l., o.r. Historical Pictures Service, Chicago, u. The Mansell Collection; **137** SuperStock International; **138** Jean-Loup Charmet; **139** Mary Evans Picture Library; **140** aus „Krakatau 1883: The Volcanic Eruption and Its Effects" von Tom Simkin und Richard S. Fiske, Smithsonian Institution Press; **141** l. Maurice Krafft; **142, 144** o. The New-York Historical Society; **144** u. AP; **145** UPI; **146** The Philadelphia Print Shop, Ltd.; **148, 149** o. Johnstown Flood Museum; **149** u. American Red Cross; **150** The Victoria & Albert Museum; **152** Arnold Genthe/California Historical Society, San Francisco; **153** l. Tom McHugh/Photo Researchers, r.: U.S. Department of Health, Education, and Welfare, Public Health Service; **154/155** E.R. Degginger/Bruce Coleman Inc.; **156** Brown Brothers; **157** Georg Gerster/Photo Researchers; **158** Library of Congress; **159** AP; **160** The New-York Historical Society; **161** o. Circus World Museum; **162** David McIntyre; **163** Provincial Archives of Alberta, Pollard Collection; **164/165** Hirschl & Adler Galleries Inc.; **166, 167** The Fine Arts Museums of San Francisco, Achenbach Foundation for Graphic Arts; **168** o. The New-York Historical Society, u. California Historical Society, San Francisco; **170** Sovfoto/TASS; **172** The New York Public Library; **173** The New York Public Library, Picture Collection; **174/175, 176** o. Culver Pictures; **176** u. Avanti; **177** Culver Pictures; **178/179** Popperfoto; **180** AP; **182** Library of Congress; **183** Department of the Army, U.S. Army Corps of Engineers, Office of History; **184** o. I.A. Martin/Iberia Parish Library, u. The New York Public Library, Picture Collection; **185** o. John Steiner Collection, u. American Red Cross; **186** AP; **187** UPI; **188** The Bettmann Archive; **189** Library of Congress; **190** AP; **191** o. UPI, u. Westfield Congregational Church, Danielson; **192** UPI; **193** Photoworld/FPG; **194** AP; **195** UPI; **197** AP; **198** University of California, Berkeley; **199** National Oceanic and Atmospheric Administration; **200** Lyman House Memorial Museum, Hilo, Hawaii; **201** AP; **202/203** Gary Ladd; **204** Die Weltwoche, Zürich; **205** David Cupp; **206** o. David Cupp/Woodfin Camp & Associates, u. David Cupp; **208, 209** The Bettmann Archive/BBC Hulton; **210** London Daily Telegraph; **211** R. Robert Garvey/The Stock Market; **212** Loomis Dean, Life Magazin © 1956 Time Inc.; **213** AP; **214** l. Yomiuri Shimbun, Life Magazin © 1959 Time Inc.; **215** Mainichi Shimbun, Life Magazine © 1959 Time Inc.; **216** l. UPI, r. The Illustrated London News Picture Library; **217** Popperfoto; **220** o. Keystone, u. dpa; **221** Keystone; **222** o. Weser Kurier, Bremen, M., u. Internationales Zeitungsmuseum der Stadt Aachen; **223** o., u., **224** Keystone; **225** dpa; **227** Interfoto/Transglobe Agency; **228** Gemälde von Pierre Mion, © National Geographic Society; **229** U.S. Geological Survey; **230** UPI; **231** l. Steve McCutcheon/Alaska Photo, r. Dennis Cipnic/Black Star; **232** Vittoriano Rastelli; **233** Publifoto; **234, 235** o. David Lees; **235** u. David Lees, Life Magazine © 1966 Time Inc.; **236** Balthazar Korab Ltd.; **237** David Lees; **238** National Oceanic and Atmospheric Administration; **239** Larry Burrows, Life Magazin © 1970 Time Inc.; **240** l. UPI, r. Larry Burrows, Life Magazin © 1970 Time Inc.; **243, 244** Eddie Adams/Time Magazine; **245** Camera Press Ltd.; **246** Robert Dundas/Kansas State Network; **247** Drew Leviton; **249** o. Gordon Baer/Black Star, u. AP; **250/251** Deutsche Luftbild; **251** r. Keystone; **252** AP; **253, 254** Xinhua News Agency; **255** o. UPI; **256** Spring/dpa; **257, 258** o. Kai Greiser; **258** u. Spring/dpa; **259** dpa; **260, 261** Gary Rosenquist/Earth Images; **262** AP; **263** l. James Mason/Black Star, r. Robert Madden/National Geographic Society; **264** Michael Heller; **265** Herman Kokojan/Black Star; **266** Giansanti/Sygma; **267** l. Piromallo/Gamma-Liaison, r. Pierre Vauthey/Sygma; **268, 269** Eduardo Fornocari/Gamma-Liaison; **270** S. Alost/Sygma; **272** o. Gilmore Dufresne/Time Magazine, u. UPI; **273** UPI; **274, 275** Coo-ee Picture Library; **277** Keystone; **278** S. Dorantes/Sygma; **279** David Walters/Black Star; **280** Robert Frerck/Odyssey Productions; **281** Roland Neveu/Gamma-Liaison; **282** Shelly Katz/Black Star; **283** Pierre Villard/Sipa Press; **284** o. Eric Bouvet/Gamma-Liaison, Insert Anthony Suau/Black Star; **285** Peter Turnley/Black Star; **286, 287** Ossi Baumeister/Agentur Anne Hamann; **288** ANSA-Foto/dpa; **289** Foto Ghedina; **290** Novosti/Sygma; **291** Sovfoto/TASS; **292** Marcus/dpa; **294** o.l. Agence France/dpa, o.r. Karl Wahl/Silvestris, u. Eilmes/dpa; **295** Deutscher Wetterdienst; **297** o. Eslami Rad/Gamma, u. Agence France/dpa; **298** Jansson/Lehtikuva Oy/dpa; **299** o. A. Pogotov/Novosti/Keystone, u. Henning Christoph/Fotoarchiv GmbH; **303** John Berkey © 1986 Discover Publications; **304** Viviane Holbrooke/The Stock Market; **305** Centers for Disease Control, Atlanta; **307** Ralph Perry/Black Star
AP = AP/Wide World Photos; UPI = UPI/Bettmann Newsphotos

Illustrationen und Kartographie
George Buctel: **28, 136, 171;** Klaus Bürgle: **218/219;** Howard Friedman: **15, 18, 30, 34, 35, 44, 47, 55, 69, 123, 151, 161, 169, 196, 207, 241, 248, 255, 271;** Joe LeMonnier: **98, 106, 111, 141, 181, 195, 214, 302;** Christopher Magadini: **116/117, 301, 306;** Willi Rieb: **223, 226;** Richard Williams: **80**